Konrad Reich   Martin Pagel

Himmelsbesen über weißen Hunden

Konrad Reich Martin Pagel

Himmelsbesen über weißen Hunden

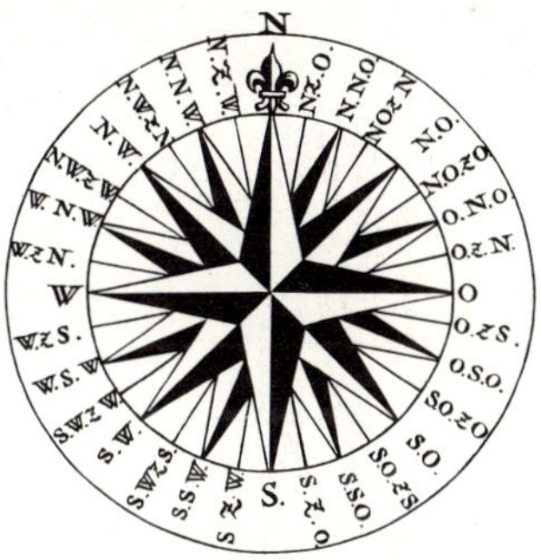

Wörter und Redensarten,
Geschichten und Anekdoten – ein Lesebuch für Halbmänner
und erwachsene Leute, die sich vom Schiffsvolk
und dem Seewesen deutlichere Begriffe verschaffen wollen –
neu ins Gespräch gebracht und erkläret.

transpress
VEB Verlag für Verkehrswesen Berlin 1988

Reich, Konrad:
Himmelsbesen über weißen Hunden: Wörter u. Redensarten, Geschichten u. Anekdoten – e. Lesebuch f. Halbmänner u. erwachsene Leute, d. sich vom Schiffsvolk u. d. Seewesen deutlichere Begriffe verschaffen wollen – neu ins Gespräch gebracht u. erkläret / Konrad Reich; Martin Pagel. –
4., bearb. Aufl. Berlin: Transpress, 1988. – 472 S.:
309 Bilder (z. T. farb.)
NE: 2. Verf.:

ISBN 3-344-00223-6

4., bearbeitete Auflage 1988

Französische Str. 13/14, Berlin, DDR-1086
VLN 162-925/123/88
Printed in the German Democratic Republic
Satz: Druckwerkstätten Stollberg
Druck: Druckhaus Freiheit, Halle
Red. Bearb.: Sigrid Roeber
Gesamtgestaltung: Rudolf Grüttner
Bildredaktion: Konrad Reich
LSV 3867
Best.-Nr. 567 239 6
03600

An dat Hus der Seefahrt to Bremen steiht:
Navigare necesse est, vivere non est necesse –
Schippfohrt is nödig, dat Läben aewer nich.

„Was soll die Furcht – es ist das Meer,
das vor uns erzittert."

Vasco da Gama

„Die gute alte Zeit – Jugend und die See.
Aller Zauber und die See!
Es gibt nichts Herrlicheres als die See,
die See allein – oder macht es die Jugend?"

Joseph Conrad

„An'n Doot denken se nich,
dor hebben se keen Tiet to.
Dor ward nich an dacht un nich von rädt.
Jeder weit jo, wat he to doon hett."

Nach Richard Wossidlo

„Von Floth un Wellen
Is am besten in Drögen vertellen."

Klaus Groth

Auf den nun folgenden Seiten berichten wir von einer Existenzform der Sprache: der Sprache des Seemannes. Und wir erzählen von seinem Leben während der Segelschiffszeit. Auch wenn einiges heute noch bekannt ist, vieles gehört der Vergangenheit an und wird mehr und mehr – und eines Tages wohl für immer – vergessen sein. Was der Leser (Anhänger, Förderer, Bewunderer und Liebhaber des Maritimen) indessen nicht erwarten darf, versucht unser Titel anzudeuten: Ein sprachwissenschaftliches Werk, ein etymologisches Wörterbuch der Seemannssprache ist das Vorliegende nicht. Eine Auswahl eigentümlicher, merkwürdiger Bezeichnungen und Wendungen, Redensarten und Sprichwörter wird geboten, jedoch kein komplettes Bild der Seemannssprache. Auch ist es nicht unsere Absicht (dies hieße die Möglichkeiten überfordern und die Voraussetzungen gewiß leichtfertig unterschätzen), allen Ableitungen nachzugehen oder die Entwicklung dieses Berufswortschatzes gar sprachwissenschaftlich aufzuarbeiten. Der aufmerksame Leser wird, so hoffen wir, zudem alsbald finden, daß wir uns auch vor allzu phantasiereichen Abschweifungen gehütet haben. Dagegen haben wir uns nicht gescheut, zeitgenössische Berichte, Gedanken und Lebenserinnerungen alter Fahrensleute, die zur Belebung von Sprachrealität beitragen, dem Ganzen hinzuzufügen. Und obwohl vor allem der Wortschatz des deutschen Seemannes behandelt wird, sind Belege anderer seemännischer Provenienz aufgenommen worden, wenn sie die Wirklichkeit der Segelschiffszeit verdeutlichen helfen. Mit einem Wort: Dieses Buch stellt, indem es die Vergangenheit befragt, eine Art von Rettungsversuch dar. Denn ohne Zweifel zerrinnen uns Worte, Begriffe und seemännisches Brauchtum langsam unter den Händen. Nicht wenige Wörter sind heute schon vergessen, oder ihre ursprüngliche Bedeutung verschiebt sich weiter und weiter.

Alle Bezeichnungen des Seemannes für Dinge, Tätigkeiten und Eigenschaften besitzen plastische Kraft und in ihren Bildern mehr Originalität als die allgemeine Umgangssprache. Bildhaftigkeit blieb erhalten, wurde in der maritimen Wirklichkeit stets aufs neue erschaffen: ‚Haut' ist die Bordwand des Schiffes, ‚Hand' der Matrose, ‚all hands' die ganze Besatzung, die Hand selbst aber ist die ‚Flosse', das Schiff ‚stampft' in der See, und es ‚reitet' vor Anker einen Sturm ab. Der Schiffsjunge, der Jüngste und Kleinste, ist der ‚Moses', auch ‚Waterküken' genannt. Mit Tieren werden die Wellen verglichen: sie springen wie die Schimmel, heulen wie die Hunde, brüllen wie die Stiere, stoßen wie die Böcke, und ‚Katzenpfoten' zeigen sich, ‚weiße Schafe' und ‚Lämmchen', wenn Wind aufkommt. Ein Matrose fällt nie in die See, sondern ‚in den Bach'. Das Deck wird mit ‚Gebet'- oder ‚Gesangbüchern' gescheuert; der Koch an Bord ist der ‚Smutt' oder ‚Smutje', der Schmutzige, auch ‚Schmerlappen' oder ‚Kombüsenhengst' genannt. Geistliche an Bord sind ‚Himmelslotsen', und ‚Badegast' nennt Jan Maat spöttisch jenen Menschen, der bequem und beschaulich über die Meere reist.

Seeleute ‚sterben' auch nicht, sie gehen auf ihre ‚letzte Fahrt', ihre ‚Langreise'. Gleich farbig und von ähnlich großer Bildhaftigkeit sind Seemannssprüche wie: Dat Schipp steit wael, dar ein erfaren Schipper inne is – Das Schiff steht wohl, darinnen ein erfahrener Schiffer ist. He krigt den Aal bi den Steert – Er will einen Vorteil erhaschen, fängt es aber unrecht an. He is dar so wilkamen as dat Water in't Schip – Er ist dort so willkommen wie das Wasser im Schiff. En Man over Boord is'n Freter minner – Ein Mann über Bord ist ein Esser weniger. De Schipper gifft dat ut, de Stüermann hett't Kommando – Der Schiffer hat das Sagen, der Steuermann aber das Kommando.

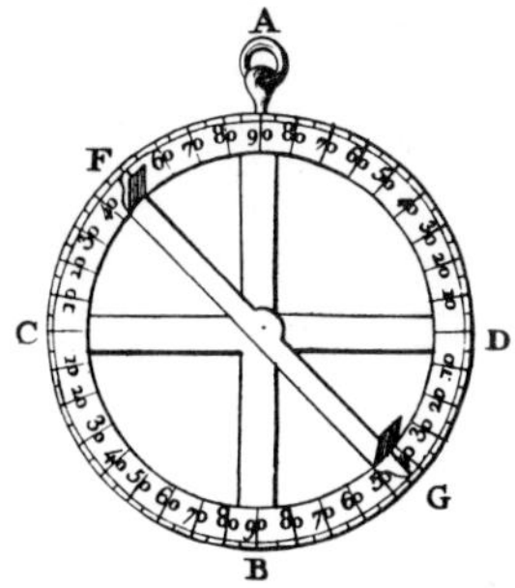

Astrolabium – „ein Werkzeug, dessen man sich vormals bediente, auf See die Höhe der Sonne und Sterne zu messen".

Diese lebenskluge Einfachheit ist schon eindrucksvoll. Die vermittelten Einsichten frappieren, Licht und Schatten sind richtig verteilt. Behagen und Nachdenklichkeit breiten sich aus, immer blitzt freundliche Ironie auf, und der offene Sinn für Pointen verblüfft: „Zuerst stinkt der Fisch am Kopf", sagen die Isländer. Die norwegischen Seeleute meinen: „Wer für den Galgen bestimmt ist, ersäuft nicht; Fische und Mädchen muß man frisch verzehren", und: „Volles Boot verträgt keine hohen Wellen. Wenn es in der Kajüte regnet, dann trieft es im Logis." „Ein Frauenhaar zieht mehr als ein Marssegel", sagen die Holländer. „Zeiten, Winde, Frauen und Glück ändern sich rasch wie der Mond", sagen die Franzosen, und die Italiener meinen: „Wer ohne Zwieback an Bord geht, kehrt ohne Zähne zurück." „Auch ein kleines Leck läßt ein großes Schiff sinken, und wieder an Land, vergißt man das Beten", sagen die Engländer. „Stopp!" sagte der Matrose, als er „Amen" sagen sollte, und: „Besser Segel bergen als kentern", sagen die Dänen. „Vor Flauten behüt uns Gott, vor Stürmen schützen wir uns selbst", sagen die Spanier. Aus dem deutschen Spätmittelalter stammt schließlich die Erkenntnis: Wer gegen den Wind pißt, kriegt nasse Hosen.

Der Variationsreichtum dieser „Bord"- oder „Seesprache", die fast spielerische Vermengung von Wortbedeutungen, zeigt sich auch ganz unverhüllt in einer anekdotischen Zuspitzung: Der ‚Rudergänger' ‚rudert' nicht, er ‚steuert' das Schiff, und der ‚Steuermann' ‚steuert' nicht, er ‚navigiert'. Das eigentliche Steuerelement eines Schiffes ist das ‚Ruder', und ein ‚Ruderboot' wird nicht ‚gerudert', sondern ‚gepullt' und nicht mit ‚Rudern', sondern mit ‚Riemen'.

Das ist die Sprachwelt des Seemannes, um die es uns geht, das Spezialfachliche interessiert weniger: Die Erklärung für Aufkimmung oder Bodenwrange, für Pantokarene, Reibungswiderstand und Breitenträgheitsmoment möge man in dafür eigens geschaffenen Werken nachschlagen.

Bis in das 19. Jahrhundert hinein war jede Langreise ein großes Abenteuer: Zwar gab es seit alters gute, seetüchtige Schiffe mit erfahrenen Besatzungen, Meistern ihres Berufes, ihrer Kunst, aber auch sie konnten natürlich den Wind nicht beeinflussen, der sie immer wieder in unbekannte Fernen ‚verwehte'. Die Seekarten enthielten unzureichende Angaben, die Navigationsinstrumente vermittelten ungenaue Werte oder waren bei bedecktem Himmel sogar nutzlos, die Verpflegung war schlecht, die Unterbringung und Hygiene teilweise erbärmlich, Krankheiten häufig und der Tod immer gegenwärtig. Unmöglich, die Dauer einer Langreise vorherzubestimmen.

„Zur Hölle mit dem, der Länder auf einer Karte eintrug, gestützt auf nichts als auf die Laune seiner eigenen Unwissenheit. Ich wollte, er würde teilhaben an den grausamen Nächten, die wir überstehen

Dreimastige Galiot – ein Küstensegler des 18. Jahrhunderts.

mußten", schrieb der französische Kapitän Louis Antoine Bougainville in sein Logbuch, als er mit der Fregatte „La Boudeuse" und dem Schiff „L'Etoile" vom 15. Dezember 1766 bis 16. März 1769 eine Reise um die Welt machte – die erste eines Franzosen. Und einer seiner Offiziere ergänzte: „Wir segelten wie Blinde und hatten keine Vorstellung, wo wir waren ..."

Septentrio: Der Norden oder der Nordwind, auch das Siebengestirn.

Diese Meeresumwelt machte den Seemann nachdenklich und schweigsam. Unendliche Stunden war er mit sich und der Ur-Natur allein. In dieser großen Einsamkeit hatte Kleinliches, Unechtes keinen Platz. Klarheit und schlichte Gedanken durchzogen die Herzen der Jan Maaten. Untereinander aber bestimmte die Erkenntnis für das absolute Aufeinanderangewiesensein ihr Leben und ihre Arbeit. Einsicht und freilich auch Zwang schufen eine mehr oder minder starke Gemeinschaft, die sich auf Gedeih und Verderb zu gemeinsamem Handeln finden mußte. Und dieses präzise Hand-in-Hand-Arbeiten schlug sich nun nieder in der vorstellungsreichen Sprache des Seemannes. So kam es, daß ein einziger Begriff oder ein einziges Wort oft mehrere Bedeutungsschattierungen hatte. Jede Bedeutung vermittelte eine Erfahrung, „beschrieb" konkrete Tätigkeiten. In ihnen schwingen rationale Brauchbarkeit mit und rational Unfaßbares. Der Wortschatz des Seemannes ist durchsetzt mit allerlei Attitüden. Wir werden dieser Besonderheit immer begegnen.

Die alten Fahrensleute wußten, „daß man auch mit dem Wind von vorn noch Fahrt voraus machen kann". So gesehen ist das Vorliegende kein verträumter Blick zurück, keine salzüberzogene Nostalgie, kein Hochhalten einer gegenwärtig weithin noch immer idealisierten Seefahrtsromantik. Die Zeit läßt sich nicht zurückdrehen. Wir wollen vielmehr bescheiden und achtungsvoll „der unvergleichlichen See, den Schiffen, die nicht mehr sind, und den schlichten Männern, deren Tage nicht wiederkehren" (Joseph Conrad), auf unsere Weise Respekt bezeugen.

„Dat sünd uns Gedanken, de drägen." – Das sind unsere Gedanken, die tragen, sagt man an den Küsten. Freilich ist auch hier zu wiederholen, daß die großen Wörterbücher, beispielsweise das der Brüder Grimm, an den Seemannsworten vorübergingen oder sie nur peripher behandelten. Die Internationalität des seemännischen Berufswortschatzes und sein zumeist niederdeutscher Ursprung gehörten und paßten wohl auch nicht in die neuhochdeutschen wortgeschichtlichen Programme. Aber gerade das Niederdeutsche, die „vollkommenere der beiden Schwestern", wie Klaus Groth sie nannte, hat eine besondere Dimension, eine individuelle Tönung, etwas ganz Unverwechselbares. Es kann, so Kurt Tucholsky treffend, „alles sein: zart und grob, hu-

„In jedem Volke ist der Wortschatz der Seeleute wohl mehr als der irgend eines anderen technischen Berufs ein Gemenge aus den fremdartigsten Bestandtheilen. Und es müsste uns verwundern, wenn es nicht so wäre. In technischen Fertigkeiten ist kein Volk so vollkommen und reich gewesen, dass es nur zu geben und nicht auch zu empfangen gehabt hätte, alle haben von einander gelernt. Und wenn der Schiffer durch seinen Beruf zu einem Volke fremder Zunge geführt wurde und er hier ein ihm unbekanntes Geräth, ein ihm neues Werkzeug kennen lernte, da eignete er sich mit der Sache auch den Namen an. Es hat so ein vielseitiger Austausch zwischen den seefahrenden Völkern stattgefunden und auch der Sprachschatz unserer deutschen Seeleute hat sich aus dem Griechischen und Lateinischen, aus dem Romanischen und Arabischen, aus dem Keltischen und Baskischen, aus dem Finnischen und selbst aus dem Karaibischen bereichert."

Arthur Breusing

morvoll und herzlich, klar und nüchtern und vor allem, wenn man will, herrlich besoffen . . . Philologisch ist dem sehr schwer beizukommen; aber mit dem Herzen . . ."

Bis zum 19. Jahrhundert gab es gewiß ein paar aufschlußreiche wörterbuchähnliche Zusammenstellungen, praktische und auch wissenswerte Notizen für Seeleute und alle, welche Sinn für das Seewesen zeigten. Doch es waren zumeist nur technische Details, die da mitgeteilt wurden – das Leben des Seemannes als soziale Kategorie vermochten sie nicht aufzuhellen. Auch zu hohe Preise und ganz unhandliche Buchformate – erinnert sei nur an das zwischen 1882 und 1902 erschienene sechsbändige große Tafelwerk des französischen Vizeadmirals und späteren Kustos des Marinemuseums im Pariser Louvre, Edmond Paris, – standen früher einer weiten Verbreitung maritimer Nachschlagewerke im Wege: „Es fehlt nicht an wichtigen Werken im ‚Deutschen'", schrieb J. Korth 1826, „allein sie sind meistens zu groß und kostspielig, als daß man sie sich, um bloß Kenntniß von dieser Kunst zu erhalten, anschaffen könnte . . ."

Umso nachdrücklicher wollen wir einem Manne unsere Referenz erweisen, der mit seinem enzyklopädischen Wissen und bewundernswerten maritimen Kenntnissen den Wissensstand bis gegen Ende des 18. Jahrhunderts gleichsam in Person repräsentiert. Das höchst schätzbare, ergiebige Werk heißt „Allgemeines Wörterbuch der Marine in allen europäischen Seesprachen nebst vollständigen Erklärungen und einem Bande mit 115 Kupfertafeln". Sein Verfasser ist der aus Buxtehude stammende Hamburger Teehändler, Journalist und Schriftsteller Johann Hinrich Röding, erschienen ist es zwischen 1793 und 1798 bei Licentiat Nemnich in Hamburg, dem Hallenser Johann Jacob Gebauer und „bey" Adam Friedrich Böhme zu Leipzig.

Das Vorliegende knüpft direkt, aber weiterführend daran an. Sprachgeschichtliche Informationen verdanken die Autoren vor allem den von Friedrich Kluge, weiland Professor der deutschen Sprache und Literatur an der Universität Freiberg i. Br., gesammelten und zu einem Wörterbuch „Seemannssprache" vereinigten „deutschen Schifferausdrücken älterer und neuerer Zeit". Auch das „Bremisch-niedersächsische Wörterbuch", das vorpommersche „Platt-Deutsche", das „Schleswig-Holsteinische" und das unvergleichliche „Mecklenburgische Wörterbuch" von Richard Wossidlo und Hermann Teuchert wurden aufmerksam beachtet. Dabei blieben die etymologisch lautlich oder orthographisch begründeten unterschiedlichen niederdeutschen Schreibweisen erhalten. Zu einer „Vereinheitlichung" fehlte uns die Legitimation. Und um das Buch zum Gebrauch und zum Nutzen der Leser bequemer zu machen, haben wir es mit einem Register versehen.

Eingedenk des Seemannswortes: „All wat do deist, do mit Bedacht", haben wir es unternommen, Wörter und Begriffe, Originelles und Unbekanntes behutsam zu erläutern und neu ins helle Licht des Tages zu stellen. So kann vielleicht manches jener Vergessenheit, aus der es sonst kaum eine Wiederkehr gäbe, entrissen werden. Denn „noch sind ja der Kiel gesund, und die Planken stark, noch die Takelage fest an den Masten, wer hindert mich abzudrehen und den Hafen zu finden?"

Pinke – „ein grosses Fahrzeug in der Mittelländischen See, welches drey Masten mit lateinischen Segeln führt. In den nordischen Gewässern versteht man unter Pinke einen dreymastigen Kauffahrer mit Raasegeln, der sich von einem Barkschiff darin unterscheidet, daß er unten schärfer und hinten schmaler und höher gebauet ist. Die Engländer nennen daher jedes Schiff, welches hinten hoch ist und schmal zuläuft ‚pink sterned'." (J. H. R.)

Doppelter Schotstek

Bei unserem Bemühen, die „verlorene Wirklichkeit mit Hilfe der Sprache wiederzugewinnen“ (Joseph Conrad), wollen wir uns zunächst an *Abdanken* erinnern.

‚Abdanken‘ ist heute noch immer ein häufig gebrauchtes Wort, das vor allem bemüht wird, wenn jemand sein Amt niederlegt oder in den Ruhestand tritt. Die Vorsilbe ‚ab‘ bedeutet los, frei, fern von etwas sein. Das hochdeutsche ‚ab‘ entspricht dem niederdeutschen ‚af‘, das hochdeutsche Wort ‚abdanken‘ dem niederdeutschen ‚afdanken‘. ‚Ab‘ und ‚af‘ besitzen zudem eine eigenständige Kraft. Zum Beispiel in der niederdeutschen, weithin bekannten Redensart: Wenn man vun Düwel snackt, is he nich wied af.

Wir wollen hier den mannigfachen Bedeutungen und Bedeutungsabstufungen unseres Wortes nicht nachgehen, aber doch darauf hinweisen, daß es im 18. Jahrhundert einen abwertenden Beiklang bekam. Dazu heißt es 1793 im „Grammatisch-kritischen Wörterbuch der hochdeutschen Mundart“ des Sprachforschers Johann Christoph Adelung: „Abdanken . . . führet eigentlich nicht Beleidigendes bey sich, so wie absetzen . . . man kann auch eben nicht sagen, daß es niedrig wäre; indessen wird es doch nur von geringern Bedienten . . . gebraucht . . .

Kat oder Katschiff – ein „dreymastiges Fahrzeug, das insonderheit in Norwegen, Schweden und Dänemark gebraucht wird, es ist zum Handeln eingerichtet. Die Masten haben keine Stengen, sondern bestehen aus einem Stück. Bramsegel können daher auf diesen Fahrzeugen selten gebraucht werden. Die Engländer bedienen sich der Katten auch zum Steinkohlenhandel.“ (J. H. R.)

Von angesehenen Personen wird man allemahl lieber entlassen . . . seine Stelle niederlegen gebrauchen."

„Seid bedankt, Lüd, de Moond is good."

Niederdeutsche Redensart.

Bereits der seemännische Wortschatz des 17. Jahrhunderts kannte ‚abdanken' und andere Zusammensetzungen mit der Vorsilbe ‚ab' oder ‚af': ‚ab'- oder ‚afreisen', ‚ab'- oder ‚afsegeln', ‚ab'- oder ‚afschrammen', („sich drücken, abschieben"), ‚ab'- oder ‚afflauen' (Abnehmen des Windes).

Es hieß von einem Schiff, von dem man sich trennen mußte, weil es seeuntüchtig geworden war, es ‚dankt ab', eine Wendung, die in der Seemannssprache des 19. Jahrhunderts üblich war. Sie bedeutete: das Schiff abtakeln – alle Segel und alles Tauwerk entfernen oder auch den Schiffskörper abwracken.

Noch einhundert Jahre zuvor nannte man diesen Vorgang ganz unsentimental ‚abschlachten'. Allerdings sagte man damals auch: „Es ist ein glücklicher Seemann, der auf einem Friedhofe begraben wird. Also kann man von einem Schiff sagen, es sei ein glückliches Schiff, das so lange in Fahrt bleibt, bis es alt wird und Alters wegen am Lande ‚abgeschlachtet' wird."

Schließlich bedeutete ‚das Volk abdanken': nach beendeter Reise dem „Volke" (der Besatzung) die verdiente Heuer bis auf den letzten Heller ausbezahlen und ihm den Abschied geben. Aufhebenswert ist auch die Redensart „. . . er wurde bedankt". Diese beinahe tröstende Formulierung beschrieb einen Vorgang, der für den Betroffenen einen eigentlich beunruhigenden Sachverhalt charakterisierte. Denn mit dieser freundlichen und zugleich treffenden Umschreibung wurde einem Seemann bedeutet, er möge – gegen seinen eigenen Willen, versteht sich – abmustern.

‚Abdanken' und ‚abtakeln' gehören jetzt zur allgemeinen Umgangssprache. Ein Mensch (manchmal auch ein Gegenstand) wird als ‚abgetakelt' im Sinne von abgedankt bezeichnet, wenn gesellschaftliche Achtung verloren ging, wenn er sozial gesunken, ungepflegt ist.

‚Auftakeln', ein Schiff mit Takelage versehen, ist genau das Gegenteil von ‚abtakeln'. Eine Art Mißbilligung, ein Tadel wird ausgesprochen, wenn über Menschen geurteilt wird, die sich geschmacklos oder gewollt auffällig kleiden: sie sind aufgetakelt. Insofern ist das Bild: „Sie hat sich wie eine Fregatte aufgetakelt" – keiner Deutung bedürftig. Abgesehen davon, daß diese Bemerkung nur auf weibliche Personen bezogen wird, soll doch ausgesprochen werden, daß diese umgangssprachliche abwertende Kennzeichnung uns nicht ganz schlüssig zu sein scheint.

Denn, wer immer behauptet, eine dreimastige, vollgetakelte Fregatte sei nicht schön, der hat nie eine geseh'n.

Barke – ein zum „Kriege und zur Handlung ausgerüstetes Fahrzeug in der mittelländischen See. Es ist kurz und dabey sehr voll gebauet. Die größte Breite derselben ist vorne. Die Inhölzer werden eben so wenig vorne als an andern Stellen viel eingezogen und der Vor- und Hintersteven hat viel Fall. Die Barke hat eine besondere Takelasche, nämlich einen Besahnmast, mit einer Kreuzstenge, einen grossen Mast und einen Fockmast, der ein lateinisches Segel führt" – im Mittelmeer allgemein verbreitete Segelform, das dreieckige bis trapezförmige Segel wird an einer schräg gestellten Rah von fast doppelter Mastlänge gefahren.
„Das Vorschiff hat kein Bugspriet, sondern einen in der mittelländischen See gebräuchlichen Schnabel." (J. H. R.)

Abgewinnen oder *Einem den Wind abkneifen,* einem anderen Schiff den Wind oder die Luv (Windeinfallseite oder die Richtung, aus der der Wind kommt – Lee das Gegenteil) ‚abgewinnen' oder ‚abkneifen', ist eine überlieferte seemännische Redewendung. Ihr Sinn: durch ein geschicktes Manöver gegenüber einem anderen Schiff luvwärts soweit aufkommen, daß es in den Windschatten gerät, an Vortrieb verliert und überholt wird.

Dem hochdeutschen ‚abgewinnen' im Sinne von abnehmen, abringen und abzwingen entspricht das niederdeutsche ‚afwinnen'. Und das hochdeutsche ‚abkneifen' heißt im Niederdeutschen ‚afknipen': 'n Enn von'n Nagel áfkniepen – Ein Ende von einem Nagel abkneifen; auch sich etwas abquälen: sick eenen Kack afknipen.

‚Den Wind afkniepen' bedeutete allgemein, jemandem den Wind abgewinnen, ihm zuvorkommen; die Voraussetzung dazu: selbst guten Wind in den Segeln haben; dat geit mit vullem Wind – das geht flott voran.

Ende des 15. und Anfang des 16. Jahrhunderts waren noch große Gebiete unserer Erde unerforscht. 1519 schlug der damals neununddreißigjährige portugiesische Seefahrer Fernando Magellan dem spanischen König Karl I. – dem späteren deutschen Kaiser Karl V. – vor, mit einer Flottille Südamerika zu umsegeln und die Inseln des Pazifiks für Spanien zu erobern. Der König stimmte dem Vorschlag des „Fremden", des Portugiesen in spanischen Diensten, zu. Magellan sollte zudem reich belohnt werden, wenn er mindestens sechs rohstoffreiche Inseln entdeckte. Am 20. September 1519 gingen die „Trinidad", die „Conception", die „Santiago", die „Viktoria" und Magellans Flaggschiff, die „San Antonio", in See. Am 6. September 1522 warf im Hafen von Sevilla nach fast drei Jahren als einzige die „Viktoria" unter dem Kommando Sebastian Del Canos wieder den Anker. Von den 280 Männern, die 1519 an Bord gegangen waren, kamen 18 zurück. Doch die wirtschaftspolitischen Ziele waren erreicht. Fernando Magellan hatte zuvor, am 27. April 1521, bei einer Strafexpedition gegen die Ureinwohner der Insel Matan den Tod gefunden, so daß Del Cano den Ruhm, der erste Erdumsegler zu sein, allein genießen konnte. Als jedoch 1580 Francis Drake mit der „Golden Hind" wieder in Plymouth einlief, begrüßte Elisabeth I. ihren verwegenen und berühmten Kaper und Piraten persönlich. Für seine einträgliche Kaperfahrt um die Erde, er brachte als Beute zwei Millionen Goldpfund nach Hause, wurde er von ihr geadelt. Drake wählte als Wappen den Globus und die lateinische Inschrift: tu primus circum didiste me – divino auxilio – Du umsegeltest mich zuerst mit Gottes Hilfe. Offenbar hatte Drake vergessen, daß er nicht der erste war.

Drei kühne Taten stehen am Beginn des maritimen Abenteuers: 1487 die Entdeckung des langgesuchten Seeweges nach Indien um das Kap der Guten Hoffnung, 1492 die Entdeckung von Westindien, das erneute Finden des heutigen Amerika, und Magellans Erdumsegelung. Die Schiffe, in denen Vasco da Gama, Christoph Kolumbus, Magellan und Drake die Erde erschlossen, waren für unsere Verhältnisse lächerlich klein, dafür aber umso dichter vollgestopft mit Seeleuten, Zimmerleuten, Segelmachern, Kalfaterern, Blockmachern, Schmieden, Seilern, Kartenzeichnern und den besten Soldaten. Vasco da Gama befehligte vier Schiffe von etwa je 120 Tonnen und ein „Schiffsvolk" von zusammen 180 Mann. Kolumbus' Flotte bestand aus der „Santa Maria" (100 Tonnen, 52 Mann), der „Pinta" (50 Tonnen, 18 Mann) und der „Nina" (40 Tonnen, 18 Mann). Von Kolumbus' „Santa Maria" wissen wir, daß sie 23 Meter lang war, eine Breite von 6,70 Metern, einen Tiefgang von 2,80 Metern und 237 Tonnen Wasserverdrängung hatte. Magellan befehligte 280 Mann auf fünf Schiffen, von denen nur zwei größer als 100 Tonnen waren. Und obwohl Urkunden über die tatsächlichen Hauptabmessungen von Drakes Flaggschiff

„Ein Schiff übersegeln – im Segeln auf ein ander Schiff stossen. Solches kann entweder durch Zufall bey finsterer Nacht wenn Schiffe keine Laterne führen oder auch durch ein schlechtes Manoeuvre geschehen." (J. H. R.)

nicht erhalten sind, gilt als wahrscheinlich, daß die „Golden Hind" 25,95 Meter Länge über alles, 5,60 Meter größte Breite und einen Tiefgang von 2,20 Metern hatte. Mit diesen Schiffen entdeckten sie wesentliche Teile unserer Erde, so, wie wir sie heute kennen. Politische Macht und Handelsinteressen waren von nun an mit der Entwicklung der Segelschiffahrt untrennbar verbunden. Mehr und mehr begann man, international zu handeln: Zucker, Kaffee, Gewürze, Tee und Pelze aus dem neuen überseeischen Kolonialbesitz der untereinander rivalisierenden Mächte gelangten nach Europa. Der Seehandel brauchte schnelle Segler mit relativ großer Ladefähigkeit. Denn mit schnellen Schiffen war die Konkurrenz zu schlagen, mit langsamen verlor man Profit, wirtschaftlichen Einfluß und politische Macht.

Vermutlich in dieser Zeit verbreiteten sich in der Seemannssprache die Wörter ‚aufjagen', ‚besegeln' und ‚belaufen'; sie bedeuten: an einem vorauslaufenden Schiff aufkommen, es einholen, es erreichen. Das konnte einerseits geschehen, wenn das achterauslaufende ein schnellerer Segler war, andererseits bei Fahrt am Winde und Schiffen gleicher Geschwindigkeit, wenn es dem Kapitän gelang, beim Kreuzen so geschickt zu wenden – durch den Wind zu gehen –, daß sein Schiff zwischen dem Wind und seinem Konkurrenten lief, er diesem den Wind abkniff, ihm also den Wind aus den Segeln nahm.

Dieses Manöver galt während der langen Segelschiffszeit als Zeichen besonderer seemännischer Tüchtigkeit. Mehrere Bezeichnungen und Wendungen wurden in diesem Zusammenhang benutzt: Das an-

dere Schiff war ‚unter dem Winde', hatte ‚die Luv verloren' und ‚lag' oder ‚lief in Lee' des Überholers. Auch hieß es: Das andere Schiff ‚wird offen gehalten', wenn man sich luvwärts von ihm befand und es so lange blieb, bis man es ‚ausgesegelt', ‚totgelaufen' oder ‚totgesegelt', also es überholt, passiert oder achteraus gelassen hatte. War dies gelungen, so hatte man den ‚Vorfuß'. Natürlich: „'t geit neet altied vöör de Wind" – Es geht nicht immer alles nach Wunsch.

In neuerer Zeit zeigten die Seeleute dem Überholten vom Achterdeck aus manchmal einen Tampen, das Ende einer Leine, um spottend anzudeuten, daß sie sich mit ihrem Schiff in der Lage fühlten, den Ausgesegelten abzuschleppen. Aus dieser demonstrativen Geste entstand für Überholen das Synonym ‚einen Tampen zeigen'.

Aus dem 18. Jahrhundert ist uns auch das Wort ‚bekalmen' überliefert: „An der Luvseite eines Schiffes so nahe vorbey segeln, daß man demselben den Wind auffängt." ‚Bekalmt' sein hieß: sich in einem Windschatten befinden, von ‚Kalm': Windstille – abgeleitet. Im „Allgemeinen Wörterbuch der Marine" von Johann Hinrich Röding steht ferner: „. . . Kleine Schiffe werden oftmals zwischen den Wellen, wenn solche sehr hoch gehen, bekalmt. Wenn man vor dem Winde segelt, so bekalmen die Hintersegel die Vorsegel, und alsdann sagt man von letzteren, sie liegen blind . . ."

Die Vielfalt der seemännischen Wendungen für gleiche oder ähnliche Zustände kommt auch darin zum Ausdruck, daß man mit der Formulierung, ein Schiff liege in der ‚Laute' oder ‚Luvte' die Windstille meinte, der ein Schiff bei ablandigem Wind dicht unterhalb einer hohen Steilküste ausgesetzt war. Und auch von einem durch andere bekalmten und blind liegenden Segel hieß es: es liegt ‚in der Laute'.

‚Aussegeln', ‚totlaufen' und ‚totsegeln' standen im 19. Jahrhundert für übersegeln in der Bedeutung von überholen. ‚Übersegeln' im Sinne von Rammen ist indes schon seit dem 15. Jahrhundert überliefert. Es bedeutete, mit einem anderen Schiff so zu kollidieren, daß dieses den größeren Schaden erlitt oder sogar sank. Nicht selten sanken beide.

‚Abgewinnen' und ‚abkneifen' sind zwar seemännische Wörter, die längst Eingang in unseren allgemeinen Wortschatz gefunden haben: Wir können heute einem Menschen oder einer Sache nichts abgewinnen, und ‚sich etwas abkneifen' hat die Bedeutung von ungeschickt zu Werke gehen oder sich etwas abringen.

Sprachwissenschaftler meinen, daß zu Anfang des 20. Jahrhunderts unsere Umgangssprache durch diese beiden Wörter bereichert wurde. Das ist akkurat die Zeit des vorläufigen Endes der Segelschiffahrt. Was im Berufswortschatz des Seemannes ohne Ersatz unterging, weil der Bezugspunkt historisch überlebt war, bekam einen neuen Sinn.

In allen Lebensbereichen finden wir heutzutage das bildkräftige Seemannswort vom ‚abgewinnen', vielleicht, weil es jene Wesensmerkmale besitzt, von denen Voltaire im Jahre 1737 in seinen „Ratschlägen an einen Journalisten" sprach: „Verwende nie ein neues Wort, sofern es nicht drei Eigenschaften besitzt: es muß notwendig, es muß verständlich und es muß wohlklingend sein."

Ein Schildknopf

Abtritt, ein Wort, das aus unserer Umgangssprache langsam entschwindet, sehen wir einmal von den persiflierenden oder auch obszönen Varianten ab, von den grotesken Übertreibungen, beispielsweise in der Wendung ‚Abtrittorium', einer Verschmelzung aus ‚Abtritt' und ‚Pinkulatorium', vermutlich einer Wortbildung aus dem ersten Weltkrieg, oder der Redensart ‚im Abtritt landen', einer ziemlich derben Verdeutlichung aus dem Beginn der sechziger Jahre unseres Jahrhunderts, die meint: bei einer Prüfung durchgefallen sein. Wie immer das Wort Abtritt seinen Sinn verändern wird, wir wollen beim Thema bleiben und die zwei wesentlichen Bedeutungen nennen: zum einen den ‚Abgang' im Sinne von Weggang, sich an einen anderen Ort begeben, zum anderen den ‚Abort', die Toilette, das WC, wobei indes der verwandte Inhalt beider Auslegungen unverkennbar ist.

Einen sehr frühen Beleg findet man in einer „Beschreibung des Königreiches China" von Kellner aus dem Jahre 1589, auf den Friedrich Kluge in seinem mehrfach überarbeiteten und ergänzten „Etymologischen Wörterbuch der deutschen Sprache" verweist. Dort heißt es: „Derselbigen Gassen jede hat drey oder vier Abtritt oder gemeine Örter."

Zweihundert Jahre später steht im Niederdeutschen für ‚Abtritt' ‚Gemack' oder ‚das heimliche Gemach': „Up't Gemack gahn" – Auf's Gemach gehen. So ist es offenbar vom seemännischen Wortschatz aufgenommen worden, wie die Beschreibung Rödings aus eben dieser Zeit zeigt: „Das Gemach ist der Abtritt auf Schiffen. Die Abtritte für das Volk befinden sich auf Kriegsschiffen im Galjon, woselbst Sitze dazu eingerichtet sind. Diejenigen der Offiziere aber sind unter den Seitengallerien, auch ist auf Kauffahrern dieser Platz hinten an der Seite des Schiffes oder auch in der großen Gilling (im Heckbereich). Das Gemach besteht aus dem Sitz, worin sich das Brillgat (die Brille) befindet, und aus einer unter demselben angebrachten bleyernen oder hölzernen Röhre, die durch eine Oefnung aus dem Schiff geleitet ist. Damit aber das Wasser bei hoch gehender See nicht durch diese Oefnung dringet, so ist nach aussen eine Mamiering (aus geteertem Segeltuch gefertigte Dichtung) darum gespikert (genagelt, befestigt). Die bleyerne Röhre wird die Gemachpfeife genannt."

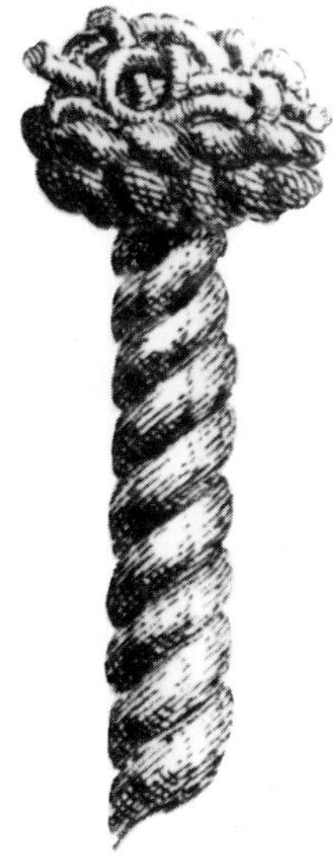

Ein doppelter Schildknopf – zwei Knoten des 18. Jahrhunderts.

„Hafenbild“ aus dem „Hamburger Stadtrecht“ von 1497; links unten die älteste Darstellung eines Krans.

Die Seeleute des 19. Jahrhunderts gaben Matrosen, die die Sitze und Grätings des Gemachs reinzuhalten hatten, den Spitznamen ‚Galionsinspektor‘.

Achtern ist alles, was hinter der Mitte eines Schiffes liegt, vorn ist der Bug, hinten das Heck.

Das Wort ‚achtern‘ oder ‚achter‘ ist im Niederdeutschen entstanden und entspricht dem hochdeutschen ‚after‘ – hinter und hinten, wie es mundartlich heute noch in vielen Verbindungen gebräuchlich ist.

Bereits um 1400 nannten Küstenbewohner die letzte Zeit der Ebbe ‚Achterebbe‘ und die letzte Zeit der Flut ‚Achtervlot‘. Und aus dem 18. Jahrhundert ist in nicht-seemännischer Verwendung überliefert: achternah back Eier-Kooken – hinterher back Eierkuchen; hei is achter – er ist hinter der Stube, auf dem Hofe, im Bette usw.; achter un vör beslagen wesen – sich in allen Fällen zurechtfinden können, klug sein; he slöppt achter, dat he vör nich ruterföllt – er schläft hinten, damit er vorn nicht runterfällt, hieß es, wenn der Mann im Hause nichts zu sagen hatte; und wenn Mann und Frau nichts taugten: dat Hus brennt achter un vör – das Haus brennt hinten und vorn. Zweifelhafte Sachverhalte wurden mit: wenn dor man nicks achter is – wenn nur nichts dahinter ist, umschrieben, und von einem gutmütigen Menschen sagte man: He het kine (geene) Achterdanken – Er hat keine Hintergedanken, er ist nicht argwöhnisch.

Der hintere Ausgang eines Hauses hieß ‚achterpoort‘, auch der Hintere wurde so genannt. So beim deftigen: „de Achterport is bi em ümmer apen, he farzet veel“.

Einfacher Schotstek

Bauteile oder Räume an Bord wurden und werden, wenn sie im hinteren Teil des Schiffes angeordnet sind, mit dem Bestimmungswort ‚Achter‘ versehen: das ‚Achterschiff‘ – Hinterschiff, das achtern mit einem Spitz-, Rund- oder Spiegelheck abschloß; der ‚Achtersteven‘ – Hintersteven, das ‚Achterdeck‘ – Hinterdeck oder die ‚Achterlast‘ – hintere Last, eine Bezeichnung, die früher der Nutzladung galt und später auf den Laderaum, in dem sie gestaut war, überging. ‚Achtergeschirr‘ heißen die hinteren Segel mit dem dazugehörenden Tauwerk, und ‚Achterkant‘ stand früher für Hinterseite. Es war ein in vielen Zusammensetzungen gebrauchtes Seemannswort: dor is noch wat in de Achterkant – es kommt noch mehr Wind, auch im übertragenen Sinne gebraucht.

‚Achterlastig‘ – hecklastig bedeutet, daß das Schiff achtern einen größeren Tiefgang als vorn besitzt; man sagt, das Schiff sei ‚achterlastig vertrimmt‘ oder es habe einen ‚achterlastigen Trimm‘. ‚Achterlastig sein‘ hieß in manchen Gegenden aber auch, einen gewissen

Schnau – zweimastiges Segelschiff des 18. und 19. Jahrhunderts, einer Brigg sehr ähnlich, mit dem Unterschied, daß bei „der Schnau das dem Briggsegel entsprechende Gaffelsegel, das Schnausegel, an einer gesonderten vertikalen Spiere dicht hinter dem Großmast gefahren wurde".

menschlichen Drang spüren, und mit ‚Achtersteven' wird vielfach heute noch ein bestimmter Körperteil bezeichnet.

Als Wortzusammensetzungen mit ‚achtern' waren zudem Orts- und Richtungsbezeichnungen üblich, die in der Sprache der Seeleute ihren festen Platz hatten und haben: ‚achteraus' – hinten oder auch hinter dem Schiff, ‚recht achteraus' – hinten, genau in Verlängerung der Mittschiffsebene; ‚achteraus treiben' oder laufen, ‚deinsen' – sich rückwärts bewegen. Beim Befehl: „Alle Mann achteraus!" mußte sich die Besatzung auf dem Achterdeck, das sie nur dienstlich betreten durfte, versammeln.

‚Achterlich' heißt von oder nach hinten. He het em achterlicher as dwas – Er hat ihn (den Wind) achterlicher als dwars, also aus einer Richtung, die sich zwischen querab (rechtwinklig) vom Schiff und recht achteraus befindet. Das Gegenteil davon ist ‚vorlicher as dwas', wie auch ‚Vorsteven', ‚voraus' oder ‚vorlastig' (buglastig, kopflastig) Bezeichnungen sind, die sich auf den vorderen Bereich des Schiffes beziehen.

Allerdings gibt es selten ein ‚Vordeck', denn der Seemann spricht vom ‚Vorschiff'. Wenn er den vorderen Teil des Hauptdecks bezie-

hungsweise Oberdecks meint, sagt er ‚auf dem Vorschiff' oder ‚auf der Back', oftmals auch dann, wenn das Schiff gar kein Backdeck hat.

Im 18. Jahrhundert faßte man den Bug, also den vorderen Teil des Vorschiffes, das vorn mit dem Vorsteven abschließt, als ‚Nase' des Schiffes auf. Es hieß: den Wind auf die Nase haben, mit der Nase in den Wind stechen oder die Nase in den Wind setzen. Das Schiff liegt zu weit auf der Nase bedeutete: es ist vorlastig, oder es segelt durch zu viele Vorsegel ‚in die Nase'; es liegt vorn tiefer im Wasser.

‚Achtergäste' hießen seemännisch alle diejenigen, die im Achterschiff logierten. Achtern war immer die Vorzeigeseite des Schiffes. Und es hieß von jemandem, der sich beim Kapitän eingeschmeichelt hatte: Dee hett sick achter inspält – Der ist ihm in den Hintern gekrochen.

Ein Leibknoten, so wie ihn das 18. Jahrhundert kannte und nannte.

Achtern war der Salon, der schönste und am besten ausgestattete Raum des Schiffes: holzgetäfelt, mit dem Wandsofa und einem großen polierten Tisch. In diesem Repräsentationsraum residierte der Kapitän, da empfing er den Lotsen, die Makler und die Vertreter der Hafenbehörden, dort erhielten sie die Kapitänszigarre und den guten Schluck.

Über die „vor dem Mast", die vorn im Mannschaftslogis schliefen, schreibt Ernst Weitendorf: „Da war es recht eng: immer zwei Betten übereinander, in der Mitte ein fester Tisch, die Back, und zwei Bänke daneben. Überall standen Seekisten umher und lagen Stiefel und Geräte am Boden. An der Wand, auf eingeschlagenen Nägeln, hingen trockene und nasse Kleidungsstücke. Wie wohnten dagegen die auf dem Achterdeck bequem: der Kapitän, die Steuerleute, der Smutje und der Schiffszimmermann. Jeder von denen hatte seine eigene Kajüte. Sie aßen besser als wir und bekamen viel höhere Heuer. Daher gab es bei uns, wie auf allen Schiffen, im Grunde genommen zwei Gruppen von Seeleuten, die hinter dem Mast hatten alles Gute, und für die vor dem Mast war alles gut genug. Und vor allem: die hinter dem Mast hatten zu befehlen, und wir vor dem Mast hatten zu gehorchen."

Wenn die Jan Maaten jedoch bei einer schweren Arbeit ihr Bestes geleistet hatten, kam es vor, daß der Steuermann: „Besanschot an!" rief. Dann eilten alle nach achtern, auf die Schanze zum Besansegel, im allgemeinen dem letzten eines Segelschiffes. Vom Steuermann erhielt dort jeder Seemann einen ordentlichen Schluck aus der Buddel, zum Dank oder als Anerkennung. Davon erzählt bereits 1723 Cornelius Gijsbertsz Zorgdrager in seiner Beschreibung „Alte und neue Grönländische Fischerei und Wallfischfang ... ausgefertigt durch

Abraham Moubach": „Nachdem man also gespeiset, geschlafen und wieder gespeiset hat, lässet der Commandeur, ehe man abermals an das Werk gehet, die Brandewein-Schüssel von dem Cajuit-Wächter, wie zuvor, herbringen, der sich entweder auf die Lücke des vordern Schiffes oder auf die Steuer-Decke niedersetzt, und aus vollem Halse ruffet: Bezaans schoot an, Bezaans schoot an! Sobald man dieses höret, kommen sie alle an denselben Ort, und nimmet ein jeder drei oder höchstens 4 Löffel voll für seine Portion."

Das Wort *Admiral* hat eine lange Geschichte, die von Historikern und Sprachwissenschaftlern oft voneinander abweichend gedeutet wurde. Als gesichert gilt die arabische Herkunft der Wörter ‚amara' – befehlen und ‚amir' – Befehlshaber, in der Form ‚Emir' haben viele Völker davon Kenntnis erhalten. Während der arabischen Expansion im 7. bis 8. Jahrhundert über Nordafrika nach Spanien, das bis zum 13. Jahrhundert fast vollständig von den Arabern beherrscht wurde, verbanden sich die Wörter ‚arrahl' – Transport und ‚amir' zur Bezeichnung für den Befehlshaber jenes Teils der arabischen Flotte, die zwischen Nordafrika und Spanien verkehrte. So lautete denn auch die älteste aus dem Spanischen übermittelte Form für einen Befehlshaber zur See: ‚almiraje de la mar'. Die spanisch-französischen Beziehungen brachten das Wort nach Frankreich, im Altfranzösischen und Mittelhochdeutschen um das Jahr 1200 sagte man: ‚amiral'. Unter dem Einfluß des lateinischen ‚admirari' – bewundern (ein bewundernswerter Mann), verbreitete es sich im 16. Jahrhundert im Französischen, und innerhalb kurzer Zeit nahmen es viele Sprachen auf.

Bereits zu Beginn des 13. Jahrhunderts gab es sizilianische Admirale. Zur gleichen Zeit verwendeten die Engländer Wort und Titel. Und Ramon Bonifaz aus Burgos soll im Jahre 1246 vom spanischen König Fernando el Santo die Würde eines „almiraje de la mar" verliehen worden sein. Seitdem gab und gibt es unzählige, erfolgreiche und erfolglose, Sieger und Unterlegene. Aber das ist ein anderes Kapitel.

Röding beklagt im Vorwort zu seinem „Allgemeinen Wörterbuch der Marine", das er sehr zu Recht als ein Werk begreift, „dessen Ausarbeitung mit zu den mühsamsten gehört, die je unternommen worden sind", wie zeitaufwendig es war, unter dem Stichwort ‚Admiral' alle „die verschiedenen Stufen der Admiralitätswürde bey den Europäischen Seestaaten sowohl der alten, als auch der jetzigen Völker" herauszufinden. Allein sechs Seiten, zweispaltig und eng bedruckt, brauchte unser Sammler maritimer Tatsachen für das Stichwort ‚Admiral'.

Gustav Goedel zitiert in seinem „Etymologischen Wörterbuch der deutschen Seemannssprache“ Leonhard Fronsperger, der in seinem 1566 erschienenen Buch „Von den Kayserlichen Kriegsrechten, Malefitz und Schuldhändeln bey regierung Caroli deß fünfften geübt“ schrieb: „Von gewalt, ampt vnd Befelch eines General Obersten, den man auff dem Wasser oder Meer Admiral pflegt zu nennen.“

Und Friedrich Kluge erwähnt in dem wortgeschichtlichen Handbuch der „Seemannssprache“ den legendären Genuesen Christoph Kolumbus, der vom Seefahrer zum „Großadmiral des Ozeans, Vizekönig und Generalstatthalter der Inseln und des Festlandes von Asien und beider Indien und zum Generalkapitän der Königin und des Königs“ aufstieg.

Auch Wallenstein, Herzog von Friedland, Sagan und Mecklenburg, General-Oberster Feldhauptmann seines Kaisers Ferdinand II., verschmähte (politisch-feudale und militärische) Rangerhöhungen nicht. Im April 1628, also Monate bevor er Stralsund, diese wichtige deutsche Seestadt, zu erobern versuchte, ließ er sich den „nie dagewesenen Rang eines ‚Generals des Ozeanischen und Baltischen Meeres‘ beilegen“. Golo Mann schreibt in seiner „Wallenstein“-Biografie: „Groß war damals die Unwissenheit des Großadmirals“, sie zeigte sich, als er im Juli 1628 zwischen Anklam und Ueckermünde „am Rande der schwarzgrün bewegten Öde stand“ und Oderschleppkähne für seetüchtige Schiffe hielt. Doch Wallenstein lernte schnell. „Wenn“, so Golo Mann, „eine kaiserliche Flotte existieren, wenn ein Admiral sie kommandieren wird, so sollen Flotte und Admiral unter ihm sein. Land, Häfen und Meer, maritimer und Binnenhandel, Bataillen zu Wasser und an den Küsten, das ist nicht zu trennen. Auch, wenn die Wasserkönige zu Lande kämpfen, warum sollte die große Landmacht sich nicht eines baldigen Tages aufs Wasser wagen?“ Realistische Überlegungen eines Soldaten, die sich freilich, wie wir wissen, niemals realisieren sollten.

Lange Trompete

Spätestens im 16. Jahrhundert waren die Flotten der Seestaaten Europas so organisiert, daß ein Verband aus mehreren Kriegsschiffen von einem Admiral geführt wurde, dessen Vertreter Vizeadmiral war. Der Vizeadmiral führte die Aufklärungsgruppe, der Admiral die Linienschiffe, während die achteraus sichernde Arriere-Garde (die Nachhut) vom ‚Schout by Nacht‘ – dem Nachtschulzen, später ‚Contre-Admiral‘ – befehligt wurde. Der „ursprünglichen Bedeutung dieses Namens nach“, so Röding, „soll der Schout by Nacht während der Nacht ein wachsames Auge auf die Schiffe einer Flotte haben“. Als jüngstem Admiral war ihm also das harte Los beschieden, immer die Nachtwache gehen zu müssen.

Da die Admirale zum besseren Ausmachen (Erkennen) der Führerschiffe durch die anderen Schiffe des Verbandes spezielle Flaggen führten – von Bedeutung für die Orientierung auf Signale, besonders nach der Auflösung der Gefechtsformation im Nahgefecht Schiff gegen Schiff –, hießen sie ‚Flaggoffiziere'. So fuhr der Admiral seine Flagge im Topp des Großmastes, der Vizeadmiral die seine im Topp des Fockmastes, während die Flagge des Schout by Nacht oder Contre-Admirals im Topp des Kreuz- bzw. des Besanmastes gesetzt wurde.

Das Schiff, an Bord dessen sich der Admiral oder ein anderer Flottenchef befand, war das ‚Admiralsschiff', ‚Flaggenschiff' oder ‚Flaggschiff'. Zuweilen nannte man es aber auch ‚Flaggmann', obwohl dieses Wort ursprünglich dem Flaggoffizier, dem Admiral, galt. Üblich war diese Identifizierung des Schiffes mit dem sich an Bord befindlichen Flottenchef vor allem im 17. Jahrhundert.

Der Kapitän an Bord eines Flaggmanns hieß noch im 18. Jahrhundert ‚Flagg-Kapitän'. Auch der Schiffer, die Steuerleute und der Konstabel (Artillerieoffizier) des Flaggmanns trugen die Kennung ‚Flagg-' vor ihrer Berufsbezeichnung.

Bis in das 18. Jahrhundert hinein gehörte es zur Gepflogenheit vieler Kauffahrtei-Schiffe, sich auf ihren Reisen in die Neue Welt ähnlich einem Verband von Kriegsschiffen zusammenzuschließen. Gemeinsam konnte man den Angriff feindlicher Schiffe, den Überfall von Seeräubern, Kaperfahrern, Freibeutern, Flibustieren und Bukanieren, den „Wölfen des Meeres" – wie sich jene damals gern selbst nannten – besser abwehren. Dieses zeitweilige Bündnis hieß ‚Admiralschaft machen' oder ‚unter Admiralschaft segeln'.

Von ‚Admiral' sind wir ausgegangen, mit ‚Admiral' wollen wir auch enden und dabei zwei Nebenbedeutungen unseres Wortes erwähnen.

Es wurde nach dem ersten Weltkrieg, genauer gesagt um das Jahr 1920, zu einem Hohnwort: ‚verhinderter Admiral' hießen damals im Volksmund die aufgetakelten Portiers, die in ihren goldbetreßten Phantasieuniformen vor den Hotels und Vergnügungsstätten standen. Und schließlich ist bemerkenswert, daß die Seeleute auch eine Schlagpütze – einen aus Segeltuch oder Holz angefertigten Eimer zum Wasseraufschlagen und Deckwaschen – dem niederländischen ‚ammeral, ameraal' entstammend, ganz ernsthaft und ziemlich respektlos mit ‚Admiral' bezeichneten.

Altbacksch. Nur wenige werden heute noch den Sinn des Wortes kennen, bis zur Jahrhundertwende bedeutete es an Bord: naseweis.

Das niederdeutsche ‚ooldbacksch' stand für das hochdeutsche ‚altbacken‘ oder ‚altgebacken‘, bereits im 18. Jahrhundert war es in allgemeinem Gebrauch. Man kannte den zweiten Wortbestandteil in mancherlei Verbindungen, am häufigsten aber im Zusammenhang mit ‚alt‘.

So bedeutete es einerseits altklug: He snack fürchterlich ooldbacksch – Er sprach fürchterlich altklug, andererseits altmodisch: He is'n ganzen oldbackschen Minschen – Er ist ein ganz altmodischer Mensch.

Im Wortschatz des Seemannes hatte ‚ooldbacksch‘ die gleiche Bedeutung wie ‚oolddoon‘, über das wir aus dem 18. Jahrhundert erfahren: in jungen Jahren alte Leute nachahmen. Und Kluge zitiert aus dem 1906 erschienenen „Loggbuch eines Kriegs-Seemannes“ von C. F. Sperling: „Benimmt sich ein junger Mensch an Bord vorlaut und anmaßend, so nennt man ihn altbacksch, gewissermaßen um hiermit anzudeuten, er betrüge sich derart, als ob er schon ein alter Backskollege sei und viele Jahre gefahren habe.“

Der *Alte* ist eine seit Jahrhunderten übliche Bezeichnung – besonders, wenn Seeleute unter sich sind – für den Kapitän ihres Schiffes, den Verantwortlichen für die seemännische Führung, für die Leitung des Schiffsbetriebes und für die Sicherheit und Ordnung an Bord. Er repräsentierte und repräsentiert allein das Gesetz, den Staat, unter des-

Felucke – „ein in der mittelländischen See gebräuchliches Fahrzeug, welches lateinische Segel und Riemen führt. Es hat in der Bauart und Takelasche viele Ähnlichkeit mit der Galeere, ausgenommen, daß es viel kleiner ist. Die Felucken haben gewöhnlich 12 Riemen an jeder Seite, und eben so wie die Galeeren einen grossen und einen Fockmast. Beyde hängen ungefähr unter einem Winkel von 3 Grad nach vorne über. Es hat ... vorne einen Schnabel, worauf der Hals des Focksegels steht und verschiedenes Tauwerk festgemacht wird.“ (J. H. R.)

sen Flagge das Schiff läuft. Obgleich im 20. Jahrhundert der Kapitän nicht mehr der „Maître après Dieu", der Nächste nach Gott, ist, von vielen gehaßt und von wenigen geliebt, wie auf den Schiffen in der Zeit des Absolutismus und lange danach, an Bord hat er – damals wie heute – jene Gesetze, notfalls mit Gewalt, durchzusetzen, die auch er seinerseits gewissenhaft zu befolgen hat. Für alle seine Maßnahmen und jede an Bord getroffene Entscheidung kann er gerichtlich zur Verantwortung gezogen werden.

Das hochdeutsche ‚der Alte' entspricht dem niederdeutschen ‚de Olle' und das hochdeutsche ‚alt' dem niederdeutschen ‚old' oder ‚oll'. Unsere Vorfahren bildeten damit Wortverbindungen und Redewendungen, die uns zum großen Teil heute noch geläufig sind: Min Oll – mein Alter; mine Ollsche – meine Alte; de Ollen sünt ook keene Narren west – die Alten sind auch keine Narren gewesen; dat is de olle Snack – das ist das alte Gewäsch, das hat man schon oft gehört; Olldage – die Jahre des Alters; dat möt ikk up mine Olldage nog belewen – das muß mir in meinen alten Jahren noch begegnen; ollduun – übel vom Rausche des vorigen Tages; Oldermann oder Ollermann, Ollerlüde – die Ältesten und Angesehensten einer Zunft.

Und von Bord alter Schiffe ist überliefert: „Wachst, bett de Olle kümmt an Burd, un wenn't bett twei or drei ok durt." – Wachst, bis der Alte kommt an Bord, und wenn's bis zwei oder drei auch dauert.

Den Titel ‚Alter' führte in Hafenstädten im 18. Jahrhundert auch der Vorstand einer Schiffergilde, und wir erfahren durch Eschels, daß „anno 1799 in Altona Schifferalten, wie auch Schiffbaumeister, Reeper, Segelmacher und Schmiedemeister als Taxatoren bei Seeschäden angestellt" wurden. Noch heute heißt nicht nur der Vorsitzende der 1488 gegründeten Stralsunder Schiffer-Compagnie: ‚Altermann'.

Das Wort ‚Kapitän' führt auf das lateinische ‚caput' – Haupt, und das davon abgeleitete Wort ‚capitaneus' – Anführer, zurück und hat in fast alle europäischen Sprachen Eingang gefunden.

Auf Segelkriegsschiffen bestand bis zum 18. Jahrhundert eine Trennung zwischen der militärischen und der seemännischen Führung und zwischen Seesoldaten und Seeleuten. Der militärische Befehlshaber des Schiffes war der Kapitän, dem die Offiziere und Seesoldaten sowie der Schiffer mit den Steuerleuten, Bootsleuten und Matrosen unterstanden.

Röding beschreibt die Situation mit dem Blick auf sein Jahrhundert so: „Der Kapitän eines Kriegsschiffes ist auf seinem Schiff als Kommandant auf einer Festung anzusehen. Er muß ein herzhafter und in allen zum Seedienst erforderlichen Wissenschaften erfahrener Mann seyn, denn von ihm hängt alles ab, was die Policey, Fahrt, Gefecht und Erhaltung des Schiffs anbetrifft. Bey dem Gefecht ist sein Platz oben auf der Schanze, um alles übersehen zu können. Wenn er in eine Flotte segelt, so steht er unter dem Admiral oder ersten Flaggemann."

Seit der zweiten Hälfte des 18. Jahrhunderts begann in allen europäischen Marinen aus der Erfahrung, daß eine Trennung der Gefechts- und der Schiffsführung nachteilig ist, der allmähliche Wandel. Die militärischen Befehlshaber – die Kapitäne ohne seemännische

Tafel in der Heilig-Geist-Kirche zu Wismar, Stiftung der Schiller-Compagnie, 1836.

Es ist möglich, daß es sich beim hier abgebildeten Schiff um die „Couranne", ein Werk des aus Dieppe gebürtigen Schiffszimmermeisters Morieu, oder um die „Louis XV" handelt. Beide Schiffe entstanden im absolutistischen Frankreich, wo Kardinal Richelieu und dann vor allem Ludwig XIV. eine Weltmachtsmarine schufen und vollendeten. Im 17. und 18. Jahrhundert besaß Frankreich in Werkstätten und auf den Werften die fähigsten Schiffskonstrukteure. Überragend die französischen Linienschiffe. Ein Beispiel, das der Franzose Jean de la Varende so beschreibt: „Die ‚Couranne' vermaß über zweitausend Tonnen, aber ihre Größe bedeutete nichts neben ihrer inneren und äußeren Zweckmäßigkeit, ihrer Leistungsfähigkeit und Seetüchtigkeit. Als sie in der Biskaya zur Flotte stieß, verblüffte sie die alten Walfänger, die es nicht für möglich gehalten hätten, daß ein Schiff dieser Größe und von so schwerer Bewaffnung so hoch am Winde segeln konnte. Sie wendete wie eine Barke und trug eine Bestückung, wie die Welt sie noch nicht gesehen hatte. Ihr Großmast war zweiundsiebzig Meter hoch; sie bot dem Wind eine Segelfläche von zwölftausend Quadratmeter Hanftuch; ihre

Ankertrosse wog vierzehnhundert, der schwere Anker viertausendachthundertachtzig Pfund. Sie hatte zweiundsiebzig Geschützpforten. Die Einrichtung der ‚Couronne' war großzügig, königlich. Der Salon war zehn Meter lang und sechs Meter breit. Seitlich schlossen sich Galerien an, so daß der Raum mit Leichtigkeit hundert Personen fassen konnte. Auch fügte man Schwalbennester hinzu, die entlang dem Achterschiff vorsprangen und die Schwere des Hecks mit ihrem prächtigen Anblick auflockerten. Die Flagge aus weißer Seide mit dem Wappen Frankreichs, mit zahllosen Lilien und Emblemen bestickt, war von der Königin gestiftet worden, die aus ihrer Privatschatulle vierzehntausend Taler beisteuerte ... Charakteristisch für die ‚Couronne' war ihr langes Galionsdeck, ihr Schiffsschnabel englischer Herkunft, das so niedrig über dem Wasser lag, daß man eben über die Wellenkämme hinweg nach vorn schießen konnte, um die Galeeren abzuwehren, die wegen der Schiffsbatterien niemals von der Seite angriffen. Das Galionsdeck endete in einer plastischen Allegorie: einem die Hydra erlegenden Herkules ..."

Ausbildung – gingen, bildlich gesehen, mit ihren Offizieren von Bord, und der bisherige Schiffer und seine Steuerleute avancierten zum Kapitän und zu Offizieren. Militärische und seemännische Führung waren nun in einer Person vereinigt, jedoch wurde weiterhin, bis in das 19. Jahrhundert hinein, auf Segelkriegsschiffen zwischen Seeleuten und Seesoldaten unterschieden.

Das hochdeutsche Wort ‚Schiffer' entstammt dem mittelhochdeutschen ‚Schiffherre' und das niederdeutsche ‚Schipper' dem mittelniederdeutschen ‚Schiphere'. Beide haben die Bedeutung von Schiffsherr, Schiffsführer.

Ein sehr früher Beleg stammt aus dem Jahre 1292; im Ältesten Hamburger Schiffsrecht, § 28, heißt es: „Sowan so ein schipp tobricht, so scal de Schiphere allererst bergen dhe lude unde dar na dat rede goet." – Wenn so ein Schiff zerbricht, so soll der Schiffer zu allererst die Leute bergen und danach die Ladung. Und in dem 1655 in Hamburg erschienenen Buch von Hans Tangermann „Kunst der Seevaert", auf das auch Friedrich Kluge verweist, steht: „... alldar fraget de Schipper synen Stürman, wat Koers unde wo veel Myle he sik wol van Heyssant gisset." – Dort fragte der Schiffer seinen Steuermann, auf welchem Kurse und wieviel Meilen er sich wohl von Heyssant schätze.

Als Marginalie sei angefügt, daß die legendären Männer, die im 17. und 18. Jahrhundert als Kapitäne nach Grönland („Grönlandfahrer") fuhren, um Wale zu fangen, ‚Commandeure' hießen, eine Bezeichnung, der wir erst einhundertfünfzig Jahre später wieder begegnen.

Ein Kauffahrer aber wurde bis zum 18. Jahrhundert vom Schiffer mit seinen Steuerleuten geführt. Darüber erfahren wir von Röding: „Schiffer eines Kauffahrers ist im eigentlichen Verstande der Kapitän eines Kauffahrers ... weil auf Kauffahrern nämlich weder die Würde eines Kapitäns, noch diejenige eines Lieutenannts Statt findet. Doch wird solcher Schiffer von seinen Leuten gewöhnlich Kapitain genannt. Dem Schiffer ist der Steuermann und Bootsmann untergeordnet, welche drey zusammen die Offiziere eines Kauffahrers sind."

Welche Charaktereigenschaften und Fähigkeiten ein Schiffer oder Kapitän besitzen und wie er sich verhalten sollte, präzisierte William Bourne (1539–1582) für seine Zeit in dem 1574 erschienenen Buch „A Regiment for the Sea": „Der Mensch, der dazu geeignet ist, ein Schiff zu führen, d. h. Kapitän eines Schiffes bei der Navigation zu sein, soll besonnen und klug sein und nicht leichtsinnig und voreilig. Er darf auch nicht allzu unstet oder hastig sein, sondern muß sich beherrschen können, denn sonst ist es ihm nicht möglich, die Besatzung gut zu beherrschen! Er sollte auch nicht allzu einfach sein, sondern es verstehen, der Besatzung Ehrfurcht einzuflößen, ohne sie zu verletzen oder ihnen Unrecht zu tun. Er sollte ihnen das zukommen lassen, was Männer brauchen, und achten, daß sie ihrer Arbeit nachgehen, wie es Männer auf jedem Gebiet tun sollten. Das Wichtigste bei der Führung der Mannschaft ist, sowohl gefürchtet als auch geliebt zu sein, was hauptsächlich durch folgendes erreicht werden kann: die Männer bei guter Arbeit aufzumuntern und den wirklich ergebenen Vorteil zu gewähren, ohne daß dafür der Kaufmann oder man selbst geschädigt wird; ferner diejenigen zu bestrafen, die Übeltäter sind und dadurch die übrige Besatzung stören. Bei kleinen Vergehen sollen sie verwarnt werden, damit sie sich bessern. Zwei Punkte müssen vom Kapitän besonders beachtet werden: Gott zu dienen und darauf zu achten, daß dies gleichermaßen auch die Besatzung tut, und zwar in der Zeit, die dafür bestimmt ist. Der zweite Punkt ist, daß der Kapitän weder Würfel noch Karten und auch kein Spiel duldet (soweit möglich), denn dies kann in vielerlei Hinsicht Schaden anrichten. Weiterhin sollte der Kapitän den Lauf des Mondes kennen, so daß er weiß, wann Flut ist oder Ebbe und in welchem Viertel oder Teil des Himmels der Mond steht, wenn die Flut auftritt. Der Kapitän sollte auch den Ort gut kennen, zu dem er segeln will, außer wenn er einen Lotsen an Bord hat, und darüber hinaus wissen, wie die Gezeiten und die Strömungen von einem Ort zum anderen sind und wo Gefahren wie Felsen, Sand oder Bänke lauern. Außerdem sollte er den Kurs zu irgendeinem Ort ausrechnen können und wissen, wie man sich bei schlechtem Wetter oder bei Sturm verhalten muß. Es ist von Vorteil, wenn er ein guter Küstenfahrer ist und jeden Platz erkennt, wenn er ihn sieht; übernimmt er ein Kommando für lange Reisen, so sollte er Kartenkunde beherrschen und solche Instumente, mit denen man die Höhe der Sonne oder irgendeines Sternes messen kann. Ferner soll er diese Instrumente einstellen können und wissen, wie man die Deklination der Sonne ausrechnen, und schließlich, was er mit der Deklination der Sonne anfangen kann, wenn er ihre Höhe gemessen hat."

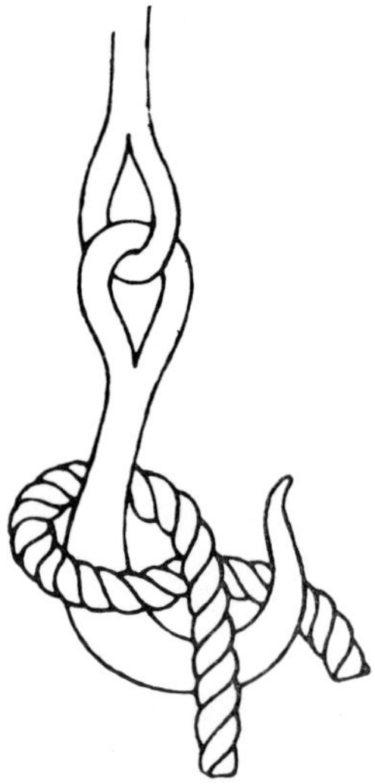
Haken- oder Nackenschlag

Autobiographisches zum gleichen Thema schrieb dreihundert Jahre später der nachmalige Kapitän Alfred Tetens nieder. Vor einer Prüfungskommission der Navigationsschule Altona hatte er sich 1855 in folgenden „nautischen Prüfungsgegenständen" auszukennen: „Kenntniß aller Cirkel, die man sich auf der Himmelskugel denkt; von der eigenen Bewegung des Mondes und der Planeten, von dem Zusammenhange zwischen der Uhrzeit und der Länge auf der Erde; von der wahren Sonnenzeit, Mittelzeit und der Zeit-Gleichung; von der Ein-

Doppelter Augspleiß, 18. Jahrhundert.

richtung des Nautical-Almanach's und der Planet-Tabellen. Vollständige Kenntniß der Art und Weise, wie der Sextant zu untersuchen und zu berichtigen ist und Fertigkeit, mit demselben Winkel zwischen zwei Gegenständen zu messen. Kenntniß der wichtigsten Sternbilder, und Fähigkeit, die zu den Distance-Observationen dienlichen Sterne am Himmel zu finden. Die Höhe eines Himmelskörpers zu einer gegebenen Zeit zu berechnen. Fähigkeit, die Uhrzeit mittelst der Höhe der Sonne oder eines Sternes zu berechnen.

Fähigkeit, den Gang einer Seeuhr zu untersuchen, sowohl auf dem Lande durch künstlichen Horizont, als auf einer Reise durch Peilung von Punkten, deren Länge genau bestimmt ist: Kenntniß der Behandlung der Seeuhr und durch dieselbe die Uhrzeit in Greenwich zu finden. Fähigkeit, die Uhrzeit in Greenwich aus der gemessenen Distance zwischen dem Monde und der Sonne oder zwischen dem Monde und einem Sterne oder Planeten zu berechnen, wenn die Höhen zugleich gemessen sind.

Fähigkeit, die Länge und Breite zu finden."

Im gleichen Jahrhundert führte die Handelsschiffahrt ‚Kapitän' offiziell ein, und um das Jahr 1900 galt das inzwischen ziemlich überholte Wort ‚Schiffer' für den Kapitän eines Handelsschiffes bereits als eine Herabsetzung, es war zu einer „im hohen Grade unwürdigen" Bezeichnung geworden. Geradezu diskreditiert fühlten sich die abgedankten Kapitäne, wenn sie die noch viel weniger schmeichelhafte Benennung ‚Altschiffer' erhielten.

Daß auch Kapitäne, die zwar für große Reedereien fuhren, aber kein eigenes Geld im Schiff hatten, mancherorts mit dem abwertenden Namen ‚Droschkenkutscher' bedacht wurden, sei hier als Kuriosität erwähnt.

Lang war die Zeit des Aufstiegs vom Schiffsjungen über den Leichtmatrosen, Vollmatrosen und Steuermann zum Kapitän: „An der Ostsee ist es Steuerleuten möglich, mit 30 Jahren – in mehreren bekannten Fällen sogar mit 27 Jahren – Kapitän zu werden, wogegen an der Nordsee, besonders bei den Großrhedereien, es selten vorkommt, daß ein Offizier Kapitän wird vor dem 40. Lebensjahr", schrieb damals, 27. März 1908, die Zeitung „Hamburger Correspondenz/Morgenblatt".

Da die Dienststellungen für den Schiffsführer eines Handelsschiffes und für den eines Kriegsschiffes nun gleich lauteten, benannte die deutsche Marine im 19. Jahrhundert den Kapitän eines Kriegsschiffes ‚Kommandant'. Damit tat sie es den Engländern gleich, bei denen der militärische ‚commander' neben dem zivilen ‚captain' steht. Den Dienstgrad Kapitän übernahmen fast alle europäischen Marinen.

Allerdings ist es heute, wie auch in früheren Zeiten, nicht unüblich, den dienstältesten Kapitän einer Reederei ‚Kommodore' zu nennen. Wird ein neues, besonders schönes und großes Schiff indienstgestellt, ein „Renommierkahn", dann erhält er das Kommando.

Fredrik Henrik af Chapman, schwedischer Oberschiffbaumeister und Vizeadmiral, geboren 1721, gestorben 1808, einer der größten Schiffbauer unserer Geschichte, resümierte am Ende seines 1775 veröffentlichten „Tractat om Skepps-Byggeriet" (Abhandlung über den Bau von Schiffen): „Auch wenn ein Schiff in seiner Form alle möglichen guten Qualitäten haben kann, können diese Qualitäten doch niemals wirksam werden, bevor das Schiff richtig getakelt, richtig belastet oder armiert und schließlich von einem im Seewesen und Manövrieren kundigen Kapitän richtig gehandhabt wird."
Und Perikles, 493 bis 429 v. u. Z., sagte in einer Rede an die Athener: „Wenn irgend etwas, so ist das Seewesen eine Kunst, die nicht gelegentlich und nur nebenbei geübt sein will, sondern im Gegenteil, es darf nichts anderes neben ihr getrieben werden." Eine wahrlich bemerkenswerte Auslassung zu unserem Thema, formuliert und ausgesprochen vor fast 2500 Jahren.

Der *Anker* ist ein hakenförmiges Gerät zum Festhalten des Schiffes im Meeresboden. Er wird auf Reede oder in anderen flachen Seegebieten ausgebracht, um das Abtreiben durch Wind, Seegang oder Strö-

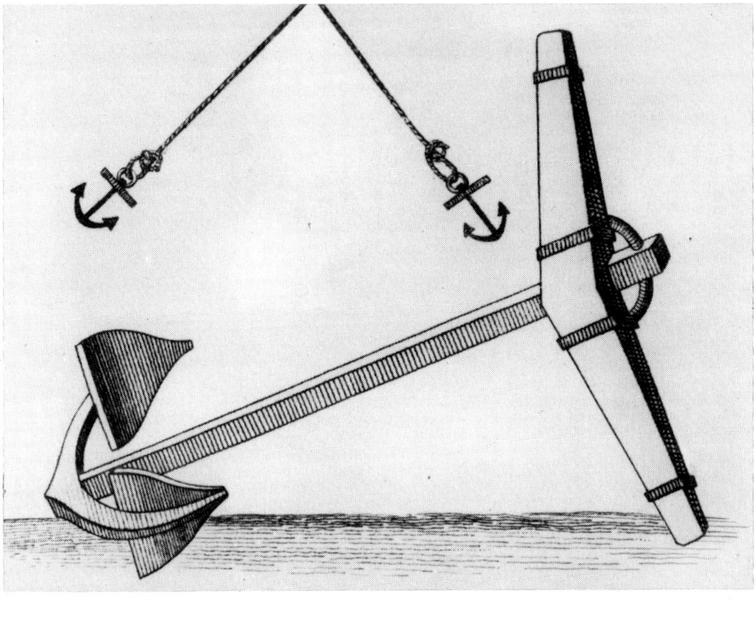

Anker auf Grund, auf dem Stockende liegend.
„Es ist ohne Zweifel eine sehr leichte Sache gewesen, einen ziemlich langen Schaft mit zwey starken einander entgegenstehenden und gebogenen Armen zu erfinden, die, wenn sie in den Grund des Meeres greifen, den Lauf des Schiffes hemmen und dasselbe festliegend machen können: aber die Erfahrung wird bald gezeigt haben, daß ein Anker ohne Stock nicht von großem Nutzen hat seyn können, weil sich der Anker platt auf den Grund legen, und sogar, wenn das Ankertau angezogen wird, mit in die Höhe gehen würde." (J. H. R.)

mung zu verhindern. Masse und Anzahl der Anker hängen von der Größe eines Schiffes ab, und durch Ketten, früher Trossen, werden sie mit ihm verbunden. Damit die Anker sicher halten, steckt man in der Regel Ketten, deren Länge etwa der dreifachen Wassertiefe des Ankergebietes entspricht.

Die alten seefahrenden Völker gebrauchten, um ihre Boote im freien Wasser oder im Hafen festzulegen, Körbe voller Steine, Säcke voller Sand oder Senksteine – Steinanker, und warfen sie, an Leinen gebunden, über Bord. Noch zu Beginn des 20. Jahrhunderts benutzten isländische Fischer Steinanker. In frühester Zeit war es auch üblich, mit Bleiplatten beschwerte Holzstücke zum Ankern zu verwenden, und den Phöniziern sagt man nach, daß sie Silber anstelle des Bleis wählten, als sie die Küste Spaniens erreicht und dort die großen Silbervorkommen entdeckt hatten.

Von Lächler/Wirz erfahren wir, daß „die Sturmdeckgaleeren der heroischen dorischen Zeit noch (den) Steinanker (hatten), die Eunai, durchbohrt und mit einem Kabel versehen; man warf sie aus oder legte sie auf den Strand. Im siebten Jahrhundert vor unserer Zeit mußte dann der Eisenanker aufgekommen sein."

Das früheste Zeugnis über den eisernen Anker gibt der griechische Elegiendichter Theognis, um 550 vor unserer Zeitrechnung. Als Er-

Schiff vor Anker: „Nach dem Bericht der ältesten Schriftsteller gebrauchten die ersten Völker anstatt der Anker nur Körbe voller Steine und Säcke voller Sand, die sie an Tauen gebunden in die See warfen. Auf solche Weise banden die Helden auf dem Argo ihr Schiff an Felsen, oder warfen an Stricke gebundene Steine ins Meer, um sich damit festliegend zu machen, solcher simplen Anker bedienen sich auch heut noch zu Tage manche Völker, bey denen die Schiffahrt noch in ihrer Kindheit ist, auch brauchten sie dazu Stücke Holz und beschwerten sie mit Bley . . ." (J. H. R.)

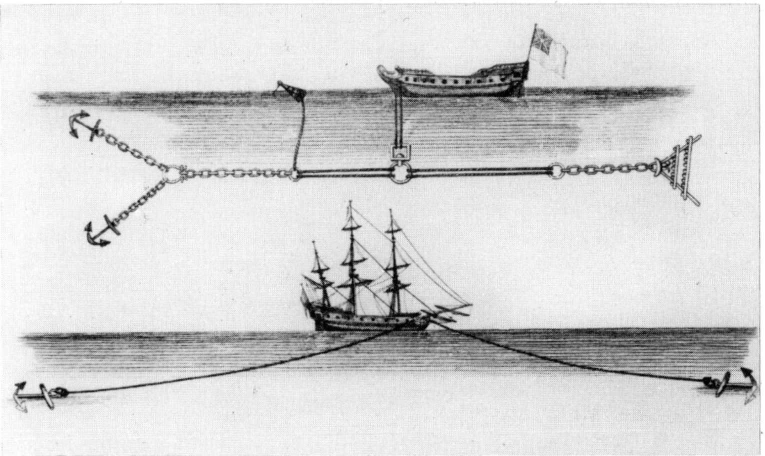

Oben:
In englischen Häfen im 18. Jahrhundert benutzte Anker.
Unten:
Vor zwei Ankern liegend.

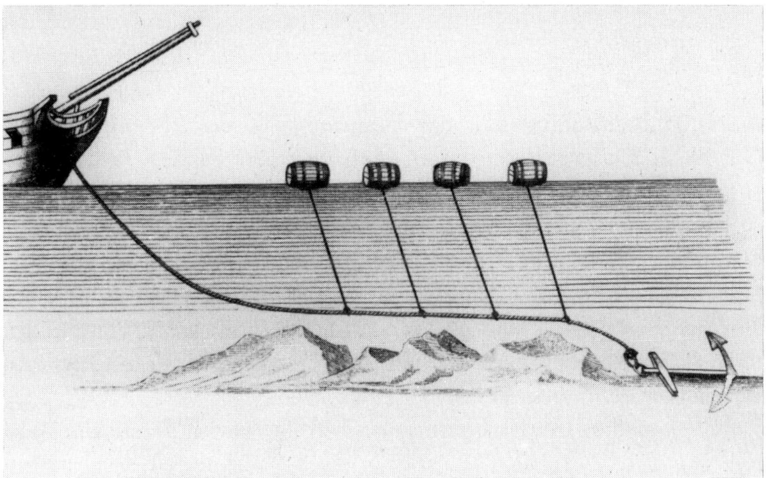

Ein mit Tonnen ‚aufgebojtes' Ankertau – „einen Körper, der wegen seiner eigenen Schwere zu Grunde sinken würde, durch einen andern schwimmenden Körper, welcher mit Stricken oder Ketten an erstern befestigt worden, auflichten oder treibend erhalten. Gemeiniglich werden ledige Tonnen dazu gebraucht, und nicht selten hat man dadurch gesunkene Schiffe wieder in die Höhe gelichtet." (J. H. R.)

finder des einarmigen Ankers gilt der Grieche Eupalamos und als Erfinder des zweiarmigen Ankers der Skythe Anacharsis, der durch seine einfachen Weisheiten Aufsehen erregte, und den man später zu den „Sieben Weisen" zählte. Daß die alten Völker des nördlichen Europa diese Ausführung des Ankers von den Römern übernahmen, belegt der Fund von zwei Booten im Nydamsmoor in Südjütland. In beiden fand man einen eisernen Anker und römische Münzen aus dem 2. Jahrhundert.

Bereits im Altertum, wie auch zur Wikingerzeit, fuhren größere Schiffe mehrere Anker. Und im Jahre 1565 heißt es bei Fronsperger. „ein groß Lastschiff, welches etwan auff vier starcker Segel oder Mastbäum, dazu auch etwan drey oder vier Ancker pflegt zu haben."

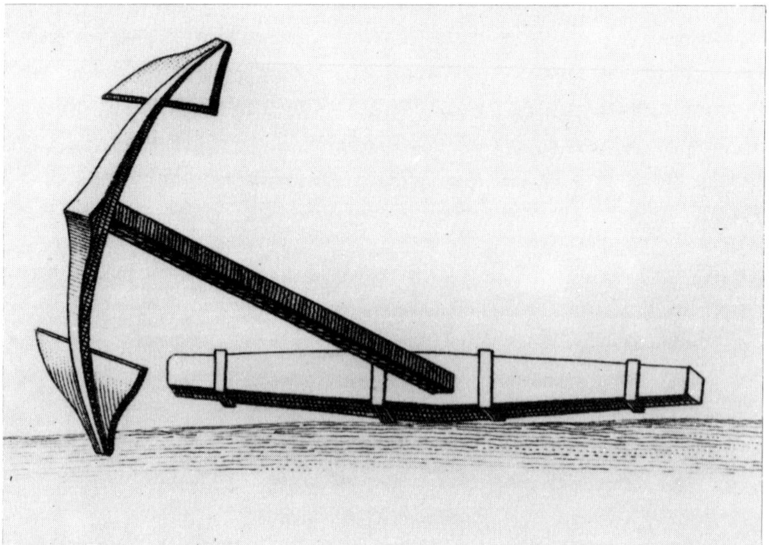

Gekenterter Anker, nun mit Flunke und Arm in den Grund greifend.

Nach den „Attischen Seeurkunden" – das sind Steintafeln aus den Jahren 370 bis 350 v. C., auf denen der Materialbestand des Arsenals von Athen aufgezeichnet ist – belief sich dieser Bestand auf zwei Sätze von je 337 eisernen Ankern im Gewicht von 20 bis 25 kg. Zum „hängenden Gerät" einer Triere gehörten je zwei eiserne Anker, doch konnten je Schiff auch bis zu vier solcher Anker ausgegeben werden. Das Ruderschiff des Hieron, ein 60-Mann-Ruderer und damit eines der größten Schiffe der Zeit, hatte vier hölzerne und acht eiserne Anker. Zur Bedienung des Ankers gab es Kranbalken, wie sie bis ins 19. Jahrh. hinein zum Ankergeschirr gehörten; die Ankertrossen wurden durch Klüsen gefahren. Eiserne Ankerketten, über die Cäsar bei den Galliern und Venetern berichtet, wurden von den Griechen und Römern nur ausnahmsweise benutzt.

Hans-Rudolf Rösing

Im 18. Jahrhundert war der zweiarmige Stockanker allgemein in Gebrauch. Er hatte den Vorteil, daß der quer zu den Ankerarmen angeordnete Stock sich beim Ankern parallel zum Meeresgrund legte und damit ein senkrechtes Eingraben eines Ankerarmes bewirkte. Die Enden der Arme hießen Flügel, Flunken, Hände oder Ohren. Dazu schreibt Röding: „Nach alten Denkmälern zu urtheilen, scheinen die Anker der Alten eben so gestaltet gewesen zu seyn, wie die unsrigen, nur fehlt bey allen das an dem Schaft befindliche Querholz, welches wir den Stock nennen."

Zum Einholen der Ankertrosse beim Ankerlichten diente das Bratspill auf dem Vorschiff, das im 17. und 18. Jahrhundert der Ähnlichkeit wegen noch den Namen Bratspieß trug und eine horizontale achtkantige hölzerne Welle mit Löchern zum Einstecken der Spillspaken besaß.

Schließlich finden wir in „Des Herrn Admirals, Lord Ansons Reise um die Welt", welche „ER" als Oberbefehlshaber eines Geschwaders „Sr. Großbritannischen Majestät" in den Jahren 1740 bis 1744 unternahm, das liebenswürdige Wort ‚Ankerwächter'. Das war damals ein Stück Holz oder eine Tonne, eine Ankerboje, „so auf dem Wasser schwimmt und anzeigt, wo der Anker auf Grund liegt".

Heute fährt man zweiarmige Patentanker, Danforth- oder Leichtanker, Stockanker als Reserveanker und Draggen mit vier Armen als Suchanker und gebraucht die Wendungen ‚vor' oder ‚zu Anker gehen' oder ‚liegen', ‚ankeraufgehen', ‚Anker lichten' oder ‚hieven'.

Das Wort entstammt dem griechischen ‚ankyra', das in viele europäische Sprachen einging. Bei den Römern hieß es ‚ancora', und als deren Flotte in die Nordsee und den Niederrhein aufwärts lief, übernahmen die Germanen die lateinische Bezeichnung. Die Angelsachsen benutzten die Wortform ‚ancor' (engl. anchor), die zuerst im altenglischen Beowulf-Heldenepos, wahrscheinlich um 730 von einem Geistlichen verfaßt, zu finden ist. Im Althochdeutschen erscheint ‚anchar', doch setzte sich in der Seemannssprache die Lautform mit „k", also das niederländische und niederdeutsche ‚Anker' durch. Dat anker – das Anker hieß es im Niederdeutschen des 16. Jahrhunderts.

Ein früher Beleg ist von 1430 überliefert. In einer Lübecker Chronik steht nach Kluge: „... unde nemen dar uth ere ankere, segele raa unde sture" – und nahmen daraus ihre Anker, Segelrahen und Steuer (Ruder). (Wahrscheinlich handelte es sich um die Verwendung einer bestimmten Holzart für den Bau der Schiffe.) Dreihundert Jahre später heißt es in der Ost-Indischen Reisebeschreibung von Vogel 1716: „nachdeme aber unser Admiral ihm (dem anderen Schiff) ein Zeichen gegeben, und nebst der Printzen-Flagge einen weissen Wimpel wehen liesse, kam dasselbe in den Hafen, legte sich unter großem Jauchtzen und Freuden-Geschrey, auch Lösung 17 Canonen vor Ancker."

Mit unserem Wort verbindet sich auch ein Mythos eigener Art, ganz offenbar hat die Symbolkraft des Gegenstandes die Seeleute aller Zeiten immer wieder beschäftigt. Es wurde und wird im übertragenen

Bratspill, 18. Jahrhundert: „Eine lange, vorne auf Schiffen befindliche horizontale hölzerne Welle, vermittelst welcher das Ankertau aufgewunden wird. Sie ist gewöhnlich achteckigt und entweder selbst von weichem Holz gemacht, oder es sind auch um dieselben Latten davon gelegt, welche man alsdann die Ausfütterung des Bratspills nennt." (J. H. R.)

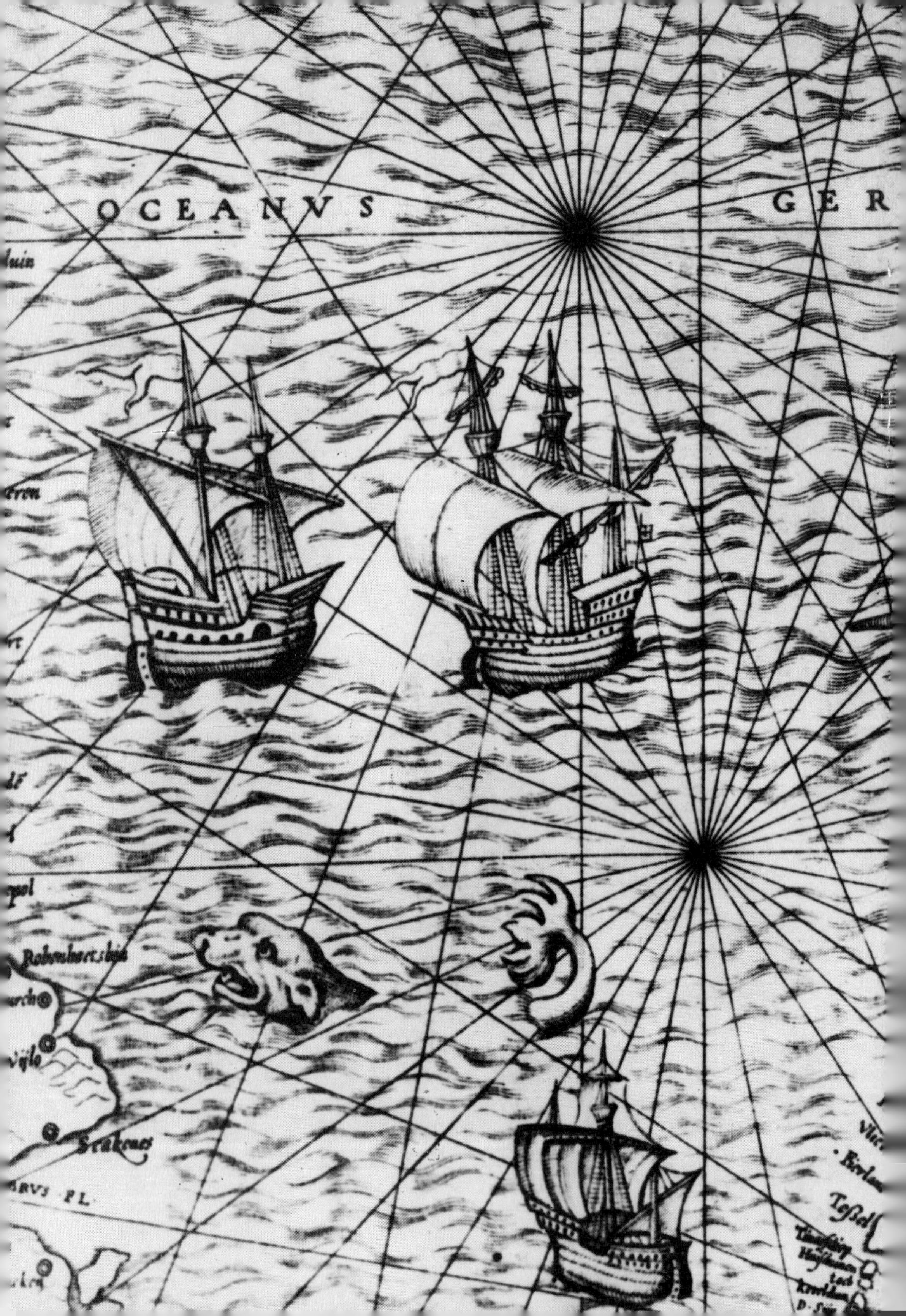
OCEANVS
GER
Teßel

MANICVS
XIPHIA
Heiligelant
Truewerck
Wangeroge
VISVRGIS
Dornem
Emden
Aurick
Oldēborch
Steckhuis
Appen
Thuis te oert
Dockem
Dam
GRONINGIA
FRISIA
BREMA
Delmerhorst
Wilshuis
Cloppenburch
Termuelē
Langheuel
Leuwerden
Sneek
Worcom
Sloten
Koeuerden
Swartsberch
Slot
Fux
Salt
Ruin
Manu
Fanu
Ameren

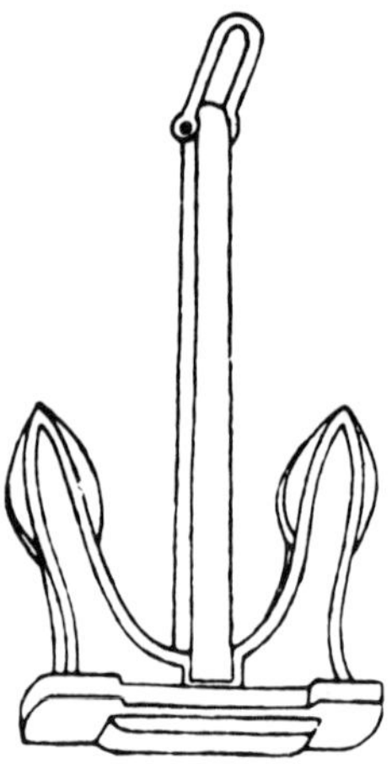

Hallanker

Sinne auch an Land gebraucht, Sicherheit und Hoffnung werden mit ihm symbolisiert, Vertrauen und Wohlstand: der Mensch ist ‚mit etwas' oder ‚in etwas verankert'. Schon in der griechischen und römischen Kunst wurde der Anker als Symbol häufig verwendet, vor allem auf Münzen. Und Generationen von Seeleuten ließen sich einen Anker auf Brust und Arme tätowieren. Als bildhafte Verkürzung seemännischen Lebens war und ist der Anker neben dem Totenschädel, der Erdkugel, den Schlangen, Drachen, Schmetterlingen und Frauenbrüsten, neben dem durchdolchten Herzen mit der Bedeutung gebrochener Liebe, neben den Rettungsringen und den verschlungenen Händen, die Freundschafts- oder Liebesbünde demonstrieren, neben der Rose, Sinnbild des weiblichen Genitals, ein bevorzugtes Motiv.

In den bildlichen Wendungen zeigt sich die Vielfalt des Symbols, Halt und Schutz, Beständigkeit, Geborgensein und Sicherheit charakterisierend: Up't grot Anker müsst de Jung sweren – Auf den großen Anker mußte der Junge schwören. Dee hett sinen Anker in'n Busch – was so viel heißt wie: Er ist in Sicherheit. Von einem, der bei seinem Vater Zuflucht oder Schutz suchte, sagte Jan Maat: „De hett sick wedder bi den Ollen to Anker leggt." Der Kapitän zu einem wenig tauglichen Seemann: Wat deist du up See? Blif an Land un gah achter din Ollsch to Anker – Was tust du auf See? Bleibe an Land und gehe hinter deiner Alten vor Anker. Von einem Hilflosen hieß es: he hett sin best Anker to Hus laten – er hat seinen besten Anker zu Haus gelassen. Der Wunsch nach Arbeitsruhe wurde mit diesem Bild angedeutet: will'n bäten Anker smiten – wir wollen ein bißchen den Anker schmeißen. Mit der Wendung ‚sick vör Anker leggen' wurde die Einkehr in ein Wirtshaus (und das sich dort Festsetzen) umschrieben. Und schließlich sagte man von einem bald Sterbenden sehr hintergründig und zugleich liebevoll-zärtlich: dee liggt vör't letzt Anker.

Der Anker, fehlloses Werkzeug: Schaft, Kreuz, Arme und Flunken, Stock und Ring, wird für den Seemann immer ein Sinnbild der Hoffnung bleiben. Er kennt die Binsenweisheit, die ebenso selbstverständliche wie einfache Wahrheit: Bevor ein Anker aufgeholt werden kann, muß er gefallen sein.

Auf den vorhergehenden Seiten: Aus dem Kartenband „Universales et Particulares Geographicae Variae", Karte über die nordwesteuropäische Region (Ausschnitt) des Flamen Jacob Belga von Bossius, in Kupfer gestochen von Michele Tramenzini, datiert auf das Jahr 1558.

Anliegen – Was ‚liegt an'? Der angewiesene Kurs ‚liegt an', wenn ihn der Rudergänger durch abwechselndes Gegenruderlegen so steuert, daß die Gierbewegungen des Schiffes ausgeglichen werden. Das Wort ‚anliegen' erklärt sich aus der Kompaßrose und deren Einteilung in 360 Grad, früher in 32 Strich, denn die zu steuernde Gradzahl der beweglichen magnetischen Scheibe muß am Steuerstrich des Kompasses, der die Vorausrichtung des Schiffes kennzeichnet, anliegen. Aber auch auf ein bestimmtes Ziel kann man ‚anliegen', wenn es möglich ist, direkt darauf zuzulaufen, ohne kreuzen oder einem anderen Schiff, einer Untiefe, einem Wrack oder ähnlichem ausweichen zu müssen.

Im Niederdeutschen steht ‚anliggen' für das hochdeutsche ‚anliegen'. Es ist in vielen Redewendungen mit unterschiedlicher Bedeutung seit dem 18. Jahrhundert anzutreffen. So hieß es im mecklenburgischen Platt: dat leg mi dull an – das lag mir toll an, das beunruhigte mich sehr; sin unerhürtes Anliggen – sein unerhörtes Anliegen, seine ungebührliche Bitte; oder: denn'n liggt wat an – dem liegt etwas an, er hat eine böse Krankheit, und auch Anligger – Anlieger, im Sinne von Nachbar, war schon gebräuchlich.

Seeleute aber sagten, wenn nach ihrer Ansicht das Schiff zu lange im Hafen lag: Hier liggt'n sick jo an – Hier liegt man sich ja an. Und über ‚seewärts anliegen' lesen wir bei Röding: „Nach der See zu steuern. Ueberhaupt heisst auf einen Gegenstand anliegen so viel, als das Vordertheil des Schiffs gerade auf denselben gerichtet haben und darauf zu segeln." „Wo liegt das Schiff an?" oder: „Wo bestevent das

Eine Kriegsbrigg, vielleicht ein ‚Utligger', Segel setzend und seewärts anliegend.

Schiff? – Wohin zeigt der Steven?" waren Fragen des Wachhabenden an den Rudersmann und dieser meldete: „Ick ligg Westen an – Ich habe Westen anliegen." Die Ablösung der Ruderwache nach jeweils vier Stunden mußte auf die Frage: Wat liggt an? oftmals frotzelnde Antworten entgegennehmen, z. B.: Dree Handspaken baben Nuurwägen – Drei Handspaken oberhalb von Norwegen. Und auf die Frage der Kapitäne passierender Schiffe an ihre Kollegen: „Wat liggst du an?" erhielten sie hin und wieder sehr aufschlußreiche Entgegnungen: „Mit'n Noors an'n Achterstäben, oder . . . an't Roderhus."

Dem Wort ‚anliegen' verwandt erscheinen ‚abliegen' und ‚ausliegen', jedoch hatten sie ganz andere Bedeutungen. Wir erfahren durch Röding: „Abliegen heysst entfernt sein: das eine Vorgebürge liegt von dem andern 6 Meilen ab." Und unter ‚ausliegen', außerhalb des Hafens auf Reede liegen, in unserem Falle ‚Auslieger', niederdeutsch ‚Utligger', verstand man „Ein Wartschiff, das Acht zu geben hat, was auf dem Gewässer vorgehet." Den ‚Utligger' nannte man auch ‚Küstenbewahrer': „Schnell besegelte Kriegsschiffe, welche längst den Küsten kreuzen, theils um sie gegen die Feinde zu verteidigen und von Plünderungen der Kaper zu bewahren, theils aber auch den Schleichhandel zu verhindern."

Und auch ‚anlegen' sei hier erwähnt. Im Niederdeutschen hieß es ‚anleggen' und ist uns außerhalb der Seemannssprache bekannt als sich mit jemandem erzürnen: Mit de Frugenslüd' möt sick ein nich anleggen – Mit den Frauensleuten muß man sich nicht anlegen; und wer der Meinung war, sein Geld gut verwertet zu haben, der sagte: „Dat is dor gaut anleggt." – Das ist dort gut angelegt.

Im Wortschatz der Seeleute hatte ‚anlegen' bereits im 17. Jahrhundert seine heutige Bedeutung. Röding erklärt das „Anlegen bey einem Schiffe" so: „Sich mit einem Schiffe dergestalt an ein anderes legen, daß sich beyder Seiten neben einander befinden. Wenn Schiffe in einem Hafen auf solche Weise neben einander liegen, so sind gewöhnlich je zwey und zwey mit Springtauen, daß heisst, mit kreuzweise von einem Schiffe zum anderen gehenden Tauen befestigt. Und damit die Schiffe durch an einander Stossen oder Reiben keinen Schaden bekommen, hängt man zwischen beyde, Hölzer oder Stücke von Masten, welche nach dem Holländischen Wreifhölzer genannt werden." Auch die Kiellegung eines Schiffes bezeichnete man damals mit ‚ein Schiff anlegen': die „ersten Hölzer dazu auf den Stapel legen." Und die Wand anlegen „heisst bey dem Auftakeln eines Schiffs das Auge der Wandtauen um den Mast legen. In eben diesem Verstande sagt man auch, die Stage und andere Tauen anlegen." Und schließlich hieß es im 18. Jahrhundert von einem am Kai liegenden Schiff erst dann, es habe angelegt zu laden, wenn an Bord alles klar war, um das Laden selbst beginnen zu können.

Aus ‚anlegen' im Sinne von längsseits gehen entstand das Wort ‚Anleger' – heute ‚Fender' – für elastische Körper, die beim Anlegen von Schiffen an Tampen außenbords gehängt oder gehalten wurden und die Außenhaut vor Beschädigungen durch Stoß oder Druck schützen sollten. Mit ‚Anleger' wird seit etwa 1900 aber auch eine Anlegestelle am Ufer von Strömen und Flüssen charakterisiert, vormals oft aus verankerten und vertäuten alten Booten oder Fähren bestehend. –

Das Gegenteil von ‚anlegen' ist ‚ablegen'. Im Ablegemanöver ist es enthalten, das ein Schiff nach dem Losmachen aller Leinen fährt, um sich vom Kai, von der Pier oder von einem anderen Schiff zu entfernen und Fahrt aufzunehmen.

Kluge zitiert in seiner „Seemannssprache" die „Hamburger Bört-Ordnung" von 1613: „Und schal ein jedes Schipp, so thogelecht, up den teinden dach herna des Avendes (jedoch de Sondage unde andere dage, so alhier gevieret werden, nicht mit gerekent) afflegen, und am Avende des elften dages, wo idt Wedders und Waters halven moegelich, to Segel gahn, umme sine Reise tho beforderen." – Und soll ein jedes Schiff, so tauglich, am zehnten Tag danach (das heißt nach dem Anlegen) des Abends (jedoch die Sonntage und andere Tage, so hier gefeiert werden, nicht mitgerechnet) ablegen und am Abend des elften Tages, wo es Wetters und Wassers halber möglich, zu Segel gehen, um seine Reise zu befördern.

Somit mußte es wieder seewärts anliegen, und damit sind wir zu unserem Ausgangswort zurückgekehrt.

Antun, ein Wort, dessen ehemals maritime Zusatzbedeutung ganz in Vergessenheit geraten ist.

Zunächst verstand man unter ‚antun' „im wörtlichen Sinne das Anheften, Anlegen oder Anhängen eines Zaubergegenstandes." Von Johann Fischart wurde es bereits im übertragenen Sinne gebraucht: „der jhnen solche schmach anthat" („Geschichtsklitterung" 1575) und ist entsprechend in Kaspar Stielers „Der Teutschen Sprache Stammbaum" von 1691: „Es ist mir angethan worden" zu finden. Der frühere Sinngehalt von ‚es einem angetan haben', ‚einem etwas antun', ihm magisch Schaden zufügen, ihn verhexen, schwächte sich mehr und mehr ab. Auch die heutige Umgangssprache verdeckt ihn, eine Sache, eine Landschaft, die Künste oder Menschen ‚ziehen uns an', wir sind von alledem ‚angetan'. Von dem alten Charakter der Redensart blieb allenfalls die Umschreibung ‚sich etwas antun', sich das Leben nehmen, übrig. Denn auch bei den uns geläufigen Wendungen: jemandem ein

Unrecht, Zwang oder Gewalt antun, uns selbst Zwang antun oder einem nichts antun, ihn also verschonen, sind die Grenzen der einstmaligen konkreten Bedeutung verwischt.

Im Niederdeutschen ist das Wort als ‚andoon' entsprechend belegt: He het mi sien Leve veel andaan – Er hat mir sein Lebtag viel Herzleid gemacht; oder auch bezaubern und behexen: de Hexen koenen eenen wat andaun – die Hexen können einem etwas antun – eine Redensart, die keiner Interpretation bedarf.

Em is wat andaan – Er ist bezaubert; oder – wenn die Kuh keine Milch gab: Dat ol Wief het uns koh wat andaan – Das alte Weib hat unserer Kuh etwas angetan.

Von altem Liebeszauber stammt die Wendung: Se hett em dat andaan – Sie hat es ihm angetan; als Mittel dagegen empfahl man dem Bezauberten, sein Hemd verkehrt herum anzuziehen.

Das Wort hatte in der maritimen Sphäre indessen eine andere Bedeutung als an Land. Im Seemännischen des 18. Jahrhunderts hieß ‚andoon' hineinfahren, einfahren, einlaufen: de Weser andoon – in die Weser einlaufen, oder: de Wall oder 't Land andoon – an der Küste landen. Im Niederländischen des 18. Jahrhunderts stand für: einen Hafen, ein Land anlaufen – eene haven, het land aandoen. Noch bis in das 19. Jahrhundert hinein hatte ‚antun' die Bedeutung von: sich dem Lande nähern oder auch „daselbst gar aussteigen", und ‚ein Schiff antun': sich eines Schiffes bemächtigen wollen – es zu entern versuchen.

Johann Hinrich Röding erläuterte im 18. Jahrhundert: „Gewöhnlich versteht man darunter, des schlechten Wetters oder der Beschaffenheit des Schiffes wegen einen Hafen oder Land zu erreichen suchen. Doch heißt Land anthun auch soviel, als solches zu Gesichte bekommen. So sagt man zum Beyspiel, wir sind dem Lande sehr nahe und müssen es bald anthun. Ein Revier anthun heisst auch in dasselbe hineinsegeln."

Ein Hafen oder eine Reede wurde ‚angetan', um, wie es damals hieß, Wasser oder Erfrischungen einzunehmen, Befehle einzuholen, Schiffbruch zu vermeiden oder auch Seeschäden am Schiff auszubessern.

Wenn Land in Sicht kam, an der Kimm, dem Horizont, auftauchte, und mit zunehmender Annäherung des Schiffes dem Seemann allmählich größer und höher erschien, so sagte er: „Das Land tut sich auf." Das hochdeutsche ‚auftun' stand für das niederländische ‚opdoen'. So hieß es im 18. Jahrhundert: „das Land oder die Küsten thun sich auf, wenn sich solche über dem Wasser zeigen, oder wenn man sie zuerst erblickt. Der Sinn des Wortes ist, die Küsten steigen in die Höhe."

„Lothen mit dem Handloth geschiehet von einem Mann, der an der Leeseite auf der grossen Rust steht; derselbe hält die Buchten der Lothlien in der einen Hand klar und in der andern das ungefähr einen Faden lang, an der Lien hängende Loth, schwingt es erst einige mal um die Hand, um demselben mehr Geschwindigkeit zu geben, und wirft es alsdann so weit voraus, daß bey dem Fortgehen des Schiffs und Niedersinken des Loths, die Lien ungefähr senkrecht stehet, wenn das Loth auf den Grund fällt. Er ruft als dann die Tiefe laut aus.“ (J. H. R.)

Eiserner Stockanker

Aus dem niederländischen ‚opdoen' entstand wahrscheinlich als Lehnwort das niederdeutsche ‚aufdunen': dat Land duhnt hoch op – das Land zeigt sich hoch über dem Wasser. Das ‚Antun' der Küste war also mit ihrem ‚Auftun' verbunden.

Wenn man eine fremde Küste mit unbekanntem Fahrwasser anlief, wurde ‚angetieft'. Darunter verstand Röding „sich dem Lande nähern, indem man mit dem Loth die Tiefe des Wassers erforschet. Gemeiniglich wird zu dieser Absicht das Boot voraus gesandt, damit das Schiff nicht auf Untiefen (Sandbänke) gerathe." Vor dem Loten rief Jan Maat:

„Wahrschau von undere
Ji Schollen und Flundere,
Dat grote Lot
Geith över Bord."

Wahrt euch von unten
ihr Schollen und Flundern,
das große Lot
geht über Bord.

Hin und wieder wurden der Ausguck im Mast oder die Seeleute an Deck durch entfernte Luftspiegelungen oder Wolken- und Nebelbänke getäuscht, die ihnen das ersehnte Land vorgaukelten. Ein solches sich bei Annäherung des Schiffes langsam in Nichts auflösendes Gebilde nannten die Seeleute ‚Butterland', niederländisch ‚botterland'. Den Grund für diese Bezeichnung übermittelt uns Friedrich Kluge in seinem wortgeschichtlichen Handbuch „Seemannssprache", 1911:

„Nach aufgehebtem Abend-Tisch liesse sich gähling von der Popa her eine Reihe gebürgechter Inseln sehen; welches uns sammentlich in Verwunderung zohe; dann niemand auf der See-Charten sehen, noch finden kunte, was in selbiger Gegend für Land seyn müste; viel hätten beschworen, es wäre das, so man sahe, ein wahrhaftes Land; allein es hatte sich endlich geäusseret, daß es tierra de Manteca, wie die See-Fahrer reden, das ist ein Butter-Land gewesen, so bey heller und heisser Sonne, samt den Wolcken, in denen es bestehet, zu zerschmeltzen pfleget."

Das Ölbild des Fischkutters *Victoria* wurde 1892 von Fred Wettering gemalt. Der Hochseefischkutter wurde 1888 in Brunsbüttel gebaut unter dem Namen *Julius*. Bei einer Länge von etwa 20 m war das Schiff zu 46 BRT vermessen. Es hatte kein glückliches Schicksal; seit dem 15. Dezember 1894 galt es mit seiner ganzen Besatzung als verschollen.
Sowohl das Kapitänsbild als auch die *Victoria* selbst hatten einiges Ungewöhnliche an sich. Derartige Gemälde kleiner Fischerfahrzeuge sind außerordentlich selten; dieser Zweig der Malerei befaßte sich im wesentlichen mit Frachtsegelschiffen.
Auffällig ist ebenfalls, daß der Auftraggeber sich als Hintergrundmotiv einen Fischdampfer malen ließ, da diese großen Fangfahrzeuge sich doch als schwere Existenzbedrohung für die Segelfischerei ausgewirkt hatten. Weiterhin sticht die Takelung des Fahrzeugs ins Auge, da sie in einigen Punkten von derjenigen eines damals üblichen Seefischkutters abweicht.
Der Großmast ist nämlich unterteilt in Großmast und Stenge, was zu jener Zeit bei den kleinen Frachtseglern gerade aus der Mode kam, für ein Fischerfahrzeug aber ganz ungebräuchlich war. Interessant an der Darstellung ist nebenbei der hölzerne Kurrbaum (Spreize des Grundschleppnetzes), den man Backbord auf dem Schanzkleid liegen sieht. Die Besatzung besteht aus drei Mann: Schiffer, Bestmann und Junge, die übliche Bemannung eines Finkenwerder Kutters.

Auf den folgenden Seiten:
Das hölzerne Vollschiff *Peter Godeffroy* wurde 1851 in Stockholm erbaut. Das Schiff hatte etwa 750 NRT. Im Jahre 1857 wurde das Schiff als *Weser* verkauft, ging jedoch schon 1858 bei Irland verloren.
Das von Egide Linnig 1855 in Antwerpen gemalte Ölbild zeigt das Schiff bei schwerem Sturm und entsprechendem Seegang vor dem Wind laufend. Vor- und Großmarssegel sind zerrissen und flattern in Fetzen davon. Nur die Fock und zwei Vorsegel stehen noch. Die *Peter Godeffroy* zeigt sich hier mit dem für die Zeit typischen Anstrich von blinden Stückpforten. Aus der Tatsache, daß das Deck fast ganz mit Aufbauten ausgefüllt ist, erkennt man, daß die *Peter Godeffroy* vorwiegend für den Transport von Passagieren, also Auswanderern, vorgesehen war.

Das Schiff *Norge* gehörte der Dänischen Asiatischen Kompanie und muß um 1790 erbaut worden sein. Es war zu etwa 600t vermessen und fuhr 1798 mit 91 Mann Besatzung nach Ostindien. Im Jahre 1804 wurde es nach China expediert und 1806 erneut in den Fernen Osten geschickt. Es verließ Kopenhagen am 27. Oktober 1806 mit 125 Mann an Bord und einer Ladung holländischer Waren, die für Batavia (Djakarta) bestimmt waren. Nach einigem Aufenthalt in England kam die *Norge* endlich über Rio de Janeiro Ende Juni 1807 in Batavia an. Auf der Rückreise wurde die *Norge* im Februar 1808 vom britischen Linienschiff *Sceptre* gekapert und die Besatzung in England interniert.

Das mit „C. C. Tronier" signierte Aquarell zeigt die *Norge* bei der Ausfahrt von Kopenhagen nach China im Jahre 1804. Im Gegensatz zur sonst üblichen Darstellungsweise ist hier das Schiff in achterlicher Sicht gezeigt. Ein kleines Boot im Schlepp soll sicherlich den Lotsen von Bord nehmen. Einige weitere Segelschiffe im Mittel- und Hintergrund sowie links hinten Helsingør mit Schloß Kronborg runden das Bild ab. Die *Norge* hat alle Rahsegel gesetzt, nur das Großsegel ist noch aufgegeit. Das Schiff zeigt einen reich verzierten Spiegel und macht den Eindruck eines Kriegsschiffes.

Zwei halbe Schläge

Der Seemann nannte und nennt noch immer das Bewegen eines Schiffes im Seegang: *Arbeiten*, das Schiff ‚arbeitet'.

Er bezeichnet damit die Gesamtheit der Schwingungen, das Rollen oder Schlingern um die Längsachse, das Stampfen um die Querachse, das Gieren um die Vertikalachse und das senkrechte Ein- und Austauchen.

Das Wort ‚Arbeit' bedeutete in germanischen Sprachen zunächst Mühsal, im Gotischen stand es für Bedrängnis und Not. Es lautete im Althochdeutschen ‚arabeit', im Mittelhochdeutschen ‚ar(e)beit', im Mittelniederländischen ‚arbeit(d)', im Niederländischen ‚arbeid', ebenso im Niederdeutschen. Das Verb ‚arbeiten', niederdeutsch ‚arbeiden', entstand, als ‚Arbeit' schon die heutige Bedeutung angenommen hatte.

Im 18. Jahrhundert wurde niederdeutsch gesagt: Dat is ne dulle Arbeed – das ist eine verdrießliche Sache, oder: mit'n Kopp arbeden – studieren. Und wenn in Mecklenburg Leute von ihren Herren zu unentgeltlicher Arbeit aufgefordert wurden, hatten sie als Antwort parat: Arbeiten maakt Spaß, oever wie koenen keenen Spaß verdrägen – Arbeiten macht Spaß, aber wir können keinen Spaß vertragen. Das Verb ‚arbeiten' wird heute für verschiedene Tätigkeiten und Prozesse gebraucht: Das Herz und die Lunge, der Wein (gärt) und die Maschinen arbeiten.

Sehr früh erscheint in Reiseberichten, Tagebüchern und maritimen Texten das Wort auf Gegenständliches (ein Schiff) bezogen, so bei dem unbekannten Verfasser der „Beschriving van der Kunst der Seevaert" aus dem Jahre 1673: „... weil nun daß Gewitter länger anhielte, ward das Wasser deswegen sehr holl, so daß das Schiff dadurch sehr arbeitete, konnte auch bißweilen nichts mehr denn ein Segel führen."

Und 1821 erwähnt Joachim Nettelbeck in seiner „von ihm selbst aufgezeichneten Lebensbeschreibung": „Das Schiff arbeitete und schlenkerte in der brausenden, kochenden See voll blinder Klippen so gewaltig, und der Sturm hielt mit soviel Ungestüm an, daß wir Alle kaum die Augen aufschlagen konnten."

Ein Schiff, das im Seegang besonders schwer und heftig stampfte, hieß bei den Seeleuten ‚Stampfer', sie sagten nach Röding: „durch das Stampfen leiden die Masten und überhaupt alle Verbindungen des Schiffs erstaunlich", und auch „das Schlingern ist den Schiffen äußerst nachtheilig, insonderheit wenn es schnell und stoßweise geschieht, weil dadurch nicht allein die Masten verlohren gehen und die Kanonen sich losreissen und gegen die Seiten des Schiffs stossen können; sondern weil sich auch das ganze Schiff durch diese heftige Anstrengung be-

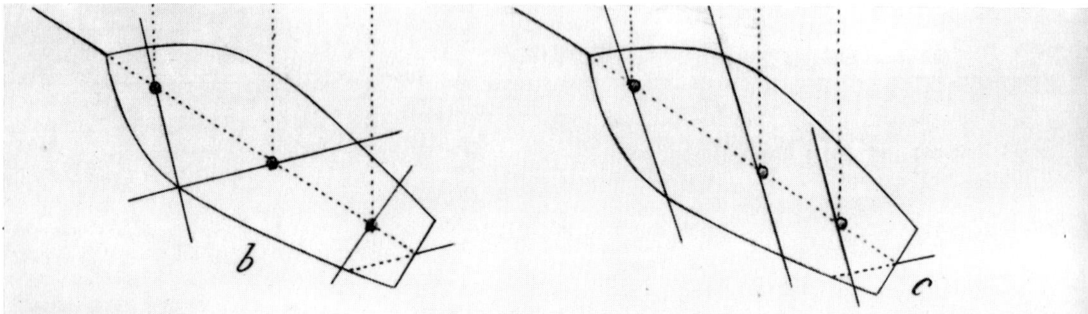
b
c

Abarbeiten von Legerwall: „Leger-Wall – ein Ufer oder eine Küste deren Richtung, gegen die Richtung eines auf dieselben zu stehenden Windes, rechte Winkel, oder wegen einer Bugt der Küste noch spitzigere Winkel macht. Ein Schiff hat einen leger Wall oder befindet sich auf leger Wall, wenn es durch die Stärke des Windes oder Stroms so nahe an leger Wall getrieben worden, daß es Gefahr läuft sich durch Lavieren nicht wieder abarbeiten zu können. Unsere Abbildung stellt ein auf leger Wall gerathenes Schiff vor, das sich aber durch ein geschicktes Manoeuvre beym Wenden wie a und b zeigt, wieder abhilft bis es endlich die Höhe c erreicht und den leger Wall aussegelt." (J. H. R.)

Webeleinenstek

giebt (verformt) und leck wird. Um dem Übel daher zuvor zu kommen, müssen manchmal die Masten gekappt werden."

Das 18. Jahrhundert benutzte die Vokabel ‚arbeiten' auch, wenn ein festsitzendes Schiff ‚abgearbeitet' werden mußte. Zu diesem Zweck brachte man einen Anker in tieferem Wasser aus und holte die Ankertrosse langsam ein, während fast die gesamte Besatzung auf die Pfiffe des Steuermanns in regelmäßigem Takt zwischen der Backbord- und der Steuerbordseite des Decks hin- und herlief und somit das Schiff in Schlingerbewegungen versetzte.

Ein Schiff ‚abarbeiten' hieß auch der Versuch, sich von einem Gegner zu lösen, der das Schiff entern wollte, indem die Besatzung alles unternahm, um die Enterhaken und Enterdraggen (Wurfanker) des Angreifers zu kappen (abzuschlagen) und dessen Schiff mit langen Spieren (Rundhölzern) abzustoßen. Und schließlich bedeutete ‚abarbeiten': ein Schiff durch Kreuzen von Legerwall – einer Küste bei auflandigem Wind – freibringen.

Soviel zum seemännischen Alltagsgebrauch. Unser Wort hat indes eine Aura, die wir nicht übergehen wollen. Sie erst rundet das Bild. Die lebens- und lustvolle Phantasie der Jan Maaten offenbart sich nämlich hier in jener Tatsache, daß sie ihr Schiff zu jeder Zeit personifizierten. Eine solche Personifikation ist es ja auch, wenn sie sagten: „Dat Schipp hett düchtig arbeit't in de See." Die Geräusche im Schiffskörper, verursacht durch die elastischen Verformungen der hölzernen Planken im Seegang, bezeichneten sie folgerichtig als ‚Seufzen', ‚Ächzen' und ‚Stöhnen'. Der Seemann empfand sein Schiff als Lebewesen, wie es uns seit den ersten griechischen Schiffsdarstellungen als Urbild entgegentritt: „Aus den Tiefen des Meeres, als ein Wunder dem Meere entstiegen." In der deutschen Übersetzung der Erinnerungen des Joseph Conrad, 1939 erschienen unter dem Titel „Spiegel der See", lesen wir: „Die alten Segelschiffe hatten ein Geheimnis – das Geheimnis ihres persönlichen Wesens. Sie lebten das Leben einer einmaligen Persönlichkeit, jedes von ihnen. Sie hatten Charakter, das ist das Wort. Sie waren langsam oder wie edle Rennpferde, stumpf oder launenhaft, fest und entschlossen oder triebhaft und impulsiv, gutmütig oder bösartig – wie jeder der Leute, die auf der Straße vorübergehen und mit denen man es bei der Arbeit zu tun hat. Man sah es ihnen nicht an, so auf den ersten Blick nicht, so wenig man es den Menschen ansieht, welchen Wesens sie sind. Nur wenn man sie länger betrachtet, dann zeigt es sich plötzlich, in einer Bewegung, einem zögernden Ansetzen eines Satzes: man sieht den Charakter ganz unmittelbar. Er nimmt Fleisch und Blut an, er verkörpert sich. So auch bei den Schiffen. Man sieht ihnen nichts an, aber sie waren es: schnell, gewandt, ergebungsvoll, sogar mörderisch. Ja, auch solche gab es, auf jeder Fahrt töteten sie mindestens einen Mann, grausam wie asiatische Königinnen. Dagegen andere: liebevoll und geschmeidig wie ergebene Sklavinnen, weich und wie zerfließend trotz des guten Holzes, aus dem sie gebaut waren. Aber es ist nicht der Stoff, nicht der Körper, der ein Lebewesen ausmacht: die Seele ist es. Denn das Schiff war ein lebendiges Wesen, jahrtausendelang. Seine unverwechselbare Persönlichkeit, sein ihm nur eigener Charakter wurde – ohne Wissen derer, die daran teilhatten – während seines Baues, während der Zusammenfügung all dieser Hölzer und Eisen, all dieser Kupferplatten und metallenen Bleche, all dieser Segeltücher und dieser Unmenge von Tauwerk in das entstehende Gebilde hineingearbeitet, hineingezimmert und hineingehämmert: so wurde es mit einer Individualität, mit Gesinnung und Fehlern begabt – so wurde es ein lebendiges Geschöpf, das ein Mann lieben konnte mit einer Liebe, die groß war und größer wie die zu einer Frau, und genauso blind.“

Nicht oft wurde so Schönes über Schiffe und Menschen geschrieben, kaum jemals so einfühlsam eines der Geheimnisse der Seefahrt erklärt. Die Liebe des Seemannes zu seinem Schiff unterscheidet sich von all seiner anderen Liebe. Niemals wurde ein Schiff etwa nur wegen des Nutzens geliebt, den es einbrachte, oder weil es ein gutes, nützliches Werkzeug war. Seitdem Männer und Schiffe zum ersten Mal sich zusammentaten und bereit waren, auf Leben und Tod den finsteren und unbekannten Naturgewalten zu trotzen, um die Welt zu entdecken, besteht diese Vertrautheit, ein Verhältnis voller Liebe und Treue. Was den Seemann der alten Segelschiffszeit mit seinem Schiff verband, das ihm auf den monate- und jahrelangen Reisen zur zweiten Heimat wurde, wo er zu Hause war, war eben jene Liebe, stark, selbstlos und unvernünftig, wie er sonst nur eine Frau liebte. Und er hegte und pflegte, erneuerte, wusch, putzte und strich sein Schiff nicht nur an windstillen Tagen. Und weil auch eine oder seine Liebste sich schmückte, pflegte, anstrich und auftakelte, betrachtete Jan Maat sein Schiff als ein weibliches Wesen. Selbst die eisernen Seeleute unserer Tage tun dies noch, und auch heute wird niemals ein Schiff männlich oder sächlich charakterisiert: man spricht nicht von *ihm,* sondern immer von *ihr*.

Unter *Auftuchen* verstand man das sorgfältige Zusammenlegen geborgener Segel und niedergeholter Flaggen.

Im 18. Jahrhundert bedeutete es: ein an Deck ausgebreitetes Segel in Falten legen, es so fest wie möglich aufrollen und verzurren, um es entweder in der Segelkoje – einer Last zum Stauen von Segeln –

aufzubewahren oder es zum Ausbessern durch den Segelmacher an Land zu bringen.

In der historischen niederdeutschen Literatur, im Wortschatz der Stadt- und Landbevölkerung, ist ‚auftuchen' nicht zu entdecken. Es ist zu vermuten, daß dieses „zeitlose" Wort irgendwann in der Seemannssprache entstanden ist. Niederländische Seeleute sollen es als ‚opdoeken' gebraucht haben. Das hochdeutsche ‚auftuchen' ist von Segeltuch oder auch Tuch, wie der Seemann es abgekürzt nannte, abgeleitet.

Tuch oder Leinwand für größere Segel stellte man aus Hanf, für Bram- und andere kleine Segel auch aus Flachs her. Im 18. Jahrhundert, so Röding, wurde in Holland „vortreffliches Segeltuch gemacht und das beste und schwerste ist der sogenannte holländische Kanefas. Schweden liefert ebenfalls sehr gutes Segeltuch, welches unter dem Namen von schwedisch Tuch bekannt ist. Das beste russische Segeltuch ist das sogenannte Best-Blau-Mark, welches das holländische oft im Ansehen übertrifft, ob es gleich ein Drittheil weniger kostet. In England ist das Segeltuch unter dem Namen Canvas, Duck oder Sailcloth bekannt."

Ein Stell – ein vollständiger Satz – neuer Segel verkörperte damals wahrlich einen ansehnlichen Wert. Um das Jahr 1900 kostete es für ein Vollschiff oder eine Viermastbark etwa 30 000 Mark; ein Preis, bei dem wir bedenken wollen, daß man zu jener Zeit für eine Mark schon ein Pfund Butter oder auch ein halbes Pfund erstklassigen Kaffees erhielt.

Diese wertvollen, neuen und darum widerstandsfähigen Segel möglichst zu schonen und der Fahrt in Schlechtwettergebieten vorzubehalten, gehörte zu den ökonomischen Gesichtspunkten der Segelschiffahrt. Es war deshalb üblich, in den Schönwetterzonen des Nordost- und des Südostpassatwindes und dem dazwischen liegenden Gebiet der Kalmen – der Windstillen – ältere, abgenutzte Segel – Passatsegel – zu fahren.

Wenn das Schiff die Passatregion erreicht hatte, wurde die neue Garnitur gegen die alte ‚geschiftet' – ausgewechselt –, und die neuen Segel wurden ‚aufgetucht' und in der Segelkoje verstaut. Beim Verlassen des Passatgebietes schiftete man die Segel wiederum und stellte mit dem Auftuchen und Verstauen der Passatsegel den alten Zustand wieder her.

Drei bis vier Wochen gebrauchten die Schiffe, um die Schönwetterzonen zu durchlaufen. Deshalb war das Auswechseln der Segel meist eine angenehme, willkommene Arbeit und wurde auf vielen Schiffen von der Besatzung wie Sport betrieben. Die Backbord- und die Steuerbordwache rangen darum, mit ihren Masten als erste fertigzuwerden, denn die Wache, die in diesem Wettkampf Sieger wurde, hatte Ansehen gewonnen.

Nicht das *Auge* eines Lebewesens ist gemeint, sondern das seemännische ‚Auge': ein Loch in einem Bauteil zum Anschäkeln eines Blokkes, einer Kette oder einer Leine, eine eingespleißte Schlinge im Tauwerk und auch ein Schiffsfenster. Ein ‚Auge' ist rund oder oval, das unterscheidet es von anderen kleinen Öffnungen.

Aus der Mitte des 18. Jahrhunderts haben wir sinnreiche niederdeutsche Redewendungen aufgefunden, in denen das Auge in unterschiedlicher Weise verwendet wurde: Een Oge im Nakken hebben – Ein Auge im Nacken haben, hinter sich sehen, vorsichtig sein; he het de Ogen in der Tasken hat – er hat die Augen in der Tasche gehabt, er hat nicht aufgepaßt; een Oge mit in't Segel hebben – ein Auge mit im Segel haben, darauf achtgeben, daß eine Sache ordnungsgemäß verläuft; dann die – etwas fragwürdige – Erkenntnis: Wat dat Oge nich süt, dat quält dat Harte nig – Was das Auge nicht sieht, das

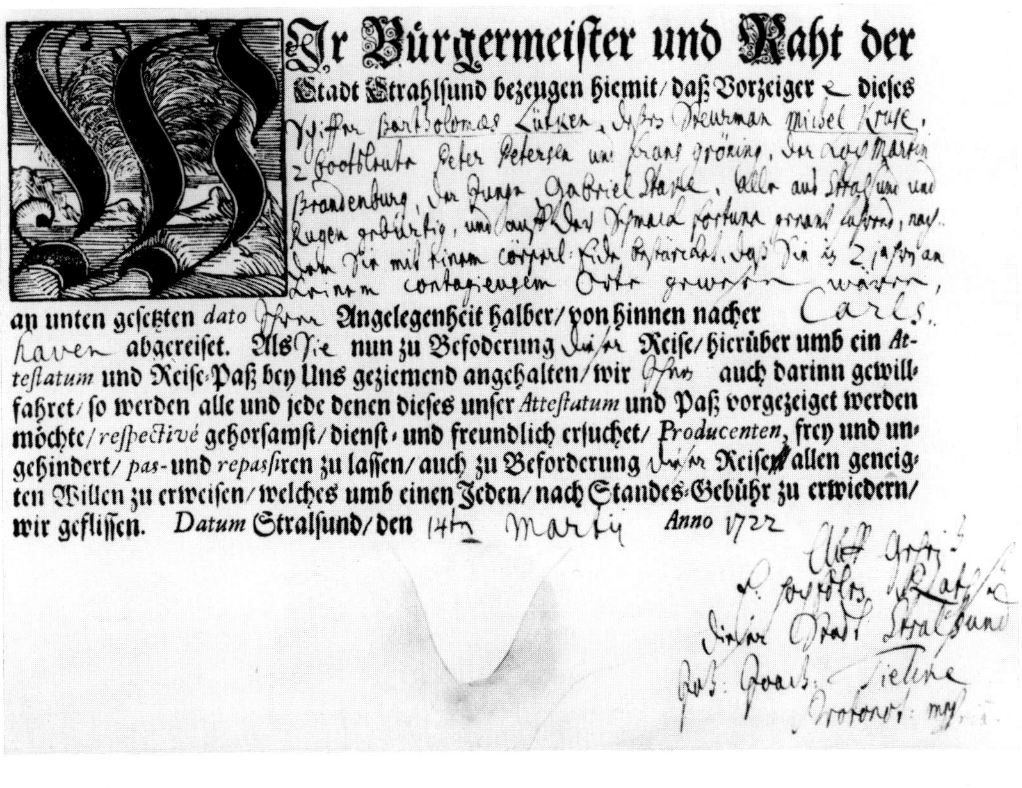
Ir Bürgermeister und Raht der Stadt Strahlsund bezeugen hiemit/ daß Vorzeiger dieses Schiffer Bartholomas Lütken, dessen Steurman Michel Kruse, 2 Bootsleute Peter Petersen und Frans Gröning, der Koch Marten [illegible] Brandenburg, der Junge Gabriel Starke, aller aus Stralsund und Rugen gebürtig, und [illegible] Schmack Fortuna genant [illegible], [illegible] sie mit keinem cörperl: [illegible], daß sie [illegible] an keinem contagieusem Orte gewesen wären, an unten gesetzten *dato* Ihrer Angelegenheit halber/ von hinnen nacher Carls-haven abgereiset. Als Sie nun zu Befoderung ihrer Reise/ hierüber umb ein *Attestatum* und Reise-Paß bey Uns geziemend angehalten/ wir Ihnen auch darinn gewillfahret/ so werden alle und jede denen dieses unser *Attestatum* und Paß vorgezeiget werden möchte/ *respective* gehorsamst/ dienst- und freundlich ersuchet/ *Producenten*, frey und ungehindert/ *pas*- und *repassiren* zu lassen/ auch zu Beforderung ihrer Reise allen geneigten Willen zu erweisen/ welches umb einen Jeden/ nach Standes-Gebühr zu erwiedern/ wir geflissen. *Datum* Stralsund/ den 14ten Martii *Anno* 1722

[illegible]
[illegible]
dieser Stadt Stralsund
[illegible]
Protonot: [illegible]

quält das Herze nicht; und: Ogenschiin is aller Welt Tügnis – Augenschein ist aller Welt Zeugnis.

Aus dem bildlichen Vergleich erklären sich die Zusammenhänge. Alles, was einem Auge auch nur annähernd ähnlich sieht, benennt und benannte der Seemann so: Fettauge, die Punkte auf einem Würfel, das Loch in einem Hammer, die Öffnung einer Nähnadel sowie das, was man gewöhnlich ‚Spiegeleier' nennt (der Dotter in der Mitte bleibt unversehrt, das Weiße breit herum). Auch der leere Raum in der Mitte einer aufgeschossenen Leine, ihrer Form wegen ‚Scheibe' genannt, wurde als ‚Auge' bezeichnet. Wir finden unser Wort im ‚Augbolzen' wieder, einem Bolzen an Deck, am Schanzkleid oder anderswo, mit einer Öffnung im Kopf, die zum Einhaken von Taljen oder zum Festmachen von Leinen dient. Naturgemäß gab es an Oberdeck der hölzernen Schiffe eine Vielzahl von Augbolzen, die zur Vorsicht mahnten. In dem im Jahre 1906 erschienenen „Loggbuch" von Sperling ist zu lesen: „Auch in den Freizeiten zieht die Mannschaft gern Schuh und Strümpfe ab, nachdem sie sich eine gründliche Kenntnis der an Deck befindlichen Augbolzen verschafft hat . . ."

Über das Dichtsetzen eines Lukendeckels mit einer Persenning berichtet William H. S. Jones in „Sturmverweht": „. . . Darüber wurden weitere Bohlen gelegt, die durch Augbolzen im Deck geführte Drahtstropps nach unten wuchteten. Bei deren Steifsetzen hatte das Gangspill geholfen."

‚Auge' hieß und heißt noch heute der wolkenlose, absolut windstille Mittelpunkt eines Wirbelsturmes in südlicheren Breiten. Allgemein nannte der Seemann jedoch ein Loch in einer ansonsten dichten Wolkendecke, durch das der blaue Himmel zu sehen war, ‚Ochsenauge'. Damit waren bis in das 18. Jahrhundert Ansichten verbunden, die uns Röding vermittelt, daß „der Wind sich durch solche Oefnung, welche man bey dickem Wetter in den Wolken sieht, einen Weg gebahnt hat und man ihn daher oftmals kurz nachher von der Seite bekömmt, wo sich diese Oefnung zeigt. Wenn ein Ochsenauge der Sonne gegen über steht, so hat es die Farben eines Regenbogens, und alsdann nennt man es auch eine Wettergalle. Steht es aber bey der Sonne, so ist es gewöhnlich ein Vorbote von schlechtem Wetter."

Das Wort ‚Ochsenauge' hat zu wechselnden Vergleichen herhalten müssen, im Deutschen als Pflanzenname, landschaftlich verschieden, für Hundskamille und die große Margerite. In „Der Teutschen Sprache Stammbaum" von Kaspar Stieler, erschienen 1691, steht es für die „kleinen runden Dachfenster". Seemännisch kannte man es auch als ein „kleines Wölkchen, welches sich nach und nach vergrößert und einen grausamen Sturm verursacht". Diese Erscheinung soll insbeson-

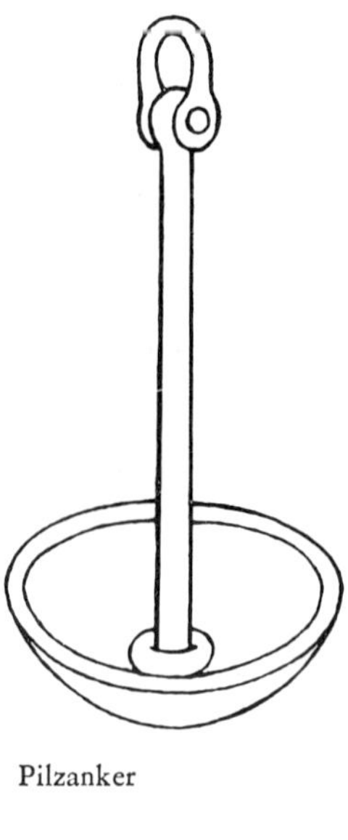

Pilzanker

dere vor der afrikanischen Küste anzutreffen gewesen sein. Im Englischen hieß das Ochsenauge ‚bull's-eye' und stand ebenfalls für eine helle Öffnung in dichten Wolken, bis im frühen 19. Jahrhundert auch ein Schiffsfenster so benannt wurde. Die deutsche Seemannssprache entlehnte das Wort, und fortan galt Bullauge einem runden Fenster in der Außenhaut, den Aufbauten oder den Deckshäusern. Entstanden ist die Bezeichnung in der Zeit, als es an Bord noch keine elektrische Beleuchtung gab, als die Wohndecks und Kammern nachts nur vom Lichtschein blakender Petroleumlampen soweit erhellt wurden, daß man sich notdürftig zurechtfinden konnte, und tagsüber – um Petroleum zu sparen – keine Lampe brennen durfte; als das Licht, das durch die kleinen Fenster fiel, die einzige Beleuchtung war. Sie wirkte auf die Seeleute wie das helle Ochsenauge in dichten Wolken. Die bildliche Übereinstimmung ist augenscheinlich und die Bezeichnung verständlich.

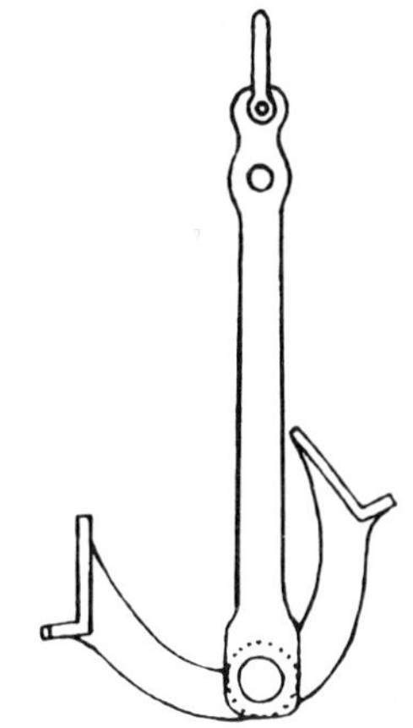

Trotmananker

Mit *Baar* bezeichnete man – etwa vom 17. bis zum 19. Jahrhundert – einen noch unerfahrenen Seemann. Das Wort kommt aus dem Malaiischen: ‚orang-beharoe' – fremder, ausländischer Mensch. Niederländische Seeleute brachten es von ihren Reisen mit, übernahmen es später in die eigene Sprache. Das „Compendium Handlexikon aller fremden Wörter, so in Zeitungen, Briefen und Conversationen vorkommen" des I. H. Sperander aus dem Jahre 1728 erklärt: „Orangbahren nennen die Einwohner von Batavia alle fremde aus Holland kommende Leute; es bedeutet einen, der des Landes und der Sprache noch unerfahren ist." Der Wortteil ‚orang' oder ‚orin' verschwand nach und nach. Übrig blieb das Kürzel ‚Bahr' oder ‚Baar', das in der niederländischen Seemannssprache von nun an als Bezeichnung für einen in der Südostasienfahrt noch unkundigen Matrosen stand. Kluge verweist auf das Niederländische Wörterbuch, in dem dies belegt ist: „zeemann, der voor het eerst van zijn leven de linie passeert en in Indie komt." – Seemann, der zum ersten Mal in seinem Leben die Linie (den Äquator) passiert und nach Indien kommt.

Später wurde unser Wort zur sachlichen, durchaus nicht herabsetzenden Benennung für alle diejenigen, die noch keine vollwertigen Matrosen waren. Der Ausdruck ‚Baar' blieb, allerdings nun als nur ein Wort unter vielen Synonymen und Metaphern der internationalen Seemannssprache.

Da kennen wir den ‚Moses', den *völlig* unerfahrenen Schiffsjungen, der seinen Namen wohl aus jener biblischen Geschichte vom kleinen Moses hat, der im Binsenkorb auf dem Wasser schwamm. Und tatsächlich waren es oft noch richtige Kinder, die da „anheuerten", sieben bis elf Jahre alt, junge Menschen ohne Lebenserfahrung, mit dem reinen Glauben eines kindlichen Bewußtseins. Sie hatten, wie Röding berichtet, „. . . dem Kapitän und den übrigen Schiffsoffizieren zur Aufwartung (zu) dienen. Auf Kauffahrern trifft man gewöhnlich nur einen Kajüts-Jungen oder Kajütswächter an, für den Kapitain. Auf großen Schiffen aber befindet sich ausser dem Kajütswächter noch ein (Junge als) Hofmeister, auch halten sich mehrere Schiffsoffiziere einen eigenen Jungen, so gibt es z. B. Bootsmanns-Jungen, Kochs-Jungen etc. Bey jeder Back (Tisch, Tischgemeinschaft der Matrosen) ist ebenfalls ein Junge, welcher der Backs-Junge genannt wird."

Zog der Kapitän in seiner Kammer an einer Glocke, hatte sich der Kajütsjunge auf dem schnellsten Wege mit den Worten: „Was zu Dienst?" bei ihm zu melden. Und zur Tischzeit – später ‚Backen und Banken' genannt – mußte er oder der Kochsjunge durch alle Decks gehen und überall zweimal rufen: „Zum Schaffen, unten und oben schaffen!" Aus dem Jahre 1712 ist ein handschriftlicher Bericht einer „Reise nach London" überliefert: „Man speiset auf dem Schiff des Tages dreimal, alle Morgen Grütz, alle Mittag graue Bohnen und gesaltzen Fleisch, graß grün von Schärfe, und alle Abend Stockfisch in Wasser gekocht, wozu der Kajütjung rufft: beliebt dem Herrn zu schaffen?"

Jens Jacob Eschels „verheuerte" erstmals 1769, 11 Jahre, 2 Monate und 25 Tage alt, auf dem Walfänger „De Stad Zwolle", der nach Grönland segelte. „Ich kam also an Bord", erinnert sich Eschels fünfundsechzig Jahre später, und „der Kommandeur hieß mich willkommen", man sagte mir, „daß ich nur flink und geschwind bei meiner Arbeit sein, gut aufpassen und treu sein sollte, und wenn die Schelle klingelte, laut *Remann* rufen müsse (Remann war der Ruf auf den holländischen Schiffen derzeit und sollte soviel heißen: Ich habe das Jungerufen oder das Klingeln der Schelle gehört und komme gleich, um Befehl zu empfangen), und wenn ich dies täte, so sollte ich es auch gut haben. Dies war mir sehr tröstlich. Ich wurde als Unterkajütswächter angestellt; der Oberkajütswächter, welchen man einen Hoffmeester nannte, hatte schon eine Reise mit dem Schiffe gemacht. Nach einigen Tagen war ich schon gewohnt an Bord und befand mich wohl, obschon ich die ersten Tage an Heimweh litt und manchmal heimlich weinte . . . und dann, wenn ich mich recht bedachte: Du verdienst nun doch Geld (ich hatte vier holländische Gulden pro Monat), so beruhigte ich mich und war vergnügt, daß ich nun doch ein Seemann war."

Es läßt sich mutmaßen, daß Eschels nicht auf dem schlechtesten Schiff angemustert hatte. Denn die Behandlung der Schiffsjungen hing

Schebecke – „ein langes schmales und sehr scharfes Fahrzeug, welches von allen an der mittelländischen See wohnenden Völkern gebraucht und vorzüglich zum Kriege und zum Kreuzen bestimmt wird. Es hat drey Masten, wovon der vorderste weit vorüber hängt und hierin unterscheidet es sich hauptsächlich von der Galeere, sonst sind die Segel und Takelasche des grossen und Fockmastes eben so eingerichtet, als auf dieser." (J. H. R.)

vom Charakter der Kapitäne, der Steuerleute und der Matrosen ab. Nicht selten war sie übermäßig hart: So'n Jung ist oft behannelt vääl schlimmer as'n Hund – So ein Junge wurde oft schlimmer als ein Hund behandelt. Es wäre falsch, wollten wir die Notwendigkeit einer straffen Erziehung – damals wie heute – verkennen. Doch die Mittel entsprachen vielfach nicht dem Ziel. Richard Wossidlo hat dazu das pädagogische Glaubensbekenntnis eines Bootsmannes aufgezeichnet, der die widrige Schiffsjungenwirklichkeit so motivierte: „So ganz zimpel dörf jo nich ümgahn warden mit de Jungens: dat soelen jo ok ornliche Kierls warden – Madrosen sünd jo ok Jungens wäst. – Man deit dat Strafen doch nich ut Lust, he sall doch wat lihren." – So ganz zimperlich darf ja mit den Jungens nicht umgegangen werden: das sollen ja auch ordentliche Kerle werden – Matrosen sind ja auch Jungens gewesen. – Man straft doch nicht aus Lust, sie sollen doch was lernen. Die alten Seebären übten ohne Frage einen starken Einfluß aus. Ihre simple Philosophie lautete: „Gehorche Befehlen, sonst gibt es ein Unglück."

Die Jungen „sollen doch was lernen", gewiß ein honoriges Wort und ein aufrechtes dazu, aber oft erzielte man – he kriggt mihr Schacht as Broot – er bekommt mehr Schläge als Brot – genau die entgegengesetzte Wirkung. Eine berühmt-berüchtigte Scherzfrage hieß: Welches ist das schlimmste Ende, das ein Kapitän nehmen kann? Das Tauende! Die Schiffsjungen halfen sich mit grimmigem Humor

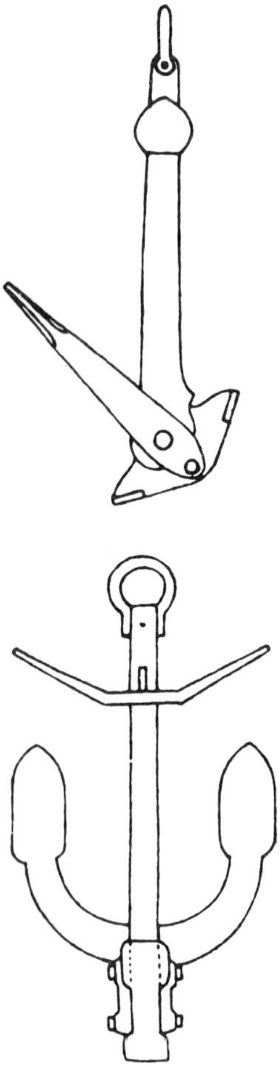

Inglefieldanker

und Ausstopfen eines gewissen Körperteils etwas darüber hinweg. Die Formel: Wi künnen läben as Bröder, wenn de Schipper un Stüermann blos wullen – Wir könnten wie Brüder leben, wenn der Kapitän und Steuermann es nur wollten, spendete kaum Trost; sie umschrieb lediglich eine vage Hoffnung.

Doch nicht nur der Kapitän und die Offiziere praktizierten straffe Zucht, mehr noch taten es die Matrosen, auch schon die Halb- und Jungmänner.

Schiffsjungen durften nicht rauchen und nicht priemen. Und die Roof (eigentlich Schutzdach; im Niederdeutschen eine Hütte auf dem Deck eines Schiffes für die Kombüse und den Speiseplatz des Schiffsvolkes, auch für Schlafräume von Offizieren und Mannschaft) stand den Jungen nur zum Schlafen offen. Während der Junge immer geduzt wurde, mußte er die Matrosen mit Sie anreden: De Jung müßt den Madrosen ok titelieren. Und der Schiffsjunge hatte – wie alle an Bord –, lag das Schiff im Hafen, den natürlichen Wunsch, an Land zu gehen. Doch „de Jung putzt de Schoh, de Schipper süht to un seggt: ‚Junge, so Gott will, kamen wie hüüt abend noch an Land.' Seggt de Jung: ‚So Gott will un de Kaptain.'"

An Bord der alten Segler gingen die Illusionen einer bisher ungestillten Sehnsucht – Nur hinaus auf das weite Meer! – schnell über Bord. Jungen, die sich vorlaut und anmaßend aufführten, wurden bald zur seemännischen Vernunft gebracht und dazu angehalten, gewissenhaft und gründlich zu arbeiten, sich ordentlich zu betragen und bescheiden und höflich zu sein. Sie lernten, auf's Wort zu gehorchen. Kapitän Alfred Tetens, erfahrener Kap-Hoorn-Umsegler, erinnert sich 1889 seiner Schiffsjungenzeit: „Wohl empfand ich die unbeschreibliche Großartigkeit des Meeres, sah das entzückende Bild des klaren Wasserspiegels, den ätherblauen unermeßlichen Himmelsdom, aber das regsame Tauende meines Steuermannes störte meine Betrachtungen mit einer unangenehmen Hartnäckigkeit, daß ich nur selten und auch dann nur in unbewachten Momenten all die Herrlichkeiten bemerkte. Und was etwa das ominöse Stückchen gedrehten Hanfes des poesielosen Steuermannes versäumte, das wurde von meinen prosaischen Obliegenheiten, die aufzuzählen meine Feder sich weigert, reichlich nachgeholt. Die vielseitigen körperlichen Anstrengungen wären wohl noch zu ertragen gewesen, wenn ich nur nicht so jäh aus meinem wolkenlosen Himmel geschleudert worden wäre.

Nach acht Tagen war auch die letzte Spur meiner kindlichen Eitelkeit, welche die seemännische Landtoilette, besonders die bis zum Nakken reichende Mütze, wach gerufen, total verwischt. Manche heiße Thräne – meine damaligen Schiffsgenossen mögen es mir verzeihen –

sank bei Gelegenheit des Kartoffelschälens in unseren kleinen Eimer. Der erfahrene Seemann wird solchen reichlichen Thränenvorrat nicht sehr hoch schätzen, noch weniger ein besonderes Mitgefühl dafür hegen. Wo die Neigung zum Seeleben wahr und echt ist, da werden die salzwässerigen Ueberschüsse sehr bald aufhören und verschmerzt sein, wo aber nur eine momentane Laune, kindliche Unbesonnenheit oder gar ein Vergehen das Motiv zur Wahl des Berufes bildet, da sind diese Thränen recht gesund ...

Trotz oft wiederholter unzarter Behandlung von Seiten meines Steuermannes erhielt ich ... eine vorzügliche seemännische Ausbildung. Nebenbei wurde ich mit aller Matrosen-Arbeit sowie mit Kochen und Brot backen ausreichend vertraut: konnte Fußzeug flicken, Segeltuch-Beinkleider sowie Segel zuschneiden, nähen, Farbe reiben, malen und o' Wonne! Sailors hornpipe (Tanz zur Hornpfeife) tanzen wie der erfahrenste Seemann ... Das war alles recht schön, nur meine Coje machte mir unendlich viel Verdruß; für diesen entsetzlichen Behälter die Bezeichnung Coje anzuwenden, ist ganz gewiß eine unerhörte Übertreibung; für einen kleinen Knaben wäre der dintenfaßartige Raum vielleicht groß genug gewesen, aber für einen ausgewachsenen Jüngling meiner Körperlänge war es mindestens drei Fuß zu kurz geraten: wollte ich in meinem Schmollwinkel längere Zeit verweilen oder gar schlafen, so konnte das nur in der sogenannten Taschenmesserart geschehen, ich mußte zuklappen ..." (Schon im 16. Jahrhundert war kooi, koye im Niederländischen gebräuchlich, vermutlich in dem Sinne, wie ihn das „Idioticon Hamburgense" zweihundert Jahre später erklärt: „Koje – Schlafstelle in Gefängnissen, worin die Missethäter des Nachts verschlossen werden. Item ein abgesonderter Ort im Schiffe.")

„Von allen Qualen, die ein solches Aquarium verursacht, werde ich nur die eine nennen – sobald nämlich die andauernde tropische Luftwärme ihren Einzug in diesen entsetzlichen Behälter gehalten, versucht es die vom Seewasser erzeugte Atmosphäre, den penetranten Eindringling wieder zu vertreiben. Die um die Herrschaft streitenden Dunstmassen scheinen nun die einfache aber fürchterliche Taktik zu verfolgen, daß eine der anderen den Aufenthalt in dem Raum zu verleiden sucht. Luft und Wohlgeruch sind längst verschwunden, unheimliche Düfte, abscheuliche Gase beherrschen die Wahlstatt. Konnte ich hier den begehrenswerthen Schlaf finden? War es nicht erklärlich, daß sich während meines dienstlichen Ausgucks vorne auf Deck in frischer, gesunder Luft oftmals meine Augen schlossen?

Mußte nun aber gerade, wenn ich so wonniglich vom Elternhaus, von Heimath und Jugendgespielen träumte, wenn all die herrlichen

Jungmanns Abschied: „Die Jungen an der Waserkante wuchsen von klein an unter dem einzigen Gedanken auf, Seemann zu werden ... Ein Pastor hatte einmal auf Wunsch der Mutter einem solchen Jungen eindringlich die Gefahren der Seefahrt vor Augen gestellt und ihn unter Hinweis, daß der Vater und Großvater auf See ‚geblieben' seien, von seinem Entschluß abzubringen versucht. Da erwiderte ihm der Junge: Seggen S' mal, Herr Paster, wo is denn Ehr Vadder storben? – Im Bett, mein Junge. – Un Ehr Großvadder? – Auch im Bett. – Je, Herr Paster, denn würd ik in Se Ehr Stell gor nich to Bedd gahn, wenn Se so dull an't Läben hängen dohn."
(Nach Richard Wossidlo)

Bilder an meinem traumerfüllten Blick vorüberflogen, der ruhelose Steuermann herbeischleichen und den wassergefüllten Eimer über mich ergießen? Mußte mir dieses Erwachen bereitet werden? Ich weiß es nicht. Heute darf ich offen bekennen, daß ich dieser Radicalcur unendlich viel verdanke, daß sie es war, welche mich die gefahrvolle menschliche Schwäche überwinden half. Von jenem Augenblick an war ich im Stande, die größte Müdigkeit zu bekämpfen, sobald es sich um den Dienst, um die Sicherheit des Schiffes handelte ..."

Es waren in der Tat die erfahrenen älteren Seeleute, die die Jungen zur Pflichterfüllung, zur Kameradschaft, Disziplin und Ehrlichkeit erzogen. Die Jungen *fühlten*, bis sie es eines Tages *wußten*, was man von ihnen erwartete. Sie sollten, bevor sie es selber wollten, Männer wie die werden, in deren Mitte sie lebten, und denen gegenüber sie Hochachtung empfanden. Über diese Matrosen berichtet Fred Schmidt, viele Jahre Kapitän auf Tiefwasserseglern: „... Sie waren gewandte, unerschrockene Seeleute von vorzüglicher handwerklicher Durchbildung und achtbarem Charakter ... Sie sahen es als Ehrenpflicht an, die Jüngeren an Bord gründlich in alle seemännischen Arbeiten einzuweihen und darüber zu wachen, daß sie sich an solide Arbeit gewöhnten." Auf diese Weise wuchsen Seeleute heran, auf deren Einsatzbereitschaft und Können sich ein Kapitän auch bei schwerem Wetter verlassen konnte, und die ihr Wissen, ihr Können und ihr Pflichtbewußtsein wiederum auf die Jungen übertrugen.

Jungmänner hießen im 19. Jahrhundert auch ‚Bambusen'. Röding definiert sie als „schlechte Matrosen, oder auch Schiffszimmerleute, die nur blos als Handlanger dienen". Das Wort selbst ist wahrscheinlich auf das niederländische ‚bamboes' zurückzuführen, dessen damalige Bedeutung unklar ist. ‚Bambuse' stand im Niederdeutschen des 18. Jahrhunderts für Tagedieb, Nichtsnutz, für einen unartigen, zu Streichen aufgelegten Jungen: Willt ji Bambusen to Schick! – Wollt ihr Bambusen euch wohl anständig betragen! He hett luter Bambusenknäp in'n Kopp – Er hat lauter Bambusenstreiche im Kopf; auch Strandbambusen – Strandlümmel – trieben ihr Unwesen. Und als Neckreim ist überliefert: Krus' is'n Bambus' – Krause ist ein Bamb(a)use.

Bei John Brinckman allerdings lesen wir's anders: „Der Junge dor, der fohrt nu all as Jungmann, der het nu all sin richtigen dre Seejohren up de Schuller." – Der Junge dort, der fährt nun bereits als Jungmann, der hat nun schon seine richtigen drei Seejahre auf der Schulter.

Und schließlich ein Wort zu den ‚Halbmännern': der gängigen Bezeichnung im 19. Jahrhundert für junge Matrosen, die noch nicht mit *allen* Schiffsarbeiten vertraut oder in ihnen hinreichend geübt waren

und die nur halbe Heuer bekamen; junge Schiffsleute, denen es noch an Kraft, Geschicklichkeit oder Schnelligkeit fehlte, nannte man ‚einen halben Mann'. „Drei Männer für ein Tau pflegte der Seemann zu sagen", schreibt Heinrich Smidt in „Mein Seeleben", 1857, „wenn eine so überflüssige Bedienung an Bord ist, daß Einer dem Andern im Wege steht."

‚Baar', ‚Moses', ‚Schiffsjunge', ‚Jungmann' oder ‚halber Mann': während der ersten Fahrensjahre trennte sich die Spreu vom Weizen, und – befreit von entbehrlichen Illusionen – gehörten schließlich alle, die durchgehalten hatten, nach drei Jahren zu den richtigen Seeleuten. Sie wurden – obwohl oder gerade weil sie durch eine harte Schule gegangen waren – fixe Seekierls, tüchtige Seeleute, einem besonderen Stand zugehörig. Dann hatten auch sie für die da an Land nur noch derb-freundlichen Spott übrig: Alles, wat keen Seefohrer wier, würd Buer nennt, wenn he ok Snider oder Schooster wier – Alles, was kein Seefahrer war, wurde Bauer genannt, auch wenn er Schneider oder Schuster war.

Baas, ehemals der Meister oder Aufseher von Arbeitern, ein Wort, das in vielerlei Verbindungen gebräuchlich war.

Das niederländische ‚baes' – Meister oder Herr – verbreitete sich an den Küsten und ging in gleicher Bedeutung in's Niederdeutsche ein, es wurde als ‚bas' von der dänischen, schwedischen und norwegischen Sprache aufgenommen. Im Niederdeutschen hießen Werkmeister so: ‚timmerbas' – Zimmermeister, ‚kranbas' – Meister am Kran, ‚smidsbas' – Schmiedemeister, auch ‚mölenbas' – Mühlenaufseher, und nur die Schreibweise variierte: ‚bas', ‚baß' und ‚baas'.

Ganz allgemein wurde das Wort ‚Baas' gebraucht, um das zu bezeichnen, was man im Hochdeutschen einen ‚tüchtigen Kerl' nennt, wie es in ‚Baasbengel' und: he is'n Baas in sien Kunst – er ist ein Meister seines Faches, he is sien Baas – er ist ihm überlegen – zum Ausdruck kommt. Die Bauern sagten: „Dat is'n Baaskoh" – Das ist eine Kuh ersten Ranges, und: „De Appel is'n Baas" – der Apfel ist von seltener Größe. Weit verbreitet war die Redewendung: Du büst de Baas in de Boddermelk, wenn de Klümp dor rut sünd – Du bist Herr in der Buttermilch, wenn die Klöße heraus sind, sinngemäß: ... willst erst Hand anlegen, wenn die Arbeit getan ist. An der Küste äußerte der Fischer, der den größten Fang von allen anlanden konnte, zufrieden: „Hüt sünd wi wedder eens Baas worden" – Heute sind wir wieder einmal Bester geworden. ‚Basig' stand für tüchtig, vorzüglich und ausgezeichnet. Andererseits sagte man, einen Überheblichen auf den Arm nehmend: „He is'n Baas von Kerl, he kann Kattenschiet in Düstern rüken" – Er ist ein Großmeister, er kann Katzendreck im Dunkeln riechen.

Seemännische Verwendung fand das Wort hauptsächlich in ‚Heuerbaas', der Bezeichnung für einen Mann, der es als Geschäft betrieb, Matrosen eine Heuer zu besorgen. Auch ‚Wasserdiener' nannte man ihn im 18. und 19. Jahrhundert, vermutlich aber nur an der Ostseeküste.

Der Heuerbaas vermittelte zwischen Reedereien und Seeleuten. Von ihm hing es ab, ob Jan Maat ein Schiff erhielt, das derart unbeliebte Güter wie Erz, Kohle oder Düngemittel fuhr, oder ob er die nächsten Monate auf einem sauberen Schiff zubringen konnte. Für ein gutes Schiff waren immer genug gute, für ein schlechtes Schiff immer zu wenig Leute da.

Lebte der Seemann ein paar Tage oder sogar ein paar Wochen an Land, dann wohnte er bei seinem ‚Schlafbaas', dem Quartiergeber oder Logiswirt in ‚board an' lodging', „in voller Pension" würden wir heute sagen. Nicht selten fungierte der Schlafbaas auch als Stellenvermittler. Mehr noch, er hielt Kammern beziehungsweise einen Platz im Schlafsaal für die Seeleute frei, wachte, waren sie unter seiner Obhut, über die Ausgaben und mahnte fürsorglich, wenn die schwer verdiente Heuer immer weniger wurde. Der Schlafbaas war für den Seemann Familienersatz und so etwas wie eine Vaterfigur, oft aber auch ein Geldschneider und Betrüger.

Kapitän Fred Schmidt erinnert sich: „Jeder aus dieser schnauzbärtigen, rotgesichtigen Gilde hatte einen Stamm von Seeleuten, einen festen Kundenkreis, deren Namen mit absoluter Regelmäßigkeit immer wieder in seinen Listen und Anmeldeformularen erschienen. Je nachdem Tedje auf eine Reise nach Honolulu gegangen war oder ‚man eben op'n lütten Rutsch no Bramsilien', dauerte es mehr oder weniger lange, bis sein Name wieder in das dicke Buch auf dem Pult neben der Toonbank eingetragen wurde. Sechs Monate oder sechsundzwanzig, unweigerlich tauchte Tedje eines Tages wieder in der Tür auf – und damit auch wieder in des Schlafbaasen Contobuch:

‚Moin Hannes!'

‚Moin! Och, ßüh an – Tedje! Moin-Moin! Wedder t'rügg?'

‚Jo. Wo geiht?'

‚Mm – muscha. Gode Reis' hadd?'

‚Och – dat geiht. In Sydney heww ick Claus Reemer dropen.'

‚Soso. Jan is hier. Kem vorrige Woch' von Shanghai. Kannst mit em in Nummer dree slopen.'

‚Good, Hannes. Denn lot uns man 'n Lütten kriegen!'"

Doch auch die fetteste Abrechnung einer noch so langen Reise schmolz stetig dahin. Jan Maat trug an Land die großzügigsten Spen-

Board and
Lodginghouse

dierhosen, was von seinen zeitweiligen Mackern und Augenblicksbräuten weidlich ausgenutzt wurde. Die Schönen von Newcastle – beispielsweise –, in derartigen zeitlich begrenzten Herzensaffären wohl bewandert, schrieben nach Eschels, „den neu gefundenen Freunden an Bord Briefe, die oft mit den traurigen, aber nur zu wahren Worten schlossen: ‚Die Deine bis Nobby' – Insel mit Leuchtturm – also bis zur Hafenausfahrt."

Beim Schlafbaas, dem Quartiergeber oder Logiswirt in ‚board an' lodging' – in voller Pension.

Irgendwann nahm der besorgte Schlafbaas sich seinen Tedje vor:

„Min Jung, dat waard nu bi lütten Tied, dat du wedder an Bord geihst. Heuchste Tied sogar – kiek di mol hier dien Conto an, mien Jung. Eck heww dor grod so'n scheune handige Bark for di. Geiht no Philadelphia oder Neejork, denn mit Kistenoil no Dscheokohama un denn von Seattle no England oder vun de Westküst mit Solpeter wedder no Huus. Giwwt ne scheune Afrecknung, Tedje. Wullt du?"

Diese Rede war ihm vertraut. Gehorsam, die Pseudoherrlichkeiten eines Landlebens, das wieder einmal seinen Zauber verloren hatte, hinter sich lassend, vor sich die See, ging er mit Freuden auf ein neues Schiff. „So verdreht sind Seeleute nun einmal", kommentiert Jens Jacob Eschels dies scheinbar so Widersprüchliche im Wesen der Jan Maaten, „in See freuen sie sich auf den Hafen, im Hafen aufs Meer. Jeder Wechsel muß nach ihrer Meinung etwas Schönes bringen. Immer die gleiche Hoffnung – immer die gleiche Enttäuschung!" Obwohl zu Beginn des 20. Jahrhunderts ein Gesetz erlassen wurde, das dem Schlafbaas untersagte, die Heuer gewerblich zu vermitteln, blieben viele von ihnen, jene vor allem, die es immer schon aufrichtig gemeint hatten, dem Seemann Freund und Berater.

Unser Wort finden wir übrigens noch in anderen Verbindungen: ‚Akesbaas' nannte man den Besitzer eines kleinen Kahnes an der unteren Ruhr (‚Aak' hieß ein flaches Fahrzeug auf dem Rhein, das Wein nach Holland brachte), und ‚Ewerführerbaas' hieß einer, der während des 19. Jahrhunderts innerhalb der Häfen zwischen Speichern und Schiffen pendelte. Irgendwann wanderte der ‚Baas' nach Amerika aus und wurde dort zum ‚Boss'.

Back, ein sehr altes Wort, das in vielen Dialekten vorkommt, und selbständig oder in zahlreichen Zusammensetzungen zum internationalen Berufswortschatz der Seeleute gehört. Die vielen verschiedenen Wortinhalte haben alle eine gemeinsame Wurzel – den Rücken, die Wölbung bzw.: rückwärts gewandt. Heute ist eine ‚Back' in seemännischer Verwendung entweder ein Aufbau auf dem Vorschiff, der sich von Bord zu Bord bis zum Vorsteven erstreckt und oben durch das Backdeck begrenzt wird, oder ein Tisch in einer Kammer, in einem

A

B

Wohndeck oder einer Messe (das ist der Speiseraum des Schiffes). Im Mittelhochdeutschen hieß (ars-) ‚backe' Rücken oder Hinterbacke; im Mittelniederländischen stand dafür ‚bak' und im Niederdeutschen ‚bak' oder ‚Back'. Im Englischen gehört es heute noch zur Umgangssprache, und im amerikanischen Englisch sagt man: ‚back o' town', wenn man – in negativer Bedeutung – die unansehnliche Kehrseite einer Stadt kennzeichnen will.

Jemanden ‚huckepack' nehmen oder tragen ist wohl jedem geläufig. Es stammt von ‚huken', ‚uphuken' – aufhocken, und ‚Back' – Rükken. Aus dem18. Jahrhundert ist dazu überliefert: „Wenn einer dem anderen aufhocket und von ihm auf dem Puckel getragen wird, das heissen wir up den Hubback sitten." Auf die Frage, ob ein Mann eine schwere Arbeit bewältigen könne, hörte man: De hett Buuks un Baks genoog – er ist stark genug. Und von jemandem, der einem lästig war, hieß es: ik hebbe em alle Dage up'n Bake – ich habe ihn alle Tage auf dem Halse. Bei Zwistigkeiten sagte man: nu krieg ick em ok noch op'n Back – nun bekomme ich es auch noch mit ihm zu tun. Eenen wat up't Back geven bedeutete, einem den Buckel vollhauen. Eine überaus dicke Frau kennzeichnete man mit: dat is bi ehr all Buk un Back – an ihr ist alles Bauch und Hinterteil, und von jemandem, dessen Lieblingsthema das Obszöne war, hieß es: he vertellt am leewsten dat, wur de Backen am dicksten sünd.

Unter ‚bakwaschen' – ein besonders bildhaftes Wort – verstand man, ein waschhaftes Maul haben, hinter dem Rücken anderer viel schwätzen: He bakwaschet daarmit herum – Er trägt es von einem zum anderen.

Und das alte ‚Backbeest' – Backbiest – war vor zweihundert Jahren ein deftiges Schimpfwort für Frauen, die sich – wie man meinte – nur zum Lastentragen eigneten.

In der Sprache der Seeleute ist ‚Back' seit über tausend Jahren gebräuchlich. Die älteste Wortverbindung ist wahrscheinlich ‚Backbord', womit die linke Seeseite eines Schiffes oder Bootes, in Vorausrichtung gesehen, bezeichnet wird. Sie wurde in der Zeit der Wikinger in die Seemannssprache aufgenommen, da deren Boote eine Steuereinrichtung besaßen, die am rechten Bord, dem Steuerbord, angeordnet war, und bei deren Bedienung der Steuermann, damals identisch mit dem Rudersmann, der linken Schiffsseite den Rücken zuwandte. Diese Steuereinrichtung, ein etwa vier Meter langer Riemen mit der Funktion eines Ruders, der gelenkig mit der Bordwand verbunden war, wurde auf deutschen Schiffen bis zum 13. Jahrhundert verwendet.

Als danach mittschiffs angeordnete Ruder in Gebrauch kamen, die mittels einer Pinne bedient wurden, war bis zum 18. Jahrhundert üblich, die Ruderkommandos nicht auf das Ruder, sondern auf dessen Pinne zu beziehen. „Ruder Backbord!" bedeutete also damals, die Pinne nach Backbord zu legen, worauf das Schiff nach Steuerbord drehte.

Aus der Zeit des Königs Alfred der Große – um das Jahr 900 – sind uns als früheste Wortzeugnisse ‚backbord' und ‚steorbord' überliefert, und in das Französische ist unser Wort von den Normannen als ‚babord' übernommen worden.

Im Niederländischen hieß es im Mittelalter ‚bakboord', und weitere Belege wie ‚Back-Bort' und ‚Stür-Bort', ‚Backboord' und ‚Stürboord', ‚Backbuurd' und ‚Stüerbuurd' führen bis zu den heutigen Wörtern ‚Backbord' und ‚Steuerbord'.

Die seitliche Außenbordanordnung der Steuerriemen erforderte es, in Häfen stets mit Backbord anzulegen, um Havarien der Ruderanlage an der Pier zu vermeiden. Daraus entstand im Englischen ‚portside' – Hafenseite für ‚Backbord', später kurz ‚port' genannt, während sich aus ‚steorbord' das heutige ‚starboard' entwickelte.

Auch für die abwechselnd aufziehenden Wachen galt die Bordseitenbezeichnung. Nach Röding ist auf „Kriegsschiffen das wachthabende Volk in zwey Theile getheilt, der eine davon schläft am Backbord und der andere am Steuerbord: ersterer heißt deswegen die Backbordwache und letzterer die Steuerbordswache. Die Steuerbordswache steht allezeit unter dem Befehl des vornehmsten Schiffsofficiers." Auf Dreimastern waren bei Alle-Mann-Manövern die Backbordwache für den Fock- und Kreuz- beziehungsweise Besanmast und die Steuerbordwache für den Großmast und das Vorgeschirr verantwortlich.

‚Backbord' steht jedoch nicht nur für den linken Teil der Bordwand oder Außenhaut, sondern – als Gegenstück von ‚Steuerbord' – ebenso für Bauteile, die backbordseitig, also links in Fahrtrichtung angeordnet sind: Backbord- und Steuerbordanker, Backbord- und Steuerbordnock. Und ‚Backbordseite' kann Backbord an Seite Deck oder auch Backbord außenbords des Schiffes bedeuten.

Das Wort ‚back' im Sinne von zurück oder rückwärts galt auch bestimmten Segelmanövern: Die Segel ‚backbrassen', ‚backholen' oder ‚backlegen' bedeutete, den Segeln eine solche Lage zur Windrichtung zu geben, daß kein Vortrieb, sondern eine fahrtvermindernde Wirkung auf das Schiff erzeugt wurde, wobei sich die Segel nach achtern – back – wölbten und gegen den Mast drückten. Dann sagte man: De Wind föllt back in, oder: Wenn de Wind 'n bäten von vörn kümmt, slahn de Segel back. Meistens wurden die Rahen des Fockmastes – des Vortopps – gegen den Wind gedreht: denn höllt de Vörtopp äben

Ein ‚Wandknopf' im 18. Jahrhundert:
A der Anfang
B der fertige ‚Wandknopf'
C das Auskämmen und Bekleiden der Enden.

Ein ‚halber Knopf' zum Anlegen der Wanten.

so väl up, as de hinnelsten beiden Sägel schuben – dann hält der Vortopp ebensoviel auf, wie die hinteren beiden Segel schieben. Backgeholt, d. h. backgebraßt wurde zum Beispiel, um zu loten, um einen Lotsen an Bord zu nehmen, auch um sich in engem Fahrwasser, in dem man nicht wenden konnte, von einer Untiefe zu entfernen, indem man Fahrt über den Achtersteven machte.

An der Küste hieß es im übertragenen Sinne von einem, der seine Arbeit niedergelegt hatte: He hett back smäten – Er macht keine Fahrt mehr, er ist auf Stopp gegangen.

‚Backen und Füllen' nannte der Seemann jenes Manöver, bei dem die Rahen abwechselnd so gebraßt wurden, daß der Wind teils von voraus und teils von achtern in die Segel fiel. So fuhr man in engen, gewundenen Fahrwassern, um manövrierfähiger zu sein und schnell offenes Wasser zu erreichen. Und ‚backen' im Sinne von streichen bedeutete, ein Boot durch entgegengesetztes Rojen oder Pullen achterauszubewegen.

Über die ‚Back' als Vorschiffsaufbau lesen wir bei Röding: „Das Stockwerk vorne auf dem obersten Deck des Schiffes. Ehedem nannte man es auch das Vorkasteel, weil dasselbe statt eines Kasteels diente, hinter welchem man sich verschantzt hielte, wenn das Schiff schon geentert worden, und eben dazu diente auch das Hinterkasteel oder die Schanze. Nur allein Kriegsschiffe, Fregatten und Ostindienfahrer haben eine Back, die aber dem Schiffe mehr zur Zierde und zur Bequemlichkeit, als zum Vortheil gereicht, denn ... sie verursacht zu vielen Windfang, und eben deswegen werden die Backen auf neuen Schiffen weit niedriger gebauet als vor diesem der Gebrauch war." In späterer Zeit bezog man die Back in die Vorschiffsform ein, um das Schiff besser vor hohem Seegang zu schützen und die Stampfbewegungen des Schiffes zu dämpfen.

Ihren Namen aber hat die ‚Back' wahrscheinlich deshalb erhalten, weil die Schiffbauer auf Hinweise der Seeleute die Deckbalken und damit auch das auf diesen verlegte Deck, das den Aufbau nach oben begrenzte, mit einer Wölbung, einer Balkenbucht versahen, um überkommendes Wasser schnell ablaufen zu lassen. Das Deck erhielt also die Form eines Rückens (Back), und damit war die Bezeichnung des gesamten vorderen Aufbaues als ‚Back' nicht mehr fern. Back is'n Oewerbu vör in de Bog – Back ist ein Überbau vorne im Bug, hieß es; auch: Du hest de Utkiek uppe Back – Du hast den Ausguck auf der Back. Jedoch ist bereits aus dem Jahre 1755 überliefert, die ‚Back' sei auch „das inwendige am Obern Vordertheile eines See-Schiffes".

In dieser ‚Back' lagen auf den alten Schiffen die Wohnräume der Matrosen – sie waren die „vor dem Mast" –, und hier schafften sie auch, nahmen sie ihre Mahlzeiten ein. Ob das regelmäßige Aufsuchen der Back zum Schaffen – identisch mit dem Platznehmen am Tisch – die Ursache dafür war, wir vermuten es nur, jedenfalls erhielt auch ein Tisch die Bezeichnung ‚Back'.

Vor jeder Reise wurde auf Segelschiffen die Besatzung in ‚Backschaften', manchmal auch nur ‚Backen' genannt, eingeteilt. Sie bestanden meistens aus sechs bis zehn Seeleuten, die während der gesamten Reise an einer bestimmten Back gemeinsam schafften. Seemannssprachliches von 1668 übermittelt uns Kluge: „als nach alter Gewohnheit die Freß-Glocke hinten vor der Coite (Kajüte) des Schiffes geläutet worden, setzeten sich je Sieben und Sieben an einem Pack oder Tisch zusammen, so des Tages zu dreyen mahlen observieret worden."

Dem niederländischen ‚baksvolk' entstammend, hieß diese Tischgemeinschaft im 17. Jahrhundert ‚Packs-Volck', im 18. Jahrhundert ‚Backsvolk' oder ‚Backsgesellschaft', im 19. Jahrhundert auch ‚Backsgenossenschaft' und um die Jahrhundertwende ‚Backsmannschaft', wobei die einzelnen Ausdrücke fließend ineinander übergingen und zum Teil auch nebeneinander benutzt wurden. Alle mündeten etwa um das

Kuff – „ein bey den Holländern, Dänen und Schweden stark gebräuchliches Fahrzeug. Es hat einen grossen und einen Besahnmast, der aber im Deck steht und nicht auf einem Heck. Die Kuffen haben zuweilen Schwerdtern an den Seiten." (J. H. R.)

Auf den folgenden Seiten: Eine Brigg, hier die *Olinda von Greenock* aus der ersten Hälfte des 19. Jahrhunderts, wie sie zu dieser Zeit in Großbritannien in großer Zahl gebaut wurden.

An der Back: „Sowohl die Matrosen als auch die Soldaten und Unteroffiziere, werden in Backen getheilt. Auf Kauffahrern hat man gewöhnlich nur drey Backen, die Kochsback, Bootsmannsback und Bootsmannsmathsback. Die erstere schafft unter der Back am Backbord; die zweyte unter der Back am Steuerbord und die dritte unter der Schanze." (J. H. R.)

Jahr 1900 in die Kurzfassung ‚Backschaft' ein und kennzeichneten immer eine bestimmte Gruppe von Seeleuten.

Dem niederländischen ‚baksmeester' entsprechend hatte in jeder Backschaft ein ‚Backsmeister' oder ‚Backsältester' „bey jedem Tische die Aufsicht". Die Mitglieder einer Backschaft hießen ‚Backsgesellen' oder ‚Backsmathe', später auch ‚Backskollegen'; und zu jeder Backschaft gehörten meistens ein ‚Backsjunge', dessen Dienstpflichten aber auch der jüngste Matrose erfüllen mußte, wenn der Back kein Backsjunge zugeordnet war. Das hieß: für seine Backschaft Essen holen, aufbacken – auftragen – sowie nach dem Essen die Back aufklaren und die (Speise-)Backen säubern. Die Segelschiffskapitäne beschäftigten die Jungen freilich ganz nach eigenem Ermessen. Jens Jacob Eschels erinnert sich an den Beginn seines seemännischen Daseins so: „Meine Arbeit lernte ich gut verrichten; das allerärgste für mich war, das Gelbeerbsenback auszuschrappen; oder: was die Leute, die an der Back (eine große hölzerne Schüssel) speisen, nachlassen, muß der Backsjunge, und das war ich, an der Offizierstafel rein aufessen. Da ich nun von Kindheit an nie gerne gelbe Erbsen aß, so war dies eine große Plage für mich, vornehmlich, da der Koch mir drohte, es dem Kommandeur zu zeigen, wenn ich das Back nicht rein genug leergegessen hätte . . . auch mußte ich den Tisch für die Offiziere decken; diese aßen des Mittags 12 Uhr, und ich hatte ihren Tisch immer schon früher gedeckt und alles in Ordnung. Eines Tages kam der Kommandeur mit dem Oberzimmermann (der auch zugleich Harpunier war) und dem anderen Offizier,

der die Wache auf dem Deck hatte, in die Kajüte, um selben einen Schnaps Genever zu geben; es war noch keine 11 Uhr und mein Kajütstisch schon gedeckt; so sagte der Kommandeur zu mir: ‚Du bist früh dabei, den Tisch fertigzumachen.‘ Der Zimmermann sagte: ‚Mit Jens geht alles gut, nur das Gelbeerbsenbackschrappen will nicht recht gehen, da weint er manchmal bei.‘ Da sagte der Kommandeur: ‚Nun, wenn dir dies eine so große Plage ist, so magst du hinfüro das Back dem Schiffshunde geben, daß der es ausleckt.‘“
In späteren Zeiten wurde der Dienst des Backsjungen im Mannschaftslogis von den Backskollegen abwechselnd gegangen, das Wort ‚Backschaft‘ auf den Tischdienst selbst übertragen sowie derjenige, der ihn auszuüben hatte, ‚Backschafter‘ genannt. Strenge Sitten herrschten mitunter: „Wenn jemand in der Back flucht oder schmutzige Reden führt, so wird die Backsgerechtigkeit an ihm ausgeübt; das heißt: Es werden ihm etliche Körner Saltz zugeworfen, welches zum Zeichen dient, daß er in Strafe verfallen ist. Es befindet sich in dieser Absicht beständig eine Schüssel mit Saltz auf der Back.“

Zur Bedienung der Offiziere und der Passagiere in der Kajüte oder in der Offiziersmesse waren im 19. Jahrhundert ‚Aufwärter‘ oder ‚Pantrygasten‘ eingesetzt, die schließlich die Bezeichnung ‚Steward‘ erhielten.

‚Back‘ als hölzerne Speiseschüssel soll ihren Namen von dem spätlateinischen ‚bacca‘ – Wasserfaß – erhalten haben. Unser Schiffsjunge Eschels schrieb dazu in seinem „abenteuerlichen Leben“ die zeittransparente Beobachtung auf: „. . . denn wie das Schießen anging, wurde ein hölzernes Back oder Schiffsschüssel mit Genever aufs Deck gebracht, in das Back wurde etwas Schieß-Pulver getan, ein hölzerner Löffel hineingelegt und dann die Leute animiert, löffelweise davon zu trinken; dies sollte ihnen Courage geben und das Schießpulver die Leute wütend und erbittert machen . . .“

Ehemals war für jedes Backsvolk eine große Back in Gebrauch, in der zumeist Zusammengekochtes, Eintopf, aufgetragen wurde: eine ganz dick gekochte Gerstengrütze, eine Hafergrütze, die man schneiden konnte, Bramstaglopers, Erbsen, die niemals weich wurden, Bohnen, die stockig waren und Linsen, ok Wanzen nennt: dee sehn jo so ähnlich ut. Später gab es dann, je nach Bedarf, eine Suppenback, eine Kartoffelback, eine Fleischback, eine Butterback und andere Backen. Und es hieß: Wenn Fleisch uppe Back kümmt, langt ierst de Timmermann hen, denn de Matrosen, tauletzt de Jungens – Wenn Fleisch auf die Back kommt, greift zuerst der Zimmermann hin, dann die Matrosen, zuletzt die Jungen. Daneben waren an Land die Wasserback, die Salzback, die Lichtback für Kerzen, die Speiback und die

Katzback – ein Napf, aus dem die Katze fraß – bekannt. Die verschiedenen Speise-Backen, zuerst aus Holz, dann aus Blech, schließlich aus Leichtmetall gefertigt, wurden nach und nach in ihrer Größe und Form den Bedürfnissen der Besatzungen besser angepaßt, vereinheitlicht und insgesamt ‚Backsgeschirr' genannt. Eine verwirrende Vielfalt von Bedeutungen: Unter der ursprünglichen ‚Back' – dem Backdeck, steht in der ‚Back' – dem Vorschiffsaufbau, eine ‚Back' – ein Tisch, und darauf eine ‚Back' – eine Speiseschüssel.

Zur Segelschiffszeit schleppte Jan Maat eine eigene Seekiste von Schiff zu Schiff. Später, als die Wohnräume der Matrosen eingebaute ‚Backskisten' enthielten – Bänke, der untere Teil als Stauraum umbaut –, transportierte er im Seesack oder in dem größeren ‚Tüüchbüdel' – Zeugbeutel – sein Eigentum. In der Seekiste oder in der Backskiste fuhr Jan Maat auch seine ‚Backsbeeren': seine sehr persönlichen Dinge.

Das Wort ‚Backsbeeren' indessen ist nicht von unserer ‚Back' abgeleitet. Es ist an Land in einer der Bedeutungen aufgegriffen worden, die dem niederdeutschen ‚Backbeer' – gedörrte Birne bzw. Backobst – entsprachen. Aus dem „Mecklenburgischen Wörterbuch" von Wossidlo/Teuchert und aus dem „Schleswig-Holsteinischen Wörterbuch" von Mensing erhalten wir näheren Aufschluß über den unterschiedlichen Wortsinn: „Wenn ick mal Fru bün, seggt dat Mäten, denn et ik all

Daag Klümp un Backbeern – Wenn ich mal Frau bin, sagt das Mädchen, dann esse ich alle Tage Klöße und Backbirnen, dann lebe ich herrlich und in Freuden. Oder auch: Se wüllt ehr Backbeeren tohopen smieten – Sie wollen ihre Habseligkeiten zusammentun, sie wollen heiraten. Und das Angebot eines Händlers lehnte man oftmals auf folgende Weise ab: Gah man af mit dien Backbeern – Geh' man ab mit deinem Plunder, deinem wertlosen Zeug. ‚Backbeerenkram' stand für armselige Habe oder für Schund, und dünner Kaffee hieß ‚Backbeerensupp'. Ihrer Eigentümlichkeit wegen soll auch eine mit Besorgnis gepaarte Bitte, Platz zu nehmen, nicht verschwiegen werden: „Sett di up'n Noors, dat di de Müs keen Backbeeren rindragen." Und die Redensart: He is in Berlin wääst, in de grote Backbeerenstrat, dor hett he dat Hochschnarzen (Hochdeutschsprechen) lihrt – variiert hinlänglich bekannte Skepsis, sprichwörtliche Zurückhaltung, die instinktive, gleichwohl aber schöpferische Aufmerksamkeit des Niederdeutschen gegenüber allen fremden Einflüssen, was trotz eines offenkundigen Vorurteils nicht mit konservativ oder rückschrittlich gleichzusetzen ist. Vielleicht weil man nur an den Küsten ganz genau weiß, daß das, was mit der Flut kommt, mit der Ebbe wieder dahingeht. Plunder, wertloses Zeug oder armselige Habe kommt also den ‚Backsbeeren' in unserer See- oder Backskiste am nächsten.

Erwähnt werden soll auch, daß man im 17. Jahrhundert beim Entwurf von Kauffahrteischiffen oft der Ladefähigkeit gegenüber der Geschwindigkeit den Vorzug gab und die Vorschiffsspanten völlig (bauchig) gestaltete, so daß Jan Maat die Bordwände des Bugs bildlich treffend ‚Backen' des Schiffes nannte.

Und zuguterletzt wollen wir anführen, daß die wasserdichten Kästen an den Innenseiten der Außenhaut unterhalb der Ankerklüsen, in denen man Wasser auffing und durch Speigatts nach außenbords leitete, ‚Pisbacken' hießen. ‚Pisback' nannte man auch einen Abort, und in jener Zeit, als das Galion nicht mehr dazu benutzt wurde, „stünn vörn ünner de Back dat Schitemmer".

„Backen und Banken" – an die Stelle des alten Rufes „Schaffen – schaffen!" als Aufforderung, sich zum Essen einzufinden oder Essen zu empfangen, trat in neuerer Zeit, vermutlich auf Seegelkriegsschiffen entstanden, das Kommando: „Backen und Banken herunterschlagen!" Es bedeutete, die der Raumersparnis wegen oben unter Deck gehalterten Tische und Bänke aufzustellen und festzumachen, also: Klarmachen zum Essen. Die spätere Kurzform „Backen und Banken!" galt dem Beginn der Mahlzeiten und wurde häufig sogar mit „essen" gleichgesetzt.

Badegast, so freundlich und so ironisch bezeichnen die Seeleute jeden Gast an Bord, der an einer Reise oder an einem Seetörn teilnimmt, aber keine Aufgaben im Schiffsbetrieb erfüllt. Innerhalb der Besatzung dagegen ist ein ‚Gast' ein Matrose in einer bestimmten Dienststellung oder mit besonderen Aufgaben, beispielsweise ein ‚Steuermannsgast', ‚Signalgast', ‚Pumpengast', ‚Bootsgast' oder ‚Fallreepsgast'.

Etymologisch gehört das Wort ‚Gast' zur westindoeuropäischen Wurzel ‚ghosti-s' und bedeutet Fremder, dem man vor der verschlossenen Tür des eigenen Hauses Obdach und Lager gewährte. Die Germanen, von deren großer Gastfreundschaft Cäsar und Tacitus berichten, sollen daraus eine weitere Bedeutung entwickelt haben, die Bezeichnung für einen Besucher, der zu den Vornehmen gehörte, Vorrechte besaß, mächtig war. Im Gotischen hieß er ‚gasts' und im Althochdeutschen, Mittelhochdeutschen sowie Mittelniederdeutschen ‚gast' – hier auch in der Bedeutung Fremder oder Krieger.

In der niederdeutschen Volkssprache des 18. Jahrhunderts begegnet uns das Wort in Verbindung mit Personen – nicht unbedingt Besuchern –, denen man gewisse Eigenschaften zuordnete. So hieß es anerkennend: een groten Gast – ein großer, een ryken – ein reicher, een kloken – ein kluger, een slugen – ein schlauer und abwertend: een graven Gast – ein grober Mensch, een loesigen – ein träger, een verwegen – ein waghalsiger sowie een kettelharigen Gast – ein empfindlicher, schnell übelnehmender Mensch. Zu einem Betrüger sagte man: „Du Gast!" und meinte: Du Schurke!

Das Wort wurde zu gleicher Zeit aber auch in seiner heutigen Bedeutung verstanden, denn wir lesen im „Platt-Deutschen Wörter-Buch nach der alten und neuen Pommerschen und Rügischen Mundart" von Professor Johann Carl Dähnert, erschienen 1781 in Stralsund: „Ein Fremder an einem Ort im Hause und am Tisch. Einer der zu Ausrichtungen und Gelagen eingeladen wird. Auch heissen Gäste, die sich in Wirtshäusern für ihr Geld Essen oder Trinken reichen lassen: imgleichen, die ihr Korn auf eine Mühle zum mahlen bringen." Und ‚Gasthuus' – Gasthaus, in Stralsund gab es den ‚Gasthoff' – war ein Hospital, in dem arme, alte Leute aufgenommen und betreut wurden. Damals war die Redensart geläufig: Unbedene Gäste settet man achter den Fuerheerd – Ungebetene Gäste setzt man hinter den Herd, eine Stelle, an der es nichts zu essen gab. Und: He hat fromde Gäste bedeutete – Er hat Läuse.

Ferner verstand man unter ‚Gast' einen Handwerksgesellen, einen Genossen, einen Kameraden. Aus dem Jahre 1627 läßt ein Beleg uns wissen, daß auch ein Soldat diese Bezeichnung trug, denn es heißt bei J. G. Aldenburgk in seiner „West-Indianischen Reisze und Beschreibung der Beläg und Eroberung der Statt S. Salvador in der Bahie von Todos Sanctos": „Musten derentwegen von jeder compagni drey Mann darbey erscheinen, an Capitänen, Serganten, Corporaln, Adelporschen vnd Schillergasten."

Das „Idioticon Hamburgense", wahrlich ein bemerkenswertes „Wörterbuch zur Erklärung der eigenen, in und um Hamburg gebräuchlichen, Nieder-Sächsischen Mund-Art", verlegt von Conrad König in Hamburg 1755, gibt dem Wort ‚Schillergasten' einen exakten und praktikablen Sinn. Er sei ein gemeiner Soldat, der von der Schildwache „noch nicht gefreiet" wäre, also noch nicht den Dienstgrad „Gefreiter" hatte.

‚Schipgast' für Matrose oder Schiffsknecht gehörte damals zum seemännischen Berufswortschatz. Johann Hinrich Röding faßt mit der von ihm gewohnten Sorgfalt zusammen: „Gasten sind eine gewisse Anzahl Matrosen oder Seeleute, die zu irgend einem Schiffsdienst bestimmt sind ... Am gebräuchlichsten ist das Wort in folgendem zusammengesetzten Verstande, als: Backsgasten, Bootsmannsgasten, Flaggast, Hüttsgasten, Göschgast, Kabelgasten, Kapergasten, Kochsgasten, Marsgasten, Schiemannsgasten und Wimpelgast."

Zum ‚Göschgast' eine Marginalie: Die Gösch war und ist eine Flagge, die auf Reede und im Hafen an Feiertagen an einem senkrechten Flaggenstock – dem ‚Göschstock' – auf dem Bugspriet oder dem Vorsteven gesetzt wird. Die Bezeichnung hat ihren Ursprung bei den Geusen, den Wassergeusen – niederländischen Kämpfern gegen die spanische Fremdherrschaft im 16. Jahrhundert –, die als Erkennungszeichen eine Flagge mit den Farben des Prinzen von Oranien – die ‚geus' – auf dem Bugspriet fuhren.

‚Hüttsgasten' hießen „die Offiziere, welche ihren Aufenthalt in der Hütte haben", und die ‚Hütte' war „das oberste Stockwerk des Hinterschiffes". Zu den Hüttsgasten gehörten auf Kriegsschiffen außer den Seeoffizieren auch Ärzte, Intendanturbeamte, Pfarrer und Seesoldaten. Sie wurden im 19. Jahrhundert mit dem recht treffenden Spitznamen ‚Badegast' bedacht, da sie im Gegensatz zum seemännischen Teil der Besatzung weder an der Schiffsführung noch an Segelmanövern oder anderen seemännischen Arbeiten teilhatten, im allgemeinen ein recht beschauliches Dasein führten und deshalb von den Seeleuten nicht als ihresgleichen akzeptiert wurden.

Als man den Nichtseeleuten an Bord spöttisch das Bestimmungswort ‚Bade-' zuordnete, war das ziemlich genau die Zeit, als gutbetuchte Sommerfrischler zunehmend die Fischerdörfer und Hafenstädte aufsuchten. Die Einheimischen nannten die zeitweilig Zugereisten vorerst anzüglich ‚Isenbahner', weil sie mit der Eisenbahn kamen und mit ihr auch wieder verschwanden, oder auch ‚Oorsutkäuhlers' – Arschauskühler – (die Verfasser bitten um Entschuldigung), weil sie sich zu einer den Küstenbewohnern viel zu früh erscheinenden Jahreszeit am Strand tummelten und badeten. Wahrscheinlich lange bevor man von Urlaubern sprach, setzte sich als allgemeine Bezeichnung für sie das Wort ‚Badegast' durch, zunächst sicher mit einem ironischen Unterton, der die abwertende Haltung der Alteingesessenen gegenüber den für sie vor sich hin faulenzenden Menschen ausdrückte. Es ist nicht auszuschließen, daß die Seeleute das Wort an Land aufnahmen, zumal sie es auf einen Teil ihrer Hüttsgasten in genau der gleichen Bedeutung anwandten. Im Plural aber sagte man nicht ‚Badegasten', sondern ‚Badegäste', wie der Seemann auch bei ‚Kuttergästen' oder ‚Backsgästen' von der sonst einheitlichen Benennung ‚Gasten' abwich.

Die Herkunft unseres Wortes unterliegt aber auch einer anderen Deutung, die den maritimen ‚Badegast' auf das Wort ‚Badequast' zurückführt. Sie ist mit einer aufhebenswerten historischen Begebenheit verbunden.

Zunächst einmal war ein ‚Quast' in früheren Jahrhunderten ein Büschel oder eine Troddel. Ein ‚Beddequest' ein Bettenquast, der herabhängende Quast im Bette, „wobey man sich aufrichtet". Auch das Ende eines Kuhschwanzes wurde so bezeichnet: de Koh hett an'n Enn vun'n Steert 'n Quast. Bei Kluge lesen wir: „Alse de Mann is, so is de Quast." Ein ‚Questenbinder' war ein Besenbinder. Und im Bremisch-Niedersächsischen Wörterbuch finden wir das Wort ‚heidqueste': der zum Scheuern benutzte abgestumpfte Besen aus Heidekraut. In der Seemannssprache jedoch heißt ‚Quast' bis zum heutigen Tage jedweder Pinsel.

Im Mittelalter war ‚Badequast' eine Rute aus Birken- und anderen Zweigen. Beim Baden schlug man damit die Haut, um deren Durchblutung anzuregen, wie es heute noch im russischen Badehaus und in der finnischen Sauna üblich ist. Diese wirkungsvolle und für manchen vergnügliche Behandlung nannte man damals ‚quästen' oder ‚questen'. Eine verwandte Auslegung des Wortes war jedoch für die davon Betroffenen weniger amüsant. ‚Quästen' hieß nämlich auch schlagen, und so manches Kind wurde – früher – ‚gequästet', was nichts anderes bedeutete, als daß es mit einer Rute eine ordentliche Tracht Prügel verabreicht erhielt. Schließlich soll nicht verschwiegen werden, daß ‚questen' in den Badehäusern des späten Mittelalters, die oftmals verkappte Bordelle waren, mitunter auch als Deckname für gewisse andere Annehmlichkeiten stand. Die das Questen besorgende Bademagd, auch ‚riberin', die Reiberin genannt, war nicht immer die Tugendhafteste. Das Badehaus wurde gewiß nicht nur zum Baden genutzt. Intimere Unterhaltungen waren beliebter, falls die Herren es nicht vorzogen, sich zu dem eigentlichen Anliegen ihres Besuches auf ein trockenes Terrain zurückzuziehen. Die dem ältesten Gewerbe verpflichteten Bademägde gaben auf diese Weise dem Wort ‚questen' einen ziemlich zwei- beziehungsweise eindeutigen Sinn.

Auch in der Historie bekam das Wort ‚Badequast' zu Beginn des 15. Jahrhunderts einen zweifelhaften Ruf: es wurde damals zu einem Schimpfwort. Treulosigkeit und Feigheit haben dabei Pate gestanden, die Hauptakteure waren die Lübecker. Gustav Goedel berichtet, daß 1427 hansische Gesinnungsgenossen beschlossen hätten, ihre Schiffe zum gemeinsamen Kampf gegen die Dänen zu vereinen. Doch damit die Hamburger und Lübecker nicht gegenseitig übereinander herfielen, vereinbarten sie ein Erkennungszeichen: „einen Badequast achter up de Compannien". Leider waren die Hamburger etwas zu früh auf der vereinbarten Position, und da auch die Dänen schon zur Stelle waren, ging man alsbald aufeinander los. Als etwas später die Lübekker erschienen, sahen sie, daß die Sache für die Dänen günstig stand. Da dachten sie, es sei wohl besser, vom Schuß weit weg zu bleiben, und sie machten, anstatt in den Kampf einzugreifen, daß sie wieder in ihre Trave kamen: do se auerst segen, dat de sake so stunt, steken se den badequast hynder und leden dragen na der Trauen – als sie aber sahen, daß die Sache so stand, nahmen sie den Badequast herunter und drehten ab in Richtung der Trave.

So soll es jedenfalls gewesen sein.

Niemand wird es den Hamburgern verdenken, daß sie lange Zeit den Verbündeten grollten, daß der niedergeholte Badequast ihr Verhältnis arg trübte.

So wurde ‚Badequast' zu einem Schimpfwort für alle, die sich drückten, besonders wenn es darum ging, sich aktiv an einem Seegefecht zu beteiligen. Man weiß ja, ein Spottname ist leichter erworben, als wieder in Vergessenheit gebracht.

In den folgenden dreihundert Jahren blieb von der Hamburg-Lübecker Badequast-Affäre nur noch der Quast übrig: im 18. Jahrhundert war ‚Quast' ein „Schimpfwort auf einen verkehrten, wunderlichen und seltsamen Menschen": een dullen Quast – ein närrischer, verkehrter Mensch; es hieß aber auch: een finen Quast – ein kluger Mensch und lustiger Kopf. Und im 19. Jahrhundert sagte man im Niederdeutschen zu einem albernen Menschen ‚Hans Quast'.

Wie dem auch sei. Die ironische Bezeichnung ‚Badegast' breitete sich aus, wurde auch auf Handelsschiffen üblich, man übertrug sie auf Passagiere und nannte schließlich alle Personen ‚Badegast', die sich zeitweilig an Bord befanden, jedoch für den Einsatz des Schiffes überflüssig waren. So ist es auch heute noch.

Eine *Bake* war ursprünglich schlicht ein Zeichen, später ein an Land oder in Landnähe fest auf Grund stehendes Richtungszeichen zur Orientierung der Seeleute; ein Seezeichen, das bereits aus größeren Entfernungen erkennbar ist und der Bezeichnung von Fahrwassern, Untiefen oder Klippen dient. Die Baken unterscheiden sich durch ihre Toppzeichen: an ihren Oberteilen angeordnete Kugeln, Kreuze,

„Die Frage nach dem ersten Aufkommen eines geordneten Seezeichenwesens an der deutschen Nordseeküste ist schwer zu beantworten. Von mehreren Strömen bzw. Flüssen ist zwar das Jahr seiner ersten offiziellen Einrichtungen bekannt, ebenso sicher aber dürfte feststehen, daß private Schiffervereinigungen schon geraume Zeit vorher – wie dies etwa für Husum zuzutreffen scheint – an gewissen gefährlichen Punkten des Fahrwassers einfache Zeichen, vielleicht Baken oder Pricken, ausgebracht hatten.
Die ältesten Hinweise auf künstliche Seezeichen an der deutschen Nordseeküste betreffen Tonnen und Kapen der Weser. Sie werden in einer Urkunde des Jahres 1410 aufgeführt. Mit einigem zeitlichen Abstand folgt 1477 eine ausführliche Nachricht über die Einrichtung des Seezeichenwesens auf der Elbe durch Hamburg: Zwischen 1440 und 1450 war die Stadt durch zahlreiche fremde Schiffer aufgefordert worden, die Fahrrinne des Stromes durch entsprechende Markierungen zu sichern. Aus dieser Zeit datieren die ältesten Rechnungsbelege über Tonnen und Baken auf der Elbe.
Schon lange vorher, um 1310, hatte Hamburg den hochaufragenden Turm auf der nach diesem benannten an der Elbmündung liegenden Insel Neuwerk errichtet. Er sollte ursprünglich zwar allein als Seezei-

chen gelten, ist jedoch von vornherein nicht als solches, sondern vorwiegend als strategisches Bauwerk, als Festung, geschaffen worden. Mehrere Menschenalter hat es gedauert, bis endlich 1539 auch an der Ems die ersten Seezeichen aufkamen. Sie wurden vor allem auf Veranlassung des ostfriesischen Landesherrn ausgebracht . . . Ähnlich lagen die Verhältnisse in Schleswig-Holstein. Auch hier war es der Landesherr, der 1561 in Husum, 1591 in Tönning und wahrscheinlich im gleichen Jahrhundert ebenfalls an der Küste Dithmarschens die Einrichtung eines geordneten Seezeichenwesens . . . veranlaßte. Es ist anzunehmen, daß auch die Errichtung der ältesten Helgoländer Seezeichen in den dreißiger Jahren des 16. Jahrhunderts seiner Initiative zu danken war . . .

A. W. Lang

Die große Feuer-Blüse von Neuwerk, einer Insel in der Nordsee, für 1648 als Leuchtfeuer nachzuweisen: offenes Kohlen-Herd-Feuer auf einem etwa 23 Meter hohen Gerüst.

Vierecke oder Radarreflektoren, des öfteren auch Leuchtfeuer. Im Niederdeutschen war das Wort ‚Bake' in verschiedenen Bedeutungen gebräuchlich. So verstand man darunter eine Markierung bei der Landvermessung oder ein Warnzeichen für Hirten: eine Stange, die mit einem Strohbündel oder mit Buschwerk versehen war. ‚Baken' als Tätigkeitswort hatte den Sinn von bezeichnen, eine Linie durch Markierungen kennzeichnen: den Umriß der Fundamente eines geplanten Neubaues, die Richtung eines anzulegenden Grabens oder auch die erste Furche in der Mitte eines Ackers. ‚Bak' wurde aber auch ein bei großer Kälte im Eis entstehender Riß genannt, und sogar eine geräucherte Gänsebrust hieß ‚Bake'.

Ebenso geläufig war ‚baken' im Sinne von brennen, leuchten, flammen oder qualmen: de Lamp baakt, dat Morgenrot baakt. Auch finden wir diese Bedeutung in ‚Bakerkorf' – Wärmekorb – wieder, in dessen Nähe im Winter kleine Kinder an- und ausgezogen wurden.

Eine weit verbreitete Sitte im niederdeutschen Raum war das ‚Bakenbrennen'. Es bestand darin, daß die Einwohner der Gemeinden auf dem Lande und an der Küste in jedem Frühjahr auf Hügeln, an Kreuzwegen oder auf Deichen Feuerwerke abbrannten, indem sie auf Stangen befestigte Teertonnen anzündeten und, selbst brennende Strohbündel schwingend, singend und lärmend um die Feuerbaken herumtanzten. Mit diesem alten Brauch sollten böse Geister von der jungen Saat ferngehalten werden.

In der Seemannssprache hingegen steht das Wort ‚Bake' etwa seit dem Mittelalter für Leuchtfeuer, Feuerzeichen, Landmarke und Richtungszeichen.

Ganz am Anfang indessen kannte man nur „Tagesmarken". Erinnern wir uns, daß im Altertum und zu Beginn des Mittelalters gewöhnlich allein am Tage in Küstennähe gefahren wurde. Nachtfahrten vermied man. Erst um 1300, nach der Erfindung und Anwendung des Kompasses, wagte man, auch nachts dicht unter Land zu laufen. Zu dieser Zeit haben Mönche und Einsiedler „leuchtende Feuer" errichtet und unterhalten. „In Nordeuropa", so lesen wir in der „Geschichte der Leuchtfeuer und Seezeichen" von Jacoby, „haben sich die Leuchtfeuer vermutlich aus heidnischen Feuern (vielfach ‚Biken' genannt) entwickelt, die kulturellen, religiösen oder praktischen Zwekken dienten. Dazu wurden in älterer Zeit offene Feuer auf dem Erdboden, besonders auf Klippen, angezündet oder an möglichst hohen Stangen eine Fackel angebunden. Nach und nach wurden diese heidnischen Feuer dann (zunächst vielleicht nur auf eine Nacht) für die heimkehrenden Schiffer als Erkennungszeichen angezündet. Man nannte dies ‚Feuerbake'; in manchen Gegenden ‚Kape'. Wohl schon

früh erfand man für das einfache Feuer den eisernen Korb, entweder oben auf dem Holzmast, oder hängend am Ende einer ausragenden kurzen Querstange. Als weitere Verbesserung wurde sodann auf der senkrechten Stange ein langer drehbarer Waagebalken angebracht, um den Korb noch höher als den Mast heben zu können: ‚Wippfeuer‘ genannt. Der nächste Fortschritt, aus dem Wunsch, die Sichtweite zu vergrößern erwachsen, ließ höhere Holzgerüste entstehen (Feuerbluse, Blüse, Bliese) mit durchbrochenem Balkenwerk, auf deren Spitze der eiserne Korb gestellt wurde. Die Vergrößerung des Gerüstes führte zum festen Turm, zur stärksten Bauweise, die nicht nur für größere Höhen geeignet war, sondern auch die Möglichkeit bot, Holz oder Kohle auf einem Herd zu brennen.“

Abwandlungen und Veränderungen des Wortsinns von Bake sind zu registrieren. In der langen Geschichte, die unser Wort hat, wur-

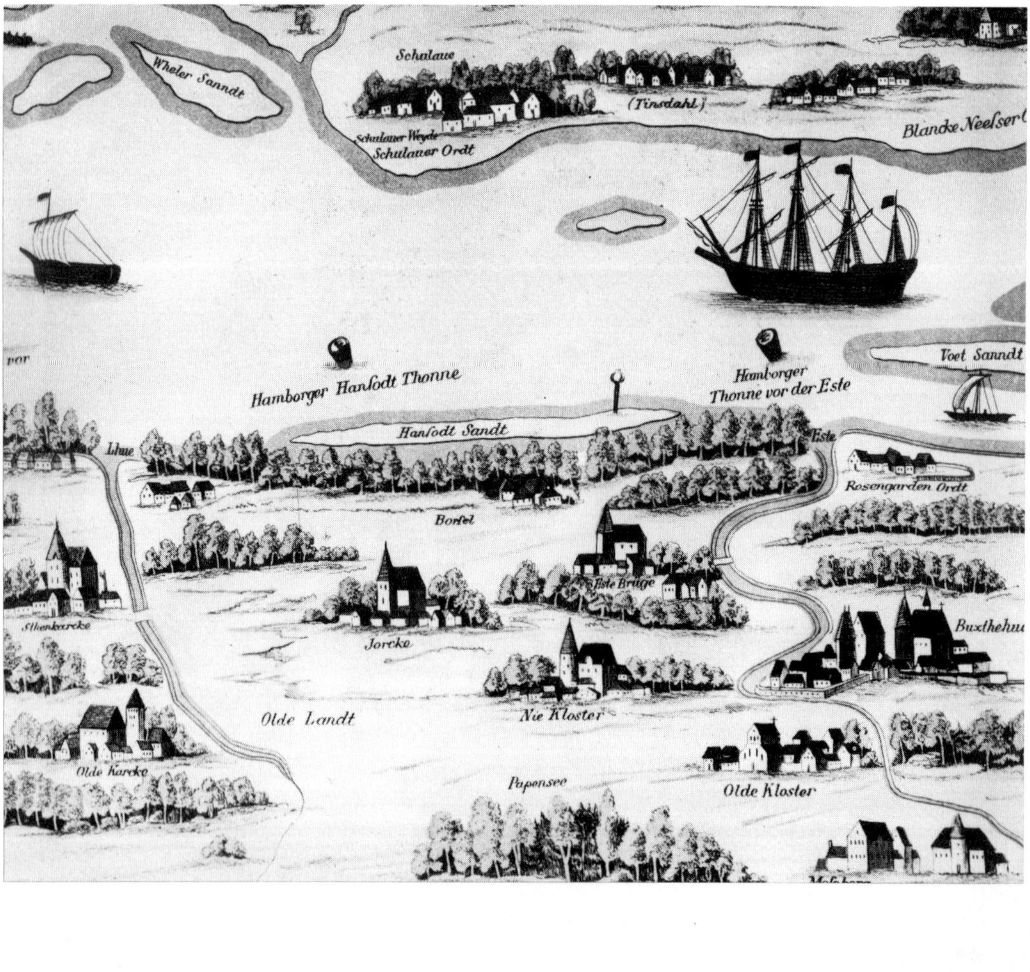

Betonntes Elbe-Fahrwasser in der Nähe von Hamburg, Ausschnitt aus einer Karte des Melchior Lorichs, 1568.

den offenbar die verschiedenen Bezeichnungen niemals scharf voneinander getrennt. So belegen Handschriften um 1707, daß das „Helgoländer Feuer" ‚Feuer-Bake', ‚Feuerblüse', ‚Feuer-Bliese' und ‚Feuer-Turm' (Leuchtturm) genannt wurde. Wollen wir indessen zum Ursprung zurück, dann liegen zwischen unserer Gegenwart und dem ersten für die Schiffahrt angezündeten Feuer zweitausendfünfhundert Jahre. Das erste Leuchtfeuer erwähnt Homer im zehnten Gesang der „Odyssee", und das bedeutendste Seezeichen der Antike war der Pharos zu Alexandria, um 299 bis 283 vor unserer Zeitrechnung gebaut. Er galt als ein Weltwunder und hatte mit 110 Metern über Wasser gewaltige Abmessungen. Als Festungsturm und Tagesmarke gebaut, als Leuchtfeuer im Jahre 50 mit Feuer versehen, noch um 1150 als Leuchtturm in Gebrauch, wurde er 1350 als zerstört gemeldet.

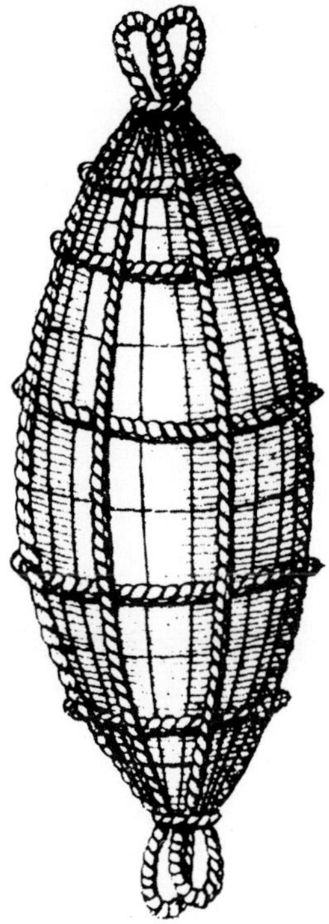

Gestroppte Korkboje

In England gründete im 12. Jahrhundert Stephen Langton, damals Erzbischof von Canterbury, eine Gesellschaft von „Gott zugewandten Männern", um „ordentliche Landmarken und Seezeichen zur Orientierung der Seefahrer bereitzustellen". (Im Mai 1514 wurde diese Gilde von Fahrensleuten und Lotsen aus Deptford Strond an der Themse von Heinrich VIII. bestätigt, und 1558 bekräftigte Elisabeth I. deren Rechte). Etwa zur gleichen Zeit – genau 1157 – gab es bereits ein Leuchtfeuer auf der Felseninsel Meloria bei Livorno, um 1222 – mit dem Aufblühen der Hanse – errichteten die Lübecker einen Holzfeuerleuchtturm in Falsterbo, das erste von Deutschen erbaute Feuer und das älteste in der Ostsee, 1266 „legten" die Wismarer „Feuer" auf die Insel Lieps in der Wismarer Bucht, 1306 bauten die Stralsunder ein Feuer auf der Südspitze der Insel Hiddensee, 1576 gab es ein Leuchtfeuer auf Borkum, 1602 einen Leuchtturm auf Wangerooge und 1629 wurde auf Helgoland eine Feuerbake erbaut. Insgesamt sind uns aus dieser Zeit etwa 65 Feuerbaken und Leuchtfeuer bekannt, aber erst gegen Ende des 18. Jahrhunderts begann die eigentliche Entwicklung der Leuchtfeuer, „nachdem die Wissenschaft sich mit Theorie und Praxis befaßt hatte und durch die Erfindung der Argand-Lampe 1784 eine brauchbare Lichtquelle geschaffen war."

Am Anfang des 18. Jahrhunderts sind Baken überall „hohe Feuerzeichen, Wacht- und Leuchttürme, auf welchen an dem Seestrand des Nachts Feuer gehalten wird, den in der See herumschwebenden Schiffen dadurch Nachricht zu geben, wie sie ihren Kurs richten sollen, damit sie nicht im Finstern aufs Land auflaufen und stranden mögen". Und aus dem Jahre 1758 ist bekannt, daß damals der Wächter des Helgoländer Leuchtturms die Bezeichnung ‚Bakenmeister' trug.

Im 13. Jahrhundert entstanden in den aufblühenden Städten längs der Ostseeküste viele Kirchen, ihre hohen Türme – in Form und Anzahl charakteristische Merkmale für das betreffende Gemeinwesen – waren bereits viele Seemeilen von der Küste entfernt erkennbar und somit wichtige „natürliche“ Seezeichen, eine Art geistlich-weltlicher Fürsorge.

Röding schrieb über die an Land aufgestellten Baken, daß sie sich „so viel wie möglich, von anderen Gebäuden unterscheiden“ müssen, „damit sie bei den verschiedenen Veränderungen der Atmosphäre und des Wetters desto leichter zu erkennen seyn.“

Und ‚Bake‘ hieß im 18. Jahrhundert auch „ein Holzhaufen, den man auf hohen Stellen an den Seeküsten anzündete, wenn man Seeräuber gewahr ward, um die Einwohner zu warnen, oder zur Gegenwehr aufzubieten. Auf Hiddensee ist noch der Bake-Barg.“

Zur Fahrwasserkennzeichnung, zur Untiefenmarkierung am Rande von Sandbänken sowie zur Warnung vor Wracks benutzte man zudem auch schwimmende Klötze oder Maststücke, die über Ketten mittels Grundgewichten am Meeresboden verankert wurden und der leichteren Erkennbarkeit wegen einen großen Korb trugen. Auch diese Seezeichen hießen damals ‚Baak‘, jedoch war ‚Boje‘ ebenso gebräuchlich. Weiterhin verankerte man Tonnen zum gleichen Zweck und auf die gleiche Weise.

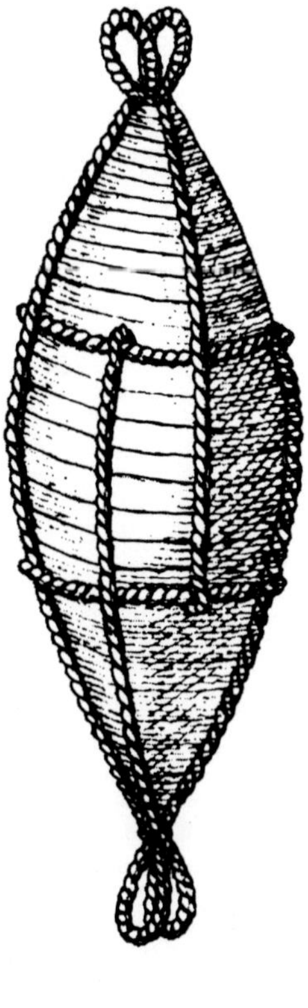

„In dem Augenblick“, schreibt Jens Jacob Eschels, „wie die Sonne unterging, sah ich noch im Schein die rote Tonne (der Lotse war schon bei Neuwerk von Bord gegangen), und so segelten wir in See; es war eine helle Luft und ein schöner Ostwind.“

Die im Wasser verankerten Seezeichen wurden, um sie vor Beschädigung oder Zerstörung zu bewahren, vor Beginn der Eisperiode eingeholt und nach deren Ende wieder ausgelegt, und wir erfahren von Röding: „Sobald die Flüsse wieder vom Eise befreyet sind, werden die Tonnen und Baaken wieder an ihren gehörigen Ort gelegt. Es ist dieses eine äußerst wichtige Kunst, und erfordert eine genaue Kenntnis des Grundes, der Richtung der Ströme und anderer local Umstände. Die hiezu angestellten Leute werden Tonnenleger genannt.“

‚Afbaken‘ – ‚abbaken‘ oder ‚uutbaken‘ – ‚ausbaken‘, auch ‚bebaken‘, bedeutete dementsprechend: eine Fahrrinne mit Seezeichen – Stangen, Pfählen und Tonnen – abstecken, nachdem man die Wassertiefe mit langen Stangen gemessen hatte; damals stand dafür auch ‚afbaken‘, peilen, im Sinne von loten. Gelang das Afbaken einmal nicht zum besten, bedeutete das für die Schiffe die Gefahr der Grundberührung, des Strandens. Dazu die niederdeutsche Redensart: De Baken stahn nich guud – Die Baken stehen nicht gut, was sinngemäß hieß: Das sind schlechte Aussichten.

Zur Erhaltung der Seezeichen und als Aufwandsentschädigung für alle mit der Fahrwasserkennzeichnung verbundenen Arbeiten erhob man in früheren Jahrhunderten von den passierenden Schiffen ‚Bakengeld', ‚Tonnengeld' oder ‚Bakentoll' – Bakenzoll.

Der bis in das Mittelalter zurückführende Seezeichendienst – staatenweise unterschiedlich benannt – ist trotz heutiger Radaranlagen und Echolote der Schiffe für das sichere Befahren der Seestraßen unentbehrlich geblieben.

Wo aber eine Bake, eine Tonne oder ein Leuchtfeuer auch angeordnet waren und welche Form, Farbe oder Kennung sie besaßen, ihr Zweck blieb immer der gleiche: Dem Seemann warnend und weisend den Weg zu zeigen.

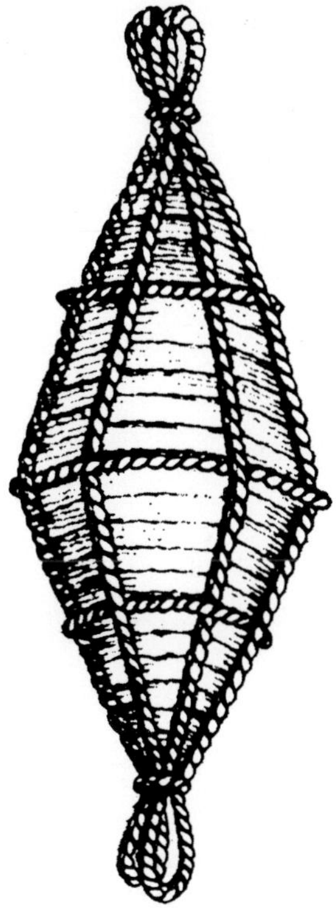
Gestroppte Korkbojen

Die *Balje* ist eine hölzerne runde Wanne, manchmal auch ‚Balge' genannt, zu verschiedenen Zwecken an Bord verwendet. In zweiter Bedeutung ist eine ‚Balje' ein Wasserlauf im Watt, der nicht trocken fällt, das heißt auch bei Ebbe noch Wasser führt. Gemeinsam ist beiden Bedeutungen der Begriff Behälter, denn die ‚Balje' im Watt behält – selbst bei Ebbe – ihr Wasser.

Aus dem niederländischen ‚balie' beziehungsweise dem französischen ‚baille' entlehnt, ist das Wort im 18. Jahrhundert im Niederdeutschen als ‚Ballje' oder ‚Balje' belegt. Man verstand darunter eine Wanne, auch Badewanne, einen Bottich, Kübel oder Zuber. Wossidlo/Teuchert bemerken, sie sei ein hölzernes Gefäß, das einem halben Fasse gleicht: Ut een Tunn kann'n twee Balligen ut maken – Aus einer Tonne kann man zwei Baljen machen, indem man sie auf halber Höhe quer durchsägt. Zum Einweichen der Wäsche benutzte man Baljen, die flach auf dem Boden standen, zum Waschen aber solche mit drei Beinen. Die ‚Keesbalje' diente zur Aufnahme der Milch für die Käsebereitung – und ‚Baljendeern' war das Mädchen in einer Meierei, das die Butter- und Käsefässer zu säubern hatte. Baljen wurden von den Schmieden als Wasserbehälter, von den Fischern aber auch zum Teeren der Netze und als Meßbehälter beim Fischverkauf benutzt. Eine Art Balje war auch die ‚Bütte', oft als Synonym für ‚Balje' gebraucht.

Mancherlei Redewendungen sind uns überliefert: Dat rägent Bütten un Baljen vull – Es regnet Bütten und Balgen voll, oder: dat regent, as wenn't mit Baljen gütt – es regnet, als wenn es mit Kübeln gießt. Über einen gefräßigen Menschen sagte man: „He ett Bütten und Balgen vull ut" – Er ißt Bütten und Balgen voll aus; und einem anmaßenden Großsprecher bescheinigte man: De schitt Bütten und Balgen vull. Eine abergläubische Auffassung begegnet uns in: Je rascher de Balg', wo dat Sark up stahn hett, rümkiehrt ward, desto rascher verscheid't de negste Kranke in dat Hus – Je eher die Balge, auf der der Sarg gestanden hat, umgedreht wird, desto eher stirbt der nächste Kranke im Hause.

In der Sprache der Seeleute war ‚Balje' lange Zeit gebräuchlich. Man verstand darunter, ebenso wie an Land, „die Hälfte einer in der Rundung durch gesägten Tonne, die zu verschiedenem Gebrauch dient."

Im „Diurnal" „Der Nassawischen Flotte; oder, Tagregister und historische ordentliche Beschreibung einer gewaltigen mächtigen Schifffahrt umb die ganzte Erdkugel rund umbher . . . welcher beygewohnet Adolph Decker, bürtig und Bürger zu Strassburg . . . in Truck gegeben 1629" steht: „ein jeder soll wol in acht nehmen, daß bey jedwedem stück Canon ein Balie Wasser werd gestelt." Diese wurde im 18. Jahrhundert ‚Kühlbalje' genannt, mit ihrem Wasser kühlte man die Kanonen, mit Wischern die Läufe und mit Schwabbern die Außenseiten der Rohre. Allerdings stellt Röding anderthalb Jahrhunderte später fest: „. . . Bey den Engländern ist dieser Gebrauch abgeschafft, weil die Kanonen durch das Abkühlen gar leicht springen."

Baljen wurden überdies benutzt, um auf den Marsen Granaten zu lagern oder die langen Enden der Fallen darin aufzuschießen, damit sie die Begehbarkeit des Decks nicht einschränkten. In der ‚Peilbalje' wurde die Lotleine aufgeschossen, und ‚Frischbaljen' benutzten die Köche, um Pökelfleisch aufzufrischen. Wenn Reinschiff befohlen war, füllte man vor dem Beginn des Deckwaschens ‚Deckwaschbaljen', drei bis vier Fuß tief und etwa fünf Fuß im Durchmesser, voll Wasser, mit Schlagpützen aus der See geschöpft. Und der persönlichen Körperpflege dienten Baljen mit Frischwasser, nur eine Balje je Backsmannschaft. Aber Jan Maat fand für die Baljen auch andere Verwendung: Bei Schönwetter und Freiwache benutzte er an Deck deren Unterseite als Spieltisch.

Die Verben ‚baljen' oder ‚ausbaljen', dem niederländischen ‚Balien' entstammend, sind nur im 17. Jahrhundert anzutreffen. Sie wurden im Sinne und als Vorläufer unseres heutigen ‚Lenzens' gebraucht und bedeuteten: „mit Eimern oder Baljen Wasser aus dem Schiff ausschöpfen und über Bord schütten."

Ballast ist eine nutzlose Ladung und eine notwendige Last. Ein Widerspruch? Wir wollen es erklären: Alles, was überflüssig ist, was stört oder nicht zur Sache gehört, was beschwerlich ist und keinen Nutzen schafft, ist Ballast, jedenfalls an Land, wo man auch sagt „Ballast über Bord werfen" – auf Überflüssiges verzichten. Ballast auf einem Schiff dagegen diente und dient der Erhaltung der Stabilität, der Kentersicherheit. Ballast wird heute auf leeren oder nur teilweise beladenen Schiffen als Seewasser in Ballastwasserzellen des Doppelbodens gefahren, die zu Beginn eines Seetörns oder bei aufkommendem Schlechtwetter geflutet werden. Fester Ballast – meist Beton – wird dagegen eingebaut, wenn sich ein Schiff in allen Beladungsfällen als stabilitätsgefährdet erweist.

Zwölf-Garnlien – Leine aus zwölf Garnen.

Aus angelsächsisch ‚bearm scipes' – Schoß des Schiffes – entstand ‚barmlast' und ‚barlast'. Die assimilierte Form ‚ballast', so auch schwedisch, dänisch, englisch, niederländisch, begegnet uns, nach Trübners „Deutsches Wörterbuch", zuerst in der „Rigischen Bursprake" von 1399. Im Hochdeutschen wurde es später geläufig als im Niederdeutschen, wo nicht nur die seemännische, sondern auch die übertragene Bedeutung in der Mundart zunahm: „Wist du nich dienen Ballast utschüdden?" sagte man zu einem dicken Menschen; zu jemandem, der nicht arbeitete oder nur im Wege stand: Dee geiht för Ballast. Und als Drohung: Denn schüffel ick em Ballast up'n Kopp. Wenn Geld für nichts und wieder nichts ausgegeben wurde, hieß es: Dat Geld is all so för Ballast hengahn. ‚Ein Schiff ohne Ballast' bedeutete im übertragenen Sinne: ein unsicheres Geschäft. Und bildhaft hieß es von einem, der über den Hunger aß: de ett för Ballast.

Anspruchsvoller die weiterreichende Verwendung bei Goethe. In der „Italienischen Reise", erschienen 1787, lesen wir: „Meine Existenz hat einen Ballast bekommen, der ihr die gehörige Schwere gibt."

Den Kauffahrern, den „Vorfahren" der Handelsschiffe, ist es immer auf eine gewinnreiche Ladung angekommen. Erhielten der Reeder oder der Kapitän sie nicht, mußte Ballast geladen werden, der im nächsten Hafen von Einheimischen oder von der eigenen Besatzung wieder entfernt wurde. Hier und da gelang es einem findigen Kapitän, seine „nutzlose Ladung" mit Gewinn loszuwerden. Sand oder Steine waren ja zu jeder Zeit gesuchtes Baumaterial. Richard Wossidlo notierte dazu: „De Sandballast ut 'n Strand in Warnemünd würd wedder verköfft in de frömden Habens, in Rußland to 'n Bugen. Von den Ballast ut'n Gehlsdörper Fährbarg hebben se in Riga dat ganz Bollwark von maakt. – Vör Tanganrog dörften wi den Ballast nich oewer Buurd smiten. Dat hett de Ruß verbaden. Dat Asowsche Meer hett jo towenig Water. Denn maakten wie den rußschen Beamten duun un smeten den Ballast doch oewer Buurd. Singen dörften wi denn nich. Süß, wenn in de Swart See Ballast löscht würd, hebben wi sungen." – Der Sandballast vom Strand in Warnemünde wurde wieder verkauft in den fremden Häfen, in Rußland zum Bauen. Von dem Ballast aus dem Gehlsdorfer Fährberg haben sie in Riga das ganze

Heute ist in der Seemannssprache der Gebrauch des hochdeutschen Wortes ‚löschen' allgemein. Was aber wird da gelöscht? Die Ladung brennt doch nicht. Gehen wir weit zurück, so zeigt sich, was hier im Hochdeutschen verdunkelt wurde. Es ist das entstellte niederdeutsche ‚lossen': ein Schiff ausladen. Die Ladung vom Schiff losmachen oder das Schiff von der Ladung. Schon vor mehr als 200 Jahren hieß es: Der Schiffer musz die eingeladenen Güter fordersamst lossen und richtig liefern; also ist das Schiffsvolk verpflichtet alle Schiffsarbeit ohne murren zu verrichten, die Waaren und Güter einladen und lossen zu helfen, dieselbe gehörig zu legen und zu stauen. Lossen ist auch im Schwedischen, Dänischen und Niederländischen in dieser Form und Anwendung bekannt.

Bollwerk gemacht. – Vor Tanganrog durften wir den Ballast nicht über Bord schmeißen. Das hatte der Russe verboten. Das Asowsche Meer hat ja zu wenig Wasser. Dann machten wir den russischen Beamten „duun" und schmissen den Ballast doch über Bord. Singen durften wir dabei nicht. Sonst, wenn in der Schwarzen See Ballast gelöscht wurde, haben wir gesungen.

Ein Widerspruch scheint sich aufzutun, wenn wir hören, daß es in der Küstenschiffahrt des 19. Jahrhunderts nicht unüblich war, zu Anfang einer Fahrensperiode Ballast in die Schiffe ‚einzuschießen', der erst zu Beginn des nächsten Winters wieder ‚ausgeschossen' wurde. Ausnahmen von der Regel? Gewiß, doch als solche wohl aufhebenswert. Bestimmt gab es schon damals kühle Rechner. Ihr Rechenexempel, auf eine vereinfachende Formel gebracht, lautete: Was ist effektiver, ökonomischer, gewinnbringender? Für jede Fahrt ohne Ladung Ballast an Bord zu nehmen und im nächsten Hafen wieder zu löschen oder ständig Ballast zu fahren – unterhalb der Nutzladung – um Zeit, Arbeit und Geld zu sparen? – Ein Schiff, das liegt, kostet Geld, ein Schiff, das läuft, bringt Geld!

Die Stabilität eines Schiffes hieß im 18. Jahrhundert ‚Steife' oder ‚Steifheit'. Man bezeichnete ein Schiff mit großer Anfangsstabilität als ‚steif' und eines mit geringer als ‚rank' oder ‚weich'. Die Schiffbauer, unser ‚Blau' und Jan Maat wußten: ein breites Schiff mit niedrigen Masten hatte mehr ‚Steifheit' oder Kraft, sich nach Neigungen wieder aufzurichten, als ein schmales mit hohen Masten, wenngleich dieses schneller segelte. Allerdings fuhr der Seemann höchst ungern auf einem steifen Schiff, wie es vor allem eines in Ballast war. Eine Schlechtwetterreise in diesem Beladungszustand war für ihn „ne böse Reis" mit unerfreulichen Begleiterscheinungen, denn das Seeverhalten des Schiffes war schlechter und seine Manövrierfähigkeit eingeschränkt. Es benahm sich im Seegang wie eine „hohle Nuß", schlingerte kurz und hart und vibrierte beim Aufschlag auf Wellenberge so, daß die Besatzung manchmal fürchtete, es bräche auseinander. Dann bestand für den damals verwendeten Ballast die Möglichkeit des Übergehens, Überschießens, und damit für das Schiff die Gefahr des Kenterns.

Die Seeleute machten gute und schlechte Erfahrungen mit den verschiedenen Ballastarten, mit solchen, die mehr oder weniger Arbeit bereiteten und anderen, von denen und deren richtiger Stauung vielleicht sogar das Leben abhing: Guter Ballast bestand aus Steinen oder Eisenstücken und beanspruchte wenig Platz, grober Ballast aus Steinen, Kugeln oder alten Kanonen, die zur Stauung große körperliche Anstrengungen erforderten, und schlechter Ballast schließlich aus

Sand, der manchmal sogar im Leckfalle – die Pumpen verstopfte. F. Kluge erwähnt 1911 eine seltsame Begebenheit. 1521 soll es gewesen sein, als Teile der Besatzung eines geenterten Schiffes durch Ballastsand vor dem Tode bewahrt wurden: „die Leut . . . waren fast alle erschossen oder zerhauwt worden, ussgescheiden etlich hetten sich Im Palast in sandt verborgen, denn war nichts geschehen."

Das ‚Einschießen' oder ‚Ausschießen' – Laden oder Löschen – des Ballastes geschah entweder von der Pier oder vom Kai aus oder mit Hilfe von Ballastewern oder Ballastschuten, die am Schiff längsseits gingen. Um den Transportweg über die Bordwand, das Deck und die Ladeluke zu verkürzen, besaßen in alter Zeit viele Segelschiffe Ballastpforten in der Außenhaut, die nach beendeter Arbeit wasserdicht gesetzt wurden. Beim Ausschießen des Ballastes mußte zwischen Bordwand und Schute ein altes Segel oder eine Persenning – Ballastkleid oder Pfortsegel genannt – gesetzt werden, „damit von dem Ballast nichts ins Wasser falle und den Hafen veruntieffe, widrigenfalls würde man in Strafe verfallen seyn."

Beim Beladen eines Schiffes mit Sand verdienten sich die Frauen und Mädchen der Küstenorte gern ein paar Groschen, und die Seeleute sagten, wer sich zu gut dafür dünke, tauge nichts; so ist aus dem 19. Jahrhundert überliefert: De Warnmünner Diern, de keenen Ballast dragen hadd, dög' nich (taugt nichts). Wenn aber das Schiff klar zur Reise, klar zum Ablegen war, erhielten die Frauen und Mädchen die unmißverständliche Aufforderung des Kapitäns, sich von Bord zu begeben: Ballast oever Buurd, dat dat Schipp flott ward!

Und Wismarer Matrosen, auch dies spürte Richard Wossidlo auf, sangen beim Ballastladen deftige Lieder wie diese:

„De Buer is'n Buer,
is'n Schelm von Natur –
en Buer hett 'n poor Klumpen an –
Johannsmaat is'n Gentleman. –

De Rostocker Dierns
mit de kugelrunn' Titten,
dor güng Johann Maat
mit'n Noors up sitten."

Bevor jedoch die Vor- und Achterleinen losgeworfen wurden, mußte manchem Jan Maat, der an Land engere Beziehungen zu den Dierns aufgenommen oder mit seiner Backschaft Abschied gefeiert hatte, an Bord geholfen werden. Man sagte dann: „He hett to veel Ballast laden."

Der ‚Sackstich'
im 18. Jahrhundert.

Banjer, ein heute vergessenes Wort, ehemals in der Zusammensetzung ‚Banjerdeck' Bestandteil der Seemannssprache. ‚Banje' ist die Verkleinerungsform des niederdeutschen ‚ban', das eine freie Strecke oder einen freien Platz bedeutete. Das Wort entstammt dem Niederländischen. Dänisch und schwedisch bedeutete ‚Banjer' Volks-Logis – Mannschaftsunterkunft, und im 18. Jahrhundert wurde ‚Banjerdeck' bei Schiffen mit nur einem durchlaufenden Deck als derjenige Teil des Decks definiert, der vor dem achteren Aufbau lag, also der für die Mannschaft freie kleine Platz, „wo das Volk logierte".

Noch im 18. Jahrhundert hieß der heutige Schiffsarzt *Barbier* oder *Schiffschirurgus.*

Aus dem lateinischen ‚barba' – Bart – entwickelte sich ‚barbarius' für Bartscherer. Niederländisch hieß er ‚barbier', mittelhochdeutsch ‚barbierer', seine Tätigkeit ‚barbieren'. Um 1420 tauchte erstmalig dafür auch ‚balbieren' auf, und ‚Balbeer' wurde im Niederdeutschen sehr gebräuchlich. Den ‚Balbeer', ‚Balbeerer' oder ‚Barbeerer' nannte man auch scherzhaft ‚Bartschraper', ‚Putzbütel', ‚Balbutsch' oder ‚Barbutsch'. Und ‚Balbutschkram' stand für törichten Klatsch, den so manche Barbiere verbreiteten. Der Tag, an dem man sich rasieren ließ, war der ‚Balbierdag': Rupps is de Bart af, sä de Balbeer, do harr he acht Dag doröver sneden – Rupps ist der Bart ab, sagte der Barbier, nachdem er acht Tage darüber (hinweg-) geschnitten hatte. Zu einem schlecht Rasierten sagte man: Di hett woll de Soeg balbiert – Dich hat wohl die Sau rasiert. Und: He hett mi ahn Seep balbeert – Er hat mich ohne Seife rasiert oder: äwer'n Läpel balbeert – über den Löffel rasiert – bedeutete: Er hat mich betrogen. Das Wort wurde auch für Mund oder Maul benutzt: Holt den Baart! – Halt dein Maul! – auch: Daar is di de Baart nog nig na wussen – Danach ist dir der Bart noch nicht gewachsen, das geziemt sich noch nicht für dich in deinem Alter; und von jemandem, der sprach, bevor er dachte, sagte man: He snackt as em de Baart wussen is. In den Zeiten, als der Bart zum unumgänglichen Attribut der Männlichkeit gehörte, war unter den niederdeutschen Frauen die Redensart üblich: Een Mann ahn Bart is as Supp ahn Solt – Ein Mann ohne Bart ist wie Suppe ohne Salz.

‚Bader' waren ursprünglich Inhaber von Badestuben. Vor allem im Mittelalter war das (warme) Baden allgemein verbreitet und ein Lebensbedürfnis. Körperliche Reinigungen, das Abnehmen oder Stutzen des Bartes, das Schneiden der Haare und der Nägel besorgten der Bader und seine Badeknechte. Damit aber nicht genug. Sie betätigten sich auch als Ärzte. Sie behandelten Hautkrankheiten und zogen Zähne, sie setzten Schröpfköpfe an, die krankes oder überflüssiges Blut auf-

Der erst Theil

Deß Spiegels der Seefart / von Nauigation des Occidentischen Meers/ oder der Westseen: In welchem alle Meer Vffer oder Cüsten von Franckreich / Hispanien / Engelland/etc. in viel See Carten (sampt ordentlich practisiertem gebrauch derselben) mit grossem fleiß zusammen getragen. Durch den Kunstreichen / Hocherfahrnen / vnd weitberühmbten Piloten vnd Schiffs Steurman: Lucam Johannem Wagener von Enckhüsen.

Cum Priuilegio ad decennium Reg. Ma.tis & Cancellarie Brabantie

Auß Niederlandischer in Hochteudtscher sprach getrewlich vbersetzt: Vnd allen hohen vnd niedrigen Standes Personen zum besten/mit hinbeygefügter (zu iederer Cärten) Chronographey/ oder (in Summarischem begriff) kürtzlich verfaßten beschreibung: der gelegenheit desselben Landes vermehret. Durch Richart Slotboem Dauentriensem.

Getruckt zu Ambsterdam durch Cornelium Claußsohn Buchhandlern doselbst. Wonhafftig zum Schreibbuch / an der altten Brucken auff dem Wasser. M. D. LXXXIX.

„Von der Navigation des Occidentischen Meeres . . .", Titelseite der Schrift von Lukas Johannes Wagner von Enckhüsen, 1589.

saugen sollten. Daher die Redewendung: die Leute schröpfen wie der Bader die Haut, heute im Sinne von übervorteilen – eigentlich jemanden tüchtig bluten lassen – gebraucht.

Von den Badern zweigte sich nach und nach die Zunft der Barbiere ab. Sie hatten das Vorrecht, außerhalb der Badestuben barbieren zu dürfen, während die Bader in ihren Badestuben bleiben mußten.

Beide Gewerbe hatten nicht gerade den besten Leumund. Es galt unseren Vorfahren als unehrenhaft, wenn man für solcherart Dienste Geld nahm, und die Badestuben selbst standen zu guter Letzt in ziemlich üblem Ruf. Indessen wird Martin Luther wohl an einen ehrenhaften Bader gedacht haben, als er sagte: „Wir können nicht alle Bischof werden, man muß auch Bader haben."

Auch der Barbier an Bord machte das, was seine Zunftgenossen damals an Land taten: putzen, rasieren und scheren, und wenn ein Seemann krank wurde, behandelte und pflegte er ihn: bis zur Genesung oder bis zu seinem Tode. Manchmal hatte er Strafen zu vollstrekken, wie Friedrich Kluge in Johann Jacob Saars 1662 erschienener „Reise nach Java, Banda, Ceylon und Persien . . ." fand: „wer einen mit einem Messer oder andern Gewehr beschädigt, der muß die Hand an den Mast legen, dann kommt der Barbierer, und schlägt ihm ein klein Messerlein zwischen zwei Finger, in das Fell oder Haut, dardurch er zuweiln die Finger, zuweiln weils ihm mitten durch die Hand geschlagen wird, er selbige gar ziehen muss."

Um das Jahr 1700 gehörten auf Hamburger Convoy-Schiffen drei Barbiere oder Wundärzte zu jeder Besatzung. Man nannte sie etwa bis zum Jahre 1800 ‚chirurgus', was unserem Chirurg entspricht. Chirurgie – Wundheilkunde – entstammt dem Griechischen und bedeutete ursprünglich: Arbeit mit der Hand. Über das Lateinische ist das Wort ins Frühneuhochdeutsche und Niederdeutsche gelangt.

Röding berichtet vom Barbier oder Schiffschirurgus detaillierter: „Derjenige, welcher auf einem Schiff für die Genesung der Kranken und Heilung der Verwundeten Sorge trägt, und dem in dieser Absicht, von dem Doctor und Oberchirurgus, die Medikamente und deren Austheilung anvertrauet sind. Jedes Schiff hat wenigstens einen Chirurgus oder Obermeister – auch Oberbarbier –, der auch einen Gehülfen oder Untermeister – auch Unterbarbier oder Barbiersmaat – bey sich hat. Bey einer Kriegsflotte befindet sich allezeit ein Oberchirurgus, unter dem alle Schiffschirurgi stehn, ebenfalls auch ein Doctor, der die Schiffschirurgi in der Arzeneykunde examinirt, und zugleich mit dem Oberchirurgus, alle Medicamente anordnet; auch was sonst zur Heilung der Blessirten erfordert wird, für alle Schiffe besorgt. Die Kiste, worin sich die Medikamente und chirurgischen Instrumente befinden, wird die Barbierskiste genannt."

War es wirklich so? Immerhin haben wir berechtigten Anlaß, diesmal dem ehrenwerten Johann Hinrich Röding nicht ganz aufs Wort zu glauben. Natürlich gab es an Bord, vor allem der großen Segelkriegsschiffe zwischen dem 17. Jahrhundert und dem Ende der Segelschiffszeit, eine gewisse medizinische Betreuung, sie steckte aber genauso in den Anfängen wie die medizinische Betreuung an Land. Der Schiffschirurgus war in der Regel kein großer Mann der Medizin. Unstudiert und unerfahren, konnte er den Erkrankten kaum helfen. Und die „Medicamente" in der Barbierskiste enthielten oftmals nur Wald- und Wiesenheilmittel.

Wie die langen Reisen damals wirklich verliefen, ist heute für uns kaum noch vorstellbar. Vor allem die Ernährung – kein Gemüse und keinerlei Vitamine – führte fast notwendigerweise zum Skorbut. ‚Schöörbuck' nannten ihn die mecklenburgischen Seeleute im 19. Jahrhundert, eine Krankheit, die weder Barbier noch Schiffsarzt damals zu behandeln wußten.

Körperliche Leiden, durch Unfälle verursachte Verstümmelungen und immer wieder der Skorbut waren greifbare, schlimme Realität. Ein ernsthaft erkrankter Seemann konnte nicht damit rechnen, von seinem Barbier gesund behandelt zu werden. Wieder gesund zu werden, hing von seiner physischen Widerstandskraft, von den obwaltenden Zuständen und Zufällen ab. So starben dem Vasco da Gama bei der Entdeckung des Seeweges nach Indien von seiner Besatzung über 100 Mann allein an Skorbut. Die englische Flotte des 18. Jahrhunderts hatte durch Skorbut mehr Menschenverluste als in den langen Kriegen mit Frankreich und Spanien zusammen. Von den 960 Seeleuten auf den 4 Schiffen des englischen Weltumseglers Lord Anson lebten 1741, nach 9 Monaten, noch 335; über 600 Mann hatte der Skorbut dahingerafft.

Eine ‚Heling', die nicht zuschlieren kann.

Was diese Fakten angeht, so sind wir nicht auf Mutmaßungen angewiesen. 1749 erschien in Leipzig und Göttingen „Lord Ansons Reise um die Welt", ein Versuch, das Unbeschreibbare zu beschreiben, unromantisch und realistisch. Vom ‚Scharbock', so nennt Anson den Skorbut, ist hier vor allem die Rede. Doch wird auch vom Krankwerden und Kranksein an Bord ganz allgemein berichtet. „. . . wir waren jetzo vor allen Dingen beschäftiget das nöthige Geräthe an das Land zu schicken um Gezelte zum Aufenthalte unsrer Kranken aufzuschlagen, welche häufig am Borde dahin starben, zumal die Krankheit sonder Zweifel durch den Gestank und den Unflath, worinnen sie lagen, ungemein zugenommen hatte. Denn die Anzahl derselben war so groß, und von der nöthigen Arbeit bey den Segeln konnten so wenige Leute entbehret werden um ihrer zu warten, daß es unmöglich war den Punkt der Reinlichkeit gehörig zu beobachten, daher es zwischen den Verdecken des Schiffs sehr ekelhaft aussah. Aber wie sehr wir auch wünschten den Kranken aus ihren beschwerlichen Umständen zu helfen, und wie ungeduldig sie auch selbst waren an das Land zu kommen: so hatten wir doch nicht Leute genug um vor dem 16ten die Gezelte für

„Reff in die Fock!" – in der großen Zeit der Segelschiffe konnte ein falscher Handgriff das Leben aller gefährden.

sie fertig zu machen; allein an diesem und den beyden folgenden Tagen schickten wir sie alle ans Land. Ihre Anzahl belief sich auf hundert und sieben und sechzig Personen, außer wenigstens einem Dutzend, welche schon in den Booten starben, als sie in die frische Luft kamen.

... Die ungemeine Schwachheit unserer Kranken kann einigermaßen aus der Anzahl derjenigen ermessen werden, welche nach ihrer Ankunft auf dem Lande starben. Denn sonst hatte man überhaupt befunden, daß das Land und die Erfrischungen, welche es hervorbringt, die Leute von dem Seescharbock in seinen meisten Graden gar bald wieder herstellen, und wir schmeichelten uns daher mit der Hoffnung, daß diejenigen, welche nicht gestorben waren, da sie zuerst in die freye Luft gekommen, sondern lebendig in ihre Gezelte gebracht worden, bald wieder zu ihrer Gesundheit und Kräften gelangen würden. Allein zu unserm größesten Leidwesen vergiengen fast zwanzig Tage nach ihrer Ankunft auf dem Lande, ehe das Sterben einigermaßen nachließ; denn in den ersten zehn oder zwölf Tagen begruben wir täglich selten weniger als sechse, und viele von denen, welche lebendig blieben, erholeten sich nur allmählich und sehr langsam.

... Unterdessen ist es meine Meynung nicht zu behaupten, daß ein hinlänglicher Vorrath an frischen Lebensmitteln und Wasser nebst dem beständigen Zugange einer angenehmen Luft zwischen den Verdecken Sachen sind, die nichts zu bedeuten haben. Ich weiß im Gegentheile gar wohl, daß auf diese Punkte sehr vieles ankömmt, und daß sie sowohl zu der Gesundheit und Stärke des Schiffsvolkes ein sehr großes beytragen, als auch in manchen Fällen zu Mitteln dienen können, dem Ausbruch dieser gefährlichen Krankheit zuvorzukommen. Alles, was ich gesagt habe, hat nur die Absicht zu zeigen, daß es in gewissen Umständen unmöglich ist mittelst aller Anstalten oder durch Anwendung aller Arzeneymittel, die man auf der See brauchen kann, die Krankheit zu heilen und sich dagegen zu verwahren. Ich bin in der That völlig versichert, daß wenn sie einmal einen gewissen Grad erreicht hat, keine andere Mittel in der Natur übrig sind um den Kranken eine Erleichterung zu verschaffen, als daß man sie an das Land oder zum wenigsten in die Nachbarschaft des Landes bringt. Vielleicht dürfte man zu einer deutlichen und vollständigen Erkenntniß von der Ursache dieser Krankheit niemals gelangen ..."

Befahren Volk ist eine seit dem 18. Jahrhundert belegte und – leider – veraltete Bezeichnung für Berufsseeleute, die ordentlich ausgebildet, lange gefahren, mit Schiffen, Wind und See vertraut und mit „allen Wassern gewaschen" waren. „Ich bin gefahren" heißt heute: „ich bin

zur See gefahren", die alten Fahrensleute aber sagten stets: „Ich habe gefahren", das Aktive ihrer Tätigkeit so andeutend.

‚Fahren' wird auf eine Wortwurzel zurückgeführt, unter der man jede Fortbewegung von einem Ort zum anderen verstand. Aus dem Mittelalter kennen wir die ‚fahrenden' Spielleute und das ‚fahrende Volk', auch finden wir das Wort in manch schönem alten Lied wieder. Aus dem handwerklichen Brauchtum kennen wir zudem die mehrjährige Wanderschaft junger Gesellen.

Aus dem Bewandertsein entstand das ‚Erfahrensein' oder ‚Befahren-

Beim Segelflicken – „ein in allen diesen Arbeiten geübter Seemann wird ein befahrner Matrose genannt, und ein noch ungeübter, ein unbefahrner, eben so nennt man zum Unterschied auch einen halb befahrnen einen solchen der nicht völlig oder nur halb geübt ist." (J. H. R.)

sein', aus dem Wandern oder Reisen kam – und kommt – die ,Erfahrung'. Im Niederdeutschen verstand man unter ,faren' (foren gesprochen): fahren und gefahren werden, und im übertragenen Sinne gebrauchte man das Wort in der Redensart: By den Koop warstu slicht fahren – Bei diesem Kauf wirst du schlecht abschneiden, du wirst keinen Vorteil haben.

In der Seemannssprache des 16. und 17. Jahrhunderts hieß ein Seemann vielfach ,Schiffsgeselle' oder ,Schiffsknecht'. Ende des 16. Jahrhunderts aber verdrängte langsam das niederländische ,matroos' die alten Bezeichnungen. Das Wort hat eine komplizierte Geschichte, an deren Anfang die Bedeutung Speise- oder Tischgenosse stand. Versteckt darin ist unser ,Maat'. Im 18. Jahrhundert stand ,Maat' für Geselle oder Kamerad, „beym Schiffs-Volck und anderen Arbeitern gebräuchlich". Als ,Schipsmaat' wurde es damals oft benutzt.

Im Berufswortschatz der Seeleute wurde *befahren Volk* immer bildhaft verstanden, wie eine Redensart gebraucht. Es stand – und steht auch manchmal heute noch – für alle „Matrosen, welche schon mit dem Seewesen bekannt, oder in allen Schiffsarbeiten geübt sind."

In der Regel war ein Schiff mit einer Besatzung halb- oder unbefahrener Seeleute schlimm dran. Der berühmte Kapitän Nettelbeck notierte zwischen 1821 und 1823 dazu: „. . . nur zwei darunter waren befahrne Matrosen, während die übrigen kaum wußten, was auf dem Schiffe hinten und vorne war . . ."

Im 18. Jahrhundert nannte man befahren Volk auch ,altgebacken Volk'. Welches Können man von einem befahrenen, altgebackenen Matrosen verlangte, welche Eigenschaften man von ihm erwartete und welche Wertschätzung ein solcher Mann erfuhr, ist durch Röding überliefert. Dieser müsse es verstehen, „ein Schiff zu bemasten, Wandtauen und Stage anzulegen, Blöcke zu stroppen und anzunähen, alle Arten Splissungen, Stiche, Schläge und Knoten zu machen, die Segel anzuschlagen, abzuschlagen, sie zu beschlagen und mit ihrem Tauwerk zu versehen, sie zu geien, zu reefen und auf alle Art zu regieren und zu handhaben; ferner die Anker aus und ein zu bringen und alles was dazu erfordert wird; zu steuern, zu rojen, zu lothen, die Kanonen aus und ein zu holen; zu stauen und überhaupt jede Arbeit die zur Bemastung, Betakelung und Regierung des Schiffes erfordert wird . . . Ein befahrener Matrose ist ein äusserst schätzbarer Mann dessen Vorzüge vor einem unbefahrenen nicht allein in einer weit grössern practischen Kenntniss des Seedienstes, die nur durch eine vieljährige Uebung erlangt werden kann, besteht, sondern wodurch er sich hauptsächlich unterscheidet, ist seine Hurtigkeit und Entschlossenheit in Gefahren, sein gegen alles Wetter abgehärteter Körper und sein uner-

Eine auf Segelschiffen gebräuchliche Kanne mit Klappe – 18. Jahrhundert.

Die Schonerbark „Wilhelmine“ wurde für Hans Bremer 1867 von D. W. Kremer in Elmshorn erbaut. Sie war zu 248 RT vermessen. Auf ihrer zehnten Reise strandete das Schiff bei La Paz im Golf von Kalifornien und ging total verloren. Die Mannschaft wurde gerettet. Auszüge aus dem „Bau-Contract“ zwischen dem Baumeister und dem Reeder, „12 ten Febr. 1866“, werden hier wiedergegeben, vermittelt von Jürgen Meyer, weil sie auf eindrucksvolle Weise Licht in die damaligen Arbeitsverhältnisse bringen.
Der § 2 lautet: Der Bau muß sofort angefangen und demnächst unausgesetzt mit der gehörigen Anzahl Arbeiter fortgesetzt werden, so daß das Schiff wenigstens im Ende Februar 67 segelfertig sein kann.
Die Dimensionen der Hölzer und einzelnen Theilen dieses Schiffes sowie die Verbindung und Verbolzung dessel ben, müssen nach Aufgabe und Vorschrift der Herren Assecuranz Besichtiger geliefert und geschehen und verpflichtet sich der Baumeister den Bau dieses Schiffes und dessen einzelnen Theilen mit Masten Stengen Raaen und sonstigen Rundhölzern etc sowohl mit Rücksicht auf Dimensionen der Hölzer, Verbindung und Verbolzung derselben, und sonstiger solider Arbeit, in der Art zu beschaffen, daß das Schiff bei der Assecuranze in Hamburg die beste Classe auf

müdeter Fleiss bey jeder Arbeit; überhaupt muss er eben so gut ein tapferer Soldat als ein erfahrener Seemann seyn.“

Hinzu kommt vor allem ein Wort, das einen ganz besonderen Reichtum aufweist: ‚Jan‘, die niederdeutsche Form von ‚Johann‘ – in der Zusammensetzung ‚Janhagel‘ im 18. Jahrhundert von Hamburg aus verbreitet – an den norddeutschen Küsten jedoch schon hundert Jahre früher in der Bedeutung „gemein Bootsvolk“ nachzuweisen. Aus dem Wortschatz des Seemannes sind seit dem 18. Jahrhundert ‚Jan Maat‘, ‚Johann Maat‘, ‚Janmaat‘ oder auch ‚Jantje‘ – die echten Segelschiffsmatrosen, die ‚wahren Leute‘ – nicht wegzudenken. ‚Jan Kabelgarn‘ oder ‚Jan Tautrecker‘, der Tauzieher, ‚Jan Braß‘, der Aufschneider, der Gernegroß an Bord, oder ‚Jan Klapperbeen‘, der Tod, sind hingegen bildhafte Ableitungen, phantasievolle Sprachbilder, der seemännischen Wirklichkeit entnommen.

Im 19. Jahrhundert setzten sich für einen alten, rauhen Seemann die Wörter ‚Seebär‘ und ‚Wasserratte‘, niederdeutsch ‚waterrotte‘, durch, allerdings in anderer als der heutigen Bedeutung. Es wurden so jene Seeleute bezeichnet, die schon lange zur See gefahren und weit herumgekommen waren. Dazu die niederdeutsche Redensart: Dat Slimmste is vor so'n Waterrotte, wenn se uppen Lanne sien schall – Das schlimmste ist für so eine Wasserratte, wenn sie auf dem Lande sein soll.

Die Bezeichnung ‚Blaujacke‘, die freie deutsche Übersetzung des englischen ‚Blue Coats‘ – Blauröcke – als Name für die unteren Dienstgrade der Navy, wurde dagegen von den deutschen Seeleuten nicht übernommen. Auch das Wort ‚Teerjacke‘ – obwohl mehr ein Scherzname für Matrosen und eine „Übersetzung“ des englischen ‚Jack Tar‘ – lehnte das ‚befahren Volk‘ ab: mit Teer befleckte Jacken trugen Dachdecker, Straßenarbeiter und Binnenschiffer.

Das befahrene Volk aber sagte im Niederdeutschen nach Wossidlo: Ick bün Fohrensmann – Ich bin Fahrensmann; dat sünd Fohrenslüd – das sind Fahrensleute, und: dat is 'n seebefohren Minsch – das ist ein seebefahrener Mensch. Und von schlechten Matrosen, was immer mit diesem Wort erfaßt wurde, meinten die Seebären: Dat sünd gor keen Seelüd, dat sünd jo woll Schosters – Das sind gar keine Seeleute, das sind ja wohl Schuster; oder sie erklärten: Kohmadros is een, dee sik'n bäten doof anstellen deit – Kuhmatrose ist einer, der sich ein bißchen dumm anstellt, und sie berichteten: De hett noch keen gröön Water sehn – Der hat noch kein grünes Wasser gesehen. Blender, deren Rede im umgekehrten Verhältnis zu ihrer Arbeit stand, wurden hochgenommen. ‚Klookschiter‘ nannte man sie und fragte: „Hest ok all mal in Soltwater pißt?“ Oder noch drastischer: „Hest di all oewer de

Tung schäten?“ Naheliegende Fragen und Feststellungen. Was sich in den seemännischen Redensarten andeutet, findet seine sinnreiche Entsprechung in dem karikierenden ‚Droschkenkutscher‘, einem durchaus treffenden Wort, mit dem Jan Maat im 19. Jahrhundert nicht gewisse Kapitäne, sondern nun die ‚Kuhmatrosen‘ und ‚Klugscheißer‘ bedachte. Ihnen empfahl er: „Süsst leewer an Land gahn bi 'n Buern, lat di de Meßfork anfaten lihren!“ – Solltest lieber an Land gehen zum Bauern, damit du lernst, die Mistforke anzufassen!

In den letzten zweihundert Jahren haben die Seeleute Tätigkeiten und Vorgänge, die ihr Leben begleiteten und beeinflußten, immer mit dem Wort ‚fahren‘ bezeichnet. So war es allgemein üblich und ist es auch heute zum Teil noch, zu sagen, daß ein Schiff Tee, Getreide oder Ballast ‚fährt‘, fünfzehn Mann Besatzung ‚fährt‘, eine bestimmte Flagge oder viel Segel ‚fährt‘, der Matrose sein Scheidemesser im Gürtel und sein Geld in der Hosentasche ‚fährt‘, das Ende durch einen Block oder die Stenge durch das Eselshaupt ‚fährt‘, oder daß jemand zehn Jahre lang als Matrose ‚gefahren‘ habe. Und außer dem ‚befahrenen Volk‘, das die Fahresleute meint, verstand man unter ‚einen Ort befahren haben‘ im 18. Jahrhundert „mit einem Schiff oftmals eine Reise nach einem Ort gemacht haben, und die Lage der Küsten, und die Richtung der daselbst befindlichen Ströme kennen.“ Heute noch bedeütet einen Kessel, einen Bunker, einen Tank oder eine Zelle ‚befahren‘ zur Besichtigung oder zur Reinigung in ihn hineinkriechen.

Eine ‚Fahrt‘ war und ist auch jede Reise, über den „großen Teich“, ins Mittelmeer oder wohin auch immer: dabei ‚macht‘ das Schiff ‚Fahrt‘, voraus oder im besonderen Falle auch einmal achteraus; ‚es ist noch Fahrt im Schiff‘.

Aber: ein Schiff ‚fährt‘ nicht, es ‚läuft‘ oder ‚macht‘ soundso viel ‚Knoten‘ (Seemeilen je Stunde) mit raumem Winde, und es ‚geht‘, beispielsweise, nach Japan. Unsere Umgangssprache kennt im übertragenen Sinne ‚in Fahrt sein‘ nicht nur als in Bewegung, sondern auch als aufgebracht, erregt sein: der ist mächtig ‚in Fahrt‘, oder: der kann seine ‚Fahrt‘ nicht mehr stoppen. Und die sprichwörtliche Redewendung, daß wir in einer Angelegenheit ‚gut‘ oder ‚schlecht gefahren‘ sind, weist uns noch heute auf den realen Ursprung des ‚Befahrenseins‘ hin.

Der *Beilbrief* ist ein Bauvertrag – heute der Vertrag zwischen einer Reederei und einer Werft über den Bau eines Schiffes oder einer Serie von Schiffen auf der Grundlage eines vom Auftraggeber bestätigten Projektes, des zeichnerischen und rechnerischen Schiffsentwurfes.

Im Niederdeutschen des 18. Jahrhunderts war das Wort in der

9 Jahr erhält mit einem Stern. Zu dem Zwecke auch den Anordnungen des Bauaufsehers (der Rheder) sowie der Assecuranz-Besichtiger mit Rücksicht auf gewünschte Veränderungen und Verbesserungen der im Nachstehenden angegebenen Dimensionen, sowie Verbindungen und Verbolzungen, und überhaupt im ganzen Schiffe und dessen Theilen unendgeldlich Folge zu leisten.

Im § 3 heißt es unter Kiel: Aus Buchenholz, aus 2 Längen 110 Fuß, 18 Zoll hoch und 14 Zoll breit die Laschen zwischen den Masten und 8 Fuß lang mit 8 Stück 1 zöllige Metallbolzen und Metallplatten verbunden. Looser Kiel aus 3 Längen 4 Zoll dick; unter Kielschwein: Aus nicht mehr als 2 bis 3 Längen 18 Zoll hoch und 16 Zoll breit, die Laschen 8 Fuß lang kommen zwischen den Kiellaschen unter den Masten, darauf eine 4 Zoll dicke Planke als Sohle von Stäven zu Stäven aus 3 Längen und gehörig verbunden, und darauf die Masten, Kattspuren 2 Fuß über die Lasche reichend; unter Verbolzung: Das Schiff muß kupferfest bis an die tiefste beladene Wasserlinie sein, und darf bis zu dieser Linie überall keine eiserne Bolzen oder sonst Eisen benutzt werden . . .

Der § 5 lautet: Schmiedearbeit, Gelbgießerarbeit, Blockmacherarbeit, ausgenommen die Rundhölzer, werden vom Baumeister geliefert. Rebschlägerarbeit, Tischlerarbeit, in Hütte und Roof und Ruderhaus, sowie Malerarbeit, Gußarbeit wird von der Rhederei bezahlt. Das Holz zu Tischlerarbeit und Blockmacherarbeit hat der Baumeister zu liefern. Auch hat der Baumeister alle Modelle, welche der Capt. verlangt, zu liefern. Das Klinken der Bolzen hat der Baumeister zu bezahlen. Dahingegen hat der Rheder für das Pechschrapen zu zahlen.

Der § 6 regelt: Für den Bau dieses Schiffes und die solchergestallt vom Baumeister Herrn D. W. Kremer übernommenen Verpflichtungen zahlen die Rheder: 270 Ct M Hamburger Courant, Zweihundert und Siebenzig Mark Hambg. Courant für jede Commerzlast welche die beeidigten Messer vom hiesigen Zollamt aus demselben messen, und worauf der Meßbrief ausgestellt wird. Die Meßbriefkosten zahlen die Rheder. Bielbriefkosten dagegen werden vom Baumeister abgehalten. Die Zahlung wird in folgenden Terminen bezahlt:

1. Wenn der Kiel liegt Ct M 6000,–; 2. Wenn das Schiff in Spanten steht Ct M 6000,–;
3. Wenn das Deck eingelegt ist Ct M 6000,–;
4. Wenn die Masten stehen Ct M 6000,–;
5. Wenn das Schiff fertig ist den Rest.

Schreibweise ‚bilbref', ‚biilbreev', ‚Bielbreef' und ‚Bielbrief' gebräuchlich und ging in das Hochdeutsche als ‚Beilbrief' ein. Niederländisch hieß es ‚bijlbrief', schwedisch ‚bilbref' und dänisch ‚biilbrev'. Röding erläutert den ‚Bielbrief' als den „schriftlichen Contract zur Erbauung eines Schiffes, welcher zwischen einem Zimmermann und demjenigen, der ein Schiff bauen läßt, gemacht wird", aber ‚Byll-Briefe' hießen bei den Kaufleuten Anfang des 18. Jahrhunderts auch „die Obligationes, welche über Gelder, so zum Schiffbau vorgeschossen worden, ausgestellt werden". Und das „Platt-Deutsche-Wörterbuch" von Johann Carl Dähnert von 1781 kennt ‚Billbreev' als „Eine Verschreibung auf ein Schiff." Das Bestimmungswort ‚Biel' – Beil – im Titel der Urkunde versinnbildlichte die Arbeit des Schiffszimmermannes.

Auszüge aus zwei Schiffbaukontrakten dieser Art sind aus dem Jahre 1742 überliefert. So hieß es damals: „. . . in Summa es offeriret sich der Ehrbare Zimmerbaß Clas Rotermund, alles was Zimmermanns Arbeit daran ist und in diesem Contrakt so genau nicht specificieret worden, biß auf den letzten Klamp zu verfertigen." Und in einem anderen Dokument: „. . . es verbindet sich vorbemeldter Schiffs- Zimmerbaß, eine gute Pladtbordigte 3 Mast Gallioth zu verfertigen."

Richten des Vorstevens: „ein starkes Krumlaufendes Holz, woran nach vorne die Seitenplanken beyder Borde anstoßen. Auf großen Schiffen ist solcher aus mehreren Stükken zusammen gesetzt und das untere Ende unter der Fuß ruhet auf dem vordersten Ende des Kiels." (J. H. R.)

Heckansicht eines zum Ablaufen fertigen Schiffes: „Man sagt von einem Schiff, es läuft ab, wenn es von der Helling, oder dem Ort, wo es gebauet worden, ins Wasser gelassen wird. Die Art und Weise, wie dieses geschiehet, ist bey fast allen Nationen, ja sogar in jedem Hafen verschieden." (J. H. R.)

Auf dem Stapel – der Stapel ist „die Baustelle des Schiffs oder der gegen das Wasser geneigte Platz einer Schiffswerft, wo das Schiff auf seinen Stapelblöcken ruhet. In diesem Verstande sagt man ein Schiff auf dem Stapel, das ist, ein Schiff welches auf dem Stapel oder auf seinen Stapelblöcken steht. Nicht alle Schiffe werden auf Stapeln, sondern auch auf Hellingen erbauet." (J. H. R.)

Der ‚Holländer‘
im 18. Jahrhundert.

Wossidlo/Teuchert zitieren aus einem „Tractat“ von 1779: „wobei überdem ... aus dem Bielbriefe oder dem Kaufcontracte sattsam erhellet, an welchem Ort das Schiff erbauet, oder wo und zu welcher Zeit, auch von wem es gekaufet worden.“

Wenn das Schiff ‚beilfertig‘ – mit dem Beile fertig – war, das heißt, wenn man alle Holzarbeiten am Schiffskörper beendet hatte und nur noch restliche Ausrüstungsteile und das stehende und laufende Gut der Takelage fehlten, dann konnte bereits der Eichmeister mit seiner Arbeit beginnen. Er war die von der zuständigen Obrigkeit autorisierte Amtsperson, die ein neuerbautes Schiff nach den Landesgesetzen zu ‚eichen‘ – auszumessen – und einen ‚Meßbrief‘ auszufertigen hatte, der die ‚Lastigkeit‘ – den Raumgehalt – und die Größe des Schiffes dokumentierte. Damals war das Sprichwort geläufig: „Idt is beter twe maal meten, as een maal vergeten“ – Es ist besser, zweimal zu messen, als einmal zu vergessen. Die im Meßbrief enthaltenen Daten wurden unter anderem herangezogen, wenn Gebühren für Hafenliegezeiten und für die Inanspruchnahme von Lotsenhilfe zu entrichten waren.

Bereits im 18. Jahrhundert gehörte der Beilbrief zu den notwendigen Papieren, die ein Schiffer stets mitzuführen hatte. Es war so, daß ein Schiff, „welches ohne Bielbrief verkauft wird, keinen Pass bekommen kann“.

Der ‚Pass‘, ‚Geleitbrief‘ oder ‚Seebrief‘, niederländisch ‚Pasport‘, ‚Zee-brief‘ oder ‚Geleide-brief‘ war nach Röding „ein offener Brief, den der Schiffer von der Landesregierung erhält, um seine Reise ungehindert fortzusetzen. Solcher Pass enthält den Namen des Schiffers und des Schiffs wie auch die Lastigkeit desselben und die Anzahl der Mannschaft; auch wird darinn bekräftiget, dass das Schiff den Unterthanen eines gewissen Staats gehört, damit alle mit diesem Staat in Freundschaft lebenden Personen, solches ungehindert fahren lassen.“

Wenn im 18. Jahrhundert Schiffe aus Ländern zurückkehrten, in denen ansteckende Krankheiten grassierten, erteilte man ihnen nur dann die Einlaufgenehmigung, wenn der Schiffer einen Gesundheitspaß vorweisen konnte. In ihm mußte die ärztliche Bestätigung enthalten sein, daß die Besatzung keine entsprechenden Krankheitssymptome zeigte. Aus Sicherheitsgründen nahm die Hafenbehörde eine solche Besatzung außerdem in Quarantäne.

Der ‚Beilbrief‘, der ‚Meßbrief‘, der ‚Paß‘ und der ‚Gesundheitsbrief‘, vor zweihundert Jahren zu den Schiffspapieren gehörend, haben inzwischen andere Bezeichnungen erhalten und wurden durch weitere Dokumente ergänzt. Im wesentlichen aber dienen sie heute dem gleichen Zweck wie damals.

EIN HALBER THALER 15 GR.

See-Paß.

No. 408

Nachdem der Schiffer Joach. H. Kraeft in Damgarten wohnhaft, angezeigt, daß er mit dem Schiffe Delphin genannt, dem Kaufmann J. H. Robertus in Barth gehörig 102 Normal-Lasten groß, von hier als einem gesunden Orte nach Frankreich abgehen wolle, und folgende Personen die Equipage dieses Schiffs ausmachen sollen, als:

		Geburtsort.	Alter Jahr	Aufgeführt in der Stamm-Rolle.
Schiffer . . .	Joach. H. Kraeft	Damgarten	40.	
Steuermann . . .				
Untersteuermann . .	Joach. Milcahn	Prerow	26.	
Zimmermann . . .				
Bootsmann . . .	Herrmann Bradegam	Wieck	47.	
Koch				
Matrose	Heinr. C. Nausch	Prerow	17.	
—	Joh. Chr. Hensel	"	25.	
—	Joh. Chr. Heffen	Barth	29.	
—	Joh. H. Kraeft	Prerow	17.	
—				
—				
Jungmann				
—				
—				
—				
—				
Halbmann . . .				
—				
—				
—				
—				
—				
Kochsmath . . .				
Kajütenwächter . .	Joh. H. Hoeherlein	Barth	14.	

so wird auf den Grund der hierauf erfolgten Musterung und näheren Untersuchung der Legitimations-Papiere obgenannter Personen, in Folge des Königl. Paß-Reglements vom 22sten Juni 1817. §. 5. den benannten Personen hiedurch die Erlaubniß ertheilt, während der diesjährigen Schiffahrt auf oben bezeichnetem Schiffe, im Inlande und Auslande zu dienen.

Sollte der Schiffer durch anderweite Reisen im Auslande oder sonstige Hindernisse abgehalten werden, nach Ablauf dieses Jahres hieher zurück zu kehren, so muß derselbe darüber die nöthigen Bescheinigungen beibringen.

Belemmern. Alles ‚belemmerte' den Seemann, was ihn an Bord behinderte, ihn in seiner Arbeit hemmte, ihn körperlich lähmte und störte; und er bezeichnete ein Schiff, ein Ausrüstungsteil oder einen allgemeinen Gebrauchsgegenstand als ‚belemmert', wenn sie in ihrer Funktion beeinträchtigt, in ihrer Einsatzfähigkeit oder Wirkung eingeschränkt, jedoch nicht völlig unbrauchbar waren. Das dem Verb ‚belemmern' zugeordnete Substantiv ‚Belemmerung' stand folgerichtig für Behinderung oder Beeinträchtigung.

Das Wort entstammt dem mittelniederländischen ‚belemmeren', ‚belemmen': lähmen. Im Niederdeutschen hatte es die Bedeutung von hindern, lahmlegen, in Verlegenheit bringen. Das „Hamburger Idioticon" erklärt ‚belemmern' als: besetzen, bekramen, belegen, „so daß man nicht hindurch kann". Im niederdeutschen Sprachgebrauch hatte es den Sinn von hineinlegen, hineinfallen. Auch war die Redewendung verbreitet: dat (de Sak) is belemmert – das (die Sache) ist wertlos, nichtig, zum Lachen.

„Hinderniss welches im Wege stehende Dinge verursachen. Auf Kriegsschiffen muss auf dem Deck nichts stehen das Belemrung verursachen kann." Obwohl wir erst bei Röding diesen seemannssprachlichen Beleg fanden, ist anzunehmen, daß unser Wort schon sehr viel früher in der Bedeutung von hindern und hemmen an Bord benutzt wurde.

So hieß es von einem Schiff, das unter günstigen Bedingungen dicht unter der Küste lief: kein Legerwall belämmert dei Fohrt – kein auflandiger Wind behindert die Fahrt; oder: Is dat Rooder nich klor, dat ward doch nich uthakt ore bilemmert sin? Ein Matrose, dem es einmal vor Schreck den Atem verschlagen hatte, erzählte: „Endlich kem ick wedder to min Pust, de in minen Bostkasten total bilemmert west wir." Und über ein Schiff, das einen schweren Sturm abgewettert hatte, hieß es mitunter: up Deck un ünner Deck was de Belemmerung total.

Im älteren Niederdeutschen verstehen wir unter ‚belemmern': jemanden belästigen, auch beschmutzen, und das Adjektiv ‚belemmert' umschreibt noch heute eine „Sache, die nicht glücken will". Auch sagen wir spontan, wenn wir eine unvorhergesehene Situation, einen Zustand oder ein Ereignis als übel, schlimm oder mißliebig kennzeichnen wollen: „Das ist ja belemmert!"

Das *Besteck* ist der Schiffsort auf See, immer bezogen auf die geographischen Breiten- und Längengrade. Zu seiner Ermittlung koppelt man die Kurse und Fahrtstrecken an den letzten bekannten Schiffsort, peilt Landmarken und Seezeichen an, beobachtet Gestirne und nutzt in der Gegenwart auch die verschiedensten Systeme der Funkortung. Das Niederdeutsche des 18. Jahrhunderts verstand unter einem ‚Bestick' einen Entwurf oder einen Plan. Man führte es damals „auf die Arbeit der Landvermesser und Ingenieure" zurück, die ihren Plan ‚absteckten'. Auch der Entwurf eines Schiffes trug den Namen ‚Besteck', und nach einem Entwurf arbeiten hieß: na dem Bestik arbeiden. Ganz allgemein wurde die Kennzeichnung einer auszuführenden Arbeit, eine Markierung, ‚Bestick' genannt, zum Beispiel die abgesteckte Linie für das Ausheben eines Grabens oder für den Bau eines Hauses. Zur gleichen Zeit hatte das Wort umgangssprachlich eine andere Bedeutung. Es stand für ein Behältnis oder ein Futteral mit mathematischen Gerätschaften, galt im Verlaufe der Zeit einer kompletten Sammlung ärztlicher oder anderer Instrumente und bezeichnet heute, wie jeder weiß, einen Satz zusammengehörender Speisegeräte.

In der deutschen Seemannssprache ist unser Wort seit dem frühen 18. Jahrhundert wohlbekannt. Es ist mit dem niederländischen ‚bestek' identisch und wurde, soweit erkennbar, in der maritimen Sphäre überwiegend für den geografischen Ort eines Schiffes auf See verwendet.

Sticklien – dünne geteerte Leine.

Unter ‚Besteck machen' verstand man auch „die Karte passen oder pricken", und eine ‚Pass-Karte' war nach Röding „eine jede Seekarte, welche so eingerichtet ist, dass man auf derselben mit einem Passer oder Zirkel das Besteck des Schiffes machen, und damit die Weite von einem Ort zum andern messen kann. Daher heisst die Karte passen so viel, als auf dieselbe mit dem Passer das Besteck setzen." Mit dem ‚Besteck voraus' sein, bedeutete: „Sich mit dem Schiff noch hinter dem Punkt befinden, welcher das Besteck anzeigen soll, oder noch nicht soweit gesegelt seyn, als man glaubte . . ., so daß man sich der Gissung oder Berechnung nach, schon über, oder auf dem Lande befinden würde, und in diesem Verstande sagt man: Wir sind schon über Land gesegelt, wir stehen schon mit unserem Besteck auf dem Lande." Mit dem ‚Besteck zurück' sein hieß: „Mit dem Schiffe weiter gekommen seyn, als man glaubte, oder weiter, als man das Besteck gemacht hat." Heute verstehen wir darunter eine Besteckversetzung, also die Ortsdifferenz, die sich zwischen einem gegißten und einem beobachteten Besteck nach Richtung und Distanz ergibt, durch Abdrift, Strömung, Kurs- und Geschwindigkeitsfehler verursacht.

Weil solche Differenzen in früheren Zeiten des öfteren entstanden, tauschten Kapitäne einander passierender Schiffe mit dem Ruf: „Woans steiht din Bestick?" gegenseitig die Koordinaten ihres ermittelten Schiffsortes aus, um dessen Richtigkeit bestätigt zu finden.

Dieses Bild führt uns gerade zum niederdeutschen ‚gissen', das im

Hochdeutschen nicht vorkommt, jedoch in dem Verb ‚vergessen' enthalten ist. Es heißt: sinnen, meinen, raten, glauben, mutmaßen; englisch: ‚to guess', schwedisch: ‚gissa'.

Seemännisch hat das Wort die Bedeutung von raten, hoffen, annehmen, vermuten, nach einer Schätzung, einer Annahme berechnen. „Gissen is missen" – Vermutungen trügen oft, lautet ein alter, weiser niederdeutscher Seemannsspruch. Wenn das Wetter unsichtig war und

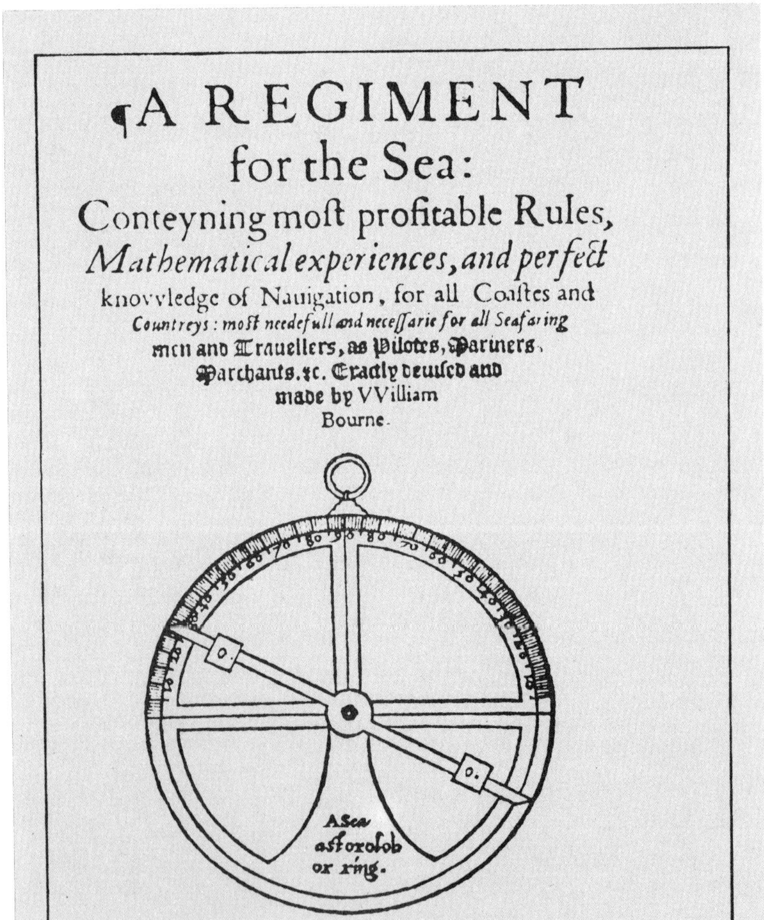
¶A REGIMENT
for the Sea:
Conteyning most profitable Rules,
Mathematical experiences, and perfect
knovvledge of Nauigation, for all Coastes and
Countreys: most needefull and necessarie for all Seafaring
men and Travellers, as Pilotes, Mariners,
Marchants. &c. Exactly deuised and
made by VVilliam
Bourne.

A Sea
astrolob
or ring.

¶ Imprinted at London by Thomas Hacket, and
are to be solde at his shop in the Royall Exchaunge.
at the Signe of the Greene Dragon.

Ein Reglement für die See: die nützlichsten Regeln enthaltend, mathematische Erfahrungen und gründliche Kenntnis der Navigation, für alle Küsten und Länder: höchst notwendig und unentbehrlich für alle seefahrenden Männer und Reisenden, wie Lotsen, Seeleute, Kaufleute usw.
Genau ersonnen und zusammengestellt von William Bourne. Gedruckt in London von Thomas Hakket, und verkauft in seinem Geschäft in der Royal Exchange. Im Zeichen des Grünen Drachen.

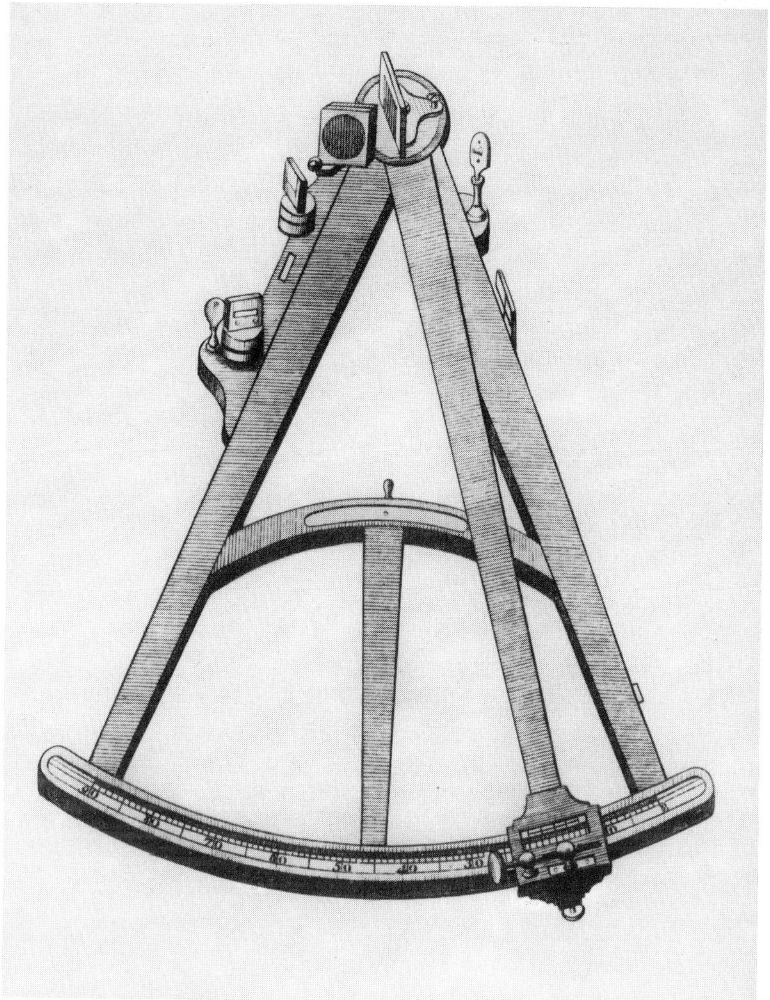

Hadley'scher Oktant aus Ebenholz und Messing um 1730 – dieses Zweispiegel-Winkelmeßgerät für astronomische Beobachtungen hatte einen Gradbogen von 45°, Meßbereich 90°, es ist der eigentliche Vorläufer des Sextanten.

somit astronomische Beobachtungen verhinderte, ‚gißte' man ‚das Besteck', das heißt, alle Fahrteinflüsse wurden nach Kenntnis und Erfahrung ungefähr berechnet, um zu ermitteln, auf welchen Längen- und Breitengraden man sich befand. Das Ergebnis dieser Näherungsrechnung hieß ‚gegißtes Besteck' oder ‚gegißter Ort'. Ironie und seemännischer Jux kamen ins Spiel, wenn die Berechnung ein ‚Kombüsenbesteck' ergab: ein Ausdruck der Mannschaft für eine Fehleinschätzung der Offiziere, die natürlich erst nach dem Aufklaren des Himmels und einem neuen astronomischen Besteck oder bei der Annäherung an eine Küste erkennbar wurde, wenn man sich in Gegenden verschlagen sah, die anzulaufen man gar nicht beabsichtigt hatte. Da-

Sextant aus der zweiten Hälfte des 18. Jahrhunderts, Winkelmeßinstrument für die Navigation. Der Sextant wird zum Messen von Höhenwinkeln, Horizontalwinkeln und Winkeln zwischen zwei Gestirnen verwendet, in erster Linie zur Höhenmessung eines Gestirns über der Kimm.

zu die poetische Wendung: „Ein Schiff ist verwehet", der Wind hat es weit von seinem Kurs abgetrieben.

Im 15. und 16. Jahrhundert, als die großen Ozeanüberquerungen begannen, zeigte sich, daß die bisherigen Kenntnisse der Kapitäne und Steuerleute für die Navigation auf hoher See nicht mehr ausreichten. Zwar zeichneten auch schon damals viele Seeleute und noch mehr Nichtseeleute ihre Reisen und Weltabenteuer auf, doch nur ganz wenige der seemännischen Routiniers schrieben ihre Erfahrungen über Schiffsführung und Schiffsortbestimmung nieder. So die unbekannten Autoren des „Regimento do Astrolabio e do Quadrante", dieses ältesten portugiesischen, an die Materialien Heinrichs des Seefahrers anknüpfenden, um 1509 erschienenen Lehrbuches der Navigation, oder jener Francisco de Medina, der im Gefolge von Hernando Cortez Mexiko mit erobern half, dann, vom spanischen König beauftragt, Navigation lehrte, Steuerleute und Kapitäne prüfte und über die Entstehungsgeschichte der Welt nachdachte. Wegen seines 1545 erschienenen Lehrbuches „Arte de Navegare" wurde Medina von seinen Zeitgenossen hoch geschätzt. Da erscheint es gewiß auf den ersten Blick als kurios, wenn unter den Autoren der Zeit sich auch ein Gastwirt aus Gravesand an der Themse befindet.

Aber der von uns schon zitierte William Bourne war möglicherweise ein ehemaliger Kapitän oder Steuermann, der nach seiner Seefahrtszeit an Land vor Anker ging und dort nun die Gelegenheit nutzte, dem seemännischen Nachwuchs Wissen und Lebenserfahrung zu vermitteln. Aus seinem gewichtigen Handbuch der Navigation halten wir für erinnerungswert: „Die Navigation wird angewendet, um zu erfahren, in welcher Richtung der Ort liegt, mit welchem Wind oder auf welchem Kompaßkurse er zu erreichen ist, und schließlich, wie weit der Ort entfernt ist. Zu berücksichtigen sind auch Strömung und Gezeiten, die das Schiff treiben und versetzen können, ferner die Gefahren, wie sie durch Felsen und Untiefen sowie andere Unannehmlichkeiten unterwegs auftreten können, das gleiche gilt für Änderungen der Windstärke und Windrichtungen. Der Kurs muß vorteilhaft abgestimmt werden, um den Hafen in kürzester Zeit erreichen zu können. Sollten Stürme unterwegs aufkommen, ist zu überlegen, wie Schiff und Ladung bis zum Erreichen des Bestimmungshafens erhalten werden können. Hauptsächlich muß auch berücksichtigt und damit gerechnet werden, daß unterwegs aufkommende Stürme das Schiff aus dem Kurs bringen können, wobei die Lage des Ortes bekannt sein muß, d. h. in welcher Kompaßrichtung und welcher Entfernung er gelegen ist. Dies kann auf folgende Weise ermöglicht werden: Man stellt fest, auf welchem Kompaßstrich der Kurs des Schiffes liegt, und mit welcher Geschwindigkeit es sich bewegt. Ferner muß auch beachtet werden, wie oft das Schiff seinen Kurs geändert und wie viele Meilen es dabei zurückgelegt hat. Wenn diese Umstände auf der Karte eingetragen werden, kann man mit ziemlicher Genauigkeit herausfinden, auf welchem Kompaßkurs oder mit welchem Wind der Ort zu erreichen ist und wie weit entfernt er liegt. Man kann auch durch

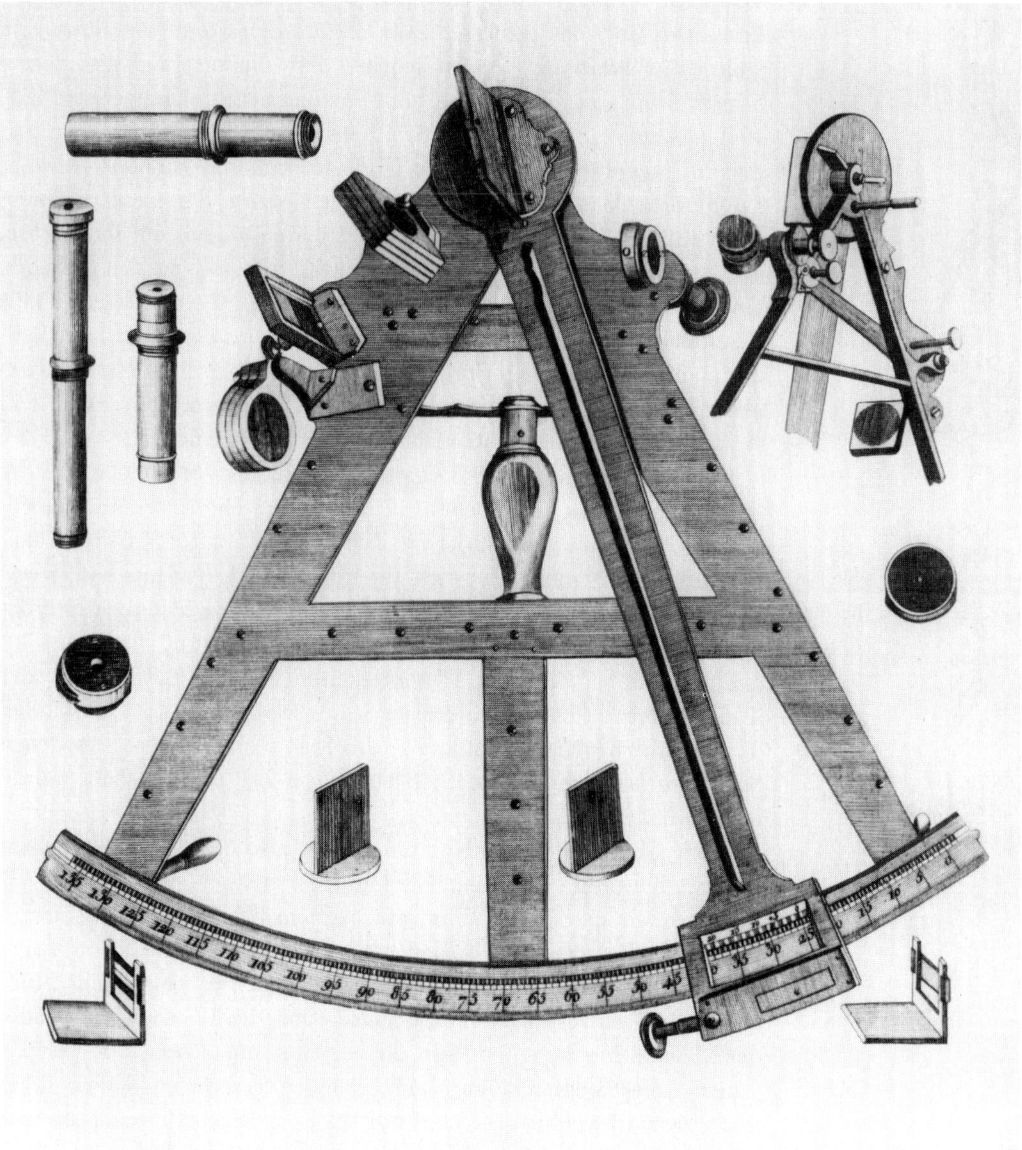

,Kattsteert'
im 18. Jahrhundert.

die Sonne und die Sterne große Hilfe erhalten, um die Höhe des Pols über dem Horizont zu messen, an einigen Stellen auch durch Ausloten der Tiefe und des Grundes. Es ist sehr wichtig und notwendig, jeden Platz sofort zu erkennen, wenn man ihn sieht . . ."

Jahrhundertelang konnte man die geographische Länge eines Schiffsortes nicht genau bestimmen. Wie man die Breite ermittelte, war seit langem bekannt. Stand die Sonne auf ihrem scheinbaren Wege von Ost nach West am höchsten, dann wurde der Winkel zwischen ihr und dem Horizont gemessen und daraus die Breite berechnet. „Je weiter das Schiff im Westen segelte, desto später fand also dieser Schiffsmittag statt. Umgekehrt hätte man natürlich ohne weiteres feststellen können, wie weit das Schiff im Westen war, wenn man nur den Mittagszeitpunkt auf einer Uhr hätte ablesen können", schreibt Bobby Schenk in einem Bericht über den Mann, der dieses Problem lösen sollte. Da die Erde sich in 24 Stunden einmal um ihre Achse, also um 360 Grad dreht, entspricht ein Zeitunterschied von 1 Stunde einer Längengraddifferenz von 15 Grad. Jeder Zeitunterschied läßt sich somit in Längendifferenz verwandeln, und aus dem bekannten Erdumfang kann man für jeden Breitengrad die einem bestimmten Zeitabschnitt zugeordnete Strecke der Erddrehung ermitteln. Auf dem Äquator beispielsweise entspricht 1 Stunde 900 Seemeilen.

Die Bestimmung des Schiffsortes nach dieser Methode setzte die Entwicklung einer allen Beanspruchungen und Einflüssen auf See widerstehenden Uhr voraus, die die Zeit der 1675 unter Karl II. erbauten Sternwarte von Greenwich (in der englischen Grafschaft Kent, am südlichen Ufer der Themse unterhalb Londons), also die des Nullmeridians, genau einhielt. Schenk zitiert Isaak Newton, der noch 1714 auf fast unüberwindbare Schwierigkeiten hinwies: „Richtig in der Theorie! Aber eine Uhr, die trotz Schiffsbewegung, der wechselnden Temperaturen und der Änderung der Schwerkraft auf verschiedenen Schiffsbreiten (geographischen Breiten) die Zeit exakt behält, wurde noch nicht gebaut."

Auch George Proctor, Kapitän des englischen Vollschiffes „Centurion", berichtete im Frühjahr 1736 der britischen Admiralität: „Es bedeutet mir eine große Ehre, auf meinem Schiff dieses Instrument und seinen Erbauer an Bord zu haben. Das Instrument ist in meine Kabine gebracht worden. Der Mann bekommt für seine Beobachtungen jegliche Hilfe. Er ist ein sehr nüchterner, fleißiger und bescheidener Mensch. Meine besten Wünsche begleiten ihn. Aber ich sorge mich sehr um diesen ehrenhaften Mann, denn er versucht das Unmögliche. Auf einem schwankenden Schiff mit seinen heftigen Bewegungen und Stößen die wahre Zeit zu messen kann niemandem gelingen."

Das „Instrument“, von dem da berichtet wurde, war ein Zeitmesser, ein „time-keeper“, und der fleißige und bescheidene Mensch war der 43jährige, 1693 in Foulby/Grafschaft York geborene Engländer John Harrison. Er schickte sich, obwohl gelernter Zimmermann, an, ein Chronometer, eine „Seeuhr“, zu erfinden, mit dem oder der man erstmals in der Geschichte der Seefahrt die geographische Länge auf hoher See exakt würde bestimmen können.

Gewiß, es gab auch schon zur Mitte des 18. Jahrhunderts gutgehende Uhren, manche hatten nur eine Zeitdifferenz von 2 Minuten pro Tag. Doch 120 Sekunden pro Tag – auf einer zweimonatigen Reise konnte dies einen Fehler in der Längenberechnung von über 1000 Seemeilen bedeuten. Dann vergingen die Wochen in Hoffnungslosigkeit, immer segelte man in die sinkende Sonne hinein. Die

Die „H 4“, John Harrisons berühmtes Chronometer, das die Navigation von Grund auf revolutionierte: sie wurde die „berühmteste Uhr, die bis heute je ein Mensch geschaffen hat“.

Hüsing –
Leine aus drei Garnen.

Vorräte gingen zu Ende, das Wasser wurde brack, und die Jan Maaten starrten auf die See und auf den Horizont, um vielleicht doch jenes Land zu sichten, von dem die erfahrenen Seeleute an Bord „wußten", daß es nur hier und an keiner anderen Stelle lag.

Diese lebensgefährliche Unwissenheit wollte John Harrison beenden. Wie das „Instrument", das er auf der „Centurion" ausprobierte, allerdings wirklich arbeitete, ist nicht überliefert. Doch der erste große Versuch auf See mit der „Harrison 1", abgekürzt „H 1" genannt, muß ebenso ermutigend gewesen sein wie die Versuche mit der „H 2". Offenbar gab der zähe Mann aus Yorkshire trotz großer Schwierigkeiten nicht auf. 1740 begann er, seine „H 3" zu entwickeln, und 1757, nach 17 Jahren, war er soweit: Die „unüberwindbaren Schwierigkeiten" waren bezwungen, die Ausdehnung der Metallbauteile bei wechselnden Temperaturen, die Tücken der Schwerkraft vor allem, hatte er im Griff. John Harrison meldete die „H 3" beim englischen „Board of Longitude" an, einem Komitee, das 1714 eigens zur Lösung des Längenproblems gegründet worden war. Damals, also 43 Jahre zuvor, hatte es bekanntgegeben: „Der erste, der beweist, daß er am Ende einer sechswöchigen Reise die Schiffslänge (geographische Länge) auf sechzig Seemeilen genau bestimmen kann, erhält 10 000 Pfund Sterling, und wenn die Genauigkeit besser als dreißig Seemeilen ist, gar 20 000 Pfund." Nun, 1757 bestimmte das „Board of Longitude", Harrisons drittes Chronometer solle auf einer Reise der „Deptford" nach Jamaika geprüft werden. Kurz vor dem Auslaufen der „Deptford" jedoch zog Harrison seine „H 3" zurück und übergab dem überraschten Komitee dafür eine kleine Uhr mit nur zwölf Zentimetern Durchmesser. Und tatsächlich sollte die „H 4" die Navigation von Grund auf revolutionieren: sie wurde die „berühmteste Uhr, die bis heute je ein Mensch geschaffen hat . . . als dann in Jamaika am 21. Januar 1762 . . . die exakte Zeit festgestellt wurde, wich die ‚H 4' davon um fünf Sekunden oder weniger als eine Seemeile in der Position ab."

Fügen wir dieser abenteuerlichen Geschichte vom Erkenntnisdrang eines Menschen noch eine merkenswerte Marginalie hinzu: 1749 wurde Harrison von der Royal Society, der angesehensten wissenschaftlichen Gesellschaft in England, die Copley-Medal, ihre höchste Auszeichnung, verliehen; aber die ausgeschriebenen 20 000 Pfund ließen lange auf sich warten.

‚Beweert' war ein Schiff, wenn es auf Grund zu schlechten Wetters oder zu starken Sturmes aus ungünstiger Richtung nicht auslaufen konnte.

Das Wort war im Mittelniederdeutschen als *Beweeren* bekannt, auch in der paarigen Form ‚hinderen und beweeren' – hindern und stören. Als Substantiv ist für Hinderung und Schwierigkeit ‚Beweernüss' bezeugt.

Wetter heißt im Niederdeutschen ‚Wedder', ‚Weder' oder, wie es vielfach ausgesprochen wird: ‚Weer'; und ‚beweert', hochdeutsch ‚bewettert' sein, bedeutet: vom Wetter irgendwo aufgehalten werden und sitzen bleiben.

‚Beweerte' Schiffe: in ihrem Vorhaben behindert, weil durch das Wetter aufgehalten – Wirkung und Ursache erscheinen hier in einem Wort vereinigt.

Der – dem Vernehmen nach – wohl früheste *Blau?* Homer erzählt uns von Odysseus, als dieser, von Heimweh getrieben, Oxygia, die Insel der göttlichen Nymphe Kalypso, verlassen will: „Da sie den Platz ihm gezeigt, wo die hohen Bäume gewachsen, ging nach Hause zurück die göttliche Nymphe Kalypso. Er aber fällte das Holz, und das Werk ging rasch von der Hand ihm. Zwanzig schlug er in allem. Dann hieb er sie zu mit der Erzaxt. Schlichtete nach mit Geschick und eckte sie ab mit der Richtschnur. Bohrer brachte derweil die herrliche Göttin Kalypso. Und er bohrte die Balken, verzapfte sie passend und pflöckte alle zusammen zum Kahn mit quervernagelten Rippen."

Bei einem Tauchunternehmen beim Kap Gelidonya in Lykien (Türkei) wurden die Reste eines Schiffes in 30 m Tiefe geborgen: Den größten Teil des Fahrzeuges zerstörten Bohrwürmer, Holzreste lassen jedoch erkennen, daß die Bauweise mit der von Homer beschriebenen identisch war: mit einem Beil zugehauene Planken wurden durch Holzpflöcke zusammengehalten, die in dafür bestimmte Löcher getrieben wurden . . . Die Innenseite des Rumpfes war mit Reisig abgedichtet, dessen Rinde noch gut erhalten war. Ein Weidengeflecht an den Außenwänden war als Schutzwehr gegen überkommende Brecher angebracht. Mit diesem vorzüglichen Boot ausgerüstet, bekommt Odysseus für seine zwanzigtägige Segelreise zu den Phäaken am „Ende der Welt" eine Segelanweisung. Diese Segelanweisung der Nymphe Kalypso ist die älteste schriftliche Überlieferung einer Orientierung nach den Sternen.

‚Blau', ein Wort, das mittelniederdeutsch ‚blaw' hieß und niederdeutsch bis heute ‚blag' oder ‚blaag' lautet. Im volkstümlichen Sprachgebrauch hat es verschiedene Bedeutungen. Redewendungen geben davon Zeugnis:

In't Blage gahn – In's Blaue gehen, sagte man für die Weite, für die unbestimmte Ferne (das „blaue" Licht in den Sagen und Märchen), weil sie dem Auge blau erschienen; ins Blaue hineinreden oder handeln, ohne Plan und Zweck etwas sagen oder tun. Und: eenen blagen Dunst vörmaken hieß, jemanden täuschen, wie überhaupt in der älteren Sprache Blau die Farbe der Täuschung, der Verstellung und der Lüge war. Derzeit spielte Blau als Symbol der Treue redensartlich noch keine Rolle. De blage Mandag – der ‚blaue Montag' wird auf zweierlei Weise gedeutet: Erstens als Montag vor Aschermittwoch – an dem die Altäre der katholischen Kirchen blau behangen wurden –, der ein arbeitsfreier Tag war, worauf jeder Montag, zur Nachfeier eines Sonntags genutzt, so bezeichnet wurde.

Die zweite Deutung führt in die Zeit vor dem 17. Jahrhundert zurück, als die Waidpflanze zum Blaufärben von Wolle und Leinen verwendet wurde, die Stoffe sonntags im Färbebad lagen und montags an der Luft trocknen mußten, während die Gesellen Freizeit hatten, ‚blau machten', ihren ‚blauen Montag' verlebten. Daß dieses ‚Blaumachen' oft mit feuchtfröhlichen Zusammenkünften einherging und daraus

Serving – aus alten Kabelgarnen geflochtenes plattes, nicht spitz zulaufendes Tau zur Bekleidung von Ankertrossen.

‚blau' für betrunken entstand, ist nicht abwegig, vielleicht meint diese Wendung auch die blaue Nase eines Trinkers. Wer der derben Aufforderung nachkam: Willen den blagen Hund man noch eins in'n Noors likken – Wollen wir aus der (damals) blauen Schnapsflasche man noch einen Schluck nehmen – konnte nachher vielleicht über sich sagen hören: Dor geiht he hen mit sinen blagen Kopp – Da geht er hin mit seinem blauen Kopf. Das der Sprache der Färber entstammende: sick de Fingern blag machen – sich die Finger schmutzig machen – führte zu einer Redewendung, mit der die Erzähler obszöner Witze unterbrochen werden konnten: Dit ward tau blag – Das wird zu unanständig. Aber die deftige Behauptung niederdeutscher Bauern: De Edellüd' hebben 'n blag Oorslock – setzte einen doch seltenen Einblick in ihre blaublütigen Herrschaften voraus.

In alten abergläubischen Vorstellungen und Bräuchen der niederdeutschen Seeleute begegnet uns immer wieder die blaue Farbe. Teufel, Zauberer, Hexen und Gespenster erschienen häufig in blauer Kleidung. Man glaubte, daß einem Unglück widerfahre, wenn man einer Frau mit blauer Schürze begegnete, oder daß in einem Hause mit blau gestrichenen Fensterrahmen eine Hexe wohne. Man vermied es, Häuser mit blauem Anstrich zu versehen und sogar, ein blaues Kleidungsstück auf ein Ehebett zu legen, weil dadurch die Ehe kinderlos bliebe. Blau war auch die Farbe des Todes, man kleidete einen Verstorbenen in einen blauen Rock und legte ihm ein blauseidenes Tuch in den Sarg.

Auf Segelschiffen aber war ‚Blau' vor allem der Beiname für den Schiffszimmermann, zu der Zeit, als die Schiffskörper, Masten, Stengen, Rahen und viele andere Ausrüstungsteile aus Holz gebaut wurden, einer der wichtigsten Männer an Bord. Seinem fachlichen Können, seiner Geschicklichkeit und Gewandtheit war es zu verdanken, wenn in schwerem Wetter oder bei Havarien Gefahren für Schiff und Besatzung schnell abgewendet werden konnten, wenn Lecks abgedichtet oder Stengen und Rahen, die mitsamt der Takelage „von oben" kamen, gekappt werden mußten, um die Sicherheit des Schiffes zu erhalten. Diese und viele andere Instandsetzungsarbeiten am Schiff und seiner Ausrüstung, sofern sie Holzarbeit waren, lagen bis zum Anlaufen des Reisezieles in den Händen von ‚Blau' und seinen Gehilfen.

Kein Wunder, daß dieser ‚Blau' das besondere Vertrauen des Kapitäns und der Besatzung genoß, hatte er doch, in unserem heutigen Sprachgebrauch, zwei Facharbeiterausbildungen absolviert, die eines Matrosen und die eines Schiffszimmermannes. Er mußte vier Jahre Seefahrtzeit als Matrose nachweisen und im allgemeinen mindestens zwanzig Jahre alt sein, bevor er vom Schiffbaumeister einer Werft, dessen

‚Blau' ist landfein – der Zylinder, ‚Brammstenge' sagten die Jan Maaten, war zunächst nur dem Kapitän vorbehalten, aber am Ende des 19. Jahrhunderts trugen oft auch die anderen Fahrensleute an Land Zylinder.

Auf den folgenden Seiten: Das Vollschiff *Norwood*, nach den Flaggen ein Norweger, wurde 1891 in Maitland/N. S. gebaut. Es war zu 1650 BRT vermessen. Die *Norwood* war in der Trampfahrt eingesetzt und ging 1910 auf den Ship Shoals bei Cape Charles verloren.

PAC

„Und nun setzt' er sich
hin ans Ruder und
steuerte künstlich
über die Flut. Ihm schloß
kein Schlummer die
wachsamen Augen,
auf die Plejaden gerich-
tet und auf Bootes,
der langsam
untergeht, und den
Bären, den andre den
Wagen benennen,
welcher im Kreise sich
dreht, den Blick nach
Orion gewendet,
und allein von allen
sich nimmer im Ozean
badet.
Denn beim Scheiden
befahl ihm die hehre
Göttin Kalypso,
daß er auf seiner Fahrt
ihn immer zur Linken
behielte.
Siebzehn Tage befuhr er
die ungeheuren Ge-
wässer;
am achtzehnten erschie-
nen die fernen schattigen
Berge
von dem phäakischen
Lande, . . ."

Homers Odyssee, 5. Gesang. In der Übertragung von Johann Heinrich Voß, 1781 und 1793.

Vertreter den witzigen Namen Puhahn trug, als Lehrling angenommen wurde. Hatte er die Lehre gut beendet, konnte er als Schiffszimmermann an Bord anmustern und erhielt höhere Heuer als ein Matrose. Manch einer hatte zwar Interesse für diesen Berufsweg, aber nur wenige überwanden sich, nachdem sie Vollmatrose geworden waren, noch einmal drei Jahre lang zu lernen und dabei mit dem viel geringeren Entgelt auszukommen.

Auf Langreiseseglern gehörte der Schiffszimmermann meist zu den Achtergästen, hatte eine eigene Kammer und brauchte unter normalen Bedingungen keine Wachen, sondern nur Tagesdienst zu gehen. Bei Wossidlo lesen wir: „De Timmermann wier sotoseggen de drüdd Stüermann" – Der Zimmermann war sozusagen der dritte Steuermann. Und weil er gewöhnlich der Älteste war, stand beim Ein- und Auslaufen des Schiffes er am Ruder.

‚Blau' hatte immer genügend Arbeit. Heute reparierte er einige Planken im Vorschiff, morgen hobelte er eine neue Marsstenge passend für das Eselshaupt zurecht, nebenbei versorgte er die Kombüse mit Brennholz oder – auf Kriegsschiffen – schnitzte er für den Barbier oder Chirurgus ein Holzbein. Für einen verstorbenen Kameraden baute er einen schlichten Sarg, in dem dieser, mit Eisen und Steinen beschwert, der See übergeben wurde. Und schließlich war ‚Blau' für die Seeleute eine Art Materiallieferant, der im Tausch gegen einige „Bramsil" (Brasil) immer etwas in seiner Timmerhock fand, das Jan Maat für seine Bastelarbeiten auf Freiwache gebrauchen konnte.

Der Gehilfe des Schiffszimmermanns trug die Bezeichnung ‚Klampenhauer'. So hieß auch ein Zimmermann auf kleinen Schiffen, auf denen man sich die Heuer für einen voll ausgebildeten Mann nicht leisten wollte: „Klampenhauger is'n Schäpstimmermann, dee nich utlihrt hett, is so'n Oort Fuscher sotoseggen. Dat is keenen richtigen Timmermann, he hett sick dat bloß so annahmen, wenn he mit de Madrosenhüer nich utkamen künn." – Klampenhauer ist ein Schiffszimmermann, der nicht ausgelernt hat, ist so eine Art Pfuscher sozusagen. Das ist kein richtiger Zimmermann, er hat sich das bloß so angenommen, wenn er mit seiner Matrosenheuer nicht auskommen konnte. Der Klampenhauer schlief im Vorschiff bei den Matrosen.

Der Ursprung von ‚Blau' ist nicht bekannt. Das Wort ist trotz genauen Hinschauens ziemlich paradox und scheinbar ohne Wirklichkeitshintergrund. Wir können es weder nach seiner Haupt-, noch nach seiner Nebenbedeutung definieren.

Aus der englischen Sprache kennen wir das Wort ‚to blow' als blasen, keuchen oder treiben; zum anderen kann damit aber auch ein Schlag gemeint sein: ein Zimmermann macht keuchend viele Schläge, weshalb vielleicht anzunehmen ist, daß sein Name von dieser Tätigkeit herrührt. Alte mecklenburgische Fahrensleute, von Richard Wossidlo befragt, kannten noch die Spitznamen ,de Blaag' – der Blaue, ,Blaagsack' – Blausack und ,Blaagbüdel' – Blaubeutel. Das Entstehen des letzteren erklärten sie, unschwer dabei der Witz und die Ironie herauszuhören, so: „Wenn de Schäpstimmermann mit'n Deixel (Zimmermannsbeil; eine Seite mit querliegender Schneide, die andere als Hammer ausgebildet) haugt bi't Afslichten (Abschlichten, Glätten des Holzes), haugt he jo oft vörbi un haugt sik den Büdel blag, dorüm heit he de Blaagbüdel."

Eine Schraube für ,Blau'.

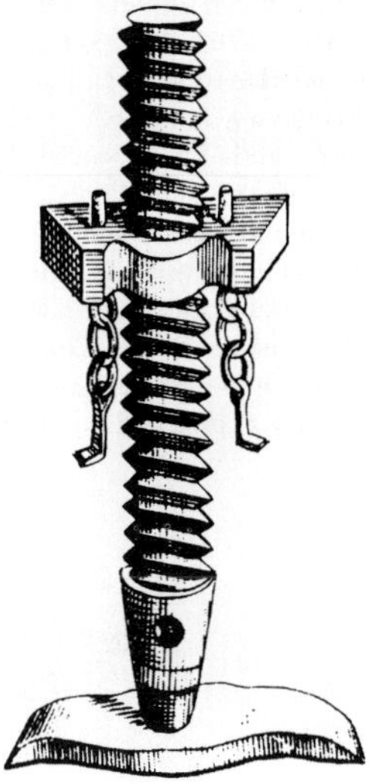

Der *Blaue Peter* weht am Signalstag oder auch an der Signalrah der Fock 24 Stunden vor dem Auslaufen eines Schiffes, die Flagge „P" des Internationalen Signalbuches: blau mit weißem Rechteck in der Mitte. Dies berühmte Signal ruft alle Mann an Bord und ist das Zeichen zum Abschiednehmen.

Die ,blaue Flagge', unter diesem Namen bereits Anfang des 18. Jahrhunderts bezeugt, ist eine der ältesten Signalflaggen. Früheste Belege geben Auskunft, daß in den europäischen Marinen die Besatzungen durch sie von Land an Bord zurückgerufen wurden. In der „Allerneuesten, ost-indianischen Reise-Beschreibung" von E. C. Barchewitz, erschienen in Chemnitz 1730, heißt es: „Als wir nun drey Tage waren am Lande gewesen, sahen wir von unserem Schiffe die blaue Flagge wehen, welches ein Zeichen war, daß, wer am Lande, wieder am Boort kommen solte, weil der Schiffer fertig, wieder unter Segel zu gehen."

Ende des 18. Jahrhunderts wurde die ,blaue Flagge' auch ,Pitsjahrs'- oder ,Pisjahrsflagge' genannt, und bei Röding lesen wir: „Die Flagge, vermittelst welcher der Befehlshaber einer Flotte das Signal giebt, dass die übrigen Befehlshaber und Schiffskapitäne an Bord seines Schiffs kommen um Kriegsrath zu halten oder anderer Ursachen wegen. Schiffe, welche auf einer Rhede segelfertig liegen, geben durch eine Flagge den noch am Leben befindlichen Leuten zu verstehen, dass sie sich baldigst an Bord begeben müssen; bey den Holländern ist dieses eine blaue Flagge am Vortop. Gewöhnlich zeigt ein Kriegsschiff drey Tage vorher seine Abreise an. Den ersten Tag macht es nämlich die Vor-Marssegel los; den zweyten Tag holt es die Marsschoten vor, wobei das Segel noch auf dem Rande beliegen bleibt. Am dritten hiesst es das Segel auf. Etliche Stunden vorher, ehe ein Kriegsschiff absegelt, giebt es den sogenannten Abschiedsschuss."

Während in der deutschen Seemannssprache die ,blaue Flagge' noch bis zum Beginn des 19. Jahrhunderts üblich war, benutzte man in der Royal Navy bereits im Jahre 1777 den Namen ,blue peter'. Es ist anzu-

Aus einem Seefrachtbrief: „Daß dasjenige Getreide so wir unterschrieben mit Schiffer Peter Werfgren seiner führende Brigatiene Brittania genant nach Gefle verladen haben, in dem Herzogthum Pommern und Fürstenthum Rügen gewachsen sey solches bezeugen wir mit den Worthen so war uns Gott helfen soll – Stralsund, den 29. Sept. 1780."

nehmen, daß es sich dabei um eine Abwandlung des fast gleich klingenden ‚blue repeater' – blauer Wiederholer – handelt, der als Hilfsstander gefahren wurde, und, auf dem Flaggschiff eines Verbandes geheißt, den Befehl übermittelte: „Alle Kapitäne zum Admiral!"

Im 19. Jahrhundert wurde der ‚Blaue Peter' auch in die Flaggenstells der deutschen Handelsschiffe einbezogen, und der Seemann sagte von nun an nicht mehr ‚blue Peter', sondern ‚Blauer Peter'.

Wohl niemand vermag die Stimmung akkurat wiederzugeben, in der sich Jan Maat befand, bevor sein Schiff zu monatelangen, manchmal Jahre andauernden Reisen auslief. Gleichwohl geben die Erinnerungen von Männern, die in der jetzt fast versunkenen Welt groß wurden, vieles von dem wieder, was sich in der Zeit, als die weißen Segeltürme die sieben Meere beherrschten, an Erfahrung und Wissen ansammeln ließ. Einer dieser Männer war Kapitän Fred Schmidt, der getreu einem Seemannsgebot: „Tru bet in den Doot" – 1957 mit der Viermastbark „Pamir" unterging. Er erzählt, daß viele Besatzungen die letzten Stunden der Hafenliegezeit zum Anlaß nahmen, an Land nach alten Seemannsbrauch Abschied zu feiern. Und es kam vor, „... daß man eine frisch angeheuerte Segler-Mannschaft mit sanfter Gewalt an Bord bringen mußte, wollte man sie überhaupt dorthin bekommen. Daß sie noch einmal eingekehrt waren, um auf eine glückliche Ausreise einen Schluck zu trinken, wer hätte es ihnen verübeln mögen. Nun aber waren sie ins Singen geraten, und wenn die Janmaaten an Land erst anfingen, ihre Lieder anzustimmen, dann wurde es gewöhnlich eine ausgedehnte Sitzung.... Dabei lag das Schiff im Hafen häufig schon reisefertig hinter seinem Schlepper, der Kapitän schritt, ingrimmig in sich hineinfluchend, wie ein gereizter Tiger auf und ab, die Steuerleute sahen gespannt nach Land aus, der Inspektor der Reederei glich einer Rakete vor dem Explodieren. Die Herren Janmaaten jedoch? Die standen immer noch wie die Eichen im ‚Blauen Walfisch' und sangen, daß der Putz von der Decke rieselte ..."

‚Kreuzheling' des 18. Jahrhunderts.

Auch etwas seltsam Anrührendes hat er uns überliefert. Die Geschichte eines „schlanken, breitschultrigen" Seemannes, der Minuten vor dem Auslaufen seines Schiffes „bedächtig an die Reeling" trat und mit „wühlenden Griffen" sämtliche Taschen seiner Sachen durchforschte: „Noch hat er sein ‚Köhm- und Beer-Päckchen' an, den bereits sozusagen zur zwoten Garnitur degradierten Sonntagsanzug, den Jan Maat anzieht, wenn er ‚einen Zug' machen will – ‚an 'ne Buus' geht, wie man das im internationalen Slang der Sandküste nennt. Er hat einen solchen ‚Zug' achter sich. Man sieht's ihm an, auch ohne Psychoanalytiker zu sein, kann man es ihm ansehen. Das Haar ist leicht

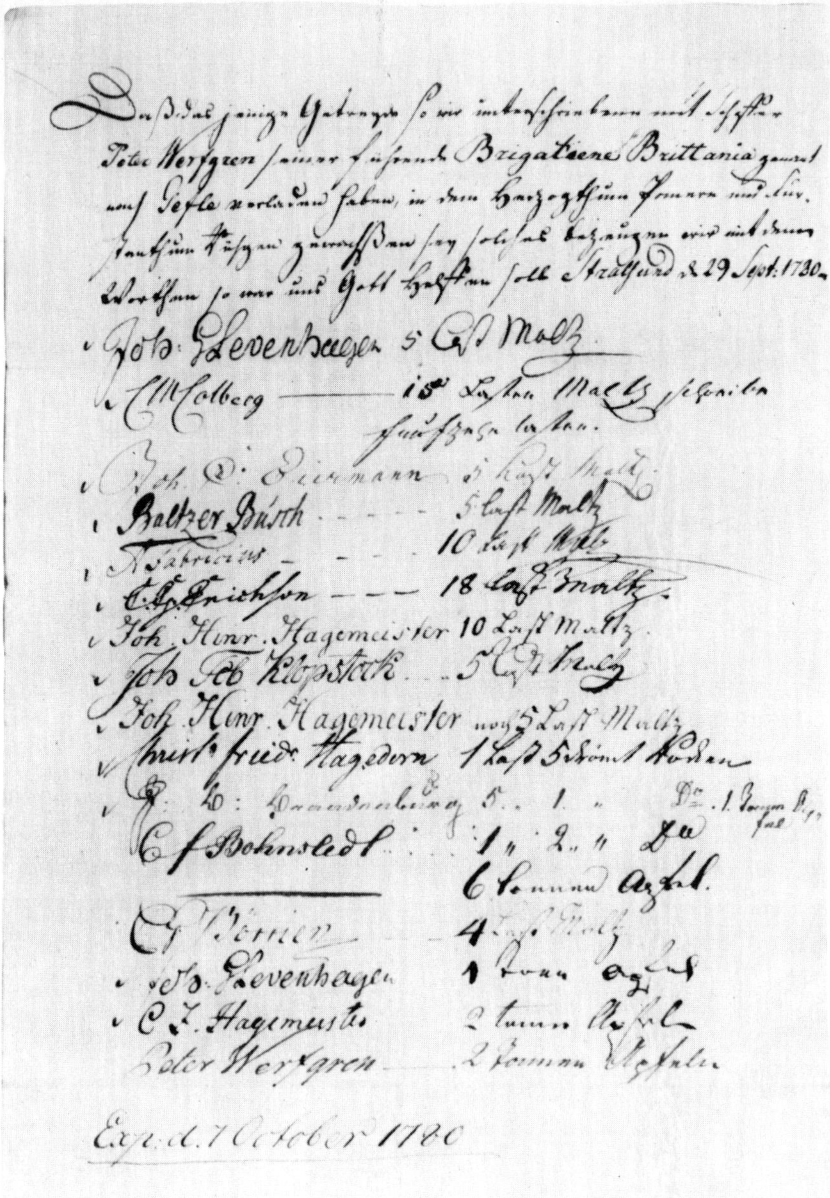

Daß die jenige Gütere so wir unterschriebenen mit Schiffer Peter Werfgren seiner führende Brigantiene Brittania genant auf Gefle verladen haben, in den Herzogthum Pommern und Fürstenthum Rügen zugewachsen sey solches bezeugen wir mit deren Werthen so war uns Gott helffen soll Stralsund d 29 Sept. 1780.

Joh. G. Levenhagen 5 Last Maltz
C. M. Colberg —— 15 Lasten Maltz schreibe fünfzehn Lasten.
Joh. D. Diermann 5 Last Maltz
Baltzer Büsch ---- 5 Last Maltz
N. Fabricius ---- 10 Last Maltz
C. A. Erichson --- 18 Last Maltz
Joh. Henr. Hagemeister 10 Last Maltz
Joh. Seb. Klopstock ... 5 Last Maltz
Joh. Henr. Hagemeister noch 5 Last Maltz
Christ. Fried. Hagedorn 1 Last 5 Drömt Rocken
[illegible] Brandenburg 5 .. 1 .. Do. 1 [illegible]
C. F. Bohnstedt ... 1 .. 2 .. 4 Do
6 Tonnen Aepfel
C. F. Börner 4 Last Maltz
Joh. G. Levenhagen 1 Tonn Aepfel
C. J. Hagemeister 2 tonnen Aepfel
Peter Werfgren 2 tonnen Aepfel

Exp. d. 7 October 1780

Die Canael Van Brostu
Aldus vert
S. Burien.
Facies
Lysaert.
Engelants eyndt.
S. Iustin.
Monsbay.
Nuwlyn.
Seuensteen
SORLINGES
De Wolff.
CANALIS INTE
Die Cana

zerrauft. Eine Mütze hat er nicht auf. Sonst immer – heute aber nicht. Bloß jetzt keinen Deckel auf den Kopf setzen – eine Feder würde zu schwer heute morgen ... jede Haarspitze spürt er einzeln. Und das wetterbraune Gesicht ist gar nicht so frisch wie gewöhnlich, die Augäpfel der sonst so kindlichen Blauaugen ähneln denen eines Albino-Kaninchens. ‚Saurer Magen – wüster Schädel' charakterisiert Jan Maat diesen Zustand. Wenn er ein Dichter wäre, so riefe er: Mich verlangt nach hundert Tagen ohne Land! Aber da er ein handfester und kerngesunder Großseglermatrose ist, knurrt er nur inbrünstig: Mi kann ganz Hambo-ch ges-tohlen warn ... So kramt er mit gerunzelter Stirne seine Taschen durch, eine nach der anderen, durchstöbert peinlich genau auch die letzte Falte. Aha – nun hat er gefunden, was er suchte: in der schweren Pfote liegt ein Häufchen Nickelmünzen und ‚Kopperlappen', mittendrin erglänzt melancholisch ein einsames Schillingstück. Leicht glasig starrt er einen Augenblick auf diesen kümmerlichen Rest einer vor kurzer Zeit so stattlichen Langreise-Abrechnung, schnauft tief und voll Verachtung. Weit holt nun der sehnige Arm aus – ein Schwung – tzinnggl! singen die kleinen Metalldinger durch die Luft und verschwinden unhörbar im graugrünen Geplätscher des Stromes. ‚För gooden Wind!' ruft der Opfernde seinen letzten Moneten nach, wendet sich und geht an die Arbeit, sichtlich erleichtert. Was er tun kann für eine glückliche Ausreise, das hat er gewissenhaft getan ...

Eine ‚Heling'
mit einem Vorschlag.

Glücklich ist die Mannschaft vollzählig an Bord gebracht. Mit qualmendem Schlot reißt schon der Schlepper an der Trosse. Klatschend fallen die letzten Leinen an den Dalben zu Wasser, und über Deck schallt das halb jauchzende, halb schluchzende ‚Aussingen' der Tiefwasser-Seeleute. Es läßt sich schwer beschreiben, man muß sie gehört haben, diese nun gedehnten, dann wieder abgerissenen Schreie, bald hell klingend, bald heiser rohrend, nach denen Langreisesegler zu gleicher Zeit an einem Tampen holten oder in ein Ende einfielen. Kurze Worte flatterten dazwischen:

‚Een för de Uutreis! ... höjo!
Pull em an' Jäckett ... hejebb!
O-dschobbi-hooh ... jeha!'

Bei ‚een för de Uutreis' oder was dem Vorsänger gerade als passend einfiel, wurden die Hände so weit es ging nach oben gestreckt oder nach vorn und das Tau angepackt, bei ‚höho' riß die ganze Mahalla wie ein Mann – das schaffte:

‚Noch so'n Lütten ... dol damit! ...
Heuger ropp, seggt Sander ... riet em!
Und noch so'n Pull boys – jehö!'

Wer es einmal hörte, wird es nie mehr vergessen ..."

Detail aus dem ersten gedruckten Seeatlas „Spieghel der Zeevaert" des Lucas Janszoon Waghenaer von 1584: Dreimaster, die vor dem Winde segeln.

'Scheinlampe' auf einer Blüse: „Ihre Reflectors sind parabolisch, damit die Strahlen des Lichts, welches im Brennpunkt steht, in paralleler Richtung gerade vorwärts geworfen werden. Der Tocht in der Lampe ist von guter Baumwolle gemacht und aus einer Kanne tröpfelt gerade so viel Oehl als das Licht verzehrt." (J. H. R.)

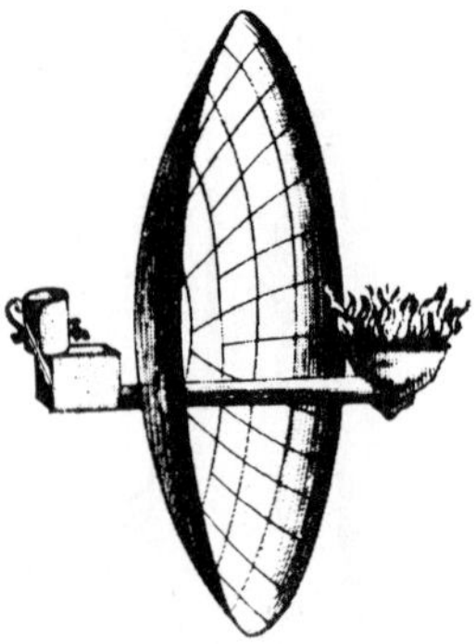

Die Kapitäne freilich pflegten einen ganz anderen Brauch. Sobald die dringendsten Arbeiten getan und die Backbord- und die Steuerbordwache eingeteilt waren, traten sie an die Reling der Poop (Aufbau auf dem Achterschiff) und hielten von hier aus, wie auf einer Tribüne über der an Deck versammelten Besatzung stehend, eine kurze und unmißverständliche Absegelansprache. Folgen wir dazu noch einmal der Erinnerung von Kapitän Schmidt: „Leute! Wir haben gemeinsam eine Reise nach Australien angetreten. Von mir erwartet man, daß ich dieses Schiff so schnell an seinen Bestimmungsplatz bringe, wie es nur möglich ist. Seid sicher, daß es nichts, aber auch absolut gar nichts gibt, was mich hindern könnte, für die schnelle Durchführung der Passage alles zu tun, was in meinen Kräften steht. Von Euch erwartet man, daß Ihr mich dabei unterstützt. Ihr seid keine Neulinge in diesem Gewerbe – und die es etwa noch sind, werden es nicht lange mehr sein, mein Wort darauf. Ihr wißt also, worauf es ankommt.

Ihr werdet ausreichendes und gutes Essen erhalten, und keiner wird auf diesem Schiff ohne Grund einen Schlag erhalten. Aber ich erwarte von jedem einzelnen unter Euch, daß er jeden Befehl meiner Offiziere ohne Besinnen ausführt und so schnell, als hinge das ewige Heil von Eurer Mutter Seele davon ab. Tut Ihr das immer, zu allen Tages- und Nachtzeiten, an Deck und in den Riggen, bei jedem Wetter – gut: dann werdet Ihr jederzeit eine gerechte Behandlung finden und keinen Grund zur Klage haben. Darüber werde ich persönlich wachen. Vergeßt ihr aber auch nur eine Minute, was ich von Euch erwarte, dann werdet Ihr keinen Tag in eurem gesegneten Leben so bitter verwünschen wie den, an dem Ihr an Bord dieses guten Schiffes gekommen seid. Das ist alles, was ich Euch zu sagen habe."

Jan Maat hatte begriffen, worum es ging. Drei schallende Cheers auf den Kapitän: Alle Mann an Buurd, dat Schipp geiht fuhrt!

Die stählerne Fünfmastbark *Potosi* wurde 1895 auf der Werft von Joh. C. Tecklenborg in Geestemünde erbaut. Sie war zu 4026 BRT vermessen und damals das größte Segelschiff der Welt. Die Kapitäne machten in der Salpeterfahrt fast nur schnelle Reisen mit ihr.
Nach dem ersten Weltkrieg kam das Schiff unter chilenische Flagge und erhielt den Namen *Flora*. Unter diesem Namen ging es im Jahre 1925 infolge brennender Kohlenladung verloren. Ihre beiden schnellsten Reisen in der Salpeterfahrt machte die *Potosi* in 58 Tagen von Iquique nach Lizard im Jahre 1903 und in 56 Tagen von Tocopilla nach Lizard im Jahre 1908/09.
Vom Typ der Fünfmastbark hat es insgesamt nur sechs Schiffe gegeben. Obwohl technisch ein gelungener und vollendeter Schiffstyp, ist er aus wirtschaftlichen Erwägungen nicht weiter gebaut worden. Trotzdem gelten die fünfmastigen Rahsegler als Höhepunkte der langen Entwicklungsgeschichte des Segelschiffs.
Das von Johannes Holst angefertigte Ölgemälde zeigt die *Potosi* unter vollen Segeln. Typisch für die modernen großen Segler ist das Brückendeck, auch Hochdeck genannt. In ihm wohnte die gesamte Besatzung.

Auf den folgenden Seiten:
Die stählerne Viermastbark *Pamir* lief im Jahre 1905 vom Stapel. Sie war zu 3020 BRT vermessen und wurde ausschließlich in der Salpeterfahrt eingesetzt. Sie erreichte im Jahre 1906 Valparaiso in 64 Tagen und machte damit ihre schnellste Reise auf dieser Strecke.
Im Jahre 1931 wurde das Schiff in der Getreidefahrt nach Australien eingesetzt.
26 Jahre später, am 21. September 1957, ging die *Pamir* in einem Hurrikan mit 86 Mann verloren.
Nur 6 Mann der Besatzung wurden gerettet.
Das von dem Maler W. Steffens 1929 gemalte Ölbild zeigt die *Pamir* über Backbordbug und unter vollen Segeln. Typisch für den damaligen Schiffsführer, Kapitän Clauß, ist das fünfte Vorsegel, der Flieger, das er an Bord anfertigen und häufig setzen ließ.

PAMIR

Das Vollschiff *Cornelia Sara* wurde in der ersten Hälfte des 19. Jahrhunderts in Amerika erbaut; es war zu 141 Lasten bzw. 276 RT vermessen. Der ursprüngliche Name des Schiffes war bisher nicht festzustellen. Um 1824 wurde es nach Holland verkauft und erhielt den Namen *Cornelia Sara.* Das Schiff segelte hauptsächlich nach Niederländisch Indien und holte von dort Landeserzeugnisse für Holland. Das von H. Vettewinkel 1828 gemalte Ölbild zeigt die *Cornelia Sara* unter Sturmsegeln über Backbordbug segelnd. Es stehen nur Vorstengestagsegel, Fock, alle drei gerefften Marssegel und der Besan. Die Royalstengen sind gestrichen, d.h. eingefiert. Wasser, Himmel und Bewölkung lassen die Stärke des Windes erkennen. Die *Cornelia Sara* ist, der Zeit entsprechend, mit Geschützen an Oberdeck versehen. Sie führt die Nummernflagge 217 des Amsterdamer Seemannskollegiums „Zeemanshoop". Hinten links ist ein nicht näher zu bestimmender Mitsegler zu sehen, hinten rechts anscheinend eine Insel oder ein Vorgebirge.

Unter *Bleiben* verstehen wir das Beharren, das Verbleiben von Personen oder Gegenständen für längere oder unbegrenzte Zeit an demselben Ort.

Im übertragenen Sinne benutzte das 18. Jahrhundert unser Wort beim „Verlust oder Untergang eines Schiffes auf der See, es sey durch Alter, Sturm oder Strandung".

Das „Bremisch-Niedersächsische Wörterbuch" verzeichnet unter ‚bliven' – bleiben: „Insonderheit heißt bliven verunglücken zur See, stranden, scheitern, wenn vom Schiff die Rede ist; vom Menschen aber: im Schiffbruch ertrinken." Mien Mann is bläben – Mein Mann ist geblieben, waren die Worte der Seemannswitwe, und es hieß: Dat Schip is mit Mann und Muus bleven – Das Schiff ist mit Mann und Maus geblieben – es ist mit allem, was darauf war, untergegangen.

Sinken erklärte man mit ‚zu Grunde gehen', wörtlich ‚zum Meeresgrunde gehen'. Dieses maritime Sprachbild nahm unsere Umgangssprache als ‚zugrunde gehen' in allgemeiner Bedeutung auf. ‚Gestrandet' aber – in der Rödingschen Definition – war ein Schiff, „wenn es durch Sturm, Zufall oder auch vorsetzlich, um einer Gefahr zu entgehen, auf den Strand oder auf Untiefen in der See gerathen ist und daselbst fest sitzt. Bey holer See und wenn der Strand ein leger Wall ist (bei auflandigem Wind), geht ein Schiff durch Stranden gewöhnlich verlohren, die Wellen heben es auf und lassen es wieder fallen, so dass es anfängt, auf den Grund zu stoßen und in kurzer Zeit zerschlagen ist. Ein gestrandetes Schiff kann sich aber nach Umständen auch wieder abarbeiten und, ohne Schaden gelitten zu haben, seine Reise fortsetzen."

In diesem Zusammenhang ist das „Strandrecht" aufhebenswert, das auch Röding noch als das Recht erwähnt, „wonach der Landes- oder Strandesherr sich die Güter der an seinem Strande verunglückten Schiffe zueignet. In ältern Zeiten wurde dieses Recht auf eine barbarische Weise ausgeübt und die Leute selbst, welche Schiffbruch erlitten hatten, zu Sklaven gemacht. Jetzt findet solches nur alsdann Statt, wenn die Güter nicht reklamirt werden und man nicht weiß, wo sie hingehören. Werden sie aber reclamirt, so bekömmt in den mehrsten Ländern der Strandesherr ein Drittheil von dem Werth derselben, ein Drittheil bekommen die Berger und ein Drittheil die Eigner des Schiffs."

Mit ‚scheitern', im 16. und 17. Jahrhundert noch ‚zerscheitern' oder ‚zu Scheitern gehen' genannt, bezeichnete man schließlich die Folgen einer Strandung, bei der das Schiff, bildhaft verstanden, durch den Seegang zu Scheiten, zu Kleinholz, zerschlagen wurde.

Die Wörter ‚bleiben', ‚stranden', ‚scheitern' und auch ‚Schiffbruch'

Untergang. Holzschnitt aus dem Hortus Sanitatis von Jakob Meydenbach, Mainz 1491.

Untergang der *La Plata* im Golf von Biskaya. Eine Schiffskatastrophe als Titelblatt. Das zum Kabellegen nach Südamerika bestimmte Schiff wurde im Sturm leck und sank am 29. November 1874.

sind in unsere Umgangssprache eingegangen als Einzelwort, in Sprichwörtern und Redensarten: ,auf dem Platz bleiben' ist ein schonendverhüllender Ausdruck für den Tatbestand: im Kampf fallen; ,sein' oder ,das Schiff ist gestrandet': Hoffnungen haben sich zerschlagen; ,im Hafen scheitern': Unglück-erleiden, wenn man sich schon in Sicherheit glaubte; ,Schiffbruch erleiden': scheitern, keinen Erfolg haben. Es ist anzumerken, daß Schiff und Schiffbruch überhaupt häufig zur Umschreibung von Leben und Schicksal bemüht wurden und werden, man erreicht entweder glücklich den ruhigen Hafen oder man ,strandet', ,scheitert'. Vor allem das Bild vom Schiffbruch wird im Leben wie in der Literatur oft verwendet: „Wer in zwei Kähnen zugleich fährt, kann leicht Schiffbruch erleiden" – und: „Es gibt größere Schiffbrüche im Wein als in See, in Gläsern als auf Schiffen". Und Schiller beschreibt in seinen „Räubern" Kosinskys Schicksal mit den Worten: „Ich habe Schiffbruch gelitten auf der ungestümen See dieser Welt, die Hoffnung meines Lebens hab ich müssen sehen in den Abgrund sinken."

,Zu Grunde gehen', ,stranden', ,scheitern' – ,bleiben' oder ,bliven' – sind Wörter, die Emotionen wecken. Eine eindrucksvolle Aussage dazu fanden wir in einem Buch aus dem 17. Jahrhundert, dessen barocker Haupttitel vollständig wiedergegeben werden soll. Die Rede ist von dem Buch

„Offt begehrte Beschreibung DER NEWEN ORIENTALISCHEN REISE / SO DURCH GELEGENHEIT EINER HOLSTEINISCHEN LEGATION AN DEN KÖNIG VON PERSIEN GESCHEHEN/ worinnen DERER ORTER UND LÄNDER/DURCH WELCHE DIE REISE gangen/als fürnemblich Rußland/Tartarien und Persien/sampt ihrer Einwohner Natur/Leben und Wesen fleissig beschrieben/und mit vielen Kupfferstücken/ so nach dem Leben gestellet/gezieret./Item/Ein Schreiben des WolEdeln C. Johan Albrecht Von Mandelslo/ worinnen dessen Ost Indianische Reise über den Oceanum enthalten. Zusampt eines kurtzen Berichts von jetzigem Zustand des eussersten Orientalischen König Reiches Tzina. / Durch M. ADAMUM OLEARIUM, Ascanium Saxonem, Fürstl. Schleßwig=Holsteinischen Hoff – mathemat. Mit Röm. Käys. Maj. und Churfl. Durchl. zu Sachsen privilegijs auff 10 Jahr bey Verlust Tausend Thlr. nicht nachzudrucken. Schleßwig-Bey Jacob zur Glocken. Im Jahr 1647"

Dort lesen wir: „Weil es diesen Tag anfänglich etwas gelinde kühlete/ gaben wir dem Winde alle Segel. Auff den Abend aber umb 10. Uhr als wir auff keine Gefahr gedachten/und vermeinten das Ungemach der vorigen ungetümen Nacht mit sanffter Ruhe zuersetzen: Auch der Gesandte Brüggeman/in dem Er wegen der fladdernden Segel den Cours etwas unrichtig zu seyn vermuhtete den Steurman allererst zu guter Auffsicht vermahnet/der doch mit vorwenden/daß wir die/geraume See vor uns hetten/ uns desto sicherer machete/lieffen wir mit vollen Segeln auff eine blinde jedoch platte Klippen und blieben sitzen. Das grawsame Gerausche und Krachen des Schiffes erweckte unter uns eine

THE ILLUSTRATED LONDON NEWS

REGISTERED AT THE GENERAL POST-OFFICE FOR TRANSMISSION ABROAD.

No. 1842.—VOL. LXV. SATURDAY, DECEMBER 12, 1874. WITH EXTRA SUPPLEMENT } SIXPENCE. BY POST, 6½D.

solche Bestürtzung und Angst/daß wir alle vermeinten hier wurde unser Schiffarth/und mit derselben unser Leben zum Ende lauffen.

Wir wusten anfänglich nicht umb welche Gegend wir zu seyn uns rechnen solten. Es war eben zur zeit des Newen Monden/da die finstere Nacht auch nicht des Schiffs Länge von sich seyn liesse. Und ob wir schon durch eine außgehenckte Laterne und etliche Mußqueten Schüsse/so ferne wir Land und Leuten nahe wehren umb Hülffe rieffen/ wolte sich doch anfänglich nichts zur Antwort/und uns zum Troste hören lassen.

Das Schiff begunte sich auff die seite zu legen/da erhub sich unter klein und groß/ein groß Jammern/Winseln und Weheklagen/Viel unter uns fielen auß grosser todes Angst auff die Knie und Angesichter/schryen und riefen einbrünstig zu Gott umb Hülff und Errettung: der Schiffer selbst weinete als ein Kind/stund bestürzt und wuste keinen Rath mehr/ Ich und der Medicus Hartman Graman hatten uns beredet/wans ja zum Schiffbruche kommen solte/woltenwir alte Freunde einander in die Arme schliessen/und also sterben/satzten uns derowegen zusammen und erwarteten unsers Untergangs. Andere gute Freunde namen einer von den andern Abschied/ die meisten thaten Gelübde zu Gott/contribuirten und verhiessen/jeglicher nach Vermügen/wann sie errettet wurden/ ein gewisses an die Armen zu geben/welches auch hernach gehalten ward/."

Rettungsboot des 19. Jahrhunderts – am Strand zu Wasser gehend.

Brackwasser ist See- und Boddenwasser an Flußmündungen, ein Gemisch aus Süß- und Salzwasser. Aber auch Meere, die einen geringeren Salzgehalt als die Ozeane besitzen, heißen ‚Brackwassermeere'. ‚Brackwasser' ist salzig, schlammig, verdorben: ungenießbar. Eine erste, damals durchaus dominierende Verwendung unseres Wortes überliefert das 14. Jahrhundert. Norddeutsche Kaufleute kannten und benutzten es in einem sehr land-läufigen Sinn: Sie sagten ‚Brack' zu etwas Minderwertigem, zu Ausschuß, und ‚bracken' zu ausmustern, für untauglich erklären. Diesen Sprachgebrauch präzisierte das „Idioticon Hamburgense" 1755: „Gebrochenes oder gemischtes Wasser; wann nehmlich ein süsser Fluß mit saltzigem Meer-Wasser vermenget ist. Bey hefftigen Sturm-Winden aus der See, hat man Exempel, daß die Elbe über 18 Meilen herauf Brack-Wasser geführet. Wann solches ein Land überschwemmet, verdirbet es alle Feld-Früchte, das Mehl aus solchem Korne wird sauer, und der Haber verursachet den Pferden das Lauterstallen. Ziegel-Steine aus Brack-Wasser gestrichen, taugen zu keinen Wohngebäuden, weil sie nicht aufhören, Feuchtigkeiten an sich zu ziehen, und Salpeter ausstossen, welches fleckichte Wände, und ungesunde Dünste giebet. Daher man bey Ziegel-Hütten, die einer Mischung des See-Wassers unterworffen sind, sich wol in Acht zu nehmen hat." Eine einfache, treffende Aussage, die durch Realität gedeckt wurde und wird.

‚Brackwasser': Besorgnis, Angst und Unruhe schwingen für den Seemann in diesem Wort mit, denn jahrhundertelang war ungenießbar gewordenes Frischwasser an Bord das größte Problem, ein Alptraum der Seeleute. Zwar gab es bereits im frühen 17. Jahrhundert viele Versuche, Salzwasser zu entsalzen, doch allen blieb der Erfolg versagt. Im letzten Jahrzehnt des 18. Jahrhunderts kannte man – sehr primitive – Destillierapparate, aber die mit Holzkohle beheizten Geräte hatten einen so großen Brennstoffverbrauch, daß sich an Bord die dauernde Benutzung von selbst verbot. So mußte damals die Wasserration für die Besatzung in herkömmlichen Holzfässern gefahren werden, in denen das Trinkwasser freilich nur eine begrenzte Zeit einwandfrei blieb (erst um 1825 wurden hygienischere Metallbehälter eingeführt). Täglich durften die Seeleute nur ihren Becher voll aus dem Faß, das unter der Back stand, schöpfen. Wenn auf langen Reisen Gegenwind oder Flauten die Fahrt verzögerten und das Wasser zur Neige ging, oder es in einem Teil der Fässer brack geworden war, bewachten Posten Tag und Nacht das kostbare, lebensnotwendige Naß, es wurde nur in geringsten Mengen und zu bestimmten Zeiten ausgegeben. Da zudem nur gepökeltes Fleisch mitgeführt und, nachdem es in Salzwasser eingeweicht worden war, verabreicht wurde, fürchtete der Seemann den Durst mehr als jeden Sturm und jede noch so schwere Arbeit. Waren jedoch einmal alle Wasservorräte brack geworden, dann gehörten viel Kraft und Selbstbeherrschung dazu, sie nicht anzurühren, und so mancher, der dennoch davon trank, starb. Kapitän Guilleux La Roerie übertrieb gewiß nicht, als er schrieb: „. . . die Schiffe der Alten wurden von gleichem oder größerem Durst geplagt wie die Sahara."

Natürlich versuchten die Seeleute mit allen Mitteln, das Frischwasser vor dem Verderben zu bewahren. Sie warfen alte Nägel und Kieselsteine in die Holzfässer, füllten sie erst mit Kalkwasser, ohne sie zu verschließen oder zu verspunden, denn es „setzt sich alsdann eine Kruste inwendig in dem Fass; giesst man nun dieses Kalkwasser wieder aus und füllt das Fass aufs neue mit frischem Wasser, so verhindert die Kruste dass das Wasser nicht die salzigten und seifenartigen Theile aus dem Holze sauge und auflöse, wodurch das Wasser trübe wird und in Fäulnis geräth."

Eine Methode von vielen – erfolglos auch sie. Richard Wossidlo erfuhr von alten Fahrensleuten dazu hundert Jahre später: „Dat Water in de höltern Tengen würd bi Langreisen oft stinken, wenn sik dor Mücken an dat Spundloch sett't hadden. Na vierthein Dag wier't wedder klor as Kristall: Wi smeten oll rustig Isen in, dat nimmt all dat Schiet mit." – Das Wasser in den hölzernen Tanks begann bei Langreisen oft zu stinken, wenn sich da Mücken an das Spundloch gesetzt hatten. Nach vierzehn Tagen war es wieder klar wie Kristall: Wir warfen altes rostiges Eisen hinein, das nimmt all den Schiet mit. – Eine etwas kühne Behauptung, ein bißchen Seemannsgarn. Das ganze schmeckt nach Tröstung. Wie dem auch sei, einer der gängigsten Wünsche an Bord war jedenfalls jener, es möge regnen, dann konnte die Besatzung ihre Vorräte ergänzen und Brackwasser gegen frisches Wasser austauschen: „Bi 'n Äquator gahn jo oft dulle Schuern daal. Denn güngen wie mit alle Macht bi, dat wi Water upfangen deden. Ok de Leisägel hebben wie to'n Waterupfangen oewer Deck spannt." – Beim Äquator gehen ja oft tolle Schauer nieder. Dann gingen wir mit aller Macht bei, Wasser aufzufangen. Auch die Leesegel haben wir zum Wasserauffangen über Deck gespannt.

Inmitten ozeanischer Unendlichkeit mag wohl mancher Seemann vergangener Zeiten über die scheinbare Unzulänglichkeit der Natur nachgedacht haben.

Brook ist Tauwerk, das zum Seefestmachen von Ladungs- oder Ausrüstungsteilen eines Schiffes dient, um deren Verrutschen im Seegang zu verhindern. Es hat die gleiche Bedeutung wie ‚Laschings', die aus Tauwerk oder Ketten mit Spannschrauben bestehen. Und starke Gurte zum Festzurren von Rettungsbooten nennt der Seemann ‚Zurrbrooken'. Die ‚Brooke' oder der ‚Broken' ist aber auch ein großes Tau- oder Drahtnetz oder ein verstärktes Segeltuch, das im Hafen beim Stückgutumschlag zum gleichzeitigen Hieven verschiedener Lasten dient und ‚Netzbrooke' oder ‚Segeltuchbrooke' heißt.

Das Wort ‚Brook' ist sehr alt, es kommt in verschiedenen germanischen Sprachen vor und bedeutete – so auch im Niederdeutschen – zunächst: die Hose. Te de Broke up – Zieh die Hosen auf, sagte man und nannte die weiten Hosen der Seeleute ‚de wide Broke' (ihre Weite hatte praktischen Wert: beim Überbordgehen konnte man sie ausziehen). Auch ein kurzes Tau mit je einem Block an den Enden und ein besonders dickes Tau trugen diese Bezeichnung. Beispielsweise Taue zur Befestigung der Lafetten der Schiffskanonen. ‚Brookings' heißen diese bei Eschels: „... denn dadurch flogen unsere Kanonen so stark in ihre Brookings zurück, daß sie wieder zurück an Bord flogen, dadurch ramponiert und mehrere unbrauchbar wurden." Sicherheit zu bewirken und Schutz zu geben waren und sind also der Zweck einer Brook.

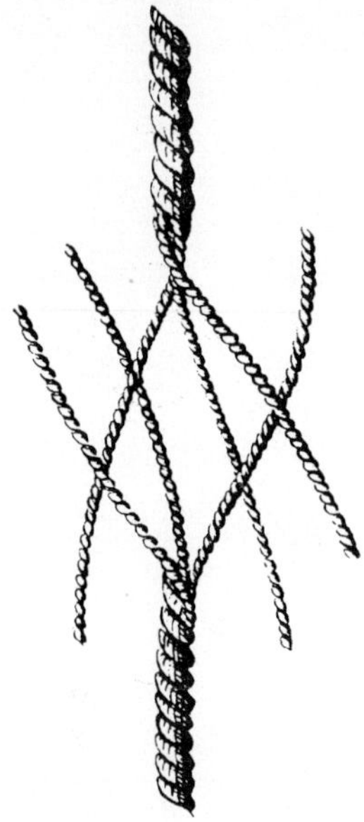

Kurzspleiß

In der Seemannssprache des 18. Jahrhunderts stand ‚Brook' jedoch nicht nur für Hose und ein gewisses kurzes oder dickes Tau, sondern auch für die Abdichtung einer Öffnung im Schiffskörper, ‚Brohk' oder ‚Bruhk' genannt. Wir lesen bei Röding: „Heißt auch ein getheertes Stück Segeltuch, welches vor irgend eine Oefnung genagelt wird, damit das Regenwasser oder die Wellen nicht in dieselbe hineindringen können. Ein solcher Brohk befindet sich zum Exempel in der Ausfütterung der Stückpforten und im Hennegat."

Unter ‚Hennegat' verstand man die Öffnung in der Gillung, einem Teil der Außenhaut im Heckbereich des Schiffes, durch die der Ruderschaft fuhr, an dessen oberem Ende im Schiffsinneren die Ruderpinne angesetzt war. Der den Zwischenraum bis zur Bordwand abdichtende ‚Brohk' umgab also den Ruderschaft ähnlich wie eine unten zugebundene Hose. Unser Wort, von Land an Bord getragen, fand hier eine bildlich treffende Verwendung.

Buddelschiffe oder die „Kunst, auf Flaschen gezogen", jeder kennt sie, und einige wissen sogar, wie diese winzigen Schiffsmodelle in eine Buddel kommen. Doch wer weiß schon, wann und wie der Buddelschiffbau begann? Die Kunst, irgendwelche Dinge in eine Flasche zu „zaubern", ist nahezu dreihundert Jahre alt. Im Allgäu und im Erzgebirge gab es schon damals die sogenannten ‚Eingerichte', auch Geduldsflaschen genannt. Krippen- und Passionsszenen, Christus, Maria und all die anderen Heiligen wurden in Flaschen eingebaut, man füllte so die langen Winterabende aus und verdiente ein paar Groschen hinzu. „Und dann muß“, so der Schiffshistoriker Jürgen Meyer, „mal irgendein Erzgebirgler aus welchen Gründen auch immer zur See gefahren sein, wo er gesehen hat, wie seine Kameraden von der Küste Modellschiffe bauten. Die Idee, ein solches Modell in eine leere Flasche zu bringen, war dann nur noch logische Folge.“

Nachweisen läßt sich das nicht, denn die ältesten bekannten seemännischen Kunstwerke sind nicht viel älter als hundert Jahre. Wer auch immer der „Erfinder“, der Urheber sein mag, die Kunst, Schiffe zu bauen, sie in Flaschen, die für den Seemann allein als Gegenstand phantasieanregend genug waren, gleich welcher Form und Größe, hineinzubasteln, noch vor einigen Jahrzehnten beherrschten sie viele. Die große Zeit des Buddelschiffbaues indessen, einige kostbare Stücke werden heute in fast allen maritimen Museen der Welt aufbewahrt, waren die Mitte und die zweite Hälfte des 19. Jahrhunderts. Identisch mit der Zeit der Tiefwassersegler, deren Reisen nach China, Australien, Chile und zurück führten, um den europäischen Bedarf an Tee,

Jan Maat auf Freiwache.

Wolle, Salpeter und anderen Gütern zu decken. Auf jedem dieser langen Seetörns passierten die Segler Schönwetterzonen, in denen die Schiffe größtenteils gute Fahrt machten, relativ ruhig in der See lagen und Segelmanöver selten waren. Da hatte Jan Maat auf Freiwache nach dem Waschen und Ausbessern seiner Kleidungsstücke oder anderen notwendigen Arbeiten genügend Zeit und Muße, sich einem Steckenpferd zu widmen. Was sich da anbot, war die Herstellung nautischer Gegenstände aus Werkstoffen, die zum Greifen nahe waren. Zum Beispiel Holz, allerlei Garne und Tauwerk, auf den Walfangschiffen Zähne und Knochen, mit denen sich manches machen ließ: dekorative Gebilde, mit denen der Seemann sein Schiff schmücken konnte. Das beliebteste „Hobby", so würden wir heute sagen, war in dieser Zeit aber gewiß der Buddelschiffbau. Auf fast jedem Schiff, wenngleich es natürlich nicht jedem Seemann gegeben war, feinste Handarbeit zu verrichten, wurden sie gebaut. Für seine Miniaturmodelle brauchte Jan Maat nur ein wenig Holz, Segeltuch oder entsprechendes Tuch, meist von ausrangierten Hemden, wobei der Kragenstoff, weil feiner, besonders begehrt war, dünnes Blech, Garn und sein Scheidemesser, eine Raspel, Sandpapier und sein außergewöhnlich gutes Augenmaß, seinen augeprägten Sinn für Schiffe und deren richtige Proportionen – in langer Fahrenszeit entwickelt. Häufig legten die Erbauer noch einmal genau das Schiff, auf dem sie gerade fuhren, auf Stapel: die exakte Wirklichkeit wurde so zum Modell.

Die große Zeit des Buddelschiffbaues waren die Mitte und die zweite Hälfte des 19. Jahrhunderts, identisch mit der Zeit der Tiefwassersegler, deren Reisen nach China, Australien, Chile und zurück führten. Auf diesen langen Seetörns passierten sie Schönwetterzonen, in denen die Schiffe größtenteils gute Fahrt machten, relativ ruhig in der See lagen und demzufolge Segelmanöver selten waren. Da hatte dann Jan Maat auf Freiwache Zeit für solche und andere Basteleien.

Für die kunstvoll gefertigten Miniaturmodelle brauchten die Matrosen nur ein wenig Holz, Segeltuch oder entsprechenden Stoff, meist von ausrangierten Hemden, wobei der Kragenstoff, weil feiner, besonders bevorzugt wurde. Dünnes Blech, Garn und das Scheidemesser, eine Raspel, Sandpapier und außergewöhnlich gutes Augenmaß, mehr war nicht vonnöten.

Lange Zeit umgab den Buddelschiffbau so etwas wie ein Geheimnis. So hat der alte Seemannsschnack, demzufolge es eine Flüssigkeit geben soll, die die Hand so geschmeidig macht, daß sie mühelos durch den engen Hals einer leeren Rum- oder Koehmflasche gleiten kann, um dann noch im Flaschenbauch das Wunder des kleinen Modells zu bauen, schon manch gläubigen Zuhörer gefunden. Doch das „Geheimnis“ hat eine sehr durchschaubare Technik. Das Buddelschiff wird außerhalb der Flasche bis in das kleinste Detail fertiggebaut, „jedoch mit klappbarem Mast und beweglichen Spieren. Das Schiff wird mit gelegtem Mast in die Flasche gesetzt, wobei man die Spieren parallel zur Längsachse des Rumpfes dreht. Ist das Schiff erst einmal auf seinem vorbestimmten Platz in der Flasche, so wird an den Vor- und Achterbeinen (Verlängerung der Stage, welche vom Masttopp durch das Bugspriet aus dem Flaschenhals herausführen) gezogen, um die Masten aufzurichten. Spieren und Segel werden mit Hilfe eines langen Stabes durch den Flaschenhals in die richtige Stellung gerückt, damit alles ein äußerst echtes Aussehen erhält; als Abschluß wird der Flaschenhals versiegelt . . .“ (Donald Hubbard)

Und dennoch ist mehr im Spiel, als Hubbards exakte Beschreibung erkennen läßt. „Ich sah Seeleute“, erzählt Kapitän Fred Schmidt, „die konnten das fertige Buddelschipp – also wenn ich sage fertig, dann meine ich auch fertig! – die konnten es wie gesagt in ihre Hand nehmen, Ihnen unter die erstaunten und ein wenig erschrockenen Augen halten und sagen: ‚Rate mal, was ich hier drin habe.‘ Hände, geschaffen, um mit eichenen Lukendeckeln Skat zu spielen und mit einer schlagenden, mörderischen, salzwassergetränkten und eisüberkrusteten Fock bei zehn Windstärken Ernst zu machen – diese Hände müssen Sie dabei sehen!

Mit der Sorgfalt einer jungen Mutter, die ihr Neugeborenes händelt, heben sie den Buddel empor, legen die Fäden im Flaschenhals zurecht, zupfen den einen, lockern den anderen, raffen sie zwischen zweien jener mahagonifarbenen, pockholzharten Teewürste, die ihnen als Finger dienen, zusammen, beginnen mit ungeahnter Zartheit zu ziehen. Und nun sieht man, wie das chaotische Häufchen aus Holz und Fäden auf dem Deck des winzigen Modells im Innern der Flasche anfängt sich zu regen . . . Was tut es, wenn es beim erstenmal mißlingt. Mit wahrhaft eiserner Geduld wird eben wieder von vorne angefangen, denn wie pflegte Jan Maat zu sagen? ‚Dreemol is Bremer Recht.‘ . . . Noch eine Minute der Spannung, und man sieht, wie sich drei oder vier Masten aufrichten, wie die Hölzchen nicht länger mehr Hölzchen sind, sondern Raaen, ein Dutzend oder fünfzehn an der Zahl oder auch achtzehn, wie es sich für einen großen P-Liner schickt. Aus den

‚Pijacken' sind dagegen kurze Überzieher aus dem bekannten marineblauen Tuch. Pige, Pijc oder Pi kennt man noch heute in Ostfriesland, wie überhaupt in Niederdeutschland jahrhundertelang gebraucht für Jacke. In Inventarien-Verzeichnissen, die in Wismar zwischen 1433 und 1547 aufgenommen wurden, finden wir ‚Pyge' noch ohne Jacke. Dort heißt dieses unverwüstliche Kleidungsstück treffend ‚szepyge', also ‚Seepige'.

krausen Päden sind Pardunen geworden, sie haben sich zu Stagen gestreckt und nun – nun holen sie gar als Brassen die Raaen an Steuerbord an, bis das Schiffchen schneidig, am Wind gebraßt durch die Kittsee steuert . . ."

Diese Erbschaft wollen wir nicht ausschlagen. Ob Jan Maats Buddelschiff Mängel hatte, spielte am Ende für ihn und spielt für uns Heutige keine Rolle. Für uns legen jene, wie die von Kennern und Könnern erbauten Meisterwerke, Zeugnis von einer Tradition ab, die es zu bewahren und fortzuführen gilt.

Buserun ist eine als ‚Buscherump' teilweise noch heute gebräuchliche Bezeichnung für einen blauweiß-gestreiften Arbeitskittel oder ein Hemd der Seeleute, Fischer und Schiffbauer.

Das französische ‚bourgeron' – Arbeitsjacke (die heute noch getragen wird) – ist vielleicht in das niederländische ‚boezeroen' übergegangen, aus dem das friesisch-niederländische ‚bûsrûntje', ‚bûserûntje', entstand; dieses kann aber auch auf das ostfriesische ‚rune' – eine Jacke – und ‚buse' – ein sich im Winde bauschendes Kleidungsstück – zurückgehen. Eine detailliertere Beschreibung des ‚bûsrûntje' steht bei Kluge: „weites, faltiges zum Überwerfen über den Kopf (wie ein Hemd) eingerichtetes Obergewand (eine Bluse) von Leinen, Kattun oder Wollenzeug, welches nur bis an die Hüften reicht und hauptsächlich als Überwurf über andere Kleider zur Schonung derselben bei der Arbeit oder überhaupt als Arbeitsgewand getragen wird."

Um 1800 hieß ein Matrosenüberrock im Niederländischen und in der Mitte des 19. Jahrhunderts in der deutschen Seemannssprache ‚Buseruntje', das war eine große Jacke mit sackartigen Seitentaschen, in denen „mehr als ein Pfund Tabak Platz" hatte. Gegen Ende des 19. Jahrhunderts bezeichnete man die blauweißgestreiften baumwollenen Arbeitsblusen oder -hemden als ‚Busseruun', ‚Buserun'. Auch sie holländischen Ursprungs, aus blauem Tuch mit weißen Streifen und Stehbündchen, dazu wurde nicht selten ein schwarzer Filzhut getragen. Finkenwerder Fischer und Schiffbauer sieht man noch heute so.

Die wollenen Unterhemden der Matrosen hießen aber auch ‚Troyer' – ein altes niederdeutsches Wort, schon mittelniederdeutsch als ‚troie' für Jacke und Wams belegt, sie sind unter dieser Bezeichnung noch heute bekannt.

In diesem Zusammenhang wollen wir eine Redewendung aufheben, die seit langem unter Seeleuten üblich ist und als Entgegnung gebraucht wird, wenn jemand versucht, einen Matrosen für dumm zu verkaufen oder ihm einen Bären aufzubinden: „Du willst mir wohl einen unter'n Troyer jubeln?"

Die *Crew,* die Besatzung eines Schiffes, eine Bezeichnung, die offiziell kaum noch verwendet wird, im Wortschatz der Seeleute aber, auch als ‚Schiffscrew' und ‚Bootscrew', heute noch üblich ist.

Das Wort ist im Englischen des 18. Jahrhunderts, wahrscheinlich auch schon früher, für ‚Mannschaft' im Sinne der gesamten Besatzung, niederländisch ‚manschap', dänisch ‚mandskab' und schwedisch ‚manskap' belegt. Ende des 19. Jahrhunderts ging es in die Seemannssprache ein, obwohl in ihr auch die deutschen Bezeichnungen weiterhin in Gebrauch blieben. In zweiter Bedeutung verwendete man ‚Crew' bei der Marine für alle Angehörigen desselben Eintrittsjahrganges.

Zu den ältesten Bezeichnungen der Besatzung eines Schiffes gehört indessen wohl der schöne Ausdruck ‚Schiffskinder', der zum Beispiel auf Heringsbüsen, das waren zwei- bis dreimastige Fischerboote des 16. bis 18. Jahrhunderts, gebräuchlich war. Der Schiffer, den der Engländer ‚skipper' nannte, hieß auf einer Büse ‚der beste Knecht'. Auch im hansischen Seerecht verstand man unter Schiffskindern „das Schiffsvolk oder die Matrosen eines jeden Kauffahrers", und ihr persönliches Eigentum nannte man ‚Schiffskindergut'.

‚Schiffsfreunde' hingegen, wie Reeder und Mitreeder noch im 17. Jahrhundert genannt wurden, waren zwar Freunde des Nutzens, den ihre Schiffe für sie erbrachten, vielfach machten sie jedoch ihrem Namen wenig Ehre, insonderheit wenn es um die ‚Bemannung' ging, die Besetzung eines Schiffes mit der erforderlichen Mannschaft. Gering bemannte Schiffe erhöhten zwar die Beanspruchung der Matrosen, erforderten aber weniger Heuer: auch eine Möglichkeit, den Gewinn zu vergrößern.

Unter ‚Mannschaft' verstand man also im allgemeinen die gesamte Besatzung eines Schiffes – ‘de (der) Besatz' sagte Jan Maat –, unter Crew im besonderen aber, etwa seit dem 19. Jahrhundert, die Männer vor dem Mast, die Matrosen.

Beschlagseising – zum Beschlagen von Segeln.

„. . . So erzählte Kuddel *Daddeldu* heiter:
Märchen, die er ganz selber erfunden.
Und säuft. – Es verfließen die Stunden.
Die Kinder weinen. Die Mädchen lallen.
Die Mutter ist längst untern Tisch gefallen.
Und Kuttel – bemüht, sie aufzuheben –
Hat sich schon zweimal dabei übergeben.
Und um die Ruhe nicht länger zu stören,
Verläßt er leise Mutter und Gören.
Denkt aber noch tagelang hinter Sizilien
An die traulichen Stunden in seinen Familien . . ."

Bevor Hans Bötticher, alias Joachim Ringelnatz, der nach einem Wort von Alfred Polgar den „Stein der Narren" entdeckt hat, seinen nun längst berühmten Kuddel Daddeldu – eine originelle, unnachahmliche, drastisch-humorige Mischung seemännischen Vagabundentums und anrührender Herzenseinfalt – als Figur mit Morgensternschen lebensphilosophischen Dimensionen in die Literatur einbrachte, hatte dieser wunderliche Ausdruck in der Segelschiffahrt schon eine klare Bedeutung: Mit der alten englischen Formel ‚that'll do' wurde die abgelöste Wache von Deck entlassen.

‚Daddlduh' und ‚Daddeldu' sind liebenswürdige Verballhornungen dieser internationalen Wendung.

Wenn auf den alten Segelschiffen die vier Doppeltöne der Schiffsglocke – acht Glas – die Zeit der Wachablösung verkündeten, versammelten sich die alte und die neue Wache vor dem achteren Aufbau, der Poop, jede an ihrer Decksseite. Der wachälteste Matrose sah sich um, zählte rasch die dunklen Gestalten in der Runde und meldete dann, nach oben gewendet: „Backboord all hier!" Gleich darauf kam es von der anderen Seite des Decks: „Stüürboord all hier!" Damit war die Gewißheit gegeben, wie Kapitän Fred Schmidt berichtet, „daß von der neuen Wache alle hoch waren, keiner mehr in der Koje ‚herumgammelte', und daß andererseits von der alten Wache auch alle Mann zur Stelle waren. Denn in dunkler Nacht war es auf einem Windjammer wohl denkbar, daß ein Mann verschwand, ohne daß die anderen es gewahr wurden. Waren beide Wachen zur Stelle gemeldet, trat der Erste (der Obersteuermann, später Erster Offizier) an die Reeling vor und rief hinunter: ‚Verfang Rooer 'n Utkiek – daddlduh de Wach!'" Das bedeutete: Ruder und Ausguck ablösen – Ende der Wache! Sinnentsprechend dem ‚that'll do': das wird's tun, es ist genug, das wär's!

Ähnliches hat uns Richard Wossidlo überliefert, lakonischer, nicht minder eindrucksvoll: „Wenn de een Wach de anner hulpen hadd bi 't Sägelsetten un so – wat een Wach nich alleen maken künn – denn säden se: De Wach is bedankt oder: Döddeldu de Wach, dat sall bedüden: Nu koent ji wedder to Koie gahn." – Wenn die eine Wache der anderen geholfen hatte beim Segelsetzen und so – was eine Wache nicht allein machen konnte – dann sagten sie: Die Wache ist bedankt oder: Daddeldu die Wache, das soll bedeuten: Nun könnt ihr wieder zur Koje gehn.

Über diesen Gebrauch hinaus verbreitete sich das ‚that'll do' beziehungsweise das ‚daddlduh' in der deutschen Seemannssprache als allerseits beliebte Redewendung für die Aufforderung, eine Arbeit zu beenden oder eine Tätigkeit zu unterbrechen, als froher Ausruf oder Stoßseufzer eines Mannes, der endlich sein Werk vollbracht oder sein Ziel erreicht hatte, als Ausdruck seines Verzichts auf weitere Bemühungen angesichts ihrer bisherigen Erfolglosigkeit oder, auch als Zeichen des Protestes, wenn ihm einmal „der Kragen platzte".

Deisig oder *Diesig* nennt der Seemann dunstiges Wetter.

Althochdeutsch bedeutete ‚tusig' töricht, auch schwindlig, geistig unklar; mittelniederdeutsch sagte man ‚dusig', später ‚dösig', angelsächsisch ‚dysig' und englisch ‚dissy'. Im Niederdeutschen ist ein ‚Düser' ein Träumer, ein gedankenloser Mensch, ein ‚Düshaut' eine Schlafmütze, ein Dummkopf, und ‚Düsing' ein Schwindelgefühl: Ick heff de Düsing in 'n Kopp. Und ‚düsig' bedeutete taumelnd, drehend, umnebelt, schwindlig. So warnte man an heißen Tagen: „Rum un Water maakt licht düsig."

‚Düsern' dagegen hieß taumeln und torkeln und ist mit dem mittelniederdeutschen ‚döisen' verwandt, aus dem ‚deusen' oder ‚deisen' für gehen und wanken entstand: Darna wille wy tho hope na hus deusen – Danach wollen wir zusammen nach Hause gehen. Ursprung und Zusammenhang werden deutlich, wenn der Seemann über sein Schiff sagte: „Es deist aufs Gat", und damit meinte, daß es bei back stehenden Segeln oder unter anderen durch Strömung oder Wind verursachten Umständen achteraus trieb, also ungesteuerte Bewegungen ausführte. Und als weitere Abwandlung unseres Wortes war ‚Deising' im Niederdeutschen eine verhüllende Form für den Begriff Teufel: den Deising ok! – Teufel auch!

‚Düsig' und ‚diesig' – beide Wörter wurden als verwandt empfunden, obgleich sie es nicht sind – übertrug man auf die Witterung. ‚Deisig Weer' ist diesiges Wetter. Man gebrauchte diesen Ausdruck, wenn es auf See unfreundlich, dunstig, kalt und windignaß war.

In Klaus Groths „Koptein Pött" heißt es: „Um sprung de Wind, eerst hungn de Segel, fungn denn an to klappen, de Lucht was diesi, gries an grau de See" – Der Wind sprang um, zuerst hingen die Segel, dann fingen sie an zu schlagen, die Luft war diesig, griesig und grau die See. – Im 19. Jahrhundert kam das englische Wort ‚hazy' in die deutsche Seemannssprache, ‚häsig' stand neben ‚diesig', nur daß es dunstige Luft bei meist unbewölktem Himmel bedeutete. Später setzte der Seemann ‚häsig' mit ‚düsig' gleich und sagte ‚düsig Weder'.

Döntje oder *Dönken* steht für Histörchen, Anekdote, Schwank, Erzählung.

Das Wort entstammt den westlichen niederdeutschen Mundarten und ist im 18. Jahrhundert auch als niederländisch ‚deuntje' belegt.

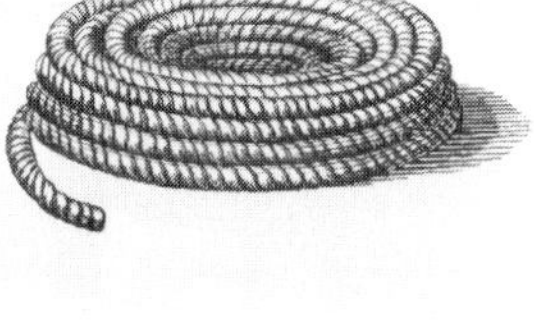

Aufgeschossenes Ankertau

Augseising – spitz zulaufendes Tau.

Das mittelniederdeutsche ‚dönken' ging aus ‚dönen' – tönen, schallen, aber auch aus erzählen, faseln, hervor. Im 18. Jahrhundert wurde auch „ein Liedlein, eine Arie" darunter verstanden. ‚Dönken' verbreitete sich im niederdeutschen Raum und begegnet uns in manchen Redewendungen: Dat iß all een old Döhnken – Das ist schon ein altes Lied, eine schlechte Geschichte. He snackt em so väl Döntjes – Er erzählt ihm viel, auch unglaubhafte Geschichten.

Einige Döntjes der Seeleute (nach Wossidlo und anderen):

Een Kahnschipper is in de Gang un röppt den Jung' to: „Jung', schmiet 't Anker weg!"

„Schipper, dor is doch keen Käd' (Kette) an", seggt de Jung'. (He het 'n Worpanker as Notanker hatt.)

„Wenn ik di segg, do sallst schmieten, denn schmittst du weg!" De Jung' deit dat ok.

As nu de Schipper röppt: „Jung', de Kahn stoppt jo nich", seggt de Jung':

„Je, Schipper, ick heff dat jo seggt, dor wir keen Käd an!"

Een Matros', dee as Jung' wegloopen un poor Johr to See gahn is, kümmt wedder nah Huus:

„Goden Dag, Vadder!"

„Woans Vadder?" fröggt de Oll.

„Ick bün jo dien Alexander!"

„Dat kann jeder seggen! Wo hebben Se Ehr Papieren?"

Een Schipper is up See. Dat is dullen Seegang wäst, un een Matros' föllt oewer Buurd.

Se schmieten em de Lien to un halen em ruut. Nahst fragen se em: „Wat hest du dacht, as du unner wierst?"

„Dor heff ick nicks dacht", seggt de Matros', „oewer as ick halw hoch wir, heff ick dacht: ‚Wenn du nu loslettst, fallen de annern ok rin!'"

Da ist ein Prerower Schiffer gestorben, kommt an die Himmelstür und möchte gern hinein, aber Petrus bedeutet ihm, daß der Himmel bereits überfüllt sei, es säßen auch schon genug Prerower drin.

So bittet denn der alte Seemann, Petrus möge ihn doch wenigstens einmal durch einen Spalt der Himmelstür hineinsehen lassen.

Als darauf Petrus, gutmütig wie er ist, die Tür wirklich ein wenig öffnet, ruft der Prerower mit voller Kraft: „Schipp up Strand!", und im selben Augenblick sind alle Prerower aus dem Himmel verschwunden (um sich das Strandgut anzueignen). Für den Neuankömmling ist nun reichlich Platz.

Durchdrehen, ein dicht oder hart am Wind gesteuerter Rahsegler ‚dreht durch' den Wind, wenn der Rudergänger unachtsam ist oder wenn der Wind soweit ‚schralt', das heißt sich gegen die Fahrtrichtung des Schiffes dreht, daß er von vorne in die Segel fällt und diese ‚backkommen' – zurückschlagen –, der Mann am Ruder das Schiff also ‚in den Wind luven' läßt. Besonders bei grober und hoher See eine nicht ungefährliche Sache. Das Schiff geht dann ‚über Stag', geht mit dem Bug durch den Wind, so daß es nach dem Rundbrassen der Rahen auf dem ‚anderen Bug' liegt. Erst nach dem erneuten, dieses Mal beabsichtigten Durch-den-Wind-Gehen, der Wende, kann es wieder seinen alten Kurs laufen. Oder aber es fährt zu diesem Zweck eine ‚Halse', bei der es vom Winde abfällt, vor ihm läuft, mit dem Heck durch den Wind geht und wieder anluvt.

Verweilen wir für einen Augenblick bei diesem Manöver, ziehen wir wieder einmal keine allzu scharfen Grenzen. Vor allem dann nicht, wenn literarische Quellen dazu beitragen, die Segelschiffswirklichkeit komplex, anschaulich und nacherlebbar vorführen zu können. Von ihr berichtet präzise und spannungsreich Ernst Alexander Römer in seinem 1963 erschienenen Buch „Der Wind weht von Anbeginn." In dieser Chronik eines Seefahrerlebens unter Segeln lesen wir: „Kapitän Bruhns ist über die Seekarte gebeugt ... Die Lampe über seinem Kopf vollführt in ihrer kardanischen Aufhängung boshafte Schwingungen. Das Schiff geht ja bannig zukehr, denkt er; das wird ein unangenehmes Halsen werden. Aber es hilft nichts, er muß auf den andern Bug. Der Wind ist Westnordwest, das Schiff geht östlich von Nord hin, je weiter er nach Norden steht, desto mehr wird es der Kap Hoorn-Strom nach Osten versetzen. Er wirft noch einen Blick zum Kajütskompaß, der oben an der Vorkante des Oberlichts befestigt ist, zieht den Ölmantel an, knöpft sich den Südwester am Kinn fest und geht an Deck. ‚Lassen Sie alles zum Halsen klarmachen, Herr Lindemann. Wollen bei acht Glasen mit beiden Wachen halsen.' Herr Lindemann, der Zweite Offizier, steht am Luvkreuzwant hinter dem Schauerkleid. ‚Jawoll, Kapitän', antwortet er und denkt: das kann ein Uhr werden, ehe du zur Koje kommst. Er nestelt seine Trillerpfeife aus dem Ölrock und flötet dreimal, das heißt: die ganze Wache. ‚Süßt woll, wat heff ick ju seggt!' triumphiert Karl Fretwurst und klopft seine Pfeife aus. Bei Kap Hoorn entwickelt der Matrose einen geschärften Riecher für unerfreuliche Dinge. Das Halsen in stockdunkler Nacht, bei stürmischem Wind und rauher See gehört zu diesen Dingen.

Platting – plattes Tauwerk zum Bekleiden von Leinen.

Reefseising – kurze Leinen, „die vermittelst zweyer Knoten in den Gaten eines Reefs befestigt sind und auf beyden Seiten des Segels herabhängen; solche dienen das Segel zu reffen“. (J. H. R.)

Halsen: ein Manöver, das erforderlich wird, wenn der ungünstige Wind das Schiff zu weit von seinem Ziel abbringt. Wir wollten nach Westen, der westnordwestliche Wind jedoch hatte dem Schiff einen Kurs aufgezwungen, der ungefähr auf Kap Hoorn zuging, was wir glücklich hinter uns gebracht hatten. Beim Halsen wird das Schiff vor dem Wind herumgedreht, beschreibt dabei einen Kreisbogen von gut 220 Grad, bis es wieder den Wind von der anderen Seite erhält. Hatten wir ihn vor dem Halsen von Backbord, würde er nachher von Steuerbord einkommen und dem Schiff gestatten, einen südwestlichen Kurs ‚anzuliegen‘ – vorausgesetzt, daß der Wind inzwischen seine Richtung nicht geändert hat. Beim Halsen verliert das Schiff von seiner bisher mühsam errungenen westlichen Position, und es kommt deshalb darauf an, das Manöver so schnell wie irgend möglich auszuführen.

Der Rudersmann schlägt acht Glasen; zwölf Uhr nachts. Der Ausgucksmann auf der Back wiederholt die vier Doppelschläge mit der Glocke. Die Backbordwache kommt an Deck. Die Augen der Leute haben sich noch nicht an die Dunkelheit gewöhnt, sie tasten sich unter kräftigen Ausdrücken in Lee des Deckshauses entlang. Da kommen auch schon die ersten Kommandos vom Achterdeck, und der Tanz beginnt. Jedes Tau muß im Dunkeln gefunden werden, derweilen uns der Regen ins Gesicht peitscht und in die Ärmel läuft. Jetzt setzt unsre FORTUNA vorn weg, nimmt eine klotzige See über, die das Großdeck zur Badewanne macht. Und da stehn wir drin und geien das Großsegel auf. Das war der Anfang. Gleich kommt es besser: das Schiff fällt ab, die Kreuz- und Großrahen werden vierkant gebraßt – –

‚Fier Fockhals und -schot! Luvfockbrassen!‘

Das Schiff läuft jetzt vor Wind und See, fängt gründlich an zu schlingern und schöpft an beiden Seiten Wasser. Das nächtliche und sehr kühle Bad wird fortgesetzt. Klaus Harmsen brüllt vergnügt: ‚De armen Lüd an Land!‘ Dag Christophersen speit seinen Priem aus, wischt sich mit dem Handrücken den zersausten Schnurrbart und pullt unter heulendem Aussingen weiter. Nun kommt der Wind bereits von Steuerbord achtern ein. Die Achterrahen werden angebraßt, der Besan ausgeholt, damit das Schiff schneller anluvt, wir von der Backbordwache brassen die Vorrahen an, holen die Vorsegelschoten an. Alle Mann setzen das Großsegel wieder bei. Das Gröbste ist getan.

‚Besansschot an!‘

Das ist die helle Stimme des Zweiten. Er hat sich unter dem einigermaßen geschützten Halbdeck irgendwie festgeklemmt, mit der Flasche in der einen, dem Schnapsglas in der andern Hand. Es ist ein tiefes Glas. Einer nach dem andern tritt heran und kippt den Köhm hinter die Binde. Es geht streng nach Dienstgrad und Alter. Ohl Seilmaker hält das Glas ein zweites Mal hin, streicht sich zufrieden über die Magengegend.

Die beiden Wachen stehen vor dem Halbdeck zum Wachemustern.

‚All' hier!' melden wir von unten.

‚Verfang' Ro'er un Utkiek!' befiehlt der Erste Steuermann, der oben auf dem Halbdeck steht. Der Mann am Ruder und der Ausguck werden abgelöst, die Steuerbordwache kann zur Koje gehn.

Für Janmaat ist der Fall erst einmal erledigt. Für den Kapitän noch nicht. Er steht vor dem Kompaß, sieht zu den Marssegeln hinauf, reibt sich das Kinn. Das kennen wir nun schon; wenn er das tut, pflegt er nachzudenken. Er macht ein paar Schritte zur Luvreling hin, kehrt wieder zum Kompaß zurück, fährt sich abermals übers Kinn. Dann zum Ersten gewendet, der in seiner Nähe steht: ‚Wollen ihn erstmal so laufen lassen, Herr Kröger. Lange wird die Herrlichkeit wohl nicht dauern. Wenn es handig bleibt, kriegen Sie Vor- und Großunterbramsegel bei. – Goode Wach!'

Kapitän Bruhns geht die obersten Stufen zur Kajütstreppe hinunter, verhält einen Augenblick und ruft seinem Ersten Offizier zu: ‚Sagen Sie um vier Uhr Herrn Lindemann, daß er mich um sechs wecken läßt.'

„Trade card" eines Instrumentenmachers mit Geräten für die Astronomie, Landvermessung und Navigation. Man sieht unter anderem: Winkelmesser (59), Äquinoktialring (55), Astrolabium (1), Peilkompaß (3), Davisquadrant (41), Nokturlabium (34), Meridionalkreis (2), Jakobsstab (12) und Armillarsphäre (45).

Herr Kröger ist mit seinen vierzig Jahren um fünf Jahre älter als der Kapitän. Er soll vor Jahren bereits ein Segelschiff geführt haben. Man weiß nicht recht, warum er jetzt wieder als Steuermann fährt. Der Koch scheint es zu wissen; Schiffsköche wissen immer Bescheid. Nun, Kröger kann sich über seinen jüngeren Kapitän nicht beklagen; ein gutgesinnter Mann, der ihm viel freie Hand läßt, aber zuweilen kurz angebunden ist er, so wie eben. Hätte ihn doch mal fragen können, was er von Wind und Wetter hielte. Man wird nicht recht schlau aus ihm.

Um halb sieben kommt Kapitän Bruhns wieder an Deck. Er stellt sich hinter das Schauerkleid im Luvkreuzwant und begrüßt seinen Zweiten Offizier mit einem knappen ‚Guten Morgen'. Er schaut zu luvward über die dunkle See, die weiße Leuchten aufgesetzt hat, sieht zur killenden Nock des Großunterbramsegels hinauf, fragt den Wachhabenden, wieviel er um sechs geloggt hätte.

‚Fief Knoten, Kaptain.'

‚Na, Se hebbt em jo fix wegschraln laten, wat?'

Der Abschied der Seeleute ist ein immer wiederkehrendes Motiv. Diese Stickerei stammt von einem englischen Seemann des 19. Jahrhunderts.

Der junge Offizier hebt bedauernd die Schultern, lächelt dann, als er merkt, daß sein Kapitän nicht sonderlich knurrig zu sein scheint. Der reibt sich jetzt sogar die Hände, murmelt etwas wie ‚erst mal rasieren' und ruft seinem Zweiten von der Kajütstreppe aus zu: ‚Klock acht wüllt wi rundhalsen.'"

Kehren wir nun zum ‚Durchdrehen', der unbeabsichtigten Wende, dem Sich-Selbständig-Machen eines Schiffes zurück, das man im Niederdeutschen ‚dörchdreihen' nannte. Aus dem seemännischen Wortschatz des 18. Jahrhunderts ist für jenes Ereignis die hochdeutsche Wendung überliefert: Das Schiff fängt eine Eule, niederländisch: Een Uil vangen. Die Redensart ist vermutlich in Anlehnung an das niederdeutsche Sprichwort: Dör hät en Uhl säten – Da hat eine Eule gesessen, das verlief schlecht, das ist mißglückt – entstanden, denn die Eule war ja in manchen Gegenden ein Sinnbild für das Unglück.

Unter den Seeleuten des 19. Jahrhunderts war auch die Redewendung üblich, daß man ‚die große Tour machen' müsse, nachdem man eine Eule gefangen, durchgedreht habe. Verständlich, wenn man sich die weg- und zeitraubenden Manöver auf einem großen Rahsegler vergegenwärtigt, die erforderlich waren, um wieder auf den alten Kurs zu gelangen. Mindestens eine halbe Stunde verging dabei.

‚Durchdrehen', zunächst auf ein Schiff bezogen, das vom anliegenden Kurs abweicht, hat in unsere Umgangssprache sinnentsprechenden Eingang gefunden. So sagen wir von einem Menschen, der seine Verhaltensweise unvorbereitet ändert, fassungslos oder kopflos ist: ‚er dreht durch'. Und nicht nur der Seemann hält jemanden, der in einem bestimmten Augenblick überschnappt, nicht ganz beisammen ist, für ‚durchgedreht'.

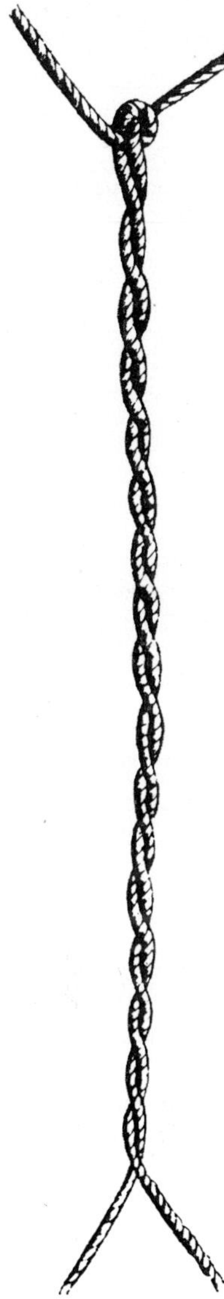

Knüttels – dünne Leinen, aus zwei Garnen zusammengedreht.

Dwars heißt quer, rechtwinklig zur Mittschiffsebene, oder querab vom Schiff, genau in 8 Strich oder 90° Seitenpeilung. Aber so genau nimmt es ein Seemann im allgemeinen nicht, wenn er von ‚dwars' spricht, denn der ‚Dwarswind' oder die ‚Dwarssee', zum Beispiel, können auch etwas vorlicher oder achterlicher als dwars einkommen, ohne ihre Namen zu verlieren.

Ein altes Dialektwort ist es, das im Niederdeutschen ‚dwass' gesprochen wird, früher auch ‚dweer' zur Seite hatte. Es stand im 18. Jahrhundert aber nicht nur für quer, sondern auch für verkehrt und widersinnig, wie einige überlieferte Redewendungen bezeugen: He will dwas mit dem Balken in 't Huus – Er will quer mit dem Balken in's Haus, er packt die Sache falsch an; He deit alles foer dwas – Er macht alles verkehrt; oewer dwas kamen – verkehrt sprechen und handeln; dwas un dweer – kreuz und quer. Im 19. Jahrhundert

finden wir es in vielerlei Anwendungen, so zum Beispiel in ‚Dwaskiker' – ein schielender Mensch, in ‚Dwasbengel' – ein junger, unreifer Mensch in den Flegeljahren und in ‚Dwaskopp' – ein Querkopf, ein störrischer Kerl.
Mit dem Wort bildete Jan Maat neue Zusammensetzungen, die sich wiederum an Land verbreiteten. Wir sehen es am Beispiel von ‚dwarsdryver' oder ‚dwasdriwer' – Quertreiber: So nannte man einen Beimwinder, ein beim Winde segelndes Schiff, wenn es starke Abdrift hatte, seitlich über das Normale hinaus versetzt wurde. „Dor fangt dat Keelwater all bi't Fockwant an" – „Da fängt das Kielwasser schon beim Fockwant an", sagte dann Jan Maat. Für dieses Verhalten, das einigen Schiffen infolge zu geringer Unterwasserseitenfläche eigen war, machte man oft den Schiffer verantwortlich. Es hieß, ein dwarsdryver sei „... ein schiffender, der sein Fahrzeug nicht recht regieret ..." Aber auch ein Schiff, „das anderen in die Quere" kam, das seiner Ausweichpflicht nicht genügte, bezeichnete man so. Und im übertragenen Sinne wandte man das Wort auf einen Menschen an, „der aus Dummheit oder Eigensinn sich selbst und anderen zuwidern handelt", „der nie will, was andere wollen". Unbedachtsame Querköpfe, aber auch Herumtreiber, Taugenichtse und Landstreicher wurden damit charakterisiert. In Helmuth Schröders um die Jahrhundertwende erschienenen niederdeutschen Erzählungen „Ut Mekelbörger Buerhüser" lesen wir: „Amerika is en Land för Dullbregens un Dwarsdrievers, dei hier ehr Wäl nich tau laten weiten." – Amerika ist ein Land für Tollköpfe und Quertreiber, die hier ihren Übermut nicht zu lassen wissen.

Wir wollen auch an einigen anderen Beispielen dafür, wie der Seemann unser Wort auf seine Lebenswelt außenbords und binnenbords übertrug, nicht vorübergehen. So sagte er: „Wi hebben dat Füerschipp dwas" – Wir haben das Feuerschiff dwars; es lag dwarsab – querab. Dwars durch die Seen segeln hieß: quer durch die See segeln, gegenan, gegen die See laufen, beispielsweise, wenn nach einer Winddrehung die See noch aus der alten Richtung kam.

‚Dwars Sees liegen' aber bedeutete meist das gleiche wie ‚dwars Winds liegen' – Wendungen des 18. Jahrhunderts –, dabei kam die See ‚dwarsein' – quer ein und hieß ‚Dwarssee'. „Wenn man alle Sägel wegnimmt, denn kümmt man dwas See tau liggen", sagte ein alter Fahrensmann; das bedeutete, daß dann das Schiff ‚querschlug', sich quer zur See legte und bei schwerem Wetter zu kentern drohte.

Auch an Bord selbst war ‚dwars' häufig anzutreffen, so in ‚Dwarsschott' – Querschott zwischen wasserdichten Abteilungen, in ‚Dwarsbalken' – Querbalken und in ‚Dwarskoje' – Querkoje, alles rechtwinklig zur Mittschiffsebene angeordnete, also ‚dwarsschiffs' liegende Bauteile.

Eine Dwarskoje belegten Segelschiffsmatrosen jedoch nur mit Unbehagen, weil auf Am-Wind-Kursen, also beim Kreuzen, das Schiff nach jeder Wende oder Halse, mit der es „auf dem anderen Bug" zu segeln begann, seine Krängung, seine seitliche Neigung, von Backbord nach Steuerbord und umgekehrt änderte. Ein Dwarskojenschläfer hatte also abwechselnd, jeweils über lange Zeit, entweder die Füße oben und den Kopf unten oder umgekehrt. Wer das nicht aushielt, mußte sich nach jedem Kreuzschlag, der Fahrtstrecke zwischen je zwei dieser Kursänderungen, um 180° umbetten. Deshalb waren auf Segelschiffen Längskojen gefragt.

Die ‚Dwarslinie' aber war und ist eine Formation von Schiffen, die querab voneinander in gleichen Abständen und auf gleichem Kurse laufen, im Gegensatz zur ‚Kiellinie', in der Schiffe in Reihe, also hintereinander formiert sind.

Dweilen oder *Dweideln,* Reinschiff machen mit einem ‚Dweil' oder ‚Dweidel', mit einem „Scheuerlappen am Stiel".

Im Mittelniederdeutschen verstand man unter ‚dweel' ein Handtuch, seit dem 18. Jahrhundert auch einen Aufwischer. Belegt sind als weitere Wortformen ‚Dweil', ‚Dweidel', ‚Dweuel' und ‚Dweudel' sowie die zugeordneten Verben ‚dweilen', dweideln', ‚dweueln' und ‚dweudeln'. Sie bedeuteten: wedeln, etwas hin- und herbewegen, mit einem Dweidel etwas wischen und scheuern oder abtrocknen. Auch die Zusammensetzungen ‚abdweilen', ‚aufdweilen' und ‚ausdweilen': ab-, auf- und auswischen waren gebräuchlich.

Seemännisch hieß ‚dweilen' – die Decks der Schiffe waschen: „een Scheep schon maaken en opgedroogd" – ein Schiff schön machen und abtrocknen. Welche Geräte im 18. Jahrhundert an Bord fürs Dweilen verwendet wurden und wie sie aussahen, faßt Röding zusammen: „mehrere aufeinander gereihete Lappen oder Dromen (Quaste), die an einen Stock gespikert (genagelt) sind, den man den Dweilstock nennt. Man steckt diesen Dweil ins Wasser und scheuert damit die Decken (Decks). Der Schwabber ist ein ähnliches Werkzeug, nur dass derselbe statt der Lappen, von Kabelgarnen (dicken Hanffäden) gemacht ist. Mit demselben werden die Decken abgeschwabbert, das ist rein gemacht und abgetrocknet. Die Tische und Bänke in der Kajüte abzuwischen wird ein Kapitaintje gebraucht, das ist kurzes Ende von einem Tau, das unten aufgeplüset (aufgedreht und ausgefranst) ... Man macht den aufgeplüseten Teil nass und gebraucht es ebenso, wie den Dweil und Schwabber."

Kapitaintje

ABRISS DER INSU
WIE SOLCHES VON D
ANZUSEHEN

ELLGELAND
LBE SEITEN
Ō. 1713

Ankerstich,
18. Jahrhundert.

Im 18. Jahrhundert sagte man für ‚dweideln' auch ‚dweudeln'. Dieses Wort erscheint uns mit dem heute im Niederdeutschen wohlbekannten ‚feudeln' – scheuern, wischen – verwandt: dann wäre der ‚Dweudel' unser ‚Feudel', ein Scheuertuch.

Niederdeutsch stand ‚Feudel' aber auch für Falte und Runzel. Ein faltiges Gesicht wurde in einer alten mecklenburgischen Redewendung drastisch mit einem Scheuerlappen verglichen. Und anzüglich und ironisch hieß es: „Du füngst to tiedig an to deudeln, davon krichst du de veelen Feudeln."

Eiland ist das ehemals gebräuchliche Wort für Insel, besonders für eine kleine Insel.

Es hat eine lange und verzweigte Geschichte, die mit mehreren germanischen Sprachen verbunden ist.

In der Edda hieß es ‚ey', norwegisch ‚oy', schwedisch ‚ö' und dänisch ‚oe'. Die Inselnamen Färöer, Fanö, Norderney, Greifswalder Oie, Hiddens-Oe (Hiddensee) und andere erinnern uns daran. Als Zusammensetzung dem Altfriesischen entstammend, stand schon altnordisch ‚eyland' für Insel, angelsächsisch ‚eglond', auch ‚igland' – möglicherweise ist das Wort England daraus hervorgegangen –, mittelniederländisch ‚eilant', ebenso mittelniederdeutsch, in dem aber auch die Formen ‚eyglant' und ‚öland' üblich waren.

Dem althochdeutschen ‚ouwa' entspricht mittelhochdeutsch ‚ouwe', ‚owe', auch ‚awe' – Land am Wasser, feuchte Wiese, Insel – friesisch ‚oge' und ‚oog' sowie unsere heutige ‚Aue'. Wir kennen die ‚Goldene Aue' und viele Zusammensetzungen mit ‚au'. Auch die zwischen den Mündungen der Weser und der Ems liegenden Ostfriesischen Inseln Langeoog, Spiekeroog, Wangerooge und Oldoog erinnern an den Ursprung.

Kein Zweifel, ‚Eiland' bedeutet soviel wie Wasserland, ein Land im Wasser.

Das Wort in seiner mittelniederdeutschen Form finden wir schon im Ältesten Hamburger Schiffsrecht aus dem Jahre 1292. Dort heißt es im § 12: „Id ne scal och nen schiphere sinen knapen orlof gheven ofte laten oppe eneme ölande he ne hebbe wittelike broke dan" – Es soll auch kein Schiffer seinem Matrosen – hier übertragend für Knappe, Knabe – den Abschied geben oder ihn auf einem Eiland lassen, wenn er nicht wissentlich Unrecht getan hat.

Seit dieser frühen Zeit begegnen wir dem Wort ‚Eiland' immer wieder in Reisebeschreibungen, Schiffsjournalen und anderen maritimen Dokumenten. Im 17. Jahrhundert drang ‚Eiland' auch in die hochdeutsche Literatursprache ein.

Elias Hesse verwendete es 1687 in seiner „Ostindischen Reisebeschreibung": „Diesem nach sahen wir in See auff 35 Meilen lang den höchsten Berg Pico, von den Canarischen Eylanden, so dem König in Spanien zugehörig."

Noch im 18. Jahrhundert war ‚Eiland' im Niederdeutschen so verbreitet und ‚Insel' – obwohl das Wort schon im Mittelhochdeutschen existierte – der Umgangssprache so fremd, daß Röding, nachdem er über das Eiland geschrieben hatte, es sei „ein Stück Land das rund um mit Wasser umgeben ist", es für notwendig erachtete, zur Belehrung seiner Leser hinzuzufügen: „In Schriften findet man dafür den Namen Insel . . ."

Soweit wir zurückblicken können, der Wohllaut der Sprache verfeinerte und verfeinert sich nicht. Im Gegenteil. So lange sich auch das wohlklingende ‚Eiland' in der Sprache unserer Vorfahren behauptet hat, es bedurfte nur eines knappen Jahrhunderts, um das neue lautärmere ‚Insel' an seine Stelle treten zu lassen. Wie gut, daß „Eiland" heute wenigstens noch den Dichtern willkommen ist.

Eindarm, so nannten im 19. Jahrhundert die Seeleute beziehungsreich einen total verfressenen Matrosen.

Eins wurde an Bord in mancherlei Bedeutung gebraucht.

Aus dem althochdeutschen ‚eines(t)' und dem mittelhochdeutschen ‚eines males' gingen ‚einst' und ‚einstmals', auch ‚einmal' im Sinne von ehemals und späterhin hervor. Und ‚einmal' in der Bedeutung von ein einziges Mal entwickelte sich daraus. Im Niederdeutschen des 18. Jahrhunderts stand ‚eens' oder ‚ins' für einst, dereinst und einmal sowie ‚ins', ‚twins', ‚drins' auch für einmal, zweimal, dreimal.

Die Verwendung des Wortes im zuweilen weit übertragenen Sinne veranschaulichen manche Redensarten. So hieß es, wenn man meinte, eine Arbeit sei schnell getan: Dat is man ins, twins, drins – das geht eins, zwei, drei. Auf den Märkten hörte man mitunter: noch eens so veel – noch einmal so viel; und zwei Streithähne meinten voneinander: „Wie sünd uns nümmer eens" – Wir sind uns niemals einig. Als Rüge mit verhaltener Drohung war – und ist – geläufig: dat is eens vör all – einmal und nicht wieder! Und zum gleichzeitigen Anpacken forderte man auf: „All mit eens!" – Alle mit einmal, alle zugleich!

So auch auf den alten Segelschiffen, wenn gemeinsam alle Kräfte aufgeboten werden mußten, um ein Ende – eine Leine – anzuholen und steifzusetzen: „Haal ins! haal twins! haal drins!" hieß es dann. Davon übriggeblieben ist: ‚Hol weg!', das vermutlich unter dem Einfluß der englischen Seemannssprache entstand, denn: ‚Haul away!'

Stich einer Pferdelien am Ankerring, 18. Jahrhundert.

bedeutete auf britischen Segelschiffen das gleiche. Unter der Redewendung ‚in Eins bringen‘ verstand man, in Küstennähe zwei Richtungsbaken oder Leuchtfeuer, die eine Fahrrinne oder eine Einfahrt markierten, so anzupeilen und anzusteuern, daß sie sich deckten, als ein Zeichen zu sehen waren, in einer Linie lagen; so zu steuern, daß „de beiden Baken in eens kamen“. Heute sagt der Seemann dazu: ‚nach Deckpeilung steuern‘.

Auch die Schiffszimmerleute gebrauchten unser Wort. Wenn sie – beispielsweise – den Kiel eines Schiffes bauten, hieß es: Wenn se dat Holt nich in eenssen hebben, ward he lascht – Wenn sie das Holz nicht in einem (Stück) haben, wird er gelascht (zusammengesetzt).

Und wenn zwei Jan Maaten nach langer Zeit sich in irgendeinem Hafen unverhofft begegneten, leiteten sie ihre Wiedersehensfeier, bevor jeder seine Erlebnisse zum besten gab, oft mit der Redensart ein: „Willn ierst einen drinken, dat wi einschen Geruch kriegen.“

Vom *Einschlafen* des Windes sprach der Seemann, wenn es völlig windstill wurde: dat is ‚Stillde‘, de Wind is ‚boomstill‘, ‚blattstill‘, ‚plattenstill‘, ‚dottstill‘ und ‚dodendampenstill‘ – dies sind nur einige der niederdeutsch-seemännischen Synonyme für die wohl unangenehmste Erscheinung auf See. „Als wir uns zwei Tage später dem Äquator näherten“, schreibt William H. S. Jones, „schlief der Wind ein. Wir schwammen mitten in den Kalmen, jenem seltsamen, für Segelschiffe so bedeutsamen Seegebiet. Hier, wo der leichte Wind unaufhörlich mallte und aus allen Richtungen der Kompaßrose wehte, wo es unerträglich heiß war, hörte das vergnügte Leben schlagartig auf. Ohne Unterbrechung mußte die Wache Rahen brassen und Segel trimmen, um jeden Hauch aufzufangen, der über die glasglatte See herankroch. Solche Lage verlangt erstklassige Seemannschaft und nie abreißende Arbeit ... Es ist ein entsetzliches Gefühl, wenn man in sengender Glut unter toten, völlig nutzlosen Segeln bekalmt liegt. Die Kehle ist ausgedörrt, Minuten dehnen sich zu Stunden. Nichts als unerbittlich blendender Sonnenglast über und um einen. Wie lange kann ein Zustand andauern, wo jedes Leben einfach erstarrt? Plötzlich scheint ein Hauch zu wehen. Weiß der Himmel, woher er kommt. Das Leben löst sich aus seiner Starre, die Natur atmet wieder, die Segel bauschen sich, die Rahen knarren, das Schiff macht Fahrt. Aber ebenso plötzlich stirbt die schwache Brise, die Segel hängen wieder schlaff, das Schiff schleicht langsamer. Nirgendwo mehr die kleinste Bewegung außer im unendlichen Meer, das die Dünung leise hebt und senkt. Wie eine Fliege im Sirup kleben wir in der Wasserwüste.

Pfeif dir Wind, Seemann! Pfeif dir Wind!“

Wie kommt ein *Elefant* in die Seemannssprache? Wo ist da der nachvollziehbare Wirklichkeitshintergrund? Was, so ist zu fragen, transportierte dieses Wort? Stand etwa nur die Lust am Paradoxen Pate?

Nein, der Elefant als grotesk-phantastisches Wortbild ist durchaus erklärbar. Die alte Seemannssprache kennt zwei Bedeutungen, die keine Beziehung zueinander hatten, und doch versinnbildlichen beide Großes und Furchteinflößendes. So nannten zum einen die portugiesischen Seeleute, nach ihnen auch die niederländischen und die deutschen, den herbstlichen Monsunwind, der ihnen alljährlich im Bengalischen Meer zwischen Vorder- und Hinterindien arg zu schaffen machte, ‚elephante', „. . . weil alles", „Ostindische Reise" von Schütze aus dem Jahre 1676, zitiert nach Kluge, „auf einen solchen erschröcklichen Sturm auslieff, daß wir genöthiget warden zu glauben es müste der jährliche brausende Sturmwind, der Elephant genant, seyn; dieser Sturmwind läst sich jährlich im September und Oktober in der Bengalischen See erschröcklich hören."

Die zweite Bedeutung entsprang einer anderen Lebensrealität. Erinnern wir uns, daß vor dem 19. Jahrhundert die Versorgung der Besatzung auf Langreisen eine schwierige, manchmal fast unlösbare Aufgabe war. Zwar fuhren in Verschlägen auf dem Hauptdeck Kühe, Schweine und Geflügel mit, aber deren Fleisch reichte jeweils nur für kurze Zeit. Die eigentlichen Grundnahrungsmittel waren Zwieback, Erbsen, Bohnen. Auch gesalzenes Fleisch in Fässern, von den Jan Maaten mißbilligend ‚Fässer für Pferdegeschirr' genannt, kam an Bord. Alte Seeleute schwören, sie hätten tatsächlich Geschirrteile, sogar Hufeisen, darin gefunden. Warum soll man dies nicht glauben. Wie dem auch sei, das Fleisch ging als ‚vergammeltes Tauwerk' in den seemännischen Wortschatz ein, eine drastisch-ironische Beschreibung seines Zustandes. Es war schon oft eine elende Not, die die Jan Maaten hinnehmen mußten. Immerhin ist bezeichnend, wie sie selbst der Fatalität ihres Daseins zu entrinnen suchten: In einer damals sehr beliebten Freizeitbeschäftigung fertigten Seeleute aus dem knochentrokkenen Salzfleisch Tabaksdosen und anderes, sie schnitzten sie. Auf Hochglanz poliert, waren diese Gegenstände kaum von Mahagoni zu unterscheiden.

Die Schiffe fuhren gefüllte Proviantlasten, vieles verdarb jedoch in der stets feuchten Luft. Ungeziefer verbreitete sich, und Ratten fraßen einen Teil der Vorräte. Der Seemann mußte sehr bald schon stinkendes Fleisch essen und mit winzigen Portionen Trinkwasser auskommen. Auch der für die Ernährung so wichtige Schiffszwieback, der Seemann nannte ihn liebevoll und spöttisch ‚Matrosenkuchen' oder ‚Seebrot', wurde auf langen Reisen schimmelig, und oft nisteten in

Der Äquinoktialring war so etwas wie die Uhr des Seefahrers: er konnte mit ihm die wahre Sonnenzeit feststellen.

seinem Inneren so viele Käfer, daß er, wie Jan Maat sagte, auf der Back allein laufen konnte. Akustisches Kennzeichen einer jeden Mahlzeit, bei der Zwieback „gereicht“ wurde, war damals das Ausklopfen der Käfer aus jedem Stück, ein durch das Schiff dröhnendes Gehämmer auf der Back. Und eben diese Käfer nannte der Seemann ‚Elefanten‘, so die Größe seines Ekels symbolisierend.

Auch an diese und ähnliche widrige Lebensumstände wollen wir im Blick auf die Vergangenheit denken. Die Schönheit der Schiffe jener Zeit soll uns nicht dazu verführen, die tatsächlichen Verhältnisse zu vergessen, unter denen jahrhundertelang Matrosen an Bord lebten.

Befreit von allen Illusionen beschrieb schon im Jahre 1697 der italienische Geistliche Gemilli, der nur aus Neugier um die Welt segelte, was er sah und erlebte: „. . . die armen Menschen, die in den Kajüten der Galeone untergebracht sind und zum gelobten Land Neuspanien segeln wollen, erleiden nicht weniger Not als die Kinder Israels bei ihrem Wanderzug von Ägypten nach Palästina. Sie sind von Hunger, Durst und dauerndem Wachsein, Krankheit, Kälte und anderem Elend geplagt . . . Man kann sagen, daß sie alle Leiden aushalten müssen, die Gott über Pharao kommen ließ, um sein hartes Herz weichzumachen. Wurde jener von Lepra befallen, so gibt es auf der Galeone zusätzlich zu den anderen Qualen ein rasendes Jucken, das alle ergreift. War die Luft damals von Stechmücken erfüllt, so wimmelt das Schiff von kleinen Parasiten, die von den Spaniern ‚Gorgojos‘ genannt werden. Sie entstehen im Hartbrot und vermehren sich so schnell, daß sie in kurzer Zeit nicht nur durch die Kajüten und Kojen, sondern auch über das Essen laufen und sich sogar am Körper festsetzen. An die Stelle von Heuschrecken treten mehrere andere Schädlinge verschiedener Farben, die das Blut aussaugen. Unzählige Fliegen fallen beim Essen in die Brühe, in der auch Würmer verschiedener Sorten herumschwimmen . . . Zur Mittagszeit bekamen wir ‚Mongos‘ – das ist etwas Ähnliches wie weiße Bohnen, die so voll von Larven waren, daß sie oben auf dem Gericht schwammen. Es waren ihrer so viele, daß ich mich vor Ekel schüttelte und mich fragen mußte, ob das Essen aus Fisch oder Fleisch bestand. Nach dieser schrecklichen Kost bekam ich etwas Wasser mit Zucker, aber die Zuteilung war nicht größer als eine Kakaobohne und verschlimmerte den Durst eher, als daß sie ihn löschte . . .“

Das war, so wollen wir hinzusetzen, das Schlimme und die Wahrheit. Die in Gemillis Bericht erwähnten – spanische Benennung – ‚Gorgojos‘ sind mit großer Wahrscheinlichkeit von den Gorgonen der griechischen Mythologie abgeleitet. Die drei Töchter des Phorkys und der

Fliegende Fische im Meer. Allegorische Darstellung von Thomas de Bry aus dem Jahre 1592.

Keto – Stheno, Euryale und Medusa – waren geflügelt, hatten Schlangenhaare und mächtige Zähne. Ihr Blick ließ jeden, der sie sah, zu Stein werden . . .

In den folgenden Jahrhunderten fehlte es nicht an Bemühungen, die Ernährung der Besatzungen zu verbessern, zum Beispiel, wie der Schiffszwieback genießbar erhalten werden konnte. Selbst Johann Hinrich Röding vergaß nicht, das folgende „Rezept" in sein Wörterbuch aufzunehmen: „Von Mehl gemachtes Brod in Kuchen die drey bis viermal gebacken und daher sehr hart sind. Dieses Brod kann sich wenn es gut gebacken und trocken und vor Motten bewahrt wird, einige Jahre lang halten. Es ist der vornehmste Mundproviant der für die Schiffsbesatzung mitgenommen wird ..." Und sogar die französische „Encyclopédie Marine" hielt es für angebracht, in ihren Spalten „viele nützliche Bemerkungen über die Zubereitung des Zwiebacks und die Aufbewahrung desselben" abzudrucken. Erwähnenswert ist noch, daß der Schiffszwieback bei den Engländern und Franzosen damals ‚biscuit' hieß, das heutige Gebäck gleichen Namens führt darauf zurück.

Wo aber blieben die ‚Elefanten' unter den Käfern und die sonstigen Parasiten? Mit der Entwicklung der Schiffahrt verbesserten sich auch die hygienischen Verhältnisse an Bord, für den größten Teil des Ungeziefers bedeutete dies das Ende. Nur einige Arten haben sich erhalten, vor allem dort, wo Lebensmittel und andere organische Stoffe gefahren werden. Zu den widerstandsfähigsten unter ihnen gehören die Kakerlaken, eine Schabenart. Man bekämpft sie zwar mit modernen chemischen Verfahren, aber auf manchen Schiffen scheinen sie unsterblich zu sein, so daß der Seemann sich fast mit ihnen abgefunden hat. Aber auch unter den Kakerlaken gibt es noch ‚Elefanten' im Sinne unseres Wortes: so die amerikanische, die mit drei bis dreieinhalb Zentimetern eine durchaus beeindruckende Größe erreicht.

Es klingt wie eine Sage, und vielleicht ist es eine: Unter Seeleuten erzählt man, daß in Sumatra die Besatzung der „Endeavour", mit der James Cook von 1768 bis 1771 seine erste große Entdeckungsreise unternahm, ihr Schiff versenkt haben soll, „nur um das Ungeziefer und die Insekten zu vernichten, die vom Schiff Besitz ergriffen hatten. Da waren Tausendfüßler, Skorpione, schwarze Ameisen, Ratten, Millionen von Kakerlaken und einige kleine Schlangen ..."

Das soll Anno 1792 gewesen sein.

Im Geflecht der Begriffe und Funktionen ist das Wort *Ende* von besonderem Reiz.

‚Ende' nennt der Seemann fast alle Leinen an Bord, an Land sagt man ‚Tauwerk' oder ‚Seil'. Die Festmache-, Verhol- und Schleppleinen aber sind keine ‚Enden', und wenn sie größere Durchmesser haben, heißen sie ‚Trossen'. Jedes ‚Ende' nun hat seinerseits zwei Enden, die ‚Tampen'. Aber auch jedes kurze ‚Ende' wird ‚Tampen' genannt. Für die Tampenenden gibt es kein besonderes Wort.

‚Ende' lautete altniederdeutsch ‚endi' und bedeutete Spitze, Stirn und Front. Das Wort begegnet uns in späteren Jahrhunderten in mancherlei Sprichwörtern und Redensarten, in denen das Wesentliche mit dem richtigen Ausdruck erfaßt wurde. So lesen wir: Ene Sake up den regten Ende anvaten – Eine Sache am rechten Ende anfassen, etwas richtig, gut, wohl beginnen und mit brauchbaren, vernünftigen Mitteln ausführen; ick will dat End afseen – ich will das Ende absehen, will

Schluß machen, wenn auch die Folgen schlimm sein werden oder können; een Ende vam Düvel – ein Ende vom Teufel, ein böser Mensch; et moot nig wiid van sinem Ende siin – es muß nicht weit von seinem Ende sein, sagte man von jemandem, der Außergewöhnliches, von seinem sonstigen Tun Abweichendes, tat. Über unschmackhafte Speise hieß es dann: Dat is man 'n kort Enn', wo 't gaut smeckt – Es ist nur ein kurzes Ende, an dem es gut schmeckt; und sein Erstaunen über die Größe eines Mannes gab man so zu verstehen: is dat 'n lang Enn' von Kirl – ist das ein langes Ende von einem Kerl, und: dat dick' Enn kümmt ümmer toletzt. Auch vereint sich die Bedeutung des Wortes für Zeit und Raum in manchen Wortspielen: Alles möt 'n Enn' hebben, seggte de Snider un snitt 'n Faden af – Alles muß ein Ende haben, sagte der Schneider und schnitt den Faden ab. Und aus der Vielfalt seiner Verwendung im Umgangssprachlichen: Ich werde dich noch ein Ende begleiten; da ist das Ende von weg – das ist ein starkes Stück, oder: am Ende (parodierend auch: am Arsch) der Welt, ein übertreibender Ausdruck für einen weitabgelegenen, öden Ort.

In der Seemannssprache gebrauchte man vom 18. Jahrhundert an das Wort ‚Endje' im Sinne des späteren Tampens. „Eine Dagge oder ein kurzes Ende von einem Tau, womit gewöhnlich die Matrosen bestraft werden." 1782 schrieb Kapitän Wolf in seiner „Reise nach Zeilan": „Man ging aus der Kammer oben aufs Verdeck, und die Execution ging daselbst vor sich; jeder Offizier holete sein Endchen Kommandostrick, welches er auf der Wacht gebraucht, wenn die Matrosen das Ruder nicht accurat regieren."

Durchweg spielte das Tauende, der Tampen oder das Endje, in der „Erziehung" der Matrosen eine wichtige Rolle. In Redensarten und Erinnerungen der Jan Maaten spiegeln sich jene Strafen wider, die mit dem Tampen vollzogen wurden. Die von der Waterkante, die Waterkantler, hatten, wie Richard Wossidlo aufzeichnete, das Tauende noch aus dem Elternhause in Erinnerung: „Ein Tagel, dat wier'n End', dor wier'n Og' insplißt, dee hüng ümmer an'n Eckstänner. Dor kregen wi Jungens wat mit, wenn wi wat utfräten hadden – 'n Ruhrstock gew dat nich in de Warnmünner Seemanns-Hüser." – Ein Tagel, das war ein Ende, da war ein Loch – ein Auge – eingespleißt, das hing immer am Eckständer. Da kriegten wir Jungens was mit, wenn wir was ausgefressen hatten. Einen Rohrstock gab es in den Warnemünder Seemannshäusern nicht.

Was sie von Land her kannten, blieb ihnen an Bord erhalten: früher „hadden de Jungens nicks to lachen".

Ja, die Wahrheit würde verzerrt, unterließen wir es, darauf hinzuweisen, daß bis in das 19. Jahrhundert hinein oft unmenschliche Mißstände herrschten. Manche Besatzungen waren der willkürlichen, uneingeschränkten Herrschaft ihrer Kapitäne ausgeliefert, was Anlaß zu Meutereien gab, von denen einige in die Annalen der Segelschiffsgeschichte eingingen. Die Tendenz zu einer allgemein menschlicheren Behandlung setzte sich erst Ende des 18. Jahrhunderts durch. Nach und nach nahmen die schweren körperlichen Züchtigungen, vor allem das Kielholen und das Spießrutenlaufen, ab. Aber erst von der Mitte des 19. Jahrhunderts an verschwanden bei der Marine und auf den Handelsschiffen die furchtbaren Gewalttätigkeiten. Was der Harvard-Jurastudent Richard Henry Dana – der wegen einer Augenkrankheit beschloß, zur See zu gehen – vor dem Mast erlebte, veröffentlichte er 1840. Sein Buch „Two Years Before the Mast" erweist sich bei näherem Hinsehen als ein zeitgeschichtliches Dokument von bedeutendem Rang. Hier Auszüge aus seiner Beschreibung des 14. Januar 1835: „Wir ankerten in der großen Bucht von Santa Barbara, nach einer Reise von 150 Tagen, seit wir Boston verlassen hatten ... Der Kapitän schien für mehrere Tage in sehr schlechter Laune zu sein.

Nichts war gut und schnell genug für ihn. Er schimpfte mit dem Koch und drohte ihm Prügel an, weil er Holz an Deck geworfen hatte, und stritt sich mit dem Steuermann über ein Segel, das durchgeholt werden sollte ... Seine schlechte Laune richtete sich aber hauptsächlich gegen einen langen, schwerfälligen Burschen aus den mittleren Staaten namens Sam. Dieser Mann stotterte und war sehr langsam in seinen Bewegungen, aber ein sehr guter Seemann; er war bemüht, sein Bestes zu geben, aber der Kapitän mochte ihn nicht, sondern meinte, er sei mürrisch und faul, und wenn jemand an Bord ... in schlechten Ruf gerät, sollte er lieber über Bord springen ... Wir arbeiteten am Freitag bis zum späten Abend und wurden sehr früh am Sonnabendmorgen geweckt. Um zehn Uhr befahl der Kapitän unserem neuen Offizier, Russel, der sich bei der ganzen Besatzung sehr unbeliebt gemacht hatte, die Gig klarzumachen, damit er an Land gebracht werden könne. John, der Schwede, saß im Boot, das längsseits lag, während Russel und ich am Lukenschacht auf den Kapitän warteten, der sich im Laderaum befand. Plötzlich hörten wir seine Stimme in einem heftigen Streit mit irgend jemandem. Ob er mit dem Maat oder mit einem der Matrosen sprach, konnten wir nicht feststellen, aber plötzlich hörten wir Schläge. Ich lief an die Reling und winkte John zu, daß er an Deck kommen solle. Wir lehnten uns über den Lukenschacht, konnten aber niemanden sehen. Trotzdem wußten wir, daß der Kapitän im Vorteil war, denn seine Stimme war laut und scharf.

‚Da siehst du, wie weit du kommst! Willst du noch ein einziges

Mal Quatsch machen?‘ Keine Antwort – dann hörten wir Kampfgeräusche, als ob der Mann versuchte, ihn zu überwältigen. ‚Du solltest lieber stillhalten, denn ich habe dich gepackt‘, sagte der Kapitän. Dann kam die Frage wieder: ‚Wirst du mir je wieder eine blöde Antwort geben?‘ – ‚Das habe ich nie gegeben, Sir‘, sagte Sam; es war sicher seine Stimme, obwohl sie leise und halb erstickt klang, aber sie war trotzdem zu vernehmen.

‚Das ist nicht die Antwort auf meine Frage. Wirst du je wieder unverschämt zu mir sein?‘

‚Das bin ich nie gewesen, Sir‘, sagte Sam.

‚Antworte auf meine Frage, oder ich lasse dich – bei Gott – an allen vieren aufknüpfen und ausprügeln!‘

‚Ich bin kein Negersklave‘, sagte Sam.

‚Dann werde ich einen aus dir machen‘, sagte der Kapitän, lief an Deck, warf seinen Mantel weg, rollte die Ärmel auf und befahl dem Maat: ‚Greifen Sie diesen Mann, Mister A.! Machen Sie einen ‚Spreizadler‘ aus ihm! Ich werde euch allen zeigen, wer der Kapitän an Bord ist!‘

Die Mannschaft und die Offiziere folgten dem Kapitän aus dem Lukenschacht, und nach mehrmaligen Befehlen ergriff der Maat Sam, der keine Gegenwehr leistete, und brachte ihn zum Laufsteg.

‚Weshalb wollen Sie diesen Mann prügeln, Sir?‘ fragte John, der Schwede, den Kapitän.

Als der Kapitän dies hörte, wandte er sich John zu. Da er aber wußte, daß dieser schnell und entschlossen zu handeln pflegte, befahl er dem Steward, die Eisen zu holen und rief Russel zur Hilfe.

‚Laßt mich‘, sagte John, ‚ich bin bereit, mich in Eisen legen zu lassen. Ihr braucht keine Gewalt anzuwenden!‘ Dabei streckte er seine Hände vor. Der Kapitän legte die Eisen an und schickte ihn nach achtern aufs Quarterdeck. In dieser Zeit wurde Sam in die Wanten gebracht, mit den Handgelenken festgebunden, seine Jacke geöffnet und der Rücken frei gemacht. Der Kapitän stand an Deck einige Fuß von ihm entfernt und ein bißchen höher, so daß er gut ausholen konnte; in seiner Hand hielt er die Schlinge eines sehr starken Taus. Die Offiziere standen um ihn herum und die Männer in Gruppen mitschiffs. Ich war wütend und aufgeregt. Ein Mann, ein Mensch nach Gottes Abbild, wird gefesselt und ausgepeitscht wie ein Tier!... Das Tau über seinem Kopf schwingend, bog der Kapitän seinen Körper, um die Schläge mit voller Kraft geben zu können. Ein-, zwei-, sechsmal klatschte das Tau auf den Rücken des armen Burschen. ‚Wirst du je wieder unverschämt sein?‘ Der Mann wand sich vor Schmerzen, sagte aber kein Wort. Noch dreimal. Dies wurde zuviel, und er murmelte etwas, das ich nicht hören konnte. Das brachte ihm mehr Schläge ein, als er überhaupt ertragen konnte. Dann befahl der Kapitän, ihn abzuschneiden.

,Und jetzt zu dir', sagte der Kapitän, ging zu John und nahm seine Eisen ab. Im gleichen Moment lief John nach vorn zur Back. ,Holt diesen Mann zurück', schrie der Kapitän. Der zweite Steuermann, der ein Schiffskamerad von John gewesen war, bewegte sich nicht. Der Maat ging langsam nach vorn. Aber unser Dritter Offizier, der seinen Eifer zeigen wollte, sprang über die Ankerwinde nach vorn und packte John, der ihn aber bald zurückstieß.

In diesem Moment hätte ich alles in der Welt dafür gegeben, dem armen Burschen helfen zu können, aber alles vergebens. Der Kapitän stand am Quarterdeck. Er war ohne Hut, seine Augen flammten vor Wut und sein Gesicht war blutrot, als er das Tau schwang und seinen Offizieren zurief: ,Zieht ihn nach achtern! – Packt ihn! Ich werde ihn weichmachen!' Und so weiter. Der Steuermann ging jetzt nach vorn und sagte leise zu John, er solle nach achtern gehen. Dieser sah ein, daß Gegenwehr zwecklos war, stieß den dritten Maat weg und sagte, er würde selbst kommen, man solle ihn nicht ziehen. Am Laufsteg streckte er seine Hände hin, aber als der Kapitän begann, ihn zu fesseln, wurde sein Zorn so groß, daß er Widerstand leistete. Der Steuermann und Russel hielten ihn aber fest, und bald war er gefesselt. John drehte sich zum Kapitän, der seine Ärmel aufrollte und sich fertig machte, und fragte ihn, weshalb er geprügelt werden solle. ,Hab ich mich je geweigert, meine Pflichten zu tun, Sir? Bin ich je zurückgeblieben oder bin ich unverschämt gewesen oder tue ich meine Arbeit nicht ordentlich?'

,Nein', sagte der Kapitän, ,nicht deshalb werde ich dich prügeln, sondern ich prügele dich, weil du mich gestört hast, weil du Fragen stellst.'

,Darf ein Mann hier nicht eine Frage stellen, ohne geprügelt zu werden?'

,Nein', rief der Kapitän. ,Niemand an Bord dieses Schiffes soll seinen Mund öffnen außer mir', und er begann, auf Johns Rücken zu schlagen. Zwischen jedem Schlag drehte er seinen Körper halb herum, um mehr Kraft zu bekommen.

Als er fortfuhr, wurde seine Aufregung immer größer, und er tanzte auf dem Deck herum und schrie: ,Wenn du wissen willst, weshalb ich dich prügele, werde ich es dir erzählen. Es ist, weil es mir Spaß macht, weil es mir Spaß macht! . . .'

Bei diesen Worten, die ich nie vergessen werde, erstarrte mein Blut. Ich konnte nicht länger zusehen . . ."

Was hier zur Sprache kommt, ist gewiß nur eine Erfahrung. Tatsächlich hausten auf den großen Segelschiffen allemal Menschlichkeit und Unmenschlichkeit dicht beieinander. Der Traum von der Romantik der Seefahrt bedarf immer wieder der realistischen Ergänzung, der Erinnerung an die eisenharten Männer auf den hölzernen Schiffen, über die man sagte: „Wer zum Vergnügen auf See ging, fuhr auch aus Spaß in die Hölle ..."

Entern ist ein Wort für klettern, heute noch als ‚aufentern' und ‚niederentern' geläufig: das Auf- und Absteigen der Matrosen in der Takelage über die Webeleinen der Wanten, um Segel zu setzen, zu reffen, festzumachen oder zu schiften oder um am laufenden und stehenden Gut zu arbeiten.

Das Wort entstammt dem lateinischen ‚intrare' – hineingehen –, wurde im Französischen als ‚entrer', im Spanischen als ‚entrar', im Englischen als ‚to enter' und im Niederländischen als ‚enteren' benutzt. Das Hochdeutsche des 17. Jahrhunderts führte ‚entern' als Lehnwort ein.

Der ursprüngliche seemännische Sinn des Wortes Jahrhunderte hindurch: in ein feindliches Schiff gewaltsam eindringen und es in Besitz nehmen.

Wigardus à Winschooten nennt es 1681: „Oovervallen en ooverspringen in een ander mans Schip, om dat te vermeesteren" – Überfallen und überspringen in eines anderen Mannes Schiff, um es zu bemeistern.

Im Mittelalter war das Entern ein wesentlicher Teil der Taktik des Seegefechtes, und auch noch in der Anfangsperiode der Schiffsartillerie bestand in einem Seegefecht der Endkampf zwischen zwei Schiffen aus dem Enterversuch und dem Nahkampf der feindlichen Besatzungen.

Einen trefflichen Einblick in die Besonderheiten des Enterns, wie man sie am Ende des 18. Jahrhunderts sah, vermittelt uns Johann Hinrich Röding, bei dem wir lesen:

„Ein Schiff zu entern erfordert eine große Geschicklichkeit im Maneuvriren ... Am vortheilhaftesten ist es, solche Stellung zu nehmen, dass das feindliche Schiff beständig der Wirkung der Kanonen ausgesetzt bleibt, und die seinigen nicht gebrauchen kann, und daher muß derjenige, welcher entern will, suchen das Bugspriet seines Feindes in die große Wand (Wanten des Großmastes) zu fangen. (Also etwa rechtwinklig zum Kurs des Gegners vor dessen Bug zu laufen) ... Bey hohler See ist es besser an der Leeseite des Feindes zu entern, weil der Wellenschlag daselbst nicht so heftig ist als an der Luvseite; über-

Enterdraggen

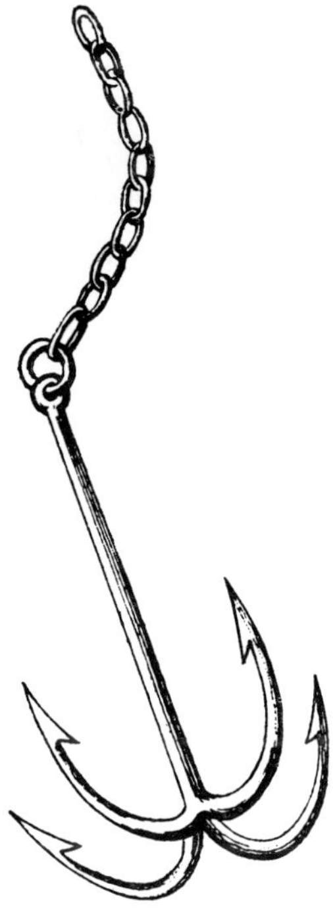

dem kann sich der Enterer daselbst, wenn er sollte zurück geschlagen werden, leichter entfernen. Bey sehr ungestümer See ist aber das Entern äußerst gefährlich, weil beide Schiffe durch heftige Bewegung und das Aneinanderstossen leicht Schaden leiden und sinken können . . .

Wenn ein Schiffskapitän entern will, so postiert er . . . auf der Back und Schanze, einen Teil der entschlossensten Mannschaft zum Ueberspringen in das feindliche Schiff und nähert sich demselben unter verdoppeltem Kanonen-Feuer. Ist er so nahe gekommen, dass die Kanonen nicht mehr gebraucht werden können, so macht er die Stückpforten (Geschützpforten) nach und nach zu, damit der Feind keinen Eingang

in diese finde und auch kein Feuer hineinwerfe. Die Matrosen und Seesoldaten, welche zur Bedienung der Kanonen gebraucht werden, kommen alsdann ebenfalls aufs Deck und unterhalten das Musquetenfeuer; auch werden Granaten unter die Feinde geworfen und aus dem leichten Geschütz der Back und Schanze, wie auch aus den Drehbassen der Marssen mit Schrot auf sie gefeuert."

Wenn der Enternde beim Gegner ‚angebordet' hatte – längsseits gegangen war – und mit ‚Enterhaken' und ‚Enterdreggen' – vierarmigen Wurfankern mit Hakenflunken – dessen Schiff angeklampt hatte, wurde das Signal zum Entern gegeben. Das Enterkommando sprang mit Pistolen, ‚Entermessern' – kurzen, breiten Säbeln mit großem Handschutzkorb – und schweren ‚Enterbeilen' – vorne scharf zum Kappen von Tauen, hinten mit drei Zoll langem spitzem Dorn zum Töten – auf das feindliche Schiff. Hatte dieses jedoch einen größeren Freibord als das eigene, dann warfen die Angreifer Entertaue und Enterleitern mit kleinen Ankern über dessen Verschanzung und enterten daran die Bordwand auf.

Doch dieser Methode war mitunter kein Erfolg beschieden. So berichtet Andersen in seiner im Jahre 1669 erschienenen „Orientalischen Reisebeschreibung" über einen derartigen Enterversuch von Piraten: „. . . Es ist ein sehr tollkühn Volck, achteten es nicht groß, ob wir schon als sie entern wolten in die 15, 20 stück Hände und Arme abhieben, daß sie zu rücke fielen."

An Bord des Gegners zu gelangen, war auch aus anderen Gründen oftmals schwierig, denn um Enterungen abzuschlagen, fuhren viele Schiffe Enternetze senkrecht oberhalb der Verschanzung. Oft griffen Kauffahrer zu einer Kriegslist, indem sie als Falle für Enterer ein Taudeck, ein großes engmaschiges Netz zwischen dem Backdeck, dem Halbdeck der Schanze und seitlichen Laufplanken über die Kuhl spannten. Ein Teil der Verteidiger hielt sich unterhalb dieses falschen Decks bereit und erschoß mit Flinten oder erstach mit Piken und Hellebarden durch das Taudeck hindurch die Enternden.

Dicke Teilschotte an Deck, mit Schießgaten (Schießlöchern) versehen, dienten als wirksame Deckung, und kleine Enterluken auf der Back, der Schanze und der Hütte ermöglichten es in die Enge getriebenen Besatzungsmitgliedern, sich in das schützende Schiffsinnere zurückzuziehen und von dort aus durch das Rösterwerk – die Lukengrätings – und die Schießgaten in den Front- oder Endschotten der Aufbauten die Angreifer zu bekämpfen.

Röding erwähnt: „In alten Zeiten vor Erfindung der Kanonen, war das Entern eine der gewöhnlichsten Unternehmungen, und selbst noch in den neuern Zeiten. Die Franzosen waren insonderheit darinn den

Gefecht zwischen zwei Schiffen mit einfallenden Bordwänden; „ein Schiff zu entern erfordert eine große Geschicklichkeit im Manoeuvriren, und kann nach Umständen und der Lage der Schiffe an verschiedenen Stellen geschehen. Allgemeine Regeln zum Entern lassen sich durchaus nicht geben, weil solches nicht allein von der Lage der Schiffe und der mannigfaltigen Richtung des Windes, sondern auch von unendlich vielen Umständen abhängt, die man nicht vorher wissen kann." (J. H. R.)

Auf den folgenden Seiten: Die „Sovereign of the Seas", gestochen von John Payne, wurde von Phineas Pett (1570 bis 1647) entworfen und von seinem Sohn Peter 1637 fertiggestellt, vielleicht das schönste Schiff, das das alte England je gebaut hat. Pett machte als erster die Kunst des Schiffbaus zu einer Wissenschaft, und er entwarf und baute die ersten Dreidecker der Schiffsgeschichte.

Engländern sehr überlegen. So hatte z. B. der berühmte Duguai Trouin zu Ludwig XIV. Zeiten sein ganzes Ansehn seiner Geschicklichkeit im Entern zu danken; der furchtbare Jean Bart und Chevalier Forbin kannten keine andere Art zu streiten als diese. Die Engländer sollen daher zuerst das Einziehen der Schiffsseiten erfunden haben (den Einfall der Inhölzer und damit der Bordwände, die Verringerung der Schiffsbreite im Bereich der oberen Decks), und seitdem dieses die mehrsten Nationen befolgt haben, wird der Sieg auf Kriegsschiffen gewöhnlich mit dem schweren Geschütz entschieden und das Entern ist fast gar nicht mehr möglich, ausgenommen bey denen Schiffen, die auf- und niederstehende (senkrechte) Seiten haben . . ."

Die englischen Schiffbauer hatten sich etwas einfallen lassen: eine neue Hauptspantform, die zwischen zwei längsseits laufenden und im Seegang schlingernden Schiffen gegenseitige Decksabstände hervorrief, die von Angreifern nicht mehr übersprungen werden konnten. Eine bedeutsame Erfindung, der erste Schritt auf dem Wege, das Entern der Vergangenheit zuzuordnen. Die nächsten Schritte dafür taten dann die Männer, die die Schiffsartillerie weiterentwickelten, so daß sie gefechtsentscheidende Bedeutung erhielt. Unter diesen Bedingungen wurde das Entern aussichtslos, denn etwaige Versuche hätten dazu geführt, eher am Meeresgrund als am Schiff des Gegners anzulegen.

Im ehemaligen Sinne ist unser Wort also veraltet, jedoch wird es als synonymer Ausdruck für klettern noch immer benutzt: „Enter auf!" und „Enter nieder!" lauten die Kommandos. Zur allgemeinen Bordpraxis gehörte es, Schiffsjungen und Kadetten nur zur Übung oder als Strafe ‚über die Toppen entern' zu lassen, das bedeutete, in den Wanten schnell bis zur Bramsaling hinauf- und an der anderen Seite wieder herunterzusteigen.

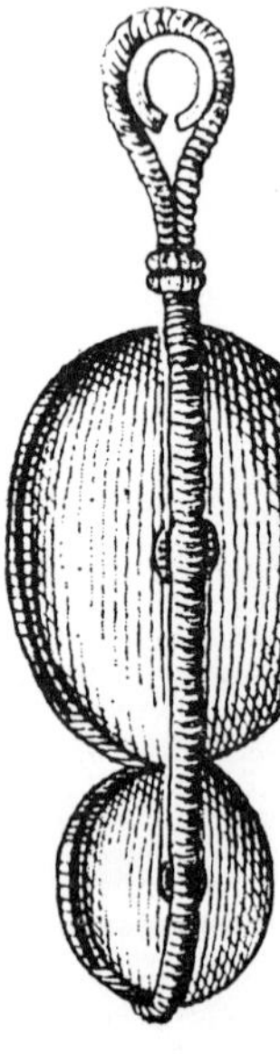

Ein alter mecklenburgischer Seemann erzählte Richard Wossidlo: „Haug't heff ick keen Jungens, as ick Stüermann wir, ick let se entern up 'n Topp, dat is grötter Straf" – Gehauen habe ich keine Jungen, als ich Steuermann war, ich ließ sie den Mast aufentern, das ist eine größere Strafe.

Das Leben an Bord verlangte von allen Männern vor dem Mast schwere Arbeit. Wenn der Wind drehte oder der Kurs geändert werden mußte, folgte ein Einsatz dem anderen an Brassen, Schoten, Halsen und Bulienen, um die günstigsten Segelstellungen zu erzielen, und aufkommender Sturm oder abflauender Wind erforderten das Reffen, Kürzen oder Beisetzen von Segeln.

Eine Viermastbark mit 18 Rah- und 15 Schratsegeln besaß nicht weniger als 250 ‚Handtaljen', seemännische Bezeichnung für kleine

„Enter auf!"
Zur allgemeinen Bordpraxis gehörte es, Schiffsjungen und Kadetten nur zur Übung oder als Strafe über die Toppen entern zu lassen.

Flaschenzüge, um die Kraft des Menschen zu vervielfachen. Sich in diesem Leinengewirr auszukennen, meistens auf bewegtem und vielfach wasserüberspültem Deck zu arbeiten und bei Sturm hoch in den Toppen des schlingernden Schiffes Segel festzumachen, verlangte Erfahrung, Gewandtheit und Kraft.

„Enter auf!" bedeutete für den Seemann, daß er in schwindelnder Höhe zwischen Himmel und Wasser in einem Netz von Holz, Enden und Segeltuch Befehle auszuführen hatte, bei denen es nicht selten, zumal im Sturm, um Sein oder Nichtsein des Schiffes und der Besatzung ging.

Als der Seemann das Wort *Erleuchtungsrat* erfand, standen Uzerei, ironische Anspielung und Jux Pate. Es galt einem Kameraden, der als eine Art Laternengast und Materialverwalter auf Segelschiffen fuhr – bis zum Ende des 19. Jahrhunderts. Er hatte alle Schiffslaternen zu überwachen, sie zu warten, zu pflegen und kleinere Reparaturen an ihnen auszuführen.

Mit Hilfe von Schiffslog und Sanduhr wurde die Geschwindigkeit des Schiffes ermittelt.

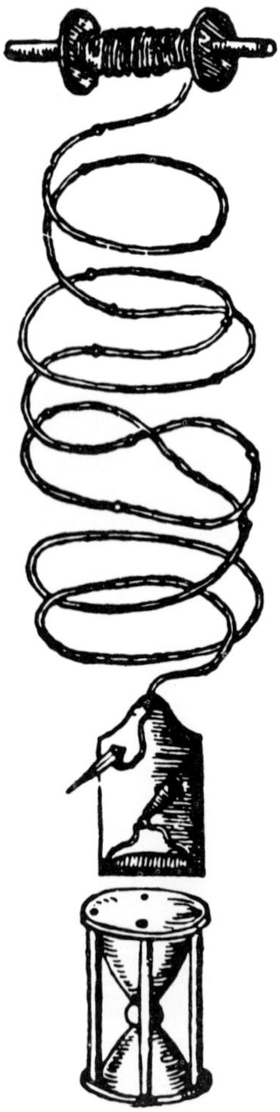

Ein *Etmal* ist die im Verlaufe eines Tages durch ein Schiff zurückgelegte Strecke, mit anderen Worten: die Distanz in Seemeilen zwischen den Mittagsbestecken zweier aufeinanderfolgender Tage. Infolge der Erddrehung wird dabei die nächste Mittagszeit – der höchste Sonnenstand – auf Ostkursen in weniger und auf Westkursen in mehr als 24 Stunden erreicht. Wenn ein Schiff vor dem Winde oder mit raumem Winde segelte, war seine Fahrtstrecke gleich seinem Etmal, mußte es aber ungünstiger, vorlicher Winde wegen kreuzen, so blieben trotz relativ langer Fahrtstrecken die Etmale ziemlich klein.

Das ‚Etmal' war also der effektive Tagesgewinn an Seemeilen. Deshalb ist es einleuchtend, wenn man bis zur letzten Jahrhundertwende diesen Tagesgewinn als Gesamtleistung des Schiffes bezeichnete. Bei vorlichem Wind und demzufolge wechselnden Am-Wind-Kursen ein Etmal von beispielsweise 72 Seemeilen erreicht zu haben, bedeutete, mit einer effektiven Durchschnittsgeschwindigkeit von nicht mehr als 3 Seemeilen je Stunde dem Reiseziel nähergekommen zu sein.

Die Herkunft des Wortes ist nicht eindeutig zu bestimmen, so finden wir aus dem 18. Jahrhundert in drei verschiedenen Quellen auch drei voneinander abweichende Angaben. Das „Idioticon Hamburgense" erklärt ‚Ettmahl' als zwölfstündige Zeit der Ebbe und Flut, Johann Hinrich Röding definiert ein ‚Etmal' als „eine Zeit von vier und zwanzig Stunden", das „Bremisch-Niedersächsische Wörterbuch" trifft die gleiche Aussage wie das „Idioticon", ergänzt jedoch:

„Unsere Bauern aber verstehen durch Etmaal einen Zeitraum, worin

Die australische „Cleopatra", ein steam-ship (Dampfschiff), verkehrte 1852 zwischen Plymouth und Sydney. Reisedauer 60 Tage, damalige Baukosten 40.000 Pfund.

man die Mahlzeit einnehmen kann: von eten, essen." Auch in der „Persischen Reisebeschreibung" des Adamus Olearius aus dem Jahre 1647, also ein Jahrhundert zuvor, wird ‚Etmahl' im Sinne einer Mittagspause gebraucht. Allen Erläuterungen aber ist gemeinsam, daß sie eine regelmäßig wiederkehrende Zeit betreffen, und wenn wir die Silben des mittelniederdeutschen ‚etmal' trennen, ergeben sich ‚et', ‚it': wiederum – sowie ‚mal': Zeit und Zeitpunkt, wodurch der ursprüngliche Sinn unseres Wortes hinreichend verständlich wird.

Die Seemannssprache übertrug das Wort möglicherweise von der Stunde der Mittagsmahlzeit, in der regelmäßig beim höchsten Sonnenstande – 12.00 Uhr Ortszeit – auch der Schiffsort bestimmt wurde, auf den Zeitabschnitt vom Mittag des einen bis zum Mittag des folgenden Tages und benannte schließlich die während dieser Zeit entstandene Schiffsortveränderung in Seemeilen so.

Fallen wird selbständig oder in Wortverbindungen gebraucht. Aus alter Zeit stammen die Wörter ‚das Fall', ‚der Fall', ‚das Fallreep',

Einscheibiger gestroppter Block.

‚fallen lassen', ‚abfallen', ‚einfallen' und ‚ausfallen'. Zwar besitzt jedes Wort seine eigene, von den anderen verschiedene Bedeutung, gemeinsam ist allen aber eine Aussage über die Änderung einer Normallage oder über eine Bewegung.

Sprachwissenschaftler sind der Ansicht, daß ‚fallen' früher „sich gleiten lassen" bedeutete. Im Seemännischen ist es mittelniederdeutsch als ‚vallen' belegt. In einer Lübecker Chronik aus dem Jahre 1430 heißt es: „. . . unde se villen do in der Hollander schepe" – und sie fielen dort in die Schiffe der Holländer. Oder enger gefaßt: in das Boot fallen, geschwind niedergleiten.

Im 18. Jahrhundert lautete das Kommando beim Aussetzen eines Beibootes, das schnell bemannt werden sollte: „Fall! Fall ins Boot!", und noch um die letzte Jahrhundertwende wurde das Wort sinngemäß so benutzt.

Über einen ähnlichen Wortgebrauch berichtet Röding:

„Wenn vornehme Personen oder auch wol der Kapitain des Schiffes an Bord komen, so werden mehrere Mann beordert, sich an die Seiten der Fallreepstreppe von oben nach unten zu stellen, welches auf Schiffen eine große Ehrenbezeugung ist. Das Kommando dazu heißt: „Fallt aufs Fallreep!"

Das Wort ‚Fallreep' erfuhr einen wissenswerten Bedeutungswandel. Noch bis zum 16. Jahrhundert verstand man unter ‚Fallreeps' ausschließlich dicke Leinen, die, an der Verschanzung festgemacht und außenbords gehängt, den Matrosen das Entern in längsseits liegende Boote oder aus diesen zurück an Deck ermöglichten. Das 17. Jahrhundert benutzte schon Fallreepsleitern oder -treppen, wobei das ‚Fallreep', an Deck gehalten und geführt, als Sicherheitsleine zum Festhalten beim An- und Von-Bord-Gehen diente. Schließlich verbesserten Handläufe an der Fallreepstreppe die bisherige Methode, und die Bezeichnung ‚Fallreep' ging auf die Fallreepstreppe selbst über.

Um aber auf Reede auch ohne Ausbringen des Fallreeps an Bord zu gelangen, benutzte man Seefallreeps, Jakobsleitern.

„Laß fallen!" galt als Kommando beim Ankern, beim Setzen der Segel und bei Bootsmanövern, hier auf die gepiekten, das heißt auf- und niederstehenden Riemen bezogen.

Mit dem Schiff ‚vom Wind abfallen' bedeutete: den Winkel zwischen Kurs und Windrichtung vergrößern, also den Kurs in Leerichtung ändern, so daß der bisher vorlich oder dwars einkommende Wind voller in die Segel fiel. „Laß ganz abfallen!" hieß das Kommando, wenn direkt vor dem Wind gesegelt werden sollte.

Über ein Schiff, das unter Segel ging und im Ergebnis mißlungener Manöver nach der anderen als der beabsichtigten Seite abfiel, sagte man ‚es fällt verkehrt'. Und vom beabsichtigten Kurs mehr oder weniger abgetrieben werden, der Abdrift durch den Einfluß von Seitenwind unterliegen, hieß ‚in Lee fallen'.

‚Das Wasser fällt' bedeutete Ebbe, und dabei mit dem Schiff auf Grund kommen oder unter Umständen völlig auf dem Trockenen liegen wurde als ‚trocken fallen' bezeichnet.

‚Das Fall' war eine Talje oder eine Leine zum Heißen oder Fieren eines Segels oder einer Rah, und auch Flaggenleinen nannte man bis zum 19. Jahrhundert ‚Fall'. Die ‚Fallen' führten die Namen der Segel, denen sie zugeordnet waren, beispielsweise ‚Vormarsfall', ‚Großoberbramfall'.

‚Der Fall' aber stand ursprünglich als Bezeichnung für das Überhängen eines Bauteiles. So galt im 18. Jahrhundert die Wendung: der Hintersteven hat Fall, wenn seine Oberkante den Kiel nach achtern überragte. Später erhielt ‚der Fall' einen anderen Sinn: die Neigung einer Helling, eines Mastes oder eines Kieles – heute noch bei Schleppern üblich –, auch die Neigung eines Schornsteines wurden ‚Fall' genannt.

Das Wort ‚einfallen' steht seit dem 16. Jahrhundert im Zusammenhang mit dem Wind, man spricht vom ‚Einfallen einer Bö', auch hieß es im Niederdeutschen beispielsweise: de Wind föl nurlicher – fiel nördlicher ein. Außerdem verstand man unter ‚Einfallen der Inhölzer', der heutigen Spanten, ihren Fall nach innen, also die Verringerung der Schiffsbreite im Bereich der oberen Decks (wie bei Entern erwähnt).

‚Ausfallen' war und ist das Gegenteil von ‚einfallen', soweit es Bauteile des Schiffes betrifft: Spanten und Vorsteven ‚fallen aus', wenn sie ‚Fall', also Neigung nach außen beziehungsweise nach vorn besitzen. Im 18. Jahrhundert sagte man von einem ausfallenden Vorsteven auch: ‚er schießt aus'.

Schließlich sprach und spricht nicht nur der Seemann von ‚ausfallen', wenn eine Anlage ihren Dienst versagt, funktionsuntüchtig geworden ist, oder wenn ein Mensch nicht mehr in der Lage ist, seine Aufgaben wahrzunehmen. Wenn jemand seine Existenz, seinen Arbeitsplatz verliert, so heißt es: „Er ist über Bord gefallen", und: „Es ist ins Wasser gefallen", sagen wir, wenn etwas mißlingt, vereitelt wird oder sich nicht verwirklichen läßt.

Fancywork – ein geheimnisvoll klingendes Wort.

Im Englischen heißt ‚fancy' so viel wie Phantasie, Einbildung, Laune oder Einfall, auf etwas Lust haben, sich etwas vorstellen, denken können.

‚Work' dagegen bedeutet Arbeit, Werk, Erzeugnis, etwas herstel-

Die dickste Trosse der Welt wurde gegen Ende des 19. Jahrhunderts in England hergestellt. Umfang: 56 cm, Länge: 170 m, Gewicht: 50 Zentner.

len, bewirken oder betreiben. ‚Fancywork' benennt also eine Arbeit, die Spaß macht, bei der man Phantasie braucht.

Wir wissen nicht mit absoluter Sicherheit, ob die Fahrensleute der Vergangenheit unser Wort schon kannten. Uns scheint es mehr den modernen Wortschöpfungen des 20. Jahrhunderts anzugehören als dem traditionellen Berufswortschatz der Seeleute.

Wenn hier trotzdem von ‚Fancywork' gesprochen wird, dann vor allem deswegen, weil uns dieses Wort zum Ursprung jener phantasievollen Seemannstätigkeiten hinführt, denen wir schon bei den Buddelschiffen begegnet sind. Auch das ‚Fancywork' haben die Jan Maaten der Windjammer zuerst ausprobiert, sie haben es „entdeckt", „erfunden", sie vertrieben sich auf Freiwache, oder wenn sie bekalmt irgendwo auf den Meeren herumlagen, ihre Langeweile, indem sie Garn und Tauwerk spielerisch verarbeiteten, verknoteten oder Lampen, Flaschen, Gläser, das Messer, einen Türgriff und vieles andere mehr beschnürten.

Die einfachste Dekorationsform stellte und stellt noch heute das enge Bewickeln mit einem oder verschiedenen Garnen dar, aufwendiger ist schon das Schlagen von Kardeelen oder dünnen Leinen zu dickerem Tauwerk, woraus sich dann beispielsweise Ringe, Untersetzer und Einfassungen herstellen lassen.

Die verschiedenen Arten der Zierknoten (‚Krone', ‚Schauermannsknoten', ‚Rosenknoten', ‚Sternenknoten' und ‚geflochtene Knoten') gestatten bereits eine ganze Reihe von Verwendungsmöglichkeiten: sie können in Form eines Wulstes auf einem Tau oder einer Platting einen Stropp bilden, auf einer Arbeit einen Schönheitsfehler verbergen und an den Anfang oder Abschluß einer Arbeit gesetzt werden.

Besonders dekorativ sind ‚Plattings' (mehr oder minder kompliziert geflochtene Schnüre), aus denen sich Schmuckgegenstände herstellen lassen, oder die zum Bewickeln verwendet werden können.

Eine weiterentwickelte, kunstvolle Form des Bewickelns ist das ‚Katning' – bei dem Gegenstände mit vorzugsweise zylindrischem Querschnitt mit Garn oder dünner Leine ‚gekleedet' werden, das heißt, die Gegenstände werden mit einer Garnumfassung versehen, die aus einem Häkel- oder Knüpfsystem besteht.

Die Möglichkeiten und Nuancen der Tauwerks-Spielerei können hier nicht annähernd erläutert und aufgezählt werden. Heute haben die Seeleute die berufsmäßige Nutzung des Tauwerks perfektioniert, doch die Pflege ihrer traditionsgebundenen Kunst unterdessen vernachlässigt. Vielleicht weil es die dazu notwendige Muße in unserer Zeit nicht mehr gibt?

Wie dem auch sei. Vor dem Vergessenwerden jedenfalls wird

‚Fancywork' von jenen vielen Enthusiasten bewahrt, die Freude am maritimen Basteln haben: auch selbstgefertigte Knotenbretter sind kleine Kostbarkeiten, und das Makramee, ein aus Basisknoten bestehendes Gitterknüpfwerk, ist eine schöne wie einfache Variante der alten Seemannsknotenkunst.

Faules Schiff wurde ein Schiff genannt, dessen Unterwasserteil nach langer Reise dicht und dick mit Pflanzen, Muscheln oder auch Korallen bewachsen war. Bewuchs vergrößert den Widerstand des Schiffskörpers, vermindert also die Schiffsgeschwindigkeit. Die Ausbreitung und Stärke des Bewuchses ist vom Fahrtbereich des Schiffes, von der Jahreszeit und natürlich auch von der Wirksamkeit der zu seiner Bekämpfung angewandten Mittel abhängig. Zur Zeit der Segelschiffahrt aber galt: Je wärmer das Seewasser ist und je länger die Reise dauert, desto fauler wird das Schiff. ‚Faul' bedeutete hier verfault, verdorben und unrein, weil aber unter dem zunehmenden Bewuchs das Schiff nach und nach langsamer lief, können wir wohl annehmen, daß der Seemann dessen träges, fahrthemmendes Verhalten in den Wortsinn von ‚faul' einbezog.

Spanischer Besen, einfachste Form.

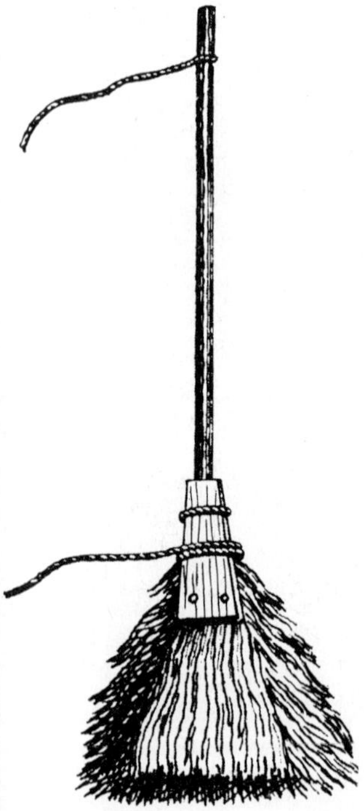

Eine andere Wortbedeutung, mit der ersten verwandt: Zur Segelschiffszeit verstand man unter einem ‚faulen' Schiff auch eines, dessen Holz nach langer Fahrenszeit durch Fäulnis so stark angegriffen war, daß Reparaturen nicht mehr lohnten, daß es außerdienstgestellt werden mußte.

Das Wort ‚faul', niederdeutsch ‚ful', entspricht dem niederländischen ‚vuil' und dem englischen ‚foul'. In allen Erscheinungsformen steht es ursprünglich für verfault, verdorben, stinkend und schmutzig. So hieß es im 18. Jahrhundert; en fuul Ey – ein stinkendes Ei; fuul Fleesch – verdorbenes Fleisch, aber auch: vuul Tüg – schmutzige Wäsche. „Hier ist etwas faul" war ursprünglich eine Redensart, die sich nur auf verdorbene Lebensmittel bezog, deren unangenehmer Zersetzungsgeruch zuerst wahrgenommen wurde. In übertragener Bedeutung beschrieb man damit allerdings auch ganz allgemein einen verdächtigen, fragwürdigen Zustand.

Später setzte sich ‚faul' auch für träge, müßig und arbeitsunlustig, dem Laster ergeben, durch: ‚sich auf die faule Haut legen'. In dieser Zuordnung kennen wir recht starke Wörter, wie ‚stinkfaul': er ist so faul, daß er stinkt, oder 'so faul wie Mist, so faul wie Galgenholz'. Aus dem Realursprung werden auch Redensarten und Wortspielereien mit den verschiedenen Bedeutungen von ‚faul' erklärbar: ‚Faule Fische' waren und sind verdächtige Vorgänge, Lügen, Unaufrichtigkeiten, und wenn sich zwei verbanden, die beide nichts taugten, so hieß

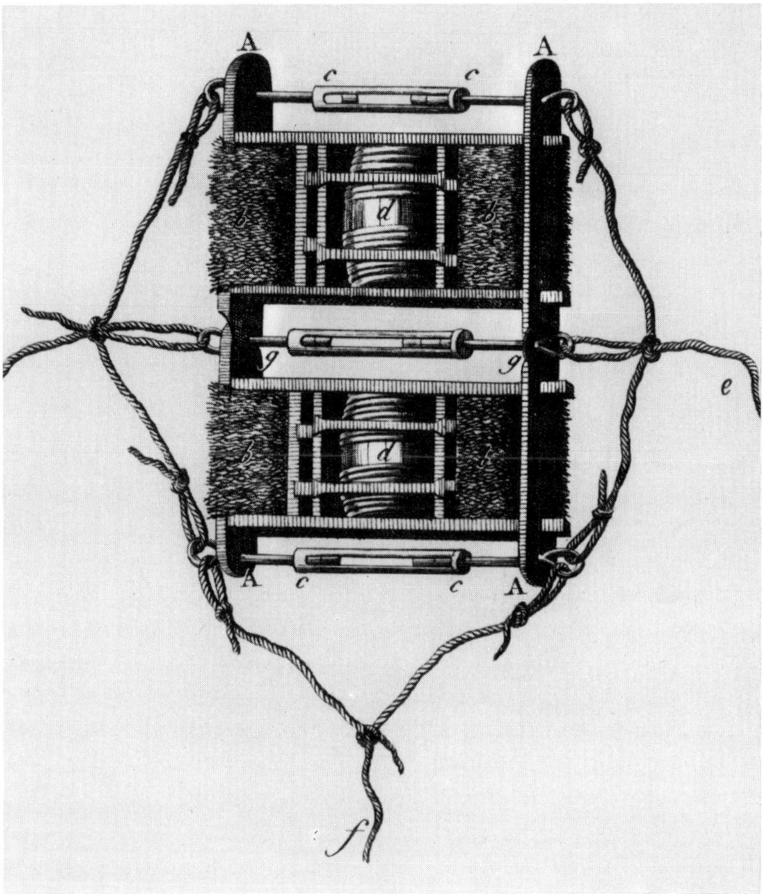

Spanischer Besen: „A sind Bretter zwischen welche die zum rein machen dienenden Reiser *b* vermittelst Schrauben *c* zusammengepreßt werden. In der Mitte wird eine kleine ledige Tonne *d* befestigt, vermittelst welcher der Schrubber verhindert wird zu sinken. Das eine Tau *e* fährt um einen Block unter dem Bugsprit, und das andere um einen, am Hintertheil des Schiffs befindlichen Block. Das dritte *f* fährt unter dem Kiel durch, in eine an der anderen Seite liegende Barkasse. Mit den Tauen wird der Schrubber vorwärts und rückwärts gezogen. Das Gelenk *g* dient dazu, das der Schrubber wegen der verschiedenen Krümmungen des Schiffs, desto besser ausschließen kann." (J. H. R.)

und heißt es heute noch immer: ‚Faule Fische und stinkende Butter.' In Mecklenburg sagte man: Fule Minschen warden nich geburen, dei warden maakt – Faule Menschen werden nicht geboren, sie werden (dazu) gemacht; wenn de Ful slöppt, is he am flitigsten – wenn der Faule schläft, ist er am fleißigsten, oder: De hett ne ful Ribb – im übertragenen Sinne: er ist ein Faulpelz.

Ein frühes Zeugnis für die jüngere Wortbedeutung findet sich im „Bremisch-Niedersächsischen Wörterbuch". Es überliefert uns eine Auseinandersetzung, die die Bremer im Jahre 1220 mit dem Erzbischof Gerhard II. führten: „De Rath und de gemene Kopman wehren nicht tho vuele, rusteden mit groter Hast einen groten Koggen thom Orloch tho." – Der Rat und der gemeine Kaufmann waren nicht zu faul, rüsteten mit großer Hast einen großen Koggen zum Kriege aus.

In der Seemannssprache gab es noch mancherlei andere Wortverbindungen mit ‚faul'. Röding führt eine Küste an, „bey welcher sich viele Klippen und Bänke befinden", sie hieß im 18. Jahrhundert ‚faule Küste', im Unterschied zu ‚gesunden Küsten', „bey welchen keine Untiefen und Klippen liegen, sondern das Fahrwasser rein ist."

Unter ‚faulem Grund' verstand man im 18. Jahrhundert weichen, schlammigen Meeresboden, in dem ein Anker nicht hielt. Das 19. Jahrhundert nannte auch harten, steinigen Boden, in dem ein Anker nicht faßte, so. Kurzum: ungeeigneter Ankergrund erhielt das abwertende Prädikat ‚faul'.

Im 18. Jahrhundert war auch die Redewendung üblich: Das Schiff macht das Wasser faul, oder: Das Schiff muddert. Sie wurde gebraucht, wenn das Schiff zu wenig Wasser unter dem Kiel hatte, durch seine Fahrt den Grund aufwühlte und dieser das Kielwasser des Schiffes durchsetzte, also verunreinigte.

Im Niederdeutschen des 19. Jahrhunderts hieß es: ful Water – Schmutzwasser; dat Ful – der Schmutz an Bord; dat ful Wäder höllt ümmer noch an – das stürmische Wetter hält immer noch an; aber auch: de Wind ward ful – der Wind wird faul, flau. Und Rostocker Matrosen machten sich über ihre Schiffer lustig, indem sie ihnen die Redewendung unterstellten: Eenen Fulen möt dat Schipp bestahn, dat bün ick, säd' de Schipper – Einen Faulen muß das Schiff vertragen (und) das bin ich, sagte der Schiffer.

Hecklaterne
aus dem 18. Jahrhundert.
Gewölbte Scheiben vergrößerten ihre Tragweite.

Die Bezeichnung ‚faules Schiff', mit der wir begannen, wich im 19. Jahrhundert dem Ausdruck ‚fauler Boden', nun eindeutig ein stark bewachsenes Unterwasserschiff charakterisierend. Für den Bewuchs selbst aber benutzte der Seemann etwa zweihundert Jahre lang eine Metapher. Er sagte: Schiff mit ‚Bart', und gab so sein Erstaunen wieder, wenn das Schiff nach langer Reise, gekielholt oder im Dock, den dichten grünen Pflanzen- und Gräserwald sichtbar werden ließ, der von seinem Boden herabhing. Um ihn zu beseitigen, benutzten die Seeleute im 18. Jahrhundert im Hafen, auf langen Reisen bei Flauten auch auf See, ‚Spanische Besen' in verschiedenen Ausführungen. Die einfachste Form war ein Schrubber mit sehr langem Stiel zum Stoßen und einer Leine zum Ziehen, mit dem sie das Schiff von einem Arbeitsboot aus, ohne es zu kielholen, in mühseliger Arbeit zu reinigen versuchten.

Um das Wachsen des ‚Bartes' weitgehend zu verhindern, benagelten die Werften in der jüngeren Vergangenheit Holzschiffe im Unterwasserteil mit Kupferplatten. Als aber in zunehmender Anzahl Stahlschiffe gebaut wurden, stellte man fest, daß Muscheln, Algen und Gräser gegenüber den Schiffsböden nahezu gleichermaßen aggressiv blieben. Erst seit relativ kurzer Zeit können mit gifthaltigen Unterwasseranstrichstoffen die ‚Bärte' nachhaltig bekämpft werden.

Zeitgenössische Darstellung eines Feuerschiffes Ende des 19. Jahrhunderts.

Feuer nannte Jan Maat jedes Licht auf See. Meist waren es Laternen, die die Position oder die eingeschränkte Manövrierfähigkeit von Schiffen anzeigten oder Feuertürme – Leuchttürme – die Hafeneinfahrten, Landspitzen und Untiefen markierten. Die ursprünglich offenen oder wind- und wassergeschützten ‚Feuer' – im richtigen Sinne des Wortes – ließen diese Bezeichnungen entstehen. Allein mit ihrer Hilfe konnten sich einstmals die Seeleute bei Dunkelheit orientieren, voreinander warnen oder in Seenot Hilfe herbeirufen. Die Nachkommen der Feuer an Bord, Positions- und Signallaternen, heißen seit dem Ende des 19. Jahrhunderts ‚Lichter'.

Heute bieten optische, akustische und Funksignale sowie die Seeraumdarstellungen der Radaranlagen, den jeweiligen Umständen entsprechend kombiniert genutzt, unvergleichlich größere Möglichkeiten für Informationsgewinnung und -austausch. Dennoch hat die Lichterführung der Schiffe nach wie vor große Bedeutung. Welche Schiffe welche Lichter an welchem Ort während der Dunkelheit und bei unsichtigem Wetter zu führen haben, legen die international abgestimmten Seestraßenordnungen fest. Die wichtigsten: farbige Seitenlichter – Backbord rot und Steuerbord grün – und weiße Mittschiffslichter am Heck und in den Toppen. Segelschiffe fahren heute im Fockmast ein rotes über einem grünen Licht, und manövrierbehinderte Schleppzüge, Fischereischiffe mit ausgebrachtem Netz und Schiffe vor Anker geben sich durch zusätzliche Lichter zu erkennen.

Unser Wort führt bis auf das germanische ‚fuir' zurück. Alt- und mittelhochdeutsch hieß es ‚fiur', angelsächsisch ‚fyr', englisch ‚fire'.

In überlieferten niederdeutschen Redensarten wird es im übertragenen Sinn benutzt: De dat Für nödig het, de sogt het in der Asken – Der das Feuer nötig hat, der sucht es in der Asche: Not macht erfinderisch. Oder auch: He spijt Für un Flammen – Er speit Feuer und Flammen – ist furchtbar aufgebracht; doch ist auch die Erkenntnis anzutreffen: Daar is nien Vür so heet, Water kann't uutdoon – Kein Feuer ist so heiß, daß Wasser es nicht löschen kann, jeder Zorn ist zu besänftigen. Wem die Füße froren, der sagte: Dat Vür is mi in den Schoen uut gaan – Das Feuer in den Schuhen ist mir ausgegangen. Und einen im allgemeinen als zu kurz betrachteten Besuch glossierte man mit: een beetjen Für by eenem halen – ein bißchen Feuer bei einem holen.

Im Hafen von Lissabon. Zeitgenössische Darstellung von Thomas de Bry, gedruckt in Frankfurt am Main 1592.

An Bord sollen bereits im 11. oder 12. Jahrhundert ‚Feuer' als Signale benutzt worden sein. Einen treffenden Beleg dafür fand Friedrich Kluge aber erst aus dem Jahre 1598: „Da etwan der Windt anders werden solte, daß man müste den Lauff endern, so solte der Admiral bey Tage das grüene Fänlein fliegen lassen, und bey der Nacht drey Fewer anzünden."

Krautlaterne

Im 18. Jahrhundert verstand man unter ‚Feuer' eines Schiffes vor allem seine Positionslaternen. Von einem Schiff, das achtern drei Laternen führte, sagte man: es hat drei ‚Feuer' am Hackbord (obere Achterkante Heck). Diese drei Laternen waren an Backbord, auf Mitte Schiff und an Steuerbord angeordnet, und die mittlere – Hinterlaterne hieß sie damals – war die größte. Drei Laternen fuhr ein Vizeadmiral, der Admiral oder Befehlshaber eines Flottenverbandes vier – zusätzlich eine am Großmars –, während für einzelne, beziehungsweise untergeordnete Schiffe eine Hecklaterne genügte.

Andere Laternen an Bord – allerdings nicht mit der Bezeichnung ‚Feuer' – waren beispielsweise die Schlachtlaternen, die bei Nachtgefechten im Batteriedeck zwischen den Kanonen aufgehängt wurden, kleine Handleuchten zum Begehen der unteren Schiffsräume und ‚Diebeslaternen', die sich abblenden ließen, damit sie auch auf freiem Deck benutzt werden konnten, wenn man in der Nähe des Gegners diesem verborgen bleiben wollte, ‚Kukuk' oder ‚Schlunt' hießen sie auch. Und in der Pulverkammer hing die ‚Krautlaterne', aus Horn gefertigt, von engmaschigem Draht umgeben. Die Kerze darin brannte über einem wassergefüllten Bleieinsatz, um einem selbstverschuldeten In-die-Luft-Fliegen zu begegnen.

Auf den folgenden Seiten: Drei Feuer an den Hecks der beiden Hamburger Kriegsschiffe *Kaiser Leopold* und *Wappen von Hamburg*, erbaut im Jahre 1667 zum Schutze der Hamburger Kauffahrer gegen die Seeräuber.

‚Feuer' im Sinne unseres Wortes jedoch waren auch die Signallaternen, die am Schiffskörper angeordnet oder in der Takelage aufgeheißt wurden. Mit ihnen übermittelte man, besonders nachts, Nachrichten zwischen den Schiffen eines Verbandes. Schiffe in Kiel- oder Dwarslinie liefen damals in Abständen von mindestens einer Kabellänge – heute rund 185 Meter, 1/10 Seemeile, früher 120 Faden, also rund 220 Meter –, um sich bei Segelmanövern nicht gegenseitig zu behindern.

Für die Signalgebung waren Laternen aber nur ein Mittel unter anderen. Mit welchen man vor zweihundert Jahren auskommen mußte, trug Röding zusammen. Er formuliert, Signale seien „gewisse Zeichen wodurch man in einiger Entfernung andern Schiffen die nöthigen Befehle, Warnungen und Nachrichten ertheilt. Sie werden durch Kanonenschüsse, aufgesteckte Flaggen, Laternen und verschiedene sogenannte Blickfeuer oder Raketen gegeben, nach verschiedener Anzahl, Verbindungen und Wiederholungen; vertreten also gleichsam die Stelle

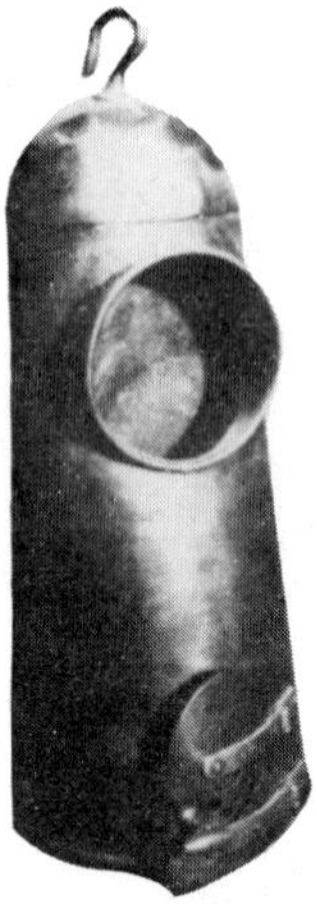

Ein Luntenträger, wie er auf Segelschiffen gewöhnlich benutzt wurde.

Die Bemerkung, daß mit Feuer und Licht an den Brücken und im Hafen nicht immer mit gehöriger Vorsicht verfahren werde, veranlasset die Cammer zur Erneuerung und etwanigen Abänderung der dieses Gegenstandes halber im Jahr 1789 erlassenen Verordnung; und wird demnach verordnet:

1) Es darf kein Pech, Harz oder Theer auf den Schiffen gekocht, noch warm gemacht werden.
2) Es darf überhaupt, weder im Winter, noch im Sommer, auf den Schiffen zum Kochen oder sonst Feuer gemacht werden.
3) Wenn das Wasser offen ist, so ist es zwar verstattet, Licht oder Oel in der Cajüte zn brennen; allein es muß der Leuchter oder die Lampe in einer Schale mit Wasser stehen.
4) Alles Tobackrauchen an der Brücke, und auf den Schiffen, oder im Raum derselben, — sie mögen beladen seyn, oder nicht, ist verboten.
5) Wer dieser Verordnung entgegen handelt, wird das erstemahl mit 10 Rthlr. und in ferneren Uebertretungsfällen mit erhöhter Strafe belegt; und soll der Angeber den dritten Theil der Strafe haben.

Der Hafenmeister, Zöllner, Theerwraker, die Zulage- und Policeidiener haben darauf zu sehen, daß dieser Verordnung nicht zuwider gehandelt werde, und müssen die Uebertretungsfälle sogleich bei der Cammer anzeigen.

Stralsund, am 5. Novbr. 1813.

Verordnete zum Cammergerichte.

der Sprache und sind nur dem verständlich, der das Signalbuch hat." Da aber „bey Nacht" die Flaggen nicht zu unterscheiden sind, half man sich „durch Feuer, oder Laternen, Kanonenschüsse, Raketen, Blickfeuer (eine geringe Menge loses Pulver, das man des Blitzes wegen anzündet) usw." Da man jedoch mit diesen „. . . bey weitem nicht die große Anzahl Veränderungen bewerkstelligen kann, die durch Flaggen so leicht thunlich ist, so ist es ein grosses Glück, dass eine Menge zu signalisierender Dinge sich bequem bis zum Tage verschieben lassen (!), und nur für die Artikel Nachtsignale gebraucht werden, die einer unverzüglichen Anzeige bedürfen. Man hilft sich bei den Nachtsignalen gewöhnlich dadurch, dass man die Laternen oder Feuer und ihre Lagen gegen einander vervielfältigt."

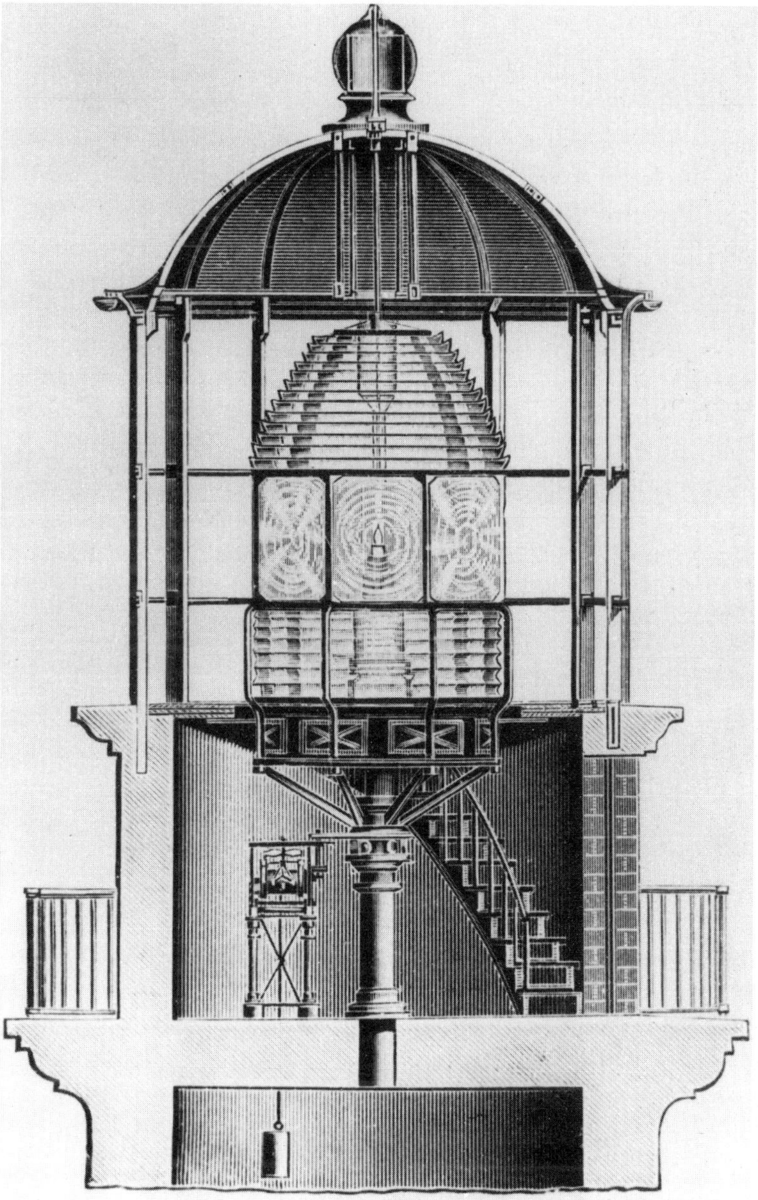

Fresnelsche Linse in der ‚Laterne' eines Leuchtturms, nach dem französischen Physiker A. J. Fresnel (1788 bis 1827). Er experimentierte mit einem prismatisch geschliffenen Glas, das „die Strahlen einer Lichtquelle so bricht, daß sie nicht radial auseinanderstreben, sondern in eine Ebene konzentriert werden. Durch diese Konzentration der Lichtenergie wird die Tragweite der Lichter wesentlich erhöht."

Verdeutlichen wir uns, wie umständlich und langwierig es war, von Schiff A an Schiff B beispielsweise die Zahl 460 zu übermitteln! Um die Ziffern 1 bis 0 darzustellen, waren vier Laternen nötig, deren Anordnung die Punkte innerhalb der Klammern zeigen:

(.) 1, (:) 2, (⁝) 3, (⁞) 4, (··) 5, (∵) 6, (∴) 7, (::) 8, (·:·) 9,

(.:.) 0. Und so verlief das Absetzen und Quittieren des „Spruches“: A gab einen Ankündigungsschuß, B zeigte eine Laterne als Zeichen für: „verstanden und empfangsbereit“. A gab (⁞) und zündete ein Blickfeuer. B quittierte durch Bedecken seiner Laterne, A bedeckte seine Laternen ebenfalls, ordnete sie neu (∵), nahm die Bedeckung ab und zündete ein Blickfeuer. B quittierte durch Zeigen seiner Laterne. A bedeckte seine Laternen, ordnete sie (.:.), nahm die Bedeckung ab und zündete ein Blickfeuer. B quittierte durch Bedecken seiner Laterne. A gab einen Abschlußschuß.

Die alte Benennung ‚Feuer‘ für Schiffslaternen ist also dem ‚Licht‘ gewichen. An Bord einzig erhalten geblieben sind, begrenzt vergleichbar mit dem Blickfeuer, die Bezeichnungen ‚Rotfeuer‘ und ‚Weißfeuer‘ für Handfackeln unter den pyrotechnischen Signalmitteln. Demgegenüber aber heißen alle ursprünglich offenen Feuer, die der Kennzeichnung von Schiffahrtswegen dienen, heute noch so, beispielsweise ‚Leuchtfeuer‘, ‚Richtfeuer‘, ‚Leitfeuer‘, ‚Blinkfeuer‘, ‚Blitzfeuer‘ und ‚Funkelfeuer‘, selbst die von Landstationen zur Funkpeilung der Schiffe gesendeten Signale nennt man ‚Funkfeuer‘. Und auch das ‚Feuerschiff‘ sei nicht vergessen, das seinen alten Namen behalten hat.

Nach schwerem Wetter, das den genauen Schiffsort mitunter fraglich machte, fiel allen Seeleuten ein Stein vom Herzen, wenn das gesuchte Feuer in Sicht kam. Dann stürzten sie hinaus auf die Back und starrten über die See in die Ferne. Manchmal aber irrte sich auch ein Jan Maat, so wie jener mecklenburgische Matrose, der da erzählte: „Ik hadd mal den Utkiekstörn. Dor reep ik: Füer Stüerbuurd vörut! Ik hadd den Maand (Mond) för Füer meld’t – dat kümmt vör.“

Fieren bedeutet: eine unter Zug stehende Leine oder eine Kette nachlassen, gleitenlassen, ihr entweder etwas mehr Lose geben, wenn sie zu steif gesetzt war, oder sie ein größeres Stück ablaufen lassen. ‚Fieren‘ heißt auch, den Gegenstand, der die Beanspruchung einer Leine verursachen kann, abwärtsführen, herunterlassen: eine Rah, ein Segel, ein Boot oder Stückgut werden ‚gefiert‘.

Das Gegenteil von ‚fieren‘ ist ‚hieven‘. Im 18. Jahrhundert noch nicht belegt, wurde es später aus dem gleichbedeutenden englischen

‚to heave' – heben, in die deutsche Seemannssprache aufgenommen. Während aber ‚fieren' auf Leine und Last bezogen wird, steht ‚hieven' nur für das Aufheißen der Last.

Das Wort lautete schon im Mittelniederdeutschen ‚firen', es stand für loslassen, nachlassen und wurde besonders auf Fäden, Leinen und Ketten bezogen. Im „Idioticon Hamburgense" lesen wir: „Also sagen unsere Kinder: Den Draken fyren oder uhtfyren – mit Nachgebung des Fadens ihn in die Höhe steigen lassen."

Auch der verwandte Wortsinn des deftigen: He let enen fieren, was wörtlich heißt: Er läßt einen streichen oder fahren, sei nicht vergessen.

In der Seemannssprache begegnen wir dem Wort zum erstenmal in Bremer Urkunden aus dem Jahre 1564: „... dat grote Anker vnd touwe vthgefiret" – den großen Anker und (das Anker-)Tau ausgebracht. In der gleichen Bedeutung war es niederländisch als ‚vieren', friesisch als ‚fierje' und englisch als ‚to veer' in Gebrauch.

Im 18. Jahrhundert hieß es in Hamburg: dat Tau fyren – das Tau „nachschiessen" lassen, während Röding unter ‚abvieren', ‚abfieren' oder ‚abfeiern' erläutert: „ein Tau dahin folgen lassen, wohin es von irgend einer Kraft gezogen wird ..." Später wurden auch die Zusammensetzungen ‚ab'-, ‚dal'-, ‚herunter'- und ‚wegfieren' benutzt: „Fier weg" lautet das Kommando, wenn beispielsweise ein Boot ausgesetzt, zu Wasser gelassen werden soll.

Das Fieren schwerer Trossen und Ankerketten dagegen bezeichnet der Seemann seit dem 18. Jahrhundert als ‚ausstecken' oder ‚stecken', und im Niederdeutschen der Jahrhundertwende bezog man in ‚fieren' auch das Niederholen von Flaggen ein. Literarisch ist dies durch Wilhelm Poeck zu belegen. Dieser damals viel schreibende und vielgelesene, heute längst vergessene Autor erwähnte in seinen Geschichten „von Löwen, Lumpen und anständigen Leuten", erschienen 1907: „... An den Vormiddag von den 16. Juni harr de schinees'sche Genera de Opfödderung kregen, sin Flag daltofiren ..." Nach wie vor gültig aber blieb bis heute die allgemeine Bedeutung des Wortes: ein straffes Tau langsam nachlassen.

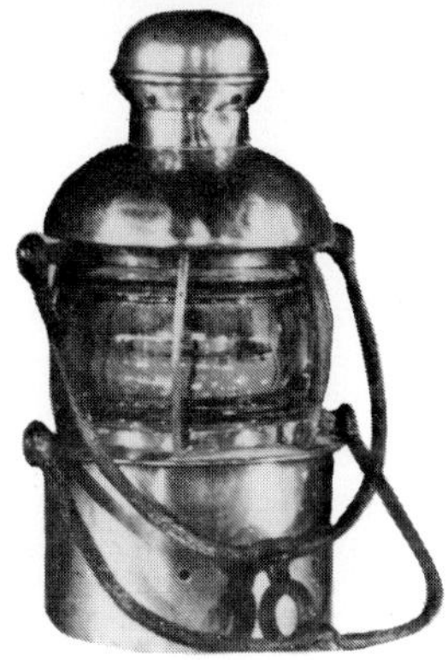

‚Navigationslampen', wie sie auf Schiffen des 19. Jahrhunderts benutzt wurden.

Die *Flaschenpost* ist eine Form der Nachrichtenübermittlung auf See, aus Schriftstücken bestehend, die in wasserdicht verschlossenen Flaschen in der Hoffnung über Bord geworfen werden, daß günstige Strömungen sie an irgendeine bewohnte Küste treiben, und daß sie von irgendjemandem irgendwo aus dem Wasser gefischt werden.

Das Wort wurde geläufig, nachdem man im Jahre 1802 zahlreiche Flaschen dieser Art für den ersten wissenschaftlichen Versuch zur Bestimmung des Verlaufs und der Ausbreitung des Golfstromes eingesetzt hatte. Noch im späten 19. Jahrhundert wurden auf Segelschiffen von Zeit zu Zeit gut verkorkte Flaschen mit ‚Flaschenfindezettel' über Bord geworfen. Der Schiffsort und die genaue Zeit, zu der die Flaschenpost aufgegeben wurde, sowie eine Aufforderung an den Finder, Zeit und Fundort festzuhalten, waren vermerkt, auch die Bitte, den ergänzten ‚Findezettel' an das Hydrographische Amt des Fundlandes einzusenden. Nicht selten erhielt man so wertvolle Hinweise über Richtung und Geschwindigkeit der Meeresströmungen, beispielsweise, als die deutsche Brigg „Marco Polo" am 23. August 1873 um 8 Uhr auf 48° 36′ nördlicher Breite und 6° 56′ westlicher Länge eine Flasche aussetzte. Sie wurde am 26. Oktober 1873 um 16.00 Uhr bei oudeschild auf Texel – Holland – 53° 3′ nördlicher Breite und 4° 11′ östlicher Länge angeschwemmt. 530 Seemeilen, täglich 8.3 Seemeilen, hatte sie zurückgelegt. Die Ergebnisse solcher „Reisen" veröffentlichte damals alljährlich das Londoner „Nautical Magazine".

Viel genannt sind jene Flaschenpostnachrichten, die von Schiffbrüchigen als letzte Möglichkeit benutzt wurden, den Lebenden eine Nachricht über ihr Schicksal zu hinterlassen. Kurze Mitteilungen enthielten sie, meist in der Gewißheit des bevorstehenden Endes in fliegender Hast und mit schwerer Hand auf ein Stückchen Papier geschrieben: Name des Schiffes, Heimathafen, Zeit, geographische Breite und Länge, Situation, Namen, Anschriften von Angehörigen, letzte Grüße. Nur selten fand man diese Flaschen, und oft waren schon Jahre vergangen, seitdem sie der See übergeben worden waren, doch hin und wieder konnte durch sie das Schicksal verschollener Schiffe oder vermißter Expeditionen aufgeklärt werden. Immerhin hatte sich ja dreierlei glücklich zu fügen: sie mußten an bewohnter Küste angeschwemmt, von Menschen gefunden und an eine Institution weitergeleitet werden. Oft aber zerschlugen die Flaschen an felsigen Küsten, spülten an unbewohntem Land an, oder Einheimische ließen sie in Unkenntnis der Bedeutung oder der fremden Sprache liegen.

Korkboje, die im 18. Jahrhundert über Bord geworfen wurde, wenn einer „ins Wasser fiel, damit sich solcher daran retten kann". (J. H. R.)

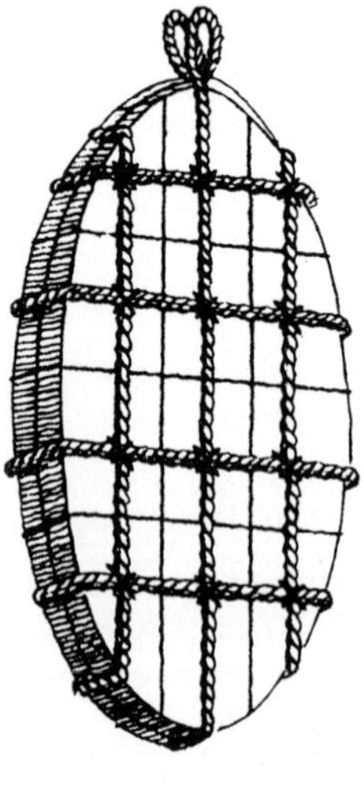

Schon Christoph Kolumbus dachte an eine (Art) Flaschenpost, so im Februar 1493 auf der Rückreise nach Spanien während eines Azorensturmes. Als sein Schiff zu sinken drohte, soll er seinen kostbarsten Besitz, Tagebücher, Karten und Aufzeichnungen über seine Entdekkungen, in ein kleines Faß getan und es sorgsam verschlossen haben. Er stellte es an Deck, nunmehr bereit, hinabzufahren in den ‚großen Keller'.

Fast vierhundert Jahre später fand Kapitän d'Auberville, er segelte mit seiner Bark „Chieftain" längs der westafrikanischen Küste, am Fuße des Berges Abylus ein Zedernfäßchen, das, ganz mit Muscheln bedeckt, innen eine überteerte Kokosnuß enthielt. In ihr lag, fabuliert er tüchtig drauflos, ein Pergamentstreifen, auf dem von der Hand Kolumbus' geschrieben stand: „Ich glaube nicht, daß die Mannschaft den nächsten Tag erleben wird, die Schiffe befinden sich zwischen den westlichen Inseln, und ich übergebe nebst diesem Bericht noch zwei gleiche den Wellen, in der Hoffnung, daß man sie auffinden wird."

Der *Flötentörn* war der vierstündige Wachdienst eines ‚Läufers' – im wahren Sinne des Wortes – zur Befehlsübermittlung von der Brücke zum Deck. Er wurde vermutlich eingeführt, als mit zunehmender Größe der Segelschiffe die Befehle auch der stimmgewaltigsten Kapitäne und Steuerleute unter dem Heulen des Sturmes und dem Rollen der See an Deck nicht mehr zu verstehen waren. Die Bezeichnung entstand, weil die Wachoffiziere den Befehlsübermittler heranpfiffen.

Der ‚Läufer', der den ‚Flötentörn' zu gehen hatte, hieß schließlich selbst so.

Flott ist alles auf dem Wasser unbehindert und freibeweglich Schwimmende oder Treibende, nicht am Grund Festsitzende und nicht Sinkende. Ein ‚flottes' Schiff war also keines in gefälliger Gestaltung, mit eleganter Linienführung, sondern ein intaktes, schwimmfähiges, nicht havariertes.

Das Wort hat mit ‚Floß', ‚Flotte', ‚Fluß' und ‚fließen' einen gemeinsamen Ursprung, es besitzt den niederländischen beziehungsweise niederdeutschen Lautstand, mit dem es als ‚vlot', ‚flott' auch ins Hochdeutsche gelangte. Ein frühes Zeugnis dafür ist der „Reisebericht" von Olearius aus dem Jahre 1647: „. . . Hier sassen wir 9 gantzer Stunden, ehe wir das Schiff wieder Flot bekommen kunten . . ." In diesem Sinne gebrauchte der Seemann ‚flott machen', ‚flott werden' und ‚flott sein'. Verständlich, denn das Flottsein war ja eine der Grundlagen seiner Existenz. Er sagte: Dat Schip is noch nicht flott: es sitzt noch am Grunde fest, wi künnen nich wedder flott kamen; en Schipp flottmaken – ein auf eine Untiefe geratenes Schiff, gegebenenfalls durch (Er-)Leichtern, zum Schwimmen oder in tieferes Wasser bringen. ‚Flott werden' bedeutete also immer freikommen, aufschwimmen.

Das Verb ‚flotten' stand für: zu Wasser fortbringen, auf See transportieren, auch für treiben: „. . . dei ollen Segelschep, dei dor so sachtmäudig hen un her flott'ten . . ." – . . . die alten Segelschiffe, die da so sanftmütig hin und hertrieben . . .

Während man unter ‚flott Water' im 18. Jahrhundert in manchen Landschaften seichtes, flaches Wasser verstand, wurde dagegen im

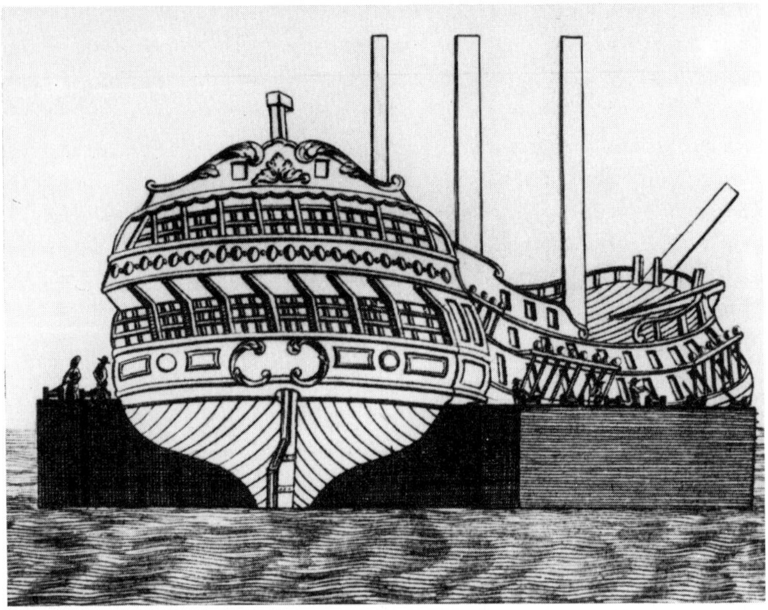

Zeitgenössische Darstellung aus dem 18. Jahrhundert – mit Hilfe von ‚Kamelen' wird ein Schiff über eine Untiefe in flottes Wasser gebracht.

19. Jahrhundert ein Gewässer, das gut schiffbar war, so bezeichnet. Auch ein Floß hieß ‚Flott', ebenso der Schwimmer am Netz des Fischers und der Kork an der Angel. Und von einem entlassenen Kapitän sagte man: „He is flott worden", was uns allerdings mehrdeutig und fragwürdig erscheint. Offenbar ist unser Wort aus dem maritimen Sprachbereich in die niederdeutsche Umgangssprache zurückgelangt und hat dort die bisherigen Bedeutungen erweitert. Beispielsweise nannte und nennt man noch immer die Sahne, den Rahm, der auf der Milch, das Fettauge, das auf der Suppe schwimmt, auch das Entenfutter auf dem Teich ‚Flott'. Viele der sinnreichen und bildhaften Redewendungen, einige von ihnen sind schon Jahrhunderte alt, kennen und gebrauchen wir noch heute: Flot gaan laten – Darauf los und dabei gut leben; eenen flot krigen – jemanden auf die Beine bringen oder einen zu einem Geschäft bewegen; he is 'n flott Schipp – er ist ein lebenslustiger Bursche; he lèwet flott – er lebt üppig, verschwenderisch; Wüll hüt mal flot wesen, sä de Snieder, do eet he 'n Hering – Wollen heute mal gut leben, sagte der Schneider und aß einen Hering.

Die Wendung ‚etwas oder einen flott machen' ist nicht mehr auf das Niederdeutsche und auf den Berufswortschatz der Seeleute beschränkt, sie wird varitionsreich gebraucht: ‚der flotte Hirsch' ist allgemein ebenso bekannt wie der ‚flotte Otto' oder ‚flott leben'.

Fluddern gebrauchte der Seemann ebenso wie ‚fladdern' im Sinne von flattern und wehen. Wenn der Wind schlaff hängende Segel oder Flaggen bewegte, sagte man beispielsweise: „De Wind fluddert mit de Segel", oder bei unbeständigem Wind: „Dei Wind fluddert hüt so hen un her."

Die Sprache des niederdeutschen Küstenbereiches kennt einige Ableitungen und Übertragungen unseres Wortes. So wurde als ‚fludderig' – man schrieb es auch ‚fluttrig' oder ‚flurrig' – ein Mensch bezeichnet, der flatterhaft und zerfahren war oder hastig und überstürzt handelte: Dei Kierl is mi tau fluttrig, hieß es von einem unbeständigen Menschen. Wenn jemand nachlässig arbeitete, sagte man: „He is 'n Fludderklaas!" ‚Fludderbrücks‹ war eine sehr weite, wehende Arbeitshose, zugleich aber auch der Spottname für deren Träger und außerdem die Bezeichnung für einen übertriebenen Angstmeier, einen Feigling; auch ein unsauberes Kind, das sich in die Bücksen ‚fludderte', wurde so genannt. Und ‚Fludderwater' hieß das Wasser, das nach einem Regen zeitweilig einen Weg bedeckte.

Mit dem lakonischen Kommentar: „Billig Firlefanz und brallig Fludderkram!" – Billiges Flitterwerk und aufdringlicher Kleiderputz! brachte Jan Maat sein Mißfallen gegenüber Äußerlichkeiten zum Ausdruck, mit denen an Land manche Menschen ihr Geltungsbedürfnis zur Schau stellten.

Das Wort *Galion* hat seinen Ursprung im romanischen Sprachbereich, spanisch hieß es ‚Galeon' und bezeichnete einen berühmten Schiffstyp des 16. Jahrhunderts. Galeonen waren vier- und dreimastige Segelkriegsschiffe, Kern der spanischen Silberflotten auf dem Seewege von Amerika nach Europa. Auch bildeten sie den Hauptbestandteil der Armada des spanischen Königs Philipp II., die im Jahre 1588 von Engländern und Holländern besiegt wurde.

Die Galeonen trugen vor dem Bug einen sich nach vorn verjüngenden Anbau, der zwar bis auf die Galeeren der Antike zurückführt, mit dem aber die seefahrenden Nationen Nordeuropas erst durch die vor ihren Küsten kreuzenden Schiffe der „unbesiegbaren" Seemacht Spanien näher bekannt wurden. Die Bezeichnung für die Schiffe mit diesen charakteristischen Anbau ging deshalb in der niederländischen und niederdeutschen Sprache bald auf den Anbau selbst über, und man nannte ihn ‚den', ‚die' oder ‚das Galion' oder auch ‚Galjon'. Bereits um 1585 sagte man: „Ein schip mit einem Gallion" – und meinte damit nicht nur Segelkriegsschiffe, sondern auch Kauffahrer.

Da das Galion nicht nur praktische Vorteile besaß, sondern auch größere Möglichkeiten für die architektonische Gestaltung der Schiffe

„Mit dem 16. Jahrhundert beginnt für die seefahrenden Völker, namentlich die des Nordens, eine vollständige Umwälzung im Schiffsbau und zugleich in der Besegelung und Betakelung der Schiffe. Im ganzen Mittelalter war es damit ziemlich bei dem Alten geblieben. Auf den berühmten gestickten Teppichen von Bayeux, welche die Landung Wilhelms des Eroberers in England darstellen und bald nach diesem Ereignisse angefertigt sind, haben die Schiffe nur einen einzigen Mast mit einem grossen Rahesegel, welches nur durch die Schoten an seinem Fusse gelenkt wird. Auf den Zeichnungen, die sich in den Handschriften von Froissart's Chronik aus dem 15. Jahrhundert finden, haben einzelne der dargestellten normannischen Schiffe neben dem Hauptmaste auch noch einen kleinen Hintermast, aber beide tragen nur ein einziges Rahesegel ohne Brassen; auch jetzt noch wurden die Segel lediglich durch die Schoten gelenkt. Man hatte zwar während der Kreuzzüge die mannigfaltig gestalteten Fahrzeuge des Mittelalters kennen lernen, Fregatten und Brigantinen, Caravelen und Corvetten, Galeeren, Galeassen und Galioten, Schebecken und Tartanen mit ihrer verschiedenen Bemastung und Besegelung, hatte sich aber nicht veranlasst gesehen, die heimatlichen Gewohnheiten und Einrichtungen mit den fremden zu vertauschen. Wie im Handel so auch in der Schiffahrt bewegte man sich nach dem Herkommen der Väter. Erst durch die grossen Entdeckungen am Ende des 15. und Anfange des 16. Jahrhunderts wurde ein Wetteifer bei den seefahrenden Völkern hervorgerufen und die Schiffahrt nahm einen ungeahnten Aufschwung. Sie war bisher auf die Binnenmeere beschränkt geblieben und wurde jetzt eine oceanische."

Arthur Breusing

erschloß, bezog man es in kurzer Zeit allenthalben in die Entwürfe europäischer Schiffbauer ein und fuhr es in vielerlei Formen dreihundert Jahre lang – etwa bis zum Ende der Segelschiffszeit – am Bug der Schiffe.

Der Anbau befand sich unterhalb des Bugspriets, das (auch der) auf großen Segelschiffen Träger des darüber hinausragenden Klüverbaums ist. Das Galion bestand meist aus offenen Balken sowie im Inneren aus einer Plattform mit seitlichen Regelingen, der späteren Reling. So zeigte sich das Galion als schützender Platz für das Arbeiten der Matrosen mit dem laufenden Gut der Vorschiffstakelage und war zu diesem Zweck mit diversen Blöcken und Belegklampen versehen. Außerdem diente es der Besatzung als Abtritt und wurde auch als Arrestzelle benutzt. Kluge fand dazu einen literarischen Beleg aus dem Jahre 1627: „Darnach schleust man den jenigen, der ein mehrers begangen, zu Wasser und Brod, etliche Tag und Wochen in deß Schiffs Gallion, darinn keiner, wann das Meer grosse Baaren und Wellen wirfft, trucken bleiben kan, und das ist eben so viel als deß Schiffs Gefängniß."

Als vordersten Teil des Schiffskörpers, von Bugspriet und Klüverbaum abgesehen, nannten die Seeleute das Galion seit dem 17. Jahrhundert treffend auch ‚Schnabel' oder ‚Schnute'. Und in ihrer Neigung zu metaphorischen Bezeichnungen sagten sie ‚Galion' auch zur menschlichen Nase: „sin Rükorgan ... was 'ne prachtvolle forsche Gallion", oder auch: „... wenn des Bootsmanns Gallion blau anläuft, haben wir innerhalb achtundvierzig Stunden einen Sturm."

Die Form des ‚Schiffsschnabels' gab den Seglern jedenfalls eine gefällige, ja manchmal elegante Seitenansicht, zudem wurde er oft kunstvoll gestaltet und mit Figuren geschmückt. Um 1630 begann dann die große Zeit der dekorativen Skulpturen, mit denen die Schiffe von vorn bis achtern überladen wurden. Jean Baptiste Colbert, 1619 bis 1683, Marine-Minister Ludwigs XIV. von 1669 bis 1683, formulierte die Parole für den Schiffbau dieser Zeit: „Nichts ist eindrucksvoller, nichts festigt die Majestät eines Königs mehr, als wenn seine Schiffe den erlesensten Schmuck tragen, den man je auf hoher See erblickte." Ein Programm, das nicht nur Könige zu ihrem eigenen machten. Üppige Phantasie erwachte, Pracht entfaltete sich, Prestigedenken machte sich breit. Das Schmuckbedürfnis erreichte in der Mitte des 17. Jahrhunderts seinen Höhepunkt. Die französische, englische und niederländische Marine, Schiffbauer und Künstler überboten sich in der prachtvollen Gestaltung der Schiffe, sie widmeten sich nicht nur dem Galion, sondern auch der Außenhaut und insbesondere dem Hinterschiff. Der üppige Schmuck erfaßte den gesamten Heckaufbau im Bereich seiner hinteren und seitlichen Flächen, und die Verzierungen erstreckten sich über die Galerien von den unteren bis zu den oberen Decks: vergoldete Embleme, ein Schild mit dem Nationalwappen und dem Namen des Schiffes, eingerahmt von Figuren und den Schiffslaternen, Häuserfronten gleich, mit vergoldeten Giebeln, Engeln, mythischen Tieren und strammen weiblichen Wesen.

In der Literatur gibt es dazu eine interessante zeitgenössische Dar-

Geschnitzter Tierkopf am Bug vom Osebergschiff, Handelsschiff der Wikinger. Fundort Oseberg bei Oslo.

stellung, die uns näheren Aufschluß über die Bedeutung und den Sinn dieser Dekorationen vermittelt. Der Engländer Thomas Heywood beschrieb das damals höchst verschwenderisch ausgestattete englische Schiff „Sovereign of the Seas“ in seinem 1637 erschienenen Buch „A True Description on His Majestien Royall Ship built this yeare 1637 at Woolwich in Kent to the great glory our English nation and not paralleld in the whole Christian world“: „Auf dem Galion sitzt seine Majestät, der König Edgar, auf seinem Pferd und trampelt auf sieben Königen herum ... Dieser Edgar war der erste, der sich wirklich als absoluter Monarch der Insel bezeichnen konnte; denn in dieser Zeit gab es eine Reihe von Herrschern, die kleine Könige waren und eine absolute Herrschaft über verschiedene Provinzen ausübten. Seine Royal Navy bestand aus 3600 Schiffen, um Seefahrer vor Feinden und Seeräubern zu schützen. Und diese Inseln, deren einziger Fürst und Monarch er war, standen unter seinem alleinigen Schutz, befriedigt und gesichert. Er nannte sich selbst – wozu er berechtigt war – ‚Lord der Vier Meere‘ ... Am Vorsteven ist Cupido dargestellt oder ein Kind, das ihm ähnelt. Er besteigt einen Löwen und hält ihn im Zaume.

Bi den Schoner Margaretha Dethloff (gebaut 1874 in Rostock, ging 1889 auf der Fahrt von Rotterdam nach Inverness verloren) – dat wier 'ne Buerfru – wier de Gallionspopp in de Landdracht von de swarten Buern. Dat sünd de ut'n Häger Urt. (Nach Richard Wossidlo)

Das bedeutet, daß Geduld Übermut zähmen und Unschuld Gewalt überwinden kann, und ist eine Anspielung auf die große Barmherzigkeit des Königs, dessen Gnade zu allen Zeiten alle seine Werke beherrscht hat.

Heckverzierung, Modell eines englischen Linienschiffes aus dem Jahre 1684.

Auf der Vorderfront des Vorkastells sind sechs verschiedene Statuen in unterschiedlichen Haltungen dargestellt: Sie bedeuten ‚Consilium', das heißt Beratung, ‚Cura', das heißt Vorsicht, ‚Conamen', das heißt Fleiß. Die Statue ‚Consilium' hält ein zusammengerolltes Schriftstück in ihrer Hand, die Statue ‚Cura' einen Seekompaß und die Statue ‚Conamen' ein Symbol des Fleißes. Auf der anderen Seite der Vorderfront des Vorkastells werden dargestellt ‚Vis' mit einem Schwert in der Hand, Kraft und Stärke bedeutend, ‚Virtus' oder Tugend mit einer sphärischen Erdkugel und ‚Victoria' oder Sieg mit einem Lorbeerkranz. Aus diesen Bildern sollen wir lernen, daß es bei allen großen Unternehmungen zunächst einer Beratung bedarf, daß wir dann Vorsicht walten lassen müssen und daß wir schließlich Fleiß zeigen sollen, um das Werk zu vollenden. Dann werden wir – das ist auf der anderen Seite dargestellt – mit Stärke und Tugend zum Sieg gelangen, der das Unternehmen zum glücklichen Ende führen und krönen wird.

Mittschiffs auf der Bordwand sind vier Figuren mit ihren Eigenschaften abgebildet: Jupiter, auf seinem Adler reitend, Mars mit seinem Schwert, Neptun mit Seepferd, Delphin und Dreizack und schließlich Aeolus mit den vier Winden, Ostwind, genannt Eurus, Subsolanus und Apeliotes, dem Nordwind, genannt Septemtrio, Aquilo oder Boreas, dem Westwind, Zephyrus, Pavonius, Lybs und Africus, und schließlich dem Südwind, auch Auster oder Notus genannt.

Jetzt komme ich zum Heck, wo man die Victoria sehen kann ... Ihre Schwingen sind ausgebreitet, auf einem Arm trägt sie die Krone, auf dem anderen einen Lorbeerkranz, der Reichtum und Ehre bedeutet. In ihren beiden Händen hält sie zwei Wahlsprüche, und zwar trägt die rechte Hand, die zu Jason (erster Argonaut) hinzeigt, die Inschrift: ‚Nava' ... Nach links zeigt sie auf Herkules, der seine Keule in der Hand hält. Für ihn heißt der Wahlspruch: ‚Clava', als ob sie sagen wollte: ‚Oh, Herkules, sei du an Land mit deiner Keule so tapfer, wie Jason auf dem Meere mit seinem Riemen fleißig ist.' Herkules zeigt wieder zu Aeolus, dem Gott der Winde, und sagt: ‚Flato'. Jason zeigt zu Neptun, dem Gott des Meeres, und sagt: ‚Faveto' ...

Unten am Heck auf jeder Seite des Ruders steht die Inschrift, die dem großen Karl gewidmet ist: ‚Der das Meer beschützt, die Winde und die Schiffe dazu, der möge auch Dein großes Schiff auf dem rechten Kurs führen! ...'

Es würde zu weit führen, jedes einzelne Ornament zu beschreiben, das zu diesem unvergleichlichen Fahrzeug gehört, aber zu seiner äußerlichen Erscheinung muß doch noch dies gesagt werden: Es hat auf jeder Seite zwei eigenartig geschnitzte Galerien und auf den Schiffsseiten Schnitzwerk, das Artillerietrophäen und Ehrenzeichen darstellt. Ferner ist es mit Symbolen und Emblemen versehen, die auf die Navigationskunst hindeuten. Weiterhin finden wir die Insignien der beiden heiligen Majestäten, deren Waffen, Wappenschilde usw. und verschiedene Engel, die die königlichen Monogramme halten. Alles Schnitzwerk ist vollständig vergoldet, wie man überhaupt keine anderen Farben sehen kann als Gold und Schwarz . . ."

Von Frankreich aus aber machte Ludwig der XIV. seinem Ruf als Sonnenkönig auch auf den Meeren alle Ehre. Im 17. Jahrhundert arbeiteten in französischen Werkstätten und auf den Werften die besten Schiffskonstrukteure und Schiffszimmerleute der Welt. Und viele Künstler der Zeit, wie die Maler, Zeichner und Bildhauer Pierre Puget, Charles Lebrun und der Hofkünstler Jean Berain hatten ein neues und weites Betätigungsfeld. Eines der „Königsschiffe", die „Soleil Royal", 1669 erbaut und 1689 abgewrackt, galt nicht nur in der Flotte Ludwigs XIV. als das schönste Schiff. Jean de la Varende schreibt dazu: „Auf den französischen Schiffen beschränkte sich der Schmuck auf zwei Hauptstellen, das Vor- und Achterschiff. Über den Vorsteven erhob sich die Galion wie eine bourbonische Nase. Sie formte einen gebogenen Sporn, der eine geschnitzte Figur von ansehnlicher Größe zu tragen pflegte. Von dort verliefen nach der Bordwand in leichter Biegung drei Galionsbalken, die untereinander durch senkrechte Stützen verbunden waren und so ein Schanzkleid bildeten. Sie vereinigten sich an den vorderen Bordwänden mit den reich verzierten Stützen der Kranbalken in einem schweren geschnitzten Relief . . . Eine mächtige Balkenkonstruktion stützte das Heck, dessen erstes Deck in der Höhe der zweiten Batterie begann. Den verschiedenen Decks entsprachen achtern die Balkone, die mit dem Glitzern ihrer Fenster und dem schmückenden Beiwerk ihrer mächtigen Figuren, Meeresgöttern, Atlasträgern und anderen Allegorien den Spiegel des Schiffes außerordentlich bereicherten. Bei der ‚Soleil Royal' gehörten die drei Balkone zum Salon, dem Beratungsraum und der Kommandokajüte. Anstelle des auf den spanischen und alten französischen Schiffen üblichen Heiligenbildes wurde das Ganze von einem sein Viergespann lenkenden Apoll gekrönt . . ."

Diese aufregenden Kunstwerke, zum Teil vollendet in der Form, überschritten indessen mehr und mehr die Grenze zum Nutzlosen. Zudem war der verschwenderische Luxus in vieler Hinsicht störend und

Eine Galeone – mit hohen, kastellartigen Aufbauten auf dem Vor- und Achterschiff – und eine Galeere vor dem Wind. Zeitgenössische Darstellung von Pieter Breughel, zwischen 1525 und 1536 bis 1569.

Auf den folgenden Seiten:
Die zweite *Wappen von Hamburg,* erbaut in den Jahren 1686/87.
Das Schiff brachte es innerhalb von 32 Jahren auf insgesamt 25 Konvoifahrten. Es war weitaus reicher als die *Wappen I* ausgestattet, insbesondere im Bereich des Achterschiffs mit Figuren und Reliefs. Doch blieb die Form des Heckspiegels aufgrund des hohen, schmalen Oberdecks die gleiche. Alle Schiffe aus der Frühzeit der hamburgischen Konvoifahrt waren von Christian Precht mit Schnitzwerk und Figurenschmuck versehen worden.

von Nachteil: Die übermäßige Prachtentfaltung kostete sehr viel Geld, die tonnenschwere Masse des „spazierengefahrenen" Schmuckes ging an Ladung oder Bewaffnung verloren, und was der Schmuck an Stabilitätsverminderung bewirkte, mußte durch nutzlosen Ballast wieder ausgeglichen werden. Außerdem behinderten die üppigen Kostbarkeiten die Manöver der Schiffe auf See und im Hafen, und die Kapitäne werden wohl oft große Ängste ausgestanden haben, wenn sie mit diesen Kunstsammlungen an den Bordwänden irgendwo anlegen mußten.

Doch gegen Ende des 17. Jahrhunderts setzte sich das Vernünftigere wieder durch. Die Dekorationen waren von nun an nicht mehr so prunkvoll, der Schmuck bescheidener, bis dann im 19. Jahrhundert die funktionslose Pracht ganz verschwand. Was von der Herrlichkeit übrigblieb, waren die Galionsfiguren.

Bugverzierungen hingegen sind älter – so alt wie die Schiffahrt selbst. Schon die Fahrzeuge der Pharaonen auf dem Nil und die seetüchtigen ägyptischen Schiffe hatten Bugverzierungen, Nachbildungen von Tiergestalten, Bock und Pferd in der Regel. Die Schiffe griechischer Städte kannten schon den Löwen als Galionsfigur. Auch die Römer verwandten gern Figuren. Als Bug- und Heckzier stand bei ihnen der Schwan in hohem Ansehen. Und von den Wikingern wissen wir, daß ihre wohldurchdachten, schnellen Langboote oft reichgeschnitzte Verzierungen an Bug und Steven hatten, vorn und achtern dräuende Drachenköpfe, die – ganz zweckbestimmt – auch abgenommen werden konnten. Die schiffbaulich tüchtigen und kunstfertigen Wikinger legten, wie Ausgrabungen und Funde belegen, darauf besonderen Wert. Über räumliche Entfernungen und zeitliche Abstände hinweg war allen frühen seefahrenden Völkern ein ähnliches Denken gemeinsam. Natürlich reizte es, die Schiffe zu schmücken, aber der eigentliche Beweggrund war ein anderer: die gefürchteten Unsichtbaren und freilich auch die irdischen Feinde sollten erschreckt, besser noch verschreckt werden. Die Macht der Götter und Geister sollte gebrochen werden, zumindest wollte man sie versöhnlich stimmen. Vogelgeister, Drachenköpfe und magische Zeichen – darunter auch Kunstwerke von einzigartiger Schönheit, wie wir sie von den wikingischen Totenschiffen kennen – sollten die Dämonen der Tiefe und des Himmels bannen, Furcht nehmen und Kraft geben.

Erst mit dem Aufkommen des Christentums wurden die figürlichen Beschwörungen der Gewalten und Meeresgeister sanfter, gleichwohl wurden Frömmigkeit und rechtschaffene Kirchengläubigkeit bei den Küstenbewohnern der Nord- und Ostsee nie so ganz heimisch. Noch zur Zeit der Hanse, also nach mehreren hundert Jahren Christianisierung, zierten durchaus heidnische Motive die Schiffe. Das Stadtsiegel von

Bergen aus dem Jahre 1276 zeigt eine Nef, ein einmastiges Schiff mit Seitenruder und großen Drachenköpfen an Vor- und Achtersteven, und als der Hamburger Kaufherr Simon von Utrecht 1402 den legendären Klaus Störtebeker besiegte, hatte seine „durch die See brausende (Bunte) Kuh“, so berichtet es die Überlieferung, einen Kuhkopf am Koggen-Steven.

Doch die große Zeit der *Galionsfiguren* begann im 17. Jahrhundert, und sie dauerte bis zum Anfang des 20. Jahrhunderts, als die hölzernen Segelschiffe von den Rauchfahnen am Horizont verdrängt wurden. Im 18. Jahrhundert nannte man die Galionsfigur ‚Bild des Schiffes‘. In seinem „Allgemeinen Wörterbuch der Marine“ zeigt uns Johann Hinrich Röding in einem Kupfer ein Galion mit aufrecht stehendem Löwen, in seinen Vordertatzen ein Wappenschild tragend, und schreibt dazu: „Die vorne am Galion befindliche Figur, welche gewöhnlich die Gestalt eines Thiers, einer Gottheit, eines sitzenden Frauenzimmers etc. hat. Auf holländischen Schiffen findet man allzeit einen Löwen, als das Wappen des Landes.“ Die Zahl der Galionsfiguren ist groß, und außer dem Löwen wurden Meerfrauen und Nixen bevorzugt, aber auch Krieger, Ritter, Fürsten, Reeder und Kaufherren im Zylinder und zarte und kraftvolle Frauengestalten. Jozef Konrad Korzeniowski, Seemann und englischer Schriftsteller polnischer Abstammung, seit dem 1894 erschienenen Roman „Almayer's Wahn“ als Joseph Conrad berühmt, schrieb dazu in seinem Buch „Das Lächeln Fortunas“: „Der Kapitän betrachtete die Galionsfigur in sehr persönlicher Weise, er verband sie in seinen Gedanken mit dem Schicksal seines Schiffes und seinem eigenen.“ Dies freilich, so wollen wir ergänzen, tat nicht nur der Kapitän. Die Galionsfigur wurde auch von der Mannschaft als Schutzpatron, als Talisman, angesehen. Von ihr hing das gute Gelingen einer Reise ab – wieder spielte sie im Leben des Seemannes eine Rolle, die sie vor Jahrhunderten, ja Jahrtausenden in ähnlicher Weise schon einmal gespielt hatte. Den Galionsfiguren der neueren Zeit, kostbaren Werken großer Künstler oder von ungenannten Zimmerleuten geschnitzt, wurde Liebe und Aufmerksamkeit entgegengebracht, ihre Beschädigung oder gar Zerstörung war ein böses Omen, signalisierte großes Unglück, das Schiff wurde zu einem Unglücksschiff. Seemannsgeschichten, so verschieden sie im einzelnen sind, geben uns eine gute Vorstellung von der seltsam realen Bedeutung, die einstmals Galionsfiguren für den Geist der Besatzung gehabt haben:

„Erregt meldete die Mannschaft der britischen Fregatte ‚Brunswick‘, es sei ihrer Galionsfigur, die den Herzog von Braunschweig in schot-

Vorschiff mit Galion und Galionsfigur – aufrecht stehender Löwe, in seinen Vordertatzen einen Wappenschild tragend. Kupfer aus dem 18. Jahrhundert.

tischer Nationaltracht darstellte, der Hut vom Kopf geschossen worden. ‚Es schickt sich nicht', so meinten die braven Jungens, ‚daß der edle Lord seinen Feinden barhäuptig entgegentritt.' Der Kapitän, selbst schwer verwundet, zögerte nicht lange und stellte als Ersatz seinen goldbetreßten Galahut zur Verfügung. Das geschah am 1. Juni 1794. Ehe die Sonne sank, war ein entscheidender Sieg der britischen Flotte über die Franzosen erfochten.

Das Kaperschiff ‚General Armstrong' führte eine Galionsfigur von großer Porträtähnlichkeit mit dem populären Kriegshelden. Als das Schiff bei Fayal versenkt werden mußte, um nicht in die Hände des Feindes zu fallen, bestand die Mannschaft darauf, den ‚alten General' zu retten. Trotz heftigen Kanonenfeuers wurde die Galionsfigur abgesägt und in einem Boot an Land in Sicherheit gebracht.

Eine Galionsfigur war in schwerem Wetter verlorengegangen. ‚Wir brauchen eine neue', verlangte der Schiffszimmermann von seinem Kapitän, der unglücklich vor sich hin brütete. Doch dieser entschied anders. Entrüstet fuhr er aus seiner Trauer auf und rief: ‚Eine neue Galionsfigur? Was bilden Sie sich ein?! Im Mai werde ich 28 Jahre Witwer sein. Eher würde ich mir eine neue Frau nehmen!'

Und als einmal ein Segelschiff nicht so lief, wie der Kapitän es gern wollte, befahl dieser einem Matrosen, der Galionsfigur, einer rassigen Schönen, mit dem Schwabber sanft das Gesicht zu kitzeln und dabei zu sagen: ‚Loop, min Deern, loop to!' Nach wenigen Augenblicken sprang ein günstigerer Wind auf und das Schiff machte gute Fahrt."

Mutmaßungen über den Wahrheitsgehalt solcher Geschichten aus der „Romantischen Seefahrt" wollen wir nicht anstellen, sie werden wohl wahr sein. Zweifellos war für die alten Fahrensleute das ‚Bild', die ‚Galionspopp' (-puppe), die Verkörperung des Schiffes selbst, gleichsam die Seele des Gefährts, das sie trug und dem sie sich anvertrauten. Joseph Conrad schreibt in der „Weihe": „Über all diese leeren oder beladenen Schiffsrümpfe spannten ungefähr hundertfünfzig hohe Masten das Gespinst ihrer Takelage wie ein ungeheures Netz aus, in dessen dichten Maschen sich die schweren, gegen den Himmel schwarzen Rahen verfangen und verstrickt zu haben schienen. Es war ein unvergleichlicher Anblick. Selbst das bescheidenste, demütigste Fahrzeug auf den Wellen rührt durch seine Ehrlichkeit und Pflichttreue an jeden Seemanns Herz; hier aber lag die Schiffsaristokratie. Es war eine Auslese der Schönsten und Schnellsten, und jedes führte am Bug das geschnitzte Sinnbild seines Namens; da gab es wie in einer Galerie von Gipsfiguren, Frauengestalten mit Mauerkronen, Frauen mit wallenden Gewändern, mit goldenen Diademen im Haar

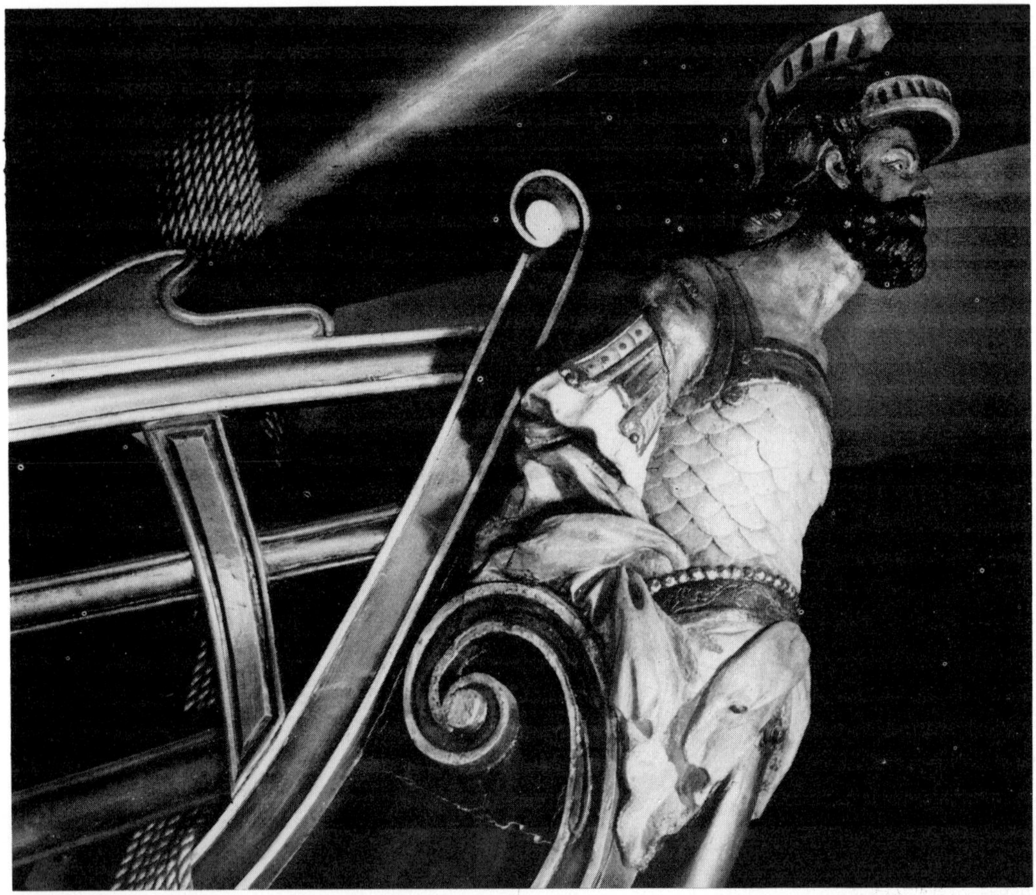

Galionsfigur „Ares" – Gott des Krieges. England, 18. Jahrhundert, Länge 142 cm.

oder blauen Schärpen um die Hüften, und die steckten wohlgerundete Arme aus; da gab es barhäuptige oder behelmte Männerköpfe und in voller Größe schneeweiße Krieger, Könige, Staatsmänner, Lords und Prinzessinnen; hier und da war die dunkelhäutige in vielen Farben herausgeputzte Gestalt eines turbangeschmückten orientalischen Sultans oder Helden zu sehen; und sie alle neigten sich unter der Schräge mächtiger Bugspriete vor, als verlangten sie voller Sehnsucht danach, in ihrer schwebenden Neigung eine neue elftausend Meilen lange Reise zu beginnen. Das waren die Galionsfiguren der schönsten Schiffe zur See. Aber warum sollte man versuchen, in Worten einen Eindruck wiederzugeben, dessen Treue keinen Kritiker und keinen Richter finden kann, da keines Menschen Auge jemals wieder solch eine Ausstellung der Kunst des Schiffbaues und der Galionsfigurenschnitzerei erschauen wird, wie sie damals vom Anfang bis zum

Ende jedes Jahres im Freilichtmuseum des New South Dock zu sehen war – warum, wenn nicht um der Liebe zu dem Leben willen, das diese Bilder in ihrer wandernden Unbewegtheit mit uns teilen? Die ganze geduldige, bleiche Schar der Königinnen und Prinzessinnen, Könige und Krieger, der allegorischen Frauengestalten, der Heroinen und Staatsmänner und heidnischen Götter, der Bekrönten, Behelmten und Barhäuptigen ist für immer von der See verschwunden, aber bis zuletzt haben sich die schönen, gerundeten Arme über den stürzenden Schaum hin ausgestreckt, bis zuletzt trugen sie ihre Speere, Schwerter, Schilde und Dreizacke in derselben unermüdlichen, vorwärtsstrebenden Haltung vor sich her. Und nichts ist von ihnen geblieben, es sei denn, daß im Gedächtnis einiger Männer nur zaudernd noch der Klang ihrer Namen wohne, die schon vor so langer Zeit von der ersten Seite der Londoner großen Blätter verschwunden sind, verschwunden aus dem Sinn der Matrosen, Dockmeister, Lotsen und Schleppdampferleute, dem Anruf barscher Stimmen und dem Flattern der Signalflaggen, die gezeigt werden, wenn zwei Schiffe sich begegnen und allein weiter in die offene Unendlichkeit der See ziehen."

Und auch der Finne Olavi Paavolainen hat dies in deutbar schönen Worten eingefangen:

„Wir wurden geschnitzt für den Bug der Schiffe / Den Blick hinaus zum fernen Ufer gerichtet. / Unbeweglich, vergoldeten Auges starren wir / Hinaus auf den stillen fernweiten Horizont des Meeres. / In

Galionsfigur „Merkur" – nach Mercurius, lateinischer Name des griechischen Hermes, der namentlich von den Kaufmannsgilden verehrt wurde. Wahrscheinlich Anfang des 19. Jahrhunderts, Länge 110 cm.

Galionsfigur eines Tritonen – nach der griechischen Sage einer der unteren Meeresgötter, dessen Gestalt man sich aus einem menschlichen Oberkörper und einem Fischleib zusammengesetzt dachte. England, 19. Jahrhundert, Länge 153 cm.

schwarzen Nächten / Schlagen die salzigen Sturmeswogen an uns empor, / als schwimmende Spukgestalten, von Wasser triefend, / Stürzen wir den tobenden Mauern der Brandung entgegen. / Und wenn hinter der Dünung die Sonne empor sich windet, / Suchen wir wieder mit starren Augen das Ufer. / Wir wurden geschnitzt für den Bug der Schiffe, / Für den vielförmigen, hölzernen, Bug, für den stählernen Bug. / Vater schnitzt uns für das Spielzeugschiff seines Jungen, / Der Mann für ein Kriegsboot, für sein Boot zur Freiersfahrt. / Die einen schnitzen / Voll von Wind unseren Mantel. / Die anderen schnitzen / Zu schallenden Röhren unsere Hände. / Und andere gewaltige, rauschende Flügel in unsere Schulter. / Vorwärts, wir recken uns über den scharfen Bug unserer Schiffe! / Doch jeder schnitzt in uns die Augen seines Geheimnisses / Weithin starren sie, unbeweglich und groß. / Wie glänzt das goldfarbene Holz im Mondschein des Passats. / Wie leuchtet der vereiste Stahl in der schimmernden Nacht der Arktis!“

Linke Seite: Galionsfigur „Leda“ – nach der Sage vermählte Zeus sich mit ihr in Gestalt eines Schwanes. Vermutlich Ende des 19. Jahrhunderts, Länge 110 cm.

Gat ist ein weit verbreitetes Wort für Loch, es steht auch für Hinterteil, speziell für das Heck von Schiffen und Booten.

Schon im Altnordischen, Altsächsischen, Mittelniederdeutschen und Mittelniederländischen hieß es ‚gat‘, altfriesisch ‚jet‘, angelsächsisch ‚geat‘ in den Bedeutungen Loch, Öffnung, enger Durchgang, Tor, Tür und gelangte in das Englische als ‚gate‘ für Tor und Pforte. Auch im Dänischen und Schwedischen gibt es unser Wort.

In den niederdeutschen Mundarten des 18. Jahrhunderts wurde ‚Gat‘ (‚Gatt‘) gleichermaßen für Loch und Öffnung gebraucht, so auch für After, dann verallgemeinert für den Hinteren, und davon abgeleitet für das Hinterteil eines jeden Gegenstandes. In einigen alten Redensarten begegnet es uns: Sitt up ’t Gatt – Sitz still; ikk war di vör dat Gatt kamen – du bekommst was auf den Hintern; einen dat Gatt versahlen – jemanden versohlen; em vör dat Gat stüpen – ihn prügeln; he mutt jümmer eenen achter’t Gatt hebben – er braucht immer Unterstützung, kommt allein nie zurecht. Anschaulich ist ferner die sinnreiche Übertragung bei: in ’t Gat wesen, was heißt: in der Enge, in Gefahr, eigentlich verloren sein. Im Schleswig-Holsteinischen hatte das Wort noch eine andere Farbe: ‚Jan Gat‘ war dort ganz einfach ein dummer Kerl.

Die Seeleute übernahmen ‚Gat‘ in ihre Sprache und benutzten es allein oder in Verbindungen. So betrachteten sie das Heck des Schiffes als dessen Podex und nannten es ‚Gat‘. Je nach seiner Form bezeichneten sie es als ‚Plattgat‘ (Spiegelheck), ‚Rundgat‘ oder ‚Spitzgat‘ und sprachen vom ‚plattgattet‘ oder ‚rundgattet‘ Schipp. Wenn es infolge entsprechend gestauter Ladung achtern einen größeren Tiefgang als

Block für die Nock der Großrah.

vorn hatte, also achterlastig, hecklastig, vertrimmt war, hieß es auch: „Dat Schipp liggt im Gat." Die Form, die Schwerpunktlagen und damit der Trimm der Schiffe beeinflußten ihre Segeleigenschaften, und Jan Maat wußte: „Weck Schäp willen up 'n Kopp liggen, weck int Gatt", was sinngemäß heißt: Einige Schiffe wollen kopflastig, einige hecklastig gefahren werden, um am besten zu laufen. Den häufig gebrauchten Ausdruck ‚aufs Gat deisen' kennen wir schon.

Auch Räume an Bord, die so klein waren, daß sie wie Löcher anmuteten, nannte der Seemann ‚Gat': beispielsweise das ‚Hellegat', das früher unten im Bug angeordnet war und der Aufbewahrung von Takelwerk des Bootsmanns und manchmal auch als Arrestzelle diente. Aus diesem Verwendungszweck entstand eine volksetymologische Umdeutung des ‚Hellegats' als ‚Höllenloch'. Für einen Matrosen, der darin „seine Zeit absitzen" mußte, wird es bei Glattwasser noch erträglich, bei Seegang aber die Hölle gewesen sein, zumal er bei schwer stampfendem Schiff den großen Auf- und Abwärtsbewegungen des Vorschiffes ausgesetzt war und bei jedem Eintauchen des Bugs in einen Wellenberg – in Abständen von Sekunden – hart gegen die ihn eng umgebenden Bauteile geschleudert wurde.

Später, auf größeren Schiffen, galt die Bezeichnung ‚Hellegat' allgemein kleinen Stau- und Arbeitsräumen an Bord. So gab es das ‚Bootsmanns'-, das ‚Zimmermanns'- und das ‚Feuerwerkershellegat', um nur einige zu nennen. Sie dienten der Ausgabe des Tagesbedarfs an Verbrauchsstoffen und waren oft als kleine Werkstatt eingerichtet. In Lasten dagegen staute man Materialien für längere Zeit. Auf heutigen Handelsschiffen ist das ‚Hellegatt' ein kleiner Raum zur Lagerung von Laternen.

Segelschiffe mußten stets eine größere Anzahl Leinen und Trossen in Reserve mitführen, damit die bei schwerem Wetter mitunter brechenden Leinen des laufenden und stehenden Gutes ersetzt werden konnten. Sie wurden im ‚Kabelgat' gestaut, einem Raum, dessen Bezeichnung auf die frühere Benennung ‚Kabel' für Trossen – dicke Leinen – zurückführt.

Auch aus der Vielzahl der Ausdrücke für die an Bord vorhandenen tatsächlichen Löcher wollen wir einige aufbewahren: Das ‚Hennegat' war ein Loch in der Gillung, dem unteren Teil des Hecks, durch das der Ruderschaft fuhr.

‚Klüsgaten' hießen die Löcher in der Außenhaut des Vorschiffs zum Ausstecken und Hieven der Ankertrossen. Ein ‚Speygat' war und ist noch heute (‚Speigatt') ein Loch im Schanzkleid oder in der Außenhaut zum Ablaufen übergekommenen Wassers oder von Schmutzwasser nach außenbords.

Unter ‚Schießgaten‘ verstand man „runde Löcher in den Schotten der Back, Schanze und anderen Stellen, die man zuweilen wol auf Kauffahrern findet, damit die Mannschaft, wenn das Schiff geentert worden, durch selbige mit dem Handgewehr auf den Feind feuern kann.“

Das ‚Soldatengat‘ im Mars (der oder die Mars) – Plattform am Fuß der Marsstenge zum Spreizen der Stengewanten, früher auch als ‚Mastkorb‘ gestaltet – war ein Loch, ein Durchstieg in seinem Boden, „durch welches nicht seegewohnte Personen in den Mars kriechen, die sich nicht getrauen, im Püttingswant außen herum zu entern.“

Aber auch ein Leck, ein Loch in der Außenhaut, nannte der Seemann im 17. Jahrhundert ‚Gat‘, und wir finden bei Kluge, wie man 1673 auch ohne Leckkissen kleine Lecks abdichtete: „Wir nahmen auch mager Ochsenfleisch, legten es gegen das Gat an, und dar Stücklein von Brettern auff, so zwischen die Inholtzen (Spanten) paste, und solches ward bestrebet, damit das Wasser das Fleisch nicht wegtreiben konte.“

Kleine Löcher, beispielsweise in Segeln oder Persenningen, bezeichnete Jan Maat als ‚Gatchen‘ oder ‚Gatjen‘, so auch die Reffgatchen, in Segel eingenähte Ösen, zum Durchziehen der Reffleinen.

Und wenn die in ihren Kojen oder Hängematten noch schlafende neue Wache sich zum Wachwechsel klarmachen sollte, hieß es im Weckruf unter vielem anderen: „Lüft’t an dat Gatchen!“ Hatte oben an Deck aber „Rasmus all oewerkäken“ – Rasmus schon über Bord geblickt, kam die See schon über –, dann riet man der Ablösung: „Treckt juch man got wat upt Gat!“ – Zieht euch man ordentlich was auf’n Hintern.

Aus dem Niederländischen übernommen, bezeichnete man auch eine enge Einfahrt oder eine Durchfahrt zwischen Sandbänken, ein enges Fahrwasser, ebenso die Mündung eines Flusses mit ‚Gat‘. Die Fahrwasser zwischen je zwei der friesischen Inseln erhielten den Namen ‚Seegat‘.

Endlich fügen wir hinzu, daß ‚Gat‘ auch für Meerenge stand, wie es heute noch in ‚Kattegat‘ deutlich ist. Und im 17. Jahrhundert hieß die Straße von Gibraltar im Munde nordeuropäischer Fahrensleute ‚Spaniarts Gaat‘ – Spanisches Loch.

Gebetbuch nannten die Seeleute einen Stein zum Deckscheuern.

Aus hölzernen Planken bestanden die Decks, längsschiffs über den quer angeordneten Deckbalken verlegt, mit wasserdicht kalfaterten Nähten. Nässe und Trockenheit, Wärme, Kälte und mechanische Beanspruchung im Seegang ließen das Holz arbeiten, und hier und dort wurde das Hauptdeck beim Laden und Löschen beschädigt und flekkig. Aber auch die Außenhaut, die Aufbauten und Deckshäuser litten unter ‚Rasmus', der See, die sich an ihnen rieb. Während der Reise wurde deshalb an jedem geeigneten Tage gescheuert, geputzt und ‚gepönt' (gestrichen), bis schließlich alle Bau- und Ausrüstungsteile wieder einen gediegenen Anblick boten und auch die Galionsfigur in neuer Farbe glänzte.

Wie auf ihren Augapfel achteten die Kapitäne dabei auf ihre oberen Decks, die Wetterdecks. Sie vor allem waren ihre Visitenkarte, wenn der Lotse, die Offiziellen der Hafenbehörden oder einheimische Gäste an Bord kamen. Auch repräsentierten die Kapitäne ja nicht nur sich selbst: der Eindruck, den ihr Schiff hinterließ, war gleichermaßen dem Ansehen ihres Heimatlandes förderlich oder abträglich.

Eine mühevolle Arbeit für die Matrosen, denn sie hatten die Decks mit ‚Gebetbüchern' unter Verwendung von Sand und Seewasser so lange zu scheuern, bis sie naturholzfarben hell schimmerten. Weicher, weißer Sandstein oder der als ‚Mopstein' bekannte holländische Ziegelstein eigneten sich am besten für diesen Zweck. Gescheuert wurde aber nicht mit persönlicher Note, sondern im Rhythmus, den der Bootsmann pfiff.

Bis zur Jahrhundertwende trugen die Steine außer ‚Gebetbuch' auch die Bezeichnung ‚Gesangbuch' oder ‚Bibel'. Friedrich Kluge zitiert Sperlings „Loggbuch" von 1906, aus dem wir wegen der informativen Einzelheiten die Beschreibung des Deckscheuerns übernehmen: „Auf das mit Seewasser begossene Oberdeck wird Sand gestreut, in breiten Reihen nebeneinander knien die Leute nieder und schieben schwere Sandsteine auf den Fichtenplanken hin und her; diese Scheuersteine werden an Bord Gebetbücher genannt (ähnlich der englischen Ausdrucksweise, die sie mit holy stones, heilige Steine, bezeichnet), wohl nur, weil sie knieend verwandt werden."

Das erscheint schon einleuchtend, denn bei dieser Arbeit werden die Matrosen wohl kaum Gebete gesprochen haben, allenfalls das, sie von dem Übel zu erlösen.

Man hat kein *Gesicht* sagten die Seeleute, wenn sie des Nebels wegen entweder gar nicht oder nicht deutlich sehen konnten.

‚Gesicht' bedeutete und bedeutet ja noch heute sowohl Angesicht und Antlitz wie auch Sehen, Sehvermögen und Anblick. Die Verwendung dieses Wortes bezeugen niederdeutsche Redewendungen: Min Gesicht ward all swack – Meine Sehkraft wird schon schwach; eer Gesicht dat drücht all sier – ihr Sehvermögen trügt schon sehr; leggen Se 't man'n bäten vör 't Gesicht hen, dat't nich vergäten ward – legen

Sie es man ein bißchen ins Blickfeld, damit es nicht vergessen wird. In Ursprung und Anwendung mit ‚Gesicht' verwandt ist ‚Sicht', wie weitere niederdeutsche Redewendungen erkennen lassen: Wi kregen de Sünn in Sicht – Auf einmal sahen wir die Sonne; und im übertragenen Sinne: Hebben Se noch keen Bruud up Sicht? – Haben Sie noch keine Braut in Aussicht? Man meinte, wenn die Hammel sich stoßen, „is wat in Sicht" – steht Unwetter bevor; als Verdacht wurde ausgesprochen: de heff ick uppe Sicht; und über einen Fortgezogenen, dessen weiteres Ergehen einem unbekannt war, sagte man: Nu is he mi ganz ut Sicht kamen – Nun ist er mir ganz aus der Sicht gekommen.

„Phänomene kann man nicht erklären, und daß wir sie nicht erklären können, liegt nicht an den Phänomenen, sondern an uns."

Hippokrates

‚Gesicht' hat aber noch eine andere Dimension, denn es bedeutet auch soviel wie Vision, in weitem Sinne gleichbedeutend mit sinnlich lebhaften, phantastischen Wahrnehmungen, auszudehnen oder einzuschränken auf Halluzinationen, auf Sinnestäuschungen, die eindringlich beschäftigen und intensiv erregen. Hierher gehören die „Kontakte" mit Geistern und Verstorbenen, die angeblich Auskünfte über das Jenseits gaben oder geben, und die mögliche Erschaubarkeit des Zukünftigen. Vor allem aber gehören die ahnungsvollen Traumbilder während eines wachen Zustandes dazu, das ‚zweite Gesicht', jene unenträtselbaren Rätselhaftigkeiten, die nicht allein als Produkte einer krankhaft-überreizten Phantasie, als abergläubische Spökenkiekerei abgetan werden können (das Wort ‚Spökenkieker' gebrauchte Gorch Fock zuerst in seinem Roman „Seefahrt ist not", erschienen 1912) Vielleicht haben wir es beim ‚zweiten Gesicht' – nach dem englischen ‚second sight' – mit einer seltenen Kombinationsfähigkeit des Unterbewußtseins zu tun, in der der Mensch, auf reale Gegebenheiten aufbauend, für einen winzigen Augenblick zukünftige Dinge vorhersieht. Telepathische Vorgänge oder Erscheinungen einer Parapsychologie, wir wissen es nicht. Rational erklärbar sind derartige „Übertragungen", von denen immer wieder berichtet wird, nicht.

„Alle Seebevölkerung", schreibt Gorch Fock, der eigentlich Hans Kinau hieß, „weiß, daß die Fahrensleute in der Stunde, in der sie auf See ertrinken, mächtig sind, an Land, an ihrem Haus zu rufen und zu schreien, zu klopfen und zu blasen, die Bilder an der Wand zu Boden zu werfen, die Uhr anzuhalten oder in Lebensgestalt zu erscheinen. Plötzlich steht vor der Frau in der Stube oder in der Küche ihr Mann, bleich, mit wirrem Haar, mit müden und glanzlosen Augen, wassertriefend, und ruft leise ihren Namen, um gleich wieder zu verschwinden. Die Braut liegt schlaflos im Bett: plötzlich erscheint der im gleichen Augenblick ertrinkende Liebste vor ihr, eine verwehende Erscheinung, doch deutlich, fast anzufassen . . ."

„Vorspuk" nannte Richard Wossidlo dies: „Die auf Fahrt befindlichen Seeleute meldeten sich durch Klirren der Teller, Öffnen der Türen, Klopfen an den Fensterläden, Verstorbene außerdem noch durch Stillstehen der Uhren – auch durch schattenhaftes Erscheinen."

Nachdrücklich haben die im 19. Jahrhundert Befragten versichert: „De Frugens hier in Warnemünd' hebben oft dat Schipp up See vör sik sehn, hebben ehren Mann an de Reeling stahn sehn. K. is vör eenigen Johr bläben, bi den'n sien Fru hett't in de Nacht an't Finster kloppt. Wenn Seelüd' in Gefohr wäst sünd, hebben se sik sehn laten künnt to Huus. Oder: Mien Vadder is to See bläben, as ik vier Johr olt wier. As dat Schipp weggahn is, hett dat 'n Knall gäben bi Mudder inne Stuw'. Mudder is upfohrt un hett sik' wedder henleggt. Dor hett ehr dat dröömt, dat Vadder wat ankamen wier up Gottland." – Die Frauen hier in Warnemünde haben oft das Schiff auf See vor sich und ihren Mann an der Reling stehen gesehen. K. ist vor einigen Jahren geblieben, bei dessen Frau hat es in der Nacht an das Fenster geklopft. Wenn Seeleute in Gefahr gewesen sind, haben sie sich zu Hause sehen lassen können. Oder: Mein Vater ist auf See geblieben, als ich vier Jahre alt war. Als das Schiff gesunken ist, hat es bei Mutter in der Stube einen Knall gegeben. Mutter ist aufgefahren und hat sich wieder hingelegt. Da hat sie geträumt, daß Vater auf (bei) Gotland etwas geschehen sei.

Kehren wir zum „ersten" Gesicht zurück und konstatieren wir, daß in der alten Seemannssprache – bis in die erste Hälfte des 19. Jahrhunderts jedenfalls – anstelle von ‚Sicht' stets ‚Gesicht' gebraucht wurde. Beispielsweise schrieb Joachim Nettelbeck: „Am 13. trat uns diese gewünschte Küste auch wirklich in's Gesicht."

Block mit eisernem Beschlag.

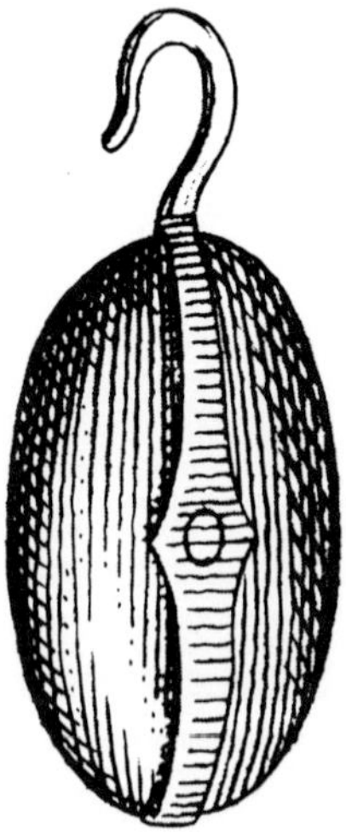

‚Gesichtskreis' aber nannte man den Kreis auf See oder an Land, den jemand von dessen Mittelpunkt aus übersehen konnte. Bei guter Sicht ist ja die Sichtweite auf See davon abhängig, wie hoch sich der betrachtete Gegenstand und der Beobachter über dem Meeresspiegel befinden. Und ‚sichten' hieß und heißt noch heute, etwas in Sicht bekommen, beispielsweise einen Gegenkommer oder Land: „Land in Sicht!" Und wenn nach der Ausreise das Land achteraus in immer größere Ferne rückte, langsam außer Sicht kam, sagte man im 18. Jahrhundert: Wir haben das Land gelegt, haben es ‚aus dem Gesicht verloren'.

In dieser Zeit verstand man unter ‚sichtig Wetter': „Helles Wetter, bei dem man weit in die Ferne sehen kann", niederländisch ‚zichtig weer', dänisch ‚sigtigt vejr'. Später hieß es im gleichen Sinne: Das Wetter ist ‚sichtig', die Kimm ist ‚sichtig'. Noch um die letzte Jahrhundertwende war das Wort ‚feuersichtig' in Gebrauch. Man bezeichnete damit eine Witterung, bei der man in ausreichender Entfernung Positionslichter und Leuchtfeuer erkennen konnte.

Das Gegenteil von ‚sichtig' ist ‚unsichtig', und das „Unsichtige' hieß schon in der Seemannssprache des 17. Jahrhunderts ‚Mist'. Dieses Wort stand vor allem für Nebel, war in niederdeutschen Mundarten einst weit verbreitet und existiert noch heute im Englischen. Unser ‚Mistwetter' im Sinne von Dreckwetter hätte man einst also als Nebelwetter verstanden. Mistiges Wetter bedeutete in früherer Zeit für den Schiffer, nahezu blind laufen zu müssen und in Küstennähe oder auf vielbefahrenen Schiffahrtswegen der Gefahr des Strandens oder der Kollision ausgesetzt zu sein. Um dieser Gefahr zu entgehen, benutzte man bestimmte ‚Mistsignale' – Nebelsignale – zur Warnung anderer Schiffe. Um bereits in größeren Entfernungen gehört zu werden, feuerte man Kanonen ab, in der Nähe aber versuchte man es mit Trommeln, Trompeten, ‚Sprachröhren', Glocken oder einem offenen Feuer.

An ein besonderes Jahr erinnert sich in diesem Zusammenhang Jens Jacob Eschels: „Als wir während dieser Reise auf der Länge der Azorischen Inseln waren, kamen wir in einen Nebel, der dieses Jahr den ganzen Sommer bis im Augustmonat im Ozean und in der Nord- und Ostsee war, weshalb das Jahr 1783 von den alten Seeleuten das Mistjahr genannt wird. Dieser Nebel ist der Vermutung nach von dem Erdbeben in Messina (welche Stadt meist unterging) und zu gleicher Zeit in Island entstanden, und weil diesen Sommer die meiste Zeit stiller Wind war und gar kein Sturm wehte, so konnte er nicht weggehen, sondern blieb so lange stehen. Es war für die Seeleute sehr schlimm zu fahren, weil man nicht weit vor sich hinsehen konnte ..."

Die mecklenburgischen Seeleute sagten in ähnlichen Fällen: Dat is hüüt so miestig, dor kann'n nich von vör na achter kiken – auch: nich de Hand vör Oogen sehen – Das ist heute so neblig, daß man nicht von vorn nach achtern, nicht die Hand vor Augen sehen kann; oder: Dat is dick von Näbel, dor kann'n 'n Nagel inhaugen un sinen Rock anhängen – Das ist so dicker Nebel, da kann man 'nen Nagel einhauen und seinen Rock anhängen. Auch ‚dakig', ‚balkendick' nannte Jan Maat nebliges Wetter; er meinte: Dat is'n gefährlichen Kraam in de Dickde.

Viele Wetterregeln waren unter den alten Fahrensleuten im Umlauf, so jene: „Mist het den Oost in de Kist" – Auf Nebel folgt Ostwind, oder: „Oostenwind mit Mist is Südenwind in de Kist" – Dem Ostwind mit Nebel folgt Südwind – in der Regel.

Heute gilt für das ‚Gesicht' auf See verminderte Sicht infolge Nebel, Dunst, Schneefall, Regen oder Rauch sowie gute, sehr gute und außergewöhnlich gute Sicht. Doch trotz klarer Luft und Klarsichtscheiben gibt es keine ‚klare' Sicht.

Auf den folgenden Seiten: Die stählerne Schonerbark *Johanna* wurde 1902 in Westerbroek erbaut. Sie war zu 223 BRT vermessen. Das Schiff ist unter vollen Segeln dargestellt und zeigt sich als ein modernes Schiff mit Patentanker, je einem Boot auf den beiden Luken und einer Achterkajüte mit erhöhtem Quarterdeck. Das Vorgeschirr besteht aus einem recht langen Bugspriet mit drei Vorsegeln.

JOHANNA

Das Tätigkeitswort *Giepen* wurde beim Segeln vor dem Wind für den Baum eines Gaffelsegels gebraucht, wenn er auf die andere Bordseite schlug.

Ein Gaffelsegel hieß zur Zeit der Rahsegler ‚Gieksegel', von niederländisch ‚gijk' – Drehung, hatte die Form eines unregelmäßigen Vierecks und wurde hinter dem Mast, in Ruhelage längsschiffs, gefahren. Sein Oberliek war oben an der schräg aufwärtsragenden Giek, später Gaffel (Gabel), und sein Unterliek unten am nahezu waagerechten Giekbaum, später Gaffelsegelbaum oder kurz Baum genannt, befestigt, also an Spieren (Rundhölzern), deren vordere Enden gelenkig an Achterkante Mast angeordnet waren und deren hintere Enden nach den Bordseiten ausgeholt werden konnten.

Diese Gaffeltakelung erfanden die Niederländer, und sie verbreitete sich im 17. Jahrhundert recht schnell, weil das Gaffelsegel alle früheren Segel an Wirksamkeit übertraf. Nur die großen Segler bevorzugten weiterhin Rahsegel, mit denen die Gesamtsegelfläche günstiger unterteilt werden konnte. Auch noch im 19. Jahrhundert war die Gaffeltakelung sehr beliebt, vor allem auf Schonern und Kuttern, bis sie um die Jahrhundertwende durch die bis heute auf Segeljachten übliche Bermuda- oder Hochtakelung verdrängt wurde, bei der ein dreieckiges Großsegel mit dem Vorliek am Mast gefahren und mit einem Baum am Unterliek ausgespannt wird.

Wenn man nun vor dem Wind segelte, konnte es durch Unachtsamkeit beim Steuern oder durch eine Änderung der Windrichtung geschehen, daß man mit dem Heck durch den Wind ging, dieser von der anderen Seite einfiel, und das Segel mit dem Giekbaum daraufhin plötzlich giepte, zurückschlug, auf die andere Bordseite überging, man somit also unfreiwillig eine Halse fuhr. Das war manchmal wirklich gefährlich, weil durch das Zurückschlagen des Giekbaumes Menschen über Bord geworfen oder getötet werden konnten. Um dieses zu verhüten, setzte man den Giekbaum in Lee im Vorschiff mit einem ‚Bullentau' (Bullenstander oder -talje) fest. Später, im 19. Jahrhundert, hieß jede derartige Änderung der Baumlage ‚giepen', auch wenn man absichtlich halste.

Gieren steht für die Dreh- oder Pendelbewegungen eines Schiffes um seine senkrechte Achse, für sein mehr oder weniger starkes Abweichen von der gesteuerten Fahrtrichtung nach Backbord oder Steuerbord.

Häufiges Ruderlegen ist mitunter erforderlich, um den Kompaßkurs zu halten, aber diese Schlängelfahrt ist wegverlängernd und zeitraubend. Wind und Seegang bewirken stärkeres Gieren, und größere Abstände zwischen den Längenschwerpunkten der Wind- und Unter-

wasserseitenflächen des Schiffes begünstigen es. Zudem kann ein Schiff gieren, wenn seine Unterwasserform durch bauliche Ungenauigkeiten Unterschiede zwischen Backbord und Steuerbord aufweist, sie also nicht symmetrisch zur Mittschiffsebene verläuft; und auch durch unsachgemäßes Steuern giert ein Schiff.

Das Wort ‚Gier' im Sinne von Begierde liegt dem Verbum ‚gieren' zugrunde. Es ist schon mittelniederdeutsch als ‚giren' belegt und bedeutete geilen, heftig begehren, sehnsüchtig wünschen. Im 18. Jahrhundert sagte man in Hamburg: He gyret darna – Er giert danach, oder im 19. Jahrhundert in Mecklenburg: Du gierst man nah din Lüsten un hest mi gor nich leef – Du begehrst mich wegen deiner Lüste und hast mich gar nicht lieb.

‚Gyrig' oder ‚girig' stand für begehrlich, aber auch für geizig. Und ‚Gyr' oder ‚Gir' finden wir in einigen alten niederdeutschen Redewendungen: De ole Gyr – der alte Geizhals; em kiekt de Gierigkeit ut de Ogen – ihm schaut die Habgier aus den Augen; daar steit em de Gier na – er ist darauf erpicht; und: mi steit de Gier op (na) 'n mundvoll Smök – mir steht die Gier nach einem Mund voll Rauch, ich möcht' nun endlich eine Pfeife rauchen. Folgerichtig – freilich leicht abgewandelt – hieß es von einem habgierigen Menschen, er sei ein ‚Gierdeuwel'. Zwei vielsagende alte Redensarten führen diesen Gedanken fort: So lange as de Girige levet, het de Bedröger kien Nood – Solange der Gierige (auch Geizige) lebt, hat der Betrüger keine Not, gleichbedeutend mit: Allzu große Habsucht macht das Betrügen leicht, und: de Girigkeit bedrügt de Wisheit – die Gier betrügt die Klugheit.

Nach etwas ‚gieren', heftig verlangen, übertrug der Seemann auf das Verhalten seines Schiffes, das er ja stets personifizierte. Wenn es immer wieder versuchte, nach dieser oder jener Seite auszuscheren, dann ‚gierte' es eben danach. Ein Charakteristikum, eine ganz „persönliche" Eigenart, der man durch entsprechende Segelführung und Ruderlagen begegnen mußte.

Schon bei Röding lesen wir: „Das Gieren des Schiffs wird gewöhnlich durch Nachlässigkeit der Steurer verursacht, zuweilen liegt der Fehler auch in der Bauart oder der Takelage, und ein Schiff ist mehr als das andere zum Gieren geneigt. Wenn man gerade vor dem Wind segelt, ist ein Schiff am schwersten zu steuern und giert auch am stärksten. Nachdem wie solches an der Backbord- oder Steuerbordseite ausweicht, sagt man es giert backbord oder steuerbord, oder macht backbord oder steuerbord eine Gier oder einen Gierschlag."

Viele seemännisch-niederdeutsche Redensarten spiegeln dies wider. So hieß es: De Boot giert, wenn he utschert; wenn he na 't Lee giert, is he leegierig, wenn he na 't Luuv giert, is he luuvgierig – Das Boot giert, wenn es ausschert; wenn es nach Lee giert (ständig dazu neigt, mit dem Bug vom Winde abzufallen), ist es leegierig, wenn es nach Luv giert, (stets versucht, sich in den Wind zu drehen), ist es luvgierig.

En luuvgierig Schipp is leichter an de See to krigen. Wenn to väl Achtersägel stahn, liggt en luuvgierig Schipp hart up 't Roder, dat is nich ut de Wind to hollen, denn hett de Rodersmann sweer Arbeit – Ein luvgieriges Schiff ist leichter an die See zu kriegen. Wenn zuviel Achtersegel stehen, liegt ein luvgieriges Schiff hart auf dem Ruder und ist nicht aus dem Wind zu halten, dann hat der Rudersmann schwere Arbeit.

En leigierig Schipp drängt von de Wind af, denn kann 'n nicks gewinnen – Ein leegieriges Schiff drängt vom Winde ab, dann kann man nichts gewinnen, kommt man nicht gegen den Wind an.

„Stüer doch grad', du gierst so väl" – sagte Jan Maat, wenn ein Rudergänger das Schiff bald nach Backbord, bald nach Steuerbord aus dem Kurs laufen ließ, aber mitunter lag es am Schiff, und der Rudergänger antwortete: „Stüern deit dat Aas, dor kann 'n trecken und dreihgen, he maakt sien Törn!" – Steuern tut das Aas, da kann man ziehen und drehen, es macht seinen Törn, läuft seinen eigenen Weg.

Besonders treffend charakterisierten die Seeleute ein gierendes Schiff, indem sie sagten: „Nu kiekt he sik üm, wo he herkamen is" – Nun sieht er sich um, woher er gekommen ist. Eines der seltenen Beispiele übrigens, daß im Niederdeutschen des 19. Jahrhunderts ein Schiff auch eine maskuline Benennung hatte.

Luvgierige Schiffe waren beliebter als leegierige, auf Am-Wind-Kursen ließen sie sich leichter steuern. Es gab Schiffe, die deshalb einen dritten und kürzeren Mast fuhren, dessen kleines Segel den Schwerpunkt der Gesamtsegelfläche weiter nach achtern verlagerte und das Schiff somit luvgierig machte. Niederdeutsch hieß dieses Segel ‚Driver' (Treiber): Dat sall den Noors von dat Schipp rümdreihgen, dat de Kopp an de Wind liggt.

Jan Maat gebrauchte unser Wort in mancherlei Varianten. So hieß es im 19. Jahrhundert beispielsweise: Das Schiff giert in den Wind, die Brigg giert nach beiden Seiten, beide Schiffe gieren auseinander. Aber auch für das Hin- und Herdrehen eines in starkem Strom vor Anker liegenden Schiffes stand ‚gieren'. Im 18. Jahrhundert sagte man dazu: Das Schiff giert oder spielt vor seinem Anker. Und ‚zwischen Wind und Strom gieren' bedeutete: „ . . . wenn Wind und Strom in entgegengesetzter Richtung würken, und das Schiff weder der Gewalt des einen noch des anderen nachgiebt, sondern queer zwischen beyden bleibt, so das es den Strom auf der einen und den Wind auf der andern Seite hat".

Weiterhin seien ‚abgieren' und ‚zugieren' erwähnt, vor zweihundert Jahren gebräuchlich. Unter abgieren verstand man „das Schiff von einem Gegenstand ablenken oder entfernen", und man sagte „im Gegenverstande, auf etwas zugieren".

Je weniger ein Schiff gierte, desto besser ‚lüsterte' es. Dieses Wort erklärt das „Idioticon Hamburgense" 1755 allgemein als genau achtgeben, horchen, aufmerken: he lüstert darna – er achtet darauf (vorerst wohl auf die Angelegenheit selbst, dann aufs Wort.) Aber ‚auf das Wort achten' heißt folgen, gehorchen, und in dieser Bedeutung ging ‚lüstern' in die Seemannssprache ein.

‚Sandläufer'

„Lüstert aufs Kommando!" war im 18. Jahrhundert ein üblicher Ausruf an Bord – ein Ankündigungskommando, würden wir heute sagen –, „das Volk zur Achtsamkeit auf irgendein Kommando zum Wenden des Schiffs, oder zum Laden und Abfeuern der Kanonen u. d. g. zu ermuntern".

„Es lüstert gut aufs Steuer (Ruder)", hieß es von einem Schiff, das sich leicht steuern ließ. ‚Hart aufs Steuer' war es, wenn es die entgegengesetzte Eigenschaft hatte.

Im 19. Jahrhundert verwendete man dieses Wort analog, in Kluges „Seemannssprache" fanden wir dazu eine schöne, geradezu poetische Wendung: „Ein nettes rankes Ding war unsere Brigg, just wie ein schmuckes Frauenzimmer, hielt zweihundert Tonnen und lüsterte gut auf's Steuer."

‚Lüstern' als folgen und gehorchen ist vermutlich in den ersten Jahrzehnten nach der Jahrhundertwende aus dem Berufswortschatz der Seeleute entschwunden. Jan Maat von heute kennt das Wort nur noch in der Form, die seit langem allgemein geläufig ist – als Adjektiv in einer ganz anderen Bedeutung.

In Gottes Namen: Sieben vorbei und acht verweht! Amen!

„Wenn der Schiffsjunge zum letztenmal während der endenden Nachtwache die Sanduhr umgedreht hatte, wenn sieben Glasen vorbei war und das achte in halbstündigem Rieseln verwehte: unablässig, unaufhaltsam, als deutlich sichtbares Sinnbild der verwehenden Zeit, dann sang er diesen Spruch über das stille Schiff. So geschah es in der Stunde zwischen Nacht und Morgen auf den drei Karavellen des Kolumbus, so seit alters auf allen Schiffen von Aragon und Kastilien." (Paul Herrmann)

Glas ist ein altes seemännisches Zeitmaß und bedeutet eine halbe Stunde. Die Bezeichnung ist von der gläsernen Sanduhr – im 18. Jahr-

Viertelstunden-Sanduhr mit drehbarer Messinghülse zum Schließen des Instruments.

hundert auch ‚Sandläufer' genannt – abgeleitet, die früher auf allen Segelschiffen neben dem Kompaß stand und der Zeitmessung zwischen zwei Mittagen diente.

Täglich gegen 12.00 Uhr – gute Sicht vorausgesetzt – versammelten sich der Kapitän und die Steuerleute mit ihren Jakobsstäben auf der Brücke, um die ‚Sonne zu schießen'. In dem Augenblick, in dem sie ihren höchsten Punkt – die Meridianhöhe – erreicht hatte, maßen sie zur Bestimmung der geographischen Breite deren Höhenwinkel über dem Horizont, und auf den gleichzeitigen Ruf des Kapitäns: „Acht Glas!" – 12.00 Uhr Ortszeit – ‚törnte', drehte der Rudersmann die Sanduhr. Von nun an richtete alles an Bord sich bis zum nächsten Mittag nur nach ihr, denn Uhren mit Unruh waren bis zur zweiten Hälfte des 18. Jahrhunderts noch nicht in Gebrauch, und Pendeluhren versagten infolge des Schlingerns der Schiffe auf Dauer ihren Dienst.

Sanduhren bestanden damals wie heute aus zwei durch eine Röhre miteinander verbundenen Glasgefäßen, auf halber Höhe in senkrechter Richtung drehbar. Aus dem oberen Teil rinnt jeweils eine bestimmte Menge feinen Sandes innerhalb einer bestimmten Zeit in den unteren Teil.

Sanduhren an Bord sind schon seit Jahrhunderten üblich. Über ihre Anwendung liest man bei Johann Jacob Saar in seinem Bericht „Reise nach Java, Banda, Ceylon und Persien 1644–1660": „Nit weniger hat mann Sand-Uhren zu halben Stunden groß, die so wohl wer von den Soldaten auf der Wache stehet, als welcher von den Schiffsgesellen am Ruder sitzet, auf dem Schiff sehen kann, und wann ein Glaas, oder die erste halbe Stund, aus ist, so geschicht ein Schlag mit der Glocken; wann die andere, zween, und so fort, biß die acht Gläser oder vier Stunden aus sind; denn wird die gantze Glocken geleutet, und so wohl ein anderer Officier mit seinem so genannten Quartir, als Mast- und Steurmann, die die Ordnung trifft, durch den Quartir-Meister gewekket, der in das untere Schiff gehet und laut ausruffet die vorige Wache abzulösen, welche es treffe."

Für das 18. Jahrhundert präzisiert Röding die Sanduhr als Glas oder Wachtglas: „. . . Man hat Gläser von verschiedener Größe auf Schiffen, nämlich die 4-Stunden-Gläser, 2-Stunden-Gläser, auch Gläser die in einer Stunde auslaufen. Gewöhnlich versteht man aber unter Glas ein halbes Stunden-Glas, nach welchem die Zeit auf Schiffen geordnet wird. Der Tag wird in 48 halbe Stunden eingeteilt, und jedesmal, wenn eine halbe Stunde verflossen ist, wird solches mit der Klocke angezeigt. Wenn also die Zeit durch Gläser bestimmt wird, so ist solches von halben Stunden zu verstehen. Wir fochten 6 Gläser, das heisst wir fochten 3 Stunden." Verbreiteter als ‚Gläser' für die Mehr-

Halbstunden-Sanduhr, 18. Jahrhundert.

Die kleine Schiffsglocke hing in der Nähe des Steuerstandes, an ihrem Klöppel war ein Steert, ein kleiner kunstvoll geflochtener Tampen, ein Glockenbändsel, befestigt, mit dem die ‚Glasen' geschlagen wurden.

zahl von ‚Glas' wurde dann die sprachlich schönere Form ‚Glasen'. Ursprünglich galt ‚Glas' der Sanduhr im ganzen, später dann vornehmlich ihrem oberen oder unteren gläsernen Teil, der sich leerte bzw. füllte; ‚ein Glas' (voll) oder ‚drei Gläser' (voll) bedeutete schließlich die Dauer des Sandauslaufens, und der Abschluß dieses Vorganges stellte eine bestimmte Uhrzeit dar. ‚Glas' war also Uhr, Glasbehälter, Zeitabschnitt und Uhrzeit zugleich.

Aber auch die üblichen Zeitangaben mit der Schiffsglocke nannte man ‚glasen'. Wenn also ‚zwei Glasen' vergangen waren, ‚glaste' man ‚zwei Glas'.

Die kleine Schiffsglocke hing in der Nähe des Steuerstandes, und an ihrem Klöppel war ein Steert, ein kleiner kunstvoll geflochtener Tampen, ein Glockenbändsel, befestigt, mit dem der Rudersmann die Glasen zu schlagen hatte.

Nachts wiederholte der Utkieksmann die Glockenschläge an der großen Schiffsglocke auf dem Vorschiff, und deren voller Klang hallte weit über See und drang in den Schlaf der Jan Maaten, anzeigend, wieviel Zeit bis zur Ablösung ihnen noch verblieb.

Als dann Ende des 18. Jahrhunderts Chronometer und Beobachtungsuhren die Sanduhren ablösten, war der Seemann so an das ‚Glasen' gewöhnt, daß er den Brauch und dessen Bezeichnung beibehielt. Noch im 19. Jahrhundert erzählten mecklenburgische Fahrensleute dem Professor Wossidlo: „Achter bi'n Rodersmann hüng 'ne Klock, alle halw Stund' würd anslagen und ropen (gerufen): een Glas, twee Glas usw. – denn müßten dee, dee vörn wieren, antwurten. Wenn de vier Stunden üm wieren, reep de Rodersmann: Acht Glasen, purr up! (Wecken! Aufstehen!) Oder: Quartier, purr up! Denn müßt een von dee, de vörn wieern, wecken." Oder:

„Wenn wi ruttörnt wurden, würd oft ropen: Treckt juch Öltüüch an, dat is 'n Storm, dat soeben oll Wiewer nich 'n Bessenstääl hollen koenen" – Wenn wir rausgeholt wurden, wurde oft gerufen: Zieht euch Ölzeug an, das ist 'n Sturm, daß sieben alte Weiber nicht 'nen Besenstiel halten können. – Solch eine Wache war hartes Brot, aber Jan Maat tröstete sich selbst und andere, wenn er sagte: „Acht Glasen sünd keen acht Waterfaten vull" – Acht Glasen sind nicht acht Wasserfässer voll.

Die Fregatte (Vollschiff) *Stad Schiedam* wurde 1835/36 auf der Werft „De Nijverleid" in Schiedam erbaut. Sie war zu 411 Lasten bzw. 778 RT vermessen und hatte eine Länge von 39,65 m. Ihre Nummernflagge war „R 38".
Das mit „W. Rijnken" signierte Aquarell zeigt das Schiff unter fast vollen Segeln auf einem Fluß segelnd und von verschiedenen kleinen Fahrzeugen umringt. Die *Stad Schiedam* schleppt ein kleines Ruderboot an doppelter Leine am Heck, außerdem ist das Fallreep an Steuerbord heruntergelassen, an dem ebenfalls ein kleines Ruderboot befestigt ist. Im geöffneten Schanzkleid steht ein Mann am Fallreep, welcher der Lotse oder vielleicht auch der Reeder sein könnte. Das Schiff unter vollen Segeln und vollem Flaggenschmuck zeigt eine Reihe Kanonen auf dem Oberdeck, wie damals bei Handelsschiffen der Großen Fahrt noch durchaus üblich. Auch erkennt man an allen drei Masten das Flaggenspiel für die Toppflaggen.

Auf der folgenden Seite:
Die Bark *Sidonia* wurde 1848 in Ueckermünde erbaut. Sie war zu 392 RT, nach einer anderen Angabe zu 455 RT vermessen und läßt sich bis etwa 1860 nachweisen.
Das Aquarell zeigt die Bark auf Backbordbug segelnd. Die Küste im Hintergrund könnte die englische Kanalküste sein. Rechts hinten segelt ein Schiff unter französischer Flagge, links hinten ist die *Sidonia* in achterlicher Ansicht zu sehen. Das Schiff hat bis auf die Stagsegel sonst alle Segel gesetzt. Es läßt Leesegelspieren erkennen, hat aber keine Leesegel gesetzt. Bemerkenswert sind die hohen Masttoppen, an denen, jedenfalls an Vor- und Großtopp, ein Flaggenspiel angebracht ist,
das ist eine kleine Stenge zum Setzen einer Flagge.

Das eiserne Vollschiff *Imberhorne* wurde im Jahre 1882 in London erbaut. Es war zu 2042 BRT und 1866 NRT vermessen. Die *Imberhorne* war zunächst vorwiegend in der Australienfahrt eingesetzt.
Mit der *Imberhorne* und natürlich vielen anderen Vollschiffen dieser Zeit hatte der Typ Vollschiff seinen Höhepunkt erreicht.
Das gilt sowohl für die Schiffsgröße als auch für die Takelung. Es hat nur sehr wenige Vollschiffe gegeben, die größer als 2000 BRT waren. Einige sehr große Schiffe von 2700 BRT wurden beispielsweise in Frankreich erbaut.
Heute fahren noch einige Schulschiffe unter verschiedenen Flaggen, die als Vollschiffe getakelt sind.

Grog: „Rum möt, Zucker kann, Water bruukt nich." (Alte Redensart)

„Er schützt vortrefflich gegen Erkältung, wenn man ihn rechtzeitig trinkt, d. h. ehe man die ersten Anzeichen spürt, und schmeckt am allerbesten in der Kabuse eines leicht schwankenden Schiffspontons, wenn einem ein alter Seebär dazu plattdeutsche Döntjes oder deftige Lebensweise vorschnackt. Wer je Sehnsucht nach einem Priem fühlte, befriedige sie bei einer solchen Gelegenheit." (Hans W. Fischer)

„Es dampft der Grog, die Brösel qualmen,/ und Bilder schweben mancherlei/ von Meer und Glück und Inselpalmen,/ und Shanties steigen fromm wie Psalmen./ Die Schiffe rauschen sacht dabei." (Hans Leip)

In der Londoner Westminster Abtei steht noch heute, verstaubt und unbeachtet, das marmorne Denkmal eines finster dreinblickenden Mannes. Es stellt den englischen Admiral Vernon dar, der von 1684 bis 1757 lebte. Dieser arg cholerisch-streitsüchtige, gleichwohl sehr tüchtige Seemann wurde von seinen Offizieren und den Matrosen allgemein „Old Grog" genannt, angeblich deshalb, weil Vernon gewöhnlich einen Rock aus ‚grogram' trug, damals ein Stoff aus starker Seide und Kamelgarn. Auf der Suche nach dem Ursprung für den gleichlautenden Namen des Getränkes begegnen uns zwei Varianten.

Da ist zum einen die Überlieferung, daß der ehrenwerte Admiral „Sr. Großbritannischen Majestät" am 4. August 1740 die wenig populäre Anweisung gab, jedermann habe die tägliche Rum-Ration gleich bei der Verteilung mit Wasser zu vermischen; allzu betrunkene Seesoldaten konnten keine Schlachten gewinnen, und das auf Langreisen oft faulige, doch kostbare Trinkwasser wurde so genießbarer. Aber obwohl Vernon das freundliche Verhältnis von zwei Teilen Rum und einem Teil Wasser befahl, wäre es fast zu einer Meuterei gekommen. Die Matrosen sahen das neue, wahrlich nicht mehr so kräftige Getränk als eine Verschlechterung des Rums, nicht als eine Verbesserung des Wassers an. Abwertend nannten sie es ‚Grog'. Doch mit der Zeit verstanden und akzeptierten sie den „Einfall".

Nach der zweiten Variante lieh Admiral Sir Evans W. Grog dem Getränk am Ende des 18. Jahrhunderts seinen Namen. Auch er soll den Matrosen Rum, mit Wasser gemischt, verabreicht haben. Und auch Grogs harten Männern mißfiel diese Verdünnung, als Ausdruck ihres Mißfallens sollen sie der neuen Mischung den Namen ihres „Erfinders" gegeben haben.

Doch mit letzter Sicherheit wissen wir dies alles nicht. Was wir indessen sehr genau wissen, ist, daß die Getränke an Bord immer ein

Schon im 17. Jahrhundert wußte man in der Karibik aus ‚Industrieabfall' Erfreuliches zu fertigen: Rum. Dieser Branntwein wird aus den vergorenen Rückständen und Abfällen der Rohrzuckergewinnung destilliert.
Das Ergebnis dieses Verfahrens hat einen Alkoholgehalt für ganz starke Männer (meist zwischen 76 und 81 Volumenprozent). Es ist wasserklar, wenn in neutralem Behältnis gelagert – ‚Weißer Rum' –, und von goldbrauner Farbe, wenn in Eichenfässern gereift – ‚Brauner Rum'.
Im Aroma, Körpergehalt, Geschmack und Bukett weichen die auf den verschiedenen Antillen-Inseln hergestellten Rumsorten so stark voneinander ab, wie beispielsweise Weine aus den verschiedenen Anbaugebieten Europas zwischen Schwarzem Meer und Atlantik. Nicht nur daß die vormaligen britischen Inseln ihn nach dem Whisky-Verfahren brennen und die französischen die Cognacübliche, also dreimalige Destillation bevorzugen. Auch die Komposition des Ausgangsproduktes, die Maische, weist erhebliche Abweichungen auf: Sie besteht aus unterschiedlichen Mengen von Melasse (der stark zuckerhaltige sirupartige Rückstand der Zuckergewinnung), Dunder (Reste aus vorhergehenden Destillationsprozessen) und Skimmings (beim Einkochen des Zuckersuds abgeschöpf-

ter Schaum). Oft wird auch roher Zuckersaft zugefügt. Weitere Varianten sind Frucht-Zusätze.

Henry Braunschweig

Problem waren. Wasser war natürlich das Wichtigste, es bedeutete Leben und Nicht-Verdursten. Ein Hauptgetränk der niederdeutschen Seeleute war der Kaffee, man sagte: „'n Kopp Koffi drinken, nich 'ne Taß'." Bier trank man wenig, doch für einen „Schluck" war man immer zu haben: „De Seemann is jo ümmer bramwienshungrig" – Der Seemann ist ja immer branntweinhungrig.

Auf den französischen Segelschiffen gab es meistens Wein, vor allem Apfelwein, während die britischen und niederländischen Seeleute Bier bevorzugten. Seit der Mitte des 19. Jahrhunderts setzte sich auf den Schiffen aller Nationen der Grog immer mehr durch, wobei mit jedem nördlicheren Breitengrad die Bereitschaft wuchs, der Kälte und immerwährenden Feuchtigkeit „spirituös" hochprozentig zu begegnen. Nein, Jan Maat mochte keinen labbrigen Kram: Alkoholfreie Getränke sind zwar harmlos, aber sie verderben den Charakter. Da war der gute alte Rum oder ‚Keeldüvel', wie ihn die Westindienfahrer im 17. und 18. Jahrhundert nannten, schon etwas anderes: Rum, in Frankreich und England auch ‚Taffia' genannt, ein 74%iger Branntwein, auf Jamaika oder Kuba, Haiti oder Martinique aus der Melasse des Rohrzuckers durch Gärung und Destillation gewonnen, war unter den Seemanns-Alkoholika immer die „Nummer Eins". Aber manche konnten gar nicht wieder aufhören mit dem „Schlucken". Anzüglich hieß es: „Dat Halsgatt is man eng, un kann doch 'n Dreemastschipp hendöör" – Das Halsloch ist nur eng, doch kann ein Dreimastschiff hindurch, oder: „Dörch de Kähl geit väl, hett de Schipper seggt, hett 'n Dreemastschipp versapen" – Durch die Kehle geht viel, sagte der Schiffer, hat ein Dreimastschiff versoffen.

Rum-Grogs sind aber nicht nur Getränke für harte Seeleute, sondern auch eine feine Sache für weniger „harte" Männer und für zarte Frauen: Nach den ersten Schlucken wallt das Blut, und ein warmes Feuer rinnt durch die Adern – man ist geneigt zu glauben, ein Elixier ewiger Jugend zu trinken. So – beispielsweise – beim „Alt-Hamburger": Zwei Teile Kuba-Rum, zwei Teile Rotwein, zwei Löffel Zitronensaft in einer Kasserolle heiß werden lassen, jedoch nicht kochen, mit vier Teilen Wasser auffüllen, zwei Stückchen Würfelzucker hinzugeben; beim „hot buttered Rum": In ein Grogglas einen Teelöffel braunen Zucker tun, einen Löffel echten Jamaika-Rum, einen Teelöffel Butter, das Ganze mit kochendem Wasser aufgießen, mit einer Zimtstange – als Löffel benutzen – umrühren; beim „Alt-Brandenburger": Eine Flasche schweren samtig-süffigen Rotwein mit $1/3$ Flasche Kognak oder Weinbrand kurz aufkochen lassen und nur noch ganz wenig zuckern; oder beim „Pharisäer": Eine große Tasse etwa zur Hälfte mit starkem heißem Kaffee füllen, Rum und Zucker dazugeben und obenauf Schlagsahne schichten. Kaffee und Rum, ohne umzurühren, durch den Schlagrahm trinken.

„Pharisäer" – ein wahrlich merkwürdiger Name für einen Grog. Wie es dazu kam, ist uns als Anekdote überliefert. Danach soll irgendwann im 19. Jahrhundert ein allzu sittenstrenger ostfriesischer Pfarrherr seiner Gemeinde den Rum verboten haben, auf den diese allerdings durchaus nicht verzichten wollte. Deshalb „erfanden" sie das ganz harmlos anzuschauende Mixtum compositum. Doch dem orthodoxen Diener Gottes blieb das – wie er meinte – selbstgerechte und heuchlerische Tun seiner „Kinder" nicht allzu lange verborgen, und er gab dem alkoholverschleiernden Getränk die Bezeichnung „Pharisäer". Auch wenn alles vielleicht gar nicht so gewesen ist, so ist es doch gut erfunden.

Nun: die alten Admirale sind vergessen, der Pastor auch. Die Berühmtheit des Grogs ist geblieben.

Das *Hänseln* ist mit dem Taufen verwandt. Beides gehört zu einer Zeremonie, die sich allen eilfertigen Zeitanpassungen zum Trotz erhalten hat, freilich nicht in den frühzeitlichen Formen mit Schifferstechen und blutigen Menschenopfern, nicht in jenen der Hansezeit, die Widerstandvermögen und Tapferkeit abforderten, sondern – zivilisierteren Bräuchen gemäß – als derbfreundlicher Spaß, umstilisiert zum Gaudi, heute Linientaufe oder Äquatortaufe genannt.

Das Wort geht auf ‚hansa', ‚hanse', zurück, das zunächst Schar, Menge bedeutete und uns als ‚Hanse' in der Bedeutung Handelsgesellschaft, Handelsbündnis geläufig ist; „düdesche Hanse" hieß der norddeutsche Städtebund.

Hänseln bedeutete, in eine solche Gesellschaft, später allgemein in eine geschlossene Gemeinschaft, aufgenommen zu werden. Die Aufnahme und damit die Gewährung der Rechte des Bundes setzten zweierlei voraus: zum einen die Entrichtung eines bestimmten Geldbetrages, der ‚Hänse' oder ‚Hense', zum anderen das Bestehen harter Mutproben. Beides, das Bezahlen und das Geprüftwerden, hieß vormals niederdeutsch ‚hänsen' oder ‚hensen', später ‚hansen', ‚hanseln' und ‚hinseln'. Schließlich verbreitete sich das hochdeutsche ‚hänseln' auch im Niederdeutschen.

Die Mutproben haben ihren Ursprung in den Bräuchen der Völker des Altertums, als man in kultischen Festen die herangewachsenen jungen Männer dann weihte oder taufte und in den Männerbund aufnahm, wenn sie Kraft, Unerschrockenheit und Härte bewiesen hatten und so die Gewähr boten, die Interessen ihres Stammes oder Volkes wahren zu können.

Im deutschen Sprachgebiet kam das Hänseln in den Auslandskontoren der Deutschen Hanse zu besonderer Blüte. Über eines der vier handelspolitischen Zentren der Hanse im Ausland, das auch wegen seiner drastischen Hänsel-Praktiken berüchtigte „Hauptcomptoir“ in Bergen – die Tyske Brygge, um 1350 mit etwa dreitausend jungen Kaufleuten, Schiffern und Handwerkern besetzt – schreibt Johannes Gillhoff 1925 in den „Mecklenburgischen Monatsheften“: „Sich mit den Bergischen in schwerem Streit zu messen, galt als gottgefälliges Tun, und handgreiflichster Scherz war angenehme Abwechslung im einförmigen Leben ... Keiner durfte ein fremdes Weib auf die Brücke bringen, damit nicht Bundessachen durch Frauenmund offenbar würden, und kein Kaufgesell durfte binnen zehn Jahren heiraten.“

Unter rohen Männerbräuchen litten vor allem die ‚Nykamer‘, die Neulinge: man rasierte sie mit großen Messern, ließ sie riesige Pillen schlucken, den ‚Hansebecher‘ mit übler Flüssigkeit leeren, hängte sie in einem Sack über das Feuer in den Rauch, warf sie in einen Sumpf und badete sie in eisigem Wasser. Sie mußten Prüfungen über sich ergehen lassen, bei denen ihnen oft „der hals und rugge knakede, ock nese und munt blodede, welckes se alles vor leef nehmen mosten“ – der Hals und Rücken knackte, auch Nase und Mund blutete, was sie alles erdulden mußten.

Brauch und Name verbreiteten und erhielten sich bis in die neuere Zeit, wenn auch die Standhaftigkeitsbeweise zugunsten der Befriedigung materieller Ambitionen der Gemeinschaften immer mehr in den Hintergrund traten. Schließlich reduzierte sich das Hänseln im alten Sinne immer mehr auf die Entrichtung einer Art Spende, auf einen Einführungsobolus, mit dem man als Mitglied anerkannt wurde. Das „Bremisch-Niedersächsische Wörterbuch“ zitiert 1767 das „Deichrecht der vier Gohen“ (Distrikte) von 1449: „Velle dar jemand in de Swarenschup, un hedde ehr neen Swaren wesen, de schall geven dem Diekgreven und den Swaren achte Groten to Hense – und we alsus eins gehenset heft, de schall der Hense frei syn.“ – Fällt jemand in die Geschworenenschaft (ist er an der Reihe, ein Amt zu übernehmen) und ist vorher kein Geschworener gewesen, soll er dem Deichgrafen (Oberaufseher eines Distrikts) und den Geschworenen acht Groten als Hense geben – und wer bereits einmal gehenset hat, der soll der Kosten frei sein.

Noch im 19. Jahrhundert mußten Neulinge der verschiedensten Herkunft, Knechte, Bauern und Handwerker, Buchdrucker, Studenten, Lehrer und viele andere hänseln, indem sie Trinkgelage bezahlten oder zumindest einige Runden Bier für die „alten Hasen“ ausgaben. Wer sich nicht auf diese Weise in die neue Gesellschaft „einkaufte“, hatte mit Mißachtung und derbem Schabernack zu rechnen: he hett noch nich hänselt. In dieser Zeit erhielt das Wort auch die Bedeutung nekken, foppen.

Heute ist der ursprüngliche Wortsinn von hänseln nahezu vergessen, dagegen ist die Sitte, seinen „Einstand" zu geben, noch weit verbreitet.

Den Brauch, jungen Leuten und Neulingen Zeugnisse ihres Mutes und ihrer Standhaftigkeit abzuverlangen, gab es natürlich auch an Bord, darüber gibt es viele Berichte. Man betrieb ihn zwar in anderer Weise, aber als die Bezeichnung des Brauches der Hansen bekannt wurde, ging das Wort ‚hänseln' in die Sprache des deutschen Seemannes ein.

Das Hänseln hatte auch hier das Ziel, jemanden in die Gemeinschaft aufzunehmen, aber mehr noch war es – analog der ursprünglichen Bedeutung – eine Mutprobe, die der Neuling vor der gesamten Besatzung ablegen mußte. Sie sollte bestätigen, daß der Prüfling den Gefahren eines ihm noch unbekannten Seegebietes trotzen könne und ihnen seelisch und körperlich gewachsen sei. Das wesentliche waren, auch wenn allerlei harmlose und derbe Scherze das Ganze umrahmten, die mehr oder minder freiwilligen Sprünge aus oft mehr als 15 Metern Höhe – von der Nock der Großrah – in die See. Dies nannte man auch ‚Tauchen', später ‚Taufen'.

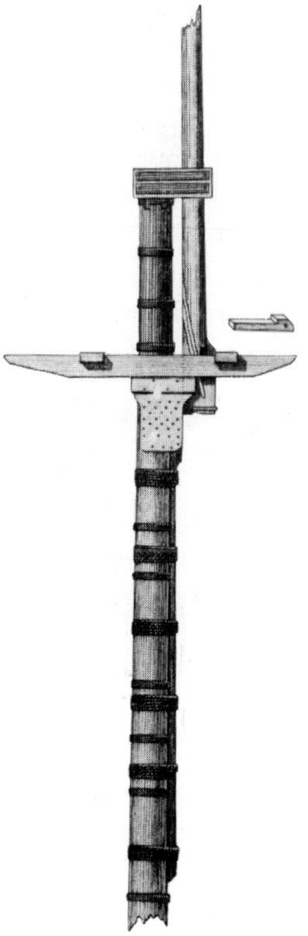

Mast mit aufgesetzter Stenge.

Seit alters her gibt es eine Vielzahl magischer und abergläubischer Auffassungen von der Bedeutung und der Wirkung des Taufens. Das Untertauchen des Menschen im reinigenden Wasser war jedoch immer eine rituelle, symbolische Handlung – „die Reinigung der Geborenen" – mit heidnischem oder religiös-kirchlichem Charakter. Der Mensch wurde getauft, weil er nur so „in den reinen Bereich der Seele" erhoben werden konnte, und nach dem ethischen Sinn des Christentums fiel allein der „Geweihte", der „Getaufte" nicht der Gewalt des Teufels anheim. In dieser Tradition stehen auch die seit dem 8. Jahrhundert verbreiteten ‚Glockentaufen' oder ‚Glockenweihen' und die im 16. Jahrhundert zuerst in den katholischen Ländern aufgekommenen (heute allgemein verweltlichten) ‚Schiffstaufen' – in England seit dem 17. und in Deutschland seit der ersten Hälfte des 18. Jahrhunderts bekannt. Und auch die See- und Meertaufe, die Linien- oder Äquatortaufe hat hier ihren geistigen Ursprung. Insofern ist unser Hänseln tatsächlich mit dem Taufen verwandt, wenn auch in stark abgewandelter Form. Denn die seemännische Hänsel-Zeremonie galt ja vor allem dem zu beweisenden Mut. Die Pflichtsprünge deuten darauf hin und die Tatsache, daß man an Orten hänselte, nach denen Seegebiete mit besonderen Gefahren oder neue Reiseabschnitte folgten. Außer den traditionellen Hänselplätzen in der Ost- und Nordsee gab

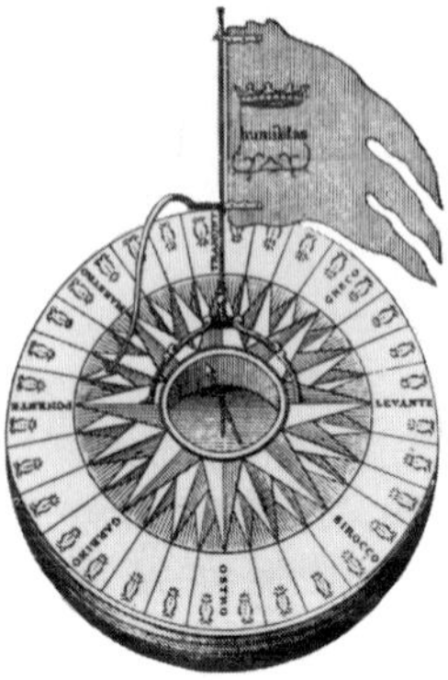

Provenzalischer Kompaß aus dem 16. Jahrhundert, stark beeinflußt von chinesischen Vorbildern.

es nach und nach immer ferner gelegene: vor dem Öresund Falsterbo und Dragör, vor dem Kattegatt das Vorgebirge Kullen, vor dem Skagerrak Kap Skagen, vor dem Ärmelkanal Dover, vor dem Atlantik zeitweilig die Insel Ouessant, vor dem Mittelmeer Gibraltar, vor dem Schwarzen Meer Konstantinopel, vor den Tropen den Wendekreis des Krebses, dann den Äquator, vor der Südspitze Südamerikas Kap Hoorn und schließlich vor dem Einlaufen in die nördliche Polarzone den Polarkreis. Aber auch an vielen anderen Orten mußten Schiffs- und Kaufleute hänseln, wenn die alten Fahrensleute es für notwendig erachteten. Seit der Mitte des 17. Jahrhunderts veränderte sich das Ritual. Die Besatzung wartete nun nicht mehr auf das Springen des Hänselnden, sie nahm die Sache selbst in die Hand, sie ließ ihn fallen, tauchte und taufte ihn. Zwei Belege veranschaulichen dies.

Unter dem Titel „Reisen nach den portugiesischen Perleninseln" schrieb Amman 1678: „... allda haben sie diejenigen, so den Orth niemahl gesehen, oder dessen höhe passiert, getauft: daß ist, sie haben dieselbigen an dem grossen Segelbaum oder Raa 3 mal aufgezogen, und in das Meer fallen lassen; es liessen sich 6 also tauffen, andere aber kauften sich mit Gelt ledig; die kleinen Knaben aber sezten sie unter einen großen Korb, und begossen selbige mit 1 oder 2 tonnen Wasser auf ein mahl."

Und Kluge erwähnt den Bericht eines Anonymus über eine „Reise nach London" aus dem Jahre 1712: „Wenn man auff die revier eines Königreiches kommt, darin man noch niemal gewesen, so muß man Hänseln, wie es die Seefahrenden nennen, damit gehet es also zu: Oben an der Raa oder an der Stange querr über an dem großen mittlern Mastbaum machen die Schiffsleute ... ein Seil, in daßselbe einen Prügel, darauf man sitzen muß; der Schiffer steckt die Flagge auß zu wehen; dann wird der, der Hänseln muß, plötzlich herunter ins Wasser gelassen über den Kopf hinaus und solches dreimal; wer diese Hudelay überhoben sein will, welches sie strictissime halten, muß sich mit einem Trinkgeld abkauffen."

Sogar das Kielholen, der Todesstrafe ähnlich, gehörte auf einigen Schiffen dazu. Wossidlo berichtet, daß es noch bis zur ersten Hälfte des 19. Jahrhunderts vorkam, daß Schiffsjungen am Äquator so getauft wurden. Überliefert ist: „Wenn se de Sünnenlien passiert hebben, hebben se de Jungs unner'n Keel dörchhaalt" – Wenn sie die Sonnenlinie passierten, holten sie die Jungen unter dem Kiel hindurch.

Vom 17. Jahrhundert an konnten sich Seeleute und Passagiere also vom Hänseln oder Taufen loskaufen. Daß die Besatzungen dies akzeptierten, zeigt, daß sie hin und wieder an einigen Flaschen Rum mehr Gefallen fanden als an den Demonstrationen von Männern, deren Mut

Auf den vorhergehenden Seiten:
Die Jacht *Gloria Deo* wurde 1856 in Nakskov erbaut. Sie war zu 75 RT vermessen. Der Typ der dänischen Jacht wurde vorwiegend als Frachtsegler in der Ostsee eingesetzt; man findet diese Schiffe aber auch in den Häfen der Nordsee, und gelegentlich fuhren sie sogar als Fruchtjager.

sie möglicherweise ohnehin kannten. Jedenfalls nahm damit der Wandel eines alten Brauches seinen Anfang.

Wie im folgenden Jahrhundert ein junger Matrose allen, die keinen Sinn mehr für diese ja wohl unvergleichliche Courage aufbringen wollten, noch einmal echtes Hänseln vorführte, erzählt Jens Jacob Eschels, eine Erinnerung an seine erste Reise nach Westindien im Winter von 1781 auf 1782: „. . . Wie wir den Tropicus Cancris (Wendekreis des Krebses) passierten, mußten sich alle, welche ihn noch nie passiert waren, nach Seemannsbrauch hänseln lassen (das heißt: man wird dreimal von der großen Rah ins Wasser untergetaucht; man heißt es auch wohl nach Schiffsgebrauch: die Leute sollen getauft werden) oder Geld bezahlen, um dafür Rum, Wein usw. zu kaufen; dieses wird dann, wenn die Matrosen an Land kommen, verzehrt. Alle unsere Leute wollten bezahlen, es war kein einziger darunter, der sich wollte über Bord stürzen lassen und getauft oder gehänselt werden. Da aber unsere beiden vorhergenannten Kaufleute gern eine solche Zeremonie sehen wollten, sagten sie zum Kapitän: ‚Oh, es ist schade, und verdrießt uns, daß da keiner ist, der sich hänseln lassen will, wir hätten diese Zeremonie so gerne gesehen‘ – welches ich, eben am Steuer stehend, hörte, und sagte zu den Kaufleuten: ‚Um Ihnen die Vergnügen zu machen, so will ich mich hänseln lassen.‘ Ich wurde von dem Steuer abgelöst, setzte mich auf den Klöppel (ein Stock gleich einem Besenstiel), woran ein Tau von dem Nock der großen Rahe befestigt ist; ein Seising oder Tau wird dem, der ins Wasser gestürzt wird, unter die Arme gebunden, und dieses an das Tau, welches von der Rahe herabläuft, befestigt, damit der Gehänselte, falls er sich nicht mit seinen Händen halten kann, daran hängenbleibt und nicht fallen kann. Nun ließ man mich dreimal ins Wasser fallen, denn dreimal ist Schiffsgebrauch; auch ließen sie mich nicht höher niederfallen, als unser Rumpf des Schiffes über dem Wasser war; wie ich nun diesem Seemannsbrauche dreimale Genüge geleistet hatte, so sagte ich: ‚Nun noch einmal zu meinem Pläsier.‘ Nun zogen die Leute mich so hoch, daß ich bis unter die große Rahe kam, und ließen mich dann hinunterstürzen, so daß ich gewiß drei Faden (etwa 5,5 m) unter Wasser war; auch zogen sie mich nicht eher auf, als bis ich so weit unter dem Schiff war, daß ich den Namen des Schiffes lesen konnte. Wir segelten derzeit $1^1/_4$ deutsche Meilen in jeder Stunde; unsere Leute wollten mir meine Verwegenheit ablehren, allein ich ließ mich noch fünfmal so hinunterfallen, nämlich: 1. für unsere Kaufleute, 2. für den Kapitän, 3. für seine Braut (diese war meine Kusine Antje Hansen), 4. für die vaterländischen Mädchen und 5. für unser ganzes Schiffsvolk, also daß ich neunmal mich niederfallen ließ.“

Magnet- oder Lodstein, ehemals ein Handwerkszeug der Steuerleute, das dazu diente, die Kompasse zu magnetisieren.

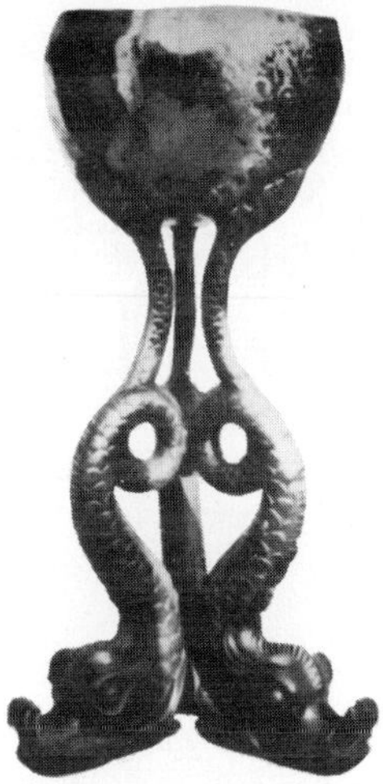
Der Fuß eines Kompaßständers, Bronzeguß, 18. Jahrhundert.

Aus alledem wurde schließlich ein nahezu kindlich argloses Spiel. Bereits im 18. Jahrhundert ersetzte auf etlichen Schiffen gründliches Naßgießen die derben Gepflogenheiten. Und von Hänselbräuchen des 19. Jahrhunderts erfahren wir durch Wossidlo: „Wenn'n Jung to'n iersten Mal Kap Huurn passieren ded', würd he in'n Sack stäken un de Sack tobunnen. Denn würd he vör dat Spill leggt un mit'n End' dörchtreckt unner dat Spill. De Madrosen stünnen denn all dor un göten em ümmer de Emmer vull Water so roever. So würd de döfft. De Jung glöw't jo denn, de Düwel oder Neptun hadd dat dahn." – Wenn ein Junge zum ersten Mal Kap Hoorn passierte, wurde er in einen Sack gesteckt und der Sack zugebunden. Dann wurde er vor das Spill gelegt und mit einem Ende unter dem Spill durchgezogen. Die Matrosen standen dann schon da und gossen ihm immer die Eimer voll Wasser so rüber. So wurde er getauft. Der Junge glaubte ja dann, der Teufel oder Neptun hätten das getan.

Wer sich allerdings diesem Brauch nicht fügen wollte, durfte das Schiff mehrmals von außenbords besehen: „Wenn de Jung sik strüüwt, ward em'n End üm 'n Liw stäken, und denn ward he vierkantig oewer Buurd smäten, solang', bet he ja seggt – Wenn der Junge sich sträubte, wurde ihm ein Ende um den Leib gesteckt, und dann wurde er vierkantig über Bord geschmissen, solange, bis er ja sagte.

Vielfach veranlaßte man neu angemusterte Matrosen und auch Kapitäne, die ein neues Schiff übernahmen, sich ‚einzuhänseln': Jeder Schipper, dee 'n nie Schipp kreeg, müßt hänseln uppe Fohrt – Jeder Kapitän, der ein neues Schiff bekommen hatte, mußte auf der Fahrt hänseln. Das sah dann so aus, daß der Neuling sich in die Gemeinschaft der Besatzung einkaufte, mit vielen Flaschen Rum, versteht sich.

Ein alter Seemann erzählte über seine Schiffsjungenzeit und über den Hänselplatz querab von Kullen: „. . . ick heff seggen müßt: Koll is holl, Koll is rund. Koll nimmt de Buddel vör de Mund; donn müßt ick de Buttel Rum hergäben, de ick in de Hand hadd'."

Die See- oder Meertaufe wurde etwa ab 1700 zu einem Brauch, bei dem die Seeleute allerlei Mummenschanz trieben und Neulinge unter anderem in große seewassergefüllte Decksbaljen tauchten. Im 18. Jahrhundert wurde es zur Gewohnheit, nur beim Passieren von Gibraltar, des Wendekreises des Krebses, des Polarkreises und des Äquators so zu verfahren. Stöcklein beschrieb 1726 dies in seinem „Weltbott": „Endlich zogen wir das erste Mal durch die Gleicher-Linie, wo dann die Bootsleute ihre abgeschmackte so genannte Meer-Tauff angestellt haben. Den 14. Januar seynd wir bey Capo di Palma nicht weit von Afrika die Linie zwischen zehen und elf Uhr passiert. Nach zehen

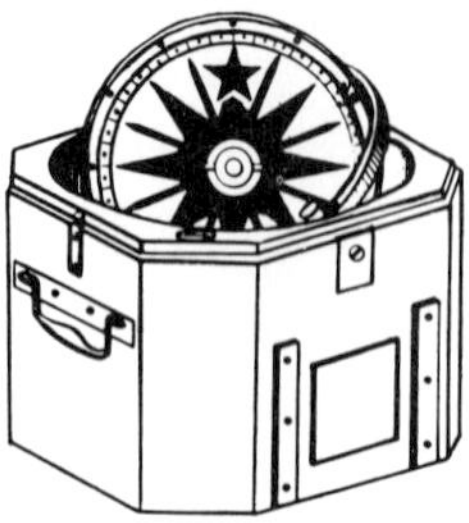

Französischer Bootskompaß um 1870.

Uhren fingen die Leute das läppische Spiel der Tauf an, welche ein jeder ausstehen oder sich loskaufen muß, welcher die Linie zum ersten durchschiffet."

Und dem „Grossen vollständigen Universal-Lexikon" von Johann Heinrich Zedler, erschienen zwischen 1732 und 1754, verdanken wir eine geradezu anekdotisch zugespitzte Taufbeschreibung, aus der gewiß zu erlesen ist, daß schon sehr früh und sehr konsequent vor allem gefoppt, Komödie gespielt wurde: „. . . Diejenigen, so allbereit dabey gewesen, kleiden sich so seltsam aus, als sie es ersinnen können, mit alten Lumpen, Flachsbärten, Perüquen usw. Einer hat eine Passkarte in seiner Hand, in der andern einen Säbel oder Schuhschwartz, die andern haben Pfannen und Kessel auf den Köpfen, Feuerhacken, Bratspiese, Röste und dergl. in Händen. Die Neulinge werden einer nach dem andern herzugerufen, auf den Rand eines Zubers, der mit Wasser gefüllet, gesetzet; man läst ihn die Hand auf die Karte legen und versprechen, dass er mit andern seines gleichen es künfftig auch so halten wolle, wie an ihm jetzo gethan wird, sodenn wird ihm Seewasser unter das Gesicht gesprenget, ein Zeichen mit Schwärzte vor die Stirn gemacht, und gefragt, ob er sich mit einem Trinkgelde lösen wolle. Thut er es, so wird er loss gelassen, wo nicht, wird er in den Zuber gestürzt, und mit Dwailen oder Schiffsbesen lustig gescheuret." Vielleicht hat hier die witzige Redensart über einen Kahlköpfigen: büst woll to väl oewer den Äquator sägelt, ihren Ursprung.

In der zweiten Hälfte des 19. Jahrhunderts konzentrierte sich das Taufen zunehmend auf das Passieren der Linie, das besondere Ereignis der erstmaligen Ankunft auf der südlichen Erdhalbkugel, und es entstand der Begriff ‚Linientaufe' – landläufig ‚Äquatortaufe'. Die Handlung nahm einen feierlich-komischen Charakter an, der Meergott Neptun präsidierte, bunt aufgetakelte und geschminkte Gefolgsleute – Aktuar, Astronom, Hofbarbier und Hofprediger – in seinem Kielwasser.

Noch vor hundert Jahren wollte oder sollte keiner an Bord wenigstens diesem verkümmerten Rest des ursprünglichen Hänselns entsagen, dieser willkommenen Gelegenheit, derben Humor einfallsreich zu präsentieren oder zu konsumieren. Poetisches, Witz, Phantasie, Gutmütigkeit und Freundschaft versammelten sich in einem solchen Taufakt, zum Beispiel bei jenem, über den der Cap Hoornier Kapitän Alfred Tetens 1889 erzählt. Er berichtet von einer ganz gewöhnlichen Äquatortaufe, die aber sehr wohl unsere Einbildungskraft ins Schweben zu bringen vermag.

Die Taufvorbereitungen und die Taufe selbst, von der ganzen Schiffsbesatzung – außer Kapitän und Steuermann nur aus sieben

Mann bestehend – liebevoll-ernsthaft betrieben, begannen, so Tetens, zunächst mit der Herstellung von Gegenständen, „... eine höchst belustigende Umkleidung, bei welcher die meterlangen Papphüte und buntbemalten Masken eine wichtige Rolle spielten. Der älteste Matrose übernahm die Darstellung des Meergottes Neptun. Ein riesiger, bis zum Boden reichender Vollbart aus aufgedrehtem Tauwerk umrahmte das bunt bemalte Antlitz. (Neptun schien für groß carrirte Muster zu schwärmen) In der einen Hand die aufgestielte Harpune, in der anderen einen mächtigen Dreizack, so erwartete der Gott des Meeres den Augenblick, in welchem die Feierlichkeit beginnen würde.

Neptun's Secretär erschien in voller Amtstracht; mit großem Register unterm Arm und übernatürlicher Brille auf der Nase, wollte er an der Seite seines Vorgesetzten Aufstellung nehmen, aber die drei Fuß lange Schreibfeder, welche mit vieler Geschicklichkeit hinter seiner linken Ohrmuschel balancierte, widersetzte sich hartnäckig diesem berechtigten Verlangen.

Der dritte Träger eines ferneren Machtzeichens erschien im Frack, dessen flatternde Rückenflossen bis zum Boden reichten und sehr wohlthätig die entblößten Füße seines Trägers zu bedecken suchten. In der Rechten dieses sonderbaren Beamten blinkte das meterlange, aus Tonnenbandeisen verfertigte, gefahrdrohende Rasirmesser.

Die Beschreibung des am fragwürdigsten geschmückten Gefolges will ich lieber aus Rücksicht für den Beherrscher des Meeres unterlassen. Endlich war der große Augenblick gekommen. Das Meerfest konnte beginnen. Beim Passiren der Linie erscholl am Bug des Schiffes der scheinbar vom Meere kommende Ruf:

‚Schipp ahoi!'

‚Hallo, hallo', antwortete vom Achterdeck aus der Kapitän.

‚Wie heest dat Schipp?' begann mit kräftiger Stimme der Frager.

‚Odin.'

‚Wo koomt Ji her?'

‚Von Hamborg.'

‚Wo wüll Ji hen?'

‚Na Bahia.'

‚Wie lang sind Ji op de Reis?'

‚Zweeunveertig Dag.'

‚Kan ick an Boord koomen?'

‚Versteiht sick, Herr Neptun!'

Für mich war es besonders interessant zu hören, daß sich Herr Neptun ausschließlich der plattdeutschen Sprache bediente und einen recht gemüthlichen Umgangston anschlug. Neptun an der Spitze seines Hofstaates kam zur Inspection an Bord, auf dem Hintertheile des Schiffes

Variante eines Sextanten mit künstlichem Horizont. Bei diesem Modell wurde der Horizont durch ein Lotpendel ersetzt.

stand der Kapitän mit dem duftenden Willkommenstrunk bereit. Unter fortwährenden ceremoniellen Verbeugungen nahm Neptun das Glas Grog huldvoll entgegen und goß es zum Zeichen seiner besonderen Gunst in einem Zuge durch die anscheinend gepichte Kehle.

Der ob dieser Gunstbezeugung betroffene Secretär blickte betrübt auf den Boden des Glases, harpunirte aber mit seinem buntbemalten Zeigefinger die Ueberreste des nicht geschmolzenen Zuckers glücklich empor. Die nachfolgenden Würdenträger begnügten sich damit, das leere Glas zu beriechen, während ein Angehöriger des gewöhnlichen Gefolges seine Zunge secundenlang auf dem Grunde des leeren Glases ruhen ließ, als könne er nur auf diese Weise seine Verehrung für den herrlichen Grog ausdrücken.

Als die Aussicht auf ein zweites Glas dieses Göttertranks verschwunden war, ergriff Neptun das Wort und gab seinem etwas gekränkt scheinenden Secretär die Weisung, nunmehr seines Amtes zu walten. Gehorsam wurde das ungeheure Protocoll aufgeschlagen; der Secretär griff zur Brille, putzte mit einer Hand voll Werg die Stellen, wo die Gläser hätten sitzen können, und begann in den Registern aufmerksam zu suchen.

Endlich hatte er amtlich festgestellt, daß sich an Bord des Odin noch Jemand befände, der noch nicht die Linie passirt hätte und getauft sei, demnach dem Gott des Meeres den herkömmlichen Tribut schulde. Dieser unglückliche Jemand war ich natürlich. Auf einen Wink des kühl dareinschauenden Meergottes lag ich willenlos in den Händen seines Gefolges. Zunächst wurde mein Gesicht mit Fett überzogen, dann mit Theer eingerieben; so vorbereitet ging es unter Anstimmung eines ernst klingenden Gesanges nach der großen mit Wasser gefüllten Balje. Nachdem ich auf dem Sitzbrett Platz genommen, welches quer über den Kübel gebreitet war, begann Neptun seine feierliche Ansprache, die in der Ermahnung gipfelte: Alles daran zu setzen, um ein tüchtiger Seemann zu werden, niemals die Pflicht zu verletzen und in jeder Lebenslage den schönen Beruf hoch zu halten.

‚Wenn Du dat nich deihst‘, schloß der eifrige Meeresgott drohend, ‚dann geiht et Di en Stünn slecht.‘

Sobald dieser Warnungsruf verklungen, ergriff der Secretär das Schlachtschwert ähnliche Rasirmesser, schabte damit die Fett- und Theerkruste so emsig aus meinem Gesichte, daß sofort einige Dutzend heißer Thränen von mir vergossen wurden. Endlich war die Gerberei beendet, sechs kräftige Matrosenhände drückten plötzlich auf meine Schulter, diesem Drucke konnte das vorher bis über die Hälfte eingesägte Brett nicht widerstehen, es brach mitten durch und ich lag bis über die Ohren in dem spritzenden und zischenden Wasser des Kübels.

INVENTED & MADE by R, RUST,
Removed from ye MINORIES to the Corner of
St. CATHERINES STAIRS Neer
the TOWER of LONDON
AN ARTIFICIAL HORRIZON
To be Used When the Real Horrizon
Is Thick & Obscure Or Instead of
The Back Observation

Noch heute kennt die Kriegsmarine Hollands diesen Brauch: wird ein Matrose einundzwanzig Jahre alt, so hat er sich an seinem Geburtstag auf einen Tisch zu legen. Das nackte Gesäß wird mit Bier, Senf und anderen ‚Schmiermitteln' eingeseift. Darauf gibt es dann einundzwanzig Schläge. Danach hat der so Gehänselte Bier zu spendieren. Prof. Dr. G. J. Boekschoten vom Geologischen Institut der Rijksuniversiteit Groningen berichtet: „Würde eine Zivilperson mitschlagen, und es wird immer versucht, einen Badegast so weit zu bringen, dann würde dieser nach dem ersten Schlag die restlichen zwanzig selber übernehmen müssen."

Bis hierher hatte ich Alles geduldig über mich ergehen lassen; nun aber sprang ich eiligst aus meinem Bassin, umarmte meine Pathen mit solchem Ungestüm, daß auch ein Theil meiner theerfettigen Feuchtigkeit an ihren Kleidern haften blieb. Damit war der regelrechte Taufact beendet. Zum Nachspiel des seemännischen Faschings ließ der Capitän einige Flaschen Wein, Rum und Bier vertheilen, es wurde nach Herzenslust gejubelt, gesungen und getanzt.

Schließlich ward die Hälfte einer Theertonne in Brand gesetzt und lodernd dem Meer übergeben. In diesen Flammen nimmt Neptun nach eingebürgerter Meinung der Seeleute Abschied vom Schiffe. Lange noch konnten wir den hellschimmernden Feuerball auf dem leicht bewegten Meere beobachten. Ein frischer, fröhlicher Zug durchzieht die Herzen der Leute, sie vergessen bei dieser harmlosen Fröhlichkeit die schwere, gefahrvolle Arbeit, welche der Beruf jeden Augenblick von ihnen beansprucht . . ."

Auch heute sind wie zuvor Erfindungsgabe und schauspielerisches Talent gefragt, um durch die Zeremonie bei allen Beteiligten, vornehmlich bei den Täuflingen, nachhaltigen Eindruck zu erwecken. Allerdings sind nun die Kapitäne dafür verantwortlich, daß beliebte rauhe Seemannsbräuche in Grenzen bleiben.

Halbstocks, ‚halberstock' und ‚halbtopp', zu ‚halber Stenge' oder ‚halbmast' wurde einst die Schiffsflagge und wird noch heute die Staatsflagge eines Schiffes zum Zeichen der Trauer gesetzt. Das bedeutet, daß sie an der Flaggenleine bis auf die halbe Höhe des Flaggenstocks beziehungsweise auf die Hälfte oder zwei Drittel ihrer Heißhöhe an der Gaffel oder Rah niedergeholt wird. Halbstocks wird geflaggt, wenn ein Besatzungsmitglied verstorben oder über Bord gegangen ist und nicht gerettet werden konnte, wenn das Schiff einer Staatstrauer folgt oder wenn es an Trauerfeierlichkeiten in heimatlichen oder fremden Häfen teilnimmt. Seit mehr als vier Jahrhunderten ist dies so Sitte.

Geheimnisvolles und Naturhaftes umgab den Seemannsglauben über Leben und Tod. In der Tat ist ja die Seebestattung so etwas wie ein letzter Widerschein frühzeitlicher Opfergaben, mit denen man ehemals die Toten den überirdischen Mächten anvertraute. Später übergab man die Toten alsbald der See, man behielt sie nicht länger als vierundzwanzig Stunden an Bord, getreu der alten Redensart: De Seemann nimmt sinen Kirchhoff mit. Vor allem aber wurden die Seeleute von der Ur-Furcht beherrscht, der Geist des Toten könne umherwandern, gar „wiederauferstehen" und ihnen selbst und dem Schiff Unglück bringen, solange der Verstorbene sich noch an Bord befand. Dem Gefühl und nicht dem Verstand gehören solche Fragen. Wie tief noch

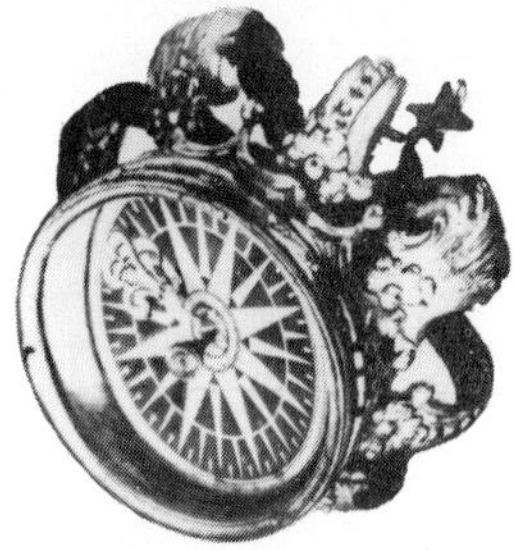

Kronenkompaß, auch ‚Spitzelkompaß' genannt, der über der Koje des Kapitäns hing, damit er auch dann den Kurs überwachen konnte, wenn er nicht auf der Brücke stand.

bis in das 19. Jahrhundert hinein diese Furcht den Seeleuten innewohnte, belegen Überlieferungen mecklenburgischer Fahrensleute:

„Wenn een doot bläben wier abends un vör de Kajüüt henleggt wier, dat he morgens oewersett't warden süll, dor wullen vääl nich an vörbi bi't Wachgahn, se güngen anne Lei. – Wi hadden ok mal 'ne Liek an Buurd. Dor wull een von de Madrosen nich an vörbi: wenn ik vörgüng, perrt he mi de Hacken af uut Angst – Von unsern Besatz wier'n Dän bi't Sägelwegnähmen oewer Buurd gahn. Dor keem een Madros' uut de Angst gor nich ruut; he säd': de Dän keem ümmer up'n Krahnbalken wedder roewer to lopen; dat künn he sehn." – Wenn einer abends gestorben war und vor die Kajüte gelegt wurde, um morgens übergesetzt zu werden, wollten viele beim Wachegehen nicht dran vorbei, sie gingen in Lee. – Wir hatten auch einmal eine Leiche an Bord. Da wollte einer der Matrosen nicht dran vorbei: wenn ich voranging, trat er mir die Hacken ab aus Angst. – Von unserer Besatzung war ein Däne beim Segelwegnehmen über Bord gegangen. Da kam ein Matrose aus der Angst gar nicht heraus; er sagte: der Däne käme immer wieder auf dem Kranbalken herübergelaufen, das könne er sehen.

Ungeschriebenes Gesetz war es, den Sarg – bis zum 19. Jahrhundert bei Seebestattungen benutzt – mit Kanonenkugeln, Eisenstücken oder Ballaststeinen zu beschweren, um ein Wiederaufschwimmen der Leiche zu verhindern und auch damit das unheilverkündende geisterhafte „Wiedererscheinen" des Verstorbenen abzuwenden.

Blau war die Trauerfarbe. Wenn der Kapitän oder der Reeder starben oder diese einen Trauerfall in ihren Familien hatten, würd de ‚Gallionspopp' blau anmaalt un de gääl Ring unner de Schanzkleedung ok – wurde die ‚Galionspuppe' blau angemalt und der gelbe Ring (schmaler horizontaler Farbstreifen um das ganze Schiff, gelb für Rostocker Schiffe) unter dem Schanzkleid auch. Dat würd för Janmaat nich maakt; dee würd in'n Sack stäken, wat Sweres bipackt, un denn güng't rin na'n Groten Heinrich. Dor würd keen Fedderläsen mit maakt. – Das wurde für den einfachen Seemann nicht gemacht; der wurde in einen Sack gesteckt, was Schweres beigepackt, und dann ging's rein in den Großen Heinrich. Da wurde kein Federlesen mit gemacht.

Sicher wird es Ausnahmen gegeben haben, in der Regel aber ging die Bestattung von Jan Maat so vor sich: Die Rahen wurden backgebraßt und dadurch die Fahrt aus dem Schiff genommen, die Flagge an der Gaffel halbstocks geholt und der Tote – querschiffs auf einem Lukendeckel liegend, die Füße Seite Deck zugewandt – von der gesamten Besatzung feierlich und still umstanden. Jeder nahm die Mütze ab.

Der Kapitän sprach einige Worte des Gedenkens, in denen er das Leben des Verstorbenen würdigte, und endete mit dem Vaterunser, in das alle einfielen. Dann hoben zwei Kameraden das Kopfende der Bahre an, und der Leichnam glitt hinab in die See.

Oft bezeichnen alte Fahrensleute das Sterben als ihre ‚Langreise'. Nu haalt he (der Tod) mi bald uppe Langreis.

Halten ist ein altes Wort, aus dessen vielfältigem seemännischem Gebrauch nur einige Anwendungsarten die Zeiten überdauert haben. Unter diesen ist ‚Kurs halten' wohl das bekannteste. Es bedeutet: genau den befohlenen Kompaßkurs steuern. Eine ‚große Höhe halten' heißt hoch am Winde segeln, in möglichst spitzem Winkel gegen den Wind laufen, man sagt auch dazu, dem Wind ‚soviel Luv wie möglich abgewinnen'. Und unter ‚dichthalten' versteht der Seemann Wasserdichtigkeit bewahren: Hält (oder ist) das Schott noch dicht? In übertragener Bedeutung aber heißt ‚dichthalten' – nicht nur unter Seeleuten – verschwiegen sein. Wahrscheinlich schon vor dem 17. Jahrhundert gebrauchte der Seemann die Wendung ‚die See halten'. Er meinte damit verschiedene Situationen in See, die wir heute begrifflich differenzieren. So hieß ‚die See halten': mit einem Schiff in See bleiben – auch bei gutem Wetter –, ohne einen Hafen anzulaufen. Zum anderen verstand er unter ‚die See halten können' die Eignung eines Schiffes für die Fahrt auf See, im Unterschied zur Fahrt auf Binnengewässern, aber auch seine Fähigkeit, hohem Seegang widerstehen zu können, unbegrenzt seetüchtig zu sein. In Cornelius Gijsbertsz Zordrager's „Alte und neue Grönländische Fischerei und Wallfischfang, mit einer kurzen historischen Beschreibung von Grönland, ausgefertigt durch Abraham Moubach" aus dem Jahre 1723 lesen wir: „Dieses alles ist fest an einander gefüget, und so wol versehen, daß diß Fahrzeug ... gegen die Gewalt der tobenden Wellen in dem größten Sturm die See halten kan."

‚Nicht länger die See halten können' bedeutete also für ein Schiff, daß es bei zunehmender Wetterverschlechterung die Grenze seiner Seetüchtigkeit erreicht hatte. Und wenn zur Zeit der geplanten Ausreise auflandiger Sturm die Schiffe beweerte, meinten die Kapitäne, ‚die See nicht halten', nicht gegen die See anlaufen, sich nicht von der Küste freikreuzen zu können.

Alte Redewendungen mit ‚halten' haben miteinander gemein, daß sie sich auf das Beibehalten oder die Änderung von Fahrtrichtungen beziehen. Jedes ‚Halten' darin könnte durch ‚Steuern' ersetzt werden, ohne die Aussage zu verändern, deshalb vermuten wir, daß das Wort in dieser Zuordnung auf das ursprüngliche Halten der Ruderpinne zurückführt und auch nach Einführung des Steuerrades sinngleich gültig blieb.

So sagte man an Bord ‚nach See halten' und meinte damit, von Häfen, Flußmündungen oder von Reede aus in See gehen.

Und ‚das Schiff vom Lande halten' bedeutete, es vom Lande freizuhalten, es nicht durch allzu große Landnähe, durch Untiefen oder Klippen zu gefährden, so zu steuern, zumal bei auflandigem Wind, daß man in tiefem Wasser verblieb oder es wiedergewann.

Für das Segeln am Winde mit möglichst geringer Abdrift war die Wendung ‚Luv halten' gebräuchlich. Dabei so steuern, daß die Segel voll (Wind) standen, hieß ‚voll halten'.

Mit ‚abhalten', auch ‚abfallen' genannt, bezeichneten die Seeleute dagegen eine Kursänderung nach Lee, die den bisher aus vorlichen Richtungen einkommenden Wind nunmehr seitlich bis achterlich einfallen ließ. Wenn dieses Manöver dazu diente, sich einem anderen Schiff zu nähern, sagten sie ‚auf das Schiff abhalten', auf dieses zusteuern, gebrauchten die Wendung aber eben nur dann, wenn das andere Schiff ‚unter dem Winde' lief, also in Lee des eigenen.

Ganz allgemein hieß das Steuern in Richtung eines Schiffes, eines Seezeichens oder einer Hafeneinfahrt: darauf ‚zuhalten'.

Dazu sind aus dem Niederdeutschen einige Wortverbindungen und Redewendungen aufhebenswert. So war ‚Hollfast' (Haltfest) ein Halt, eine Stütze, und von einem haltlosen Menschen hieß es: in denn' is kein Hollfast – der ist unzuverlässig. Die Seeleute aber sagten: „Nu warden wi woll bald Hollfast kriegen" – Nun werden wir wohl bald festen Halt bekommen, was bedeutete: an Land gehen; auch meinten sie: „Een rank Schipp hett keenen Hollfast int Water" – Ein rankes Schiff hat keinen Halt im Wasser. Sie deuteten so auf ihre Weise dessen größere Neigung bei seitlichem Wind und sein langsames Schlingern.

Skandinavische ‚Pinnkompasse'
die Uhrborde des
19. Jahrhunderts.

Der an Mut und Selbstvertrauen appellierende Zuspruch: „Holl dat Gnick, de Uhren stif!" – Halt' das Genick, die Ohren steif, sei tapfer, standhaft – fand seine sinnreiche Entsprechung in einem alten Zuruf mecklenburgischer Fahrensleute, der trotz seiner Kürze Gruß, Wunsch, Ansporn und fester Händedruck zugleich war. Wenn zwei Schiffe auf See einander passierten, gingen die Männer an die Reling und riefen im Wissen um die Gefahren, die den anderen gleich ihnen bevorstanden, lauthals hinüber: „Schipp hollen!" – Schiff halten (erhalten): durchhalten!

Und aus ‚fastholen' – festhalten, entstand 1863, als Dänemark Schleswig-Holstein zu annektieren versuchte, unter der ländlichen und seemännischen Bevölkerung ein Kampfruf, zur Einigkeit ermahnend und zum Widerstand auffordernd, der sich verbreitete und das Losungswort der Niederdeutschen wurde: „Jungs, hoolt fast!"

Die *Heuer* ist der Lohn des Seemannes, der ‚Heuervertrag' sein Arbeitsvertrag, er regelt Lohn, Arbeitszeit, Unterbringung und Verpflegung, Urlaub, medizinische Betreuung und anderes.

Das Wort ist im germanischen Sprachgebiet weit verbreitet. Aus dem niederdeutschen ‚Hüre', ‚Hüer' wurde es zu ‚Heuer' verhochdeutscht. Im Mittelniederdeutschen hatte es die Bedeutung von Miete, Pacht, Lohn, und das zugeordnete Verb hieß ‚hüren', niederländisch ‚huren', angelsächsisch ‚hyrian' und englisch ‚to hire' – mieten.

Der Gebrauch des Wortes an Land ist nach Wossidlo/Teuchert unter anderem im Jahre 1399 in Wismar belegt: „So heft ghehuret Marquart Hanses unde syn sone den hoef tho Mekelenborghe." Im 18. Jahrhundert verstand man unter ‚hüre' die Miete, das ‚hürhuus' war ein gemietetes Haus und ‚hürslüde' die Leute, die darin wohnten: He hett sik 'n Wahnung hürt – Er hat sich eine Wohnung gemietet. Einige Redensarten enthalten das Wort im übertragenen Sinne: Dat is mi 'n schöne Hür! sagte man ironisch über eine mißliche Angelegenheit, dat is'n dulle Hür – eine schwere Arbeit, he hett 'n lütte Hür mit er hatt – er hat ein kleines Verhältnis mit ihr gehabt. Und se gahn bös mit em in de Hür hieß: sie gehen bös mit ihm ins Gericht, hecheln ihn durch. Aber auch als Abweisung in sehr derber Form benutzte man das Wort: Kannst mi in Ars wahnen, bruukst keen Hür to betahlen.

In der Seemannssprache ist ‚en schip huren' – ein Schiff heuern, mieten, und ‚hure', ‚huere' – Heuer, Lohn des Matrosen, seit dem Mittelalter belegt. Vom 17. Jahrhundert an kamen die hochdeutschen Formen in Gebrauch: „Ein Schiff häuren – ein Schiff miethen um es zu befrachten oder sonst zu irgend einer Reise zu gebrauchen ..." Und der Monatslohn der Matrosen hieß das ‚Heuergeld', niederländisch ‚huurloon'. Bis zum 19. Jahrhundert bildete sich die Doppelbedeutung des Wortes ‚Heuer' heraus, einerseits das Arbeitsverhältnis an Bord, andererseits das Entgelt für die Arbeit bezeichnend. Das Verb ‚heuern' galt gleichermaßen dem Chartern eines Schiffes und dem Anwerben der Besatzung. Der Seemann aber sagte bis weit in das 19. Jahrhundert hinein: ‚Ich heuere', ‚heuere an' oder – in älterer Form – ‚ich verheuere mich', im Sinne von verbinden. Danach gebrauchte man nur ‚anmustern', ein Wort, dessen Substanz uns schon zu Beginn des 17. Jahrhunderts begegnet, und zwar in ‚Musterrolle'. Sie war eine Art Besatzungsliste, in die ein Kapitän neue Leute, die er ‚gemustert' hatte, eintrug. War die Besatzung komplett, wurde das Dokument zusammengerollt und versiegelt. Ferner sei das alte Wort ‚unter-

heuern' erwähnt: ein Heuern bei bereits anderweitig bestehendem Arbeitsverhältnis. Im „Waterrecht" von Wisby, dieser alten Hansestadt auf der Insel Gotland, die einst Mittelpunkt des Ostseehandels war, steht 1573 im § 1: „Ock schall neen stuerman des andern piloten edder schipman vnderwinnen effte vnderhueren efft afspannen – sinngemäß: Auch soll kein Steuermann des anderen Lotsen oder Matrosen abgewinnen oder unterheuern oder ausspannen.

Ähnlich hieß es: „Keiner sol dem andern sein Schiffsvolck auß seiner Kost abspannen, es geschehe mit höher Hewre oder guten Worten, thet jemand dawider, er sol zehen Thaler halb an die Oberkeit und halb an die Schiffergesellschaft verbrochen haben, un der sich abspannen lesset, soll dem Schiffer von dem er scheidet die halbe Hewre, deren er mit ihm eins geworden zuentrichten schuldig seyn" – zitiert aus „Der Erbaren Hänse-Stätte Revidirte Schiffs Ordnung und See Recht. Deren sich ihre Bürger/Sonderlich die Schiffs-Redere/Befrachtere/Schiffer und Schiffsvolck zuverhalten" – gedruckt zu Rostock bei Moritz Sachsen Anno 1614.

Im Leben des Seemannes spielte die Heuer, einzige finanzielle Grundlage seines Daseins, eine große Rolle. Von ihr mußten – soweit vorhanden – die zurückbleibenden Lieben an Land leben. Deshalb waren Langreisen bei vielen Matrosen gefragt: sie ließen sich ‚von Huus to Huus', wie man damals sagte, von Heimathafen zu Heimathafen anmustern. Bei Langreisen mußte Jan Maat sich twee Johr verhüern, und wenn de Reis' länger duern ded', müßt de Schipper mihr gäben. Vor allem aber hatte Jan Maat auf diesen Reisen ruhigere Arbeit, ein besseres Leben und am Ende eine schöne Abrechnung, mit der sich etwas anfangen ließ. Andere Seeleute wiederum lebten nach jenem Abschiedsvers, in dem es heißt: „Was nützt dem Seemann sein Geld, wenn er damit ins Wasser fällt . . ."

Bei der „systematischen volkskundlichen Durchforschung des gesamten mecklenburgischen Gebietes" fand Richard Wossidlo dazu: „So 'n Swalger, dee sik dat Läben to'n Genuß maakt, künn natürlich nicks veroewern" – So ein Verschwender, der sich das Leben zum Genuß machte, konnte natürlich nichts erübrigen. „Dat geew oewer ok Seelüd, de dull spoorsam wieren, dee wenn se an Land kemen, bloß'n poor Stäwelsahlen un gröön Seep, höchstens 'n bäten Tobak köpen deden. Väl Madrosen hadden donn so väl erobert, dat se sik'n bäten von Huus köpen künnen." – Es gab aber auch Seeleute, die sehr sparsam waren, die, wenn sie an Land kamen, bloß ein Paar Stiefelsohlen und grüne Seife, höchstens ein bißchen Tabak kauften. Viele Matrosen hatten schließlich soviel zusammen, daß sie sich ein kleines Haus kaufen konnten.

Die Fregatte *Herkules*. Das französische Segelkriegsschiff mit 58 Kanonen klar zum Gefecht, Holzstich nach einer Zeichnung von Ozenne, um 1750.

Auf den folgenden Seiten: Die *Sachsen* war eine Viermastschonerbark. Dieser stählerne Segler wurde 1894 als *Reform* in Stavanger erbaut und zu 593 BRT vermessen. Das von T. G. *Purvis* in Cardiff in Öl gemalte Bild zeigt die *Sachsen* unter vollen Segeln. Neben Gaffeltoppsegeln führt das Schiff zwischen den letzten drei Masten noch ein zusätzliches Stagsegel. Mit einer Besegelung von insgesamt 20 Segeln ist es gut und reichlich getakelt.

Fast wie eine soziale Konzeption nimmt sich auf den ersten Blick jene Aufforderung aus, die der „Ersame Rath der kayserlichen Stat Lübeck" im 16. Jahrhundert als eine Art Seemannsordnung („Ordinanty upp de Schipperen und Bosslüdenn") erließ: „Ock so schal der schipper sine volke, wanner de dat tho Seevarth gehuret, den Huren in dren tyden to gewende belaven, alss thom ersten, wan dat schip halff geladen" – Auch soll der Kapitän seiner Mannschaft, nachdem er sie zur Reise geheuert hat, die Heuer in drei Zeiten (Teilen) zahlen, den ersten Teil, wenn das Schiff halb beladen ist.

Damit wurde das Beladen des Schiffes in die Dienstpflichten der Matrosen einbezogen, und derjenige mußte sicherlich Abzüge in Kauf nehmen, der erst bei reisefertigem Schiff, wenn seine Kameraden die langwierige, schwere Arbeit beendet hatten, anmusterte. Ökonomischen Zwang übten Reeder und Schiffer nach der Ankunft im Bestimmungshafen aus. Im 16. Jahrhundert hieß es im „Waterrecht" von Wisby, § 31: „De schipper mach en (den schiplueden) de huere wol so lange entholden, beth dat dat schip gelosset ys." – Der Schiffer kann ihnen (den Schiffsleuten) die Heuer solange vorenthalten, bis das Schiff gelöscht ist.

Dreihundert Jahre später zahlte man allerdings fürs Laden Tageslohn, und die Seeleute musterte man erst an, wenn das Schiff reisefertig war. Die Matrosen bekamen dann „en halw Maandsgeld in vörut" – ein halbes Monatsgeld im voraus. Fraglos bewahrte diese Maßnahme manchen Seemann davor, das noch nicht einmal richtig verdiente Geld unbekümmert gleich wieder auszugeben. Von den hansischen Kauffahrteischiffen ist indessen noch eine Heuer-Kuriosität zu vermelden. Bezahlt wurde lange Zeit das erste Drittel bei der Ausreise, das zweite beim Löschen im Bestimmungshafen, das dritte Drittel nach Rückkehr des Schiffes. Doch einige Seeleute hielten bei der letzten Rate die Hand vergeblich auf. Sie bekamen nichts, denn sie waren unterwegs so seekrank geworden, daß sie ihre Pflichten an Bord nicht erfüllt hatten, und das wurde nach Hamburger und Lübecker Schiffsrecht mit dem Entzug der Heuer bestraft.

Als man dann im 18. Jahrhundert vor Langreisen eine oder zwei volle Monatsheuern vorschoß, erfanden die Reeder und Schiffseigner, um sich zu versichern, daß der Seemann nicht ‚achteraus segelte' – die Ausreise seines Schiffes „verpaßte" – die ‚Advance-Note', von den Seeleuten lakonisch ‚Avangß-Schien' genannt. Diese „Note" war die Anweisung zur Auszahlung eines Betrages, meistens in der Höhe einer Monatsheuer, durch die Kasse der Reederei, in der Regel aber erst vier Tage, nachdem das Schiff in See war und Jan Maat sich tatsächlich an Bord befand. Auf den ‚Avangß-Schein' konnte der Seemann auch in den Ausrüstungsgeschäften vor seiner Reise jene Dinge kaufen, die er selbst auf See brauchte, und seine Familie durfte, eben wenn er schon vier Tage auf See war, den übriggebliebenen Teil in Empfang nehmen. Viele Kaufleute nutzten indessen die Advance-Note, um die in Geschäften unerfahrenen Seeleute zu betrügen. Sie zogen fast immer Prozente vom eigentlichen Nennwert des Papiers ab, angeblich, um ihre Unkosten zu decken, falls Jan Maat nicht an Bord ging und die Reederei dann die Note nicht einlöste. Alte Fahrensleute berichteten, sie hätten oft nur 50 bis 70 Prozent als Warengegenwert erhalten.

Auch bei freiem Wohnen und freier Verpflegung, die Heuer war man lütt. Am Ende des 19. Jahrhunderts hatte ein Matrose auf deutschen Schiffen eine Durchschnittsheuer von etwa 40 Mark, und wenn man ihm wöchentlich 3 Mark „Führungszulage" bewilligte, kam er erst auf 52 Mark monatlich. „Kontraktlich Engagierte", zumeist mit einem längeren Vertrag, konnten etwas höhere Forderungen stellen, aber mehr als 60 bis 65 Mark erhielten auch sie nicht. Ihre englischen Kollegen dagegen bekamen zur gleichen Zeit das Doppelte: 20 bis 30 Schilling wöchentlich, damals monatlich etwa 80 bis 120 Mark.

Recht aufschlußreich ist, daß es damals schon üblich war, nach Leistung zu entlohnen: Wenn in frömd Habens Madrosen annahmen wieren un dat stellte sik rut, dat se de Arbeit nich verstünnen, denn kregen se man halw Hüer – Wenn in fremden Häfen Matrosen angeheuert wurden und es stellte sich heraus, daß sie die Arbeit nicht verstanden, dann kriegten sie nur die halbe Heuer. Und schließlich wurden auch besondere Fertigkeiten und Arbeiten eigens vergütet: De Madroos kreeg'n Daler mihr in de Maand, wenn he de Verpflichtung oewernehm, de Sägel heiltomaken. – Ein Matrose bekam im Monat einen Taler mehr, wenn er sich verpflichtete, die Segel instandzusetzen.

Doch wollen wir es bei diesen Hinweisen nicht bewenden lassen. Schon sehr früh gab es „Schiffs- und Seemannsordnungen" und „Musterrollen", die die Arbeit und das Leben an Bord, das Schöne und Gemeinschaftliche, Rauhe und Widrige zu ordnen suchten. Humanitäre Deklarationen durchaus, so jene „Schiffsordnung" vom 23. Mai 1614, die sich die „Bürgermeister und Räthe der vereinigten Teutschen Hanse-Stätt" gaben, „sonderlich den Schiffsredern und Schiffern / wie auch sonst dem gemeinen Schiffsvolck / welches auff unseren und unser Bürgerschiffen zu dienen und zu fahren gedenckt" gewidmet. Wir zitieren aus der „XV. Titulatur": „Ein jeglicher Schiffer soll des Compast / der See und Fahrwasser kündig sein / und das Schiff zu führen und zu steuern zu laden und zu lossen / und dz Volck anzuführen und zu regieren wissen / gebe sich jemandt dafür auß / und könne dafür nicht bestehen der sol nach befind: und ermessigung ge-

trafft werden"; „Die Schiffere sollen ihrem Schiffsvolck zuverhütung alles Muthwillens und Auffstands / ihre wol verdiente und versprochene Heure nicht vorenthalten / noch ihnen daran ichts beschneiden und abbrechen / es were denn / das auff vorgehende verhör und gutachten der Schiffsfreunde / wann die Reise vollenzogen / jemands seiner Verbrechung halb etwas zu kürtzen und abzuziehen were"; „Und damit so woll Schiffer / als Schiffskinder wissen mögen / zu welcher Zeit die Heure zu entrichten und zu empfangen / so ordnen wir / daß die Schiffe / so Ostwerts / und auff Norwegen lauffen / zu zweymalen / Die aber an andere abgelegene Orther segeln / zu dreymahlen Und jedes mahls ein drittentheil davon bezahlen sollen / ein theil da der Schiffer abeleufft / das andere /, da er losset / und dz dritte theil / wann die Reise vollendet ist . . ."; „Gebe aber ein Schiffer seinem Schiffmann auff der Reiß / da er erst losset / oder anderwerts ladet / ohne redliche und kundtbare Ursach / urlaub / so soll er ihm die volle Heur und führung zu bezahlen schuldig sein"; „Wolt der Schiffskinder einer / wann die halbe Reiß gethan were / vom Schiffer urlaub haben / so soll er dem Schiffer die gantze Heur und Führung zu bezahlen schuldig seyn"; „Als bald der Schiffer das geheurete Volck in seine Kost auffnehmet / und zu Schiffe zugehen heisset / soll er zu stund sein Herberg im Schiff haben / und sonst nirgendts / bey Peen vor jede Nacht die sie außbleiben / vier schilling Lübisch. Und sol keiner deß Schiffers Kost verachten / bey Verlust der Hewr / und führung / und straff der Außsetzung zu Lande."
Unverkennbar ist in einem anderen Dokument, urkundlich am 27. Februar 1835 vom „Secretario" der Stadt Stralsund besiegelt, das Bemühen, gegenseitig Pflichten und Rechte handhabbar zu präzisieren.

„Wir Bürgermeister und Rath der See- und Handels-Stadt Stralsund", so ist zu lesen, „thun kund und urkunden hiermit, daß am heutigen Tage vor uns erschienen sei der Schiffer und Bürger hierselbst Johann Friedrich Ziercke führend die ‚Johanna Louisa' genannt und zur Musterung sein gesammtes Schiffsvolk vorgeführt hat, und daß, nachdem von demselben nachgewiesen worden, daß ihrer Abfahrt zur See kein gesetzliches Hinderniß entgegen steht, zwischen dem genannten Schiffs-Capitain und seinen Schiffsleuten, wie solche nachfolgend im 3ten § namentlich aufgeführt sind, nachstehender Heuer-Contract und resp. Muster-Rolle verabredet und geschlossen worden ist.

§. 1.

Es verbinden sich sowohl der Steuermann als auch auch die übrigen Schiffsleute mit dem Schiffs-Capitain Johann Friedrich Ziercke und auf

dessen vorbenannten Schiffe von Stralsund nach einem unbestimmten Hafen und auch nach anderweiten Seehäfen und Plätzen, wohin der Schiffer zu fahren für gut finden, oder die Rhederei des Schiffes verordnen wird, zu fahren, und an Bord zu bleiben bis das Schiff hieher zurück gebracht ist, oder an einen solchen inländischen Löschungsplatz kommt, wo an die Stelle derjenigen Schiffsleute, welche etwa ihre Entlassung wünschen, andere brauchbare und tüchtige Schiffsleute, und zwar für die nämliche denselben jetzt accordirte monatliche Heuer zu erhalten, und die abgehen wollenden Schiffsleute dem Schiffs-Capitain zu gestellen im Stande sind, in welchem Falle aber auch den letzteren keine mehrere Verbindlichkeiten wegen der Rückschaffung der Stellvertreter in das Vaterland, oder nach einem andern als dem Hafen des ersten Abschlusses dieses Heuer-Contracts treffen können.
Die Schiffsleute sind verpflichtet ihre Arbeiten und Geschäfte ohne Streit und Murren zu verrichten, dem täglichen Gebete mit gebührender Andacht beizuwohnen, dem Schiffer, oder dem der in seine Stelle tritt, in Allem ohne einige Widerrede gehorsam zu seyn, dessen Befehle mit allem Fleiße und ohne einige Zögerung auszuführen, die Ladung des Schiffes einzunehmen, zu stauen und umstauen zu helfen und zu löschen, Ballast einzunehmen und zu löschen, und diesen sowohl als auch die Güter mit Leichter-Fahrzeugen von und ans Land oder an andere Schiffe zu bringen, Alles nach des Schiffers Anordnung und Befehl, und überhaupt alles zu thun was zum Dienste von Schiff und Gut erforderlich ist.

§. 2.

Sollte es sich zutragen, daß das Schiff auf seinen Reisen durch Verlust von Segeln oder anderen Geräthschaften Schaden litte, oder leck würde, so wollen die Schiffsleute zu dessen Reparatur alle Hülfe leisten, und bei Verlust der ganzen Heuer an die Rhederei, oder sonstiger Bestrafung, sich nicht von dem Schiffe entfernen, unter was für einem Vorwande dies auch sey.
Falls aber das Schiff strandete, oder sonst durch einen Zufall dienstunfähig würde, wollen sie dasselbe nicht eher verlassen, als bis die Geräthschaften des Schiffes und die Ladung geborgen sind, hierbei nach ihren Kräften thätig seyn, und die Bestimmung des Schiffers wegen ihrer Entlassung abwarten, gleichfalls bei Verlust der ganzen Heuer an die Rhederei und gesetzlicher Bestrafung.

§. 3.

Dagegen bezahlt der Schiffs-Capitain an monatlicher Heuer in Preuß. Courant (es folgen die Namen derer, mit denen der „Contract“ abge-

Aus dem Heuer-Contract vom 27. Februar 1835 für die Besatzung der Galeasse Johanna Louisa, geführt vom Schiffs-Capitain Johann Friedrich Ziercke.

schlossen wurde) welche Heuer mit dem heutigen Tag ihren Anfang nimmt. Von dieser Heuer ist der Belauf von einem Monat an jeden der Schiffsleute voraus bezahlt, von ihrer weiter zu verdienenden Heuer aber wollen sie eher nichts fordern, als bis sie mit dem Schiffe wieder anhero kommen und vom Schiffer abgedankt werden.

Am allerwenigsten aber wollen die Schiffsleute den Schiffer anhalten, ihnen ausserhalb Landes einige Zahlung an Heuer, weder zum Vollen noch zum Theil zu geben, sondern wollen es lediglich seinem Gutbefinden überlassen, ob er ihnen freiwillig auf Abschlag ihrer verdienten Heuer etwas wird geben wollen.

Sollte jedoch auf dieser Reise von – nach – oder einigen anderen Orten anderwärts wohin, Fracht angenommen werden, so macht der Schiffer sich verbindlich alsdann auf dem zweiten Löschplatze, wo die anderen Frachtgelder verdient seyn werden, dem, der es verlangt oder benöthigt ist, die Hälfte seiner zu der Zeit zu gute habenden Heuer zu bezahlen.

Bei dem Antritte der Reise übergiebt der Schiffer jedem Schiffsmanne ein Quitungs-Buch, worin die jedesmaligen Zahlungen auf die vorbedungene Heuer vermerkt werden. Wer dasselbe durch seine Schuld verliert, gegen den streitet die Vermuthung zu Gunsten der Rechnung des Schiffers.

§. 4.

Der Schiffs-Capitain verpflichtet sich, seine Schiffsleute auf der ganzen Reise in zureichlicher Maaße mit Speise und Trank zu verpflegen; und wie der Schiffer hiebei nachstehende Speiseordnung, so weit Zeit und Umstände es gestatten, zu befolgen hat, so versprechen sämmtliche Schiffsleute sich damit ohne Murren oder einige Widerwärtigkeit begnügen zu lassen.

Jeder Schiffsmann erhält nämlich:

Sonntags zum Frühstück Grütze oder Graupen, zu Mittag und Abend Erbsen.

Montags zum Frühstück Erbsen, zu Mittag und Abend Grütze oder Graupen.

Dienstags zum Frühstück Grütze oder Graupen, zu Mittag und Abend Erbsen.

Mittwochs zum Frühstück Erbsen, zu Mittag und Abend Grütze oder Graupen.

Donnerstags zum Frühstück Grütze oder Graupen, zu Mittag und Abend Erbsen.

Freitags zum Frühstück Erbsen, zu Mittag und Abend Grütze oder Graupen.

§ 3.

Dagegen bezahlt der Schiffs-Capitain an monatlicher Heuer in Preuß. Courant

	Rthl.	Gr.	Pf.
dem Bootsmann Joh: Christian Langhaar von Stralsund, 38 Jahr alt:	12	—	—
dem Matr: Jac: Nicl: Vierck von Willow, 31. Jahr alt	8	—	—
dem Matr: Joch: Christoph Vierck von Willow, 25 Jahr alt	8	—	—
dem Matr: Heinr. Bethmann von Willow 19 Jahr alt	8	—	—
dem Jungmann: Joh: Marten Grünwald von Stralsund, 16 Jahr alt	6	—	—
dem Koch: Mart: David Christoph Jul: Borgwardt von Stralsund, 20 Jahr alt	4	—	—
dem Kajütenwächter: Mart: Adolph Kronmann von Stralsund, 12 Jahr alt	2	—	—

Sonnabends zum Frühstück zu Mittag und Abend Grütze oder Graupen, und außerdem am Sonntag, Dienstag und Donnerstag täglich 1 Pfund Rindfleisch oder 3/4 Pfund Schweinefleisch oder 1/2 Pfund Speck; an den vier Grütztagen aber 1/2 Pfund Schweinefleisch.
Dem Schiffer stehet es übrigens frei, drei Tage in der Woche statt Fleisch 1/2 Pfund Stockfisch bei der Grütze zu geben.
Außerdem erhält jeder Schiffsmann wöchentlich 1/2 Pfund Butter, wenn Stockfisch gegeben wird aber 1 Pfund Butter, und 7 Pfund hartes Brot, so wie täglich im Sommer 1 1/2 Quart, im Winter aber 1 Quart Bier, so lange solches vorräthig ist. An jedem Lande- oder Löschplatze, oder wo sonst der Schiffer sich längere Zeit aufhalten muß, ist er verbunden, der Schiffsmannschaft wöchentlich ein- oder zweimal statt des gesalzenen Fleisches und der Erbsen frisches Fleisch mit Gemüse oder Kartoffeln, wenn solches zu haben ist, und zwar das Fleisch in gleicher Quantität zu geben. In Ermanglung des Biers soll an Orten wo Wein das gewöhnliche Getränk ist, jedem Manne am Sonntag, Dienstag und Donnerstag 1/4 Preuß. Quart Wein, und an Orten, wo keine Butter zu haben ist, für 1 Pfund Butter 1/4 Preuß. Quart Baumöl mit 1/8 Preuß. Quart Essig gereicht werden. Branntwein erhalten die Schiffsleute nur dann, wenn der Schiffer bei schwerem oder kaltem Wetter oder bei schwerer Arbeit eine Austheilung davon für nöthig hält.
Da jedoch diese Portionen nur zur Sättigung bestimmt sind, so können die Schiffsleute dasjenige, was einer oder der andere von den ihm zugetheilten Speisen nicht verzehren sollte, keineswegs als ihr Eigenthum betrachten, noch weniger etwas davon von Bord nehmen, oder verkaufen, sondern das nicht Verzehrte fällt dem allgemeinen Proviante des Schiffes zurück.

§. 5.

Dürfen die Schiffsleute, ohne Erlaubniß des Schiffers, oder desjenigen, der in seiner Abwesenheit oder Krankheit das Commando führt, auch nicht in den Häfen sich von Bord entfernen, noch des Nachts außerhalb des Schiffes aufhalten. Eben so versprechen sie sich nicht zu betrinken, sich nicht zu schlagen, und keine Zänkereien im Schiffe oder am Lande anzurichten, auch keinem Fremden ohne Erlaubniß des Schiffers den Zutritt zu dem Schiffe zu gestatten, bei Vermeidung der nach der Schiffs-Disciplin stattfindenden, gesetzlichen Ahndung.

§. 6.

Besonders verpflichten sich die Schiffsleute, sich mit keiner Contrebande oder verbotswidrigen Waaren abzugeben, und keinen Branntwein, Taback aber nicht mehr als nach des Schiffers Ermessen zum eignen Bedarfe erforderlich ist in das Schiff einzubringen, oder in selbigem zu verhehlen, auch sich jedes Handels irgend einer Art zu enthalten. Derjenige Schiffsmann, welcher durch Einbringung von Waaren und Branntwein in das Schiff der Rhederei Schaden zufügt, bleibt derselben zum Schaden-Ersatze verhaftet, und unterliegt den gesetzlichen Strafen. Selbst für den Fall aber, wenn durch dieses verbotswidrige Einbringen von Waaren und Branntwein in das Schiff, die Rhederei oder das Schiff kein Schaden trifft, unterwirft sich dennoch derjenige Schiffsmann, welcher sich dies zu Schulden kommen lassen, dem Verluste einer einmonatlichen Heuer zu Gunsten der Schiffer-Armen-Kasse.

§. 7.

Sollte das Schiff während der Reise, oder an dem Bestimmungs-Orte, es sey in welchem Hafen es überhaupt wolle, überwintern, so ist die Schiffsmannschaft verbunden, sich mit der Hälfte der in diesem Contracte stipulirten Heuer zu begnügen, und dafür im Dienst zu bleiben. Die Winterlage nimmt ihren Anfang, wenn der Capitain das Schiff, die Ladung werde gelöscht oder nicht, abtakeln, oder doch alle Segel abnehmen läßt; und sie endet, sobald das Schiff zur neuen Fahrt in Stand gesetzt wird.
Diese Zeitpuncte muß der Schiffer in Gegenwart der versammelten Schiffsbesatzung in das Schiffs-Journal und auf der Muster-Rolle, unter seiner und derjenigen Schiffsleute Unterschrift, die zu einem See-Rathe gehören, eintragen und vermerken, widrigenfalls, bei mangelnden desfallsigen Beweisen, die Angaben der Schiffsleute gegen den Schiffer zeugen sollen. Sollten über die Nothwendigkeit des Anfangs oder der Dauer der Winterlage die Schiffsleute mit dem Schiffer nicht einverstanden seyn, so ist hierüber von dem letzteren, im Auslande, ein Attest des in dem Hafen angestellten preußischen Consuls, oder falls daselbst keiner vorhanden wäre, ein Attest der Orts-Obrigkeit, im Inlande aber ein solches von der competenten Gerichts-Behörde in beweisender Form zu extrahiren, welches zur Entscheidung dient. Während der Winterlage sind jedoch die Schiffsleute verpflichtet, sowohl an der Takelage zu arbeiten, als auch sonst alle Dienste zu leisten, welche der Schiffer, oder sein Stellvertreter im Schiffsdienste fordern.

§. 8.

Ist jedoch die Winterlage eine Folge erlittener Haverei-Schäden, derentwegen der Schiffer einen Nothhafen, um die Haverei-Schäden herzustellen, hat suchen müssen, und tritt in diesem die Nothwendigkeit einer Winterlage ein, so erhalten die Schiffsleute, zugleich für ihre Arbeiten bei der Herstellung der Haverei-Schäden, die volle stipulirte Heuer; wogegen, wenn der Schiffer, nur um einer Haverei zu entgehen, und ohne daß das Schiff sie erlitten, einen Nothhafen gewählt hat, und in diesem eine Ueberwinterung eintritt, es bei der halben Heuer nach §. 7. verbleibt.

§. 9.

Sollte irgend einer der Schiffsleute im In- oder Auslande von dem Schiffe entweichen, so bleibt nicht nur der Schiffer gesetzlich berechtigt, alle und jede Mittel zur Habhaftwerdung desselben anzuwenden, denselben zur Fortsetzung des Schiffsdienstes anzuhalten, und auf dessen Bestrafung, bei Ankunft des Schiffes in dem nächsten preußischen Hafen, anzutragen, wenn die Bestrafung an dem Orte der Entweichung nicht erfolgt seyn sollte, sondern es ist auch von den Schiffsleuten mit dem Schiffer noch besonders verabredet, daß in einem solchen Falle der entweichende, oder aus dem Schiffsdienste tretende und dessen Fortsetzung verweigernde Schiffsmann, außer dem Verluste seiner ganzen rückständigen Heuer, eine Conventional-Strafe von 15 Thlr., zu Gunsten des Schiffs, verwirkt haben soll, und es berechtigen die Schiffsleute den Schiffer hierdurch ausdrücklich, im zutreffenden Falle diese Conventional-Strafe von 15 Thlrn. vor allen und jeden in- und ausländischen Gerichten gegen sie geltend zu machen, für welche sie sich mit ihrem Vermögen und ihrer Person, jeder einzeln für sich, hierdurch verpflichten, und erklären sie deshalb auch den Schiffer in einem solchen Falle für befugt, sogleich ihre persönliche Verhaftung zur Sicherung der Conventional-Strafe nachzusuchen.
Uebrigens soll eine Abwesenheit von 24 Stunden ohne Erlaubniß für eine Entweichung angesehen werden, und die in diesem §. verabredete Conventional-Strafe nach sich ziehen.

Eiserner Leuchtturm auf den großen Isaac-Klippen, rund 200 Meilen von den Bermudas entfernt. Höhe von der Basis bis zur Spitze des Laternenraumes 150 englische Fuß, 45,72 Meter. Errichtet um 1855.

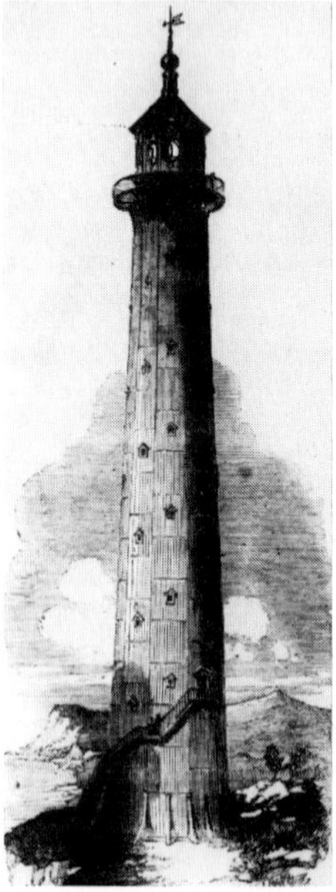

§. 10.

Sollten die Schiffsleute in einem auswärtigen, oder einem anderen vaterländischen Hafen als dem, wo dieser Vertrag geschlossen worden, in Veranlassung des Schiffers oder der Rhederei, entlassen werden, so müssen sie nebst ihren Effecten entweder frei nach dem Heuerplatze zurückbefördert, oder es muß ihnen ein der Entfernung angemessenes Reisegeld ausgezahlt werden. Dies tritt auch in allen den Fällen ein, wo es sonst nach den Landes-Gesetzen dem Schiffer oder der Rhederei obliegt, für die Rückreise der Schiffsbesatzung nach dem Orte des Abschlusses des Heuer-Contracts zu sorgen. Im Falle die Contrahenten über die Höhe des Reisegeldes sich alsdann nicht sollten einigen können, soll solches im Auslande durch den in dem Entlassungs-Hafen angestellten preußischen Consul, oder wenn ein solcher daselbst oder in dessen Nähe nicht angesetzt, von der Orts-Obrigkeit; im Inlande aber durch das competente Gericht festgestellt werden. Diese Behörden werden hierbei, neben den Transportkosten für die Effecten der Schiffsmannschaft, zugleich auf die Entfernung und die nöthigen Kosten zum Unterhalt der entlassenen Schiffsleute bis zum Heuer-Platze Rücksicht nehmen, und das Reisegeld hiernach für die Meilenzahl bestimmen.

§. 11.

Der Schiffer oder dessen Stellvertreter ist verpflichtet, die Muster-Rolle und den Heuer-Contract dem versammelten Schiffsvolke vor der Abreise, demnächst wenigstens einmal während der Reise, und jedenfalls gleich nach der Ankunft des Schiffes in einem Hafen, vorzulesen.

§. 12.

Der Schiffer ist, bei der Entlassung eines jeden Schiffsmannes, gehalten, demselben unaufgefordert und unentgeldlich einen Losschein zu geben, worin er Namen, Alter und Geburtsort des Schiffsmannes, die Dauer seines Dienstes, den Grund der Entlassung und das Betragen während der Dienstzeit, der Wahrheit getreu, anzugeben hat.

§. 13.

In allem übrigen, obgleich es hier nicht benannt ist, unterwerfen der Schiffer und seine Schiffsleute sich den Seerechten, und namentlich dem unterm 15. Februar 1805 publicirten Schwedisch-Pommerschen-Seerechte, so wie den Gewohnheiten und Gebräuchen der Schifffahrt, nach denen solches regulirt werden soll.

§. 14.

Die Kosten dieses Vertrages und des dazu erforderlichen Stempelpapiers übernimmt der Schiffer allein zu berichtigen.
Es ist diese Muster-Rolle und Heuer-Contract von dem Schiffer und seinen Schiffsleuten eigenhändig unterzeichnet und vollzogen worden.

Urkundlich unter Unseres Secretarii Unterschrift und beigedrucktem Stadt-Insiegel. So geschehen Stralsund, den 27. Februar 1835.

Siegel Unterschriften

Auch die Muster-Rolle der Mannschaft des norddeutschen Schiffes „Minerva", ausgestellt am 13. Juni 1871, ist ein Stück seemännischer Zeitgeschichte. Der Eigner, Schiffer Christoph Dulk aus Memel, erklärte damals:

„3. Außer der Heuer verpflichtet sich der Schiffer Dulk den Schiffsleuten vorschriftsmäßiges Unterkommen und Beköstigung, wie solche unten näher angegeben worden ist, zu gewähren.

4. An Beköstigung erhält der Mann täglich:

a) 1 Pfd. Rindfleisch oder 3/4 Pfd. Schweinefleisch oder 1/2 Pfd. Speck.
b) 7 Pfd. hartes Brot pro Mann und Woche.
c) 1 Pfd. Butter pro Mann und Woche oder, wenn Butter nicht zu beschaffen ist, in Stelle derselben 1/4 Pfd. Provenceöl und 1/8 Quart Essig event. aber 1 1/4 Pfd. rohen Zucker.
d) 7 Loth Kaffee und eben so viel Cichorien pro Mann und Woche.
e) 1 Loth Thee pro Mann und Woche.
f) 1/2 Quart Erbsen oder 1/4 Quart Graupe oder die dem entsprechenden Quantitäten Sauerkohl, Mehlspeisen oder Kartoffeln pro Mann und Tag, an Zugemüse.
g) An Anlege-, Lade- oder Löschplätzen frisches Fleisch wenigstens wöchentlich 1 mal nach den sub a genannten Sätzen, nebst frischem Gemüse, wenn es zu haben ist.
h) Ausnahmsweise Branntwein nach dem Ermessen des Schiffers, besonders bei schwerer Arbeit.

Zu anderen Zeiten, bei anderen Eignern und auf anderen Schiffen konnte es ganz anders aussehen. Da vegetierten die Männer mehr, als daß sie lebten, ängstigten sich und litten Hunger. Wir wollen das nicht vergessen und nicht nur beiläufig bemerken, daß besonders dieser Lebenshintergrund uns erst verstehen läßt, warum viele der weitgereisten Jan Maaten in der Heimat oder in irgendeinem fremden Hafen oftmals so wild waren, „wenn se von't Water kamen, eben so wie de Willen – goor nich to hollen". Dazu diese Erinnerung voller Ironie und Melancholie: „Ik heff mal hunnertfiefunsoebentig Dag fohrt in een Tour. Wenn'n denn an Land kümmt, dat is, as wenn'n Hund ut de Käd kümmt. Denn hängt wat ut, denn is wat gefällig! . . . Wi wieren mitunner dree, vier Dag nich an Buurd." – Ich habe mal hundertfünfundsiebzig Tage in einer Tour gefahren. Wenn man dann an Land kommt, das ist, als wenn man einem Hund die Kette abnimmt. Dann hängt was raus, dann ist was gefällig! . . . Wir waren mitunter drei, vier Tage nicht an Bord.

Konzentrierte Alkoholexzesse nach langer Abstinenz an Bord, vom

Belohnungsrum nach besonders harter Arbeit einmal abgesehen, gab es. Für eine kurze, sehr kurze Zeit lebte Jan Maat auf großem Fuß, in Saus und Braus, und so manch einer schlug wüst über die Stränge; was von der Heuer noch übriggeblieben war, wurde versoffen. Der Seemann wollte die Strapazen und Gefahren seines Berufes, dem er trotz vieler Schattenseiten die Treue hielt, wenigstens für einen langen Augenblick verdrängen. Immer die gleiche Hoffnung, immer die gleiche Enttäuschung. Wer schon könnte darüber mit ihm rechten ... Doch die Wahrheit steckt noch tiefer, um ihr auf die Spur zu kommen, bemühen wir erneut den kompetenten Joseph Conrad. In der Erzählung „Heart of Darkness" („Das Herz der Finsternis") schrieb er 1899: „Viele Seeleute sind Wanderer, doch die meisten führen ein seßhaftes Leben". Ihr Sinn „ist auf Häuslichkeit gerichtet, und ihre Häuslichkeit ist überall um sie – das Schiff, und so auch ihre Heimat – die See. An der Unveränderlichkeit ihrer Umgebung gleiten die fremden Gestade, die fremden Gesichter, der endlos bunte Wechsel des Lebens vorbei; doch kein Geheimnis hält die Beschauer vom Eindringen ab, sondern nur die eigene geringschätzige Unwissenheit; denn nichts Geheimnisvolleres gibt es für einen Seemann als die See selbst, die die Herrin seines Daseins ist und unergründlich wie das Schicksal. Im übrigen genügt nach arbeitsreichen Tagen ein kurzer Streifzug oder eine kurze Zecherei an Land, um ihm das Geheimnis eines ganzen Kontinents zu erschließen, und meist findet er das Geheimnis wenig wissenswert ..."

Leuchtturm
am Cap de la Hère.

Himmelsbesen hieß im 18. Jahrhundert der Nordwestwind, „weil er gleichsam den Himmel von Wolken rein kehrt". Dieser ungewöhnlichen und zugleich eingängigen Metapher soll zugeordnet werden, was uns aus dem Reichtum seemännischer Ausdrücke und Redensarten über den Wind bewahrenswert erscheint.

Zur Worterklärung bedarf es nur weniger knapper Hinweise, sie genügen der Etymologie. Die Wortwurzel von Wind kommt in vielen indoeuropäischen Sprachen vor; die ursprüngliche Bedeutung ist wehen, ‚Wind' also: der Wehende.

Viele Namen hat der Wind von Anbeginn, die ‚Hauptwinde', wie man im 18. Jahrhundert sagte, wurden Nord-, Nordost-, Ost-, Südost-, Süd-, Südwest-, West- und Nordwestwind genannt. Die Bezeichnung des Windes und der Windrichtung galt seit jeher der Richtung, aus der der Wind weht. (Die Meeresströmungen indessen werden nach der Richtung bezeichnet, in der sie fließen.) Im Altertum unterteilten die Seeleute des Mittelmeerraumes den Horizont in 24 Richtungen und gaben jedem entsprechenden Wind einen eigenen Namen. So hieß beispiels-

weise der Nordwind ‚Septentrio', es folgten in östlicher Richtung ‚Gallicus', ‚Supernas', ‚Aquilo', ‚Boreas' und ‚Garbas', danach ‚Solanus', der Ostwind. ‚Auster' stand für Südwind und für Westwind ‚Favonius'. Der Nordwestwind, unser ‚Himmelsbesen', trug den Namen ‚Caurus'. Und Homer erwähnt in der „Odyssee" vier Hauptwinde nach ihren für Griechenland typischen Eigenschaften: Südostwind ‚Euros' – sengend; Südwind ‚Notos' – feucht; Westwind ‚Zephyros' – dunkel; Nordwind ‚Boreas' – Bergwind.

Gustave Doré (1832 bis 1883). Illustration zu Samuel Coleridge, The rime of the ancient mariner. Holzstich, 1875.

Vermutlich war es im Mittelalter, als die Seeleute begannen, 32 Richtungen zu unterscheiden, die man alle $11^1/_4$ Grad als Striche auf der Kompaßrose markierte. Wie man diese Striche und die ihnen zugeordneten Winde noch bis in unser Jahrhundert hinein benannte, soll uns wieder das Beispiel von Nord bis Ost (gesprochen: Oost) zeigen: Nord, Nord zu Ost – im 18. Jahrhundert ‚zum Ost', später auch ‚bei Ost' –, Nordnordost, Nordost zu Nord, Nordost, Nordost zu Ost, Ostnordost, Ost zu Nord, Ost. Es folgten Ost zu Süd, Ostsüdost, Südost zu Ost, und so ging es im gleichen Sinne fort. Jeder Schiffsjunge mußte es lernen, die 32 Bezeichnungen wie das ABC „im Schlaf" herzusagen.

Die Richtungen, heute in Grad, wurden aber auch auf das Schiff bezogen, „Seitenpeilung" heißt es seemännisch: 4 Strich Steuerbord – beispielsweise – entsprechen Steuerbord 45°, wobei 0 Strich oder Grad für recht voraus stehen.

Wollen wir ergänzen, daß die Seeleute im 18. Jahrhundert außerdem fünf Hauptrichtungen unterschieden: gerade von vorn, krahnbalksweise, recht von der Seite, backstagsweise und recht von hinten.

Doch zurück zu den Winden: Für bestimmte Breiten oder Seegebiete bekannt sind der Monsun und der Passat, auch die ‚braven Vierziger'. Der Monsun ist ein regelmäßiger Wind im Indischen Ozean und im Chinesischen Meer, der seine Richtung halbjährlich wechselt und im Sommer als Südwestmonsun, im Winter als Nordostmonsun weht. In der Zeit des Richtungswechsels, den ‚Kentermonaten' März/April oder Oktober/November, entstehen nicht selten gefährliche Wirbelstürme. Der Passat hingegen weht das ganze Jahr in tropischen und subtropischen Breiten, jedoch in zwei Richtungen: auf der nördlichen Halbkugel als Nordost – und auf der südlichen als Südostpassat. Der Seeraum zwischen den beiden Passaten, ‚Doldrums' oder auch ‚Kalmen' (romanisch calma: Stille, Windstille) genannt – niederdeutsche Seeleute sprachen von den ‚Mallungen' und dem ‚Mallpassat', dem verrückten Passat, der dort wehe –, ist nun jene gefürchtete Flautenzone am Äquator, deren heiße und oft totenstille Tage den Jan Maaten „das Gehirn überkochen ließen".

Schrat- oder Gaffelsegel
1 Groß-Segel
2 Besan
3 Schonersegel
4 Briggsegel
5 Kreuzsegel
6 Gaffeltoppsegel
7 Groß-Gaffeltoppsegel
8 Achter-Gaffeltoppsegel
9 Vor-Gaffeltoppsegel
10 Kreuz-Gaffeltoppsegel

Rahsegel der Toppsegel- und Rahschoner
11 Unter-Toppsegel
12 Ober-Toppsegel
13 Bramsegel
14a Breitfock

Vorsegel
14 Stagfock
15 Klüver
16 Jager
17 Vorstenge-Stagsegel
18 Innenklüver
19 Mittelklüver
20 Außenklüver

Stagsegel des Groß-Topp
21 Groß-Stengestagsegel
22 Groß-Bramstagsegel
23 Groß-Royalstagsegel
24 Groß-Stagsegel

Stagsegel des Kreuztopp
25 Kreuz-Stengestagsegel
26 Kreuz-Bramstagsegel
27 Kreuz-Royalstagsegel

Stagsegel des Besan-Topp oder Achterstagsegel
28 Besan-Stagsegel
29 Besan-Stengestagsegel
30 Flieger

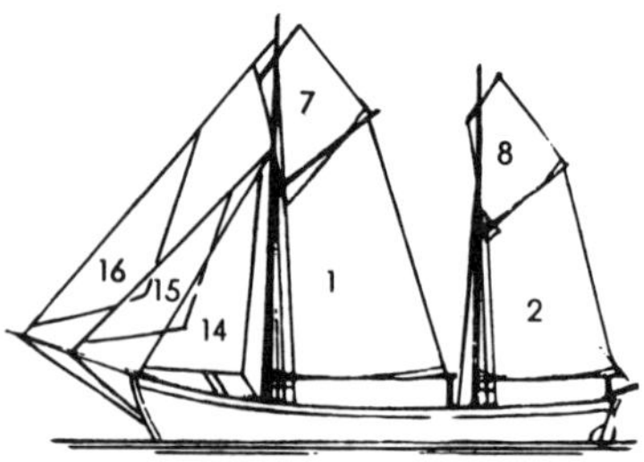

Galeasse (mit Spiegelheck)
Galiot (mit Spitzheck)

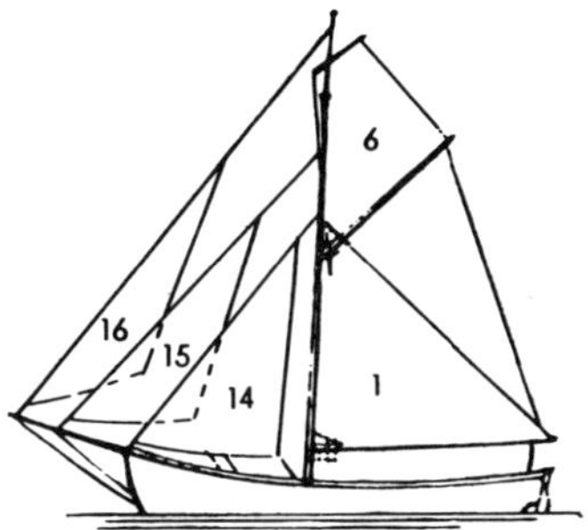

Kutter

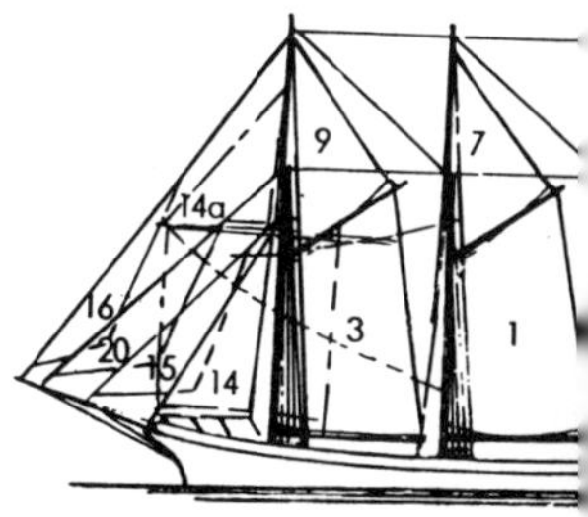

4-Mast-Gaffelsch

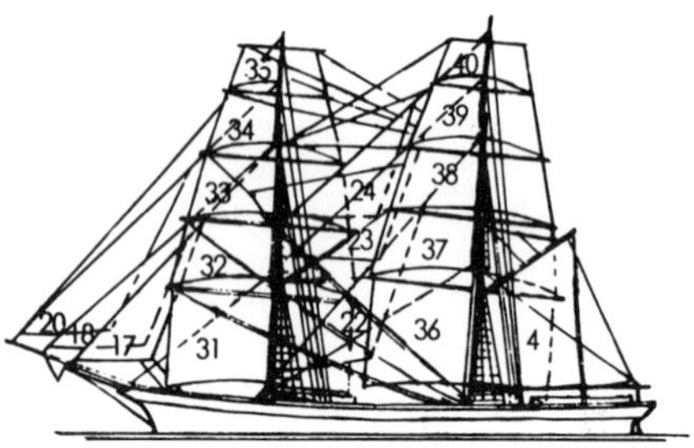

Brigg

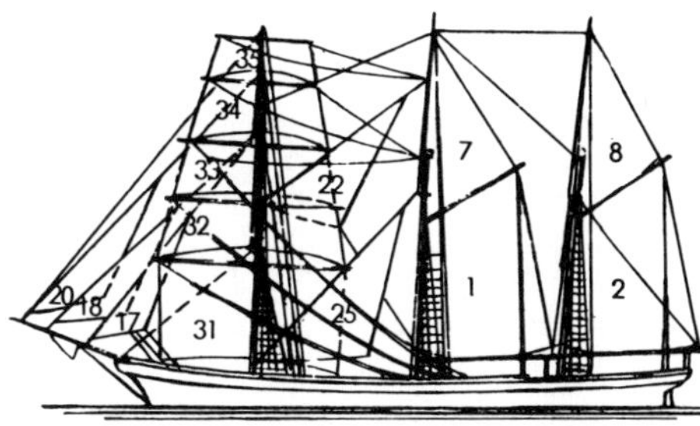

Schonerbark oder Barkentine

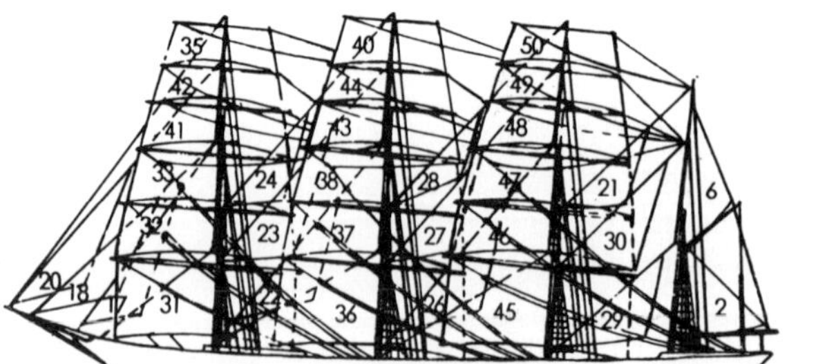

Viermastbark

Viermast-Vollsc

Rahsegel der größeren Schiffe
31 Fock
32 Vor-Unter-Marssegel
33 Vor-Ober-Marssegel
34 Vor-Bramsegel
35 Vor-Royal
36 Groß-Segel
37 Groß-Unter-Marssegel
38 Groß-Ober-Marssegel
39 Groß-Bramsegel
40 Groß-Royal
41 Vor-Unter-Bramsegel
42 Vor-Ober-Bramsegel
43 Groß-Unter-Bramsegel
44 Groß-Ober-Bramsegel
45 Bagiensegel
46 Kreuz-Unter-Marssegel
47 Kreuz-Ober-Marssegel
48 Kreuz-Unter-Bramsegel
49 Kreuz-Ober-Bramsegel
50 Kreuz-Royal

Schratsegel
51 Unter-Besan
52 Ober-Besan
53 Gaffeltoppsegel
54 Knickstagsegel oder Besan-Mittelstagsegel

Rahsegel am Achtermast (Viermast-Vollschiff)
55 Achtersegel
56 Achter-Untermarssegel
57 Achter-Obermarssegel
58 Achter-Unterbramsegel
59 Achter-Oberbramsegel
60 Achter-Royal

Rahsegel am Mittelmast (Fünfmast-Rahsegler)
61 Mittelsegel
62 Mittel-Untermarssegel
63 Mittel-Obermarssegel
64 Mittel-Unterbramsegel
65 Mittel-Oberbramsegel
66 Mittel-Royal

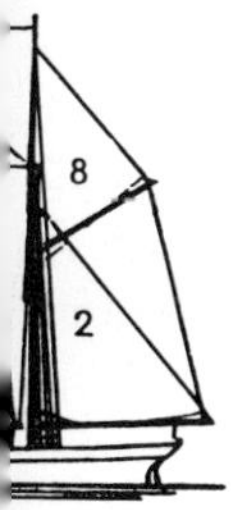

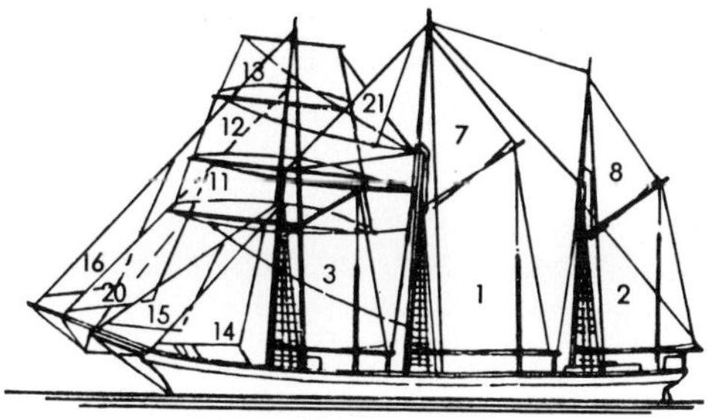

3-Mast-Rahschoner

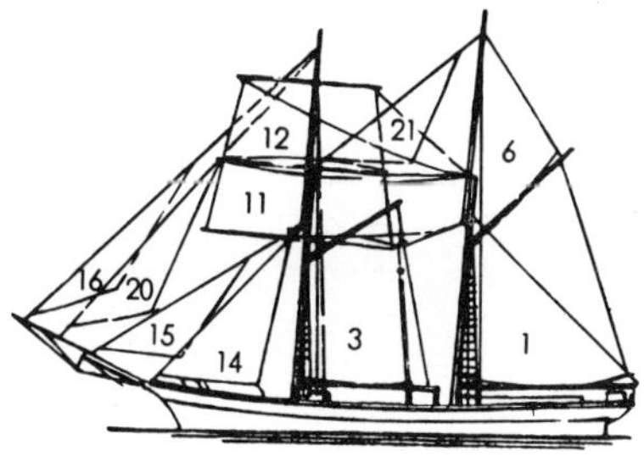

2-Mast-Toppsegelschoner

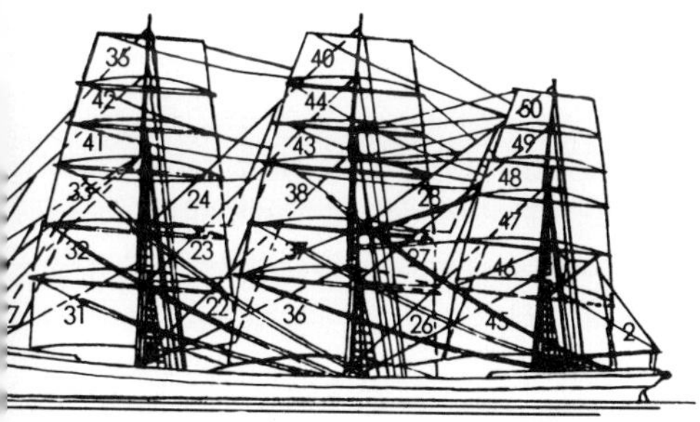

Vollschiff

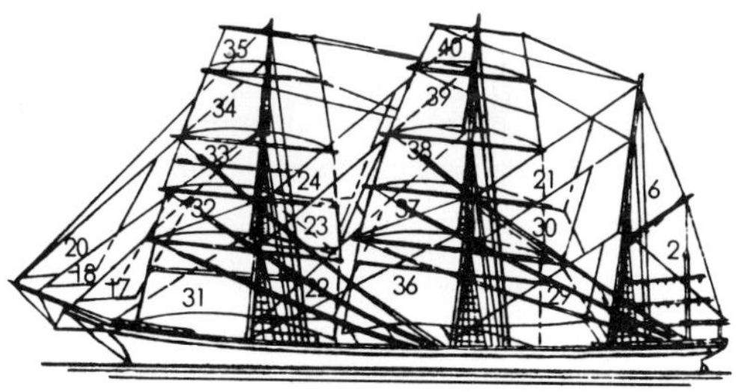

Bark

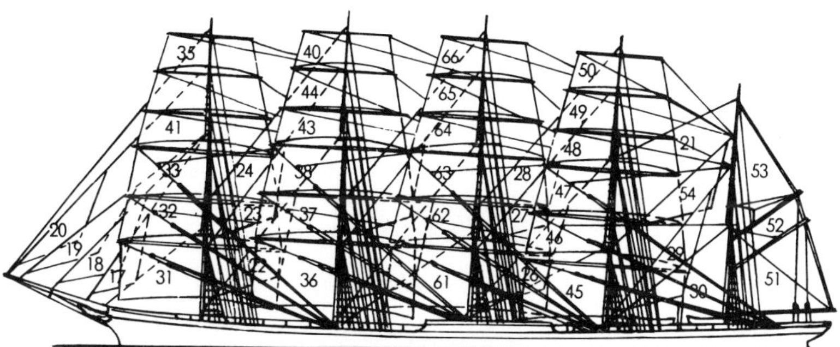

Fünfmastbark

George Anson beklagte während seiner „Reise um die Welt", „daß die Passatwinde weit anders giengen, als wir sowohl nach den gemeinen Nachrichten, die von diesen Winden herausgegeben worden, als auch zu Folge der Erfahrung der vorigen Seefahrer hoffen konnten ... zuweilen war der Wind nordöstlich und veränderte sich darauf in einen süd-östlichen; zuweilen hatten wir eine vollkommene Meerstille mit einem kleinen Regen und Blitzen. Hernach stund der Wind ferner fast unveränderlich zwischen Süden und Osten bis zum siebenten Grade dreyßig Minuten südlicher Breite und sodann eben so unveränderlich zwischen Norden und Osten bis zum funfzehnten Grade dreyßig Minuten; darauf war er südlich und südöstlich bis zu dem ein und zwanzigsten Grade sieben und dreyßig Minuten südlicher Breite; allein nachgehends stund er bis zu dem sieben und zwanzigsten Grade vier und vierzig Minuten südlicher Breite – nicht ein einzigmal zwischen Süden und Osten, ob wir ihn gleich zuweilen in allen andren Gegenden des Compasses hatten."

Das, was der spätere Lord Anson hier detailliert beschreibt, war ein „verrückter Passat" außerhalb der Kalmen, der den erfahrenen Seemann im November 1740 auf seiner „Reise von Madera nach der Insel St. Catharina" offensichtlich zum Narren hielt. Der Oberbefehlshaber Anson berichtete darüber nicht etwa, um die „von anderen herausgegebenen Beschreibungen dieser Passatwinde" tadeln zu wollen, „denn er hielt sie für richtig genug", sondern weil er glaubte, „daß es der Mühe werth sey, der Welt bekannt zu machen, daß solche Abweichungen von den festgesetzten Regeln zuweilen statt haben. Diese Anmerkung dürfte nicht allein den Seefahrenden dadurch nützlich werden, daß sie daher veranlasset werden können wider diese bisher unverhofften Unrichtigkeiten auf ihrer Hut seyn, sondern sie kann vielleicht auch zu Auflösung der großen Fragen von den Ursachen der Passatwinde und Monsons etwas bey tragen; eine Frage, welche meiner Meynung nach bisher noch nicht mit der Klarheit und Vollständigkeit erörtert worden, die derselben Wichtigkeit, man mag sie entweder als eine zur Schiffahrt gehörige oder als eine philosophische Untersuchung betrachten, zu erfordern scheint ..."

Respekt diesem Mann. In der Tat haben alle Erfahrungen und Erfindungen miteinander gemein, daß sie sich nicht auf einmal, sondern nach und nach im wirklichen Leben durchsetzen oder den notwendigen Grad an Vollkommenheit erreichen.

Jeder Kap-Hoorn-Segler aber mußte durch die ‚braven Vierziger' hindurch, wie der deutsche Seemann die beständig aus Westen wehenden, oft stürmischen bis orkanartigen Winde zwischen 40° und 50° Südbreite gelassen nannte. Englische Seeleute sagten realistischer ‚roaring forties' – brüllende Vierziger –, unter diesem Namen gingen sie in andere Sprachen ein.

Im Wind-Vokabularium verstand man schon vor Jahrhunderten unter ‚Seewind' oder ‚auflandigem Wind' denjenigen Wind, der infolge der schnelleren Erwärmung des Landes tagsüber von See in Landrichtung weht und unter ‚Landwind' oder ‚ablandigem Wind' den, der nachts von der schneller abkühlenden Küste zur wärmeren See gerichtet ist.

‚Fallwind' nannten die Seeleute einen Wind, der bei gebirgiger Küste aus Tälern oder Schluchten, die in Seerichtung mündeten, plötzlich hervorbrach und Küstensegler gefährdete.

Hatte ein Wind schon mehrere Tage die gleiche Richtung und war zu vermuten, daß er sie noch eine gewisse Zeit beibehielt, dann nannte man ihn ‚stehenden Wind'.

Und mit ‚durchstehendem Wind' bezeichnete Fischer 1720 in seinem erklärenden Wörterverzeichnis zu „Robinson Crusoe" einen Wind, „da die Segel hübsch steif und vollstehen".

‚Küselwind' war ein Wirbelwind, niederdeutsch ‚Rundlöper' – Rundläufer – über den Röding sagt, daß er „. . . sich schnell in einem Wirbel rund herum drehet und dabey eine fortgehende Bewegung hat. Die Würkung eines solchen Windes ist oft sehr gewaltsam."

Die kurzzeitige Erhöhung der Windstärke bei unbeständigem Wetter oder nahendem Gewitter hieß im 18. Jahrhundert ‚Stoßwind', ‚Windstoß' oder ‚Bö', eine ‚Kaake' war eine schwere oder heftige Bö, und unter einer ‚Bullerbö' verstand man eine Donnerbö. Vielfach wurde sie von Regen, Schnee oder Hagel begleitet, und ihren stoßartigen Beginn nannte der Seemann das ‚Einfallen' der Bö.

Auf das Schiff bezogen gab es verschiedene Attribute für den Wind, je nachdem, aus welcher Richtung er einkam: ‚Contrairer' oder ‚widriger' Wind war Gegenwind. ‚Schiefer' Wind oder ‚schraler' Wind kam von soweit vorlicher als dwars (schräg von vorn), daß er beinahe die Segel back schlug, das Schiff schließlich nicht mehr Kurs liegen konnte, abfallen oder wenden mußte. Mecklenburgische Seeleute erzählten: „Wenn slicht Wäder wier un wi den Wind lange Tiet von vörn hadden, würd seggt: Dor is woll een an Buurd, dee de Huren nich betahlt hett! – Wenn schlechtes Wetter war und wir den Wind lange Zeit von vorn hatten, wurde gesagt: Da ist wohl einer an Bord, der die Huren nicht bezahlt hat.

‚Halber' Wind war Seitenwind, Dwarswind, bei dem alle Segel voll standen. Der zum Segeln günstigste Wind aber hieß ‚raumer' Wind. Unter ‚raum' verstand man Raum haben, nicht beengt sein, die offene See nannte man die raume See. An dieser Stelle sei vermerkt,

Am 9. März 1893 notierte Fridtjof Nansen, mit der „Fram" auf dem Weg nach Norden: „Über den Skorbut lache ich, kein Sanatorium ist besser. Über die Macht des Eises lache ich, wir leben wie auf einer uneinnehmbaren Burg. Über die Kälte lache ich auch, sie macht uns nichts aus. Aber über die Winde lache ich nicht, sie sind alles, sie beugen sich keinem Willen."

daß im 18. Jahrhundert ‚die Räumte kiesen' in See gehen, den freien Seeraum wählen (niederländisch: kiezen) bedeutete, wie man auch den nicht fahrtbehindernden Wind aus seitlichen bis achterlichen Richtungen zum Schiff als ‚raumen' Wind bezeichnete. Wenn er etwa 4 Strich (45 Grad) achterlicher als dwars wehte, trug er den Namen ‚Backstagswind', weil er etwa in dem gleichen Winkel einkam, in dem die ‚Backstage', die Pardunen, zu den Masten standen. Später setzte man den ‚raumen' Wind dem ‚Backstagswind' gleich und gab ihm auch den Namen ‚Dreiviertelwind'.

‚Achterlicher' Wind war Schiebewind. Man segelte bei ihm ‚platt vor dem Winde', aber nicht so schnell wie mit Backstagswind, weil die hinteren Segel die vorderen bekalmten. He stünn platt vör't Gatt – Er stand platt vor dem Heck.

Zur Windstille sagte der Seemann ‚Flaute', auch: „Der Wind ist wau" oder: „Der Wind ist auf und nieder". Mit dem ihm eigenen Witz leitete er diesen Ausspruch von den bei Windstille niederhängenden Flaggen und Wimpeln ab, die den Eindruck erwecken mochten, daß der Wind eine vertikale Richtung habe. Auch war die Redewendung üblich: Der Wind läuft Schulen, niederdeutsch ‚schulen': sich verstecken, lauern, auch: ‚um die Ecke schulen'. Das bedeutete „. . . der Wind lässt sich nicht mehr spühren, man weiss nicht mehr wo er her kömmt, oder er fängt an tod still zu werden".

Niederdeutsche Seeleute meinten: „Dor is keen Treck in de Luft. Is grad, as wenn dor keen Wind in de Welt is" – Da ist kein Zug in der Luft. Das ist gerade, als wenn da kein Wind in der Welt ist. Abergläubisch hieß es: Willn'n Bessen verbrennen, dat wi Wind krigen – Woll'n 'nen Besen verbrennen, damit wir Wind kriegen. Und sie erzählten: „Wenn keen Wind wier, ward ut Spaß 'n Tau an'n Mast bunnen, dat möten de Unbefohrnen trecken: denn geiht mihr Fohrt dörch" – Wenn kein Wind war, wurde aus Spaß ein Tau an den Mast gebunden, an dem die Unbefahrenen ziehen mußten: dann geht mehr Fahrt durch, dann läuft das Schiff schneller.

De Jung mööt den Mast kratzen an dee Siet, wo de Wind herkamen sall – Der Junge muß den Mast an der Seite kratzen, wo der Wind herkommen soll. Und der Kapitän klopfte an den Mast und rief: „Kumm, Bris', kumm! Weih up, du Galgenhund, dat sik de Masten bögen!" – Komm', Bris', komm! Weh' auf, du Galgenhund, daß sich die Masten biegen!

Wenn der Wind danach leicht zu wehen begann, sagte Jan Maat: „Der Wind kühlt, steigt auf, der Wind wakkert." Aber auch ‚flauer' Wind stand für schwachen, leichten Wind, und nahm er zu, wurde er stärker, hieß es: Der Wind ‚frischt auf'. Nu waakt he up – Nun wacht er auf; nu kümmt all'n bäten Kauhling – nun kommt schon 'n bißchen Kühlung; 'ne lütt Näs' vull hebben wi all krägen – 'ne kleine Nase voll haben wir schon gekriegt; he ward sik all rögen – er beginnt sich schon zu rühren; he frischt up, he bätert sik – er frischt auf, er bessert sich; nu ward he de Sägel all utbulen – nun beginnt er die Segel schon auszubeulen; he ward all stiwer, harder – er wird schon steifer, härter; dor sitt Stüüm achter, wi möten bald wat inpacken – Kraft sitzt dahinter, wir müssen bald was einpacken, reffen.

Im 17. Jahrhundert stand ‚Kühlung' für Wind. Das Wort ‚Kühlte' entwickelte sich daraus, man benutzte es im 18. Jahrhundert für die Einteilung der Windstärken. Wenn bei stillem Wetter etwas Wind aufkam, der die See leicht bewegte, nannte man ihn ‚kleine Kühlte' oder ‚schlaffe Kühlte'. Nahm der Wind zu, sprach man von ‚labberer Kühlte', ‚Labberluft', auch von ‚Bramsegelkühlte', weil man dann die Bramsegel noch führen konnte. Ihr folgte die ‚frische Kühlte', auch als ‚Marssegelkühlte' bezeichnet, bei der man die Marssegel noch nicht zu reffen brauchte, und schließlich die ‚steife Kühlte'.

Unter ‚Brise', einem romanischen Wort keltischen Ursprungs, verstand man im 18. Jahrhundert nur eine sanfte, kleine Kühlte, aber im 19. Jahrhundert benutzte man es anstelle der verschiedenen Kühlten für die Windstärken, nachdem der englische Admiral Beaufort im Jahre 1806 die nach ihm benannte dreizehnstufige Windstärkenskale aufgestellt hatte. Das 19. Jahrhundert unterteilte in ‚flaue', ‚leichte', ‚frische' und ‚steife' Brisen. Die ‚steife Brise' war mit einer steifen Kühlte und einem harten Wind identisch, ihr folgten der ‚schwere Wind' – ‚schwer' für stark, groß, heftig, so sagte man auch ‚schweres Wetter' zu stürmischem, von schwerer See begleitetem Wetter –, der ‚Sturmwind' oder ‚Sturm' und schließlich der ‚fliegende Sturm', auch ‚stinkender Sturm' genannt, nur noch vom ‚Orkan' übertroffen.

Im Jahre 1874 wurden der Beaufort-Skala die von dem deutschen Kapitän Petersen definierten Seegänge zugeordnet, und 1949 erweiterte man sie um die Windstärken 13 bis 17 für Wirbelstürme. Die heutigen Bezeichnungen der Windstärken: 0 Stille, 1 leiser Zug, 2 leichte Brise, 3 schwache Brise, 4 mäßige Brise, 5 frische Brise, 6 starker Wind, 7 steifer Wind, 8 stürmischer Wind, 9 Sturm, 10 schwerer Sturm, 11 orkanartiger Sturm, 12 Orkan.

Das Wort ‚Orkan' verbreitete sich in der deutschen Seemannssprache im 17. Jahrhundert. Versuche, es zu verdeutschen – beispielsweise in ‚Höllensturm' – mißlangen. ‚Orkan' ging als Fremdwort in die Wörterbücher ein, so in das des Kaspar Stieler. Das Wort ist dem karibischen Götternamen ‚Hunraken', so hieß der Sturmgott der westindischen Eingeborenen, entlehnt. Die ‚Hurrikane', auch in ihnen ist der

Leuchtturm zu Pontaillac, Holzkonstruktion.

Name des Gottes enthalten, und die ‚Tornados', in Asien ‚Taifune' und ‚Zyklone' genannt, sind tropische Wirbelstürme, die furchtbarsten und vernichtendsten aller Winde, die schon die Entdecker, so Christoph Kolumbus, als ‚großen Wind' kannten. Auch an sie mag Joseph Conrad gedacht haben, als er sagte: „Willst du das Alter der Erde erkennen, schau auf das Meer beim Sturm!"

Niederdeutsche Redewendungen dazu: Dat Aas toowt hüüt as so'n Kädenräkel – Das Aas tobt heut' wie ein Kettenhund; hüüt will de Düwel uns danzen lihren – heut' will der Teufel uns tanzen lehren; dat is'n Kohstorm, 'n Generalstorm, 'n Kanonenstorm, und an Bord riefen die Jan Maaten in den Sturm hinein: „Laat los, do gläunige Satan, laat orig mäkelbörger Lüd in Rauh! " – Laß los, du glühender Satan, laß ordentliche Mecklenburger Leute in Ruhe!

Heinrich VIII., 1491 bis 1547, wird als Schöpfer der englischen Seemacht angesehen. Das berühmteste seiner Segelkriegsschiffe, 1514 fertiggestellt, war die „Henry Grâce à Dieu", ein in der Geschichte einmaliges Prunkschiff: hochragende Festungen auf dem Vorder- und Achterkastell, etagenförmig übereinandergestufte Wehrgänge, Tragfähigkeit 1000 Tonnen, mehr Segelfläche als je ein Schiff zuvor, 21 schwere Messing- und 130 leichtere Eisengeschütze, 700 Offiziere und Matrosen an Bord. Auf der „Great Harry", so nannte sie das einfache Volk, waren, nach zeitgenössischen Berichten, alle Tücher aus Golddamast oder prachtvoll bemalt und bestickt. 1553 fiel sie einem Brand zum Opfer.

Manch einer aus dem befahrenen Volk, der an Land vor Anker gegangen war, horchte in den Sturm hinein und sah Bilder seines früheren Lebens: de he nu in de Engde hett, drückt he wedder de Ogen to – die er nun in der Enge hat, denen drückt er wieder die Augen zu. Hatte der Orkan sich ausgetobt, dann sagte der Seemann: „Nu hett he sik afblast, afbrüllt" – Nun hat er sich abgeblasen, abgebrüllt; und ließ auch der Sturm nach: „He ward lahmer" – Er wird lahmer, es flaut ab. Wenn der Wind aber noch schwächer wehte, hieß es: der Wind ‚krimpt in' oder ‚lullt'. (‚Lullen' entstammt dem Niederländischen und ist seit dem 17. Jahrhundert im Hochdeutschen als: leises Summen – bekannt.) Wurde es schließlich still und ruhig, so gebrauchte Jan Maat dafür den ebenfalls niederländischen Ausdruck: ‚es bedaart'.

Veränderliche Winde verzögerten die Reise, wenn auch nicht in gleichem Maße wie Flauten. Um trotzdem zufriedenstellende Etmale zu laufen, mußte man sich den wechselnden Windrichtungen immer wieder anpassen. ‚Springenden' oder ‚umspringenden Wind' nannte der Seemann einen Wind, der seine Richtung plötzlich änderte.

Wechselte er die Richtung und wehte danach erneut aus der ursprünglichen, so hieß es: Der Wind kriecht aus und ein. He weet noch nich, wo he sik fastbiten will – Er weiß noch nicht, wo er sich festbeißen will. ‚Ruckwind' oder ‚umlaufender Wind' drehte bald hierhin, bald dorthin, ‚dwarrelte' oder ‚schavielte', wie man sagte, jedoch ‚schavielte' er auch, wenn er sich nur drehte. Vom niederdeutschen ‚mall' – toll, töricht – übernommen, bezeichneten die Seeleute einen umspringenden Wind, der aus- und einkroch, hin- und herlief, keine Richtung beibehielt, zudem als ‚mallen Wind': der Wind ‚mallt' – er spielt verrückt. Drehte er sich langsam aus westlichen in südliche und östliche Richtungen – in südlichen Breiten im Uhrzeigersinn –, so hieß es: der Wind ‚krimpt auf' oder ‚springt zurück', oft ein Anzeichen schlechten Wetters. Sein Umspringen im Umlaufsinne der Sonne nannte der Seemann ‚ausschießen', solch einen Wind bezeichnete er mit ‚Ausschießer'.

Von ‚schral': schlecht, mager – kommt der Ausdruck ‚schralen', der Wind ‚schralt'. Das bedeutete, daß er sich in vorliche Richtung drehte und für das Schiff ungünstiger wurde. Schralte er soweit, daß die Ra-

hen nicht weiter angebraßt werden konnten, mußte das Schiff den Kurs ändern, um ‚keine Eule zu fangen'.

Äußerst erbost über die Schikane des Windes riefen dann die Kapitäne: „Hadd ik den Wind in'n Sack, wo wull ik em slahn!" – Hätte ich den Wind im Sack, wie wollte ich ihn schlagen.

Der Gegensatz von ‚schralen' war ‚raumen': Der Wind ‚raumte', wenn er sich achterlich drehte, für das Schiff günstiger wurde, wenn nach vorlichem Wind also halber Wind folgte oder nach halbem Wind der ersehnte Backstagswind einfiel.

Der Wind mit seiner wechselnden Stärke und Richtung erschien dem Menschen von alters her rätselhaft und unheimlich. Wie die Sonne, das Wasser, die See oder das Schiff wurde auch er in den Jahrhunderten personifiziert als ein übermächtiges, handelndes Wesen. Man gab ihm Prädikate wie: ‚pfeifen', ‚weinen', ‚klagen', ‚singen', ‚sausen', ‚rasen', ‚ruhen', ‚schlafen', ‚heulen' und ‚toben' – er ‚wirbelt' den Staub auf und ‚peitscht' die Wellen.

Und eine Redensart wie ‚nicht vom Winde leben' findet sich schon im 13. Jahrhundert im „Meier Helmbrecht" von Wernher dem Gartenaere: „Si lebten niht des Windes". Auch in den Jahrhunderten danach – bis in die Gegenwart – begegnen wir den Wind-Redensarten und -Wendungen in vielen Bedeutungen. Variationsreich waren und sind sie transparenter Ausdruck nicht nur für das Seemännische, sondern für das Menschliche schlechthin. Lebenserfahrung von Generationen spiegelt sich in sprichwörtlichen Redensarten wider, deren gedankliche Substanz bestichst: „In den Wind reden" – vergeblich reden, der Wind trägt die Worte fort, die Worte sind Luft und Wind: „So ihr nicht eine deutliche Rede gebet, wie kann man wissen, was geredet ist? Denn ihr werdet in den Wind reden" (Martin Luthers Bibelübersetzung); „Wind machen" – prahlen, Unnützes schwatzen; „wie vom Winde verweht" – zerstreut und verschwunden sein; „wie der Wind in der Laterne" – ein überall auftauchender Mensch; „der Wind hat sich gedreht" – die Stimmung, eine Sache ist umgeschlagen; „mit allen Winden segeln" und „sich nach dem Winde drehen" – seine Gesinnung bedenkenlos ändern, und kommentarlos aus dem Niederdeutschen: „Laat di keenen Wind vörmaken!"

Nur gegen die „Sonne vermag der Wind nichts auszurichten", er treibt zwar „die Wolken, aber nicht die Sonne", der Wind „dreht zwar den Wetterhahn, aber nicht die Türen". In der langen Zeit seiner Geschichte blieb der Mensch abhängig von den Naturgewalten, auch und besonders von der unsichtbaren Gewalt des Windes. Von dieser Erkenntnis und Einsicht „sprechen" ungezählte Redensarten in vielerlei Varianten, zeugen populär-bildhafte Ausdrücke, denen wir in allen

Leuchtturm zu Corduan an der Mündung der Garonne.

Schiff in der gefürchteten Flautenzone, deren heiße und oft totenstille Tage den Jan Maaten „das Gehirn überkochen ließen".

Sprachen und zu allen Zeiten begegnen: „Gegen Wind und Strom ist schwer zu segeln", deshalb „schifft der Kluge hinter dem Wind"; bei „gutem Wind ist gut segeln", und bei „gutem Wind gibt es keinen schlechten Steuermann"; es ist kein „Wind so bös, daß er nicht doch etwas Gutes brächte", und „wenn der Wind nicht ginge, würde das Meer faulen"; der Wind „wehet stark, aber die Welle meint, sie hebe sich selbst", und „jeder Wind hat seinen Gegenwind".

„Der Wind weht von Anbeginn" – graziös ist das Bild dieses Gedankens, schön auch im wörtlichen Verständnis. Vom Winde hing das Vorankommen des Menschen ab, auch im übertragenen Sinne, davon, wie er ihn nutzte oder ihm widerstand. In alten Zeiten, noch im 19. Jahrhundert, war deshalb die Wetterkunde von existentieller Bedeutung für Seeleute und Bauern, und Wetter hieß für den Seemann immer soviel wie Wind. Die Segelschiffe waren ohne Wind gelähmt, und sie waren abhängig von seiner Gewalt und seinen „Launen": „Segelschiff und Wind und Wetter sind ein Begriff, nicht drei!"

Hoch und Trocken liegt ein Schiff nur außerhalb des Wassers. Die alte seemännische Bezeichnung gilt noch heute für Schiffe, die bei Flut stranden und in den folgenden Stunden mit der Ebbe ‚trocken fallen', also infolge des ablaufenden Wassers gänzlich austauchen, so daß der Unterwasserteil des Schiffskörpers sichtbar wird. Aber auch ein Schiff, das zur Besichtigung, Konservierung oder Reparatur aufgeslippt oder eingedockt wird, liegt ‚hoch und trocken'.

Oft passiert es, daß festgekommene und trocken gefallene Schiffe, die mit einem großen Teil ihrer Bodenfläche auf ebenem Grund liegen, beim nächsten Hochwasser aufschwimmen oder abgebracht werden können, also wieder flott werden, und keine größeren Schäden davontragen. Wenn man aber auf einer Sandbank oder auf einem Riff aus Steinen, Felsen oder Korallen festsitzt und trocken fällt, versagen meist infolge der punktförmigen Belastung die Festigkeitsverbände, die Außenhaut des Schiffskörpers zerbricht, und die wiederkehrende Flut und der Seegang vollenden die Zerstörung.

Da das deutsche ‚hoch und trocken' als seemännische Wendung erst spät erschien, vermuten wir, daß sich im 19. Jahrhundert die Übersetzung des englischen Ausdrucks ‚high and dry' unter den Seeleuten verbreitete.

Zwei Redensarten, die uns aufhebenswert erscheinen. Aus dem

Abstützung des überkragenden Hecks eines aufgelegten Schiffes, „damit es keinen Katzenrücken bekomme".

Karavellen- und Hüttenbau in der „Neuen Welt". Kupfer von Thomas de Bry aus „Das vierdte Buch von der neuwen Welt", gedruckt in Frankfurt am Main 1592.

Schleswig-Holsteinischen: Dür Schep liggt ok mal op'n Drögen – Auch ein teures Schiff liegt einmal auf dem Trockenen; und aus dem Mecklenburgischen, auf die menschlichen Ursachen mancher Havarie – auch im übertragenen Sinne – anspielend: Ik kaam de Saak up'n Grund, säd de Stüermann, do leep dat Schipp up Strand. – Ich komme der Sache auf den Grund, sagte der Steuermann, da lief das Schiff auf Strand.

Umgangssprachlich ist das hochdeutsche ‚auf dem Trockenen sitzen', hilflos sein oder in Geldverlegenheit, mit dem seemännischen ‚hoch und trocken' verwandt. Der Realbezug ist das Schiff, das festsitzt oder auch der Fisch, der auf dem Trockenen ersticken muß.

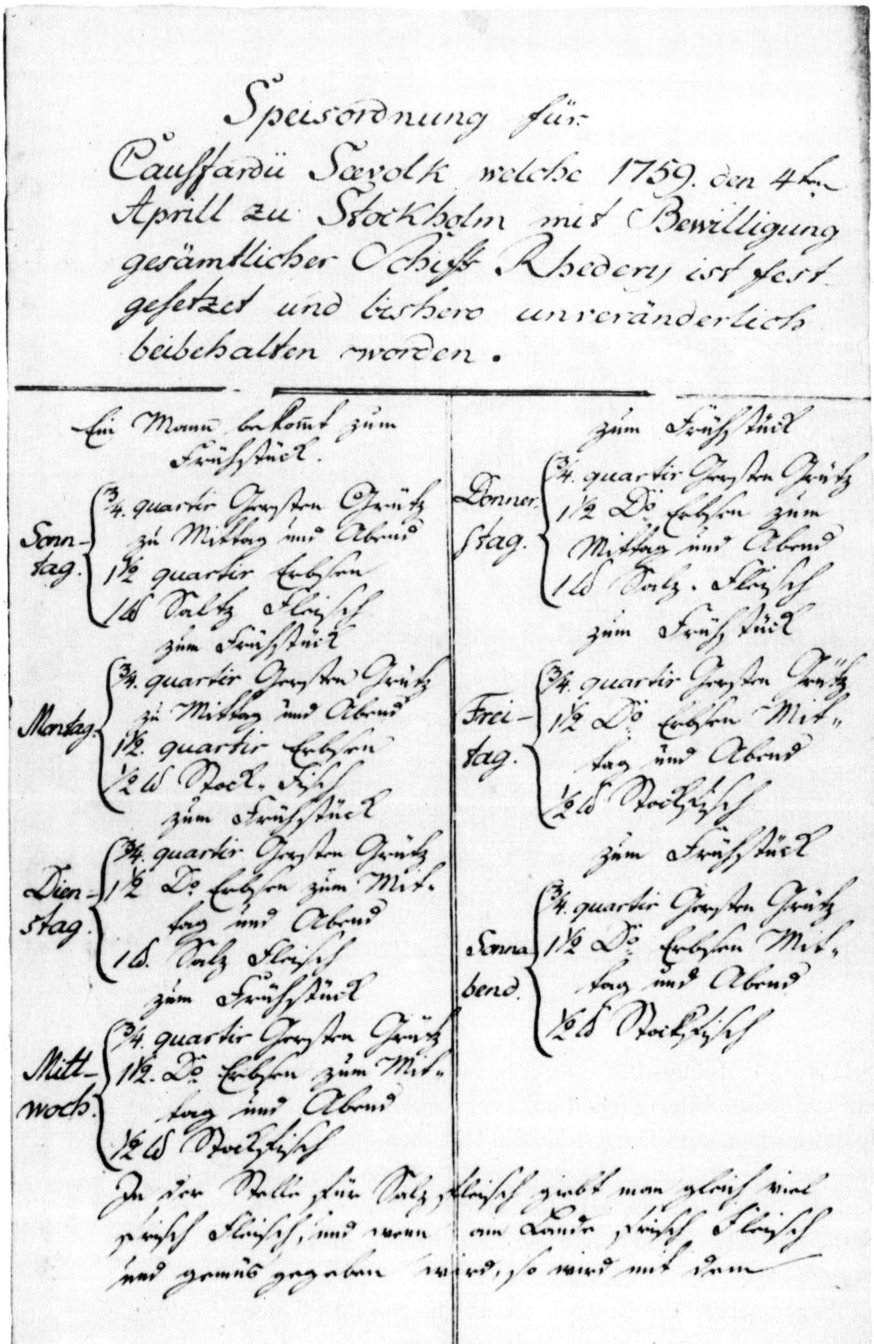

Speisordnung für
Cauffardü Seevolk welche 1759. den 4ten
April zu Stockholm mit Bewilligung
gesämtlicher Schiffs Rhederey ist fest
gesetzet und bishero unveränderlich
beibehalten worden.

Ein Mann bekomt zum
Frühstück.

Sonntag. 3/4. quartier Gräupen Grütz
zu Mittag und Abend
1½ quartier Erbsen
1 ℔ Saltz Fleisch

zum Frühstück
Montag. 3/4. quartier Gräupen Grütz
zu Mittag und Abend
1½. quartier Erbsen
½ ℔ Stock. Fisch

zum Frühstück
Dienstag. 3/4. quartier Gräupen Grütz
1½ Do. Erbsen zum Mittag und Abend
1 ℔. Saltz Fleisch

zum Frühstück
Mittwoch. 3/4. quartier Gräupen Grütz
1½. Do. Erbsen zum Mittag und Abend
½ ℔ Stockfisch

zum Frühstück
Donnerstag. 3/4. quartier Gräupen Grütz
1½ Do. Erbsen zum Mittag und Abend
1 ℔ Saltz. Fleisch

zum Frühstück
Freitag. 3/4. quartier Gräupen Grütz
1½ Do. Erbsen Mittag und Abend
½ ℔ Stockfisch

zum Frühstück
Sonnabend. 3/4. quartier Gräupen Grütz
1½ Do. Erbsen Mittag und Abend
½ ℔ Stockfisch

In der Stelle für Saltz Fleisch giebt man gleich viel
frisch Fleisch, und wenn am Lande frisch Fleisch
und Gemüs gegeben wird, so wird mit dem

Ein *Högedag* an Bord war ein Freudentag. ‚Höge', ‚Hög'' oder ‚Häge' sind niederdeutsche Wörter für Freude, Fröhlichkeit, Vergnügen und für eine Festlichkeit mit einem Schmaus. Im „Mecklenburgischen Wörterbuch" steht, was man unter einer ‚Hög'' verstand: „... da (wo) es was zu fressen und zu saufen giebet."

Die jährlichen großen Feiern der Gilden und Zünfte, auch die Bauernhochzeiten, nannte man ‚Hög''. Schon 1416, so nach Wossidlo/Teuchert, in Wismar: De vorbenomde Olden van dat amet der schomacker alle jare hebben ene tunne beres tho eren hoghene – Die vorbenannten Alten des Amtes der Schuhmacher haben alle Jahre eine Tonne Bier zu ihrem Fest. Die Tanzgelage der Bäcker, Brauer und Reepschläger in Hamburg wurden unter diesem Namen ebenso berühmt wie die ‚Schipperhögen'. Ein neuer Bürgermeister kam nicht umhin, zu einem großen Schmaus, der ‚Burmeisterhöge', einzuladen, und das Haus, in dem gefeiert wurde, hieß das ‚Högehuus'. Über einen Gast mit großem Appetit auf bestimmte Dinge sagte man: „Dor hett he sonn' Hög' up", und der niederdeutsche Volksmund hatte für jemanden, der sich zu jeder Feier drängte, im Sinne von „Hansdampf in allen Gassen" den kennzeichnenden Ausdruck ‚Hans in alle Högen'.

Das Verb ‚högen' heißt freuen, gefallen, erfreuen, fröhlich machen. Im 18. Jahrhundert hieß es: Dat haget, häget oder högt my – Das behagt, gefällt mir oder freut mich, man riet: Höget juwe Hart up – Macht euer Herz fröhlich, und wußte: idt is een ring Ding, dat den Minsken hägen kan – sinngemäß: an kleinen Dingen schon kann sich der Mensch erfreuen. „Ick seih di! Dat högt mi! Ick sup di tau!" – Ich seh' dich! Das freut mich! Ich trink dir zu! – ein alter Trinkspruch.

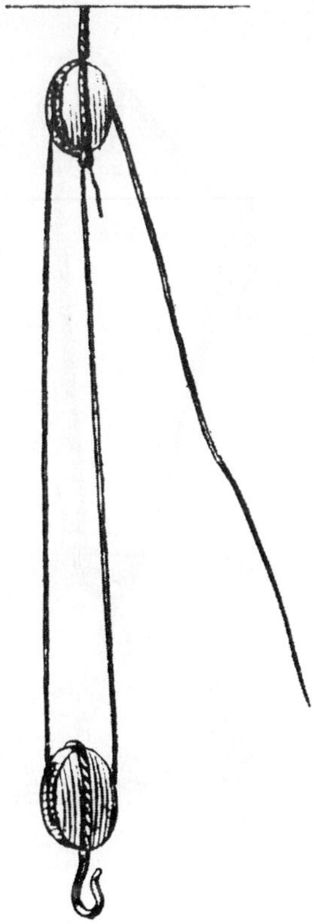
Doppeltes Jolltau oder Stücktalje.

‚Högedag', auch im Niederländischen und Dänischen bekannt, ist das alte Seemannswort für diejenigen Tage, an denen Jan Maat Fleisch zu essen bekam. Noch zu Beginn des 19. Jahrhunderts gab es beispielsweise auf mecklenburgischen Segelschiffen in der Regel montags, mittwochs und freitags kein Fleisch, und am Sonnabend wir't ok nich Zwang – war es auch nicht Zwang, dagegen sonntags, wenn auf Langreisen der Proviant nicht knapp wurde, 'n Pund Rindfleesch. Blieb noch etwas Fleisch für den folgenden Tag übrig, so wurde es kalt aufgetischt: das war der ‚Sardammerdag' – die fleischlosen Tage aber nannte Jan Maat die ‚Kummerdage'.

Holen heißt ziehen, an einem Ende, an einer Leine, kräftig, gemeinsam mit allen verfügbaren Leuten. Das bekannte Tauziehen vermittelt eine Vorstellung davon, was ‚holen' in der seemännischen Praxis bedeutete.

Das heute hochdeutsch verwendete Wort lautete altsächsisch ‚ha-

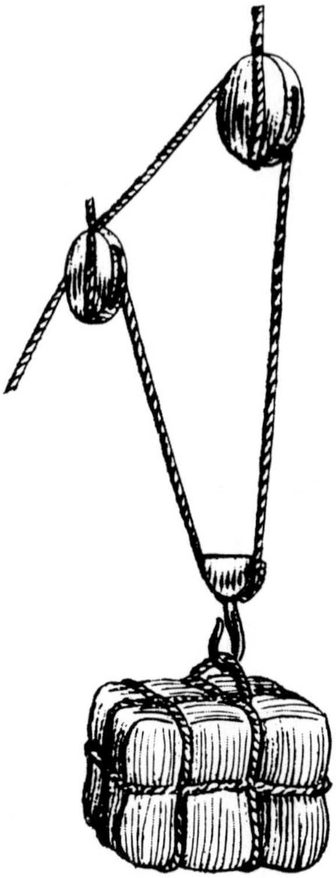

‚Staggarnat' – für leichte Lasten, zumeist an Stagen über Luken angeordnet.

lon', mittelniederdeutsch und mittelniederländisch ‚halen'. Dänisch sagt man ‚hale', schwedisch ‚hala' und englisch ‚to haul'. In der niederdeutschen Form ‚halen' ging es in die Seemannssprache ein und fand seinen Platz in verschiedenen Wendungen.

So hieß ‚halen un fieren' – anziehen und nachlassen, ‚hieben un halen' – ruckweise ziehen, in einzelnen Pulls, pullweise holen; ‚hal een, hal twee, hal dree' lautete der Zuruf für einen gleichmäßigen Arbeitstakt, später hieß es: ‚zugleich'. Die ausreichende Zugkraft eines Schleppers wurde mit: de kann em halen – der kann das Schiff ziehen, schleppen, charakterisiert. Und im übertragenen Sinne sagte man: „Maak de Dör tau, dat haalt" – Mach' die Tür zu, es zieht, und: De Wind halt dat Füer ut'n Aben – Der Wind holt, zieht das Feuer aus dem Ofen. Oewer 't Rad halen aber stand für: betrügen.

Die meisten Arbeiten, die der Seemann auszuführen hatte, bestanden im Holen an irgendeiner Leine. Es ist deshalb ganz logisch, wenn er die verschiedenen Arten des Holens durch Wortverbindungen auch begrifflich differenzierte. So verstand er unter ‚durchholen': von einer unbelasteten Leine die durchhängende Lose einziehen, bis die Leine eben zu tragen begann. ‚Hol durch die Lose' ist eine Redewendung an Bord, auch noch im 20. Jahrhundert gebräuchlich, die zum Zusammenreißen, zum „Ranklotzen" auffordert, sinngemäß „hau rein". Übertragen aber meint Jan Maat mit ‚Lose durchholen', sich einen munteren Tag machen. Und eine Leine mit Hand soweit anholen, bis sie steif steht, heißt sie ‚steifholen', steif- oder kräftig durchsetzen, straff spannen und belegen.

‚Aufholen' dagegen steht für: etwas in die Höhe ziehen, eine Ankerkette, eine Trosse, eine Stückpforte oder ein Segel. Und sich selbst Hand über Hand aufholen, an einem Tau hochziehen, nannte Jan Maat: sich ‚aufpalmen'. Allgemein aber unterschied er zwischen ‚aufholen' mit einer einfachen Leine und ‚aufheißen' mit Hilfe von Takeln; Stengen, Rahen und andere schwere Lasten wurden aufgeheißt. Ein Boot, das längsseits des Schiffes lag, ‚holte man auf', indem man es in Richtung des Vorschiffes zog, und ein ‚Schiff aufholen' bedeutete, es gegen Wind oder Strom an einen anderen Liegeplatz bringen. Das ‚Ruder aufholen' war ein Manöver, bei dem die Pinne luvwärts in Richtung der höher liegenden Bordseite des geneigt segelnden Schiffes gelegt wurde, worauf das Schiff vom Winde abfiel.

‚Ausholen' stand für nach außen holen, und auch das Recken eines Segellieks nannte man so. „Hol aus!" hieß der Befehl an die Rojer (Kuttergäste) im Remenboot, kräftiger zu rojen – ‚pullen' sagen wir heute: dieses englische Wort hat das mittelniederdeutsche, das noch um 1900 in Gebrauch war, leider verdrängt.

,Einholen' aber bedeutete, eine Leine von außenbords nach binnenbords ziehen – geschah dies Hand über Hand, sagte man auch ,palmen' oder ,einpalmen' –, die Geschütze aus der Feuerstellung nach binnen rollen, um die Stückpforten in der Bordwand schließen zu können, eine ausgefahrene Spiere nach binnen schieben und eine vorgeheißte Flagge niederholen. „Hol nieder Flagge!" heißt es noch heute beim abendlichen Flaggenappell. Und ,niederholen' nannte man auch das Herunterziehen stehender Stag- und Gaffelsegel.

Die Segel ,überholen' (Betonung auf der ersten Silbe), ,umlegen' oder ,umschmacken' (niederländisch) bedeutete, beim Wechseln der Windseite des Schiffes, dem Wenden oder Halsen, sie in die neue Segelstellung bringen, so daß die Seite „bey dem Winde kömt wo vorher die andere gewesen".

,Holte' aber ein Schiff ,über', so verstand man darunter, daß es im Seegang kurzzeitig eine größere seitliche Neigung einnahm. Und auch der Wind ,holte', ,drehte', ,zog': „die Brise holte plötzlich nach Nordost."

Die Fischer bezeichnen mit ,Hol' das einmalige Ausbringen, Schleppen und Einholen des Netzes, und ein ,guter Hol' bedeutet einen guten Fang.

Unter ,abholen', auch ,abbringen', verstand man, ein festsitzendes Schiff vom Strande oder von einer Untiefe herunterziehen, es wieder flott machen. Und das eigene Schiff an ein anderes heranholen, an diesem längsseits gehen, nannte man ,beiholen'. ,Beigeholt' wurde auch beim Heranholen an eine Pier oder einen Kai, um dort festzumachen.

,Verholen' hieß, ein Schiff über Leinen oder Trossen mit Handkraft oder mit dem Spill von einem Liegeplatz zum anderen bringen: ,wir verholten das Schiff' oder ,das Schiff verholte'. Das 18. Jahrhundert unterschied noch scharf zwischen ,verholen' im oben erwähnten Sinne, bugsieren mit Hilfe von Booten, Schleppern, und ,werpen' (,warpen') mit Hilfe eines in entsprechendem Abstand ausgebrachten Ankers, an den man sich über die Ankertrosse mittels des Spills heranholte.

Wenn jedoch Jan Maat ,sich verholte', dann ,verzog er sich', ,machte sich dünne', und wenn er Gefahr vermutete, dann ,trat er aus dem Kinken', das ist ein Törn, ein Auge oder eine Schlinge in einer an Deck liegenden Leine, dann gefährlich, wenn plötzlich Zug auf sie kommen kann. Noch heute sind diese Redewendungen üblich.

Islänners säden wi to de wullen Jumpers, de würden in Kopenhagen köfft – Isländer sagten wir zu den wollenen Pullovern, die wurden in Kopenhagen gekauft, so berichtet ein mecklenburgischer Seemann. Der ,Isländer' war und ist beliebt, weil er viele Vorzüge besaß und besitzt:

Auf den folgenden Seiten: Die Bark *Justina Sophia;* sie läßt sich nicht nachweisen, jedoch ist so gut wie sicher, daß sie aus dem damals noch schwedischen Teil Vorpommerns stammt. Das Aquarell ist eines der ältesten bekannten Schiffporträts. Im Gegensatz zu den Bildern des 19. Jahrhunderts befindet sich das Schiff hier auf der Reede vor Neapel.

aus reiner, ungefärbter Wolle mit natürlichem Fettgehalt hergestellt, hält er herrlich warm, ist wasserabweisend und läßt kaum Wind hindurch.

Die *Jakobsleiter* ist eine Strickleiter mit runden hölzernen Sprossen. Mit ihr – und nur in dieser Bedeutung ist sie noch allgemein bekannt – kann man auf Reede ohne das Ausbringen des Fallreeps von Booten aus zum Deck aufentern und umgekehrt. Für Lotsen sind heute Lotsentreppen ähnlicher Art in Gebrauch, die größere Sicherheit beim An- und Von-Bord-Gehen bieten.

Die Jakobsleiter wird mit ihrem oberen Ende am Schanzkleid belegt und mit dem unteren Ende freihängend bis zur Wasserlinie ausgebracht. Früher fuhr man im Vorschiff auch Backspieren aus, an denen Jakobsleitern hingen, und machte am beweglichen unteren Ende Boote fest. Auch führte man sie bei bewegter See über das Heck, um Unfälle und Schäden beim Längsseitsgehen von Booten zu vermeiden.

Ihre Bezeichnung aber hat die ‚Jakobsleiter' aus einer anderen, wenn auch ähnlichen Verwendung erhalten: die Tauleitern an Achterkante Mast und Stengen, außer den Webeleinen der Wanten zum Aufsteigen benutzt, hießen so, insbesondere jedoch diejenigen, die Jan Maat aufentern mußte, um zum Topp der Bramstenge – er lag auf einer Viermastbark des Typs „Passat" beispielsweise 50 Meter über dem Hauptdeck – zu gelangen.

Messung mit dem Astrolabium.

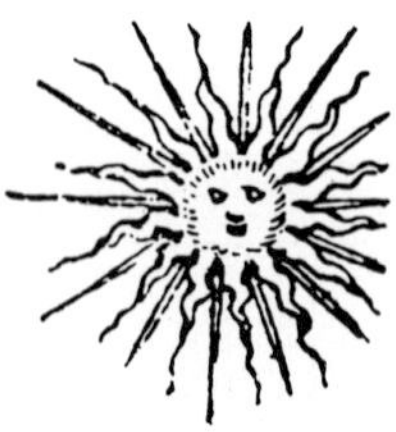

Über die Herkunft des Wortes haben die Sprachwissenschaftler keine Zweifel: die Himmelsleiter der biblischen Figur des Jakob (1. Buch Mose 28, 12: „Und ihm träumte, und siehe, eine Leiter stand auf der Erde, die rührte mit der Spitze an den Himmel, und siehe, die Engel Gottes stiegen daran auf und nieder.") gab der ‚Jakobsleiter' ihren Namen.

Der *Jakobsstab* ist eines der ältesten Instrumente zur Winkelmessung. Den Seeleuten diente er zur Messung der Gestirnshöhen und somit zur Bestimmung des Schiffsortes: Er ist ein Vorläufer des Quadranten, der bereits bei der Entdeckungsreise des Diego Cao entlang der Westküste Afrikas um 1492 benutzt wurde, später dann auch in den Schiffstagebüchern des Kolumbus erwähnt ist. Vorläufer auch des um 1731 erfundenen Oktanten und des späteren Sextanten, den die Seeleute des 19. Jahrhunderts seiner Form wegen ‚Schinkenknochen' nannten. Als Erfinder des Jakobsstabes gilt der Polyhistor Levi ben Gerson aus Bagnolos in Katalonien, auch als Leo Israelita de Baneolis bekannt. Von ihm stammt jedenfalls die erste sachkundige Beschreibung. Gehen wir einen Augenblick noch weiter zurück. Daß schon die

So merkwürdig es anmutet, erst mit Beginn des 16. Jahrhunderts nahmen die Fahrensleute den Jakobsstab in Gebrauch. Er ist einer der ältesten Instrumente zur Winkelmessung. Den Seeleuten diente er zur Messung der Gestirnshöhen und somit zur Bestimmung des Schiffsortes.
Levi ben Gerson, er starb 1344 in Avignon, schrieb auch ein Traktat über ein geodätisch-astronomisches Meßwerkzeug, das er sehr poetisch „Entschleierer der Geheimnisse" nannte. Ob der später üblich gewordene Name Jakobsstab schon von Levi gebraucht wurde, wissen wir nicht.

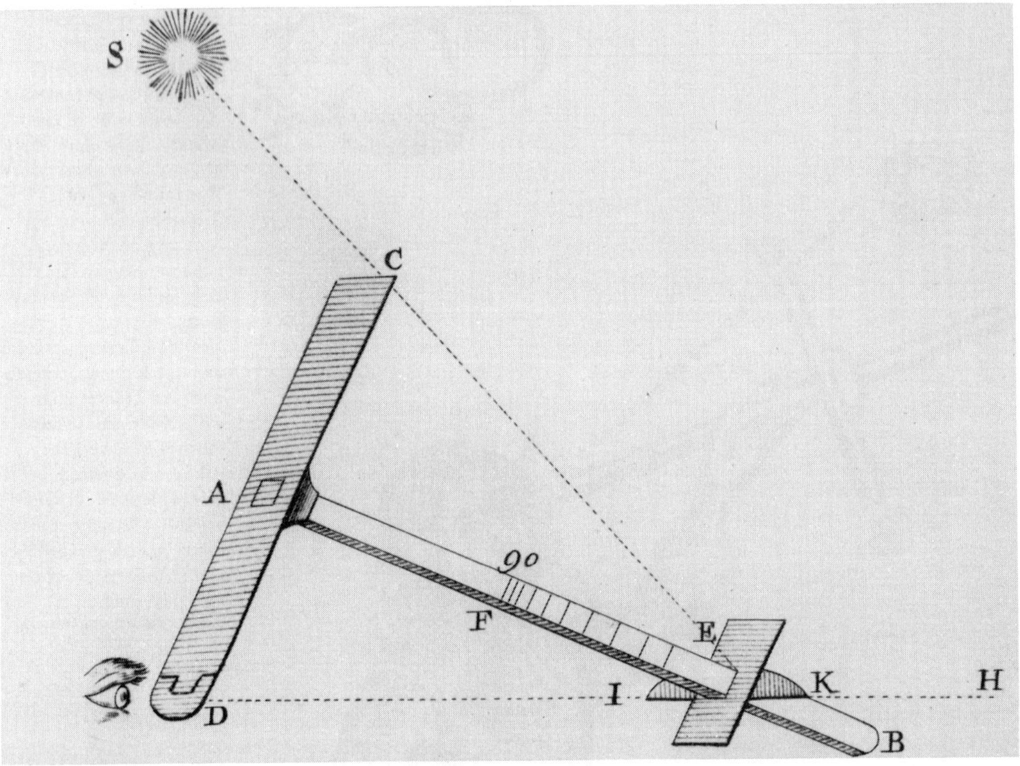

Weiterentwickelter Jakobsstab, der Messungen mit der Sonne im Rücken erlaubte, also die Blendung ausschloß und genauere Werte lieferte.

Antike Seekarten hatte, wird vermutet, ist aber nicht zu belegen. Dagegen sind berühmte Periplen, Segelanweisungen und Handbücher, überliefert, in denen unter anderem besondere Merkmale der Küsten, Entfernungen, Strömungen und Erfahrungswerte über den Wind mehr oder minder zuverlässig aufgezeichnet standen. Was aber niemand damals zu bestimmen wußte, waren die richtigen Kurse, denn den Kompaß kannte man noch nicht. Zwar ist die Geschichte der Magnetnadel noch unaufgehellt, doch nach der allgemeinen Auffassung besaßen die Chinesen bereits im 3. Jahrhundert „eine Art magnetischen Zeiger" und damit die Kenntnis von der richtungweisenden Eigenschaft des Magneten. Auf dem Weg über die japanische und arabische Seefahrt sollen dann die europäischen Seeleute im 12. Jahrhundert von ihm Kunde erhalten haben, sie nannten ihn später ‚Segelstein'. Der älteste – erhaltene – Kompaß von 1451 wird in Innsbruck aufbewahrt. Viel mehr wissen wir nicht.

In frühester Zeit steuerte man die Schiffe nur nach der Sonne und den Sternen. Die astronomische Positionsbestimmung mit einem Gerät war dem Altertum unbekannt. Aus späterer Zeit ist ein so bezeichneter

‚Sonnenring' überliefert, ein breiter kupferner Ring, der freihängend so gedreht wurde, daß das Sonnenlicht durch ein Loch fiel und an der gegenüberliegenden Ringinnenseite eine Gradmarkierung beleuchtete. Eine Meßmethode, die natürlich oft zu fragwürdigen Ergebnissen führte. Das den damaligen Astronomen bereits bekannte Astrolab oder Astrolabium, von Ptolemäus schon im 2. Jahrhundert beschrieben, wurde damals auf Schiffen nicht verwendet. Erst um 1500 kam es bei den Seeleuten des portugiesischen Königs Johann II. in Gebrauch. Das Astrolabium war eine kreisförmige Scheibe oder ein Kreisring mit Gradeinteilung und einem im Mittelpunkt drehbaren Meßarm – der Alhidade – über den der zu messende Himmelskörper angepeilt wurde. Da das Astrolabium aber ebenfalls aufgehängt werden mußte, besaß es die gleiche Unzulänglichkeit wie der Sonnenring.

Erst mit dem Jakobsstab waren genauere Breitenbestimmungen

„Wem die Erfindung des Kompasses zuzuschreiben, wurde noch nie mit Genauigkeit ermittelt; nur soviel weiß man, daß er im 12. Jahrhundert in Frankreich unter dem Namen ‚Marinette' bereits bekannt und auf Schiffen benutzt wurde. Bedeutend verbessert wurde er im 14. Jahrhundert durch die Italiener Gioja und Giri, und 1436 wird schon in einem Portolano des Andrea Bianco der magnetischen Abweichung erwähnt. Den Engländern verdanken wir die sinnreiche Einrichtung der schwebenden Scheibe des Schiffskompasses, den Holländern die Benennung der Weltgegenden nach Strichen auf der Windrose."

Michael Geistbeck

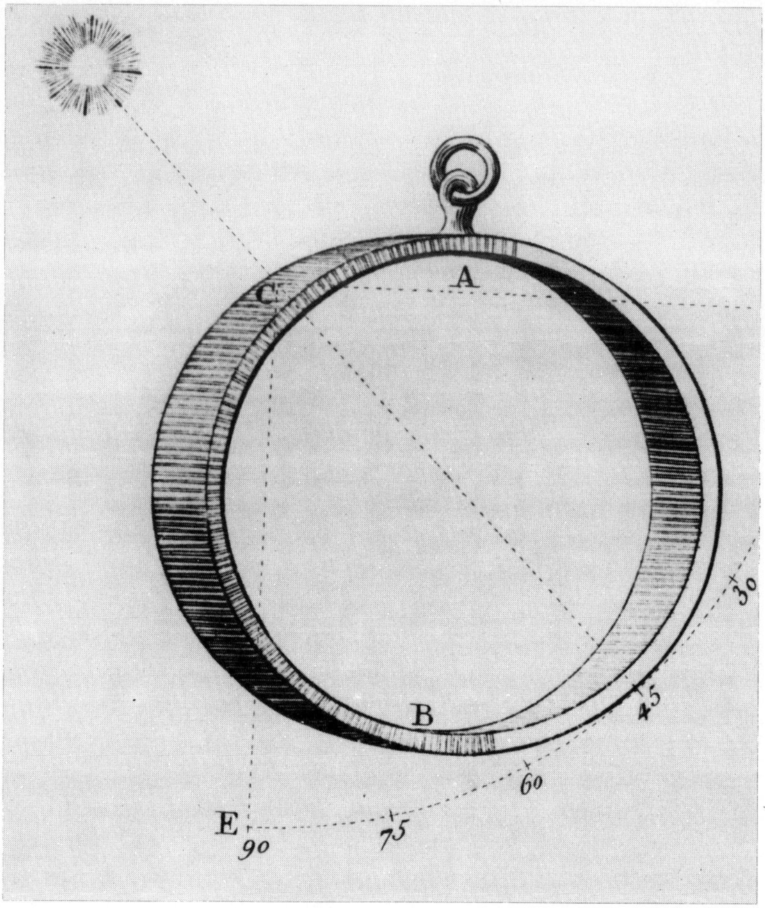

Sonnenring – ein breiter kupferner Ring, der freihängend so gedreht wurde, daß das Sonnenlicht durch ein Loch fiel und an der gegenüberliegenden Ringinnenseite eine Gradmarkierung beleuchtete.

möglich. „Seine für jeden Schiffer leichte Handhabung ermöglichte nach Ansicht vieler Forscher auch erst die ganze Ausweitung der entdeckerischen Schiffahrt“, die weltweiten Entdeckungen verdankte man von nun an auch dem Jakobsstab. Bis zur Mitte des 18. Jahrhunderts hat er mancherlei Veränderungen und Verbesserungen, allerdings nicht grundsätzlicher Natur, erfahren. In einer etwa um 1700 ausgebildeten Form besteht er aus einem vierkantigen geraden Stab, meist aus Ebenholz, 80 bis 100 cm lang und von quadratischem Querschnitt mit etwa 1,5 cm Seitenlänge. Der Stab läuft an einem Ende in einer kleinen Pyramide aus, am anderen Ende ist er glatt abgeschnitten. Auf seinen vier Seiten sind vier verschiedene Doppelskalen angebracht, die Winkel und Winkelfunktionen von 0° bis 90° darstellen. Senkrecht können auf ihm vier hölzerne Schieber (Querhölzer) von verschiedener Größe

Schiffskompaß
aus dem 18. Jahrhundert.

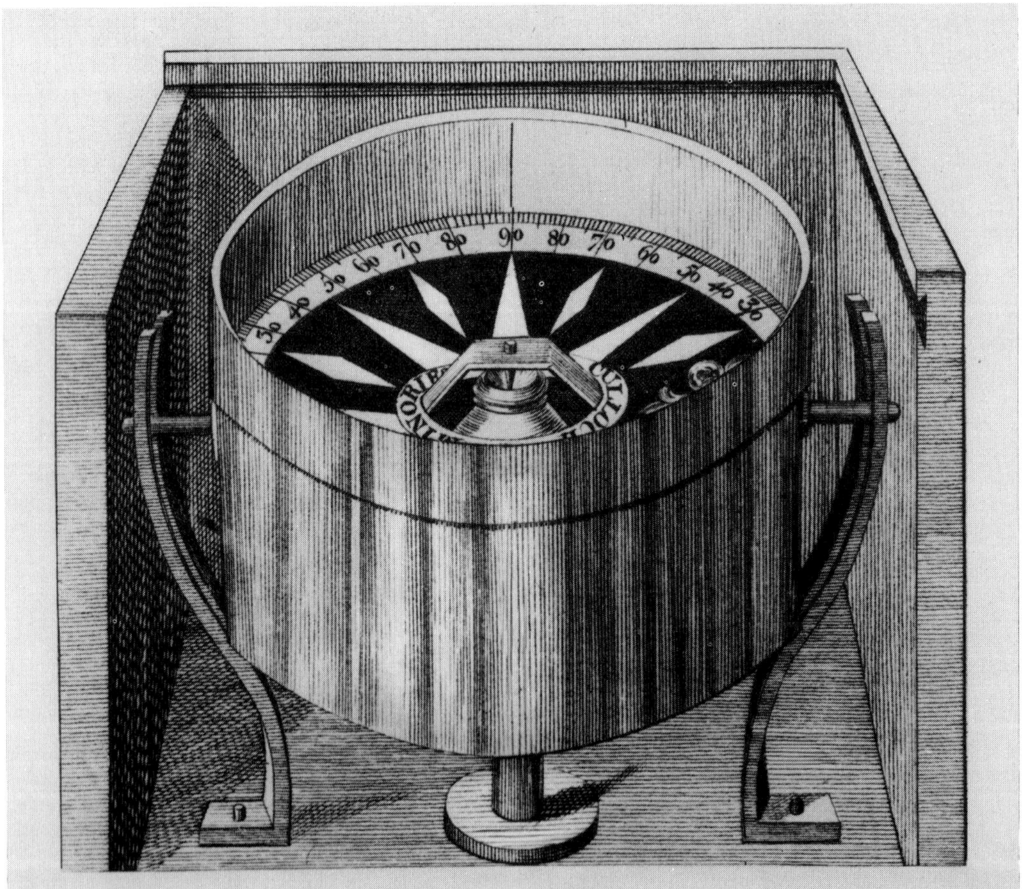

hin- und hergeschoben werden. Jeder Schieber gehört nur zu einer der vier Seiten des Gradstockes, da jede Skala in einem ganz bestimmten Verhältnis zur Länge des Stockes steht. Seine jeweilige Stellung auf dem Gradstock gibt auf der Skala zum Winkel an der Spitze des gleichschenkligen Dreiecks (erstes Schieberende, Anfangspunkt oder Augende des Gradstockes, zweites Schieberende) den Ergänzungswinkel zu 90° an.

Dieser ‚Jakobsstab' hatte die Form eines Kreuzes und sah dem Stabe ähnlich, den die bildende Kunst dem Apostel Jakobus zuordnete. Dessen Grab lag der Legende nach in Spanien in der Kathedrale der Stadt Compostela und war im glaubensbewußten, tief religiösen Mittelalter ein berühmter Wallfahrtsort. Pilger aus vielen Ländern zogen dorthin, als äußeres Symbol ihres Vorhabens ‚Jakobsstäbe' tragend. Aber nicht nur diese Ähnlichkeit veranlaßte die Seeleute, so vermuten wir, den Namen zu übernehmen. Mit ‚Jakobs Stab' war wiederum eine biblische Geschichte verbunden, deren Inhalt sie gleichnishaft auf ihren ‚Jakobsstab' übertrugen: „Ich bin zu gering aller Barmherzigkeit und aller Treue, die du an deinem Knechte getan hast; denn ich hatte nicht mehr als diesen Stab, da ich über diesen Jordan ging, und nun bin ich zwei Heere geworden", so steht es im 1. Buch Mose 32, 11.

Mit einem Stab dieses Namens mußte man doch auch die sieben Meere „überschreiten" und die Welt entdecken können. Der ‚Jakobsstab' – nomen est omen – war ein Garant für das gute Gelingen der Reise, und die Seeleute vertrauten ihm.

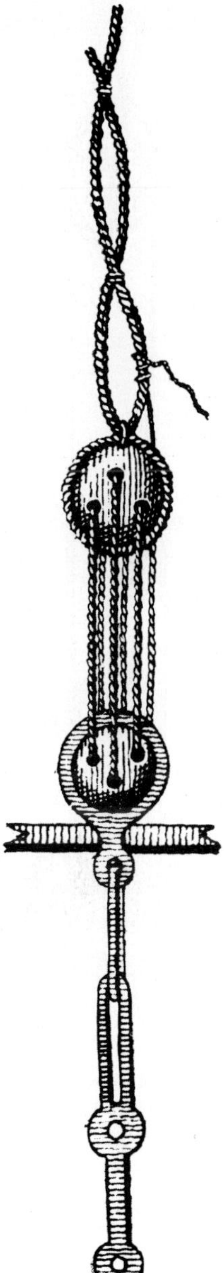

Jungfern

Eine *Jungfer* an Bord war weder ein verheiratetes noch ein „unverheyrathetes Frauenzimmer" („... keiner vom Schiffsvolck sol seine Fraw des Nachts im Schiff behalten / bey straff eines Thalers." – „Schiffsordnung und See Recht", Rostock, 1614), sondern ein kleines Bauteil in der Takelage: eine dicke runde Scheibe aus Hartholz mit einer fast umlaufenden ‚Keep' – einer Rille – am Außenrand und meistens drei Löchern in ihrer Kreisfläche. Je zwei dieser Jungfern wurden mit der Zweckbestimmung heutiger Spannschrauben zum Steifsetzen von Wanten und Pardunen benutzt, um Masten und Stengen seitlich und achterlich abzustagen, zu verspannen. Während das untere Ende eines Wants um die Keep der oberen Jungfer eingebunden wurde, war die untere an den Püttings, den Rüsteisen, fest, die den Wantenzug über die Rüsten – dicke Balken an der Außenhaut – in den Schiffskörper leiteten. Die Verbindung zwischen beiden Jungfern stellte das Taljereep her, eine Leine, die ähnlich einer Talje (Flaschenzug) wechselnd von einem Loch der oberen Jungfer zu einem Loch der unteren

Ein französisches Takel des 18. Jahrhunderts.

Jungfer und zurück, jedoch mit Kraft, geschoren wurde und auf diese Weise das Want durchholte und steifsetzte. Ein Knoten sicherte das fertig geschorene Reep, damit es nicht ausrauschen konnte. So wurde an jedem Want und jeder Pardune verfahren. Neben den Dreilochjungfern gab es Vier- und Fünflochjungfern, aber auch Einlochjungfern, durch die man das Taljereep mehrfach schor.

Das Wort ‚Jungfer' entstammt dem mittelhochdeutschen ‚juncvrouwe' – junge Herrin, Edelfräulein, beziehungsweise seiner mittelniederdeutschen Entsprechung ‚jungvrowe', jüngere niederdeutsche Formen sind ‚Junfer', ‚Jumfer' und ‚Juffer'.

Die Taljereepscheiben hingegen hießen vermutlich schon vor Jahrhunderten niederdeutsch und niederländisch ‚Juffer', hochdeutsch ‚Jungfer', dänisch ‚jomfru' und schwedisch ‚jungfru'. Zudem trug die Dreilochjungfer ihres Aussehens wegen im Niederländischen den Beinamen ‚Doodshooft' – Totenhaupt –, im Englischen ‚deadeye' – Totenauge.

Dünn und ahistorisch erscheint uns manche etymologische Deutung, nach der die seemännische Jungfer „auf eine dienende Person" zurückzuführen sei, auf einen Menschen also, der ebenso „gute Dienste" verrichtet wie die Taljereepscheiben an Bord eines Schiffes. Freilich sind auch hier die Bedeutungsgrenzen fließend, und wieder einmal kann man den verschlungenen Pfaden einer Wortentwicklung nur mühsam folgen. Aber diesen Deutungsversuchen ist doch entgegenzuhalten, daß in einer Zeit, als die ‚Jungfer' an Bord schon lange beheimatet war, die ‚Jumfer' oder ‚Junfer' an Land nicht als dienende, sondern vor allem als unverheiratete Person definiert wurde. Je weiter wir zurückgehen, desto mehr gilt das Wort besonders den Töchtern gehobener Schichten.

Das Typische an der ‚Jungfer' ist also das Ledigsein, und das von ihr Erwartete: das Bewahren der ‚Jumferschup'. Im „Bremisch-Niedersächsischen Wörterbuch" heißt es dazu: „Man sagt von einem jeden Dinge, das zum ersten Mal gebraucht oder schadhaft worden: idt het sine Jumferschup verlaren: es ist nicht neu mehr: das Beste ist davon."

Nachvollziehbar ist auch, warum in Schleswig-Holstein eine Handramme zum Feststampfen von Steinen oder Lehm ‚Jumfer' hieß, denn ‚rammen' hieß recht unbefangen und anschaulich ‚jümfern': Schall dat noch jümfert warrn? – Soll das noch gejungfert werden?

Wir wollen die Augen nicht davor verschließen, daß Jan Maat, gern zu drastisch-bildhaften Vergleichen greifend, in der ‚Einlochjungfer' durchaus eine handfeste Nebenbedeutung gesehen haben mag und daß er das Scheren des Taljereeps beim Ansetzen von stehendem Gut –

„na, dann gib mal die Jungfer her" – mit sehr realistischen Wunschvorstellungen begleitete. Auch in der Sprache des Seemannes bewegte sich alles vom Allgemeinen zum Besonderen.

Der alten *Kabuse* entspricht unsere heutige ‚Kombüse', ein eng begrenzter Raum, als Nebenraum höchstens ein Tagesproviantraum, auf großen Schiffen dagegen mit zugeordneten Wirtschaftsräumen versehen – Tagesproviantraum, Gemüse-, Fleisch- und Fischvorbereitungsräume, Topfspüle, Bäckerei und Anrichten –, einer Komfort-Hotel-Küche gleichend.

Das Wort führt auf mittelniederländisch ‚kabuyse' oder ‚kabuys' zurück und erscheint im 15. Jahrhundert mittelniederdeutsch als ‚kabuse' oder ‚kabus': Bretterverschlag als Küchenraum an Bord, auch kleines, niedriges Deckshaus für die Küche.

Im 18. Jahrhundert finden wir die niederdeutschen Formen ‚Kabuus', ‚Kabüse' und ‚Kambüse' sowie die niederländische ‚Kombuys', zu denen sich mit Abwandlungen das hochdeutsche ‚Kombüse' gesellte, das im Dänischen von ‚kabys' und im Schwedischen von ‚kabyss' begleitet wurde.

Die Wortvarianten, teilweise mit ‚C' oder ‚K' geschrieben, hatten auch Nebenbedeutungen: so stand ‚Kabüse' für eine kleine abgeteilte Schlafstelle, später für eine Kammer an Bord, sowie ‚Kabus' für einen engen, dunklen Raum, einen Verschlag, eine Bude an Land.

Auf alten Schiffen stellte man den Herd in den Mannschaftsraum, bis man ihn später abschottete oder ihm an Deck einen umbauten Raum gab und somit die Kabuse schuf. Transportable oder feste Herde, vormals auch Maschinen genannt, waren in Gebrauch, aus Stahl oder aus Mauerwerk mit Stahlteilen gebaut.

Eine für die Verhältnisse vor fast dreihundert Jahren großzügig angelegte Kombüse erwähnt „Der geöfnete Seehafen, worinnen nicht allein . . . in allen Theilen der Welt gewöhnliche Schiff-Flaggen und anderer See-Zeichen, sondern auch alle Theile eines vollkommenen Schiffes, nebst Kupffer-Figuren anmutig zu erblikken" sind, erschienen in Hamburg im Jahre 1700: „In der Mitte befindet sich ein wohlgemauerter Schornstein mit drey kupffernen Kesseln, worinnen gekocht wird, und vor diesem ein ziemlicher Feuer-Heerd oder Camin, allwo der Mund- und Schiffs-Koch das Essen zubereitet, welches zusammen die Combuse genennet wird, und ohngefähr 15 Fuß lang, und so breit als das Schiff ist."

Seeleute des 18. und 19. Jahrhunderts bezeichneten mit ‚Kombüse' allein den Herd, nicht aber den Raum, in dem dieser aufgestellt war. In dieser Zeit ließen Kapitäne auf Schiffen entsprechender Größe sich

„Die Kombüse ist die Küche oder der Ort, wo die Speisen des Schiffsvolks gekocht werden. Es ist solches gewöhnlich eine bewegliche Maschine, die entweder ganz von Eisen oder auch von Kalk, Steinen und Eisenwerk zusammengesetzt wird." (J. H. R.)

eine zweite Kombüse, die Kapitänsküche, einbauen, in der besondere Speisen für die Kajüte – Messe der Offiziere im Achterschiff – zubereitet wurden. Reichte der Platz nicht, machten sie es wie Jens Jacob Eschels: „. . . ich hatte eine zweite Cambüse (Feuerheerd) aufs Deck bauen lassen, um darin für die Kajüte zu kochen."

Bei hohem Seegang war es immer sehr schwierig, die Jan Maaten mit warmen Speisen zu versorgen. „Denn", so erinnert sich Kapitän G. Reinicke in „Schiffsjungendienst", „nicht leicht wie eine Möwe sitzt das Schiff . . . auf dem Seegange, es schwimmt tief wie ein Taucher; beständig gibt es Wasser an Deck, oft so viel, daß es Künste kostet, einen Korb voll Essen oder auch eine Kanne Kaffee von Seewasser ungesalzen von der Kombüse nach der Kajüte zu bringen." Und mecklenburgische Seeleute erzählten: „Bi sweer Wäder würd in 'n groten koppern Kätel – de groot Swed säden wi dorto – kaakt; in den lütten bleef jo nicks in bi hoog See. – . . . De Kätel müßt festbunnen warden, süß güng he oewer Stagg." – Bei schwerem Wetter wurde in einem großen kupfernen Kessel – ‚der große Schwede' sagten wir dazu – gekocht; in dem kleinen blieb ja nichts drin bei hoher See . . . der Kessel mußte festgebunden werden, sonst (sinngemäß) kenterte er.

Wenn hingegen gewaltige Sturzseen das Schiff überrollten, wurden nicht nur Decksladungen über Bord gewaschen, sondern auch freistehende Kombüsen zertrümmert. Nicht zuletzt deswegen ordnete man sie schließlich innerhalb des Schiffes, vor Seeschlag sicher, an. Denn die Seeleute forderten, scheinbar unberührt: Auch wenn das Schiff in den „großen Keller" geht, die Kombüse muß bis zuletzt Essen liefern. Einer, der auch in dieser Situation seinen Humor behielt, meinte: „Ick will doch nich mit de nüchtern Maag na Petrus rupkamen."

Kalfatern ist das Abdichten von Nähten und Stößen, das wasserdichte Verschließen von Längs- und Querfugen der Holzplanken der Außenhaut, Aufbauten und freiliegenden Decks.

Spikereisen

Früher benutzte man dafür Werg – Taufasern –, das man in die Nähte eintrieb und mit heißem Pech oder Teer überstrich oder übergoß, heute jedoch – falls Holzplanken noch verlegt werden – Kalfatkitte, Harz oder Plastvergußmassen. Zur Zeit des Holzschiffbaues war es unerläßlich, ein Schiff vor dem Stapellauf zu kalfatern, um es schwimmfähig zu machen, und während der Einsatzzeit mußte es mehrmals nachkalfatert werden, denn sein Arbeiten im Seegang führte immer wieder zu Undichtigkeiten: das Schiff ‚machte Wasser'.

„Da mein Schiff aber sehr leck war", erinnerte sich Kapitän Eschels, „auch die Spickerhaut, die seit 1782 um das Schiff saß, von den Würmern zerfressen war, so mußte eine neue um dasselbe gelegt werden, auch die Nähte in der festen Haut kalfatert werden; weil mein Schiff zu tief im Wasser lag, so konnte ich nicht mit dem Schiffe zu Lübeck in die Stadt kommen. Ich segelte also, nach dem ich daselbst mit alledem fertig war, mit meinem Schiff nach Neustadt, ließ es dort kielholen und gut kalfatern und legte eine neue Spickerhaut um dasselbe." (Spikerhaut, dünne Plankendoppelung der Außenhaut im Unterwasserbereich als Schutz gegen den Bohrwurm, später durch dichte Benagelung mit plattköpfigen Spikern und schließlich durch Kupferbleche, Kupferhaut ersetzt).

Auch das Wort ‚kalfatern' hat eine lange Geschichte: Es entstammt dem arabischen ‚kafr' – Asphalt; die Griechen gebrauchten es in byzantinischer Zeit als ‚kalaphatein', ein Verb, welches später dann in die romanischen Sprachen der westlichen Mittelmeervölker einging. Von diesen übernahmen die Nordeuropäer das Wort. Seit 1598 ist es niederländisch als ‚kalfaten' und ‚kalfateren' und seit 1618 deutsch als ‚kalfate(r)n' belegt.

Niederdeutsch verstand man unter ‚kalfatern' dichten, flicken, ausbessern und bezog es nicht nur auf ein Schiff. Zudem gebrauchte man das Wort im übertragenen Sinne. ‚Herumkalfatern' hieß soviel wie: einen mißlichen Zustand ändern, eine Angelegenheit ins Lot bringen. Laat em mi man ins kamen, ick will em anders kalfatern – Laß ihn nur kommen, ich will ihm schon den Kopf zurechtsetzen. Aber auch: Dat hebt se tosamen kalfatert – Das haben sie gemeinsam ausgeheckt, zuwegegebracht.

Neue Schiffe kalfaterte man auf der Helling der Werft, reparaturbedürftige verholte man zu diesem Zweck ins Dock oder krängte sie mit Hilfe schwerer Taljen – man legte sie auf die Seite –, auch vertrimmte man sie mitunter durch Umstauen von Ladung, so daß die undichten Stellen austauchten und zugänglich wurden. Wenn sich die Schäden nach Umfang und Lage in gewissen Grenzen hielten, wurden die Nähte und Stöße – auf See oder im Hafen – oft durch die Mannschaft selbst dichtgesetzt, denn das Kalfatern beherrschte natürlich jeder Zimmermann und manch ein Matrose auch. Hier sei erwähnt, daß Jan Maat wasserdurchlassende, tropfende, ‚leckende' Plankennähte als ‚Leck' bezeichnete. Der Name verbreitete sich und erhielt sich bis heute als Ausdruck für jeden mit Wassereinbruch verbundenen Außenhautschaden.

In den „Aufsätzen und Urkunden" des Admirals Lord Anson über seine „Reise um die Welt" fanden wir dazu eine aufschlußreiche Erläuterung: „. . . nachdem wir hiemit fertig waren, so richteten wir unsre nächste Sorgfalt auf unsern Leck, und um denselben aus dem Wasser zu bringen, so fingen wir den ersten September an die Canonen

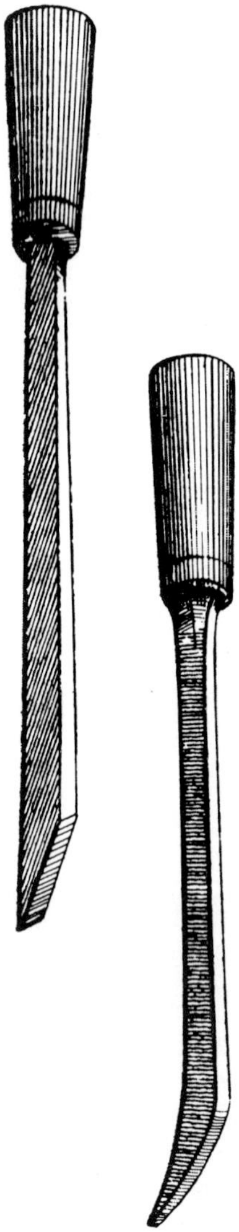

Einfaches Rabatteisen

Brecheisen oder Nahthaken

hinten aufs Schiff zu bringen, um dasselbe hinterlästig zu machen. Wie nun die Zimmerleute ihm von außen beykommen konnten: so rissen sie die alte Haut ab, die noch übrig war, und kalfaterten alle Fugen an beyden Seiten der Schärfe; hernach belegten sie dieselben mit Bley und futterten den Bug aufs neue bis an das Wasser.

Wir glaubten, daß dem Fehler auf diese Weise genugsam abgeholfen wäre. Allein, da wir anfingen die Canonen an ihren Ort zu bringen: so nahmen wir zu unserem Leidwesen wahr, daß das Wasser eben so heftig, wie zuvor auf der alten Stelle in das Schiff eindrang. Hierauf wurden wir genöthiget wieder von neuem anzufangen; und damit unser anderer Versuch besser gelingen mögte, so räumten wir die vorderste Pulverkammer aus und schickten hundert und dreyßig Fässer Pulver auf die kleine spanische Barke, die wir hier weggenommen hatten. Auf diese Weise hoben wir das Schiff vorne auf drey Fuß aus dem Wasser, und die Zimmerleute rissen die Haut weiter unten ab; so dann kalfaterten sie alle Fugen, und setzten eine neue Haut darauf.

Wie wir nun vermutheten, daß der Leck wirklich gestopft wäre, so fingen wir an die Canonen auf den Vordertheil zu bringen: allein die Canonen von dem Oberverdeck waren kaum an ihren Stellen, da er sich zu unserer Bestürzung wieder öffnete. Und da wir die inwendige Futterung nicht weghauen durften, weil sonst leicht eine Schärfe oder

Scharfeisen

Kalfatern, Pechen und Pechschrapen: „an einem Schiffe die Nathen oder Fugen mit Werg verstopfen, solche nachher mit kochendem Pech überziehen und das Pech, welches neben den Nathen auf den Planken sitzen bleibt, mit Schrapern abschaben.“ (J. H. R.)

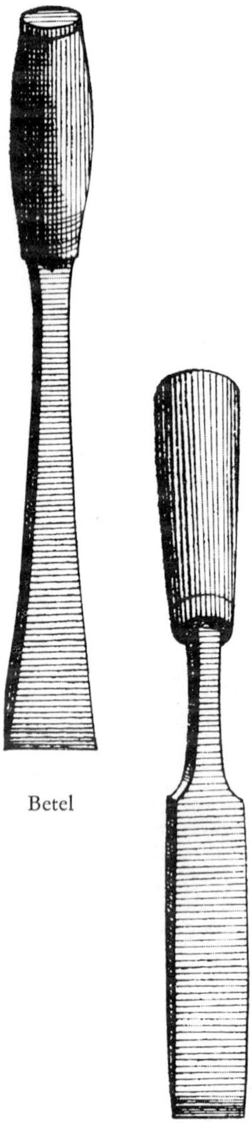

Betel

Planke los – und wir so gleich zu Grunde gehen konnten: so blieb uns kein ander Mittel übrig als daß wir die schadhafte Stelle inwendig flickten und kalfaterten. Solchergestalt nun war dem Leck zwar auf einige Zeit abgeholfen: allein da alle Canonen wieder auf ihre Stellen und unser Kriegsvorrath an Bord gebracht worden: so drang das Wasser durch ein Loch in der Steve, worein ein Bolte geschlagen war, von neuem in das Schiff, und hierauf stunden wir von aller fernern Arbeit ab, weil wir nunmehr versichert waren, daß sich der Fehler in der Steve selbst befand, und daß ihm nicht eher abgeholfen werden könnte, als bis wir Gelegenheit bekämen, das Schiff zu kielen."

Solange Holzschiffe aus Planken erbaut wurden, änderte sich am Kalfatern nichts Entscheidendes. Nur dann und wann wurde besseres Werkzeug als zuvor eingeführt, die Methode aber blieb im wesentlichen gleich.

Die Kalfaterer verwendeten Kalfateisen in vier verschiedenen Ausführungen: das ‚Schereisen' oder ‚Scharfeisen' mit scharfer Schneide zum V-förmigen Aushauen der Naht, das stumpfe ‚Kalfateisen' zum Eintreiben des ersten Wergs und das stumpfe ‚Rabatteisen' mit Kerben zum vollständigen Füllen. Ein sehr schmales ‚Spikereisen' diente dazu, Werg an Holznägeln einzutreiben, und den ‚Nahthaken' benutzte man, um vor dem Beginn des Kalfaterns das alte Werg aus den Nähten herauszureißen. Schlagwerkzeug war der hölzerne ‚Kalfathammer' mit zylindrischem Kopf, eingefaßt in Metallreifen, um sein Spalten zu verhindern.

Im 18. Jahrhundert stellten die Kalfaterer in Holland, Frankreich, Spanien, Portugal und in einigen anderen Ländern einen eigenständigen Berufszweig dar, in Hamburg besorgten die Schiffszimmerleute das Kalfatern mit.

Die von Wossidlo befragten mecklenburgischen Seeleute hielten das Kalfatern für eine Kunst, was es in der Tat auch war, und sie berichteten, daß nur besonders tüchtige Matrosen helfen durften: Bi 't Kalfatern hülpen den Timmermann bloß so 'n Madrosen, dee wat von verstünnen. Wenn een keen Ahnung dorvon hett, haugt he de Nahden tonicht. – Beim Kalfatern halfen dem Zimmermann nur solche Matrosen, die das verstanden. Wenn einer keine Ahnung davon hat, haut er die Nähte zunichte.

Das Wort ‚kalfatern' überschritt vor rund zweihundert Jahren dann auch den rein seemännischen Geltungsbereich und drang in die Literatursprache der Zeit ein: „Ich kalfatre jetzt Fenster und Thüren, und will sehn, wie lang ich mich gegen die Unbilden der Wittrung halte", schrieb Johann Wolfgang Goethe am 19. November 1776 der Charlotte von Stein.

Man schrieb das Jahr 1936. In Saint Malo, einer kleinen Stadt der Oberbretagne an der Mündung der Rance, von einer gewaltigen Mauer aus Granit umgeben, die sie gegen das hier bei Flut um sieben bis acht Meter steigende offene Meer abschließt, trafen sich das erste Mal Kapitäne, die ihre Schiffe um *Kap Hoorn* gesegelt hatten.

Das geschichts- und geschichtenträchtige Saint Malo war dafür der richtige Ort: Seefahrende Söhne hat die Stadt seit Jahrhunderten, sie waren schon dabei, als die neuen Wasserwege und die neue Welt entdeckt wurden, sie zeichneten sich als kühne Seefahrer, als mutige und ziemlich rigorose Handelsleute aus. Ihre berühmt-berüchtigten korsarischen Fehden mit den Engländern und Spaniern sind unvergessen: allein im 16. Jahrhundert kaperten sie an die fünfzehnhundert Schiffe.

Seemännischer Geist durchweht Saint Malo. Hier sind echte Seemannschaft zu finden und stiller Ruhm, beides charakteristische Attribute jener Männer, die auf Segelschiffen die gefürchtete Südspitze Amerikas umfuhren, und die als ‚Cap Horniers' in die maritime Weltgeschichte eingingen. Die noch lebenden Kap-Hoorn-Fahrer waren es denn auch, die 1936 in Saint Malo einen ungemein exklusiven Klub

Kreuzstenge und Rah kommen von oben – „... das Schiff ist nicht viel mehr als ein Wrack, das sich menschlichem Wissen entzogen hat. Unter dem Druck des Windes auf ein Labyrinth von Masten, Rahen und Tauen und unter den Stößen der gewaltigen gegen die Bordwand prallenden Roller treibt es hoffnungslos nach Lee ab, treibt zurück vor das Kap ..."

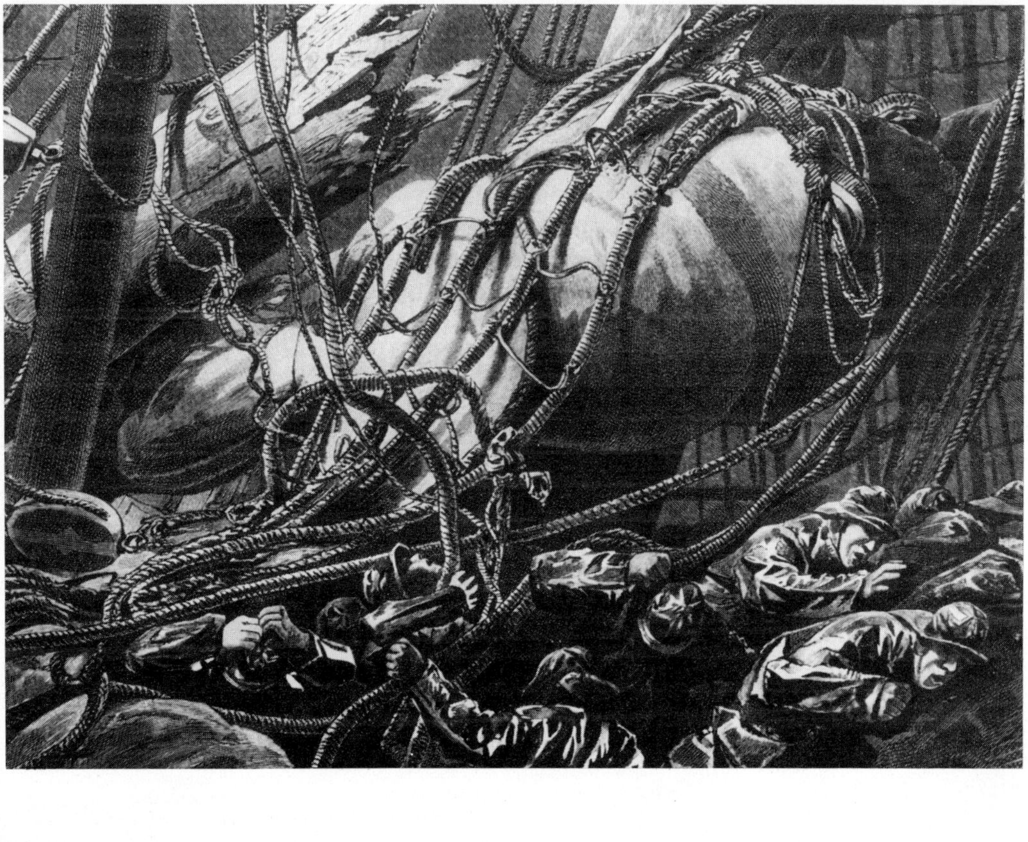

FL

PLUTO

Auf den vorhergehenden Seiten:
Das Vollschiff *Pluto* wurde 1862 in Liverpool erbaut und zu 1159 BRT vermessen.
Dieses Eisenschiff der ersten Generation ist noch ganz in der Art der hölzerner Segler ausgelegt. Über doppelten Marssegeln werden einfache Bramsegel und Royal in allen drei Toppen geführt. Das Bagiensegel ist, wie häufig bei Vollschiffen, nicht gesetzt.

gründeten, die „Amicale Internationale des Capitaines au Long-Cours Cap Horniers", einen Klub, dessen Mitgliedschaft man sich nicht durch splendide Zahlungen erkaufen kann, sondern nur dadurch, daß man wenigstens einmal auf einem Segelschiff die verrufene, übelbeleumdete Sturmecke hinter sich gebracht hat. Diese „Amicale" gedieh in den letzten vier Jahrzehnten zu einem Freundschaftsbund der ‚Cap Horniers' oder der ‚Kap Hoorner', wie die deutschen Seeleute sich nennen, über alle Grenzen hinweg. Ordentliches oder Vollmitglied kann nur der werden, der das Kapitänspatent für Große Fahrt besitzt und Kap Hoorn umsegelt hat, welchen Rang er auch immer bei der Umsegelung hatte: Moses, Jungmann, Vollmatrose oder Offizier. Er heißt Malemok, benannt nach einem im Südatlantik vorkommenden Sturmvogel. Wer aber gar als Kapitän Kap Hoorn bezwungen hat, darf als Ehrentitel den Namen „Albatros" führen wie der große Seevogel der südlichen Meere. Aber es sind nur wenige unter den Mitgliedern der „Amicale", die diesen Titel noch tragen. Ferner können jene, die zu irgendeiner Zeit und aus irgendeinem Grunde abgedankt haben – Stewards, Zimmerleute, Köche zum Beispiel –, als Assoziierte Mitglieder aufgenommen werden. Schließlich gibt es noch Ehrenmitglieder und Sympathisierende: „Die Bezeichnung ‚Ehrenmitglied' oder ‚Sympathisant' wird den Personen zuerkannt, die auf Grund besonderer Verdienste, sei es um die ‚Amicale' oder in anderer Form, sich dieser Bezeichnung würdig erwiesen haben", so steht es im Klub-Statut. Dennoch wird sich eines Tages die „Amicale" selbst auflösen, dann nämlich, wenn der letzte Cap Hornier auf seine ‚Langreise' gegangen ist. Die letzten Segelschiffe haben 1948 und 1949 das Kap bezwungen: die „Passat", die „Pamir" und die Viermastbark „Viking". Bleiben werden die Erinnerungen, man wird weiter nach der wahren Geschichte suchen, die Traditionen bewahren helfen. Und bleiben wird die produktive Rückbesinnung, wohl nicht immer so demonstrativ wie bei den Windjammer-Treffen, die als „Operation Sail" seit 1964 den Geist der Segelschiffszeit und der Cap Horniers zu erhalten suchen.

Seit den Entdeckungsfahrten des Willem Cornelius Schouten und des Isaak Lemaire im Jahre 1616 umgibt eine geheimnisvolle, mystische Aura das Kap Hoorn. Das Wort ‚Kap', englisch ‚cape', kam aus dem lateinischen ‚caput', das ist der Kopf, die Spitze, über das italienische ‚capo', das französische ‚cap' und das niederländische ‚kaap' in unsere Sprache. Den größeren, in das Meer hineinragenden Landspitzen gab man die Bezeichnung ‚Kap'. Diese äußersten Vorsprünge häufig felsiger Gebirge sind am großartigsten und am gefährlichsten in den südlichen Küstenländern der Erde. Von größter Bedeutung für die Entdeckungsgeschichte und den Welthandel wurde die Umschiffung der Südspitze Afrikas mit dem Kap der Guten Hoffnung, auch verkürzt nur ‚das Kap' genannt, am Ende des 15. Jahrhunderts – ‚Kapfahrer' waren die ums Kap segelnden Ostindienfahrer, ‚Kap-Hoorn-Fahrer' jene, die um ‚die Hoorn' zur Westküste Amerikas segelten.

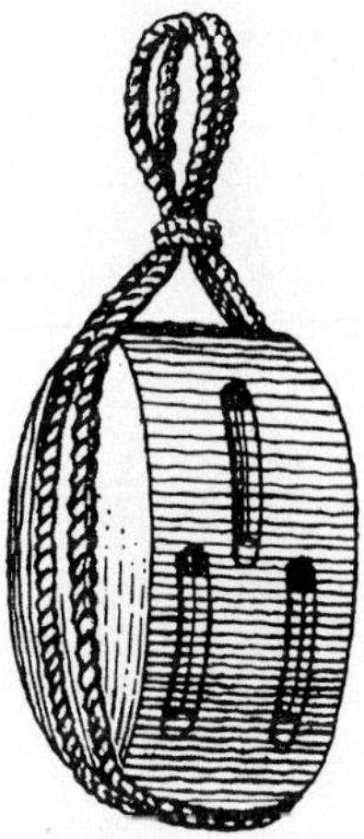

Block eines Bullen

In Hoorn, einer westfriesischen Stadt, in der die Fleute, das berühmteste Schiff des 17. Jahrhunderts, entstand, lebte der niederländische Chirurg Schouten (1580–1625). Anfang des 17. Jahrhunderts faßte er mit Isaak Lemaire, Seefahrer, Entdecker und Großhandels-Kaufmann aus Amsterdam, den Plan, einen zweiten, weniger gefährlichen Seeweg als die Magellanstraße zu finden. Mit nur einem Schiff namens „Concorde" – das andere, die „Hoorn", war unterwegs durch Feuer vernichtet worden – segelten Schouten und Lemaire 1615 an der Magellanstraße vorbei, entdeckten die südlich von Feuerland liegenden Inseln, die sie auf die Namen Staaten und Moritz von Nassau-Inseln tauften, die schneebedeckten Berge zu Ehren der Stadt Hoorn auf den Namen Kap Hoorn und die neue Meeresenge auf den Namen Lemaire-Straße (erst 1624 erkannte man, daß Kap Hoorn eine Insel ist). Einen weniger gefahrvollen Seeweg jedoch, dies stellte sich alsbald heraus, fanden die beiden nicht. Die Umrundung des Kap Hoorn, nach einer alten Seemannsregel dann beendet, wenn ein Schiff die Strecke von 50 Grad Südbreite im Atlantik bis 50 Grad Südbreite im Pazifik, also auf der normalen Route der Segelschiffe etwa 1500 Seemeilen, zurückgelegt hat, war und blieb vielmehr bis heute eines der wirklich großen seemännischen Abenteuer ...

Was aber ist nun das Wesentliche an dieser Kap-Hoorn-Legende? Wir müssen ihr nicht lange nachlaufen, die Realität holt uns, um im Bilde zu bleiben, schnell ein. Denn auch die reichste Phantasie zeigt sich hier wieder einmal ärmer und einfallsloser als die Wirklichkeit, deshalb seien die Berufenen zitiert, drei Cap Horniers, drei Albatrosse.

Ernst Alexander Römer schrieb 1963: „Beginnen wir mit dem Klima, es ist rauher als vergleichsweise im Nordatlantischen Ozean. Dort unten fehlt der Golfstrom. Es ist wintertags durchschnittlich um fünf Grad kälter als im winterlichen Nordatlantik. Der Luftdruck ist stets niedriger, die Bewölkung stärker. Und die winterlichen Nächte sind länger. Solche Dinge fallen nun nicht sonderlich ins Gewicht, wenn sie sich auch zuweilen unangenehm auswirken. Es ist vielmehr dieses: die Winde wehen das ganze Jahr hindurch vorherrschend aus Westen, genau daher, wo man hinwill, und sie wehen häufig mit Sturmesstärke. Und es ist der Seegang. In diesen hohen südlichen Breiten kann sich, ungehindert durch Landmassen, eine See entwickeln, wie

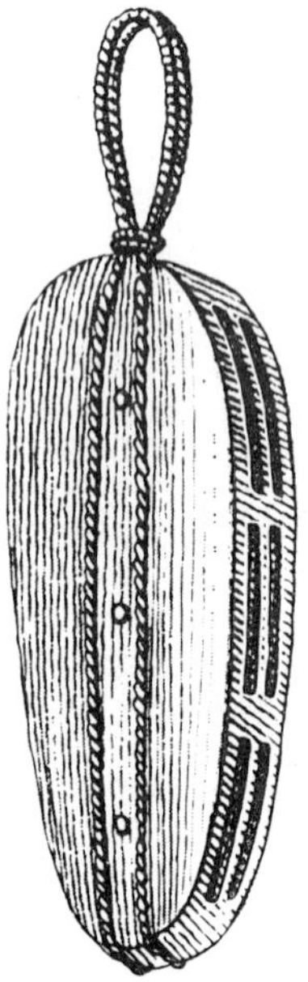

Schwere Werftblöcke

sonst nirgend auf dem Weltmeer. Wenn sich zu diesen Sturmwellen noch eine Dünung gesellt, die weiß Gott woher kommt und auf ihrer langen Wanderschaft zu einem prächtigen Gebilde geworden ist, dann, ja dann ist man eben bei Kap Hoorn."

James P. Barker, Kapitän der „British Isles", in Erinnerung an den 8. August 1905: „Der Kap Hoorner schüttelte uns in seinen Fängen wie ein Terrier die Ratte. Das Trommeln und Dröhnen des Windes, das hilflose Torkeln des Schiffes in der Kreuzsee, dicht über die Mastspitzen jagende Wolkenpolster, eine Sintflut aus Schnee, Hagel und Eisregen – gewiß, das alles mag ein furchterregendes Naturereignis sein, nur haben wir selbst nicht die Zeit innezuhalten, es nachdenklich und mit Muße zu betrachten. Statt dessen stehen wir bis zu den Hüften in dem über die Decks rauschenden Wasser. Wir haben genug damit zu tun, uns an Strecktauen, Belegnägeln, der Reling oder an irgend etwas in der Nähe festzuklammern, während wir versuchen, im eisigen Wasser die unklar gekommenen Leinen zu fischen und sie an den Wanten in leidliche Sicherheit zu bringen ... das Schiff ist nicht viel mehr als ein Wrack, das sich menschlichem Wissen entzogen hat. Unter dem Druck des Windes auf ein Labyrinth von Masten, Rahen und Tauen und unter den Stößen der gewaltigen gegen die Bordwand prallenden Roller treibt es hoffnungslos nach Lee ab, treibt zurück vor das Kap, das wir vor 24 Stunden so jubilierend umsegelt hatten. Die ‚Graubärte' von Kap Hoorn spotten über uns und lachen und brüllen laut, weil wir es mit unserer kümmerlichen Kraft gewagt haben, ihre Überlegenheit anzuzweifeln und in ihre erhabene Einsamkeit einzudringen."

Und Kapitän Ernst Weitendorf blickte 1969 auf seine Kap-Hoorn-Zeit zurück: „Die Hauptprobe sollte unser Schiff erst bei der Fahrt um Kap Hoorn bestehen ... Wir gingen in die kalte Südzone bis dicht an die Eisgrenze, immer gegen furchtbaren Weststurm kreuzend und immer wieder von der Weströmung zurückgetrieben. War es in den vierziger Breitengraden bereits schlimm gewesen ... so waren wir jetzt fast am 60. Grad, zwischen den greybeards, den grauen Bärten, den wilden Seen am Kap Hoorn. Oft mußten wir den Schnee von Deck fegen, wenn die See ihn nicht wegwusch. Dann wieder entstanden spiegelglatte Eisbahnen, und wir mußten Asche streuen, um nicht dauernd auszugleiten. Immer höhere Wellen tobten heran wie Scharen grimmiger Teufel. Abgespannt und abgekämpft tat doch ein jeder mit zusammengebissenen Zähnen seine Arbeit. Man ließ die aufgesprungenen und zerrissenen Hände bluten und das durchnäßte, eiskalte Zeug auch in der Ruhezeit am Leibe kleben, um nur einen Moment die Augen schließen zu können und ein wenig neue Kraft zu sammeln. Die gefrorenen Segel waren hart wie Bretter; Hagelschauer und Schneeböen fegten immer wieder über das Schiff. Aber alle wußten, daß es ums Leben ging, und jeder tat sein Bestes. Sobald ich frei war, habe ich stets mit der Mannschaft in Reih und Glied mitgearbeitet. Diese Stunden ließen keinen Rangunterschied zu.

Wir erlebten noch ein gigantisches Naturschauspiel: Weil die Weststürme kein Ende nahmen, hielt unser Kapitän noch weiter nach Süden, um das herannahende Tief zu umsegeln. Das glückte ihm auch; der Wind holte über nach Ost. Es war jedoch ein Unternehmen, das große Gefahren in sich trug, weil wir dabei der Eisgrenze ganz nahe gerückt waren. Eines Morgens hatten wir die Bescherung: südlich von uns, gar nicht weit ab, sichteten wir eine Trift riesiger Eisberge. Eisberge, so weit wir sehen konnten, in unendlicher Zahl, und dabei Giganten, die wir auf dreißig Kilometer Länge und 70 bis 80 m Höhe schätzten. Hier auf des Teufels Friedhof schienen alle Eisberge der Welt versammelt zu sein. Der rasende Sturm schob die gewaltigen Massen aufeinander, mit urwelthaften Kräften zermalmten sie sich gegenseitig. Es war eine Titanenschlacht, die zu beschreiben mir die Worte fehlen. Wehe dem Schiff, das dort hineingeriete!

Über drei Wochen dauerte unser Kampf mit den Elementen am Kap Hoorn. Endlich waren wir hindurch, und die Hölle lag achteraus."

Katt oder ‚Katze' stand für eine Reihe von Begriffen, die nichts oder nur wenig miteinander gemein hatten.

Schon im Niederdeutschen des 18. Jahrhunderts finden wir ‚Katte' in übertragener Bedeutung, so als Bezeichnung für einen ledernen Gürtel, der sich mit Geld füllen ließ und auf Reisen oder auf dem Wege zum nächsten Marktflecken um den Bauch getragen wurde. Und ‚Katrulle' – Katzenrolle – war „eine Rolle oder kleines Rad, worüber ein Strick (ein Jolltau) gehet, um etwas in die Höhe zu ziehen oder nieder zu lassen".

Einen Anker ‚verkatten' oder ‚verkatzen' war eine Methode, der man sich schon vor Jahrhunderten bediente, wenn man auf steil abfallendem oder schlechtem Grund, auch vor einer Leeküste – Küste in Lee, also bei auflandigem Wind – ankern mußte. Um den Halt des ersten Ankers im Meeresboden zu vergrößern, brachte man vor ihm an derselben Trosse oder Kette noch einen zweiten – die ‚Katt', ‚Katze' oder den ‚Kattanker' – aus, mit dem man den ersten Anker ‚verkattete'. Der Abstand zwischen ihnen wurde größer als die Wassertiefe gewählt, um das Ankerlichten nicht zu erschweren.

War ein Anker, damals Stockanker, aus dem Wasser und vor die Klüse gehievt, kattete man ihn, das bedeutete, man heißte ihn an seinem Ring mit der ‚Kat(t)' – ein starkes Takel – bis unter den Kranbalken oder den ‚Kat(t)davit', um ihn an der Außenhaut des Vorschiffes zu haltern.

Ein Boot ‚vor eine Katt legen' hieß, es am Strande mittels eines Draggen oder anderen kleinen Ankers festlegen, wenn man dort zeitweilig an Land gehen wollte.

‚Katt' war auch die Bezeichnung für Pfähle in Kaianlagen, an denen Schiffe festmachten. Niederländisch und dänisch ‚kat', hießen sie schwedisch ‚katt' und englisch ‚bollard', aber niederländisch stand auch ‚polder' für Pfahl. Ob nun aus dem Englischen oder aus dem Niederländischen: der deutsche Seemann übernahm ‚Poller', und ‚Katt' geriet in Vergessenheit.

Das niederländische ‚kat' wich vielfach dem hochdeutschen ‚Katze', und auch unsere heute allgemein bekannte ‚Laufkatze' hieß an Bord nur ‚Katze', ein unter dem Deck in Führungen rollender kleiner Wagen, an den man Lasten hängte, um sie leicht verfahren zu können.

‚Katzenrücken' oder ‚Katzenbuckel' nannte Jan Maat die bleibende Formänderung eines Schiffes, dessen Bug und Heck sich auf Wellenbergen gesenkt, dessen hölzerne Längsverbände den Beanspruchungen nicht widerstanden hatten. Dünne hohe Federwolken bezeichnete er als ‚Katzenhaare' und verstand unter ‚Katzenpfoten' die kleinen Kräuselwellen, die leise aufkommender Wind auf der glatten See erzeugt.

Und schließlich war ‚Katt' auch eine Peitsche. Das Wort geht auf den englischen Ausdruck ‚cat of nine tails' zurück: auf die „neunschwänzige Katze".

Unvergessen bleiben werden die bösen Erinnerungen an dieses wahrlich furchtbare Instrument, an jene Kapitäne und Kommandanten, die wirkliche oder auch nur angebliche Disziplinverstöße mit barbarischen Auspeitschungen ahndeten. Unter ihrer Führung war so manches Schiff eine schwimmende Hölle. Viele Seeleute des 17. und 18. Jahrhunderts haben mit ihr, der „neunschwänzigen Katze", Bekanntschaft gemacht. Sie bestand, schreibt Carleton Mitchell, „aus einem Knüppel, der mit rotem Fries überzogen war und an seinem Ende neun Stricke mit Knoten trug. Ein Schlag genügte, die Haut aufplatzen zu lassen. Der Mann blutete überall dort, wo die Knoten ihn getroffen hatten. Sechs Hiebe, und der Rücken war nur noch rohes Fleisch, das zwölf Hiebe tief aufrissen. Eine scheußliche rote Masse war die Folge, bei deren Anblick einem übel wurde, und doch waren drei Dutzend Schläge gang und gäbe. Sechs Dutzend galten noch als milde, und dreihundert wurden häufig verabreicht. Einer, der vielen Auspeitschungen beigewohnt hatte, meinte, daß nach zwei Dutzend Hieben der zerfetzte Rücken nichts Menschliches mehr hatte, sondern an geröstetes Fleisch erinnerte, das auf glühendheißem Feuer nahezu schwarz verbrannt war. Und doch gab es noch härtere Strafen. Tätlicher Angriff auf einen höheren Offizier oder ein Fluchtversuch, aus welchen Gründen auch immer, wurden als ‚mildeste' Strafe mit einem Auspeitschen durch die ganze Flotte gesühnt. Das unglückliche Opfer wurde im Langboot festgebunden, wobei seine Strümpfe zwischen die Handgelenke gezogen wurden, ‚um es daran zu hindern, sich in Todesqualen mit den Zähnen die Pulsadern zu öffnen'. Dann fuhr das Boot an allen im Hafen ankernden Schiffe vorbei, und bei jedem erhielt der Missetäter einen Teil der zudiktierten Strafe. Nur wenige überlebten die Prozedur. Bei den letzten Schiffen der Reihe fielen die Hiebe schon auf einen Toten . . ."

Und dann gab es das *Kielholen*, holländisch ‚kielen' oder ‚kielhaalen', englisch ‚to keel-haul', niederdeutsch ‚kylhalen', ‚kielhalen'. In der ersten der zwei Bedeutungen des Wortes eine gleich grausame Strafe, belegt vom 16. bis zum 19. Jahrhundert und erstmalig erwähnt in einer niederländischen Schiffsordnung von 1560. Belege und Aussagen lassen darauf schließen, daß es niederländische Schiffe waren, von denen sich der schreckliche Brauch ausbreitete.

„Wer einen Officier schlägt", schreibt Johann Jacob Saar, „oder den Schiff Capitain, der muß sonder Grad dreymal unten durch das Schiff . . . sonderlich ist der Profoß priviligiret, und wer sich an dem vergreiffet, ist es am Land, so hat er die Hand verlohren; Ists in der See, so . . . lässet man Ihn auf einer Seiten in die See sincken, und auf der anderen Seiten hohlet man Ihn wider herfür . . ."

Dazu brachte man vor dem Vorsteven den mittleren Teil einer langen Leine aus, ließ sie unter das Schiff gleiten und führte sie an beiden Bordseiten bis in den Bereich des Großmastes. Die Tampen der Leine wurden an der Backbord- und Steuerbordnock der Großrah durch Blöcke geschoren und an Deck zurückgeholt. Den Verurteilten, an dem von der Nock zur See führenden Leinenteil festgemacht, die Füße oder einen breiten Gürtel mit Kanonenkugeln oder anderen Gewichten beschwert und einen geölten Schwamm für eine winzige Menge Atemluft auf dem Arm oder vor dem Mund, heißte man bis zur Rah auf und ließ ihn fallen. Nach seinem Eintauchen holten ihn die dazu Befohlenen von der anderen Bordseite aus unter dem Kiel hindurch. Wenn der Bemitleidenswerte aus der See auftauchte, war er bewußtlos, halb ertrunken oder tot. Von der Breite und dem Tiefgang des Schiffes hing es ab und davon, wie schnell oder langsam man Hand über Hand die Leine einholte, also wie hart man strafen wollte. Schiffe gab es, auf denen der Delinquent ohne Beschwerung mit Gewichten gekielholt wurde, so daß der Auftrieb ihn gegen den Schiffsboden drückte, er von scharfen Muscheln und rostigen Nägel zerfetzt werden oder sich am Kiel Arme, Beine oder den Schädel brechen konnte. Überstand er das erste Kielholen lebend, dann wiederholte man den Vorgang, denn es mußte „drey mahl gekiehlholet" werden.

Die zweite Bedeutung:

Ein Schiff ‚kielholen' hieß, ihm eine derart große Krängung geben, daß eine ganze Außenhautseite mitsamt dem Kiel austauchte. Eine Methode, um nach langen Seereisen und zumal in überseeischen Häfen in Ermangelung eines Docks oder eines Slips den Schiffsboden besichtigen, reinigen, reparieren, kalfatern, teeren oder mit Kupferblech beschlagen zu können. Nur leere Schiffe wurden gekielholt, man schlug zu diesem Zweck ‚Giens' – schwere Taljen – an den Toppen der Untermasten an und holte das Schiff mit Hilfe eines Krans oder durch Winden auf die Seite; so etwa seit Beginn des 18. Jahrhunderts entweder von Land aus oder an Bord eines längsseits liegenden ‚Bullen', eines ‚Kiellichters' oder eines für diesen Zweck und für das Einsetzen von Masten in neue Schiffe ausgerüsteten ‚Prahms', eines breiten Arbeitspontons.

Rahsegler gekielholt – „zuweilen wird ein Schiff ganz auf die Seite gewunden, so daß der Kiel aus dem Wasser kömmt, und dieses nennt man dem Schiff eine ganze Kielholung geben." (J. H. R.)

Die Bark *Minna* wurde im Jahre 1869 in Barth erbaut. Sie war zu 383 RT vermessen und ihre Hauptabmessungen betrugen 35,9 m × 7,9 m × 5,15 m (L × B × T). Die *Minna* läßt sich unter Kapitän O. Fischer bis 1880/81 nachweisen.
Das von A. Laschke im Jahre 1874 gemalte Ölbild zeigt die *Minna* unter vollen Segeln über Backbordbug vor der Insel Rügen. Das klar und deutlich angelegte Gemälde stellt den Segler mit Nationalflagge an der Gaffel, Unterscheidungssignal im Besanmast, Namenswimpel im Großmast und der Nummernflagge mit der Bezeichnung des Heimathafens im Fockmast dar. Nummernflaggen dieser Art sind nur von preußischen Häfen bekannt. An Deck des Schiffes sind neun Mann bei verschiedenen Verrichtungen zu erkennen; viel mehr Besatzung wird diese kleine Bark kaum gehabt haben. Hinten rechts ist ein Dreimastgaffelschoner auf Gegenkurs zu erkennen.

Auf den folgenden Seiten:
Die Brigg *Leopard* wurde 1803 in Eckernförde erbaut. 1850 bekam sie den Namen *Löwe*, im Alter von 66 Jahren ist sie 1869 bei Danzig gestrandet und verloren gegangen.
Das nicht signierte Aquarell zeigt die Brigg *Leopard* bei der Ein- und Wiederausfahrt von Palermo auf Sizilien am 19. Januar 1835. Auf diesem sehr typischen Mittelmeerbild mit Stadt und Hafen Palermo sowie der weiteren gebirgigen Küstenlinie im Hintergrund läuft die Brigg mit bereits aufgegeiten Untersegeln auf den Hafen zu, während sie links hinten mit vollen Segeln, einschließlich Leesegeln, den Hafen wieder verläßt und dem offenen Meer zustrebt.

LEOPARD CAPT. HERBER ENTERING & LEAVIN

LEOPARD
…E PORT OF PALERMO . JANUAR . 19. TH 1835.

Die stählerne Viermastbark *Alsterfee* wurde im Jahre 1907 unter dem Namen *Oranasia* aus England gekauft. Dort war das Schiff in Port Glasgow erbaut und zu 2706 BRT vermessen worden. Der Typ Viermastbark ist im Jahre 1877 zum ersten Male in Eisen erbaut. Sehr rasch wurde dieser Schiffstyp bei Reedern und Seeleuten beliebt und entwickelte sich bis zur Standardgröße von 3000 BRT. Es hat auch einige größere Viermastbarken gegeben, aber sie blieben Ausnahmen.
Das mit „Woolston & Garratt, Newcastle N. S. W." signierte Ölgemälde zeigt die *Alsterfee* unter kleinen Segeln, das heißt mit festgemachten Bram- und Royalsegeln. Nur im Großtopp ist das Unterbramsegel gesetzt. Das Schiff hat 2 Deckshäuser, über die hinweg eine lange Laufbrücke bis zum Achterdeck reicht.

Heling

Der Sagenschatz des Seemannes – *Klabautermann*, Fliegender Holländer und anderes – ist noch wenig erforscht, unsere Kenntnisse darüber sind unvollkommen. Das aber, was wir wissen, verdanken wir überwiegend einem Manne, der ein außerordentlich erfolgreicher Sammler auf dem Gebiete der niederdeutschen Folklore seiner Heimat war. Gemeint ist der kompetente mecklenburgische Volkskundler Richard Wossidlo, 1859 bis 1939, der zugleich den Grundstock für das große „Mecklenburgische Wörterbuch" legte. Wossidlos folkloristische Aufzeichnungen – etwa 2 Millionen Handzettel – sind im Rostocker „Wossidlo-Archiv" der Akademie der Wissenschaften der DDR nahezu vollständig erhalten. Ein wichtiger Teil der Forschungsergebnisse hat Niederschlag in Büchern gefunden, in Ausgaben von Sagen, Märchen, Schwänken, und namentlich in jenem Standardwerk der Seefahrt, welches als ein „Ehrenbuch aus der Zeit der Segelschiffe" mit dem Titel „Reise, Quartier, in Gottesnaam" in die maritime Literatur des 20. Jahrhunderts einging.

In dieser wohl einzigartigen Sammlung, von der auch wir profitieren, leben die unvergeßlichen Gestalten einer großen Zeit, in ihr wurde die Welt des Seemannes aus der nur küstenverbundenen Existenz ins allgemeinmenschlich Gültige gehoben. Hier sind die phantasievollen charakteristischen Sagen bewahrt, die stofflich am engsten mit der See verbunden sind, genauer noch, die ohne die Weiten der Meere nicht hätten entstehen können.

„Die verhältnismäßig abgeschlossene Welt des Seemannes", schreibt Helge Gerndt, „auch seine Verschlossenheit gegen Außenstehende, hielt Seegeschichten und besonders seemännischen Glauben nur in seinem engeren Kreis lebendig. Drängte sich im 19. Jahrhundert das Lesepublikum auf der Suche nach Abenteuer, Exotik und vermeintlich besonders ursprünglicher, naturnaher Lebensweise in das Überlieferungsreich des Seemannes – er streute seinen Schatz nicht hinaus. Man darf seine Abneigung gegen alles Geschriebene gewiß nicht stark verallgemeinern ... Zumindest das Schreiben liebte (und konnte zuweilen) der Seemann nicht. Die mündliche Überlieferung war damit, zwar nicht immer in der Aufnahme, wohl aber in der Weitergabe, auf See das Angemessene und nahezu einzig Gegebene. Mündliche Überlieferung ist immer nur in einer Gegenwart zugänglich. Was in der Segelschiffszeit nicht schriftlich fixiert und auch in der Rückerinnerung der folgenden Jahrzehnte aufzuzeichnen vergessen wurde, ist uns heute verloren."

Wesentliches fiel der Vergessenheit nicht anheim, blieb erhalten, weil eben jener Richard Wossidlo Küstenbewohner und Fahrensleute noch gerade rechtzeitig befragte. Das Bild, das so noch einmal vor un-

Ein Geisterschiff, gezeichnet von Gustav Wertheimer.

Holzschnitt aus der zweiten Hälfte des 19. Jahrhunderts – nach Richard Wagners „Der fliegende Holländer".

seren Augen entstehen konnte, schimmert in vielen Lichtern, einiges war nicht mehr zu fassen oder zu rekonstruieren, auch Widersprüchliches ging – naturgemäß – in Wossidlos Aufzeichnungen ein. Gleichwohl machten erst sie es möglich, das Heterogene und das Verbindende, das Unverfälschte und das Romantisierende, aufzuspüren, eine allgemein gängige und brauchbare Unterteilung der von den deutschen Seeleuten überlieferten Sagen zu schaffen. Nach Wossidlo sind „die Sagen des ersten Kreises ... aus dem Mittelmeergebiet zu unseren Seeleuten gelangt, und zwar wahrscheinlich auf dem Wege über die Literatur. Dafür spricht auch die Aussage eines alten Matrosen: ‚Von de Seejungfern ward mihr von de Landlüd' seggt, nich von uns Seelüd'. Sagen, die aus diesem Kreis stammen, finden sich bis ziemlich weit ins Land hinein ... Die Sagen des zweiten Kreises sind meist Ortssagen, die aus den Ländern stammen, in denen die fraglichen Orte liegen. Sie sind offenbar durch Seeleute des betreffenden Landes an Bord erzählt worden, wie übrigens auch von Gewährsleuten berichtet wird: ‚Wi hadden 'n Finnen an Buurd, de wüßt all so'n Saken to vertellen. – 'n Schweden hett mi dat vertellt, he wüßt all so'n Spöökenkram un so. Ik heww dat nich behollen, ik heww dor keenen Kopp to ...'. Die dritte Gruppe ist unter den Seeleuten unseres Gebietes selbst entstanden, z. B. die Sagen vom Fliegenden Holländer, vom Klabautermann und ähnliche ... Stofflich verteilt sich der Inhalt der Sagen auf merkwürdige Erlebnisse, auf geheimnisvolle Warnungen, auf Teufelsgeschichten, Tiersagen, Bestrafungen von Übeltätern und dergleichen. Der Glaube an die Sagen ist weit verbreitet: ‚Ik heww dat jo nich beläw't, oewer vääl hebben dat seihn. – Dat möt doch wohr sien, mien Vadder hedd mi dat vertellt. Andere sind weniger gläubig. Vääl ward jo ok tolagen un tospraken. Ik kann mi so wat nich denken.'"

Aus dem, was „doch wohr sien möt", wollen wir uns vor allem zwei Überlieferungen des „dritten Sagen-Kreises" zuwenden, die so ganz und gar in die Welt des Seemannes gehören, die in seiner Welt jahrhundertelang lebendig geblieben sind: dem Klabautermann und dem Fliegenden Holländer.

Von allen seemännischen Sagen- und Spukgestalten ist der Klabautermann, auch international, die bekannteste. „Seit langer Zeit ist die Poesie aus der Wirklichkeit verschwunden, und lebt nur noch in der Phantasie der Dichter." Mit diesen Worten leitete der ehemalige Seemann und spätere Schriftsteller Heinrich Smidt 1835/36 seine zweiundzwanzig Novellen „Seemanns-Sagen und Schiffermärchen" ein. Vielleicht hatte er damals mit seiner strengen Feststellung im allgemeinen recht. Doch auf Klabautermann und Fliegenden Holländer trifft sie nicht zu. Die schon Ende des 19. Jahrhunderts brüchig gewor-

dene Erzähltradition des Seemanns, hier funktioniert sie noch vollkommen. Und Poesie durchzog durchaus noch die Wirklichkeit, die Fohrnslüd hatten wahrlich „de Küpp bit boben voll van Geschichten ut de olen Tiden“ (Gorch Fock), noch immer waren Geschichten, namentlich jene vom hilfreichen Schiffskobold und dem ewig ruhelos umhersegelnden Geisterschiff in ihrem Kopf.

Niemand weiß zu sagen, wo der Name ‚Klabautermann‘ seinen Ursprung hat. So soll eine Verbindung des mittelhochdeutschen Wortes ‚Kobold‘ mit ‚Mann‘ Pate gestanden haben, eine Nachbildung des übermütigen flämischen Hausgeistes ‚Kabotermanneken‘. In anderer Version soll der ‚Klabautermann‘ oder ‚Klabotermann‘ aus dem ‚Klatermann‘, das ist der Klettermann, aber nicht aus dem ‚Poltermann‘ entstanden sein. Wieder andere behaupten, das Wort stamme von ‚Kalfatermann‘ ab, der mit dem ‚Kalfaterhammer‘ hämmert, um das Schiffsvolk zu ermahnen, undichte Stellen auszubessern.

Wie auch immer, „solang de Klabautermann an Buurd wäst is, hebben wi ümmer god’ Fohrt hatt.“ Aber selbst wenn er an Bord war, sah ihn niemand, doch ziemlich genaue, freilich voneinander abweichende Beschreibungen liegen vor: nicht einmal zwei Fuß groß, beinahe durchsichtig und von einer ungeheuren Gelenkigkeit, eine ganz schwarze Männergestalt. Zuweilen trägt er einen roten Anzug und eine rote Mütze, manchmal erscheint er in Matrosenkleidung mit feuerrotem, von weißem Kopfhaar und Bart umrahmtem Gesicht.

Dieser kleine Kerl war in der seemännischen Überlieferung der gute und der böse, der zu manch unsinnigem Schabernack aufgelegte Geist des Schiffes. Es konnte nur gut sein, ihn an Bord zu haben. Verließ er das Schiff, dann kam das Unglück. Mithin mußten alle bemüht sein, ihn günstig und freundlich zu stimmen; nur er konnte Ereignisse vorankündigen, die für das Schiff und seine Besatzung von lebenswichtiger Bedeutung waren.

Auch seine überwachende Funktion konnten die Jan Maaten nicht entbehren, nur er sorgte dafür, daß alles seine Ordnung hatte; er hielt Tauwerk und Segel zusammen, flickte, was immer notwendig war, zimmerte losgerissene Planken nachts zusammen, verstopfte Fugen, Nähte und Stöße. Und überhaupt gehörten Wind, Wetter und Klabautermann zusammen: Wenn de Klaubautersmann sik sehn lett, gifft’t Unwäder – Wenn der Klabautermann sich sehn läßt, gibt es Unwetter, oder: Wenn slicht Wäder wier un wi bi de Wind legen, dann säden weck: hier is jo woll de Klabautermann an Buurd – Wenn schlechtes Wetter war und wir beim Wind lagen, dann sagten einige: hier ist wohl der Klabautermann an Bord.

In der Regel war er der gute Geist, der das Schiff schon allein durch seine Anwesenheit beschützte. Als Sagengestalt tauchte der Klabautermann Ende des 18. Jahrhunderts in der angelsächsischen und französischen, 1821 in der deutschsprachigen Literatur auf. Weithin in der deutschen Literatur bekannt machte ihn 1826 Heinrich Heine im zweiten Band seiner „Reisebilder" von der Nordseeküste: „Als ich voriges Jahr einige Zeit auf der See lag, erzählte mir der Steuermann unseres Schiffes: die Hexen wären besonders mächtig auf der Insel Wight und suchten jedes Schiff, das bei Tage dort vorbeifahren wolle, bis zur Nachtzeit aufzuhalten, um es alsdann an Klippen oder an die Insel selbst zu treiben. In solchen Fällen hört man diese Hexen so laut durch die Luft sausen und um das Schiff herumheulen, daß der Klabotermann ihnen nur mit vieler Mühe widerstehen könne. Als ich nun fragte: wer der Klabotermann sei? antwortete der Erzähler sehr ernsthaft: ‚Das ist der gute, unsichtbare Schutzpatron der Schiffe, der da verhütet, daß den treuen und ordentlichen Schiffern Unglück begegne, der da überall selbst nachsieht, und sowohl für die Ordnung wie für die gute Fahrt sorgt.'

Der wackere Steuermann versicherte mit etwas heimlicherer Stimme: ich könnte ihn selber sehr gut im Schiffsraume hören, wo er die Waren gern noch besser nachstaue, daher das Knarren der Fässer und Kisten, wenn das Meer hoch gehen, daher bisweilen das Dröhnen unserer Balken und Bretter: oft hämmere der Klabotermann auch außen am Schiffe, und das gelte dann dem Zimmermanne, der dadurch gemahnt werde, eine schadhafte Stelle ungesäumt auszubessern: am liebsten aber setze er sich auf das Bramsegel, zum Zeichen, daß guter Wind wehe oder sich nahe. Auf meine Frage, ob man ihn nicht sehen könne? erhielt ich zur Antwort: Nein, man sähe ihn nicht, auch wünsche ihn keiner zu sehen, da er sich nur dann zeige, wenn keine Rettung mehr vorhanden sei. Einen solchen Fall hatte zwar der gute Steuermann noch nicht sebst erlebt, aber von andern wollte er wissen: den Klabotermann höre man alsdann vom Bramsegel herab mit den Geistern sprechen, die ihm untertan sind; doch wenn der Sturm zu stark und das Scheitern unvermeidlich würde, setze er sich auf das Steuer, zeige sich da zum ersten Mal und verschwinde, indem er das Steuer zerbräche – diejenigen aber, die ihn in diesem furchtbaren Augenblick sähen, fänden unmittelbar darauf den Tod in den Wellen.

Augspleiß

Der Schiffskapitän, der dieser Erzählung mit zugehört hatte, lächelte so fein, wie ich seinem rauhen, wind- und wetterdienendem Gesichte nicht zugetraut hätte, und nachdem versicherte er mir: vor fünfzig und gar vor hundert Jahren sei auf dem Meere der Glaube an den Klabotermann so stark gewesen, daß man bei Tische immer auch ein Gedeck für

Leuchtturm
von Enfant perdu an der
Küste von Cayenne,
Eisenkonstruktion.

denselben aufgelegt, und von jeder Speise, etwa das Beste, auf seinen Teller gelegt habe, ja auf einigen Schiffen geschehe das noch jetzt..."

Der Fliegende Holländer dagegen ist ein sagenhaftes Gespensterschiff, dessen Kapitän für sein gottloses Leben oder für seine blasphemischen Frevel zum ewigen Kreuzen auf einem riesigen, düsteren, zwar sichtbaren, aber lautlosen Segelschiff verurteilt ist. Wiederum Heinrich Heine nennt den Fliegenden Holländer „den ewigen Juden des Ozeans".

Der Ursprung der Sage, die bis in das 17. Jahrhundert zurückverfolgt werden kann, ist bis heute ungeklärt. Zunächst war sie auf das Kap der Guten Hoffnung lokalisiert, in dieses Seegebiet sollte das Schiff für immer verbannt sein. Andere Deutungen besagen, daß der Fluch zur ewigen Verdammnis auf den Ozeanen auch zur Folge hatte, daß das Geisterschiff alle Meere durchkreuzen mußte, doch nie die nördlichen Breiten.

Der Fliegende Holländer war im 19. Jahrhundert nicht nur in Deutschland ein gängiges Erzählmotiv: in der Ballade „Der Strandwächter am deutschen Meere und sein Neffe vom Lande" der Annette von Droste-Hülshoff (1837); in Heinrich Smidts „Seegemälden", Reiseskizzen von 1828, und in den 1834 erschienenen „Memoiren des Herrn von Schnabelewopski" von Heinrich Heine. „Holländer"-Anklänge sind auch bei Friedrich Gerstäcker, August Kopisch, John Brinckman und vielen anderen zu finden. Natürlich sei auch Wagners Opernversion des ruh- und rastlos durch die Welt irrenden Holländers erwähnt.

Überall sehen wir ein Geflecht verschiedener Deutungen und Auslegungen. Stellvertretend dafür wollen wir einen etwas längeren, weil nahezu unbekannten, seemännisch stimmungsgetränkten Text hier anführen. A. v. Sternberg hat ihn geschrieben und 1834 veröffentlicht: „Der fliehende Holländer" ist eine von Sternberg als „Schiffssage" gekennzeichnete Erzählung.

„Bevor der niederländische Kapitän Holofernes, dessen Glück man den Künsten des Teufels zuschreibt, auf die letzte Reise geht und im Sturm fluchend einen heiligen Kelch ins Meer schleudert, erzählen sich seine Matrosen Geschichten vom Totenschiff, jenem Schiff, das auch ihnen später begegnet und nach den Freveltaten des Kapitäns die Ursache ihres Untergangs wird:

‚Hat einer von euch', sagte Martin, ‚wohl etwas gehört vom fliehenden Holländer?' – ‚Freilich', entgegneten zwei alte Schiffer und bekreuzten ihre Brust; ‚das ist ja das alte Gespenste, welches tausend Jahre schon herumfährt auf allen Meeren; wir nennen ihn auch den magern Kapitän, weil an dem ganzen Kerl nicht viel mehr seyn soll, als nackter Schädel und ein paar dünne Arme und Beine. Wer aber hat ihn gesehen?'

‚Ich', rief Martin, ‚ich habe den fliehenden Holländer erschaut, liebe Kameraden; doch nicht sowohl ihn als sein Schiff. Es ist keine Fabel, kein Mährchen, und ich würde von jener gräßlichen Nacht, die mein Haar plötzlich grau färbte, gar nicht zu sprechen wagen, wären wir nicht auf festem Boden und sonder aller Gefahr. So erfahrt denn, daß ich vor ungefähr zwanzig Jahren eine Fahrt machte von den schetländischen Inseln aus unter einem Kapitän, der ein Irländer und der gottloseste Mensch war, den ich jemals kennen gelernt; er glaubte weder an Gott noch an die Heiligen, und hatte schon Schandthaten ausgeübt, vor denen eine christliche Seele im Innersten schaudert.

Christoph Kolumbus: Westwärts nach Indien. Allegorische Darstellung von Thomas de Bry, gedruckt in Frankfurt am Main 1592.

Auf den vorhergehenden Seiten: Das Vollschiff *Calløe* wurde 1852/53 auf der Insel Calløe bei Apenrade erbaut. Es war zu 667 RT vermessen, ein für damalige Verhältnisse großes Schiff. Das von F. Tudgay in Liverpool angefertigte Ölgemälde zeigt das Schiff vor Bramsegeln über Backbordbug segelnd. Der Zeit entsprechend führt es noch einfache Marssegel und ein Portenband um den Rumpf. Links im Bild hat der Maler eine Bark in Ansicht von achtern dargestellt.

In einer Nacht, wo es toller als jemals auf dem Schiffe herging – die See lag im trüben Nebel schwarz und dunkel da – waren wir alle auf dem Vordeck versammelt, und so wie jetzt, sprach einer von uns vom fliehenden Holländer. Der Kapitän hörte aufmerksam zu, dann erhob er sich und in seinem trunkenen Muthe, wie er war, rief er in die See hinaus, das Gespenste solle erscheinen, er fordere es zum Kampf heraus. Die Gesellen lachten, mir aber war nicht erbaulich zu Muth. Wie das Geschrei und Rufen eben am ärgsten war, da – ach, lieben Freunde, mir schaudert noch – da wurde es auf einmal todtenstill um uns her, alle sahen sich betroffen an, keiner wußte, was es bedeute; endlich blieb allen der Blick wie erstarrt rückwärts gerichtet: da zog durch die Flut, leise, ohne das mindeste Geräusch, ein großes, ein ungeheures Schiff auf uns zu, das – ein fürchterlicher Anblick – von unten bis oben zur Spitze des großen Mastes ganz weiß durch die Nacht schimmerte. Kein Laut regte sich, indeß das Todtenschiff immer näher kam. Endlich fiel die ganze Mannschaft auf die Knie und rief mit ungeheurem Geschrei die Hülfe Gottes und der Heiligen an. Was geschah? ein fürchterlicher Stoß erschütterte unser Schiff, wir stürzten nieder, und als wir wieder aufblickten, war das Gespenst verschwunden, der Kapitän aber mit, und nie haben wir wieder etwas von ihm erfahren.'

... ,Man sagt', nahm ein anderer Zuhörer das Wort, ,daß der magere Kapitän manchmal Böte aussetze, in denen sich Leute befinden von ganz sonderbarem Ansehen und wunderlicher Tracht, und diese sollen dann allerlei Briefe abgeben wollen, an Personen gerichtet, die vor undenklichen Zeiten schon gestorben sind.'

– ,Das kann seyn', rief Martin; ,ich erzähle nur, was ich mit eigenen Augen gesehen.'

Eine Stille trat ein, dann sagte ein junger Matrose: ,Mein Großvater hat mir auch von dem Gespenst erzählt, der aber meinte, es sey dahinter Niemand anders verborgen, als der, vor dem Gott unsere Seelen bewahre; auf dem Zauberschiffe seyen jedoch alle Unglücklichen versammelt, die sich ihm ergeben haben und die er nun viele Jahrhunderte lang mit sich herumführe, um sie dann, wenn ihre Zahl voll sey, allesamt in die ewige Verdammnis zu stoßen. Der alte Mann sagte noch ferner, daß der Böse nur den Schiffen erscheine, deren Kapitän oder Steuermann mit ihm einen Pakt geschlossen; dann segle oft mehrere Nächte lang das todte Schiff dem andern nach; gleichwohl könne der Kapitän sich und die Mannschaft aus den Klauen des Feindes retten, wenn er nur streng darauf halte, daß, während das Gespenst hinterher ist, kein Fluch, auch nicht der leiseste, ausgestoßen werde auf dem ganzen Schiffe; so wie aber dergleichen geschieht sind Schiff

und Mann verloren und in der Gewalt des Bösen auf immerdar.' – ‚Sehr wunderbar!' rief Martin, ‚dieser Umstand ist mir doch noch nicht bekannt gewesen, allein es mag damit wohl seine Richtigkeit haben.' Der alte Schiffer nahm wieder das Wort und sagte: ‚Andere erzählen, der fliehende Holländer sey bei seinen Lebzeiten ein Schiffshauptmann gewesen und habe vor langen Jahren sein Wesen getrieben auf dem Meere. Unter allen Gräuelthaten, die er begangen, ist aber eine so unerhörte Frevelthat, daß er zur Abbüßung derselben nun bis an den jüngsten Tag in die Irre fahren muß.' – ‚Und was ist die für eine Tat?' fragten Martin und noch einige Andere. ‚Er soll', entgegnete der Erzähler, ‚zur Zeit eines ungeheuren Sturmes und da ihn kein Mittel mehr vom Tode hatte retten wollen, die heilige Hostie genommen und in's Meer geschleudert haben.'"

Heute sind Klabautermann- und Holländer-Überlieferungen ganz an den Rand gedrängt, eigentlich keine literarischen Stoffe mehr. Freilich gab es schon in der Vergangenheit Fahrensleute, die nicht so recht an die Existenz eines Geisterschiffes und seines friedlosen Kapitäns glaubten. Niederdeutsch-seemännische Redensarten belegen das: De Fleegen Hollanner, dat is wider nicks: dat wier Unwäder – Der Fliegende Holländer ist weiter nichts, das war das Unwetter; de Fleegen Hollanner, dat is Fata Morgana – der Fliegende Holländer ist eine Fata Morgana. Gegenteiliger Ansicht waren freilich jene Seeleute, die ehrlich meinten, den Fliegenden Holländer von Angesicht zu Angesicht gesehen zu haben. Wir können das „Aberglauben" nennen, aber vielleicht wurden die Holländer-Geschichten auch nur aus Freude am „Garnspinnen" erfunden: Den Fleegen Hollanner heff ik, glöw' ick, mal sehn in de Westinn'. Dor keem'n Viermaster bi uns, dee wier plötzlich wedder verswunden. Dor säden wi', dat wier wol de fleegen Hollanner wäst. – Den Fliegenden Holländer habe ich, glaube ich, mal in Westindien gesehen. Da kam ein Viermaster, der war aber plötzlich wieder verschwunden. Da sagten wir, das war wohl der Fliegende Holländer.

Bei der folgenden von Richard Wossidlo überlieferten kleinen Erzählung wird ganz offensichtlich, wie der Seemann Tatsächliches mit seinem Aberglauben durchsetzte. Ein Ereignis wird im nachhinein begründet, die spätere Begebenheit als „natürliche" Folge einer unheimlichen Begegnung angesehen. Jan Maat, im allgemeinen fest auf den Planken seines Schiffes stehend, glaubte eine Erklärung gefunden zu haben: Nur höhere, überirdische Mächte konnten im Spiel sein. Den Fleegen Hollanner heff ik mal sülben sehn, as ik von Riga keem. Ik sehg'n Schipp in fleegende Fohrt up uns tokamen. Mittlewiel keem de Schipper an mit'n Kiker – dee hat dat ok sehn. In den Ogenblick, as wi dorvon räden deden, wir't verswunnen. Wi keemen nahst up Strand. Dor säd' de Kaptain: sühst du, dat is dat Vöörteeken wäst bi Riga. – Den Fliegenden Holländer habe ich selber einmal gesehen, als ich von Riga kam. Ich sah ein Schiff in fliegender Fahrt auf uns zukommen. Mittlerweile kam der Schiffer mit einem Fernglas – der hat das auch gesehen. In dem Augenblick, als wir davon sprachen, war es verschwunden. Nachher liefen wir auf Strand. Da sagte der Kapitän: Siehst du, das ist das Vorzeichen bei Riga gewesen.

Eine ähnliche Haltung, immerhin realistischer, finden wir bei jenen Seeleuten, die vor Jahrhunderten „zu wiederholten Malen an den Spitzen der Masten Feuer" sahen. „Bei stürmischem Wetter", vermerkte Antonio Pigafetta, Begleiter Magellans, in seiner Beschreibung der tatsächlich ersten „Reise um die Welt" Anfang des 16. Jahrhunderts, „sahen wir oft das, was man den heiligen Leib oder das St. Elmsfeuer nennt. Es erschien uns bei sehr dunkler Nacht wie eine schöne Fackel an der Spitze des Großmasts, wo es zwei Stunden lang sichtbar blieb. Dies war uns . . . ein sehr großer Trost. Im Augenblick seines Verschwindens gab es ein starkes Licht von sich, das uns gänzlich blendete. Wir glaubten uns verloren, aber im Nu legte sich der Sturm . . ."

Die „schöne Fackel" war eine Lichterscheinung an den Mastspitzen bei gewittriger Atmosphäre, eine elektrische Spitzenentladung, rötlich-violett, büschelförmig, bei positiver und negativer Ladung etwas verschieden. Diese seit frühester Zeit bekannte Erscheinung gab, bevor man sie sich erklären konnte, zu einer Vielzahl abergläubischer Deutungen Anlaß: Gutes oder schlechtes Wetter wurde so angekündigt, sie war ein Zeichen für überwundene Gefahr, eine Ankündigung, in große Gefahr zu kommen, eine Warnung, daß man einen oder mehrere Menschen auf See durch den Tod verlieren werde. Stets hat man sie aber auch als ein Schutzzeichen des Himmels betrachtet. Sah man auf allen Masten solche Feuer, so waren es außer Sankt Elm, einem Schutzheiligen der Schiffer, Sankt Peter, Sankt Hermann, Sankt Nikolaus, Sankta Klara und Sankta Helene, die da erschienen. Die protestantischen englischen Matrosen, die nichts von Heiligen wissen wollten, sagten zu dieser Erscheinung ‚Kobold' oder ‚Irrwisch'.

Elmsfeuer-Auslegungen hatten die Seeleute seit jeher zur Hand: Feuergeister und Teufel, die auf den Masten der Schiffe sitzen; phosphoreszierende Meerinsekten, Heilige, die von Mastspitze zu Mastspitze springen. Manchmal wurde das Elmsfeuer ‚dat hillige Für' – das heilige Feuer oder auch ‚Friedefeuer' genannt, in der schönen Deutung, daß sich in ihm der Geist untergegangener Kameraden zeige. Erst im 18. Jahrhundert erkannten die Physiker in diesem Lichte die Wirkung von Elektrizität.

Es ist nun freilich so, daß unendlich viele Formen des Aberglaubens unter den Seeleuten verbreitet waren. In allen Jahrhunderten wucherten Bilder und Zeichen, schwappte Magisch-Irrationales über. Im Grunde ihrer Herzen ahnten die meisten Seeleute schon, daß dieser „Glaube" keinen wirklichen Schutz und keine wirkliche Sicherheit vor den Unbilden der Natur und des Lebens bot. Dennoch sollten abergläubische Beschwörungen das Dämonische bannen: Wenn der Mensch Gesetzmäßigkeiten nicht durchschaute, flüchtete er häufig in das Metaphysische, hoffend, so einer tatsächlichen Gefahr oder Bedrohung begegnen oder entgehen zu können. Eine Flucht, die insonderheit der eigenen Psyche zugute kam. Das Spielen mit Hintergründigkeiten und Überwirklichkeiten hat zweifellos die Seele des Seemannes gestärkt, es machte ihn unempfindlicher, weniger wehrlos. Fürbitten, Zauberformeln, Lobpreisungen, Verfluchungen und Beschwichtigungen – das alles konnte die Plagen und Nöte seines Lebens mildern.

Wie es sich damit verhielt, sollen einige Beispiele verdeutlichen. Alle Gedanken um den Wind wurden mit äußerster (abergläubischer) Konsequenz gedacht: Er wurde beschworen, angefleht, vergöttert, verflucht. Günstiger Wind hieß gute Fahrt und erträgliche Arbeit. Ungünstige Winde, Flauten oder Stürme, verlängerten die Reise bis zur Unerträglichkeit oder waren die Vorboten eines Unglücks. Die Varianten über

Allegorische Darstellung der ersten Weltumseglung des Fernando Magellan, begonnen 1519. Kupfer von Thomas de Bry aus dem Jahre 1592.

„Der Aberglaube ist die Poesie des Lebens; deswegen schadet's dem Dichter nicht, abergläubisch zu sein.“

Johann Wolfgang von Goethe

„Ein Aberglaube ist eine frühreife Erklärung, welche die Zeit überdauert.“

Georg Iles, amerikanischer Schriftsteller, 1852–1903

„Unterröcke in der Kajüte, sind Sturmsegel an den Raaen.“

Heinrich Smidt

den Wind-Aberglauben der Seeleute gehen in die Tausende: „Alte Schiffer brauchen sich nur ans Ruder zu stellen und einige Male zu rufen: Köhl up, Vadder, köhl up, oder Bröding, kümm, oll Jung! In kurzer Zeit kommt dann gewiß der gewünschte Wind. Sie dürfen aber nur halblaut und in schmeichelhaftem Ton rufen, denn sonst könnte er zu stark werden.“ (Wossidlo) „Für eine gute Mütze voll Wind“ gab's noch ein probateres Mittel: ein jungfräulich reiner Seemann mußte dreimal am Besanmast kratzen, dann kam der richtige Wind geflogen. Doch, wo fand man so einen Seemann?

Möwen, die um das Schiff flogen, hoch oder niedrig, deuteten fast immer Unwetter an; wenn die Gaffel knarrte, dann war mit günstigem Wind zu rechnen, zitterten die Falleinen, dann stand eine Flaute bevor; obwohl an Bord nicht gepfiffen werden durfte, den Wind heranzupfeifen war erlaubt, auch ihn herbeizufluchen, wenn eine Flaute allzulange anhielt: „Himmelhund von Brise, spring' endlich auf, und wenn die Masten zittern und sich wie Fiedelbögen biegen!“

Jeder legte den Wind-Aberglauben auf seine Weise aus. „Sicher“ war nur, wann immer ein Schiff in Seenot kam oder der Wind ausblieb, ein Missetäter mußte an Bord sein, der daran die Schuld hatte, einer, der sich mit Meeresgeistern und Göttern überworfen hatte. Dieser Mann, tatsächlich wurde meistens ein „Schuldiger“ gefunden, mußte eigentlich den Winden und dem Wasser überantwortet werden. Es ist nicht auszuschließen, daß dies in der Frühzeit auch geschah. Entsprechend sagte man im 18. Jahrhundert von einem Seemann, der angeblich Unwetter voraussagen konnte, er habe ein ‚Unwetterhoofdt', einen ‚Unwetterkopf'.

Auch Träume waren begehrte Deutungsobjekte, vor allem die des Kochs; träumte er von einem Pferd, gab es guten Wind. Weiterhin suchte man schon beim Bau eines Schiffes sein Glück auf ‚immer goden Wind' zu sichern; ein Stück gestohlenes Holz (möglichst von einem anderen Schiff) wurde irgendwo eingebaut, ein Goldstück unter den Mast gelegt. Für guten Wind und gute Fahrt sorgten unter anderem auch das Überbordwerfen von Münzen zu Beginn der Reise und das Annageln einer Haifischflosse an den Klüverbaum, die Walfänger schlugen Walflossen an den Seiten ihrer Fangboote an: Kraft und Schnelligkeit der Haie und des Wals hoffte man so auf das eigene Schiff oder Boot übertragen zu können. Noch Anfang des zwanzigsten Jahrhunderts soll es vorgekommen sein, daß bei schwerer See Kapitäne ihre Hunde über Bord warfen, um günstigeres Wetter zu bekommen. Andere, die immer guten Wind hatten und Glück, konnten nur mit dem Teufel im Bunde sein. Die weniger Erfolgreichen wußten genau, woran jene zu erkennen waren: Sie warfen keine Schatten.

Wie aller Aberglaube hatte aber auch der seemännische Aberglaube eine Vehikelfunktion. Beispielsweise, wenn ein Kapitän, dem von einem anderen der Wind abgekniffen worden war, diesem einen alten Besen in das Kielwasser nachwarf. Fahrthemmendes sollte sich dem Rivalen fest an den Hals hängen. Man war neidisch und haßte manchmal aus Aberglauben.

Hatte ein Schiff erst den Ruf, unglücklich zu segeln, dann wurde es ihn nicht wieder los. Ein Aberglaube, der sonderbarste Blüten trieb: So galt in der amerikanischen Marine allein schon der Buchstabe „S" als Anfangsbuchstabe im Namen des Schiffes als Unglücksbringer – die amerikanischen „Suwanee", „Sacramento", „Saranac", „San Jacinto" waren nacheinander verlorengegangen. Auch die abergläubische Deutung der „günstigen" und „ungünstigen" Tage ist ein Kapitel für sich; der Sonntag war immer ein guter Tag, und vom Montag und Dienstag war weder Gutes noch Schlechtes zu befürchten. Der Mittwoch, Odins Tag, dänisch ‚onsdag', und der Donnerstag, dänisch ‚torsdag', standen im heiligen Schutz der mächtigsten Götter des Nordens. Sie waren gute Tage. Aber der Sonnabend war weder Fisch noch Fleisch, eben nur ein Wochentag. Alles seemännische Unglück dieser Welt hingegen passierte am Freitag, im christlichen Glauben als Karfreitag der „Tag des Leidens Christi". Der Freitag als Todestag: Wer an ihm auslief, begab sich in die Gewalt des Todes, in die Hände der dämonischen Mächte. Eine immer wieder und immer wieder anders erzählte Geschichte läßt ahnen, welche Macht der seemännische Aberglaube einst besaß, trotz oder gerade auch wegen seiner phantastischen Widersprüchlichkeit. In irgendeinem Jahrhundert wurde absichtlich an einem Freitag ein Schiff auf Kiel gelegt. An einem Freitag lief es vom Stapel und wurde „Freitag" getauft. Der Kapitän hieß Freitag und es ging an einem Freitag auf die erste Reise – die letzte Nachricht von dem Schiff, das nie zurückkehrte, erhielt der Heimathafen an einem Freitag.

Aber es gibt auch das genaue Gegenteil. Dies allen Seeleuten gesagt, denen der Freitag unheimlich und zutiefst suspekt ist: Christoph Kolumbus verließ das spanische Palos zu seiner ersten Reise in Richtung Kanarische Inseln am Freitag, dem 3. August 1492, sichtete San Salvador am Freitag, dem 12. Oktober 1492, verließ La Navidad, den ersten Stützpunkt in der Neuen Welt am Freitag, dem 4. Januar 1493, sichtete die Azoren am Freitag, dem 15. Februar 1493 und lief schließlich nach erfolgreicher Mission am Freitag, dem 15. März 1493 wieder in Palos ein.

Katzen an Bord brachten Glück, Frauen aber Krankheiten und Seenot. Natürlich nicht in der Zeit, in denen die Schiffe im Hafen lagen. Doch „Weiberröcke auf See bringen Unglück", eine Erfahrung, die durch unzählige Begebenheiten bestätigt sein soll. Wahr daran ist sicher, daß die Weiblichkeit das Leben an Bord nicht leichter gemacht hat. Unvermeidbare Eifersucht wird Zank und Streit unter die Matrosen gebracht haben. Andererseits hat dieser seemännische Antifeminismus Ursachen, die lange zurückliegen. Damals waren alle kriegerischen Schifferbünde streng frauenfeindlich. Noch 1664 bestimmte eine Vorschrift auch der niederländischen Marine, daß niemand, „... sei er hoch oder niedrig im Rang, so kühn sei, Frauen oder Weiber an Bord kommen zu lassen, bei Androhung schwerer Strafe ..."

Ähnlich verhielt es sich mit der Religion. An Land war der Seemann ein zumeist unbedarfter Christ, der jedoch dem geistlichen Stande eine naive Achtung nicht versagte. Redensart: Gäben S' mi 'n lütten rum, Herr Paster, säd de Schipper bi't Abendmahl, den bünn ik gewennt. Geistliche an Bord freilich waren Teufelskram, sie brachten nur Unglück und ließen selbst die Fischer mit leeren Netzen zurückkehren.

Am allerschlimmsten, wenn man den Namen eines Schiffes änderte: Es würde untergehen oder in Seenot geraten. Nur höchst ungern nahm deshalb der Seemann Heuer auf einem umgetauften Schiff. Und schließlich durfte keiner zur Seefahrt gezwungen werden. Allein schon die Überredung war von Übel. Nein, es war schon am besten, von Hause aus einfach fortzugehen, gegen den Willen der Eltern, versteht sich – derjenige konnte sicher sein, ihm würden die Meere und Winde ein Leben lang nichts anhaben.

Daß die Geister und Seelen der Toten wandern, kennen wir, aber die Seelen der Seeleute wohnen in den Albatrossen, Möwen und Sturmvögeln. Auf der Insel Rügen glaubte man jahrhundertelang, in den Seehunden seien die Seelen der Ertrunkenen, und für die Völker an den Gestaden der warmen Ozeane verwandelten sich die auf See Gebliebenen in Schildkröten.

Im Trockendock – „ein eingemauerter Raum oder Behältniss in einem Hafen oder bey einem Schiffszimmerwerft, welches das Schiff rundherum in der Gestalt eines Amphitheaters umgiebet und mit Schleusenthüren verschlossen werden kann. Der Hauptzweck dieser Docken ist, Schiffe in denselben auszubessern und zu kalfatern. Man bringt nämlich die Schiffe bey hohem Wasser in die Docken und läßt alsdann das Wasser wieder heraus, so daß die Schiffe auf dem Trockenen stehen ..." (J. H. R.)

Wie kaum ein anderes Wort hat *Klar* schwer zu überschauende Bedeutungen: fertig, bereit, in Ordnung, unbehindert bis hell, rein, einleuchtend, selbstverständlich. Außerdem hat ‚klar' in manchen Wortverbindungen und Redewendungen noch einen ganz anderen Sinn. Wir werden sehen.

Entstanden ist das Wort aus lateinisch ‚clarus' – hell, durchscheinend, es lautete mittelniederländisch ‚claer' und nach seinem Eindringen in rheinische Gebiete im 12. Jahrhundert mittelniederdeutsch ‚clar'. In der Form ‚klar' verbreitete es sich auch im Mittelhochdeutschen und Neuhochdeutschen.

Im Verlaufe der Zeit erfuhr das Wort Bedeutungserweiterungen, wie verständlich, begreiflich, unbehindert.

Die niederdeutschen orthographischen Varianten ‚klar', ‚klaar' und ‚klor' wurden (und werden) sämtlich ‚kloor' ausgesprochen. Sie begegnen uns in Redewendungen, die über die vielseitige Verwendung des Wortes Aufschluß geben: Büst ni bald klaar? – Bist du nicht bald fertig? Dat kann ik ni klaar kriegen – Das bringe ich nicht zustande; he is mit de swarte Mann klaar – er ist vor kurzem erst konfirmiert worden; dat Eten is klaar – das Essen steht bereit; de Schöttel klar maken –

Das ‚Kielschwein' ist weit entfernt davon, ein Schwein zu sein. Es ist ein schwerer Balken längs des Kiels. Michael Richey im „Idioticon Hamburgense" von 1755: „Swyn heisset in der Schiffbauerey das grosse und schwere Stück Holtz, welches inwendig die Länge hin auf den Kehl zu liegen kommt, üm die Masten darein zu setzen." Das Wort selbst wird von ‚geschwind' abgeleitet, das ursprünglich einmal nicht schnell, sondern stark bedeutete. So gesehen ist dann „Swyn" Verstärkung, eine Verstärkung des Kiels.

Kiellichter – „Fahrzeug oder Prahm, dessen man sich bedient, Schiffe, die kalfatert werden sollen, auf die Seite zu winden, auch gebraucht man es, die Masten in Schiffe zu setzen.“ (J. H. R.)

die Schüssel leer essen; dat morgen klaar Weder ward – damit morgen schönes Wetter wird. Von einer verworrenen, dunklen Angelegenheit sagte man: „De Sake is unklar“, und wenn es galt, sie ins rechte Lot zu bringen: „Wi willt idt wol klaren.“ Dazu die spaßige Wendung: Nu ward't klor, säd dei Jung, donn söp hei den Rohm von dei Melk – „Nun wird's hell“, sagte der Junge und soff den Rahm von der Milch. Dat sind klare Schelmenstücke – stand für einen offensichtlichen Betrug, und von einem, der seine Existenz oder sein Hab und Gut verloren hatte, hieß es: He is rundum klaar – Er ist ruiniert. Wer sich aber körperlich verausgabt hatte, sagte: „Ik bün klaar mit de Welt“ – Ich bin völlig erschöpft. Entsprach das Aussehen eines Menschen dem ihm zugeschriebenen bösen Sinn, dann raunten die Leute: „He süht ut as de klore Düwel“ – Er sieht aus wie der leibhaftige Teufel, und abergläubisch meinten sie: „Dor is't nich klor“ – Da spukt es. Unter ‚klore Diern‘ verstand man ein „nacktes“, mittelloses Mädchen, und von dem, der seine Liebste besuchte, hieß es lächelnd: He will sine Ogen ins verklaren – Er will man seine Augen weiden. Wer aber gerne Belangloses aufbauschend erzählte, wurde kritisiert: „Dat moste he gliek verklaren“ – Das mußte er gleich als bedeutsam verkünden.

‚Klar!‘ stand im 18. Jahrhundert für abgemacht, einverstanden, erst später darüber hinaus für gewiß, natürlich und selbstverständlich, die Zwillingsform ‚klipp und klar‘, niederdeutsch seit 1781 als ‚klipp un klaar‘ für eine ganz fertige Arbeit belegt, wechselte ihre Bedeutung auf ganz deutlich, unmißverständlich. Zu guter Letzt sei, freilich unkommentiert, der ‚lütte Klare‘ erwähnt, der allerdings auch ganz am Anfang unserer Beispiele hätte stehen können.

Obwohl wir das Wort in der Seemannssprache erst im 17. Jahrhundert fanden, ist es den Quellen der Zeit zufolge damals sehr verbreitet gewesen, und alles spricht dafür, daß ‚klar' auch schon früher im Umlauf war, denn das 17. Jahrhundert kannte bereits die Wendungen ‚klar sein', etwas ‚klar haben', ‚klarstehen', ‚unklar sein' und etwas ‚klarmachen'. Kluge zitiert Aldenburgks „West-Indianische Reisze" von 1627: „den 29. Januarij Anno 1625 morgens früh . . . sahen wir in der See ein Schiff, lichteten den Ancker widerumb, giengen zu segeln, machten die Stück klar, bereiteten vns zum fechten, lavirten biß so lang wir erkennen kundten, ob es Freund oder Feind."

Soweit bekannt, bedeutete ‚klar' im Seemännischen von jeher fertig, in Ordnung, bereit, einsatzfähig, auf das Schiff, die Ausrüstung, den Menschen und die Arbeit bezogen. Der Bedeutungswandel von ursprünglich hell, durchscheinend, zu unbehindert sein im weiten Sinne

Schwimmkran – mit dem „die Masten in ein Schiff gesetzt werden. Es sind diese in Ansehung ihrer Einrichtungen fast in jedem Hafen verschieden". (J. H. R.)

wird sich sicher schon im Ausgang des Mittelalters vollzogen haben. ‚Klar' stand sehr früh für segelfertig. Eine ‚klare Leine' war unverworren oder nicht verwickelt, ein Schiffszimmerbaas hatte ein Schiff ‚klampklahr' – fertig bis zur letzten Klampe – abzuliefern, und ‚twe Reisen klor hebben' hieß: zwei Reisen hinter sich haben. Von der Bereitschaft der Freiwache, bei Schlechtwetter im Notfalle sofort an Deck und in den Toppen mit zuzupacken, erzählten alte Fahrensleute: „Klor wieren wi jo ümmer, ierst Bücks antrecken, so wat gew't nich" – Klar waren wir ja immer, erst Hosen anziehen, sowas gab's nicht.

‚Unklar' ist das Gegenteil von ‚klar', und auch dieses Wort ist schon lange belegt. Von ‚unklaren Enden' sprach man, wenn sich diese in den Blöcken, auf dem Spill oder andernorts verwickelten, bekniffen, wenn sie Kinken bildeten oder irgendwo ‚schamfielten' – scheuerten. Auch hieß es: der Block ist ‚unklar gekommen', und ‚unklar' konnte beispielsweise das Ruder sein oder der ausgebrachte Anker, wenn die Trosse oder Kette sich am Grund um eine Flunke vertörnt hatte. Oftmals kamen die Pumpen ‚unklar', besonders bei Schüttgut, das sie verstopfte. Das bedeutete dann eine ernste Gefahr, nicht nur im Leckfall, sondern auch sonst, weil die alten Schiffe ständig etwas Wasser machten.

Einscheibiger Stroppblock mit Keep.

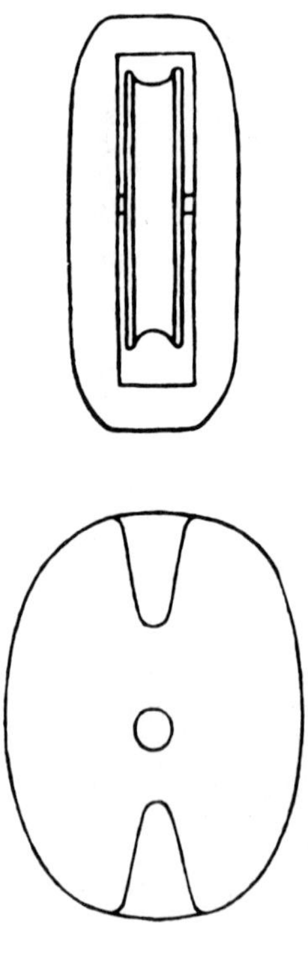

‚Klarmachen' bedeutete: etwas fertigmachen, zur sofortigen Verwendung herrichten oder auch sich selbst vorbereiten. ‚Klar Schiff machen' hieß: ein Schiff klarmachen, auch ‚segelklar', im 19. Jahrhundert dann ‚seeklar' machen – fertigmachen zum Auslaufen, zum Inseegehen: die Ausrüstung, den Proviant, die Ladung, das Frischwasser vollständig übernehmen, die Besatzung vollzählig an Bord haben, die Luken dichtsetzen, bewegliche Teile seefest stauen oder zurren und die Segel klarmachen zum Setzen. Dazu gehörte unter vielem anderen auch ‚klar Deck' machen: das Deck aufräumen – ‚aufklaren' –, ‚unklare' Enden ‚klarwerfen' und Fallen und Schoten zum Segelsetzen ‚klarlegen'.

Als die „British Isles" wieder einmal einen Sturm abgewettert hatte, jubelte, so berichtet Kapitän William H. S. Jones, die ganze Besatzung: „Hastig wurde gefrühstückt: heißer Tee und Hartbrot voll Maden. Danach ging es sogleich wieder begeistert an die Arbeit, die im Klarlegen zweier weiterer ausgebesserter Marssegel bestand."

Im 18. Jahrhundert erschien für das weiterlebende ‚klarmachen' auch das Wort ‚klaren', und ein ‚Takel' (einen schweren Flaschenzug) ‚klaren' bedeutete: den unklaren Taljenläufer wieder in Ordnung bringen. Seitdem ist das Wort in den Wendungen ‚Leinen klaren' und mit Hilfe eines Tauchers einen ‚Anker klaren' wohlbekannt. Auch sagt man seit etwa 1900 mitunter ‚klarieren' dazu und meint damit vor allem, eine verwickelte Leine austörnen. In seiner Hauptbedeutung allerdings steht ‚klarieren', auch ‚einklarieren', zumindest seit dem 18. Jahrhundert für verzollen. Jens Jacob Eschels erinnert sich an den 27. Dezember 1785, als er, gerade in Cadiz angekommen, an Land ging: „. . . ich nahm die benötigten Dokumente mit, um mein Schiff und Ladung einzuklarieren, auch nahm ich alle Briefe mit, die mir in Hamburg mitgegeben waren, worunter einige sehr dick von Einlagen, als Zeitungen usw., um Porto zu sparen, sich befanden. Ich hatte selbe in ein großes Taschentuch eingebunden, und meine Schiffspapiere Manifest und Konnossemente" – das sind Frachturkunden im Güterverkehr zur See, Seefrachtbriefe oder auch Seeladescheine – „hatte ich in einer blechernen Dose unter meinem großen Überrock und ging also, das Taschentuch voll Briefen in der Hand tragend, ins Stadttor ein. Die Zollwächtiger, die immer im Tore stehen, hielten mich gleich an und fragten mich, was ich trüge! Ich antwortete: ‚Meine Schiffsdokumente und Briefe.' Sie arretierten mich gleich und gingen mit mir unter Begleitung zweier Soldaten nach des Gouverneurs Hause in der Stadt . . ." Eschels zog daraus für sich den Schluß, man sollte „fast bei allen Offizieren, wo man klarierte, Präsente geben, wenn man nicht angehalten werden wollte".

Wie auch die Familien der Seeleute und Fischer ‚klarmachen' und ‚klar Schiff machen' gebrauchten, davon zeugt ein jüngeres Beispiel aus Warnemünde, wo man die Wendung im übertragenen Sinne für das Großreinemachen der Häuser vor dem Eintreffen der ersten Badegäste benutzte: Glik nah Pingsten würd klor Schipp maakt – Gleich nach Pfingsten wurde klar Schiff gemacht.

Dem ‚klarmachen', von ‚klarmelden' gefolgt, schloß sich oft ‚klarhalten' an. Mitunter aber setzte ‚klarhalten' kein ‚klarmachen' voraus, wenn es darum ging, ‚klare' Leinen, Fender, Bootshaken oder anderes zum Einsatz bereitzuhalten. Dann ‚hielt' auch Jan Maat sich ‚klar' oder ‚stand klar'. Aber ‚klarhalten' bedeutete auch, etwas von einem Hindernis freihalten, dazu sorgfältig beobachten und bei Notwendigkeit sofort zugreifen.

Wahrscheinlich um die Mitte des 19. Jahrhunderts entstanden die Kommandos „Klar zum . . .", wie „Klar zum Ablegen", „Klar zum Wenden", „Klar zum Halsen" oder zu anderen Manövern, zum Gefecht und manchmal auch noch zum Entern, genau vorgeschriebene, immer wieder geübte und schnelle Handlungen auslösend, die ‚klarmachen', ‚klarmelden' und ‚klarhalten' umfaßten und denen Ausführungskommandos folgten.

Vermutlich erst einhundert Jahre alt ist das Wort ‚klarfahren': ein anderes Schiff, eine Untiefe klargehend, freigehend, ohne Gefährdung passieren; ‚klarsegeln' hieß es zuvor. Auch ‚klarkommen' spielt hier hinein, obwohl es mehr zu ‚klarscheren' tendiert, freikommen, sich aus einer Gefahr herausmanövrieren, scharf konturierte Grenzen in der Wortanwendung zeigen sich nicht. Man sagte eben: Up Langreisfohrten ... hett man nich so väl uptopassen, dat fohrt all klorer – Auf Langreisen hat man nicht so viel aufzupassen, das läuft alles besser. Und: wie sünd noch jüst klor fohren – wir sind noch gerade so (ohne Kollision) vorbeigekommen.

Heute wird ‚klarkommen' für zurechtkommen gebraucht, und ‚klarfahren' – früher bildlich für störungslos verlaufen stehend – hat im „Klartext" die Bedeutung von nicht anecken, nicht mißfallen, stets mit dem Rücken an die Wand kommen: ‚Klarfahrer' heißt jener, der auf diese Weise zu leben versucht.

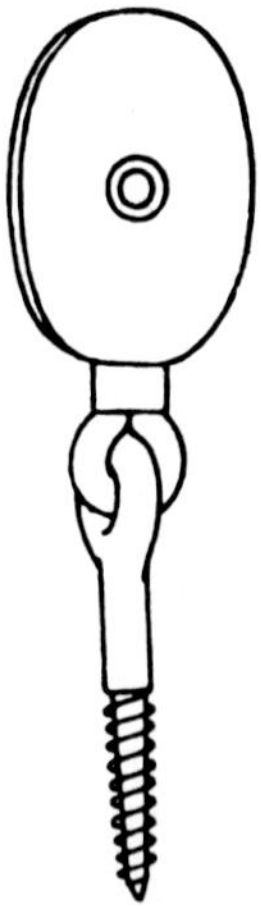

Einscheibiger Block mit Schraubbolzen.

Es fängt an zu *Klüsen* sagte der Seemann, wenn durch die Ankerklüsen Wasser in das Schiff drang.

‚Klüsen' sind runde oder ovale, von Wülsten umgebene Öffnungen in der Außenhaut, im Deck, an Deck oder im Schanzkleid. Ketten, Trossen und Leinen werden durch sie hindurchgeführt, meistens nach außenbords, um zu ankern oder um das Schiff am Kai, an der Pier oder längsseits eines anderen Schiffes festzumachen. Es gibt ‚Bug-' und ‚Heckklüsen', ‚Ankerklüsen', ‚Decksklüsen', ‚Seitenklüsen' und andere.

Das mittellateinische ‚clusa' in der Bedeutung Kluft, Gebirgspaß, Engpaß, Enge, ergab das niederländische ‚kluis', niederdeutsch ‚Klüs'' und hochdeutsch ‚Klüse'. Und man sagte auch ‚Klüsgaten' – Klüsenlöcher, eigentlich ja eine Tautologie.

Wenn man von ‚Klüsen' sprach, meinte man vor allem die Ankerklüsen, die Außenhautklüsen im Vorschiff. Betrachtete man den Bug von außenbords, kamen sie zwei Augen gleich. Der Niederdeutsche übertrug dieses Bild auf Augen, Ohren und Nasenlöcher eines Menschen, nahm es in seine Umgangssprache auf und gebrauchte es in Redewendungen wie: Ick hau di de Klüsen dicht – Ich hau dir die Augen zu; ick schlah juch vör den Brägen, dat de Ogen juch ut de Klüsgaten rutekiken – Ich schlag' euch vors Gesicht, daß euch die Augen aus den Löchern raustreten. ‚Dicke Klüsen' nannte er die nach durchfeierter Nacht verquollenen Augen, ‚Klüsgaten' aber auch die Ohr- und ‚Näsenklüsgaten' die Nasenlöcher. Wenn Jan Maat eintörnte – sich in die Koje verholte –, sagte er: „Jetzt mach' ich die Klüsen dicht!"

Bis zum 18. Jahrhundert besaßen viele Schiffe an jeder Bordseite zwei nebeneinanderliegende Ankerklüsen. Oft lagen sie recht tief, unter dem ersten, bei größeren Schiffen sogar unter dem zweiten Deck, in der Nähe der Wasseroberfläche. Damals kannte man noch nicht das ‚Klüsenrohr', das binnenbords von der Ankerklüse schräg aufwärts

fährt und im Backdeck oder Hauptdeck in einer ‚Decksklüse' mündet, durch die beim Hieven die Ankerkette aufwärts, um das Spill und wieder abwärts in den Kettenkasten fährt. Die ‚Ankerklüse' war nur ein einfaches, abwärts gerichtetes Loch in der Bordwand, ausgefüttert, die Kanten gerundet.

Schiffe der Flotte Zar Peters des Großen.

Lief das Schiff hart am Wind, schlug oft die See durch die Klüsen hindurch. Auch wenn es bei schwerem Wetter segelnd oder vor Anker liegend stark zu stampfen begann, ergoß sich bei jedem Eintauchen Wasser in das Schiffsinnere: dann fing es an zu ‚klüsen'. Ähnliche Redewendungen in anderen Sprachen. So im Niederländischen: het begint te kluisen; aber auch im Dänischen und Schwedischen des 18. Jahrhunderts.

Lange Zeit begegnete man diesem leidigen Zustand mit behelfsmäßigen Mitteln, bevor konstruktive Änderungen eingeführt wurden: Waren die Ankertrossen auf See vollständig eingeholt, die Anker an

Auf den folgenden Seiten: Die hölzerne Bark *John Gill* wurde 1881 erbaut. Sie war zu 931 NRT vermessen. Die Bark hat ein halbrundes Heck, lange versenkte Achterkajüte und eine kurze Back.

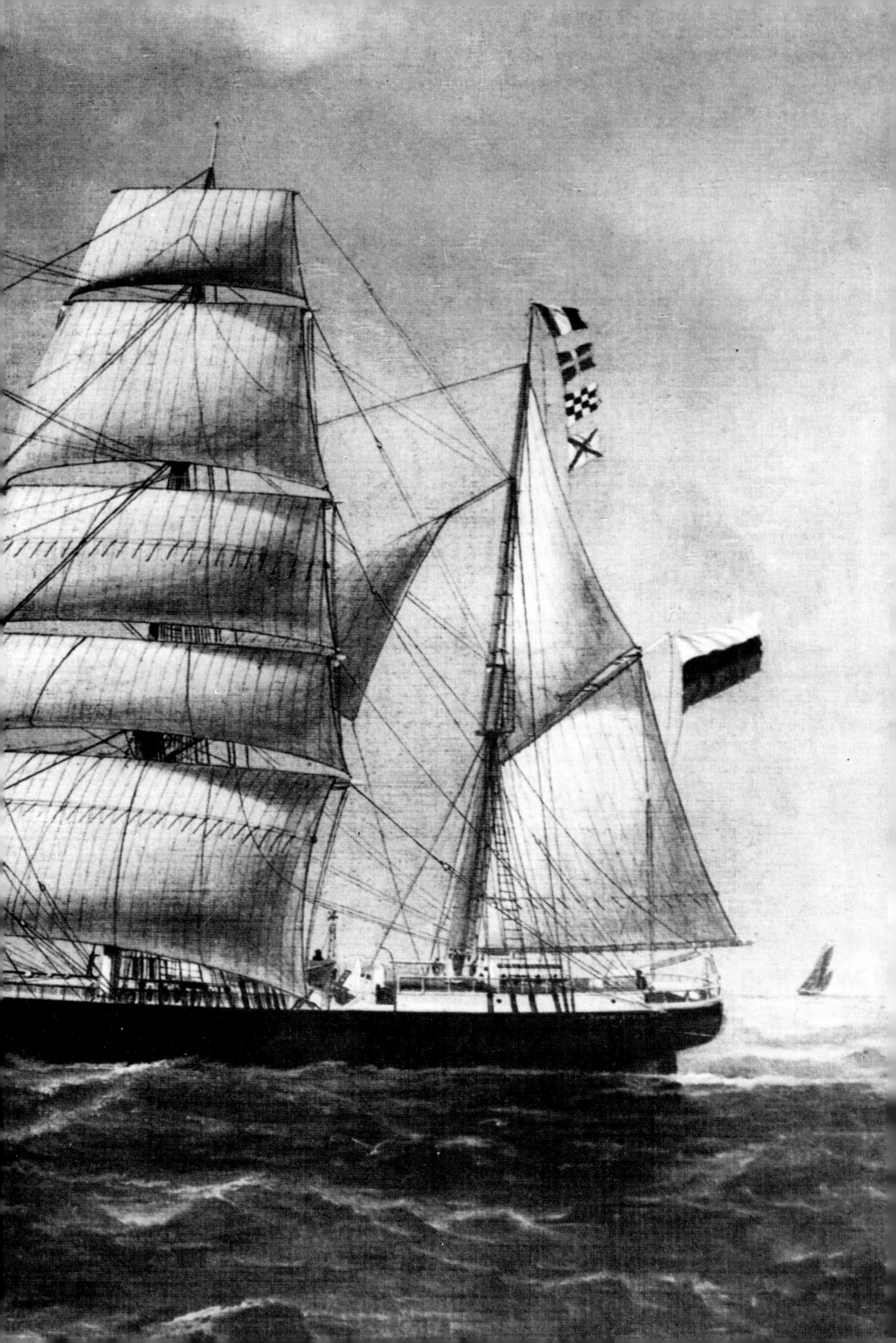

den Fockrüsten gehaltert, setzte man die Klüsen mit ‚Tertschen' (Teersjen) – bis zu drei Fuß lange, kegelstumpfförmige Holzpfropfen – dicht. Ansonsten benutzte man konkav ausgeformte Tertschen oder, vor Anker liegend, auch ‚Klüssäcke', kleine, mit Werg gefüllte Beutel, um den Zwischenraum von Ankertrossen und Klüsen auszustopfen. Trotzdem drang bei höherem Seegang noch Wasser ein. Die Pißback, das unterhalb der Klüsen seitlich abgeschottete Behältnis, fing es auf, und Speigatte leiteten es wieder nach außen.

Dem Jens Jacob Eschels verdanken wir das Wort ‚Klüsenleder'. An der algerischen Küste gefangene wilde Schweine hatten eine Haut, die „so dick und stark (war), daß wir sie abzogen, gleich wie man einem Ochsen das Fell abzieht; wir gebrauchten diese Felle dann, ihrer Dicke wegen, als Klüsenleder auf unseren schweren Ankertauen."

Über die Ankerklüsen hörte Richard Wossidlo von Seeleuten aus Wustrow: „Nu hebben se jo Ankerkäden, dat is jo hanniger. Früher hadden se dicke Taugen; dor wier dat Ankerstoppen noch 'ne Kunst, so 'n Tau wier jo stief. – Nu is mal de Düwel bi enen Schipper an Buurd kamen; den Schipper sien Tied un Stunn' is her wäst. Dor hett de Schipper seggt: ‚Ja, wenn du dat Ankertau ahn Törns stoppen kannst, wenn dat Schipp in vulle Fohrt is, denn sasst du dat ganze Schipp babento hebben mit alles, wat an Buurd is.' – Ja, hett de Düwel seggt, dat wull he ingahn. De Kapitän is sik all sowat vermoden wäst un hett de Talj afnähmen laten – dee maken se jo süß rüm üm dat Tau, dat se dat bäter stoppen koenen. So mööt de Düwel jo anfaten ahn Talj. Dor hett he dat Tau nich hollen künnt – dat gifft jo'n bannigen Swung, wenn se dat Anker wegsmiten – un is dörch de Klüüs mit dörchgahn. Sietdem liggt de Düwel in 'n engelschen Kanal. Den Swanz hett he sik noch afklemmt bi dat Dörchfohren, de hett naher up Deck lägen." Jetzt hat man ja Ankerketten, die sind handlicher. Früher hatten sie dicke Taue; da war das Ankerstoppen noch 'ne Kunst, so'n Tau war ja steif. – Nun ist mal der Teufel zu einem Schiffer an Bord gekommen; des Schiffers Zeit und Stunde war heran. Da hat der Schiffer gesagt: „Ja, wenn du das Ankertau ohne Törns stoppen kannst, wenn das Schiff in voller Fahrt ist, dann sollst du das ganze Schiff obendrein haben mit allem, was an Bord ist." – Ja, hat der Teufel gesagt, darauf wolle er eingehen. Der Kapitän hatte das schon vermutet und die Talje abnehmen lassen – die schlagen sie ja sonst am Tau an, damit sie es besser stoppen können. So mußte denn der Teufel ohne Talje anfassen. Da hat er das Tau nicht halten können – es gibt ja 'nen tollen Schwung, wenn sie den Anker wegschmeißen – und ist mit durch die Klüse gefahren. Seitdem liegt der Teufel im englischen Kanal. Den Schwanz hat er sich abgeklemmt, der lag nachher an Deck.

Der *Koch* ist Chef der Kombüse und hat Helfer – ‚Kochsmaate'. Auf vielen Schiffen ist einer von ihnen Bäcker, denn heute gehören zum Leben an Bord frisches Brot, frische Brötchen und andere Backwaren.

Seit jeher beeinflußt der Koch die Stimmung der Besatzung, denn, wie wir wissen, hält Essen und Trinken Leib und Seele zusammen. Seine Möglichkeiten und sein Können wirken sich auf die Gesundheit, das Wohlbefinden und auf die Arbeitsfreude der Jan Maaten aus. Wo 'n goden Kock an Buurd wier, dor geew 't keen Striet un Spektakel – Wo ein guter Koch an Bord war, gab es keinen Streit und Spektakel.

Anders gesagt: die beiden K-s – ‚Kapitän' und ‚Koch' – bestimmen das Leben an Bord, und nicht selten hing das Wohlbefinden der Besatzung mehr vom Koch als vom Kapitän ab. Im Gegensatz zu den Zeiten der Segelschiffahrt ist Koch heute ein Lehrberuf, und da es an Nahrungsmitteln – in der Regel – nicht mangelt, sind wohlschmekkende und abwechslungsreiche Speisen allemal von seiner Kunst und seinen Einfällen abhängig.

Das Wort ‚Kock' wurde etwa im 4. Jahrhundert dem vulgärlateinischen ‚coco' entlehnt und ging in Abwandlungen in mehrere europäische Sprachen ein. Die Germanen kannten nur ‚sieden' für kochen, aber einen ‚Sieder' gab es damals noch nicht. Erst die zunehmende Arbeitsteilung erforderte eine neue Tätigkeits- oder Berufsbezeichnung. Sie lautete niederdeutsch ‚Kock', und in dieser Form verwendeten die Seeleute das Wort zunächst ausschließlich.

Auf den großen Segelkriegsschiffen, die mit mehreren hundert Mann – Seeleuten und Seesoldaten – besetzt waren, bereiteten mehrere Köche, Kochsmaate oder Kochsgasten und Kochsjungen die Speisen zu, teilten die Rationen ein, gaben das Essen aus, wuschen das Geschirr und klarten die Kombüse auf. Man musterte gerne Leute an, die schon an Land als Koch gearbeitet hatten. Noch Ende des 19. Jahrhunderts war es üblich, für ein Kriegsschiff zivile Berufsköche vertraglich zu binden, von denen jeder für eine andere Messe zu kochen hatte: für die Kommandanten-, die Offiziers-, die Kadetten- oder die Deckoffiziersmesse.

Auf Kauffahrern dagegen bestimmte der Schiffer den Koch aus der Reihe der Matrosen, so aus dem 18. und 19. Jahrhundert überliefert. Jeder hatte einmal als Junge angefangen und im ersten Jahre oftmals dem Koch zur Hand gehen oder direkt als Kochsmaat fahren müssen, wenn keine Jungenstelle offen war.

Genauso erging es 1771 dem nicht einmal vierzehnjährigen Jens Jacob Eschels, der eine Geschichte erzählt, die dem Bisherigen ein paar kräftige Striche hinzufügt: „. . . Ich hatte das Glück, gleich am

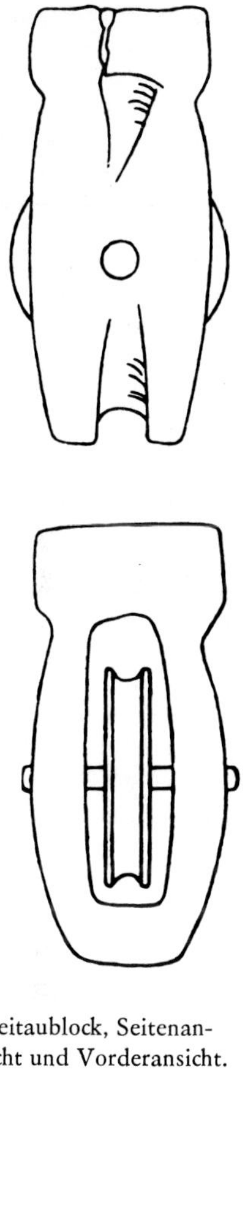

Geitaublock, Seitenansicht und Vorderansicht.

Auch dieses „Idioticon" ist im genauen Sinne eine wörterbuchähnliche Zusammenstellung der in und um Hamburg damals gebräuchlichen „Mund-Art" in ihrer Bedeutung und Verwendungsweise. Und da die Seemannswörter häufig niederdeutschen Ursprungs waren, nahm Michael Richey, in der ersten Hälfte des 18. Jahrhunderts ordentlicher Professor und Ordinarius in Hamburg, ganz selbstverständlich den seemännischen Berufswortschatz, versehen mit Anmerkungen und Zusätzen, in sein 1755 erschienenes „Wörter-Buch" auf – sozusagen als einen zusätzlichen Beweis für die „Weisheit der unteren".

ersten Tage, als ich nach Amsterdam kam, eine Heuer als Kocksmaat zu bekommen, und sollte 11 holländische Gulden pro Monat haben. Daß ich diese Heuer bekam, kam so: Mein Vater sprach mit dem Kommandeur Nanning Jacobs; die beiden waren Bruder- und Schwesterkinder, also Vettern, und im Gespräch fragte mein Vater ihn: ‚Hast du nicht eine Jungenstelle offen?' Er sagte: ‚Ja, ich muß einen Kocksmaat haben.' Ich stand bei ihnen, und mein Vater sagte: ‚Dies ist mein Sohn, er hat Lust dazu.'

Und so wurde ich angenommen . . ."

Drei Jahre später passierte Ähnliches: „Anno 1774, anfangs März, fuhr ich wieder von Föhr nach Amsterdam. Ich hatte keine Heuer, und weil ich nur klein von Person war, konnte ich nicht als Matrose ankommen; mußte also aus der Not eine Tugend machen und verheuerte mich wieder als Kocksmaat nach Grönland . . ."

Beide Episoden erhellen Zeitverhältnisse. Tatsächlich besaßen die Schiffer in ihren Matrosen potentielle Reserveköche, die bei Ausfall des Kochs einspringen konnten. Ein mecklenburgischer Seemann erinnerte sich: „De Kock wier krank worden. Dor säd de Schipper to mi: Dat helpt nich, nu möößt du in 't Kaakhuus – so bin ick Kock worden" – Der Koch war krank geworden. Da sagte der Schiffer zu mir: Es hilft nicht, nun mußt du ins Kochhaus – so bin ich Koch geworden.

Das Essen mag dann auch danach gewesen sein, denn „lihrt het de Kock dat Kaken gor nich. Dat wier jo all Huusmannskost, Grütt un so wat;" – gelernt hatte der Koch das Kochen gar nicht. Das war ja alles Hausmannskost, Grütze und so was. Aber nach und nach arbeitete auch der Neue sich ein, mußte jedoch bis dahin bei mißlungenem Essen allerlei von seinen Kameraden erdulden. „Wat hest wedder trechtbrüut – dat is jo wedder nich solt oder sööt." – Was hast wieder zurechtgebraut – das ist ja wieder nicht salzig oder süß. Blieb das Essen miserabel, kam mit Sicherheit die Revanche: „De Madroosen hebben Solt un Asch mank dat Äten maakt, dat hett de Kock utäten müßt." – Die Matrosen haben Salz und Asche in das Essen getan, das hat der Koch ausessen müssen.

Zu einem anderen Aspekt: Auch der beste Koch konnte nur das zubereiten, was da war. Aus halbverfaultem Salzfleisch, ranzigem Speck, steinharten Dörrfischen und vergammelten Kartoffeln konnte keiner schmackhaften Labskaus zaubern. Armseliger Proviant, von gewinnsüchtigen Schiffern billigst eingekauft, gab das nicht her. Und oft war deswegen „Krach un Randaal an Buurd".

Auf manchen Schiffen dauerte es, bis ein neuer Koch nicht nur als Koch, sondern auch als Seemann anerkannt wurde. Denn Fahrenszeit

IDIOTICON HAMBVRGENSE

oder

Wörter-Buch,

Zur Erklärung
der eigenen,
in und üm Hamburg gebräuchlichen,
Nieder-Sächsischen
Mund-Art.

Jetzo vielfältig vermehret,
und mit
Anmerckungen und Zusätzen
Zweener berühmten Männer,
nebst einem Vierfachen Anhange,
ausgefertiget
von
Michael Richey, P.P.

Hamburg,
verlegt von Conrad König, 1755.

muße auch er schon haben, vier Jahre etwa. Waren es weniger, dann hatte er sich mit der mehrdeutigen Bezeichnung ‚Dreiviertel-Koch' abzufinden.

Koch und Kochsmaat waren von früh bis spät in ihrer Kombüse beschäftigt, sie gingen Tagesdienst, vom vierstündigen Wachtörn entbunden, und durften nachts durchschlafen. In der Ost- und Nordseefahrt, zumal auf Schiffen mit geringer Besatzung, mußte der Koch allerdings auch bei Segelmanövern, bei denen jede Hand gebraucht wurde, und beim Laden und Löschen helfen. Beim Einlaufen in einen Hafen übernahm er das Ruder, wenn kein Zimmermann, dem ansonsten diese Aufgabe oblag, an Bord war. Aber auch die Arbeiten eines Zimmermanns hatte er oft mitzuverrichten. Solche „berufsfremden" Einsätze führten mitunter zu amüsanten Mißverständnissen. So bei jener aufmerksamen Seemannsfrau, die glaubte, ihr Mann habe nur und ausschließlich als Koch angeheuert. „In Nifohrwater hett 'ne Fru an 't Water stahn, dee ehr Mann hett as Kock fohren. As se nu dat Schipp rankamen süht, röppt se: Na, warte man, Kroete! För Kock hest du mi Geld gegäwe, un Stüermann büst du!"

Die spätere strenge Abgrenzung der Bordfunktionen kannte man auf Kauffahrern tatsächlich noch nicht. Vom Navigieren abgesehen, hatte jeder Seemann mehr oder weniger alles zu verstehen und zu können, was an Bord getan werden mußte, und wen der Schiffer, Steuer- oder Bootsmann zu einer Arbeit einteilte, der hatte sie auszuführen.

Die Köche der alten Schiffe waren während ihrer gesamten Arbeitszeit der Hitze, dem Dampf, dem Qualm und Ruß des Herdfeuers ausgesetzt. Bei ungünstigen Abzugsverhältnissen, hohen Außenlufttemperaturen und Windstille mag es eine Tortur gewesen sein, das Essen zu kochen; besonders aber bei Schwerwetter, wenn das Essen überschwappte oder die Kessel sich selbständig machten, ihr Inhalt sich in die Kombüse ergoß. Dann stach ein rußgeschwärzter, schweißtriefender Koch, einem Heizer im Kesselraum von Dampfschiffen ähnlich, natürlich gegen die anderen Seeleute, die an Deck und in den Toppen saubere, wenn auch schwere Arbeit zu verrichten hatten, ab. Mag es auch Köche gegeben haben, die nichts von einer sauberen Kombüse hielten, die auch selbst unsauber waren, entscheidend für die Erfindung des Spitznamens ‚Smutt', verniedlicht ‚Smutje', im 19. Jahrhundert waren indes nur die äußeren Kennzeichen, nicht aber persönliche Eigenschaften oder Wesensmerkmale.

Das Wort kommt aus dem niederdeutschen ‚Smutt', ‚Smudd' oder ‚Schmut'; ‚schmuddelig' war unreinlich, schmutzig, ‚Smuddelkram' eine schmutzige Angelegenheit, und ‚Smudfarken' ein Schmutzferkel. Mit ‚Smuddje', ‚Smuddji' oder ‚Smuttje' bezeichnete man einen schmutzigen Menschen, und wenn er selbst an seinem Aussehen schuld war, galt er als Schmierfink. Die Mecklenburger meinten, „Smuttje is 'n Hamborger Utdruck" und nannten den Schiffskoch ‚Smudd' oder ‚Smud'. Darüber hinaus hatte das Wort Nebenbedeutungen. So verstand der Seemann unter ‚Smudd' den Regen: de Westwind hett ümmer Smudd bi sick – der Westwind bringt immer Regen mit, und auch Schweiß hieß ‚Smudd': hüt kümmt'n ut 'n Smudd gor nich rut – heut' kommt man aus dem Schweiß gar nicht raus. Zudem galt ‚Smudd' dem Zustand des Betrunkenseins: in 'n Smudd sin, oder: de is schön in 'n Smudd, hieß es.

Der ‚Smutt' war jedenfalls derjenige Mann an Bord, der wohl die meisten Spitznamen – ‚Ökelnamen' hießen sie im Niederdeutschen – auf sich vereinigte: ‚Smörer', ‚Smirgel', ‚Smeerlapp', ‚Smeerjack', ‚Fetthuurn', ‚Kombüsenhingst', ‚Suppensmidt' und ‚Klümpunkel', auch ‚Kesselkommandant' und ‚Kartoffelschlächter'. Aber ebenso ist die respektvolle Bezeichnung ‚Doktor' überliefert. Wohl weil der Koch auch „Medizin" ausgab, Zitronensaft beispielsweise, und weil er auf manchen Schiffen den Medizinschrank verwaltete. Doch diese Namen gehören der Vergangenheit an, keiner ist so bekannt geworden und war so dauerhaft wie ‚Smutt' und ‚Smutje'.

Die Köche jedoch haben in den vergangenen hundert Jahren oftmals die Augenbrauen gehoben und den Sprechenden eisig gemustert, wenn sie mit ‚Smut' angesprochen würden, taxierend, wie die Anrede gemeint war. Meist sahen sie das Wort als Angriff auf ihre Berufsehre an, empfanden es als Beleidigung und lehnten es scharf ab. Trotzdem lebt es in der Sprache der Seeleute zum Teil noch heute weiter, aber das Kritisch-Aggressive hat es verloren, es wird in humorvoller oder in ganz neutraler, sachlicher Weise bemüht. Wer sich aber nicht darüber im klaren ist, wie ‚Smut' oder ‚Smutje' aufgefaßt werden könnte, sollte von seinem Gebrauch absehen.

Die Segel *Labbern* sagte man früher, wenn der Wind längs ihrer Fläche einfiel, sie hin und her schlagen ließ, oder wenn das Schiff vor unbeständigem, schwachem Wind lief, der die Segel nur zeitweilig füllte. Für ‚labbern' stand auch ‚wappern' oder ‚killen', ‚killen' hat sich bis heute erhalten.

Niederländisch und niederdeutsch ‚labbern' bedeutete allgemein sich hin- und herbewegen. Damit verbunden entwickelte sich das niederdeutsche Adjektiv ‚labber' für gelind, schwach, sanft. Niederländisch ‚killen' – englisch ‚to kill' – stand für schwächen, etwas unwirksam machen.

‚Labber' verbreitete sich im Niederdeutschen als ‚labbrig' oder ‚lab-

berig', womit noch heute etwas Weiches, Fades, Würzloses, nur mit Widerwillen zu Essendes bezeichnet wird: Spinat is mi tau lawwerig. ,Labberwasser' für ein abgestandenes Getränk ist ein Begriff. Auch abfällig für küssen und abschlecken gebrauchte man: de licken un lawwern sik so väl – die lecken und schlecken sich so viel.

Beim Seemann gab es ursprünglich diese Mehrdeutigkeit nicht: ,labbern' galt der Bewegung der Segel, dem schwachen Wind und der leicht bewegten See. ,Killen und wappern', um 1700 auch ,schlappern', blieb auf flatternde Segel beschränkt. Im Niederländischen sagte man: de zeilen ,wappern of killen' laaten, wenn man den Vortrieb aus dem Schiff nehmen und es langsam auslaufen lassen wollte. Wenn ein am (oder beim) Winde segelnder Rahsegler zu dicht an den Wind kam, ,killtn̦' seine Segel zuerst am Luvseitenliek, bei Schratseglern am Achterliek. Zeichen für den noch möglichen Kurs waren unter den stets etwas „gefächert" angebraßten Rahen die Bramsegel: Bi de Wind kickt de Rodersmann nah den Bram, ob de Sägel killen – Beim Wind guckt der Rudersmann nach der Bram, ob die Segel killen. Oder: dat Schipp bi de Wind gahn laten bi killen Sägel – das Schiff am Wind laufen lassen bei killenden Segeln.

Jan Maat sagte auch ,labbern', wenn er das Farbewaschen, das Abwaschen gestrichener Bauteile, meinte. Und ,so'n bäten Labberwach', auch ,Labberwark', war zwar ein Ausdruck für schwach bewegte See bei langsam aufkommendem Wind, allgemein verstand man jedoch Kleinkram darunter.

Reeder, Kapitäne, Freunde der Seefahrt und Neugierige, Maler, Journalisten, Handel- und Gewerbetreibende kannten und kennen ein 1645 in Hamburg gegründetes „Gast- und Logierhaus", welches ab 1795 als „Old Commercial Room" in die Geschichte der maritimen Gastrosophie, das ist die Kunst der Feinschmeckerei, einging und als Alleinhersteller des berühmten *Labskaus* vom „Captains Table" honorigen Ruf und lukullisches Ansehen zwischen Rio und Leningrad, von Süd bis Nord, weltweit genießt. Was von dieser Küche zu erwarten war und ist, wußte und weiß man. Es interessiert hier auch nur am Rande. Wohingegen zu bedauern bleibt, daß die gellenden Rufe der Fischfrauen an den Küsten der Nord- und Ostsee: „Farische Schellefisch! Schullen, labendige Schullen! Sturn, Tungen un Ellenbutt! Scheun und frisch!" längst verklungen sind. Uns tröstet freilich, daß die typischen Fischgerichte genauso vielfältig und charakteristisch blieben, und erhalten hat sich auch die Lust am guten Essen. Johann Jacob Rambusch, praktischer Arzt in Hamburg, schrieb 1801: „. . . Bei manchen unserer Landsleute wird wirklich oft das Mittel zum Zweck des Lebens. Die erste Sorge vieler ist, gut essen und trinken. Diese animalische Genießlust hat aber ihre sehr natürlichen Ursachen. Schon die Nähe des Meeres befördert den Appetit, und die feuchte Luft macht eine nahrhafte, reichliche Diät notwendig. Hierzu kommt eine fruchtbare Gegend, ein ausgebreiteter Handel, und eine ziemlich ergiebige Fischerei in zwei Meeren und den Flüssen und Seen unserer Nachbarschaft, und endlich die Wohlhabenheit der Einwohner, wodurch sie sich die Lebensbedürfnisse ausgesuchter verschaffen können, als die Städte, welche alle Vortheile entbehren."

Hamburger Fischfrau des 19. Jahrhunderts, Fische an eine Köchin verkaufend.

„Als Firmenich 1856 Mundartproben für sein Werk ‚Germaniens Völkerstimmen' sammelte, da erhielt er aus allen deutschen Landschaften auf seine Bitte Aufzeichnungen der heimischen Dialekte, aus Hamburg jedoch statt dessen zwei riesige geräucherte Ochsenzungen. Die Geschichte ist bezeichnend: Hamburg war damals und nicht erst damals bekannt dafür, daß man dort gern, gut und viel aß. Schon hundert Jahre früher hatte es geheißen, daß wohl in keiner Stadt Deutschlands, Wien vielleicht ausgenommen, so viel Wert aufs Essen gelegt würde wie in Hamburg. Auch den einfachen Leuten, nicht nur den Vornehmen, wird der Vorwurf gemacht. ‚Das gemeine Volk dehnt sich den Magen mit geschrotenem Kornbrot, Speck, Bohnen und Milchspeisen aus. Es ißt den ganzen Tag, und der Bierkrug muß dabei stehen.' . . . Weit bekannt waren die Hamburger Köchinnen und Dienstmädchen, Köksch und Lüttmait genannt, oder mit dem Spitznamen Kökendragoner, Suppensmitt und Lüttfleit. Auf die neugierige Frage, was es zu essen gäbe, war die Kösch um Antwort nicht verlegen: Kantüffeln ut Finster stippt, wat op'n Disch kümmt, Klümp un Aalswenz, Lüttje Steen un afbraken Neihnadeln, Sta-in-Bart un Karmelksbarnbeer, Rehrücken und Mangeltorte, Neihnadeln un Plücksalat, Windsupp un Luftklüten, standen

Nun wollen wir diese Schilderung, die einhundertneunundsiebzig Jahre zurückliegt, nicht auf ihren Realitätsgehalt abklopfen. Unsere Vorfahren, die damals in Hamburg, Schleswig-Holstein, Mecklenburg und Pommern lebten, bevorzugten eine einfache, schlichte Küche „nach Art der Hausfrau", etwas so richtig zum Sattessen, Speisen, die mit gleich-liebevoller Aufmerksamkeit zubereitet wurden (und werden?) wie jene angeblich piekfeinen bürgerlichen Menüs.

Die Nord- und Ostsee, die damals noch unverschmutzten Seen und Flüsse boten die Vielfalt, delikaten Fisch von Januar bis Dezember: „Januario: Karpen, Karuschen; Februario: frischer Lachs oder frischen Stint; Martio: Sturen, Kabbelau, Dorsch; Aprili: Den großen Stähr, neue Schollen, frische Rochen; Majo: Maifisch und Ellften; Junio: Barben, Tungen, Tahrbutt, neuen Hering, Krebs; Augusto: Schnäpeln, Hummers; Septembri: die beste Bütte; Oktobri: Quappen, Muscheln; Novembri: Oesters; Dezembri: Hechte, Neunaugen" (Zitat aus einer Anekdotensammlung des Jahres 1650).

Doch von Fisch allein kann man nicht leben. Daran werden wohl jene Hamburger Dienstmädchen am Ende des 19. Jahrhunderts gedacht haben, als sie sich vertraglich von ihren „Herrschaften" bestätigen ließen, nur einmal in der Woche Stör (!) essen zu müssen. Was in unseren Ohren wie eine schamlose Übertreibung klingt, war gewiß die berühmte Ausnahme von der Regel. In Wahrheit brauchten und mochten die schwerarbeitenden Menschen an den Küsten kräftiges Essen, die niederdeutschen Familien-„Spieskoarten" des 18. und 19. Jahrhunderts sind mit rustikalen Gerichten besetzt, deren Bekanntheitsgrad freilich mäßig ist, weil auch sie schon fast vergessen sind. Wann immer man es sich erlauben konnte, aß man ein „beeten wat vorweg" – Matjesfilet up Swattbrot no de Ohrt de Husfru (Matjesfilet auf Schwarzbrot nach der Art der Hausfrau), zum Beispiel. Auch Suppen verachtete man nicht. In der Gunst ganz oben standen die „Hambörger Krebssupp", die „Hambörger Oolsupp mit Ool" (Hamburger Aalsuppe mit Aal), 'n „Bullensupp mit Fleeschklüten" (eine Rindfleischsuppe mit Fleischklößen) oder die „Ossenstiertsupp" (Ochsenschwanzsuppe). Mit gleichem Appetit aß man Fisch: echten holländischen „Matjes mit gestobten Snieboon, Speckstibbeln un Sultkantüffeln" (geschnittenene Bohnen mit Speckstücken und Salzkartoffeln), „Ewerschulln ut de Nordsee in Speck broad un Solot" (Schollen aus der Nordsee, von einem Ewer gefangen, in Speck gebraten, mit Salat), „Ool in Dillschü un Sultkantüffeln" oder in „Sur un Broadkantüffeln" (Aal in Dillsoße oder sauer eingelegt mit Bratkartoffeln), vor allem gab es oft „Pannfisch", die beliebte Resteverwertung des Kochfisches: Kartoffeln mit der Schale kochen, abpellen und in Scheiben schneiden, Butter heißmachen und die Kartoffeln darin unter öfterem Wenden anbraten, dann den Fisch dazugeben – ohne Haut und Gräten – und in Wasser oder Fischsud verrührten Senf darübergießen. Alles gut durchrühren und in der geschlossenen Pfanne zirka 10 Minuten braten lassen. Mit Salz und eventuell Senf abschmecken und beim Anrichten mit gehackter Petersilie bestreuen.

Selbstverständlich kam auch Fleisch auf den Tisch: „Karbonod vun Swien, Rumpsteak vun Ossen" (vom Ochsen) und ziemlich regelmäßig „Husmaker Seemannslabskaus mit Spiegelei un Bielog" (Beilage), und manchmal gab es auch noch ein „beeten wat achterran", vielleicht ein Stück „Appeltort mit Slaggermoschü un 'n Tass Kaffee".

Der Labskaus ist also ein Fleisch-, kein Fischgericht. Tatsächlich konnten die Seeleute vergangener Zeiten oft Fisch nicht einmal mehr sehen, aber festes Fleisch konnten sie nicht beißen, weil viele an Skorbut oder skorbutähnlichen Erscheinungen litten. Und so „erfand" ein ideenreicher und mitfühlender Koch dies pürierte Pökelfleisch. Lappen, Lappenstücke und Bauchlappen des Rindes wurden dazu verwendet. Die erste Silbe weist darauf hin: Das niederdeutsche ‚Kaus' ist eine Schüssel, eine Schale, so daß ‚Labskaus' eine Umschreibung für „eine Schüssel Gehacktes" ist. An Bord der Segelschiffe vergangener Jahrhunderte, und dort auch zubereitet, war er gewiß oft ein zweifelhafter Genuß: Selten war das Fleisch von guter Qualität, minderwertiges wurde oder mußte verwendet werden, und so schmeckte es dann auch. Erst an Land verfeinerte und kultivierte sich der Labskaus. Hier verlor er seine ursprüngliche (seemännische) Bescheidenheit und Anonymität und wurde nach und nach auch von den verwöhntesten Gaumen akzeptiert. Vielleicht zubereitet nach diesem alten Rezept: Man nehme für 4 bis 6 Personen 1 kg Pökelfleisch, 500 g Zwiebeln, 6 Salzgurken, 4 Matjesfilets, 500 g eingelegte Rote Beete, 1 kg Kartoffeln, 20 g Schmalz, 1 Lorbeerblatt, Pfefferkörner, pro Person 1 Spiegelei und 1 Rollmops. Dann lasse man das Pökelfleisch, eben von Wasser bedeckt, mit Lorbeerblatt und Pfefferkörnern ca. 1 Stunde und 30 Minuten im geschlossenen Topf weichkochen. Die Kartoffeln mit der Schale kochen, abpellen und noch heiß zerstampfen. Zwiebeln grob zerhacken, in heißem Schmalz glasig schmoren, dann mit dem feingehackten Pökelfleisch und den zerstampften Kartoffeln mischen. Matjesfilets, vorher gewässert, in dünne Streifen schneiden, Salzgurken würfeln und beides ebenfalls unterrühren. Falls die Masse zu fest ist, etwas Pökelfleischbrühe hinzugeben. Zum Schluß die kleingeschnittene Rote Beete – ohne Saft – hineinmischen. In eine vorgewärmte Schüssel füllen, die Spiegeleier darauflegen und die Rollmöpse getrennt dazugeben.

zur Auswahl …
Wie die Fischfrauen, so erkannte man früher auch die Gemüseverkäuferinnen schon von weitem an ihrem Singsang, mit dem sie ihre Ware ausriefen. Man nannte sie Trien Sengersch oder Zippelhökersch nach der Hauptware. Am meisten gegessen wurde Kohl in jeder Form, wovon es schon 1617 in der Krudtlade heißt: ‚Wowool de Kol ok in der Arstedige (Medizin) mennigerley wyse gebruket mach werden, so denet he doch am meisten dem gemeenen manne thor spyse mit specke unde dergeliken dingen gekaket, in der Vasten avers mit Seelspecke (Seehundsspeck), alse men in den Sassischen Landen gar nicht entberen kan."

Käthe Scheel

Den Anker *Lichten* hat nichts damit zu tun, ihn an das Licht zu bringen, denn ‚lichten' heißt heben, hieven, hochziehen, aus dem Grunde aufwinden, aber auch leichter machen.

Es ist ein niederdeutsches Wort, in alten Schriften hin und wieder hochdeutsch ‚leichten' genannt, das niederdeutsche ‚licht' entspricht dem hochdeutschen ‚leicht'. Ursprünglich nicht verwandt, aber lautlich nahestehend und von ähnlicher Wortbedeutung ist niederdeutsch ‚lüchten', ‚luchten', ‚lüften': heben, emporheben. ‚Lüchten' entstand aus ‚Lucht', der niederdeutschen Form für Luft, die bis zur Mitte des 19. Jahrhunderts allgemein war. Heute noch ist die seemännische Redewendung üblich: etwas oder jemanden ‚anlüften', anheben oder, im übertragenen Sinne, ihm Beine machen, ihn auf Trab bringen. Zusammenhänge gibt es zwischen schwedisch ‚lyfta', dänisch ‚løfte' und englisch ‚to lift' – heben.

Noch in den niederdeutschen Wörterbüchern des 18. Jahrhunderts stehen ‚lichten', ‚lüchten' und ‚lüften' immer für heben und leichter machen, ebenso war ‚lichtern' für erleichtern und ‚Lichtung' für Erleichterung gebräuchlich: ene Tunne lichten – eine Tonne austrinken; de Kasse, dat Geld lichten – Geld aus der Kasse nehmen; ikk kann dat nig lüchten – ich kann das nicht heben, und: „Lichte!" riefen die Fuhrleute, wenn ein Pferd das Bein anheben sollte.

Der amerikanische Klipper „Witch of the Wave". Hier 1852 vor den East India Docks Blackwell. 1400 RT, gebaut in Salem in der Nähe von New York im Jahre 1851. Die damals schnellste Reise des Klippers: 338 Seemeilen in 24 Stunden.

Einscheibiger Block

In der Seemannssprache ist ‚lichten' schon im 15. Jahrhundert belegt. Im „Emder Waterrecht" heißt es: „Ghyn heren, lychtet uwen ancker, want he licht vns voel tho nha, vnde wy mochten daer by yn schaden koemen" – sinngemäß: Ihr Herren, lichtet euren Anker, denn er liegt uns viel zu nahe, und wir könnten durch ihn zu Schaden kommen. Und durch Wigardus à Winschooten ist vom Ende des 17. Jahrhunderts niederländisch überliefert: ‚een anker ligten'.

In einem anderen Sinn: Jan Maat bezog ‚lichten' auf ein Schiff, das zum Teil gelöscht werden mußte, um den Tiefgang zu verringern, weil es am Grunde festgekommen war und wieder flott werden sollte, oder weil es wegen zu geringer Wassertiefe nicht mit voller Ladung in einen Hafen einlaufen konnte. ‚Dat Schipp lichten', ‚lichtern', hieß diese Arbeit vormals niederdeutsch, hochdeutsch entstand ‚leichtern' daraus.

Zum ‚Leichtern' nahm man schutenähnliche, flachbodige offene Fahrzeuge geringen Tiefganges. Die Bezeichnung der Arbeit ging schließlich auf die Schuten selbst über, und man nannte sie ‚Lichter', ‚Lüchter' und ‚Leichter'. In Ostseehäfen dagegen trugen sie vom 13. bis 18. Jahrhundert den Namen ‚Bording'. Häfen gab es, deren Einfahrten so flach waren, daß vor dem Einlaufen jedes Schiff geleichtert werden mußte, und auslaufende Schiffe erst auf Reede unter Einsatz der gleichen Leichter voll beladen werden konnten.

F. v. Zesen beschrieb 1664 die „Stadt Amsterdam": „Ausser diesen schiffen befindet sich alhier auch eine große mänge anderer schiffe, welche ohne mast und segel fahren, und die wahren, sonderlich aber das korn, aus den großen Schiffen vor der Stadt zu holen, und sie also leichter zu machen pflegen; daher sie auch gemeiniglich Leichters genennet werden." Und im „geöfneten Seehafen" lesen wir: „Alleges sonsten Lichter genandt, sind Erleichterungs-Schiffe, oder allerhand leichte Fahr-Zeuge von mittler Grösse . . ."

War ein Schiff auf Grund gelaufen, aber die Bergung von Ladung durch Leichter nicht möglich, warfen die Besatzungen schwere Lasten in die See, um von der Untiefe freizukommen. Dabei trennte man sich vor allem anderen von überflüssigem und weniger wertvollem Gut: Alle Frachten lichten, säd de Schipper, dor smeet he toierst sien Fru oewer Buurd. – Alle Frachten lichten, sagte der Schiffer, da schmiß er zuerst seine Frau über Bord.

Mein *Macker*, so sprach Jan Maat von einem Kameraden, auf den er sich verlassen konnte, der mit ihm durch dick und dünn ging, ihm beistand, in mageren Zeiten mit ihm teilte und in der Not half: sein ‚Macker', sein bester Freund.

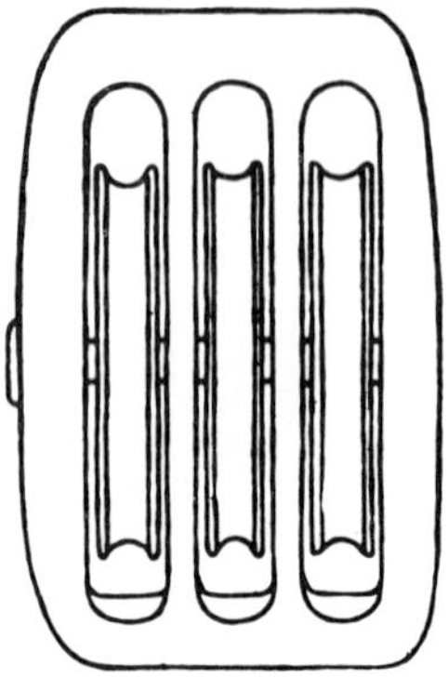

Dreischeibiger Block für Hanfstropp oder Grummet, 19. Jahrhundert.

Das Wort ist niederdeutschen Ursprungs, naheliegend ist, daß es sich aus ‚maken' – machen, entwickelte, holländisch, maaken' und englisch ‚to make'.

Stets bedeutete ‚maken' etwas tun, zuwege bringen, herstellen, und die handelnde Person hieß ‚Maker', hochdeutsch ‚Macher'. Beides ist in viele alte Berufsbezeichnungen eingegangen: ‚Daukmaker' – Tuchmacher, ‚Hautmaker' – Hutmacher, ‚Korfmaker' – Korbmacher, ‚Sägelmaker' – Segelmacher, ‚Sargmaker', ‚Schomaker' – Schuhmacher, ‚Stellmaker', ‚Stoolmaker' – Stuhlmacher und ‚Uhrmaker', aber auch in ‚Faxenmaker' – Spaßmacher, ‚Fratzenmaker' – Grimassenschneider, ‚Händelmaker' – Streithahn, Zankteufel. Ferner sei das Wort ‚Upmaker' – Aufmacher, Aufhetzer nicht vergessen, das gemeinsam mit der alten Redewendung: den ‚Upmakers' in den Mund hören – Ohrenbläsern und Verleumdern Gehör schenken, von der treffsicheren Ausdrucksweise der Niederdeutschen zeugt.

Das „Bremisch-Niedersächsische" und das vorpommersche „Platt-Deutsche Wörter-Buch" erläutern Maker als einen Mann, „der etwas machet" oder „gewisse Dinge verfertiget". Die Bedeutungsverzweigung zum Gehilfen eines Gesellen, der ja gemeinsame Sache mit diesem machte, war wohl der erste Schritt auf dem Wege zum neuen Sinn des Wortes, das den Teilhaber, den Verbündeten und schließlich den verläßlichen Freund meinte.

In der Seemannssprache finden wir das Wort erstmalig als Bezeichnung für einen Gehilfen, so auch im Niederländischen, Dänischen, Schwedischen und Englischen. Es verbreitete sich unter den Seeleuten aber auch als Personifizierung verbündeter Schiffe, und gegen das Ende des 18. Jahrhunderts war es gang und gäbe, einen solchen ‚Makker' auch ‚Beysteher' – Beistand Gewährender – zu nennen.

In dieser Bedeutung benutzt Jens Jacob Eschels das Wort ‚Macker', als er über einen mißlungenen Angriffsversuch von Seeräubern berichtet: „. . . zu unserm Glück kam ein großes dreimastiges Raguser Schiff ansegeln; der Räuber muß gedacht haben, daß es unser Macker sey, denn nun verließ er uns."

Als Ausdruck dieser Beistandsverhältnisse entstand die Wendung ‚Mackerschaft machen' – gemeinsame Sache machen. Sie galt dem Verteidigungsbündnis zwischen zwei oder mehreren Kapitänen vor oder während einer gemeinsamen Reise durch unsicheres Seegebiet, vor allem bei Überfällen, der praktischen gegenseitigen Hilfeleistung ähnlich dem ‚Admiralschaft machen'. Später wurde sie mehr und mehr auf Übereinkünfte mit ökonomischem Ziel und auf die damit verbundenen gemeinsamen Handlungen angewandt. Niederdeutsch hieß es: ‚Mackerschaft maken' mit 'n anner Schipp.

Auch dazu berichtet Jens Jacob Eschels: „... Wir nahmen hier einen festen Macker an, daß heißt, ein Schiff, mit dem wir uns verbanden, miteinander zu fischen, und was von beiden gemeinschaftlich gefangen würde, zu teilen ... Wir fingen zusammen einen kleinen Walfisch von etwa zehn Quardeelen Tran, den wir uns teilten, und jedes Schiff nahm seine Hälfte an Bord ..."

Die meisten Varianten unseres Wortes haben die letzte Jahrhundertwende nicht überlebt. Erhalten blieb lange Zeit eigentlich nur die Bezeichnung ‚Macker' für einen guten Kameraden. Aber auch in diesem Sinne wird unter den heutigen Seeleuten das Wort nur noch selten benutzt. Umso mehr ist es inzwischen an Land heimisch geworden, im Wortschatz der Schüler, Studenten und der Halbwüchsigen. Gegenwärtig besteht eine Vorliebe für diese artikulationsstarke Vokabel. Schon bei einem sehr flüchtigen Blick auf den ‚Macker' des Jahres 1980 kommt allerhand, sehr Unterschiedliches durchaus, zusammen: er ist der intime Freund eines Mädchens, als ‚dufter Macker' ist er allen sympathisch, als ‚linker (linkischer) Macker' allen ebenso unsympathisch. Ein ‚Macker' ist aber auch ein junger Mann, der als Schläger vor Handgreiflichkeiten nicht zurückschreckt. Andererseits ist er, beeinflußt wohl vom ‚Macher', der Vorgesetzte, ein Leiter. Zuletzt noch eine wahrlich merkenswerte Wortschöpfung der neuesten Zeit: die Pepsi-Cola ist der ‚Mackerkaffee'.

Das *Mall* oder ‚die Malle' ist eine Schablone aus Holz oder Stahl, früher vielfach verwendet und heute im Bootsbau noch als Spantschablone in Gebrauch.

Bevor die Schiffszimmerleute der Vergangenheit Holz bearbeiteten, bauten sie sich nach dem Linienriß und nach Einzelteilzeichnungen – auf dem ‚Mallboden', dem späteren ‚Schnürboden', in natürlicher Größe aufgerissen – aus dünnen Brettern ein ‚Mall', ein maßgerechtes und bei Erfordernis ‚strakendes' (harmonische Linien aufweisendes) Modell. Sie legten das ‚Mall' auf das Bauholz und zeichneten seine Konturen darauf mittels Kreide oder „Röthel" an, auch benutzten sie Krabpasser – scharfe Zirkel – zum Anreißen. ‚Abmallen' und ‚bemallen', auch ‚krabben' oder ‚abkrabben' nannten sie diese Arbeit. War sie getan, konnte das Holz formgerecht behauen und an Bord eingebaut werden.

Zugrunde liegt das Wort ‚Mall' in der Bedeutung Fleck, Makel, Kennzeichen, und ‚malen' war ursprünglich: mit einem Mal, mit einem Zeichen versehen, unser ‚malen' und ‚zeichnen' entwickelten sich im Hochdeutschen daraus.

Das Wort ging auch in das Niederdeutsche, Niederländische und

Auf den folgenden Seiten: Das Vollschiff *Superbe* von Flensburg läßt sich zur Zeit nicht nachweisen. Das mit Antoine Roux, Marseille 1805, signierte Aquarell zeigt es bei der Ansteuerung von Marseille. Es sind fast alle Segel gesetzt, nur das Großsegel ist aufgegeit. Sieben Mann der Besatzung sind bei verschiedenen Verrichtungen an Deck zu sehen, sicher aber wird das Schiff noch einige Leute mehr gehabt haben. Am Großmast unten weist ein Ladebaum über das Großboot hinweg nach vorn.

Stuhlwange in der Kirche St. Nikolai, vormals Heilig-Geist-Kirche, zu Wismar. Holzrelief des Heiligen Matthias mit dem Werkzeug eines Schiffszimmermannes, Ende 15., Anfang 16. Jahrhundert.

Schwedische ein. Hier einige Wortverbindungen, die vor Jahrhunderten entstanden: ‚Mallstadt', ein gewohnter Versammlungsort; ‚Maalstede', Malstätte, Gerichtsort; ‚Maalboom', Grenzbaum, und ‚Malsteen', Grenzstein. Zeichen und Ziel vereinte sich in ‚Mal', aber auch eine Narbe, einen Fleck in der Haut oder in der Kleidung nannte man so. Foot bi 'm Maal holden – Fuß beim Mal halten, nicht zurückweichen, standhaft bleiben, lautete eine alte Redewendung. ‚Mal' sagten die Kinder zu einer Ruhestelle im Spiel, und ‚dat Maal gewen' bedeutete, Start und Ziel, auch Absprung und Abwurf für den Wettkampf markieren. Na 'n ‚Maal' scheeten – nach einem Ziel schießen, fand seinen übertragenen Sinn in der Redewendung: wiid vam Maal scheten – weit vorbeischießen, irgendwie völlig danebenhauen.

Die Seemannssprache nahm ‚Mal' oder ‚Mall' in der Bedeutung Modell und Schablone auf. Die Schiffszimmerleute an Bord brachten den Ausdruck vermutlich aus den Werften mit, in denen sie gelernt und gearbeitet hatten. Für dieses und jenes Bauteil, das „Blau" neu anzufertigen hatte, wird er sich selbst ‚Mallen' gebaut haben, nur eines brauchte er nicht zu tun: ein ‚Rudermall' herstellen. Ruderschäden waren meistens die Folge von Überbeanspruchungen bei Schlechtwetter. Wenn auch ein Schiff in solch einem Falle, nur noch mit kleinem Vorsegel vor dem Winde laufend, den Sturm überstanden hatte, ohne funktionsfähiges Ruder konnte es keinen Kurs halten, es wurde abgetrieben. Ein altes Sprichwort sagt: Ein Schiff hängt mehr am Ruder als das Ruder am Schiff. Um solchen Havarien begegnen zu können, bekam jedes Segelschiff ein ‚Rudermall' von der Werft mitgeliefert, danach konnte der Schiffszimmermann ein neues Ruder bauen.

Nicht nur auf See und an Land, auch in der Flußschiffahrt hatte ‚Mal' oder ‚Mahl', wie es hieß, Bedeutung. Auf der Elbe war es noch in der ersten Hälfte des 18. Jahrhunderts üblich, Warnzeichen vor Untiefen, von Schiffern selbst gesteckt, so zu benennen.

Weit verbreitet im Niederdeutschen ist ‚mall' auch in der Bedeutung töricht und ein ‚Mallbüdel' ein törichter Schwätzer. Malldun nannte man jemanden, der im angeheiterten Zustande Unsinn machte, ‚mallen' stand für herumalbern und -toben und ‚Mallheiten' für Dummheiten. Und Dünkel gegenüber der Landbevölkerung erkennen wir in: Hei hett soeben Sinnen as 'n Buer, drei mall un vier unklauk – Der hat sieben Sinne wie ein Bauer, drei verrückte und vier unkluge.

Bis heute geben die an Land Zurückbleibenden Jan Maat einen nachdrücklichen Wunsch auf die Reise: *Moje* Weer und ‚mojen' Wind, schönes Wetter und guten Wind.

‚Moje', ‚moi' ist ein niederdeutsches Wort für lieblich, hübsch und

Stuhlwange
aus dem Jahre 1574 –
in der Heilig-Geist-Kirche
zu Wismar.

schön, für freundlich, bequem und angenehm. Es stammt aus dem Niederländischen, wo es in den Formen ‚mooi' und ‚mooye' gebräuchlich war. Seeleute und niederländisch-friesische Siedler in der Marsch werden das Wort mitgebracht haben, und viele niederdeutsche Mundarten längs der Nord- und Ostseeküste nahmen es auf.

So hieß es: Ene moje Deern oder een moj Maeken – ein hübsches Mädchen; se is moje an tagen – sie ist adrett gekleidet; und sick dat moje maaken – sich bequem machen. „Dat geit moje" – „Das geht gut", sagte man zuversichtlich, und die eingewanderten Friesen bekannten: „Wir mögen gerne aus mojen Pfeifen rauchen."

Andererseits stand ‚Moje' oder ‚Moie' auch für Muhme, ein veraltetes Wort für die Schwester der Mutter, die Tante.

Seemännisch wurde ‚moi' jedoch immer im Zusammenhang mit Wind und Wetter gebraucht. Im Bremisch-Niedersächsischen kannte man im 18. Jahrhundert das Sprichwort: Daar will nicks anders van weren, as moje Weer – Daraus wird nichts anderes entstehen als gutes Wetter, das heißt: diese Gefahr oder dieser Sturm werden schon vorübergehen. Abnehmender Sturm und schöneres Wetter, beides ist in ‚abmoien' miteinander verknüpft.

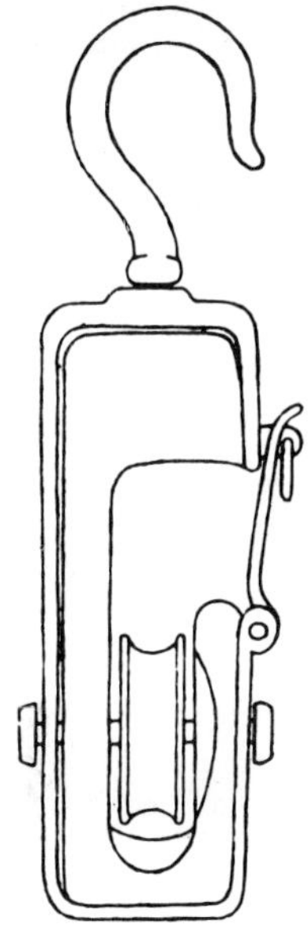

Fußblock mit Wirbelhaken, 19. Jahrhundert.

Orgelpfeifen nannte der Seemann bildhaft eine Reihe nebeneinander eingerammter Pfähle, die dazu dienten, Hafeneinfahrten zu kennzeichnen und sie vor Seegang und Versandung zu schützen.

Die ‚Orgelpfeifen' – oben und im Bereich der Wasserlinie mit Querhölzern verbunden – begrenzten das Fahrwasser beidseitig. Um jeden anderen Zugang zum Hafen zu verhindern – um Schiffe vor Grundberührung und Strandung zu bewahren, um unkontrollierten Bootsverkehr außerhalb der vorgesehenen Einfahrt zu unterbinden – und, nach Örtlichkeit, um Brandungswellen zu brechen, sperrte man das Hafengebiet oder die Flußmündung von den Außenseiten der beiden Orgelpfeifenreihen bis zum jeweils gegenüberliegenden Ufer mit ‚Schlengels': je zwei bis drei nebeneinanderliegenden und miteinander verbundenen Baumstämmen, in langer Reihe gekoppelt, im Grund verankert und mit Planken zum Begehen benagelt. Die Schlengels und Orgelpfeifen waren für einen Hafen so etwas wie die Mauer und das Tor einer Stadt. Anstelle von ‚Schlengels' sagte man auch ‚Schlängels' und ‚Schlingels', holländisch hießen sie ‚slagboomen', dänisch ‚slagbommer', und es ist zu vermuten, daß diese Bezeichnungen vom Bild der bei bewegter See unaufhörlich schlingernden, stampfenden – schlagenden – und gierenden Bäume herrühren. Allerdings waren die Schlengels so sicher verankert, daß innerhalb des Hafens Schiffe daran festmachen konnten. Heute noch versteht man unter ‚Schlengels' Bäume zum Abgrenzen oder Absperren von Liegeplätzen, beispielsweise um Verunreinigungen im Hafen zu lokalisieren, und ‚Schlengel' heißen auch lange, begehbare Schwimmkörper zum Festmachen von Booten.

Wenn Schiffe die Orgelpfeifen passiert hatten und ihnen kein Liegeplatz am Kai beziehungsweise an der Pier zugewiesen werden konnte, machten sie, wenn sie nicht notgedrungen die Schlengels dazu nutzen mußten, an ‚Duckdalben' fest, an Pfahlgruppen des Hafens, mehr oder minder weit von Land entfernt. Duckdalben bestanden im 18. Jahrhundert aus fünf bis acht, heute manchmal aus dreizehn Pfählen, von denen der mittlere senkrecht und die anderen um diesen herum etwas nach innen geneigt in den Grund gerammt und miteinander verbunden sind.

Der Liegeplatz am Duckdalben, mitunter nur ein Warteplatz, bis das Schiff zum freiwerdenden Kai verholen konnte, wurde meistens zusätzlich für den Ladungsumschlag genutzt, Schuten übernahmen den Transport zwischen Schiff und Land.

Die Herkunft des Wortes ist noch immer umstritten. Sehen wir aber dem niederdeutschen Seemann genau auf den Mund, dann geht uns ein Licht auf. Er sagte nämlich nicht ‚Dükdalben', sondern ‚Dükdallen', mit dem dunklen niederdeutschen a, das wie o klingen muß. Deshalb hießen, belegt in vielen Zeugnissen, diese Pfähle in den Häfen der Ostsee-Hansestädte seit langem ‚Dallen'. So in Wismar, Rostock und Stralsund.

Witziger ist die zweite Version: Danach sollen auf Befehl des Herzogs von Alba – ‚Dur d'Albe', spanischer Statthalter der besetzten Niederlande von 1567 bis 1573 – im Hafen von Amsterdam derartige Pfahlgruppen eingerammt worden sein zur Vergrößerung des Güterumschlages und zur Stationierung von Kriegsschiffen, da die Kaianlagen für die große spanische Flotte nicht ausreichten. Die Niederländer, so wird vermutet, übertrugen den Titel des Herzogs auf die Pfahlbündel, diese damit voller Spott als Denkmäler für Alba kennzeichnend. Tatsächlich heißen sie bereits seit etwa 1570 in Amsterdam ‚duc Dalbe'. Ende des 17. Jahrhunderts nannte man sie ‚Amsterdamse dukdalven', und im 18. Jahrhundert erscheinen sie erstmalig im Deutschen als ‚Dückdalben'.

Ostfriesische Wörterbücher verzeichnen im 19. Jahrhundert ‚dukdalfen', ‚dukdallen', auch ‚dykdollen', an der Ostseeküste in der Kurzform ‚Dallen' gebraucht, und offiziell von der Mitte des 19. bis zum Anfang des 20. Jahrhunderts ‚Duc d'Alben' geschrieben. Übriggebliebenen davon ist heute ‚Duckdalben', jedoch hat die Kurzform ‚Dalben' sich schon fast überall durchgesetzt.

Die älteste Bedeutung von ‚Dall' ist Baumstamm. Daher der germanische Name des Gottes Heimdall, was soviel wie Weltbaum heißt. Und ‚Dük'? Nun, ‚düken' ist im Niederdeutschen ‚ducken', sich ‚beugen'. Und tatsächlich sind ja die ‚Dallen' nicht gerade in den Boden gerammt, es sind geneigte Pfähle, am Kopf mit einem eisernen Ring versehen, also sich gegeneinander ‚dükende Dallen'.

Kehren wir noch einmal zu den Orgelpfeifen zurück und erwähnen wir weitere Bedeutungen, die dieses Wort besaß. Man sagt zum Beispiel von einer Reihe Menschen, die nach der Größe abgestuft nebeneinanderstehen, sie stehen da ‚wie die Orgelpfeifen'. Ein vertrautes Bild, das schon seit dem 16. Jahrhundert bekannt ist. Und von Johann Hinrich Röding kommt: „Orgelpfeifen hiessen in ältern Zeiten verschiedene auf einem Block angemachte Musketenläufe, deren sich insonderheit die Spanier auf dem obersten Deck gegen die Enterung bedient haben.“

Ösen ist das Ausschöpfen von Wasser aus einem Boot mit einem ‚Ösfaß', einer kurzen, tiefen Schaufel.

Schon im Mittelhochdeutschen war das Verb bekannt. Friedrich Kluge verweist unter anderem auf den wohl frühesten Beleg in Wolfram von Eschenbachs „Parzifal" 213, 12 vom Anfang des 13. Jahrhunderts, wo es heißt: „din lant ist erloeset, als der sin schif ‚eroeset', ez ist vil deste lihter."

Im Niederdeutschen findet sich ‚oesen' in der Wendung: enen Sood uut ösen – einen Brunnen leerschöpfen, und das Gefäß, das man dazu benutzte, hieß damals schon ‚Oesevat' – Ösfaß. Die Bauern bezeichneten aber auch die untere Kante eines Daches, wenn sie keine Rinne besaß, mit ‚Oese', und selbst das Regenwasser, das über diese Kante herabfloß, nannten sie so: de Oese lopt um 't Huus – die Öse läuft ums Haus.

Der Seemann kannte dagegen ‚ösen', ‚ausösen', nur als ausschöpfen des übergekommenen oder durch Undichtigkeit in ein Boot eingedrungenen Wassers, später auch ‚Bilgenwasser' genannt.

Niederländische, dänische und schwedische Seeleute benutzten das Wort für die gleiche Tätigkeit: ‚uithoosen', ‚udöse' und ‚utösa' hieß es bei ihnen. Und noch einen Begriff wollen wir aufheben: das ‚Ösgat' war ein Loch zum ‚Ösen' im Bodenbelag eines Bootes, etwa in Bootsmitte angeordnet und mit einem ‚Redderbrett', einem Lukendeckel, oder einer losen Planke dichtgesetzt.

In offenen Booten ‚öst' man heute wie in alter Zeit, und für Rettungsboote ist ein ‚Ösfaß' in der Ausrüstung vorgeschrieben.

Pavian nannten die Seeleute vom 18. bis zum 20. Jahrhundert einen Bootsgast, der im zu Wasser liegenden Boot Wache gehen, im wörtlichen Verständnis: Wache „sitzen" mußte. Viel seltener gebrauchten sie das langweiligere Wort: ‚Aufpasser', so wie die Niederländer, die ‚bootswagter' – Bootswächter, sagten.

Nach Wossidlos Ansicht kam es zu dieser Bezeichnung, weil Ähnlichkeiten der Haltung des im Boot sitzenden Mannes mit einem hokkenden Pavian vorhanden seien. Dieser Vergleich hat sicher eine Rolle gespielt, bestimmt dachten die Jan Maaten aber auch an das knallrote Hinterteil der Paviane, wenn sie eine stundenlange Sitzung auf der harten Ducht zu absolvieren hatten.

In anderer Bedeutung zeigt sich unser Wort in einer Redewendung, die die Seeleute auf Faulenzer, auf Drückeberger bezogen, damit anzeigend, daß sie nichts mehr mit ihnen zu tun haben wollten: „Gah nah Ceylon un ward' Pavian, dor maakst din Glück!" – Geh' nach Ceylon und werd' Pavian, da machst' dein Glück.

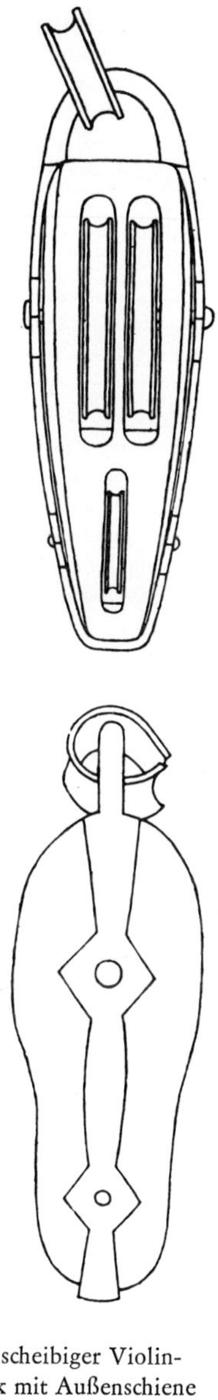

Dreischeibiger Violinblock mit Außenschiene und Spitzkausch zum Einspleißen einer Part, 19. Jahrhundert.

In schwerem Wetter geht der Lotse oder ‚Lootsmann' in See – „Seeleute die bey dem Eingange von Flüssen, Häfen und Küsten bestellt sind, den Schiffen, die an diesen Gegenden das Fahrwasser nicht kennen, zu helfen. Sobald sich ein Schiff in der Nähe des Landes befindet, wo es einen Lootsen zum Einbringen in den Hafen bedarf, so schießt es gewöhnlich und brasst so lange auf, bis der Lootse an Bord kömmt. Sobald wie er sich auf dem Schiff befindet übernimmt er die ganze Regierung desselben und der Kapitain sorgt bloß dafür, dass das Volk bey der Besteuerung einzig und allein nach seiner Vorschrift handelt; inzwischen ist er auch dafür verantwortlich, wenn das Schiff durch sein Versehen Schaden leidet ... Sollte der Kapitain aber sehen, dass er einen unwissenden Lootsen bekommen, der ihn augenscheinliche Gefahr bringt, hat er das Recht ihn wieder gehen zu lassen." (J. H. R.)

Der *Plühmgraf* gehörte bis in das 18. Jahrhundert zur Besatzung eines jeden Langreiseschiffes. Die Niederländer nannten ihn ‚pluimgraaf' und die Dänen ‚menagerivogter'.

Nirgends war die Verpflegung einförmiger als auf den Segelschiffen, auch wenn man oft bei langen Überfahrten lebendes Vieh mitführte. Nicht jeder Seemann hatte das Glück, daß sein Schiff in tropische Gewässer fuhr, in denen zum Beispiel das Fleisch der großen Schildkröten und anderer Tiere die Mahlzeiten verbessern half. Freilich mußten aber nur wenige, wie der französische erdumsegelnde Entdecker Louis Antoine de Bougainville im Jahre 1763, Hunde und Ratten essen, die er, wie berichtet wird, „gar nicht so schlecht fand".

Nun brauchte man für Schildkröten, Hunde und Ratten keinen Aufseher und Betreuer, wohl aber für die Schweine, Schafe, Kaninchen und Hühner. Und derjenige Junge oder Matrose, der das Vieh zu beaufsichtigen und zu füttern und die Verschläge reinzuhalten hatte, hieß ‚Plühmgraf'.

Die Wortherkunft liegt im Dunkeln. Wahrscheinlich entstammt das hochdeutsche ‚Plühm' dem niederländischen ‚pluim' – Pflaume –, und möglicherweise gibt es einen Zusammenhang mit der alten, im übertragenen Sinne angewandten, holsteinischen Redewendung: He pedd in de Plümm ahn Steen – Er tritt in die Pflaume ohne Stein, in den Kot. ‚Plühmgraf' in diesem Verständnis wäre dann eine recht derbe, jedoch verständliche Umschreibung.

Für die mitsegelnden Tiere lagen an Deck hinter dem Endschott der Back die Ställe, Bretterverschläge und Koben, Hocken genannt: das (später auch die) Schweine-, Schaf-, Kaninchen- und Hühnerhock. Erwähnenswert ist, daß die Seeleute des 18. Jahrhunderts auch das Backdeck zwischen Vorsteven und Bratspill ‚Schafhock' nannten. Aber gewiß werden sich an dieser ungeschützten, dem Seeschlag ausgesetzten Stelle keine Tiere haben halten können, außerdem hätten die Hokken die Sicht nach voraus behindert. Vielmehr war es wohl so, daß die Back selbst zur Unterbringung von Schafen genutzt wurde und das darüberliegende Deck – auf der Schafhock – schließlich diese Bezeichnung, allerdings nur für eine begrenzte Zeit, erhielt. Noch bis in das frühe 19. Jahrhundert stand das Vieh mitunter in den Mannschaftsunterkünften oder in deren Nähe; der Gestank muß unerträglich gewesen sein. Als es dann auf das Hauptdeck umzog, gab es hin und wieder durch Unachtsamkeit des Plühmgrafen oder durch Seegangseinfluß unliebsame und belustigende Zwischenfälle. Kluge zitiert August von Kotzebue: „... selbst die seekranken Gelehrten konnten sich des Lachens nicht erwehren, als ein wohlgemästetes Schwein, durch das unbequeme Schaukeln aufgestört, auf die Schanze geflüchtet war."

Rasmus is de grimmige See, Rasmus is dat, wat oewerkümmt: „Wohr di, Rasmus kommt!“ war und ist ein Warnruf bei grober bis schwerer, überkommender See, „die mit gierigen Armen nach den Seeleuten faßte“. Um die Mitte des 19. Jahrhunderts tauchte das Wort in diesem Verständnis auf, verbreitete sich schnell und gehörte um die Jahrhundertwende zum festen Bestandteil der Seemannssprache.

Eigentlich soll der Heilige Erasmus gemeint gewesen sein, im dritten Jahrhundert Bischof in Syrien unter dem römischen Kaiser Diocletianus. Erasmus war einer der 14 katholischen „Nothelfer“, die man in Elend und Gefahr um Hilfe anrief: bei Krankheiten des Viehs, Bauchschmerzen und Geburtswehen. Irgendwann, niemand weiß das genau, ist er dann zum Schutzpatron der Seeleute aufgerückt.

Sehr Unbestimmtes haftet dieser Überlieferung an. Doch sehen wir davon ab. Wir wissen nur, daß Jan Maat in aller Stille, wie es seine Art war, den Heiligen Erasmus zum schlichteren ‚Rasmus‘ umfunktionierte. Und er übertrug den Namen seines neugewonnenen Schutzheiligen auf den, der ihn immer wieder angriff, auf seinen ewigen Gegner und Widersacher: die stürmische, tobende See. Diese Rasmus-Personifikation formulieren unzählige seemännische Redensarten und

Viele Seeleute gaben in Ausübung ihres Berufes das Leben hin. In Wustrow auf dem Fischland gab es beispielsweise Straßen, in denen kein Haus ohne Seemannswitwe war.
Starb der Seemann in der Heimat, gab es feierliche Bestattungsgebräuche, die von den Schiffergesellschaften überwacht wurden: wer dem Sarg zu folgen, welchen Weg der Zug zu nehmen hatte und anderes. Aus Wismar wird, nach Wossidlo, berichtet: Wenn hier 'n Madros' doot bleef, würd he von twölf Mann in blau Tüüg un kort Jacken ruutdragen (umschichtig jedesmal söß). Oder: Früher (bet ungefihr 1880) würden hier in Wismar alle Seelüd' mit Musik beierdigt. Söß Seelüd' drögen den Sarg an'n Gurt – mit blau Jacken un 'n witt Dook üm 'n Arm. De Flagg leeg up den Sarg. Dat wier'ne witte Fahn, dor wier'n Vullschipp upmaalt – dee würd toletzt wedder na de ‚Hafenhall' henbröcht.

Wendungen: Hüüt spält Rasmus goot up oder Rasmus, laat dat nah! Rasmus towt ganz fürchterlich, Rasmus kümmt oewer, wenn he nicks mihr to fräten hett. Spielte Rasmus sick hüt mal ornlich up, dann mußte er durch ein Opfer besänftigt werden: Smiet Rasmus eens 'n ollen Schoh oewer Buurd. Nachdenklichkeit spricht aus der Wendung: Den hett Rasmus fat't, wenn ein Seemann, von den Seen erfaßt, über Bord ging, und aus der Umschreibung des Seemannstodes: Hüüt drückt Rasmus woll männigen braven Seemann de Ogen to.

Aus der biblischen Genesis ist bekannt „. . . und die Sammlung des Wassers nannte er Meer . . ." So übersetzte Luther, das alte Wort Meer verwendend. See bezeichnete damals vorwiegend den Binnensee. Im maritimen Sprachgebrauch des 16. Jahrhunderts ist ‚Meer' noch häufig anzutreffen, aber seit dem 17. Jahrhundert setzte ‚die See' sich durch, und das offene, weite Meer wurde für den Seemann zur ‚hohen See'.

Nach und nach entstanden dann Bezeichnungen wie ‚großer Hund', ‚blanker Hans', ‚großer Heinrich' und – für den Atlantik – ‚großer Teich'. Daß man damals auch die Wellen mit ‚Seen' bezeichnete, fand Kluge offenbar in dem Buch „Drie seer ąenmercklijcke Reysen in Ost-Indien . . . 1675 tot 1686", erschienen in Utrecht 1694. Dort heißt es: „Hatten über dieses mit all dem Schiffs-Volck genug zu thun, die mit

großem und erschrecklichem Ungestüm in das Schiff schlagende Seen oder Wellen, so wohl mit continuierlichem Pompen, als mit Palingen oder Eymern, auszuschöpffen; welche Seen auch so häufig eingeschlagen, daß die Cajuyt einmahl schon voll Wasser stund." Bekräftigt wird dies durch Wossidlo, dem ein alter Seemann anvertraute: „De Herrschaften up 'n Heiligendamm seggen jo Wellen, de Madroos seggt See: Wi hebben hüüt väl See in 't Water."

Bevor 1874 die neunstufige Seegangsskala eingeführt wurde, unterschied man zwischen langen und kurzen Seen und meinte deren Wellenlänge. „In de Atlantik lopen de Wellen hoch an, lang weg; hier in de Oostsee geiht dat klapp, klapp, klapp." ‚Hohle' See, auf tiefe Wellentäler bezogen, stand für hohe und schwere See, auch ‚Muhrsee' nannte man sie, und rief der Sturm weiße Schaumstreifen hervor, hieß es: ‚er macht Gänse'.

‚Brandung' – heute das Wort für brechende Wellen an Küsten und Untiefen – hatte noch vor 200 Jahren eine andere Bedeutung. Das „Idioticon Hamburgense" formulierte: „Brandung heisset bey den Seefahrenden eine hohe Welle, die brausend daher rauschet, und bisweilen über das gantze Schiff hinschlägt. Das Volck pfleget solche schäumende Wogen de witten Hunde (die weißen Hunde) zu nennen." Und im Bremisch-Niedersächsischen Raum verstand man unter ‚witte Hunn' „die schaumgekrönten hohen Wellen, die über das Schiff schlagen". Auch ‚Stürzsee', ‚Seestürzungen' oder ‚Sturzsee' waren geläufige Bezeichnungen dafür, später durch ‚Brechsee' und ‚Brecher' ersetzt. Bräaksee, dat sünd grote Seen, de quatschen een gegen 'n anner, dat maracht un aast alles los up Deck. Dat haugt so wiet roewer, dat de Spritzing in de Fockrahen rupstöwt. ‚Seeschlag' sagt man seit dem 19. Jahrhundert dazu, wenn derart kompaktes ‚grünes Wasser' überkommt.

Schwere seitliche Seen trugen den Namen ‚Klopfsee', später ‚Dwarssee', und von vorne anlaufende nannte man ‚Stampfsee'; beide aber konnten ‚Sturzseen', ‚Brecher' sein. Es kam vor, daß Kapitäne, Steuerleute und Matrosen sich mit Leinen sichern mußten, um nicht über Bord gespült zu werden. Besondere Gefahr aber brachten Brecher von achtern, weil das Schiff dabei aus dem Ruder laufen und querschlagen konnte. Die Seeleute nannten sie ‚Hecklöper' – Heckläufer, und sagten: „De Hecklöpers maken oft kahl Deck", oder: „De lett nicks heil; wat nich niet- un nagelfest is, nimmt he all mit. Dor kümmt oewer 'n Satan an!" Jan Maat reagierte gelassen: Wenn Rasmus uns hüt ok eens natt maakt, de Sünn maakt uns wedder dröög!

Wenn die Seen durch anderen Wind oder gegenlaufende Flut an Wirkung nachgelassen hatten, dann beschrieb man diesen Zustand mit der Wendung: Die See ‚scholkt' oder ‚spolkt'. Und auch die ‚brabbelnde' See sei hier nicht vergessen.

Die Dünung der See vor oder nach einem Sturm, manchmal tagelang anhaltend, hieß im 18. Jahrhundert ‚Deining'. ‚Todte See' nannte sie das 19. Jahrhundert, die Mecklenburger sagten ‚Düning' und erklärten: „Dat sünd de dowen Wellen, de keenen Kopp hebben. In de Atlantik is jo ümmer Düning ... de scheid't dor nich ut." Unter solchen Bedingungen – oftmals grobe See und kaum Wind – war es fast unmöglich, das Schiff zu steuern: man mußte es treiben lassen. Drehte aber der Sturm, nachdem er lange und beständig aus einer Richtung geweht hatte, dann überlagerten sich die Seen aus der neuen mit der Dünung aus der alten Richtung und es entstand die gefährliche und gefürchtete ‚Kreuzsee' – noch heute nennt man sie so.

Noch einige Wortbilder, etwas außerhalb von Rasmus' unmittelbarem Wirkungsbereich: ‚Ripsraps' hießen um 1700 zusammenschlagende kleine Wellen. Unter ‚Katzenpfoten' verstand man im 19. Jahrhundert Kräuselungen, die bei aufspringender Brise über das glatte Wasser liefen, und „die See wirft Lämmchen", oder „nu kamen de witten Schaap to sehn", sagte man beim Anblick weißer Schaumköpfe, wenn es ein wenig mehr wehte.

Eine *Reede* ist ein Seegebiet an der Küste oder ein Wassergebiet in Flußmündungen, in der Nähe eines Hafens, mehr oder weniger vor Wind und Seegang geschützt, ein Warteplatz.

Das Wort gehört zur sprachlichen Wurzel von ‚bereit' – fertig, ausgerüstet, in mittelniederdeutscher Lautung ‚red(e)'. In gleicher Bedeutung das englische ‚ready'.

Im Verlaufe der Sprachentwicklung wurde das Wort für den Zustand, in den man ein Schiff versetzte, auch auf den Ort, wo das geschah, angewandt, auf den Umschlagplatz vor dem Hafen, der eine größere Wassertiefe besaß und zum vollen Beladen, aber auch zum Leichtern größerer Schiffe benutzt wurde. Er hieß mittelniederdeutsch ‚reyde', ‚reide' und mittelniederländisch ‚rede'. Die ‚reyde' war also der Platz, an dem Schiffe ‚red' oder ‚reed' gemacht wurden.

Auch im Niederdeutschen hieß ‚reede' oder ‚red': bereit, fertig. So bedeutete ‚reed sitten': bereit sitzen, ‚Reedschopp hollen': Bereitschaft halten, ein ‚Reedgesell' war bis zum 17. Jahrhundert ein bewaffneter, zum Wehrdienst, vermutlich zur Verteidigung der Stadt, bereiter Bürger, und unter ‚Reedgeld' verstand man Bargeld, bereites, sofort verfügbares Geld.

Das Be- und Entladen der Schiffe, das ‚reede maken' – Seeleute und Hafenarbeiter benutzten dafür auch das damals noch sinngleiche ‚reeden', ‚bereeden', ‚uth-(uut-)reeden' –, war außerhalb des Hafens nur auf einem geschützten, sicheren Liegeplatz möglich, und so finden wir ‚Reede' im Niederdeutschen als allgemeinen Begriff für einen ruhigen, sicheren Aufenthalt. Alte Redewendungen, noch mit der Form ‚Reide', belegen diese Bedeutung: Nargens Reide hebben – nirgendwo eine Bleibe haben; auch: enem Reide geven – jemandem eine sichere Unterkunft gewähren. Und bei John Brinckman: „To Hus is doch de beste Reid, de säkerst Ankerstäd'" – Zu Haus' ist doch die beste Reede, die sicherste Ankerstätte.

Holländisches Seeschiff um 1485, Druckmarke von Matthias v. d. Goes zu Antwerpen.

In dem Maße, wie die Umschlagkapazität der Häfen zunahm, wurden viele Reeden, bis dahin als Vorhafen genutzt, Ankerplätze. Aber die Zunahme des Schiffsverkehrs und die Unregelmäßigkeit der Schiffsankünfte brachten es mit sich, daß außer den Liegeplätzen im Hafen oft auch die unmittelbar davor belegt waren. So mußten dann Schiffe im ungeschützten Seegebiet vor der Küste ankern, und auch diese Ankerplätze nannte man ‚Reede'.

Im 18. Jahrhundert verlangte man von einer guten Reede, daß sie geschützt sei, eine sichere Entfernung vom Strand habe und über geeigneten Ankergrund verfüge. Man unterteilte in ‚beschlossene', später ‚geschlossene Reeden', von Land umgeben und vor Seewind sicher, und in ‚offene Reeden', die Wind und Seegang zugänglich waren. In

Die Innenreede von Wick in Schottland. Um 1875 der größte Fischereihafen der Welt. Zeitgenössische Darstellung von S. Read.

dieser Zeit sagte man von einem Schiff, das den Hafen verlassen und sich auf Reede vor Anker gelegt hatte, um guten Wind abzuwarten: es hat ‚auf die Reede ausgelegt'. Um 1900 bezeichnete man darüber hinaus als ‚Außenreede' eine weniger geschützte, die nahe der offenen See lag, meistens in größerer Entfernung vom zugehörenden Hafen, und als ‚innere Reede', auch ‚Binnenreede' genannt, eine geschützt meist dicht vor dem Hafen liegende. Heute wird zwischen ‚Seereede', ‚Binnenreede' und ‚Flußreede' unterschieden, jedoch sind ‚Außen'- und ‚Innenreede' auch noch gebräuchlich.

Bei westlichen Winden, die die Fahrt aus dem Öresund in das Kattegat stark behinderten: Kattegat hett männig eenen den Hals ümdreiht – Das Kattegatt hat manch einem den Hals umgedreht, legten mecklenburgische Schiffe des 19. Jahrhunderts sich stets am Snickesteen bei Helsingör vor Anker, Schutz suchend und drehenden Wind abwartend. Oft lag hier eine ganze mecklenburgische „Flotte", die diesem Platz seinen Namen gab: ‚Mäkelbörger Reed!' nannten ihn die Seeleute, auch ‚Rostocker Reid'' oder, die Mecklenburger durch ihre damalige Lieblingsspeise kennzeichnend: ‚Pannkoken-(Eierkuchen-)Reid'. Dort „liggen wi, als wenn wi in Abrahams Schot liggen" – eine biblisch-gleichnishafte, wahrlich euphemistische Umschreibung für Geborgenheit.

Auf den folgenden Seiten: Der Hamburger Hafen im 19. Jahrhundert: „Eine Einweichung der See ins Land, woselbst die Schiffe auch bey den schwersten Stürmen sicher liegen können." (J. H. R.)

Die *Reeperbahn* „... nachts um halb eins ...", der Ankerplatz spezieller irdischer Freuden, der berühmt-berüchtigte Kulissenzauber mit doppeltem Boden, ist jetzt ohne Interesse. Unsere ‚Reeperbahn' in der Beschreibung des Johann Hinrich Röding ist ein „langer gerader Gang oder eine Bahn, wo die Reepschläger spinnen. Dieselbe muß bey großen Reepschlägereyen wenigstens 1200 Fuß lang seyn, damit die Kabelgarne zu den größten Ankertauen daselbst gesponnen werden können. An den mehrsten Orten findet man eine solche Reeperbahn bedeckt, oder unter einem Dach, damit die Spinner auch bey renigten Wetter arbeiten können."

Diese „Spinner" hießen ‚Reeper' oder ‚Reepschläger', und sie betrieben die ‚Reepschlägerei', eine mit der Seefahrt eng verbundene Kunst, seit dem Mittelalter in den europäischen Städten Riga, Greifswald, Stralsund, Rostock, Wismar, Lübeck und Hamburg aktenkundig. Vom Ende des 14. Jahrhunderts stammen die ersten uns bekannten Reepschläger-Zunfturkunden. Doch in den Familiennamen begegnet uns dieses Handwerk noch früher: 1261 im Bremer Namen Nicolaus ‚Selslaghere', 1265 im Hamburger Richardus ‚Repslegere', 1282 im Stralsunder Hence ‚Reper'.

Die Hamburger Reepschläger hatten nun ihren „langen geraden Gang", ihre ‚Reeperbahn' also, im heutigen Stadtteil St. Pauli, vor dem 17. Jahrhundert eine Art Niemandsland. Es lag zwischen den Nachbarstädten Hamburg und Altona. 1786 gab es dort, nach einer

Abreißen des Hanfsamens und Abziehen des Hanfs.

Auf ‚Schwingebrettern' wird der Hanf mit Schwertern geschwungen,

Drehen von ‚Marlien' (dünne geteerte Leine aus zwei Garnen) und ‚Hüsing' (aus drei Garnen bestehende Leine).

im Hamburger Staatsarchiv aufbewahrten Karte, 24 Reepschlägerbahnen, die bis in das letzte Viertel des 19. Jahrhunderts in Betrieb waren. Dann erst entstand jene Straße an gleicher Stelle, in und auf der das wohl älteste Gewerbe der Welt ausgeübt wird . . .

Der ‚Reeper' dagegen war ein solider Handwerksmann, der aus Hanf Schnüre, Seile, Leinen und Trossen anfertigte. Er achtete auf höchste Qualität, die Sicherheit der Schiffe und das Leben der Jan Maaten hingen auch von ihm und seiner Tätigkeit ab. Die Auswahl der Rohstoffe (wenn der Hanf reif war, wurde er aufgezogen und getrocknet, dann geklopft, mit hölzernen ‚Schwerdtern' geschlagen, gehechelt und abgezogen) war von ebenso großer Bedeutung wie die

„Schon die phönizischen Seefahrer benutzten Seile, und die alten Ägypter ließen die Felsblöcke für ihre Pyramiden mit gedrehten Seilen (und von Sklaven) ziehen, bevor das Rad als Transportmittel erfunden war. Seit jenen frühen Zeiten hat die Reepschlägerei immer eine wichtige Rolle gespielt unter den alten Handwerksarten, und sie erreichte mit der Hochblüte der Segelschiffahrt gegen Ende des vorigen Jahrhunderts ihren Höhepunkt. Von da ab allerdings ging es bergab mit dem Gewerbe: Wie viele andere Handwerksberufe, so verlor auch die alte Reepschläger-Kunst im Industriezeitalter an Bedeutung. Stationäre Maschinen traten an die Stelle der raum- und arbeitskraftintensiven Reeperbahnen. Und immer mehr Maschinenschiffe brauchten immer weniger Tauwerk, Drahtseile und maschinell geflochtene Waren liefen den bewährten Hanfseilen vielerorts den Rang ab."

Joachim Kaiser

Zusammendrehen eines dreischäftigen Taues.

Herstellung schwerer Taue.

Verarbeitung. „Amtsrollen" verboten bis 1753 „reyne soorten van Rigase/Konigsberger of Petersburger Reynhennip" (reinen Hanf) zu vermengen, selbst die guten „Hamburger" sollten nicht mit den ebenso guten „Wismarer Garnen" vermischt werden. „Nasses und verdorbenes Garn" durfte in Hamburg nicht zu schwerem Tauwerk, sondern nur zu „Pferdesträngen und Leinen" verarbeitet werden. Garn, das man durch Aufdrehen von altem Schiffstauwerk gewann, schied von vornherein aus. Selbst das Spinnen des Garns bei „feuchtem oder regnerischem Wetter" verbot die Amsterdamer Zunft seit 1514. Alles Bestimmungen, die das stolze Handwerk rundum schützten und den Segelschiffskapitänen und ihren Besatzungen ein Optimum an Sicherheit boten. Dazu gehörte auch, daß der frühkapitalistischen Garnspekulation der Boden fast ganz entzogen wurde: Die Reepschläger besaßen das Vorkaufsrecht auf eingeführten Hanf, der allen gemeinsam angeboten werden mußte. Die Ladung des ersten Schiffes, das nach dem Winter einlief, teilten sich die Meister, und niemand durfte nach Hamburg oder Lübeck Taue einführen und verkaufen. Handwerkerstolz spricht aus dem Erlaß, „nicht weniger als 1/2 Schiffspfund" (im Hansischen 1,4 Zentner) „für einen Schiffer oder Kaufmann" zu schlagen. Obendrein hatten die Reepschläger, Kuriosität der Zeit, bereits vor zwei- bis dreihundert Jahren feste Preise: Ein Schiffspfund (2,8 Zentner) verarbeitetes Garn durfte in Lübeck „veer schillinge unde nicht myn", in Hamburg nicht „mehr dan twe schillinge" kosten.

Die Arbeit des Reepschlägers ist das Schlagen der Seile: „Auch das längste Seil besteht aber nur aus jenen einhalb bis anderthalb Meter langen Hanffasern, die durch nichts anderes zusammengehalten werden als durch den Reibungswiderstand, der infolge vieltausendfacher Verschlingung der Faser sich bildet. Wesentlich ist, daß die Fasern zunächst in dünnen Fäden Halt gewinnen und daß diese Schritt für Schritt zu dickeren Faserbündelungen vereint werden. Dazu bedarf es einer genauen Kenntnis des Reepschlägers von den Eigenschaften der Fasern, ihrer sorgfältigen Vorbereitung für den Verarbeitungsprozeß, der fachmännischen Herstellung zunächst des Fadens, dann des Seils, und schließlich der Nachbehandlung des Seils, die sich nach dessen vorgesehenem Verwendungszweck richtet." (Jürgen Eichhoff)

Diese Produktion war natürlich sehr raumaufwendig und arbeitsintensiv; eine heute noch in Hamburg arbeitende Reeperbahn ist 335 Meter lang, was zur Herstellung von 250 Metern Trossenlänge reicht. Wenn auch nicht mehr mit der Handkurbel gedreht wird, wie in alten Zeiten ist es noch immer. Da verarbeiteten und drehten – Einfädeln, Austreiben, Schlagen, Aufrollen – die Reepschläger überall in der Nähe der Häfen den Hanf und belieferten die Schiffahrt. Ein feiner Unterschied allerdings trennte den ‚Reepschläger' vom bekannteren ‚Seiler'. Der eine übte sich in der Kunst, schweres Seilwerk für Kauffahrtei- und Kriegsschiffe herzustellen, der andere verfertigte dünnes Seilwerk für Fischerei und Landwirtschaft. Wenn auch seit dem letzten Jahrhundert zwischen beiden offiziell nicht unterschieden wird, sie selbst differenzierten genau.

Doch seit der Glanzzeit der Segelschiffahrt gegen Ende des 19. Jahrhunderts geht es mit der Reepschlägerei bergab. Vorbei ist die große Zeit einer Handwerkskunst, von der – nach Jürgen Eichhoff – eine Niederschrift aus dem Jahre 1665 berichtet: „Der unser Werk soll zum Meisterstück machen, 1) ein Kabel-Tau, vier Daumen dicke und vierzig Faden lang in die Maaß zu schlagen, 2) ein Schmied-Enckelt, 8 Daumen dicke und 16 Faden lang, 3) eine Schnöde von 5 Daumen dicke und 16 Faden lang, von vier Döchtern kabelweise ohne Herz zu schlagen, wer dieses nicht kann, der soll so lange wandern, biß er bestehen mag; so soll ihm alsdann das Werk unversagt seyn."

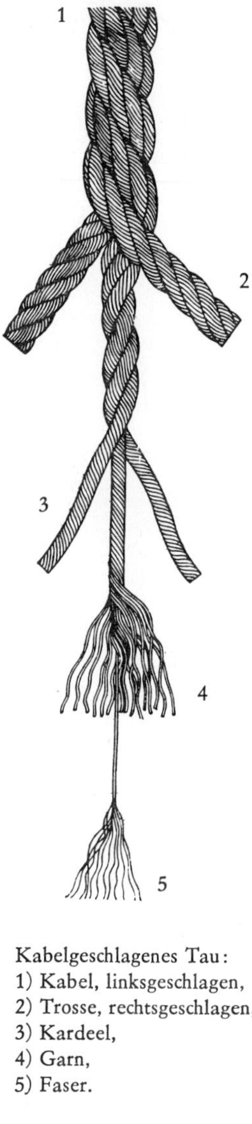

Kabelgeschlagenes Tau:
1) Kabel, linksgeschlagen,
2) Trosse, rechtsgeschlagen,
3) Kardeel,
4) Garn,
5) Faser.

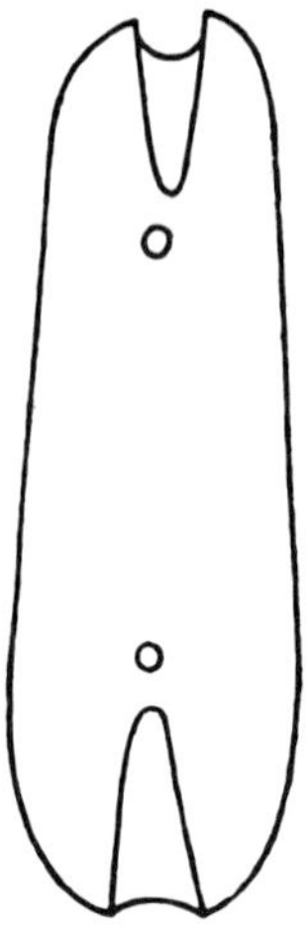

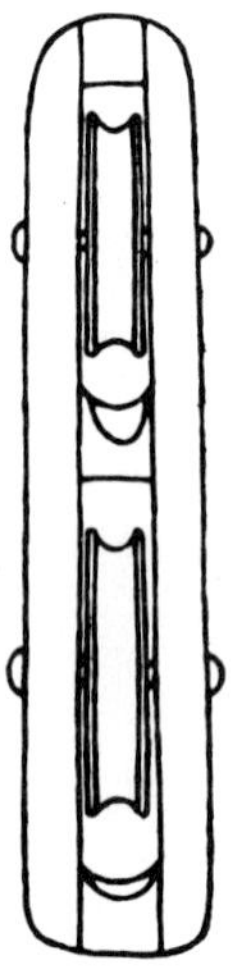

Violinblock mit zwei **Sch**eiben, Seitenansicht **und** Vorderansicht. **18**. oder 19. Jahrhundert.

Reiten ist ein in sehr verschiedenen Bedeutungen angewandtes Wort. In germanischer Zeit hatte es den allgemeinen Sinn: sich fortbewegen, hin und her bewegen, erheben. Später wurde es an Land der Ortsveränderung auf einem Tier, namentlich auf einem Pferd, zugeordnet. Das hochdeutsche ‚reiten' lautet im Niederdeutschen, riden'. Auch dieses Wort benutzten unsere Vorfahren zu bildhaften Vergleichen. So hieß es im Schleswig-Holsteinischen: Dat Meß is so stump, dor kannst mit'n bloten Ars up na'n Blocksbarg (eigentlich Hexenberg) rieden. Und mit einem Anflug von Obszönität verwendete der Volksmund ‚riden' und ‚reiten' für koitieren schon sehr früh.

‚Reiten' stand auch für schikanieren, streiten und verleumden: Alle willen up em riden – Alle wollen auf ihm reiten, jeder will an ihm sein Mütchen kühlen; se reden tosamen – sie ritten zusammen, sie stritten sich; enem den Rugge riden – einem den Rücken reiten, ihn schlecht machen; und schließlich das Sprichwort: 't is nien Kinnerspill, wenn oolde Lüde up Stokken ridet – es ist kein Kinderspiel, wenn alte Leute auf Stöcken reiten.

In seemännischer Verwendung läßt sich unser Wort weit zurückverfolgen. Schon im „Beowulf" heißt es: „on ancre ridan" – auf oder vor dem Anker reiten, sich auf- und niederbewegen, ohne Bezug auf ein Pferd. Seeleute übernahmen diese Wendung, und tausend Jahre später hieß es niederländisch: op zyn Anker ryden, dänisch: ride for anker und englisch: to ride at anchor.

Der deutsche Seemann gebrauchte ‚reiten' differenziert. Wenn ein Schiff zu ‚reiten' begann, ‚klüste' es. Stampfte es so stark, daß es unterschnitt, daß die Seen das Vorschiff überspülten, hieß es: das Schiff ‚reitet schwer'; auch ‚durchreiten' und ‚unterdurchreiten' kennen wir dafür: Das Schiff ‚reitet unter' (den Seen hin-)‚durch'. Kam bei hoher See derartiger Zug auf die Ankertrossen, daß sie zu brechen drohten und das Schiff dadurch Gefahr lief, auf Legerwall getrieben zu werden, charakterisierte Jan Maat diese Situation mit der Wendung: das Schiff ‚reitet auf dem Hals', womit er vermutlich sagen wollte, es sei nahe daran, sich den Hals zu brechen.

In dem von ihm selbst erzählten „abenteuerlichen Leben des Jens Jacob Eschels aus Nieblum auf Föhr als Walfänger, Matrose, Kapitän und zuletzt als Reeder und Tabakfabrikant in Altona" lesen wir über eine Reise am Ende des 18. Jahrhunderts: „. . . die See ging sehr hoch, und wir ritten so schwer vor Anker, wie ich es später nie wieder erlebt habe. Unser Ankertau, das ganz neu und zum erstenmal im Wasser war, wurde viele Male um zwei Fäden höher, als unser Bugspriet lag, geschleudert, und so sah ich, daß es möglich ist, daß ein Ankertau über ein Bugspriet, worunter keine blinde Rahe ist, hinschlagen und dasselbe abbrechen kann." Im 19. Jahrhundert entstand: einen Sturm ‚abreiten' – schweres Wetter vor Anker liegend überstehen, manchmal auch im freien Seeraum einen Sturm abwettern. Dazu Kapitän James P. Barker: „Drei Stunden hingen sechs Matrosen und vier Jungen in tiefster Dunkelheit auf der eisüberkrusteten Rah. Sie schnauften, fluchten und stöhnten. Ohne daß einer den anderen sehen konnte, bemühte sich jeder, beim Einholen der steifgefrorenen und auswehenden Leinwand dem Nachbarn zu helfen. Bald stand das Zeug horizontal wie ein Brett, bald peitschte es uns um die Ohren. Wir konnten nichts tun, als unsere Leiber fest auf die schwankende Rah zu pressen. Fetzen um Fetzen fingen wir das widerspenstige Tuch ein und sicherten es mit Zeisingen. Dann schlichen wir, durch eiskaltes Wasser watend, zu den Vorwanten, um nun auch noch die Fock zu bergen. Sie war heil geblieben und hing in steifen Falten und schwer wie Blei in den Gordings. Die paar Mann konnten jeweils nur die Hälfte des Segels festmachen ... So ritten wir den Sturm ab ..."

Schaffen ist das ältere Wort, das Jan Maat für essen gebrauchte. Zum seemännischen Wortschatz bis zum Anfang unseres Jahrhunderts gehörend, wurde es durch ‚Backen und Banken' verdrängt.

‚Schaffen', in dieser Lautform aus dem Hochdeutschen übernommen, hatte im Niederdeutschen verschiedene Bedeutungen. Für essen ist es zunächst nur in Dähnerts „Platt-Deutsches Wörter-Buch" und darin nur für Hiddensee belegt, überall im niederdeutschen Raum jedoch verstand man unter ‚schaffen' das Ausrichten eines festlichen Essens in einer Brüderschaft oder Gilde, und der oder die Gastgeber hießen ‚Schaffer'. Erweitert galt ‚Schaffer' auch denjenigen, die die Tische deckten und Speisen auftrugen, was man ‚upschaffen' – auftischen, nannte.

Seemannssprachlich zitiert Kluge das Wort aus dem 17. Jahrhundert: „Wenn essens Zeit ist, kommt der Koch zum Schiffer um zu fragen: Ob er aufschaffen soll, und wo der Consens gibt, so leutet mann mit der Glocken, das alles Volck zusammen komme." Und noch um 1900 hatte auf Kauffahrern der Koch den Kapitän zu fragen: „Kaptein beleft't, dat Lüde schafft?" – Beliebt es dem Kapitän, daß die Leute essen?

Im Leben aller Fahrensleute hatte das Schaffen einen besonderen Stellenwert. Auf einem guten, seetüchtigen Schiff, nicht einem ‚Seelenverkäufer' anzumustern, war wünschenswert, Jan Maats vorrangige Aufmerksamkeit jedoch galt immer der Verpflegung, die ihn erwartete. Die Heuerbaase und Schiffer lockten deshalb oft mit gutem Essen, um Leute zu gewinnen: „Witten Kohl un Hamelfleesch, is dat nich'n goot Äten?" – „Ja, oewer wi krigen 't man nich!" antworteten die Matrosen. De Schiffer schafft got – Der Schiffer tischt gut auf. Und sie warnten vor knausrigen Kapitänen: „Dor gah nich rup, dor giff't nicks to manschen!" – Da (auf dieses Schiff) geh nicht rauf, da gibt's nichts zu essen. Oder sie frotzelten: „Wer up dee oll Koor nich versüppt, de verhungert dorup" – Wer auf dieser alten Karre nicht versäuft, der verhungert darauf; und: „Wenn dat Fleesch un Brot so goot wier, as de Botter slicht is, hadden wi'n Herrenläben" – Wenn das Fleisch und (das) Brot so gut wäre (n), wie die Butter schlecht ist, hätten wir ein Herrenleben.

Auswanderer an Deck. „Die Preise der Ueberfahrt von Bremen nach Australien betragen", schrieb die Illustrirte Zeitung Leipzig am 3. Februar 1849, „auf den Schiffen im Zwischendeck 80 Thlr. mit 20 Thlr. Draufgeld; in der I. Cajüte 240 Thlr. mit 50 Thlr. Draufgeld. Letzteres wird am Ueberfahrtsgelde wieder gutgerechnet. Vom 15. April gehen wieder monatlich Schiffe nach Südaustralien ab."

Für die Schiffsjungen, die vom Binnenlande kamen, gab es zunächst keine Högedage. Die Fahrensleute amüsierten sich darüber und erzählten (nach Wossidlo): De Jung hett fragt: „Hefft ju keen Melk an Buurd?"
„Nee", säden de Madrosen, „uns Fockmast gifft noch keen."
Der Junge hat gefragt: „Habt ihr keine Milch an Bord?"
„Nein", sagten die Matrosen, „unser Fockmast gibt noch keine."

Das seemännische ‚schaffen' hatte verwandte Formen in niederländisch ‚schaffen', dänisch ‚skaffe' und schwedisch ‚skaffa'. Auf deutschen Schiffen wurde es so gebraucht: Der Kochsjunge hatte vor jeder Mahlzeit den alten Spruch auszusingen, der noch bis zum Ende des 19. Jahrhunderts üblich war: Schaffen – schaffen ünnen un baben, schaffen – schaffen in Gottes Namen; ‚Schaffensgeschirr' nannte Jan Maat Messer und Gabel, und ‚Schaffertörn' war die Ruderwache, die abwechselnd durch einen Matrosen gegangen werden mußte, während alle anderen schafften.

Schifferbrüderschaften der Hafenstädte pflegen seit der frühen Hansezeit einen schönen Brauch. Seemännische Eigenart und zeitüberdauernde Beständigkeit zeigen sich, wenn alljährlich in der zweiten Februarhälfte der Altermann seine Schifferbrüder zu einer ‚Schaffermahlzeit' bittet. Bis in unsere Gegenwart geben Reeder, Schiffer und Kapitäne einander dieses Gastmahl, vielleicht eingeleitet mit dem alten Spruch des Schaffers:

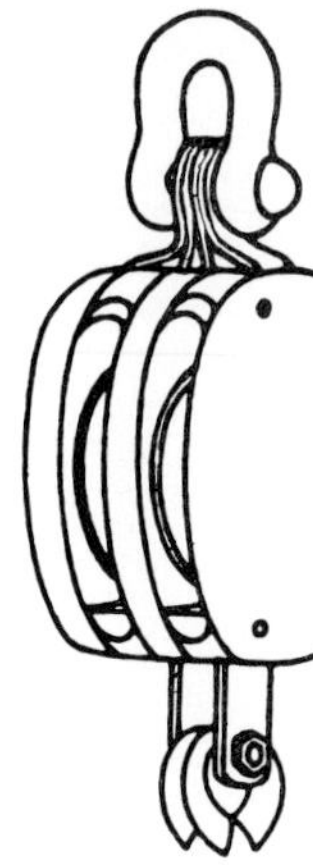

Zweischeibiger Block mit Schäkel und Hundsfott.

„Schaffen – schaffen ünnen un baben,
schaffen – schaffen in Gottes Namen!
In ditt Huus herrscht strenge Sitten.
De ole Huusordnung,
von de Schipper-Oellerlüüd und sämtliche
Schipper-Bröder einhellig bewilligt und
berahmt im Johr unsers Herrn 1581 beseggt
unner A öber dat Schaffen:

Dormit een god Regiment und Freden mag sien,
sall en jeder sich bestens beherrschen,
sall sien Naber und anner Lüd nich haun und stöten
und op keen Wies bi'n goden Drunk em möten (behindern).
Man sall bi't Schaffen nich so deep in't Glas rin kieken
un' nich mit leddige Gläs und Buddels smieten.

De Huusgesetze sind, so lang dat Schaffen duurt,
ünner allen Umständen to respekteern.
Denn dat will eck den geehrten Anwesenden verraden:
Wer gegen de Huusordnung verstött, de ward von Schaffen utslaten
un vun de Fallreepsgäst vor de Wind ut de Döör rut laten.

Schaffen ünner un baben
Schaffen mit beiden Wachen!"

Damit begann die Schaffermahlzeit. Fred Schmidt vermittelt uns ein eindrucksvolles Bild von dem, was geschah, wenn das Mahl bewältigt war, „dann stiegen gar bald bläulich und aromatisch die Wolken eines echten Männerweihrauchs aus langen Kalkpfeifen empor. Dröhnend brachen sich die Takte der alten Schifferlieder an den Wänden. Hell funkelte der Kerzenschein in den blanken Humpen ... Da erwachten die Erinnerungen, halbvergessene Namen lebten auf,

Schiffe, Seeleute, Häfen geisterten durch den Raum. Freundschaften wurden erneuert, Erzählungen von bunten Erlebnissen in allen Weltwinkeln wurden laut. Scherze flogen hin und her, Lieder schallten, die Seeleute schon unter allen Breitengraden gesungen, und Briefe alter, verschollener Schiffskameraden wurden verlesen, für den Abend der Schaffermahlzeit hervorgekramt aus längst außer Dienst gestellten und verstaubten Seekisten."

Einen *Schiemann* gab es nur auf Segelschiffen. Er war ein dem Bootsmann, dem Meister an Deck, unterstellter Unteroffizier und verantwortlich für den Fockmast und das Vorgeschirr.

Wahrscheinlich auf ‚Schipmann' zurückgehend, ist die Lautentwicklung historisch ungeklärt. Spätestens jedoch seit dem 18. Jahrhundert sind im Deutschen und Niederländischen ‚schiemann', im Dänischen ‚skibmand' bekannt. Weitere Varianten vom 17. bis zum 19. Jahrhundert sind ‚Schimman', ‚Schirmann' und ‚schidmann'. ‚Schiemann' blieb im seemännischen Bereich erhalten.

Im 18. und vermutlich auch noch im 19. Jahrhundert war es üblich,

auf Dreimastern dem Bootsmann außer einem Bootsmannsmaaten einen Unteroffizier zuzuordnen, der im Rang zwischen beiden stand, so daß der Schiemann mit einem Oberbootsmannsmaaten verglichen werden kann. Der Bootsmann war für den Großmast, der Schiemann für den Fockmast, der Bootsmannsmaat bei Barken für den Besan- und bei Vollschiffen für den Kreuzmast zuständig. Über das Vorgeschirr – die Takelage des Bugspriets und des Klüverbaumes – wachte der dem Schiemann unterstellte ‚Schiemannsmaat', und alle für Fockmast und Vorgeschirr, also im gesamten Vorschiffe, eingesetzten Matrosen hießen ‚Schiemannsgasten'.

Wie sich vermutlich aus ‚schipman' ‚Schiemann' entwickelte, so entstand wahrscheinlich aus ‚schipmannen' – Schiffmannsarbeit, Seemannsarbeit verrichten – ‚schiemannen'. In den letzten Jahrhunderten bezeichnete man mit ‚schiemannen' allerdings nur Arbeit zum Schutz und zur Instandsetzung von Takelage und Segeln: ‚Schiemannsarbeiten' nannte man sie.

Das ‚Schiemannsgarn', das die Jan Maaten vielfach dafür gebrauchten, vor allem zum ‚Bekleeden' (Bekleiden) von Leinen und Trossen, bestand meistens aus zwei bis drei, aber auch aus sieben bis neun gedrehten Kabelgarnen, aus altem Tauwerk gewonnen, und war etwa fünf bis elf Millimeter dick. Die Seeleute drehten oder spannen es selbst an Bord mit der ‚Schiemannswoid', auch ‚Raddel' genannt.

Schiemannsgarn ist „entweder zweydräthig oder dreydräthig nachdem zwey oder drey Kabelgarn blos um einander gedreht sind. Auf Schiffen geschieht dieses mit einer Art Mühle, die man auch eine Woid nennt. Das Schiemannsgarn ist sehr grob und locker, man gebraucht es hauptsächlich die Taue zu bekleiden. Man hat auch vierdräthiges Schiemannsgarn, welches Lorring oder Lording genannt wird." (J. H. R.)

‚Schiemannsgarn drehen' oder ‚Schiemannsgarn spinnen' war auf Segelschiffen eine untergeordnete Arbeit, die bei Schönwetter nebenbei erledigt wurde. Weil sie recht langweilig war, erzählten sich die Jan Maaten unterdessen, was sie erlebt hatten und worüber sie sich Gedanken machten, Sagen, Schwänke und Schnurren – Döntjes gehörten dazu: „Wi hebben dull diskutiert oewer Religion, Politik un all so wat. Dat kümmt immer up an, wat för 'n Geist in de Mannschaft is." Auf diese Weise bekam ‚Schiemannsgarn spinnen' mit der Zeit eine andere Bedeutung: Das Erzählen wurde Hauptsache, die Arbeit Nebensache, bis man schließlich das Erzählen allein so bezeichnete. In jüngerer Zeit ersetzte ‚Seemannsgarn spinnen' oder kurz ‚Garn spinnen' die alte Redewendung, und unter echtem ‚Seemannsgarn' versteht man jene Erlebnisberichte von Seeleuten im Grenzbereich zwischen Wahrheit und Phantasie, die alle etwas undurchsichtig, aber glaubhaft-eindrucksvoll sind: Allerdings weiß der Zuhörer nie genau, ob er auf den Arm genommen wird oder nicht.

Schiffen – lateinisch navigare – ist ein altes Verb, allgemein bedeutete es: zu Schiff befördern, zu Schiff fahren oder zur See fahren, im besonderen aber: eine Reise machen, auf oder in See sein.

Im Niederdeutschen standen ‚schepen‘ und ‚schippen‘ für schiffen, und im engeren Sinne bezeichnete man damit das Überstehen schweren Seeganges: Wi schippten een swore See oewer de anner. Anwendung fand das Wort im übertragenen Sinne: mit goden Wind ‚schippen‘ – gut vorankommen, auch schnelles Gehen nannte man so. ‚Schippen‘ hieß bei den Jungen: Steine über das Wasser springen lassen, die Redewendung: Ik bin mit em up scheped – sagte sinngemäß: Ich bin mit ihm gestrandet und nun seiner überdrüssig. Und ‚ohne Ruder schiffen‘ heißt: sich dem Zufall überlassen. Das jüngere niederdeutsche ‚schippern‘ wurde und wird oft, auch an Land, für gemächliche, langsame Fahrt machen gebraucht.

‚Einschiffen‘, niederdeutsch ‚inschepen‘, bedeutete bis zum Anfang unseres Jahrhunderts, Ladung, Fahrgäste, Proviant, Frischwasser und anderes an Bord nehmen. Die Fahrgäste sagten: „Wir schiffen uns ein.“

Im 18. Jahrhundert stand ‚einschiffen‘ im erweiterten Sinn auch für Anker lichten und in See gehen. Heute dagegen wird das Wort nur noch für das An-Bord-Gehen von Fahrgästen gebraucht, die Übernahme von Stückgut, Schüttgut und Flüssiggut heißt ‚laden‘, ‚beladen‘.

Im Mittelhochdeutschen, später jedoch nicht mehr aufzufinden, ist uns für ‚einschiffen‘ die Form ‚anschiffen‘ begegnet, das Nibelungenlied, Strophe 1377, überliefert: „ze Misenburc (Meißen) der richen da schiften sie sich an, daz wazzer wart verdecket von ross und ouch von man ...“

‚Abschiffen‘, niederdeutsch im 17. Jahrhundert als ‚afschepen‘ in Gebrauch, hatte den Sinn von verschiffen, Waren mittels Schiff versenden, befördern; zudem verstand man im 18. Jahrhundert darunter in See gehen, absegeln, ausreisen. Ende des 19. Jahrhunderts hatte das Wort noch eine andere Bedeutung, die sich aber nicht lange hielt: man setzte ‚abschiffen‘ mit ‚ausschiffen‘ gleich. ‚Ausschiffen‘ hieß, am Ende der Reise die Fahrgäste von Bord gehen lassen und die Güter ausladen, auch ‚uutschepen‘ sagte man dazu.

Auf die Betagtheit des Wortes deutet ein Beleg im „Ältesten Hamburger Schiffsrecht“ von 1292: „Sowe so huret ein schip, unde schepet he dar in ofte nicht, unde will he uthschepen, eir dat schip to seghele gheit, he scal gheven halve vrucht.“ – Wer ein Schiff heuert und darin (ein-) schiffet oder nicht und will ausschiffen (auch verzichten, zurücktreten), ehe das Schiff unter Segel geht, der soll die halbe Fracht zahlen.

Ebenso wie ‚einschiffen‘ wird auch ‚ausschiffen‘ heute nur noch auf Menschen angewendet, die Ladung von Bord geben nennt man: ein Schiff ‚entladen‘ oder ‚löschen‘.

‚Löschen‘ für entladen – dänisch ‚losse‘, schwedisch ‚lossa‘ – hat nach übereinstimmender Meinung von Sprachwissenschaftlern seinen Ursprung im gleichbedeutenden niederdeutschen und niederländischen ‚lossen', das mit ‚los' (ledig), ‚lösen', aber auch mit mittelhochdeutsch ‚verliesen', später ‚verlieren', und mit ‚Verlust' zusammenhängt, also eine Trennung bedeutet.

Schon die „Revidierte Schiffs-Ordnung" der Hansestädte von 1314 bezeugt für Kauffahrer: „Wenn der Schiffer zur stette kompt/sollen die Schiffskinder jedes orths ohne underschied willig Lossen und Laden. Wer sich dagegen setzet/wie ein zeitlang am Bergischen Cunthor wider billigkeit geschehen/soll seiner Heur verlustig/und straffelig seyn."

Noch das Bremisch-Niedersächsische Wörterbuch von 1767 nannte das Entladen eines Schiffes ‚lossen' und kritisierte diejenigen „Oberländer", die schon ‚löschen' gebrauchten. Schließlich verstand das 18. Jahrhundert unter ‚Löschplatz' oder ‚Lossplatz' einen Umschlagplatz an einem Ufer, mitunter aber auch das Reiseziel eines Schiffes.

In alter Zeit konnte ‚skif' – Schiff – aber auch allgemein Gefäß bedeuten, was sich zum Beispiel in der Wendung ‚Schiff und Geschirr' für Hausrat widerspiegelt. Auch die Buchdrucker nannten den Zeilenhalter, in dem der Satz stand, ‚Schiff'. Am Ende des 18. Jahrhunderts erschien ‚Schiff' als Bezeichnung für ein Nachtgeschirr, und das derbe – als studentisch seit 1781 bezeugte – ‚schiffen' für urinieren entwikkelte sich daraus, in jüngerer Zeit gefolgt von dessen Übertragung auf regnen.

Poetischere Wendungen kennt die Literatur, die ‚schiffen' vielfach in übertragener Bedeutung benutzt. Beispielhaft dafür steht hier Schillers „Epigramm": „In dem Ozean schifft mit tausend Masten der Jüngling; Still, auf gerettetem Boot, treibt in den Hafen der Greis."

Hin und her schlagen, schlingern, schlenkern, sich unregelmäßig oder auch regelwidrig bewegen nannten die Seeleute *Schlackern*, die Bewegungen von Schiff, Segel, Riemen, Menschen und manch anderem so charakterisierend.

Aus dem Niederdeutschen kommend, war das Wort einst weit verbreitet, hier und dort wird es noch benutzt. ‚Slakkern' wird von ‚slakk' – schlaff, schlapp, abgeleitet, es ist keltischen Ursprungs und wurde für regnerisches, ermüdendes, schlapp machendes Wetter, auch für das Beschmutzen der Kleidung gebraucht. Doch davon soll hier nicht die Rede sein. ‚Slackern' war im Niederdeutschen das zusammenfassende Synonym für wanken, schlenkern, wackeln, schütteln, schlottern, sich hin und her bewegen. So hieß es: de Wagen slakkert, wenn er auf holprigen Wegen von einer Seite auf die andere fiel, und wenn eine Abmagerungskur Erfolg gehabt hatte, sagte man: „Dat Tüüch slackert ehr all up 'n Liw."

Leute, die beim Gehen die Arme auffallend schlenkerten, trugen die Namen ‚Slackerfritz' und ‚Slackergret', und ‚Slackerkopp' hieß ein alter Mann, dem der Kopf wackelte; soweit zutreffend, sagte man auch ‚Slackerbeen'. Eine Nebenbedeutung von ‚slakk' ist der ‚Slaks', schon vor zweihundert Jahren ein nachlässiger, träger Mensch, ein fauler Schlingel. Der heutige ‚Schlaks' und das dazugehörende Adjektiv ‚schlaksig' meint einen ähnlichen Typ: lang – ohne straffe Körperhaltung, ungeschickt. Das Wort ‚slackerig' blieb so in ‚schlaksig' erhalten.

Mit den Riemen ‚schlackern' hieß, durch unvorsichtiges Eintauchen die im Boot sitzenden Personen „nass machen oder besprützen". Das Kommando an die Rojer, dieses zu unterlassen: „Schlackert nicht!" Und ein steifes, kurz und hart schlingerndes Schiff charakterisierten die Jan Maaten so: Wat'n stiw Schipp is, dat slackert düller. Gerieten sie aber in eine Flaute, so schrumpften die Segel in tausend Falten zusammen und schlackerten wie Waschlappen. Mecklenburgische Seeleute erzählten: „Wenn wi bi de Wind sägeln un de Wind dat Sägel back sleiht un denn wedder vull blurrert, seggen wi: Hüüt slackert he sik noch 'n Been ut." – Wenn wir beim Wind segeln und der Wind das Segel back schlägt und dann wieder voll blurrert, sagen wir: Heut' schlenkert er sich noch 'n Bein aus.

Das seemännische Wort *Schlag* fand im Niederdeutschen vielfache Verwendung, so in ‚Slag holen', Schlag oder Takt halten, zu dem das „Idioticon Hamburgense" die vergnügliche Erklärung gibt: „mit gleichen Schlägen arbeiten, ohne einer den andern zu hindern, wie die Schmiede, wenn ihrer viele auf einen Amboß schlagen, und die Ruderer, welche, wenn das Fahrzeug recht fortgehen soll, nicht durcheinander her, sondern alle zugleich einschlagen müssen. Daher sagt man im Schertze, wann ihrer viele mit Löffeln essen: holt Slag, so kamen wy to Lande: d. i. ein jeder lange gleichmässig zu, so wird das Gefäß ledig." ‚Slag hollen' galt in geselligem Kreise aber auch als Aufforderung, ebenso wie alle anderen mitzuessen und Glas um Glas mitzutrinken.

Weiteres zeigt sich in den Redewendungen: Ik kann nig in den Slag kamen – Ich habe noch nicht genügend Übung; De Arbeit is kine Hexerij, wen man daar man erst den Slag van weet – Die Arbeit ist keine Hexerei, wenn man erst die richtigen Kniffe kennt; He het enen Slag van der Windmölen – Er hat einen Schlag von der Windmühle, bei ihm stimmt etwas nicht. Wertvolle Münzen hießen ‚Müntzen goden Slages', und im übertragenen Sinne sagte man: Dat is dat rechte Slag – das taugt nicht viel, oder auch: een good Slag vam Minschen –

ein Mensch von gutem Gemüt. Erinnernswert auch: Agter uut slaen – wie ein Pferd nach hinten ausschlagen: „seinem Wohltäter mit Undank lohnen: dem, der uns erzogen und Mühe mit uns gehabt, nachher Schaden und Verdruß erwecken". Daar ward nig up slagen – das wird nicht beachtet, das ist nebensächlich. Ein Wortspiel enthält die Redensart: He hett eenen verslagenen Kopp, wenn he de Treppen herdahl fällt – Er hat einen verschlagenen (schlauen) Kopf, wenn er die Treppe herunterfällt.

Auf den folgenden Seiten: 1869 wurde die eiserne Bark *Rialto* als Vollschiff in Sunderland/England gebaut. Das 1893 von Henry Loos in Antwerpen gemalte Ölbild zeigt das formschöne Schiff mit der damals so beliebten Stückpfortenbemalung unter vollen Segeln.

‚Slagt' oder ‚Slagte' nannten die Seeleute und die Bevölkerung der Hafenstädte im 18. Jahrhundert ein Bollwerk zum Anlegen von Schiffen, einen Kai. Die Bezeichnung führt auf das Einschlagen, Rammen der Pfähle zurück, die man seit dem 15. Jahrhundert zum Bau befestigter Kaianlagen benutzte. In den Verwaltungen der Städte gab es ‚Slagtheren'. Der ‚Slagtvagd' oder ‚Slagtvogt' hatte für Ordnung an den Schiffsliegeplätzen und beim Laden und Löschen zu sorgen, und sein ‚Slagtschriver' oder ‚Slagtschreiber' registrierte die Ladungen und kassierte für die Instandhaltung der ‚Slagte' Gebühren: das ‚Slagtgeld'. Vermutlich war er es, der im 18. Jahrhundert als Gildeknecht bezeichnet wurde, und von dem es hieß, er sei „in den Seestädten derjenige, der die Schiffer zur Abfahrt abfertigen muß, und ohne dessen Schein sie von den Zöllnern nicht weggelassen werden". Die Umschlaggüter aber wurden mit ‚Slagtpeerden' oder ‚Slagtpferden' und ‚Slagtwagen' an- und abtransportiert, sie standen abrufbereit auf Stellplätzen der ‚Slagte'.

‚Schlag' oder ‚Gang' hieß die Strecke, die ein gegen den Wind kreuzendes Schiff zwischen zwei Wenden, also auf einem Bug segelnd, zurücklegte. Waren diese Gänge kurz, dann sagte man dazu ‚Schlag über Schlag' segeln oder wenden. Und ‚Schlagbug' stand für Streckbug, den längeren, günstigeren Gang bezeichnend. Weil auf solchen Am-Wind-Kursen die Seen hauptsächlich im Bereich der Fockrüsten gegen die Außenhaut schlugen, erhielten diese Stellen die Bezeichnung ‚Schlag des Schiffes'. Jede Wellenbegegnung aber nannte man ‚Schlag der See', womit jedoch Seestürzungen, später Brecher und Seeschlag nicht gemeint waren. Das Wort ‚schlags' kennen wir in der Wendung: ein Schiff ‚schlags bringen', es in eine bestimmte Richtung bringen, einen anderen Kurs steuern, und ‚schlags legen' hieß – davon abgeleitet – irgend etwas zweckentsprechend hinlegen.

Erhielt ein Schiff eine dauernde seitliche Neigung ohne Einfluß des Windes – verursacht durch unsymmetrische Lastverteilung beim Beladen, durch Wassereinbruch im Leckfalle mit einseitiger Flutung oder anderes – so bezeichneten die Seeleute des 17. bis 19. Jahrhunderts die geneigte Seite als die ‚Schlagseite'.

Typische Seekiste englischer Herkunft. Ein Geschenk der *Albatros*-Crew für ihren Kapitän Cooper zur Erinnerung an die sichere Reise von Brest nach New York.

Diese Seekiste aus der zweiten Hälfte des 19. Jahrhunderts gehörte offensichtlich einem Fahrensmann, der auf einem der ersten Dampfschiffe fuhr. Wegen der reichen Ausschmückung der Außenwände zählt sie heute zu den maritimen Raritäten.

Im 19. Jahrhundert wandelte sich der Wortsinn weiter: Nun setzte man Schlagseite mit Neigung gleich, seitdem heißt es: ‚Schlagseite nach Steuerbord‘ oder ‚Steuerbordschlagseite‘, auch ‚leichte‘ oder ‚schwere Schlagseite‘. Das sprachliche Bild für den taumelnden Betrunkenen entlehnte man diesen Wendungen: De hatt Slaggsiet, er soll lieber to Anker liggen gahn, he hett hogen Seegang, he hett sine Ladung wech.

Beim Pullen galt noch im 18. Jahrhundert das Wort ‚Schlag‘ nur dem Einschlagen des Riemens in das Wasser. Erst gegen Ende des 19. Jahrhunderts erhielt ‚Schlag‘ die Bedeutung eines vollständigen Riemenzuges. Seitdem steht das Wort auch für den Rudertakt, den der Bootsführer oder der ‚Schlagmann‘ auf der achtersten Ducht angibt.

Die heute schnell ausgesprochene Redensart ‚ein Schlag ins Wasser‘ um- oder beschreibt Vergeblichkeit, wirkungslose, unnütze Tätigkeit, die ältere Wendung ‚das Wasser mit Ruten schlagen‘, niederdeutsch: mit de Rood in't Water slan, ist der Vorläufer, doch eine Korrespondenz mit der Seemannssprache ist auszuschließen.

‚Schlag‘ stand im 18. Jahrhundert außerdem für den Teil einer Leine, der um einen Gegenstand geschlagen, herumgelegt wurde. Nach einem ‚halben Schlag‘ berührten sich die Enden noch nicht, nach einem ‚ganzen Schlag‘ kreuzten sie sich.

Da die Schlagpütze zum Aufschlagen von Außenbordswasser schon bekannt ist, wollen wir uns einem ‚Schlag‘ aus der Kombüse zuwenden: die Seeleute nannten so schon seit eh und je eine Portion Essen, abgeleitet vom ‚Schlag‘ mit der großen Kelle, vom ‚Aufschlagen‘ und Auffüllen. Und dabei sei der ‚Nachschlag‘ nicht vergessen.

Auch wenn Jan Maat an Land ging, wollte er ‚Schlag‘ haben: bei den Töchtern des Landes . . .

Die *Schlappkiste* war achtern. An jedem Sonnabendnachmittag, wenn das Wetter nicht zu schlecht war, tönte es über das Schiff: „Schlappkist is open.“

Dieses inzwischen schon legendär gewordene Wort kommt von dem englischen ‚slop chest‘, einer Kiste mit ‚slops‘, billigen Kleidungsstükken, auch ‚Plünnen‘ genannt. Daraus machte der niederdeutsch sprechende Seemann das für ihn bequemere ‚Slappkist‘. Es mag sein, daß die ‚Schlappkiste‘ zuallererst tatsächlich eine Kiste gewesen ist, seit dem 17. Jahrhundert war sie eine Kammer, oft neben dem ‚Salon‘ des Kapitäns. Und der Kapitän selbst war es denn auch, der seine Männer aus der Schlappkiste marketenderisch versorgte. Das zumeist reichhaltige Lager enthielt all das Wichtige, was Jan Maat während der Langreisen brauchte: Tabak und Pfeifen, Arbeits- und Ölzeug, Müt-

CAPTAIN R. COOPER.
1867
Given by the crew of the "Albatros"
to Captain R. Cooper as a remembrance
for the safe voyage from Brest to New York

Transatlantic Steamships Co.
Express Service
from
NORFOLK to BRISTOL

zen, Sweater und Stiefel, Seifen und Messer. Brandy jedoch gab es in der ‚Slappkist' nicht.

Man weiß es: Viele Matrosen waren ihren Kapitänen regelrecht ausgeliefert. Dazu gehörte auch, daß sie nicht nur weniger, sondern auch schlechtere Lebensmittel bekamen, als ihnen zustanden. Sie mußten zudem Gebrauchsgegenstände aus des Kapitäns Schlappkiste zu Preisen weit über dem Wert kaufen. Jan Maat nahm das „gottergeben" hin, was auch sollte er tun. Natürlich gab es nicht nur solche Kapitäne . . .

Jeder Seemann hatte eine eigene Kiste: die Seekiste, in der sein ganzes Hab und Gut verstaut war, einem großen, stabilen, etwas sperrigen, doch sehr praktischen hölzernen Koffer ähnlich, begleitete sie ihn auf allen Reisen. Sie war in der Regel (im 19. Jahrhundert) etwa 80 bis 100 cm lang, 60 bis 80 cm breit und 50 bis 60 cm hoch, hatte nach innen geneigte Seitenwände und somit eine Standsicherheit, die sie bei Seegang nicht so leicht kippen ließ. Für persönliche Kostbarkeiten befand sich zumeist an einer Seite ein kleines Fach, geschützt von einem in der Vorderwand eingelassenen Schloß.

Aber dieses zweckmäßige Stück war mehr. Die zum Teil hervorragend gearbeiteten Seekisten, heute in den maritimen Museen zu bewundern, sind echte Glaubensbekenntnisse, in denen sich der soziale Rang des jeweiligen Fahrensmannes offenbarte. Material, Verarbeitung, Farbgebung und Ausstattung überbringen Geschichte, erzählen Geschichten. Die Jan Maaten nahmen für ihre Kisten Kiefern- oder Fichtenholz, Edelhölzer verwendeten die Offiziere und Kapitäne. In England und Amerika wurden die Außenflächen sehr bunt gestrichen und verziert, doch der deutsche Seemann liebte das Schlichte: einfarbig in Beige, Ocker oder Grün. Dafür machte er sich umso mehr Mühe mit dem Inwendigen, dem Deckel vor allem, Blickfang beim Öffnen. Himmel, Wolken, See und Schiff, fast immer das eindrucksvolle Bild eines großen vollgetakelten Tiefwasserseglers: Ein Anblick, den jeder Seemann mit Stolz und Freude genoß, der ihn aber auch über das Mühevolle seines Lebens für Augenblicke hinwegzutrösten vermochte.

Nach langer Reise *Schön Schiff machen* hieß: das Überwasserschiff abschrapen, abspülen und neu teeren, ‚schoon schip maken' niederländisch, englisch ‚to scrape and wash a ship'. Auch die Wendung ‚schön Deck machen' war üblich. Sie stand – die Arbeit mit ‚Gebetbüchern' einbegriffen – für Deckspülen, Deckwaschen. In südlicheren Breiten, wenn in langen Schönwetterperioden die Sonne das Deck austrocknete und es rissig und undicht zu werden drohte, gehörte es zur Regel, das ganze Schiff hin und wieder von außen und auch einmal von innen abzuspülen, „weil sich durch das Seewasser das Holz länger conservirt".

‚Schoon' ist ein niederländisches Wort für rein, sauber, das auch niederdeutsch früher für ‚schön' gebraucht wurde. Später hieß ‚schoon maken' auch niederdeutsch reinigen, putzen, und unter ‚schoon schip maken' verstand man: das Schiff in einen schmucken Zustand versetzen, also auch: es schmücken. In Ableitung von ‚schoon' bedeutete ‚schonen': rein und schön bewahren und ‚sik verschonen': sich reinigen, saubere Kleidung anziehen, sich nach der Arbeit umkleiden. ‚Schonen' im heutigen Sinne entstand daraus: achtsam mit etwas umgehen.

Im 19. Jahrhundert verdrängte ‚rein Schiff machen' das ‚schön Schiff machen' und nahm die Kurzform ‚rein Schiff' und ‚Reinschiff' an. Um die Jahrhundertwende säuberte die Morgenwache täglich, am wöchentlichen Großreinemachen war fast die ganze Besatzung beteiligt.

Der Dienst an Bord bedurfte und bedarf noch immer ebenso sehr wie jede Verrichtung an Land einer planmäßigen Einteilung. Die „häusliche Ordnung" auf den Schiffen, von der Joseph Conrad einmal sprach, kannte strenge Exerzitien. Zu den regelmäßigen täglichen Arbeiten gehörten das Deckfegen, Deckwaschen, das Putzen des Holzwerks und das Aufschießen und Aufhängen der Enden, das Reinigen der Kajüten und des Vorderkastells; regelmäßige wöchentliche Arbeiten waren das Deckscheuern, das Reinigen und Lüften (auch Kalken) aller Räume und Lasten, das Scheuern der Kajüten und Kammern, der Aufbauten und Deckshäuser. Zu den nicht regelmäßigen Verrichtungen zählte das Losmachen der Segel zum Trocknen nach langem Regen, das Schrapen und Ölen der Spieren und des Holzwerkes, das ‚Labsalben' (Teeren) des stehenden Gutes, Arbeiten an und in der Takelage – bedingt durch Abnutzung oder Havarie – und die Instandhaltung des Schiffskörpers und des Inventars. Und so sah die gutdurchdachte Wochen-Routine (lt. Seglers-Handbuch, 1899) aus:

	Vormittag	Nachmittag
„Montag:	Lasten und Raum reinigen	Inventar überholen
Dienstag:	Kajüten und Kammern waschen	Takelarbeiten
Mittwoch:	Segelbezüge und Säcke waschen	Zeugwäsche für die Mannschaft
Donnerstag:	Logis scheuern	Inventar überholen
Freitag:	Kajüten und Kammern waschen	Takelarbeiten
Sonnabend:	Rein Schiff mit Sand und Besen	Zeugflicken für die Mannschaft."

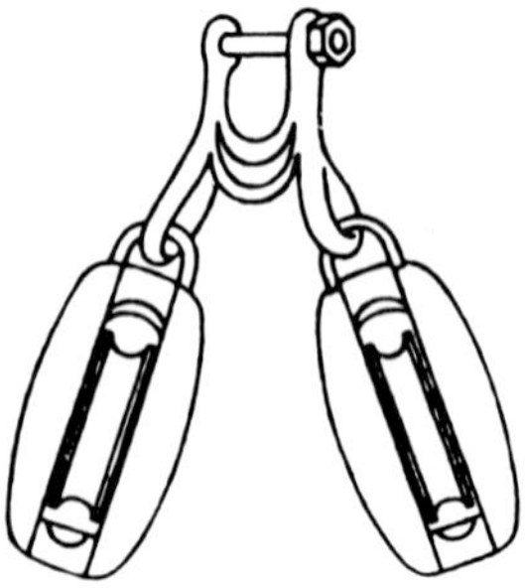

Fockschotblock

Das Wort vom ‚schön Schiff machen' bedeutete im Leben der Jan Maaten indessen viel mehr: tiefe Zuneigung fürs Schiff und eine beständige Liebe zum Beruf – nur so ist jene sympathische Vernarrtheit nachzuvollziehen, die in den scheinbar harten Seemannsköpfen und rauhen Seemannsherzen waltete. Freilich ist auch hier die Lebenswahrheit zum Greifen nah: Jan Maat pflegte, schmückte und verschönte eben sein Zuhause, seine Heimat im engeren Sinne, sein eigenes Leben. Und auch jeder „richtige" Kapitän setzte seinen Ehrgeiz daran, sein Schiff gut – in Farbe vor allem – zu halten. Er und die Besatzung freuten sich, wenn Fahrensleute bewundernd sagten: „De kann'n in de Kirch hängen!" Was dann ja auch oft geschah, als kunstvoll oder ganz einfach gefertigtes Modell in den alten und schönen Seemannskirchen längs der Küsten.

Seefüße und ‚Seehände' werden den Seeleuten nachgesagt, „die den Seedienst gewohnt sind und bey dem Schlingern des Schiffes fest stehen und an dem Tauwerk aufklettern können" – so interpretierte und kommentierte kurz und bündig das 18. Jahrhundert diese wahrlich poetischen Wörter, die vermutlich den niederländischen ‚zeevoeten en zeehanden' entstammen.

In der Tat, wer die See nicht gewohnt ist, stürzt, wenn er sich nicht irgendwo festhält, und er lernt sehr langsam, seinen Schwerpunkt jeweils entgegen der Bewegungsrichtung des Schiffes zu verlagern, um so sein Gleichgewicht zu behalten. Allerdings bewegen sich verschiedene Schiffe in verschiedenen Perioden, in anderem Rhythmus, so daß Jan Maat, mit seinem alten Schiff schon verwachsen, auf einem neuen sich oft erst „eingewöhnen" muß.

Alle Seeleute, selbst jene, die ‚auf dem Wasser geboren' sind oder, wie die Engländer sagen, ‚mit Schwimmhäuten und Wasserschnabel' zur Welt kamen, brauchten Zeit, sich an die immer wieder veränderten Bedingungen des Seelebens zu gewöhnen, an die unverwechselbaren und gewiß besonderen Voraussetzungen eines Berufs, der von jeder anderen Lebensweise so weit entfernt war. Landläufige Normen und Lebensregeln galten nicht an Bord und auf See: Wenngleich wohl berechnet und zumeist gut eingeteilt, es gab mehr Arbeit, als ein Mensch physisch und psychisch bewältigen konnte. Schlaf und Erholung wurden fortwährend unterbrochen und gestört, die Elemente gaben keine Ruhe. „Trockene Kleider", schreibt Kapitän Reinicke, „gibt es bald nur noch, wenn der Wind gelegentlich mal ganz nach Süden holt und abflaut, bei allen anderen Winden ist die Luft nicht trocken genug, um die Feuchtigkeit aus den mit Salzwasser durchzogenen Kleidern aufzusaugen, im Gegenteil werden diese besonders bei nördlichen Winden feucht und klamm, auch wenn sie vorher trocken waren. Im Volkslogis läßt die Luft jetzt zu wünschen übrig. Türen und Bullaugen, kleine runde Fenster auf den Seiten, müssen meistens geschlossen gehalten werden, weil überall Wasser dagegen wäscht, auch das Oberlicht ist oft tagelang fest zugeschraubt und gegen Seewasser noch durch einen Bezug verwahrt; so entsteht denn im Logis durch Ausdünstungen von Menschen, Speisen, nassen Kleidern und – Schrecken der Schrecken – von mit Schweinefischtran geschmierten Seestiefeln eine fast unerträglich scheinende Luft. Oft rauscht im Logis auf dem Fußboden Wasser hin und her, das durch die Türen dringt, wenn die Leute ein- und ausgehen oder durch die Speigatten vom fast immer überschwemmten Deck her, gelegentlich spritzt auch mal ein nasser Segen in eine Unterkoje, dennoch sind die Leute aber froh, wenn sie Freiwache haben und im Logis oder in den Kojen Wärme und Ruhe haben können. Vier Stunden Wache an Deck in Sturm, Nässe und Kälte machen dafür empfänglich, wenn man in der Koje auch hin- und hergeworfen wird und wenn die Wärme auch nicht gerade nach Kölnischem Wasser riecht."

Und auch das gängige Wort: „dem Tode ins Auge schauen" war letztlich nur ein schlichter Ausdruck seemännischer Lebenswahrheit.

Seefüße haben „wird von denen Seeleuten gesagt, die den Seedienst gewohnt sind und bey dem Schlingern des Schiffs fest stehen können". (J. H. R.)

Die Seeleute lebten in und mit der Bewegung, alles um sie herum bewegte sich, und sie brauchten, um zu leben und zu überleben, im buchstäblichen wie im übertragenen Sinne ‚Seehände' und ‚Seefüße'.

Im 19. Jahrhundert ersetzten die sinngleichen ‚Seebeine' die ‚Seefüße'. Von ‚Seehänden' sprach man nun kaum noch, doch sie leben in dem zeitlosen, einfachen Spruch weiter: En Seemann mööt sik up Hänn' un Fööt verlaten – Ein Seemann muß sich auf Hände und Füße verlassen. ‚Seebeine haben' steht bis heute für „seediensttüchtig sein", und die Jungen wetteiferten darin, sich so bald wie möglich in der Takelage „zu Hause" zu fühlen. Bei P. G. Heims „Im Rauschen der Wogen, im Branden der Flut. Bilder aus dem Seemannsleben und von der Wasserkante", veröffentlicht 1890, fanden wir dazu: „. . . die Seebeine müssen einem erst durch Jahre gewachsen sein, ehe man längs Deck gehen lernt . . ." ‚Mit jemandem längs Deck gehen' hieß um die Jahrhundertwende übrigens auch, einen scharfen Verweis erteilen.

Und viele Jan Maaten berichteten, daß es Jahre gedauert habe, bis ihre Seebeine sie auch dann sicher trugen, wenn das Schiff unter Sturmsegeln beilag – an den Wind gedreht hatte, dwars abtreibend. Dann sagten mecklenburgische Seeleute: Hüüt mööt eener ornlich Seebeen hebben, dat se eenen nich los maakt. – Heut' muß man ordentliche Seebeine haben, damit sie einem nicht weggerissen werden.

Die erste Hürde aber, die zu überwinden war, hieß ‚Seekrankheit' – die Niederländer nannten sie drastischer ‚zeeziekte' – Seeseuche. „Die meisten von uns . . .", schrieb Olearius 1647, „bekamen die gemeine See-Kranckheit, übergaben sich hefftig und lagen auch so schwach darnieder, daß etliche vermeineten, sie würden sterben."

Und im Niederdeutschen des 19. Jahrhunderts sagten die Seeleute von einem Seekranken: He is seedull – er ist seetoll; he is seedun – er ist seebesoffen; hett de Seesük – hat die Seeseuche; fodert de Kabeljaus – füttert die Kabeljaus; auch sahen sie in Rasmus den Verursacher: Rasmus will ok läben – Rasmus will auch leben. Einen Neuling fragte man: „Hest Rasmussen all betahlt?" – Hast du Rasmus schon bezahlt? und sagte zu ihm: „Nu kümmt Rasmus bald langsit mit de leddern Boot, dee will sinen Kunterbüüt von di halen un nahmäten, wat du äten hest" – Nun kommt Rasmus bald längsseits mit dem ledernen Boot, der will seine Konterbande von dir holen und nachmessen, was du gegessen hast.

Etliche von diesem Übel Befallene „vermeineten" – und vermeinen noch immer – wirklich „sterben zu müssen", aber ein richtig gefährliches Leiden ist die Seekrankheit nicht. Ein höchst mißlicher Zustand, zugegeben, eine unbehagliche Störung der „animalischen Öko-

nomie“, eine „Manifestation des Ekels“, doch sie ist so alt wie die Seefahrt selbst, und ihr erliegt fast jeder, der sein Gleichgewichtsorgan erstmals den Bewegungen eines Schiffes im Seegang aussetzt. Seeleute gibt es, die nur einmal und nie wieder seekrank waren, aber auch alte Fahrensleute, die zumindest beim Beginn einer Reise von ihr befallen wurden und werden, zudem solche, die bei Fahrt in bewegter See nicht seekrank werden, erst dann, wenn das Schiff gestoppt liegt und stärker schlingert. Seeleute, die sich frei glaubten von dem Übel, beginnen zu leiden, wenn die Temperaturen oder die Winde wechseln. Bei einem Südwestmonsun – beispielsweise – fühlen sie sich wohl, doch bei einem Nordostmonsun werden sie seekrank. Vielleicht ist es tröstlich, dies zu wissen . . .

Die Seekrankheit ist so alt wie die Seefahrt, ihr erliegt fast jeder, der sein Gleichgewichtsorgan erstmals den Bewegungen eines Schiffes im Seegang aussetzt.

Die ersten Symptome sind immer die gleichen: Essen und Trinken schmecken nicht mehr, auch nicht die Pfeife. Gespräche verstummen, Gesichter werden blaß, Lippen blutleer, Augen glänzen. Eine Faust drückt auf Magen und Kopf, man versucht zu schlucken, ohne etwas im Mund zu haben. Nun ist es soweit, die See will ihr Opfer.

Der Seekranke kapituliert, und mitunter fällt er in totale Apathie, denn die Seekrankheit kennt verschiedene Stadien.

Auch mitreisende Tiere leiden: Sie werden melancholisch oder nervös oder beides, magern ab, verlieren den Appetit, scheu und zahm suchen sie die Nähe des Menschen. Nur das Schwein ignoriert die schwere See, es frißt und frißt und frißt ...

Bis heute gibt es kein Mittel dagegen. Die Alten versuchten es mit dem Helleborus, einem in Europa und im westlichen Asien vorkommenden Gewächs oder mit einem Aufguß von Wermutkraut. Auch Baldrianwasser oder Wasser pur, warm und schluckweise getrunken, hielt man für hilfreich. Manche glaubten, ihr Leiden lindern zu können, wenn sie ein paar Körner schwarzen Pfeffer schluckten. Andere waren sich darin einig, daß nur reichliche Mengen Rum sie befähigten, der Seekrankheit zu widerstehen. „Ein barbarisches, aber leider zeitweise doch erprobtes Mittel gegen die Seekrankheit sollen auch gelinde Prügel" gewesen sein, dies jedenfalls erwähnt „Eine gemeinfassliche Darstellung des gesammelten Seewesens" von 1878. Eine „Medizin", die freilich wohl nur wenige „Patienten" einzunehmen bereit waren. Nun, wirkliche Hilfe brachten und bringen den Erkrankten nur frische Luft, horizontale Lage, die Arbeit an Deck. Eine bessere Therapie gibt es nicht, denn oft hält der Zustand nur wenige Tage an. Zu irgendeiner Stunde findet sich der Organismus mit dem Schlingern und Stampfen ab, vielleicht für immer, vielleicht auch nur bis zum nächsten Mal.

Im 18. Jahrhundert entstand dann ein Wort, das sich bis heute erhalten hat: ‚Seefest' – niederdeutsch ‚seefast' – heißt es und bedeutet: nicht mehr seekrank werden beziehungsweise sich so beherrschen können, so in der Gewalt haben, daß man die Übelkeit überwindet, um seine Pflicht an Bord zu erfüllen. Und noch immer gilt die Antwort eines Kapitäns, der nach Gotthard Ludwig Kosegarten (1758–1818) in „Rhapsodien" einem ‚Badegast' sagte: „Da Sie mir eben nicht seefest scheinen, es auch nicht gerade Ihres Berufes ist, die Nase in den Wind zu stecken, so thäten Sie am besten, Sie suchten das Trockne."

Seeschiff vom Ende des 15. Jahrhunderts, mit raumem Wind segelnd.

Über die Entstehung des „Seelenglaubens" können wir nur mutmaßen, und schon gar nicht hier und jetzt wollen wir über ihn diskutieren. Die Seele, griechisch ‚psychè' – Hauch, Atem, lateinisch ‚anima', unterlag im Glauben der sogenannten Primitiven und in der langen Geschichte der Philosophie unendlich vielen Begriffsbestimmungen. Aber fast immer war sie wesentlich und eindeutig ein Gegenstand der Metaphysik. Vor allem für das ausschließlich religiös motivierte Christentum hatte die Seele einen „göttlichen Ursprung", sie war ganz „immaterieller Natur“ und „ewig“, auch wenn Immanuel Kant dies ziemlich sarkastisch als eine „Zuflucht der faulen Vernunft“ charakterisierte, sie „verkörperte“ die Lebenskraft eines Menschen, seinen Lebensgeist, seine Substanz.

In unserem Bestreben, seemännische Lebensbedingungen und reale Verhältnisse nachvollziehbar zu machen, sei allein daran erinnert, daß das Wort lange Zeit von den Menschen wie eine Art Chiffre behandelt und immer synonymisch benutzt wurde. Unsere Urahnen wußten es sich nicht zu erklären, daß es „Dinge gibt, die unsichtbar und unangreifbar und doch vorhanden sind“. So der Wind. Das griechische Wort dafür ist ‚anemos‘, in dem die Wurzel ‚an‘ (hauchen) steckt. Hauch entströmt dem Munde des Lebenden, bis er im Tode ganz entweicht: „der Sterbende haucht seine Seele aus“.

Es ist denkbar, daß solcherart Empfindungen und Vorstellungen Pate standen, als das Wort *Seelenverkäufer*, niederdeutsch ‚seelverkoper‘, seemannssprachlich aufkam. Tatsächlich wurden ja die Jan Maaten früher arg gebeutelt, gewissenlose ‚Matrosenmäkler‘ und ‚Schlafbaase‘ machten vielfach im wahren Sinne des Wortes gewinnbringende Geschäfte mit ihren ‚Seelen‘, also mit ihrer Lebenskraft und ihrem Lebensgeist. Wir wollen freilich auch hier kein abenteuerliches ‚Garn‘ wiedergeben, nur auf wahrscheinliche Zusammenhänge hinweisen und erwähnen, daß dieses einprägsame Wort schon unter den Seeleuten des 17. Jahrhunderts kursierte. Der ‚seelverkoper‘ war bereits damals „ein Verräther, der Menschen verkauft, oder für Geld in Kriegsdienste, Sklaverey und Unglück bringt. Es ist von den Holländern zu uns gekommen, welche diejenigen, die arme Leute, dienstloses Gesinde, Vagabunden auf die ostindischen Schiffe anwerben zielverkoper nennen“. So unnachsichtig beschrieb das „Bremisch-Niedersächsische Wörterbuch“ von 1770 die Tätigkeit der ‚Seelenverkäufer‘. Ähnliches lesen wir im „Deutschen Wörterbuch“ von Jakob und Wilhelm Grimm: „. . . ein Mensch, der seine Seele verkauft, ein Mensch- oder Sklavenhändler, Leute, die für ihren Gewinn durch List und Betrug andere für Kriegs- und Matrosendienste werben.“

Durchaus handhabbar sind diese Deutungen. ‚Zielverkooper‘, ‚Zellverkooper‘ oder ‚Zedelverkooper‘ waren in Holland eben jene zwielichtigen Gestalten, die genau das taten, was wir aus beiden Zitaten noch in der Erinnerung haben. Und es lohnt, dazu einmal Rödings bewundernswerte maritime Genauigkeit und volkstümliche Gründlichkeit komplex vorzuführen, seine Fähigkeit, Wortinhalte exakt und erzählend einzugrenzen. Noch zumal keine andere uns bekannte Interpretation der Zeit umfassender den ‚Seelenverkäufer‘ niederländischen Ursprungs zu definieren wußte.

„Der Name“, so schrieb er am Ende des 18. Jahrhunderts, „soll eigentlich Zettelverkäufer heissen. Solches ist in Holland eine berüchtigte Beschäftigung und die Hauptsache besteht in folgendem: die Zettelverkäufer nehmen solche dürftigen Personen, welche als Matrosen oder Soldaten nach Ostindien gehen wollen, auf, und unterhalten sie so lange, bis die Gesellschaft solche Leute verlangt. Alsdann stellen sie die Leute der Gesellschaft, und wenn diese sie annimmt, so bekömmt der Zettelverkäufer oder der Wirth für jeden angenommenen Mann einen Transportzettel oder Schuldbrief von 150 Fl., der, wenn der Mensch am Leben bleibt, von dem Ueberschusse seines Lohnes abgezogen und endlich dem Inhaber des Zettels bezahlt wird. Leute, die nicht angenommen werden, hat der Wirth vergebens gefüttert, und bey diesen leidet er dann sicher Schaden. Bei den wirklich angenommenen, aber ist dennoch viele Gefahr, ob nicht der Mensch ehe er seinen Lohn verdient hat, stirbt und allemal gehen auch einige Jahre, oft 4 oder 5 Jahre darauf hin, ehe in Europa die Auszahlung geschieht. Weil nun die Wirthe oder sogenannte Seelenverkäufer oft 60 und mehrere Leute der Gesellschaft abliefern so würde es ihnen unmöglich seyn, einen solchen starken Vorschuss zu wagen. Sie verkaufen also ihre Zettel oder die Transportscheine an reiche Leute, die ihnen gleich für das Stück 70 oder 80 Fl. geben. Diese Zettelkäufer scheinen zwar fast 100 Procent zu gewinnen, aber man muss bedenken, dass sie einige Jahre auf die Auszahlung warten müssen: dass viele Leute verlohren gehen, ehe sie das ihnen vom Wirthe Vorgeschossene verdient haben, usw. Die Zettelkäufer brauchen jedoch die Vorsicht, daß sie nicht viele Zettel von einerley Schiffe kaufen, sondern wie die Assecurirer, lieber sich auf mehreren Schiffen interessiren. Die Zettelverkäufer sollen auf jeden angenommenen Menschen ungefähr 25 Fl. gewinnen. Diese ganze Einrichtung ist sowol für die Gesellschaft, als für die Unglücklichen, die den sauren Weg nach Ostindien einschlagen müssen, sehr nutzbar. Ohne sie würde es schwer fallen, die nöthige Mannschaft zu erhalten. Durch diese Transportscheine bleibt ein beträchtliches Geld inHolland; der Mensch muss in Ostindien äußerst kümmerlich leben, oder durch Fleiss viel hinzu verdienen, um dasjenige zu bezahlen, was er in Holland schuldig geblieben ist. Die Summa dieser Schuldscheine soll jährlich über 2 Millionen Gulden betragen. Wer selbst Vermögen hat, der braucht zwar nicht des Vorschusses der Seelenverkäufer, aber er wird sich doch lieber Geld von der Gesellschaft vorschiessen lassen, um sich reisefertig zu machen, als sein eigenes baares Geld zu verwenden. Wenn alles dieses zusammengerechnet wird, so kömmt eine Summe von 6 Millionen Gulden heraus, welche Holland blos von seinen Ostindienfahrern gewinnt.

Der gröbste und schrecklichste Betrug wird mit den sogenannten Maandzedel, Monatszetteln, gespielt, da jemand den Seinigen in Europa verspricht, sich jährlich ein Paar Monate Sold abziehen und solchen jenen auszahlen zu lassen. Zu dieser Versprechung werden oft Leute von einer liederlichen Dirne verführt, weil sie meinen, es gelte diese Versprechung nur auf ein Jahr; oder ein Holländer der Frau und Kinder hat, lässt sich anwerben und macht die eben genannte Verschreibung. Nachher nimmt er einen andern Menschen an der für ihn nach Ostindien geht, den er desfalls gut bezahlt, der aber von jener Verschreibung nichts weiss und sie dennoch, weil er des Betrügers Namen angenommen hat, so lange jährlich bezahlen muss, als er in Ostindien lebt. Diese Ungerechtigkeit verhindert die Gesellschaft nicht gänzlich, weil sie es gerne siehet, dass der Innländer gewinnt, wenn gleich der auswärtige Ostindienfahrer darunter leidet."

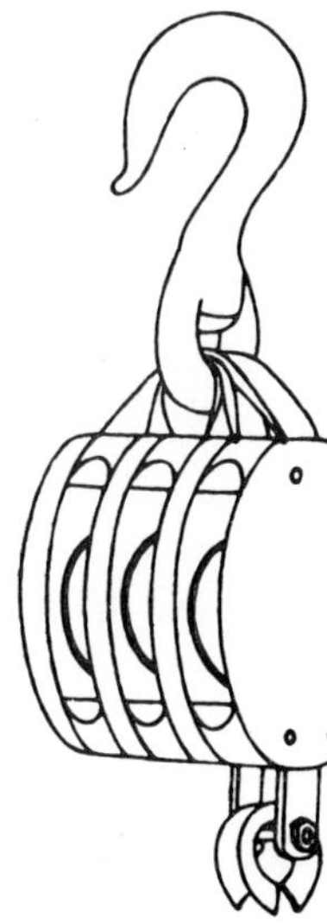

Dreischeibiger Block mit losem Wirbelhaken und Hundsfott.

Natürlich, einige der hier anklingenden Gedanken – „Diese ganze Einrichtung ist sowohl für die Gesellschaft, als für die Unglücklichen, die den sauren Weg nach Ostindien einschlagen müssen, sehr nutzbar" – befremden uns, wir Heutigen sind gewohnt, uns jeder geschichtlichen Wirklichkeit kritischer zu nähern. Und doch vermittelt Röding viel zeithistorisch Wichtiges, Dokumentarisches.

Später dann wurde das Wort ‚Seelenverkäufer' auf ein Schiff bezogen, auf ein überaltertes, undichtes, nahezu seeuntüchtiges, das von gewinnsüchtigen Eignern unverantwortlich lange im Dienst belassen wurde. Reisen auf solch einem Schiff waren für die Besatzung mit großer Lebensgefahr verbunden, deshalb hieß dieser ‚Seelenverkäufer' bald auch ‚Schneller Tod'.

In ähnlicher Bedeutung benutzte man in Preußen das Wort, Weichselflößer sollen es mitgebracht haben. Der ‚Seelenverkäufer' war ein „kleiner Kahn, aus einem Baumstamme gehöhlt". Mit diesem leicht kenternden Boot, in dem nur ein Mensch Platz hatte, konnte man zwar fahren, aber man fuhr gefährlich. Nicht nur jeder etwas stärkere Wind und bewegteres Wasser, schon jeder Stoß warf es um – ‚Seelentränker' nannten die österreichischen Flußschiffer es in leichter Abwandlung.

Segeln ist die Kunst, ein Schiff oder ein Boot mit Segeln unter Nutzung des Windes auf allen Kursen, die die Windrichtung und die Takelung zulassen, mit möglichst hoher Geschwindigkeit fortzubewegen. Schon in alten Zeiten hat das Wort sich weit verbreitet, wie heute noch schwedisch ‚segla', englisch ‚to sail', französisch ‚cingler' und ‚spanisch ‚singlar' erkennen lassen. Jahrtausende hindurch fuhr man segelnd zur See, und Seeleute gebrauchten das Wort in Zusammensetzungen mit unterschiedlichem Sinn für einzelne Varianten der Seefahrt. Auch in die Umgangssprache der Küstenbevölkerung ging das Wort ein, was manche Wendungen und Redensarten bezeugen: Alle Segel bi setten – alle Segel setzen, alles unternehmen, um das Ziel zu erreichen; up ener Sake vast to Segel gaan – fest auf einer Sache unter Segel gehen, auf guter Grundlage, zuversichtlich etwas unternehmen; stroom daal un vor den Wind is good seilen – stromabwärts und vor dem Wind ist gut segeln, mit Glück ist leichtes Gelingen. Bei starkem Winde hieß es: Petrus sett't de Sägel hüt; ünner Sägel hollen – unter Segel halten bedeutete: gut kleiden, und: All de Dierns ünner Sägel to hollen, kost't Geld, war der Seufzer eines Vaters. Bei Kindern beliebt war das ‚Stritschauh sägeln' – das Schlittschuhlaufen mit umgehängtem Segel. Schließlich ist aus dem 16. Jahrhundert überliefert: dat Segel sincken laten – den Übermut dämpfen, zügeln.

Frühester seemannssprachlicher Beleg ist wohl der, den das Älteste Hamburger Schiffsrecht von 1292 anführt: „Unde sowan so de schiphere seghelen wil, so scolen se rede wesen, unde mit eme varen" – Und wenn der Schiffer segeln will, so sollen sie (die Schiffskinder, die Matrosen) bereit sein und mit ihm fahren. Und Wossidlo/Teuchert zitieren aus dem „Mecklenburgischen Urkundenbuch" einen Beleg von 1368: „Wy ... willen ... myt deme ersten wynde, des wy bruken moghen, ut der Warnowe in den Nøressunt to seghelde voren" – Wir wollen mit dem ersten Wind, den wir nutzen können, aus der Warnow in den Nøressunt segeln.

Für Schiffahrt und Seereisen galt bis zum 16. Jahrhundert das Wort ‚Segelatie', auch in den Formen ‚Segelasie', ‚Sägelatie' und anderen gebräuchlich. Schon damals wußte man, „dat aller Minschen Levent gelick sy einer Segelation" – daß aller Menschen Leben einer Seereise gleicht.

Im 17. Jahrhundert sprach man „von de Wetenschop, wo men mit Schepen van dat ene Land na dat ander segelt" – von der Wissenschaft, mit Schiffen von einem Land zum anderen zu segeln. Dazu gehörten die ‚Besteurung' eines Schiffes oder „die Kunst, ein Schiff auf der See zu führen", das Navigieren und vor allem das Segeln ‚bey dem Winde' oder ‚mit schiefem Wind', später auch ‚am Wind', ‚mit halbem Wind', ‚mit Backstags Wind', ‚mit raumem Wind', ‚vor dem Winde' sowie das Wenden und das Halsen.

Das Wort ‚absegeln' ist seit dem 16. Jahrhundert bekannt, es bedeutete: einen Hafen, eine Reede verlassen, auch eine gewisse Strecke durchlaufen sowie Takelageteile durch leichtsinnige Segelführung abbrechen. Seit dem 19. Jahrhundert gilt es ebenso dem jährlich letzten gemeinsamen Segeln von Sportseglern.

Die amerikanische „John Bowes" vor dem Kohlendock von Blackwell. Zeitgenössische Darstellung aus dem Jahre 1852.

Auf den folgenden Seiten: Lenzen vor Topp und Takel: „da ein Schiff beym Lenssen mit erstaunlicher Geschwindigkeit gleichsam durch das Wasser fliegt, so geschieht solches niemals anders, als wenn die Beschaffenheit desselben es nicht länger erlaubt beyzuliegen, und die Stösse des Windes und der Wellen auszuhalten." (J. H. R.)

Unter ‚ansegeln' verstand man, eine Küste so nahe zu passieren, daß sie in Sicht kam; ‚Land ansegeln' hieß es auch, später ‚Land in Sicht laufen', meistens mit dem Ziel, den Schiffsort durch Peilung von Landmarken genau zu bestimmen. Zudem waren die Wendungen üblich: ‚Nordost' oder ‚Südwest ansegeln'. Schon seit dem 13. Jahrhundert aber bedeutet ‚ansegeln' auch: mit einem Schiff kollidieren, zusammenstoßen, gegen ein Hindernis anlaufen. Und auch das erste gemeinsame Segeln zur Eröffnung einer Saison hat seit dem letzten Jahrhundert diese Bezeichnung.

Einen Fluß stromaufwärts segeln, nannte man ‚aufsegeln', auch bedeutete es, sich einem langsamer laufenden Schiff nähern, ‚aufkommen' heißt es heute.

Seit dem 14. Jahrhundert ist ‚aussegeln' belegt: das Auslaufen aus einem Hafen, später auch das Überholen eines anderen Seglers. ‚Land aussegeln' bedeutete, sich von gesichtetem Land seewärts entfernen, und ‚die Kette aussegeln' bezeichnete bei ausrauschender Kette des gefallenen ersten Ankers die Fahrt zum Platz für den zweiten.

Für das Anlaufen, das Erreichen eines Schiffes oder eines Landes, war das Wort ‚besegeln' gebräuchlich: ‚die Eilande besegeln'. Auch stand es für die Fahrt in bestimmten Seegebieten: ‚die Südsee bese-

Segelmacher im Hafen, sie erst ermöglichten das Segeln. Sie betrieben ihr Handwerk in jedem Hafen in Segelmachereien, und einer oder zwei von ihnen fuhren an Bord größerer Schiffe, verantwortlich für die Wartung und Instandsetzung der „Hauptantriebsanlage", der Segel.

geln', und ein Schiff mit Segeln ausrüsten hieß ebenso, „die Schiffe, so am besten besegelt sind (müssen) auf den Feind zusegeln, um mit ihm zu schlagen".

‚Einsegeln' ist seit dem 15. Jahrhundert verbreitet: das Einlaufen unter Segeln in einen Hafen, in Schären, in eine Bucht, und ‚übersegeln': ein anderes Schiff überholen, aber auch: mit ihm kollidieren.

Vielfache Bedeutung erhielt das Wort ‚versegeln', seit dem 17. Jahrhundert belegt für – einen Hafen verlassen, um nach einem anderen zu segeln: „wi verseilden na Hongkong". Und man sagte auch, ein Schiff sei ‚versegelt', wenn es sich so weit vom Lande entfernt hatte, daß es außer Sicht kam. Zudem bezeichnete das Wort den Fahrtzustand eines Schiffes, das auf der Suche nach Ladung in Ballast von Hafen zu Hafen segelte. ‚Versegeln' hieß auch: „auf einer Seereise des rechten Weges verfehlen, vom Winde verschlagen werden", und schließlich: ein Schiff durch Unvorsichtigkeit auf Grund segeln, auf eine Untiefe setzen. ‚Versegelung' aber stand im 19. Jahrhundert für die von einem Schiff in einer bestimmten Zeit zurückgelegte Fahrtstrecke in Seemeilen.

Hier wollen wir ein Wort einfügen, mit dem derjenige Segler bedacht wurde, der unter mehreren gemeinsam laufenden Schiffen am langsamsten segelte, am weitesten zurückblieb. Die Jan Maaten nannten ihn, ein Bild aus der Landwirtschaft benutzend, ‚Farkendriwer', auch ‚Farkentreiber' – Ferkeltreiber.

Für hart oder hoch am Wind segeln galt unter mecklenburgischen Seeleuten das Wort ‚gnagen': „Wenn man den Wind dat afgewinnen will, mööt man so sägeln, dat dat Schipp hart an de Wind gnaagt." Oft ermahnte der Kapitän den Rudergänger: „Goot gnagen! Nimm, wat du krigen kannst, ümmer ran an de Wind!" Viele Kapitäne segelten gerne so hart wie möglich, und sichteten sie ein vorauslaufendes Schiff, versuchten sie, es ‚auszusegeln'. Dabei ging es mitunter recht waghalsig zu, so daß die Jan Maaten die Wendung prägten: Dee hölt nich ihrer af, as bet de Vorstäben binnen is – Der hält nicht eher ab, bis der Vorsteven innen ist. – Wörtlich und auch im übertragenen Sinne verstanden. Oder sie riefen warnend: „Du wisst woll dinen Noors to'ne Boie maken!" – Du willst wohl deinen Arsch zu 'ner Boje machen! Ertrunkene trieben oft mit dem Hinterteil oben. – Wurden bei aufkommendem Schlechtwetter die Segel nicht rechtzeitig gerefft oder geborgen, so zerriß sie der Sturm, oder das Schiff geriet in Gefahr zu kentern. Aus dieser Erfahrung entstand die Redensart: Is ümmer bäter, wenn 'n de Mütz 'n bäten ihrer afnimmt – Es ist immer besser, wenn man die Mütze ein bißchen eher abnimmt.

Andere seemännisch-niederdeutsche Wendungen und Wörter: Dat

Der Segelmacher.

Nehmt an die Gnad', Eh' es zu spat.

Mein Glaube spannt das Segel auff,
das höchste Gut ins Hertz zu laden:
Weh, angenehmer Wind der Gnaden,
und führe mich in vollem Lauff,
zu Aller Heiligen Küsten fort,
wo Ruh und Freude ist mein Port.

Segel werden gewechselt – die älteren Passatsegel werden durch die besten Segel ersetzt.

Schipp seilet scharp – das Schiff segelt scharf, segelt schnell; Post sägeln – Post befördern; Aal sägeln – Aal fangen; vull sägeln – sinken, untergehen; lustieren sägeln – eine Lustfahrt in See machen; 'n Mast oewer Buurd sägeln – einen Mast über Bord segeln, auch ‚absegeln' oder ‚abschlingern' genannt, wenn er zerbrach und über Bord geschleudert wurde. Das gleiche galt jenen Jan Maaten, die an Land stürzten, sobald das Schiff festgemacht hatte, man sagte von ihnen: „De sägelten glick oewer Buurd, wenn wi in 'n Haben ankemen" – Die segelten gleich über Bord, als wir im Hafen ankamen. Zum Segeln günstiger Wind hieß ‚Sägelwind', den die zu Hause wartenden Liebsten so herbeiwünschten: „Leewer Gott, giff Sägelwind, dat min Schatz von Hamburg kümmt." Bekannt wurde auch: Sünndag is Sägeldag, dat de Schipper Geld sport – Sonntag ist Segeltag, damit der Schiffer Geld spart.

„Wir wissen nicht", schreibt Ernst Alexander Römer, „wie und wann das Segel geschaffen wurde, es verliert sich im Dunkel der Frühzeit ... Das Segel wird in verschiedenen Teilen der Erde unabhängig voneinander erfunden worden sein, in Binnengewässern, am Meer ...", seine Erfindung jedoch war eine „frühe Gnade der Götter. Der urtümlich schaffende Mensch hatte zu seiner Fortbewegung ein Mittel benutzt, das die Natur aus erster Hand bot. Der Mensch segelte vor dem unsichtbaren Wind dahin und bediente sich einer Kraft, die auf dem Meere, in der ‚Urlandschaft' des Meeres behaust war ... Die gleiche Naturkraft, die das Antlitz des Meeres formte und ihm seine ewig wechselnde Gestalt verleiht, macht auch das Wesen des Segels (und des Segelns) aus ... Die See ruht unbewegt da, bis sie der Wind bespringt ... und den mächtigen Aufruhr der stürmischen See gebärt. Der Wind erzeugt den Seegang, sagen wir. ‚Wind ist der Welle lieblicher Buhler.' Aber auch das Segelschiff bleibt untätig, bis es vom Wind den Stoß zur Vorwärtsbewegung empfängt. Beide, See und Segel, sind in diesem Betracht passiv dem aktiven Wind gegenüber und auf diese Weise leidensverwandt. Aus der frei übers Meer wehenden Windkraft wuchs dem Menschen das Segel zu. Es ist ein natürliches Gebilde, weil es aus den Gegebenheiten einer natürlichen Landschaft heraus entstanden und gleichsam in sie hineingeschaffen ist. Es bildet eine organische Einheit mit seiner Umwelt, mit Wind und Wasser. Der gleiche Wind, der die See aufwühlt, treibt den großen Segler mit Tausenden Gewichtstonnen durchs Wasser, und der Mensch, der hier segelt und führt, ist hineingenommen in das großartige Zusammenwirken des Natürlichen und wird selbst zu einem Teil dieser großen Natur."

Dreischeibiger Block mit Schäkel.

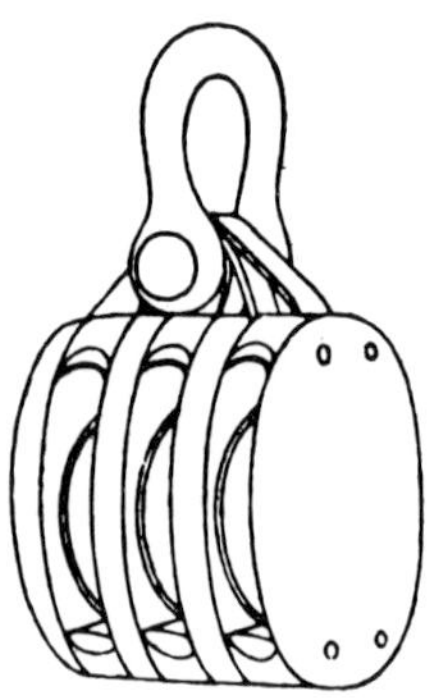

„Drei sind es, die zu wunderbar für mich, vier, die ich nicht begreifen kann: der Weg des Adlers an dem Himmel, der Weg der Schlange über Felsen, des Schiffes Weg auf hoher See, des Mannes Weg bei einer jungen Frau."

Sprüche Salomos, 30. Kapitel, Vers 18–19

Vertiefen wir das von Römer Gesagte mit einem Augenzeugenbericht aus der Zeit der großen Rahsegler. Richard Dana erlebte im

Die Geburtsstunde der „Passat“ schlug am 15. November 1911. An diesem Tage lieferte die Hamburger Werft Blohm & Voß für 680 000 Goldmark der berühmten Reederei Ferdinand Laeisz ein eisernes Segelschiff von 115 Meter Länge und 14.3 Meter Breite ab. „Es war“, schreibt Helge Janßen, „als Frachtsegler für die weltweite Getreide-, Salpeter- und Stückgutfracht konzipiert, vermaß 3181 Bruttoregistertonnen und konnte bei einem Tiefgang von sieben Meter rund 4200 Tonnen Ladung tragen. Das Schiff besaß weder einen Hilfsmotor, noch gab es elektrischen Strom an Bord. Abgesehen von einigen Petroleummotoren zum Antrieb des bordeigenen Ladegeschirrs war die 36köpfige Besatzung auf Menschenkräfte angewiesen; das Setzen und Trimmen von 4600 Quadratmeter Leinwand an 56 Meter hohen Masten erfolgte mit Hilfe von Brass-, Fall- und Schotwinden per Hand, und es ist kein Seemannsgarn, daß das Aufnehmen der beiden, je vier Tonnen schweren Anker nach wochenlanger Liegezeit einen ganzen Tag härtester Arbeit in Anspruch nehmen konnte. . . . Eingereiht in die schon damals berühmte Flotte der ‚Flying P-Liner‘ wie ‚Parma‘, ‚Pommern‘, ‚Petschili‘, ‚Pamir‘ und ‚Peking‘ ging die ‚Passat‘ am Weihnachtstag des Jahres 1911 auf ihre Jungfernreise rund Kap Hoorn

19. Jahrhundert den Kampf eines Segelschiffes mit der unerbittlichen Naturgewalt. Wir zitieren aus seinem eindrucksvollen Bericht:

„Wir enterten zum Topp und fierten die eine Leine, mit der wir die Takelage aufholten. Es war eine sternklare Nacht, kalt und windig, aber alle arbeiteten sehr gutwillig. Einige sahen allerdings aus, als ob sie dachten, der Alte sei verrückt, aber niemand sagte etwas. Wir hatten ein neues, mit einem Reff versehenes Leesegel, ein Ding, von dem man kaum jemals gehört hatte. Die Matrosen hatten sich darüber lustig gemacht, indem sie sagten, wenn es an der Zeit wäre, ein Leesegel zu reffen, dann sei es auch an der Zeit, es zu bergen. Jetzt fanden wir es aber nützlich, denn da das Marssegel ein Reff hatte, konnte das Leesegel auch nicht ohne ein Reff gesetzt werden. Ein Leesegel mit gerefften Marssegeln war wirklich etwas ganz Neues, aber dennoch schienen gute Gründe dafür zu sprechen. Denn wenn das Leesegel fortgetragen wird, verliert man nur ein Segel und eine Spiere, während bei einem Marssegel der ganze Mast verloren gehen kann.

Nachdem wir aufgeentert waren, wurde das Segel angerefft und zum Hissen fertiggemacht. Aber als wir anfingen, das Segel zu setzen, lief ein gewaltiges Schütteln durch das Schiff. Die Spiere verbog sich wie eine Peitsche, und wir warteten jeden Moment darauf, daß sie brechen würde. Da sie aber aus bestem Fichtenholz war, bog sie sich wie Fischbein und hielt. Der Zimmermann sagte, dies sei das beste Stück Holz, das er je gesehen hätte. Die Kraft aller Männer war notwendig, das Haltetau zur Spiernock zu bringen, dann wurde die Schot betrimmt und der Stopper und die Brasse an Luv steifgeholt, um die Belastung zu verringern. Jedes Kabelgarn und jedes Stück Segeltuch schien bis zum äußersten gespannt zu sein, und das Schiff lief mit seiner vergrößerten Segelfläche wie besessen durch das Meer. Weil hauptsächlich Vorsegel gefahren wurden, hob sich das Schiff aus dem Wasser, so daß es aussah, als ob es einen Tanz vollführte und von Welle zu Welle sprang.

Als es war, daß es so viele Segel fahren konnte, wurde die Freiwache unter Deck geschickt. Nur unsere Wache blieb an Deck. Zwei Männer am Ruder hatten vollauf damit zu tun, das Schiff auf dem rechten Kurs zu steuern, denn es war so schwer zu halten wie ein junges Fohlen. Der Steuermann sah sich die Segel und den an den Schiffsseiten vorbeifliegenden Schaum an, schlug sich auf die Oberschenkel und rief dem Schiff zu: ‚Hurra, altes Mädchen, du bist auf der richtigen Fährte! – Du weißt, wohin es geht!‘ Und als das Schiff über die Wellen flog und bis zum Kiel erzitterte, rief er aus: ‚Hier kommt sie! – Hier kommt sie – wunderbar! – So lange sie knarrt, hält sie!‘ Die Wache hielt sich unterdessen bereit, die Segel zu bergen

Vor fünfhundert
Jahren – ein Hanseschiff
im Sturm.
Zeitgenössischer Holzschnitt.

nach Chile, wo sie nach 81 Tagen glücklich ankam. Obschon hineingeboren in die eben beginnende Ära der konkurrierenden Dampfschiffe, konnten die deutschen Großsegler ihren Reedern dennoch beträchtliche Gewinne einfahren. Ihre Schiffe waren sehr gut ausgerüstet, die Besatzungen wurden so gut wie möglich untergebracht und verpflegt."

oder zu kappen, wenn etwas brechen sollte. Um vier Glas logten wir; wir machten elf Knoten. Wenn nicht die achterlichen Seen das Log vor sich hergetrieben hätten, wäre das Resultat viel besser gewesen. Ich übernahm das Ruder zusammen mit einem jungen Mann aus Kannebec, der ein ganz guter Rudergänger war. Trotzdem hatten wir für zwei Stunden alle Hände voll zu tun. Nach nur einigen Minuten mußten wir unsere Jacken ausziehen, und obwohl es sehr kalt war, standen wir in Hemdsärmeln und schwitzten. Wir waren beide sehr froh, als es acht Glas schlug und wir abgelöst wurden. Wir gingen unter Deck und schliefen, so gut wir konnten, obwohl die See mit lautem Getöse unter dem Steven brauste und die Wellen wie ein Wasserfall über dem Vorsteven zusammenschlugen.

Um vier Uhr wurden wir erneut gerufen. Noch wurden die gleichen Segel gefahren, und der Sturm, wenn er sich überhaupt verändert hatte, war eher noch ein wenig stärker geworden. Es wurde kein Befehl gegeben, das Leesegel zu bergen. Es war auch tatsächlich zu spät dazu. Hätten wir den Versuch gemacht, und zwar beim Haltetau oder an den Fallen, so wäre das Segel in Stücke zerfetzt worden und hätte

Nur Unter- und gereffte Ober-Marssegel sind auf der *Pamir* gesetzt (1946).

noch etwas mitreißen können. Wir konnten jetzt nur abwarten. Wenn der Sturm sich legte, war es gut, wenn nicht, würde etwas kaputtgehen, die schwächste Spiere oder das schwächste Tau zuerst – und dann könnten wir es bergen. Nach einer Stunde war die Geschwindigkeit so groß, daß es aussah, als ob die Seen wie eine Mauer vor dem Schiff ständen, das Wasser strömte über die Rah des Sprietsegels wie über einen Damm. Gegen Tagesanbruch legte sich der Wind ein bißchen, und das Schiff begann, vom Druck befreit, leichter zu gehen. Mr. Brown hatte sich aber entschlossen, ihm keine Ruhe zu gönnen. Er verließ sich darauf, daß der Wind mit Sonnenaufgang abnehmen würde und befahl uns, das Unterleesegel klarzumachen. Dies war ein sehr großes Segel, aber bald war es am Baum angeschlagen. Die Freiwache wurde an Deck gerufen, um die Fallen zu besetzen. Der Sturm war noch so stark, daß diese Arbeit fast eine Stunde in Anspruch nahm, denn der Ausholer wurde mehrmals vom Wind weggetragen, so daß bald der schwankende Baum abbrach. Kaum war das Segel gesetzt, als das Schiff wie verrückt durch das Wasser schoß. Es war unmöglich, es zu steuern. Die Rudergänger stöhnten und pusteten vor Anstrengung, und das Ruder schwang immer wieder hin und her. Dazu kam, daß der Sturm mit Tagesanbruch nicht abnahm und die aufgehende Sonne hinter Wolken verschwand. Ein plötzlicher Ruck warf den Rudergänger an Luv zur Seite über das Deck. Der Steuermann lief zum Ruder, und der Rudergänger, der wieder auf die Füße kam, griff in die Handspeichen. Zusammen gelang es ihnen, das Ruder zu halten. Beinahe wäre das Schiff quergeschlagen, die Hälfte des Leesegels war bereits im Wasser. Als das Schiff wieder auf Kurs lag, stand der Baum in einem Winkel von fünfundvierzig Grad zum Deck. Wahrscheinlich wurden zu viele Segel gefahren, aber es war zwecklos zu versuchen, das Segel zu bergen; das Geitau war nicht stark genug. Wir dachten ans Kappen, als durch ein neues, kräftiges Gieren die Geitaue brachen und der Baum mit einem Krach gegen die untere Takelage schwang. Der Ausholerblock gab nach, und die Spiere des Oberleesegels bog sich in einer Weise, wie ich es nie zuvor für möglich gehalten hatte. Ich blickte gerade auf die Spiere, als die Geitaue brachen. Sie krümmte sich, so daß sie fast einen Halbkreis bildete, sprang dann aber wieder zurück. Die Klampe, an der die Fallen beschlagen waren, wurde losgerissen, und das Segel schlug um die Rah des Sprietsegels und die vorderen Geitaue. Wir hatten schwer zu arbeiten, um es wieder einzuholen. Es dauerte mehr als eine halbe Stunde. Segel für Segel wurde gesetzt, als wir wieder gutes Wetter bekamen ...“

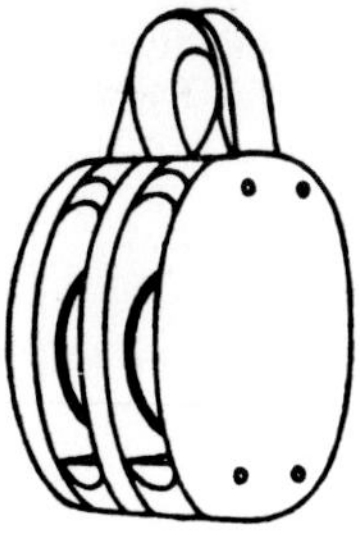

Zweischeibiger Block mit einem Auge.

Zu denjenigen, die das Segeln erst ermöglichten, gehörten die ‚Segelmacher‘. Wichtige Leute waren sie, betrieben ihr Handwerk in je-

In schwerstem Wetter bei Kap Hoorn.

dem Hafen in ‚Segelmachereien', und einer oder zwei von ihnen fuhren an Bord größerer Schiffe, verantwortlich für die Wartung und Instandsetzung der „Hauptantriebsanlage", der Segel. Ihre „großen Stunden" kamen auf Schlechtwetterreisen, wenn Segel in Fetzen davongeflogen waren. ‚Segelneijer' – Segelnäher, hießen sie im 18. Jahrhundert, und das 19. Jahrhundert überliefert ihre Spitznamen: ‚Büdelneiher' – Beutelnäher, entweder weil bei Flaute ein schlaffes Segel wie ein Beutel aussieht, oder weil der Segelmacher auf Freiwache oft Seesäcke aus Segeltuch für seine Kameraden anfertigte. Die letztere Deutung ist nicht sehr wahrscheinlich, denn den ‚Büdelneiher' gab es vermutlich schon, als Jan Maat den Seesack noch nicht kannte und nur mit seiner Seekiste zur See fuhr. Wer sich mit dem Segelmacher angelegt hatte oder ihn abwerten wollte, nannte ihn ‚Sägelschauster' – Segelschuster.

Abschließend sollen einige Wörter bewahrt werden, die zwar nicht wörtlich, wohl aber inhaltlich dem Segeln angehören:

‚Beiliegen', ‚beigedreht beim Wind liegen', steht seit dem 17. Jahrhundert für das Abwettern eines Sturmes mit wenigen oder ganz ohne Segel – ohne Segel: ‚vor Topp und Takel beiliegen', auch: ‚unter See liegen' – in einer Lage, die den Wind und die Seen vorlicher als dwars einkommen läßt, so daß das Schiff nahezu querab treibt, die Seen infolge des Querkielwassers nicht in Schiffsnähe brechen und die Schiffsbewegungen ein wenig geringer werden.

‚Lenzen', noch um die Jahrhundertwende ‚lenssen' oder ‚lensen', entstammt dem mittelniederländischen ‚lens' – sanft, schlaff, kraftlos und erhielt nur in der Seemannssprache außerdem den Sinn von leer. Das Wort ist seit dem 15. Jahrhundert bezeugt und bedeutet: bei Sturm mit kleinem Vorsegel oder gerefftem Marssegel („kraftlos") platt vor dem Winde herlaufen, zumal dann, wenn das Beiliegen nicht mehr auszuhalten ist. Nahm der Sturm so zu, daß auch die letzten Segel geborgen werden mußten, bezeichnete man diesen Fahrtzustand mit ‚vor Topp und Takel lenzen' – nur unter Masten und Takelage treiben. Häufig schlugen dann Brecher von achtern an Deck alles kurz und klein, und hohe Seen hoben das Heck so an, daß das Ruder austauchte, das Schiff dadurch seine Steuerfähigkeit verlor und querzuschlagen und zu kentern drohte.

In „Sturmverweht", der Saga des Vollschiffes „British Isles" von William H. S. Jones, lesen wir: „Mit unseren paar Leuten waren wir also ganz besonders auf ständige äußerste Anspannung des Rudergängers angewiesen, der einzig und allein durch letzten Einsatz ein Querschlagen verhindern konnte. Kein Wunder, daß sich unsere Veteranen dauernd am Rad ablösten. Im Lauf der Zeit flößten sie durch

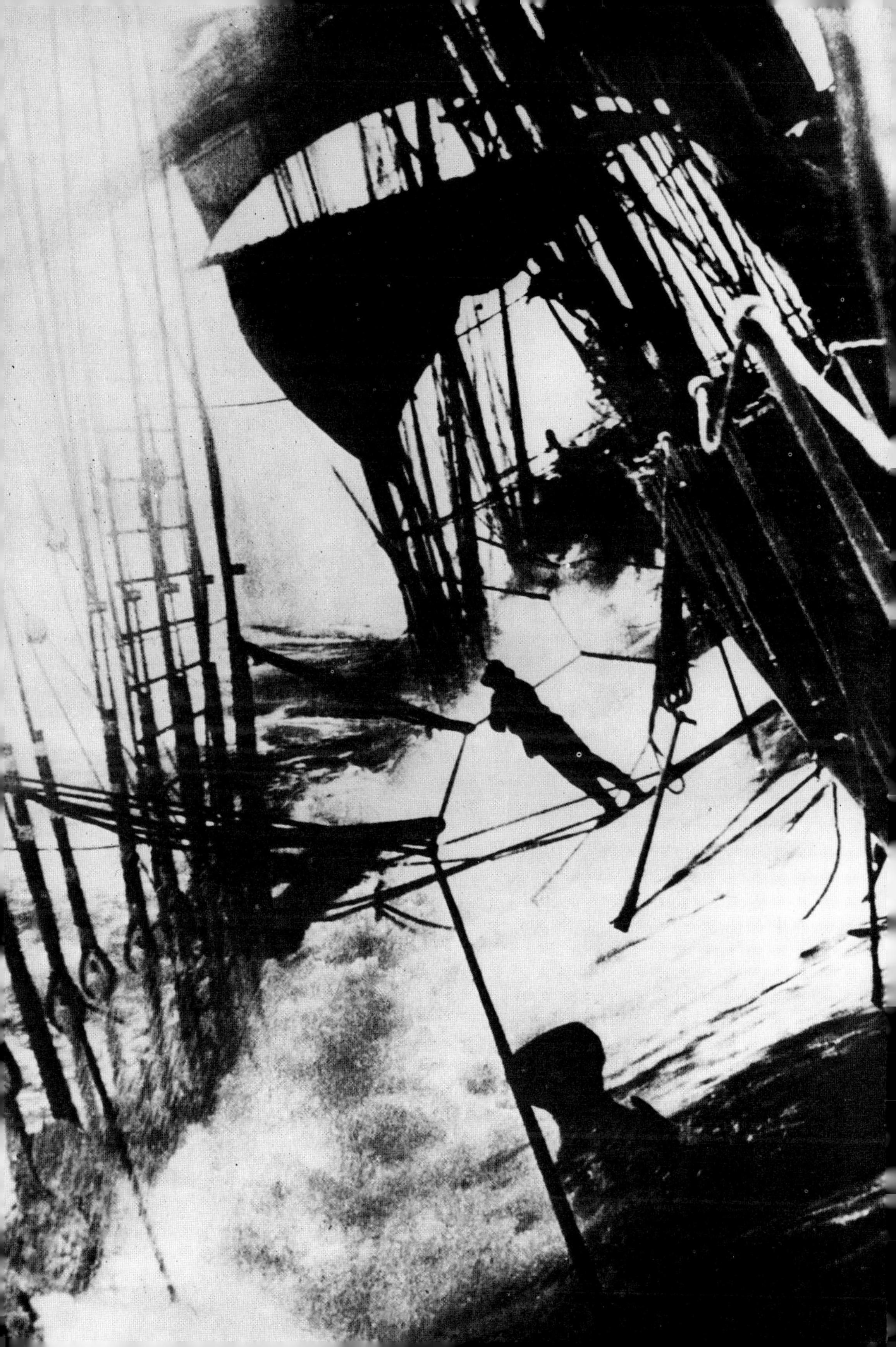

Arbeiten in der Takelage.

ihre nie erlahmende Wachsamkeit gegenüber einer tödlichen Gefahr uns Jüngeren ein beruhigendes Vertrauen ein. Im übrigen mußten alle mit Ausnahme der Rudergänger schuften, bis sie vor Müdigkeit fast umfielen, galt es doch, den an Deck und in der Takelage angerichteten Schaden zu beseitigen. Zunächst wurde statt der zerrissenen eine neue Persenning über dem Lukendeckel verschalkt, so daß kein Wasser mehr in den Laderaum eindringen konnte ... Dann ging es an das Aufklaren des von oben gekommenen laufenden Gutes, das zunächst einmal am stehenden Gut beigebändselt worden war. Die abgeknickten Spieren wurden mit Hilfe schwerer Taljen und des Spills binnenbords geholt und an Deck festgelascht, während das hoffnungslos vertörnte Gewirr von Tauen kurzerhand gekappt und über Bord geworfen wurde. Nur wenige, noch brauchbare Enden, entgingen diesem Schicksal."

Mit dem Lenzsack, einem Treibanker, oder mit geschleppten Spieren versuchte man, das Schiff auf Kurs zu halten, bis der Sturm sich ausgetobt hatte. „Lenzen is 'n Seemann sien Dood", sagten die Jan Maaten, und: „Ein Seefahrender lernet in solchem Wetter auch wohl beten."

Erwähnt sei, daß die Nebenbedeutung des Adjektivs ‚lens' – leer, in die Wendung ‚lenspumpen' – leerpumpen, einging, aus der verkürzt ‚lenssen' und ‚lenzen' entstand: die Bilgen, Bunker, Tanks und Zellen eines Schiffes leerpumpen oder „ein leckes Schiff durch Pumpen flott erhalten". Nur in diesem Wortverständnis lebt ‚lenzen' heute noch in der Sprache der Seeleute.

‚Segeln', ‚beiliegen', ‚lenzen' – immer ging es um das „behaltene Schiff", von dem Röding sagt, es sei „ein Schiff, welches der Gefahr entgangen, z. B. dem Sturm, den Seeräubern etc. und glücklich in einen Hafen eingelaufen ist".

Der Terminus technicus *Shanghaien* hat eine leicht erkennbare Herkunft. Shanghai, im 19. Jahrhundert die bedeutendste Hafen- und Handelsstadt Chinas mit schon damals 400 000 bis 500 000 Einwohnern und einem Welthafen, in dem jährlich etwa 6000 Segelschiffe ankerten, war die „Urheimat" der Kulis, ostasiatischer „Tagelöhner", ausgebeuteter, rechtloser Proletarier, die ihren Namen vom zigeunersprachlichen ‚Chulai' – Mann, erhalten haben sollen. Man weiß es allerdings nicht mit letzter Sicherheit. Das Wort, im negativ-abwertenden Sinne, jedenfalls ging um die Welt – als Schimpfwort.

Arbeitslose, hungernde Kulis waren denn auch in Shanghai bereit, jede nur erdenkbare Arbeit anzunehmen – innerhalb und außerhalb ihres Landes, ihrer Stadt. Und so verging kein Tag, an dem nicht Hun-

derte von ihnen Shanghai verließen: zur Arbeit in den Bergwerken Amerikas oder um beim Bau des Panama-Kanals zu sterben. Aber auch politische Gegner des chinesischen Kaiserreiches verschwanden, durch Drogen bewußtlos gemacht, für immer an Bord der Schiffe. Solcherart „Praxis" war gerade in Shanghai so an der Tagesordnung, daß sie als ‚shanghaien' alsbald in den Sprachgebrauch der Seeleute in aller Welt einging. Wo immer jemand gegen seinen Willen, mit verbrecherischer Gewalt und übler List zum Schiffsdienst gepreßt wurde, hieß es von nun an, er sei ‚shanghait' worden.

Doch die Methode selbst ist viel älter. Galeerensträflinge – beispielsweise – waren ‚shanghait' für's Leben. Ähnliches gab es im Europa des 18. und 19. Jahrhunderts, damals ging eine Redensart über das Wasser: „Ein Kriegsschiff und ein Galgen lehnen niemanden ab." Preßkommandos, bewaffnete Bootsbesatzungen, rekrutierten und vervollständigten die Mannschaft von Kriegsschiffen, indem sie Häfen, Seemannskneipen und Bordelle durchkämmten und wahllos, und natürlich mit brutaler Gewalt, scheinheiligen Versprechungen oder List alle aufgriffen, deren sie habhaft werden konnten. Für die so Verschleppten war das Leben zumeist damit zu Ende, bevor es richtig gelebt war. Und es kam vor, daß die mit Brachialgewalt an Bord gebrachten Männer den Tod für das Erträglichere hielten: „Totenschiffe" gab es, solange es Seefahrt gibt . . .

Shanties, in welcher Form auch immer, sind allgemein bekannt. Doch wer weiß schon, daß sie ursprünglich ausschließlich Arbeitslieder waren, die auf den Segelschiffen bei bestimmten Tätigkeiten gesungen wurden. Obwohl *das* ‚Shanty', wahrscheinlich eine Ableitung des englischen Wortes ‚chant' – Gesang, Melodie – und des französischen ‚chanter' oder ‚chantez' – singen, singt! – historisch gesehen an die jahrtausendealten Lieder der Ruderer und auch der Treidler (deren Geschichte allerdings jünger ist) anknüpft, ist es erst ein Kind des schiffbau- und segeltechnischen Fortschritts des 17. und 18. Jahrhunderts. Das Lied von der Bowline – „Haul the Bowline" – kann auf das 17., vielleicht sogar auf das 16. Jahrhundert datiert werden.

Die ‚Buleine' oder ‚Bulien' war eine Leine des laufenden Gutes. Sie griff an jeder Seite eines Rahsegels in ungefähr halber Höhe an und diente dazu, auf Am-Wind-Kursen das Luvseitenliek des Segels nach vorn zu holen.

Shanties haben viel gemeinsam mit den Liedern, die die Farbigen, vor allem die Baumwollstauer in den Südhäfen der USA, sangen. Manches Lied wurde später als Shanty auf den Tiefwasserseglern heimisch. Auch sie entstanden aus einem Bedürfnis nach Erleichterung der Arbeit. Rhythmischer Gesang erwies sich beispielsweise bei den Ruderern als ordnende Kraft und Ansporn zum gemeinsamen Tun. Der eigenartige, monotone Charakter dieser Seemannslieder hat seine Ursache darin, daß sie in erster Linie rhythmisch und erst in zweiter Linie melodisch sind. So ist es auch zu verstehen, warum der Text zunächst als nebensächlich angesehen wurde. Erst nach und nach vervollkommneten sie sich in Melodik und Textaufbau.

Für die Entstehung des Shanty war besonders das 17. Jahrhundert richtunggebend, und in dieser Zeit entwickelte sich auch das ‚Spill-Shanty'. Das ‚Spill' wurde in der Regel von etwa zehn Matrosen mit Hilfe von ‚Spillspaken' gedreht, und da dies große körperliche Anstrengungen erforderte, setzte man bei jedem Schub (das Spill bewegte sich damals ruckweise) gleichzeitig an. Dabei sangen die Matrosen die Spill-Shanties, die zwar einen besonderen Rhythmus hatten, aber wie andere Shanties auch aus Vorgesangs- und Chorpartien bestanden. Eines der bekanntesten Spill-Shanties ist „Around Cape Horn", dessen Melodie und Text – mit den Zeilen „Blow, boys, blow, for California, oh!" und „on the banks of Sacramento" – um die Welt gingen. Es entstand in der ersten Hälfte des 19. Jahrhunderts auf jenen Schiffen, die die vom Goldfieber geschüttelten Menschen nach Kalifornien brachten.

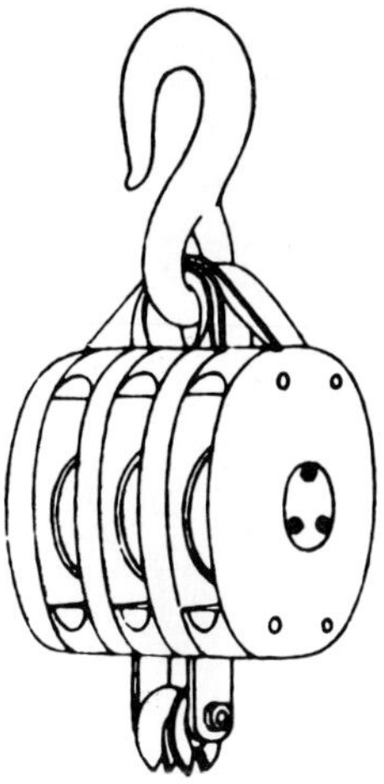

Dreischeibiger Block mit losem Kopfhaken und Hundsfott.

Ein anderes, freilich weniger bekanntes ‚Capstan'- oder ‚Pump-Shanty', man sang es auch beim Pumpen, ist „Outward and Homeward Bound", ein anrührendes Lied, in dem von der Ausreise und Heimkehr eines Seemannes erzählt wird:

„To the Liverpool docks we'll bid adieu,
to Sal' and Kate and Bessie too,
the anchor's aweigh and our sails are unfurled,
and we're bound to plough the wat'ry world.
  Oh, say we're outward bound,
  hurrah, we're outward bound!

Oh, the wind blows hard from the east northeast,
the ship will sail ten knots at least,
the purser will our wants supply,
and while we've rum we'll never say die.

And if we touch at Malabar
or any other port as far,
the purser then will tip the chink,
and just like fishes we will drink.

Doppelblock mit Wirbel
und Hundsfott.

And when our three years they are out,
'tis jolly near time we went about,
and when we're home and once more free,
oh, won't we have a jolly spree.
  Hurrah, we're homeward bound,
  hurrah,we're homeward bound!

At last our cap'n comes on board,
the sails are bent, we're manned and stored,
the Peter's hoisted at the fore,
Good bye to the gals we'll ne'er see more.

One day the man on the look-out,
proclaims a sail with a joyful shout.
Can you make her out? – I think I can,
she's a Pilot heading out from the land.

And when we get to the Liverpool docks,
the pretty gals come down in flocks,
one to the other you can hear them say,
here comes Johnny with his three years' pay.

And then we'll haul to the Bull and the Bell,
where good liquor they do sell.
In comes the Landlord with a smile,
saying: Drink up, lads, while 'tis worth your while.

But when the money's all spent and gone,
none to be borrowed, none to be lent,
in comes the Landlord with a frown,
saying: Get up, Jack, let John sit down!

Then poor ol' Jack must understand,
there's ships in port all wanting hands.
He goes on board as he did before,
and he bids adieu to his native shore."

„Lebt wohl, Liverpooldocks in Dunst und Rauch,
und Sally, Kate und Bessie auch,
den Anker nach oben, die Segel gesetzt,
den Atlantik durchpflügen wir jetzt.
  Oh, singt: Wir reisen aus, hurra, wir reisen aus!

Oh, von Ost-Nord-Ost kommt hart der Wind,
zehn Knoten fährt der Kahn bestimmt,
der Smutje kommt mit bestem Rum,
ist Rum an Bord, dann bringt uns nichts um.

Und sind wir dann in Malabar Port,
vielleicht auch an 'nem andern Ort,
und zahlt man uns die Heuer aus,
dann saufen wir wie Kabeljaus.

Und sind drei Jahre so herum,
dann wird es Zeit, wir kehren um,
zu Haus von Plackerei befreit,
oh, Jungs, das wird 'ne schöne Zeit!
  Hurra, wir reisen heim,
  hurra, wir reisen heim!

Der Käpten kommt zuletzt an Deck,
der Kahn ist klar von Bug bis Heck,
der Peter grüßt vom Topmast her
die Mädchen dann auf Nimmermehr.

Und einmal ruft die Wache dann,
daß sie ein Segel sehen kann.
Hallo, ist dir das Schiff bekannt?
Und ob, der Lotse kommt von Land!

Und laufen wir dann in Liverpool ein,
dann werden da viele Mädchen sein,
und was den Mädchen so gut gefällt:
der Jonny kommt mit Dreijahresgeld.

Zuerst gehn wir zum Wirt ins Haus,
der schenkt den besten Branntwein aus,
da kommt er, grinsend wie gewohnt:
Trinkt aus, ihr Jungs, solang sich's lohnt!

Doch geht das Geld zu Ende dann
und wenn man nichts mehr pumpen kann,
denn jagt der Wirt dich barsch davon:
Hau ab, Old Jack, mach Platz für John!

Und das versteht der alte Jack,
er denkt ans Schiff und schert sich weg
und geht wie eh und je an Bord
und sagt Lebwohl und segelt fort."

Am Pumpspill – zwei lange auf- und abzubewegende Pumpenschwengel sind dicht am Drehpunkt mit Gestängen versehen, die in die Spillkränze eingreifen und bei jeder Bewegung das Spill ein Stück weiterdrehen.

Die zweite große Gruppe der Shanties, die ‚Halyards' oder ‚Falls', bildete sich heraus, als um 1845 die Klipper aufkamen. Dieser zuerst in Nordamerika gebaute Schiffstyp – englisch clipper, der Abschneider, Durchschneider – wie die berühmten „Rainbow", „Flying Cloud", „Sovereign of the Seas" und die „Westward-Ho", erregte Begeisterung in aller Welt. Es waren herrliche, schnelle Kauffahrteischiffe, deren größte Geschwindigkeiten 14 bis 17, teilweise sogar 20 Seemeilen in der Stunde betrugen, Schiffe mit einer Pyramide von Segeln.

Die Halyards nun begleiteten die Matrosen bei den höchst aufwendigen Segelmanövern der Klipper. Sie setzen sich meist aus vierzeiligen Strophen zusammen, in denen Solo- und Chorzeilen abwechseln. Bei jeder Chorzeile holte die Mannschaft mit ein oder zwei Pulls.

„Wenn alle Mann das Tau mit den Händen festhielten und, statt am selben Platz immer neu durchzuziehen, damit über das Deck marschierten, um es anzuspannen, z. B. beim Heißen der höheren Rahen, dann sangen die Seeleute eine besondere Art des Halyard-Shanty, die man dieser Arbeitsweise entsprechend Walkaway-Shanty nennt, manchmal auch Stamp-and-go-Shanty, weil die Matrosen oft an bestimmten Stellen laut aufstampften. Lange Chorpartien für dieses ‚Gehen' über Deck und marschmäßiger Rhythmus sind dabei typisch; manche dieser Lieder bestehen nur aus Chorstrophen." (Hermann Strobach) Die dritte Gruppe der Shanties, die ‚Short-Haul-Shanties', wurden gesungen, wenn ein Ende mit kurzen kräftigen Zügen steifgesetzt werden mußte. Sie bestanden aus sich abwechselnden, jeweils einzeiligen Vorsänger- und Chorpartien:

„Haul the bowline – for Kitty she's my darling,
haul the bowline, the bowline haul!"

Der Vorsänger sang nur die erste Zeile, die Matrosen die zweite und beim letzten „haul" holten sie gemeinsam. Bei diesem Wechselgesang kam dem Vorsänger, dem ‚Shantyman', die führende Rolle zu. Da die Arbeitslieder der Seeleute keine feste, für alle verbindliche Form hatten, oblag es allein dem Shantyman, das mit seiner Phantasie und seinem Können immer wieder anders bildhaft auszuprägen, was „erzählt" werden sollte. Er improvisierte den Gefühls- und Stimmungszusammenhang, er variierte alle jene seemännischen Urthemen, wie Heimat und Liebe, Tod, Zeit, Traum und Leben, Wind, Land, Sonne, Himmel und Meer. „Wo es eine Gemeinschaftsarbeit zu verrichten galt", erinnert sich William H. S. Jones, „war er der geborene und von den anderen anerkannte Vorhandsmann, so überraschend war sein Können. Er stimmte stets die Shanties an, jenen eigentümlichen

Am Gangspill: „eine starke Winde, die auf grossen Schiffen zum Lichten des Ankers, zum Bugsieren und andern Arbeiten dient; sie besteht aus einem senkrecht stehenden abgekürzten Kegel, dessen Obertheil mehrere Löcher hat, Hebebäume, die man Windbäume nennt, hineinzustecken. Es ist gehörig befestigt, damit Leute welche dasselbe drehen, Arbeiten die viele Kraft erfordern, damit verrichten können." (J. H. R.)

Singsang, ohne den keine Leine durchgesetzt wird. Er sang mit tiefer, schöner Stimme, die irgendwie die Arbeit zu erleichtern schien. War die Lose durchzuholen, so klang es ‚Hand over hand, me bullies', galt es das Heißen einer Rah, wobei die Männer gebeugt über Deck stampften, so hieß es in scharfem Rhythmus ‚Stamp and go'. Waren aber bei einem Manöver viele Pulls erforderlich, so grollte es aus tiefer Brust: ‚Haul, we heigh, we ho'!

Der Shantyman verfügte über ein reiches Repertoire langer Gesänge, die er, etwa beim Hochwuchten einer schweren Rah, mit mannigfachen Varianten zum besten gab. Freilich waren viele seiner Texte weder hof- noch druckfähig, alle aber halfen mit, die müden Geister aufzurichten. Das Wichtigste war, daß alle genau dem jeweiligen Arbeitsrhythmus angepaßt waren."

Das Ansehen des Shantyman stieg und fiel bei der Mannschaft mit diesen Fähigkeiten. Dabei verausgabte er sich keineswegs. Wenn ihm nach den bekannten Strophen nichts Besonderes mehr einfiel, baute er Episoden aus dem Seemannsleben, Witze oder gar Flüche ein, oder er ergänzte den Text im Blick auf die neuesten Ereignisse an Bord.

Die meisten Shanties brachten die Engländer ein: Sie hatten nach den Schlachten bei Gravelingen und Trafalgar zu jener Zeit die absolute Seeherrschaft. Fahrensleute anderer Nationen sangen meist eigene Texte zu den klassischen englischen Melodien. Einige Lieder entstanden in Anlehnung an englische Vorbilder. So ist „De Hamborger Veermaster", wie Hermann Strobach kommentiert, die „deutsche Version des Sacramento-Songs, aus dem auch der Refrain stammt." Es wurde als Gangspill- und Fall-Shanty gesungen:

„Ick heww mol en
Hamborger Veermaster sehn,
to my hoodah, to my hoodah.
De Masten so scheev
as den Schipper sien Been,
to my hoodah, hoodah ho.
Blow, boys, blow for Californio,
there is plenty of gold,
so I am told,
on the banks of Sacramento.

Dat Deck weer von Isen,
vull Schiet un vull Smeer,
dat weer de Schietgäng
eer schönstes Pläseer.

Dat Logis weer vull Wanzen,
de Kombüüs weer vull Dreck,
de Beschüten de löpen
von sülben all weg.

Dat Soltfleesch wer gröön,
un de Speck weer vull Maden,
Kööm geev dat bloß
an'n Winachtsabend.

Un wull'n wi mal seil'n,
ik seggt dat jo nur,
denn lööp he dree vörut
un veer werrer retur.

As dat Schipp,
so weer ok de Kaptein,
de Lüüd för dat Schipp
wörrn ok bloß schangheied."

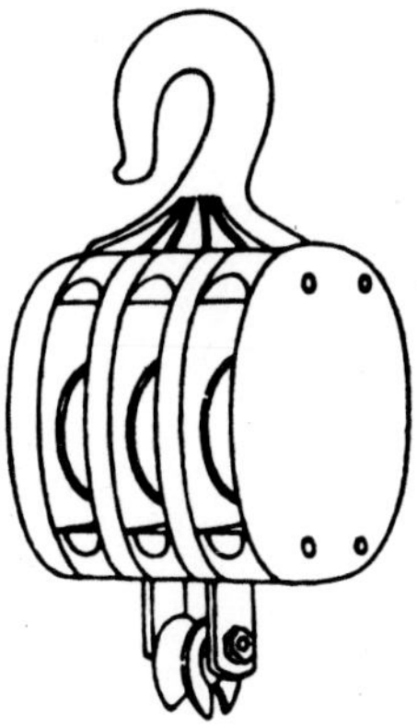

Dreischeibiger Block
mit festem Kopfhaken
und Hundsfott.

Das Shanty ist immer ein Arbeitslied gewesen – es gab kaum eine Gemeinschaftsarbeit an Bord, bei der nicht gesungen wurde. „Auch die Kapitäne waren froh", vermerkt Richard Wossidlo für die mecklenburgischen Seeleute, „wenn ihre Leute sangen: Uns' Schipper säd' oft: ‚Jungens, singt mal 'n bäten' – he müdht dat giern." Und: Sungen würd ut Lustbarkeit. Im Hafen oder auf der Werft, beim Ballast- und Kornschaufeln, und wenn „de Schääpstimmerlüd' (Schiffszimmerleute) de Planken anhaalten, süngen se:

Twui, twui, haal em,
uqual, nuwat, zeiß em,
Anklam, Wolgast, maak fast. –
Hio, quio, haal em,
uqua, lua, zeiß em,
Jannoeversmann (Magermann)
Jannoewer in de Kann,
Jungens, haalt ran.
Johann sien Diern,
de dicke Diern, hurra,
dee deiht dat giern,
Amsterdam, Rotterdam, haal furt,
Anklam, Wolgast, maak fast."

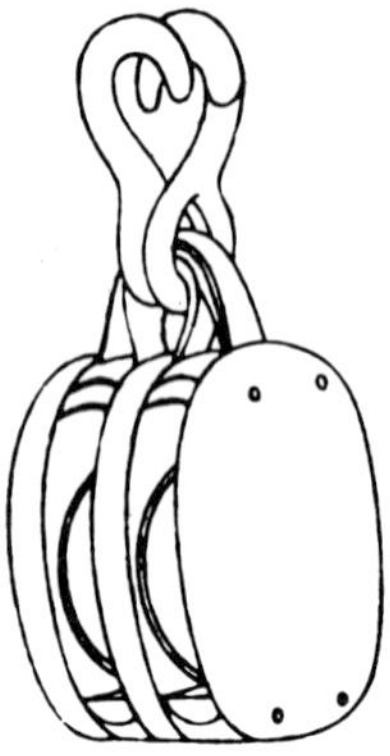

Zweischeibiger Block
mit Doppelhaken.

Besonders populär waren derbe, wenig „stubenreine" Verse wie:

Haal eek, haal Böök, haal Busch,
unsern Johann sien Bruut,
de dicke Diern hurra,
de liggt in 'n Beed,
kann'n Noors nich rührn, hurra.

Die Shanties waren echter, unverfälschter Ausdruck des Lebens und des Denkens und Fühlens der Matrosen in jener Zeit". Sie besaßen soziale Bindekraft, und sie gaben Erfahrungen und Gedanken, Wünsche und Hoffnungen in seemännisch adäquater Weise wieder.

„De' Hoffnung' wör hunnert Dag ünnerwegs,
Se seil von Hamborg no Valparaiso.

Se seilte goot un se seilte hart,
Se harr so'ne gode un kostbare Fracht.

Un as de Ool nu flucht un gnattert,
Dor keem de Düvel over de Reeling klattert.

Wenn mi in tein Dag nen Kanal du bringst,
Denn krigst mien Seel, so woor as du stinkst.

De Pott leep negentein Milen toletzt,
Dor harr de Düvel de Skyseils bisett.

Un as se nu kemen in'n Kanal to Stell,
Dar seggt de Düvel, ‚Nu her mit de Seel!'

Dar seggt de Ool, ‚Nu lot di man tiet,
Wi goot to Anker bi Cap St. Patrick.'

De Düvel de weer vor Freid ganz weg,
He leep op de Back, sett den Anker op slip.

De ole Timm' mann harr grote Freid,
He harr den Düvel sien'n Steert mitvertäut.

Un as de Anker nu suust an den Grund,
Suust de Düvel mit, disse Swienehund."

Alle Grönlandfahrer hatten einen König, einen *Speckkönig*, so hieß der wohl schlechteste Matrose an Bord, und seinen Gehilfen nannte man ‚Speckkönigin'.

‚Grönlandfahrer' waren Schiffe, Schiffer – Kommandeure – und Mannschaften, die während des 17. bis 19. Jahrhunderts vor Grönland und im Eismeer Wale fingen. Die Niederlande, England, Dänemark, Schweden, Rußland und Spanien beteiligten sich daran, und auch Hamburg gehörte dazu. Die Schiffe, meist flache, breite Dreimaster-Fleuten – Vorsteven und Bug mit Eisverstärkung versehen – führten vier bis sechs ‚Schlupen' – Fangboote – mit und hatten 30 bis 40 Mann Besatzung, in drei Wachen fahrend. Noch im 18. Jahrhundert warf der Harpunier die Harpune – ein drei Fuß langes Eisen mit Widerhaken – vom Fangboot aus in den Wal, worauf die Fangleine so lange gefiert wurde, bis das Tier erschöpft oder tot längsseits des Schiffes geholt werden konnte.

Speck – Hauptprodukt des Walfanges – erschien verständlicherweise in vielen Wortverbindungen. So beim ‚Speckschneider', dem zweiten Steuermann (später, auf anderen Schiffen, dessen Spitzname, weil er dort den Proviant ausgab), der das Abspecken vom Kopf des Wales aus leitete. ‚Speckmesser' – lange Messer mit Stiel, auch ‚Flensmesser' genannt, benutzte man, um zunächst große Stücke, ‚Hakje-Speck', zu schneiden, auch ‚Speckforken' und ‚Speckhaken', bis der ‚Hakje-Speck' mit dem ‚Specktakel' an Bord gehievt werden konnte. Hier wurde er auf der großen ‚Speckbank' durch ‚Strandschneider' und ‚Pikeniere' mit Strandmessern und Kappmessern in kleinere Stücke – ‚Finken' – geschnitten, in den hölzernen ‚Specktrog' geworfen, der einer Rinne gleich zum Laderaum führte, zu dem die ‚Farkentreiber' – die Ferkeltreiber (auch hier gab es diese Bezeichnung) – die ‚Finken' zu schieben hatten.

Hinunter rutschten die Finken durch eine Art Persenningschlauch, der unten im Raum in eine Balje mündete. Der Matrose, der jeweils eine Baljenfüllung ausrauschen ließ, trug den Namen ‚Lullmann'. Der ‚Schiemann' mit seinen Leuten aber hatte die Finken aus den Baljen in Tonnen zu stauen, und vorbeigefallene Finken fortzuschaffen, war Aufgabe unseres ‚Speckkönigs' und seiner ‚-königin'.

Alle Knoten, die die Jahrhunderte überdauerten, haben drei Eigenschaften: sie sind einfach zu knüpfen, sie sind haltbar und sie sind leicht zu lösen. Ein altes Seemannswort sagt: Kannst du *Splissen un Knoten*, kannst ok priemen un roken (rauchen).

Tatsächlich gehört beides zum fundamentalen Wissen und Können eines jeden Seemannes und muß erlernt werden durch den, der einer

Eine kurze Splissung – heute Kurzspleiß.

werden will. ‚Splissen‘, in hochdeutscher Form ‚spleißen‘, ist das kunstvoll dauerhafte Ineinanderflechten der Teile eines gebrochenen Endes, das Zusammenfügen zweier Leinen ohne Knoten, auch das Einsetzen eines Auges in den Tampen eines Endes, einer Leine. ‚Knoten‘ als Tätigkeit bedeutet dagegen jedes haltbare, aber leicht zu lösende Verschlingen zweier Enden miteinander oder eines Endes an einem anderen Gegenstand.

‚Splissen‘ führt auf mittelniederdeutsch und mittelniederländisch ‚spliten‘ – fein spalten, zerteilen zurück. Die Lautform mit -ss- stammt vermutlich aus dem Niederländischen. Hochdeutsch entspricht ihr ‚spleißen‘.

Das ‚knoten‘ ist von seinem Substantiv abgeleitet; althochdeutsch ‚knoto‘, angelsächsisch ‚knotta‘ (englisch ‚knot‘), bezeichnete es natürliche Verdickungen an Organismen und künstliche Verflechtungen von Garnen und Leinen. Mittelniederdeutsch ‚knotte‘ oder ‚knutte‘ blieb an der Küste in ‚knütten‘ – beispielsweise Netze knüpfen – erhalten, und auch der neuhochdeutsche ‚Knödel‘ hat in ‚Knoten‘ seinen Ursprung. Aus dem Nordischen kommend, ging ‚knut‘ gleich ‚Knute‘ (Peitsche mit Knoten) sogar in das Russische ein.

Im Niederdeutschen hieß ‚splyten‘ spalten und reißen, ‚toreten un tospleten‘ alt und zerrissen, und ‚sik spletten‘: „die Beine gar zu weit ausspannen“. ‚In Knütten slahn‘ bedeutete: einen Knoten machen, und wie man damals schon zur Erinnerung an etwas, das man nicht vergessen wollte, „einen Knoten ins Schnupftuch zu schlagen“ pflegte, sagte man im Scherz: „Ick will eene Knütte in de Nese slahn“ – Ich will einen Knoten in die Nase schlagen.

Die Kunst des Splissens oder Spleißens wird von den seefahrenden Völkern seit langem geübt und genutzt, die sprachverwandten Bezeichnungen, wie niederländisch ‚splissen‘, dänisch ‚splejse‘, schwedisch ‚splitsa‘ und auch englisch ‚to splice‘ deuten darauf hin. Die Verbindung der Enden geschieht so, daß man „die Kardeele und Duchten eines jeden auf eine hinlängliche Weite aufdrehet und solche wieder kreuzweise zwischen die nicht aufgedrehten ... sticht und verwickelt so daß die beyden Enden nicht wieder von einander gehen können“. (Drei Duchten – Garne – bildeten ein Kardeel – Litze –, drei bis vier Kardeele ein Tau – eine Trosse, und mehrere Taue ein Kabel – eine schwere Trosse, beispielsweise zum Ankern, bevor es Ketten gab.) Sachgemäß ausgeführt bleibt die ehemalige Bruch- oder Verbindungsstelle fast unsichtbar und führt nicht zu einer Schwächung des Taues, weil mit größer werdendem Zug die verflochtenen Kardeele stärker zusammengedrückt werden.

Je nach der Dicke der Enden und ihrer Verwendungsart kannte man schon früh verschiedene Spleiße, so die ,Langsplissung', heute den ,Langspleiß', früher auch ,spanische Splissung' genannt, die ,kurze Splissung', die ,Augsplissung', die ,Ankertausplissung', die ,doppelte Splissung' und manche andere.

Der seemännische Vorläufer des Wortes ,Knoten' ist ,Knopf'. Auch die Markierungsknoten der Leine des Handlogs, die man zur Ermittlung der Geschwindigkeit des Schiffes am Heck abspulen ließ, während eine 14-Sekunden-Sanduhr auslief, hießen ,Knöpfe'. Ihre Abstände verhielten sich zur Sanduhrzeit wie 1 Seemeile zu 1 Stunde, und man sagte noch im frühen 18. Jahrhundert: „Man muß observiren, wieviele Knöpfe kommen, während daß das Sand-Uhr lauffet" – und gegen Ende des Jahrhunderts: „Das Schiff läuft zwölf Knöpfe" – es segelt zwölf Seemeilen in einer Stunde. Erst später setzte sich dafür ,Knoten' durch, so auch für die Verbindung zweier Enden, eines Endes mit einem Gegenstand und die Verdickung eines Tampens.

Bis in das 19. Jahrhundert hinein aber unterschied man zwischen ,Knopf' beziehungsweise ,Knoten' und ,Stich'. Knöpfe oder Knoten schlierten unter Zug zusammen, sie wurden fester als Stiche. Manche werden noch immer benutzt, heben wir einige auf, auch ihrer Namen wegen. Ein ,Schauermannsknopf' am Tampen eines Taues sollte dessen Ausrauschen aus einer Öffnung verhindern. Der ,türkische Knopf' gehörte auf die Stopper der Ankertaue. Ein ,Wandknopf' diente dazu, die Enden eines gebrochenen oder zerschossenen Wants wieder anzustecken, und zum Anlegen der Wanten an den Masten benutzte man einen ,Knopfspann'. Vielbenutzt war die feste ,Heling' im Gegensatz zum ,Altweiberknoten', der an Bord nichts taugte und deshalb als unseemännisch abgelehnt wurde. Und einen ,Leibknoten' verwendete man beispielsweise zum Aufheißen eines Matrosen, der am Topp eines abgetakelten Mastes arbeiten sollte. Das Auge dieses Knotens, in dem ein Mann sitzt, schliert nicht zu.

Machte ein Junge einen Knoten verkehrt, sagten mecklenburgische Jan Maaten: „Wat maakst du dor, dat is jo 'n Rövershäger Preesterknoop" – Was machst du da, das ist ja ein Rövershagener Priesterknopf.

,Stich' ist die hochdeutsche Lautform von ,Stek'. Nach alter seemännischer Einteilung unterscheidet er sich von einem ,Knopf' oder ,Knoten' dadurch, daß die Verschlingungen nicht zusammenschlieren und er nach Aufhören der Belastung leichter wieder gelöst werden kann. So betrachtet, gehören die ,Heling' und der ,Leibknoten' auch dazu.

Im 18. Jahrhundert befestigte man eine Ankertrosse am Ring eines Ankers mit einem ,Ankerstich'. Einen ,Fischerstich' schlug man beim Laden und Löschen um Mehl- und Kornsäcke. Der ,Schotenstich' diente

Ein Raabandsknopf – heute Kreuzknoten.

dazu, Schoten an den Schothörnern der Segel und Bojereeps an Bojen zu befestigen, mit einem ‚Trompetenstich' kürzte man ein Ende, ein ‚Maulstich' wurde zur doppelten Befestigung eines Taues benutzt, das längs eines Holzes oder eines anderen Gegenstandes fuhr, und an dem das eine Ende schon angeschlagen war. ‚Timmerstiche' bestanden eigentlich aus zwei Maulstichen, unter anderem wurden damit die ‚Wewelingen' (Webeleinen) an den Wanten befestigt. Einen ‚Sackstich' verwendete man, um Wanten in doppelter Part – als Spann – um den Topp eines Mastes zu legen. Der ‚Pfahlstich', auch ‚Dückdalbenstich', niederländisch ‚paalsteek' und schwedisch ‚palstek', war der Leibknoten, der auch zum Festmachen von Schiffen benutzt wurde.

Ein ‚Bulienstich' befestigte Bulienen, Geitaue, Nock- und Bauchgordings an ihren Legeln (Tauösen), und ein ‚Kettenstich' diente auf Schiffen des 15. bis 17. Jahrhunderts dazu, ein ‚Bonnet', einen Segeltuchstreifen, an das Unterliek eines Rahsegels anzureihen, um es bei auffrischendem Wind leicht wieder lösen zu können. Zudem sei der ‚Längstich' oder ‚Lengstich' erwähnt, der zum Laden oder Löschen um ein Faß geschlagen wurde.

Im 19. Jahrhundert findet man ‚Stich' beziehungsweise ‚Stek' in vielen Varianten belegt, bevor die Unterteilung von ‚Knoten' und ‚Stich' oder ‚Stek' der Allgemeinbezeichnung ‚Knoten' Platz machte: ‚Pahlstek', ‚Schotstek', ‚Webeleinstek' und andere, noch heute geläufig, haben ein ehrwürdiges Alter, nur sind auch sie jetzt ‚Knoten'.

Wir wollen unsere Auswahl mit einem Kuriosum beschließen, einen Mann rühmend erwähnen, der sich ganz den so kunstvoll verschlungenen und manchmal für unentwirrbar gehaltenen Knoten widmete.

1944 erschien in New York ein Buch mit dem Titel: „The Ashley-Book of Knots", sein Autor Clifford W. Ashley. In seiner kurzen Einleitung lesen wir: „Für mein Weib, die gelebt hat mit diesem Buch elf Jahre lang, ohne daß sie ihre Geduld verloren hat, ihren guten Humor und ihr Vertrauen auf eine Vollendung."

Mrs. Ashley wird all diese bemerkenswerten Eigenschaften wohl gebraucht haben, es ist nicht jedermanns Sache, so lange mit einem Knotenenthusiasten zu leben. Denn Mister Ashley schuf Jahr um Jahr insgesamt 7000 Zeichnungen, 3900 Knoten darstellend. Und doch verdanken wir ihm viel, wie sonst sollten wir wissen, wie viele Knoten es tatsächlich gibt: Monomanie als Lebensaufgabe.

Eine gewisse Anzahl zusammengehörender gleichartiger Gegenstände, die gemeinsam einem bestimmten Zweck dienen, heißt *Stell,* das ‚Stell'. Erstmalig im 18. Jahrhundert ist das Wort durch Röding in diesem Sinne und maritim belegt. Die niederdeutschen Wörterbücher jener Zeit enthalten es in dieser Bedeutung nicht, sondern nur als ‚Wagengestell', Webstuhl und ähnliches, also ohne seemännischen Zusammenhang. Die Herkunft liegt somit im Dunklen, jedoch ist erwähnenswert, daß zur gleichen Zeit, als unser ‚Stell' in der deutschen maritimen Literatur auftauchte, niederländische Seeleute schon gleichbedeutend ‚stell' und schwedische ebenso ‚ställ' gebrauchten. Das läßt niederländischen Ursprung vermuten.

Zufrühest wurde die Wendung ‚Stell Segel' bekannt, niederländisch ‚stell zeilen' und schwedisch ‚ställ af segel'. Man verstand und versteht noch heute darunter alle Segel, die zur einmaligen vollständigen Besegelung eines Schiffes gehören und sprach von einem ‚neuen' oder einem ‚alten Stell Segel'. Niederdeutsche Seeleute aus dem 19. Jahrhundert berichteten: „Mitunner hadden wi twee Stell Sägel an Buurd" – Mitunter hatten wir zwei Stell Segel an Bord, und: „Uppe Langreisen nehmen die Sägelschäpen ümmer twee, oft dree Stell Sägel mit" – Auf Langreisen nahmen die Segelschiffe immer zwei, oft drei Stell Segel mit. Sie taten das natürlich nicht nur der Passatregion wegen, wo, wie wir gesehen haben, ein besonderes Stell – nämlich alte Segel für ruhiges Wetter und gleichmäßigen Wind – angeschlagen wurde, sondern aus Sicherheitsgründen, um nicht gänzlich ihres Vortriebs und ihrer Manövrierfähigkeit beraubt zu werden, wenn es Sturmschäden gab: „Die Vorstenge ist gebrochen, Gross- und Besahnsmast sind gesprungen, ein vollkommenes Stell Segel ist weggeflogen."

Etwa ebenso alt wie ‚Stell Segel' ist ‚Stell Masten'. Es umfaßte alle Masten und Stengen eines Schiffes. Später bezog man die Stengen in das ‚Stell Spieren' ein, das alle Rundhölzer der Takelage, Rahen, Bäume, Gaffeln und Bugspriet, außer dem Untermast, enthielt.

Hinzu kam auch das ‚Stell Leinen', bestehend aus dem zur vollständigen Ausrüstung des Schiffes – ohne Reserve – gehörenden Tauwerk; ein Stell gleicher Bezeichnung fuhr jedes Fangboot der Grönlandfahrer. Jens Jacob Eschels schrieb: „Wir wurden aber von dem Eise noch fernerhin eingeschlossen, so daß wir zuletzt ganz festsaßen. Nach einigen Tagen kamen viele Walfische bei uns an, die zu den Löchern zwischen den Eisen fuhren, um zu blasen oder Atem zu holen. Da es aber bei einer solchen Gelegenheit nicht für ratsam gehalten wird, mit der Harpune in einen Walfisch festzuschießen, weil der Fisch wegläuft und man ihn wegen des Eises mit den Schaluppen nicht verfolgen noch töten kann, auch eine Walfischleine den Fisch nicht gut halten kann, sondern gewöhnlich bricht, wenn sie nicht außerordentlich stark ist, und also die Leine mitsamt der Harpune verlorengeht, so sahen wir den Fischen ruhig zu. Da es aber ein harter Anblick ist, die Fische so laufen zu lassen, so wurde ein Schiffsrat gehalten. Die alten Offiziere

Ein Kettenstich

Gestroppter einscheibiger Block mit Kausch.

meinten, es wäre unnütz, festzuschießen, indem wir dabei nur Leinen verlieren würden. Der Kommandeur aber, ein junger Mann, ward ungeduldig und sagte: ‚So will ich doch ein Stell Leinen daran wagen.' (Ein Stell Leinen ist in jeder Schaluppe; sechs Stück sind zusammengesplißt, und jede Leine ist 120 Faden oder 720 Fuß lang.) Es wurde also ein Stell Leinen aus einer Schaluppe genommen, aufs Deck gebracht und um das Gangspill gelegt, um sie nachlassen oder einwinden zu können; je nachdem man es für gut fand."

Schließlich kam auch das ‚Stell Hängematten' in Gebrauch, der Besatzungsstärke abzüglich der Kojenschläfer entsprechend.

Während alle diese Stells in der Berufssprache der Seeleute etwas in den Hintergrund getreten sind, hat das ‚Stell Flaggen' oder das ‚Flaggenstell', den Signal- oder Nationalflaggen geltend, seine Aktualität behalten. ‚Stell' hat heute sogar, für sich allein stehend, hier und dort eine solch eingeengte Bedeutung erhalten, daß unter diesem Wort ausschließlich der Satz der an Bord gefahrenen Flaggen verstanden wird.

Ein *Stropp* ist ein kurzes oder langes Ende mit zusammengespleißten Tampen: ein Tauring, für verschiedene Zwecke zu benutzen und in entsprechender Größe als Schlinge zum Hieven von Lasten zu verwenden, indem der ‚Stropp' um die Last geschlagen, die eine doppelte Part durch die andere gesteckt und das Lastseil eingehakt wird.

Auch ein Ende aus Draht oder Hanf mit je einem Augspleiß in den Tampen wird so genannt, es wird beim Laden und Löschen ähnlich dem geschlossenen Stropp angeschlagen, nur auf halber Länge doppelt gelegt, und die Augen werden über den Haken der Talje oder des Lastseils vom Ladegeschirr gehängt. Größe und Masse der Lasten erfordern oft mehrere Stropps, auch verschiedene Anschlagarten.

Sehr alt ist das Wort. Dem griechischen ‚strophos' – Seil, Band, entstammend, hieß es lateinisch ‚stroppus', ‚struppus' – Schnur, Riemen, und verbreitete sich in allen romanischen Sprachen. Die Germanen entlehnten es, und heute noch finden wir niederländisch, dänisch, schwedisch und englisch ‚strop' oder ‚stropp' mit dem niederdeutschen Begriff identisch. Mittelniederdeutsch stand es für einen „gedrehten Strick".

Die Küstenbevölkerung griff das Seemannswort auf und gab es landeinwärts weiter. So hieß es in Mecklenburg: 'N Stropp is 'n Band, wat up beid' Enn' tosamknüppt is – Ein Stropp ist ein Band, das mit beiden Enden zusammengeknüpft ist. Unter Jungen war ein Zweikampf beliebt, ein Spiel, die Kräfte zu messen, ‚Stropp trecken' – ‚Stroppziehen' genannt: Dabei standen sie einander gegenüber, legten einen ‚Stropp' um ihre Nacken, und jeder versuchte, den anderen zu sich herüberzuziehen.

An Bord waren ‚Stropps' (bis um 1900 hießen sie ‚Stroppen') zu Hunderten in Gebrauch. Man legte sie als ‚Blockstroppen' fest um die Blöcke (Gehäuse mit Scheibenrollen für Enden aller Art zur Umlenkung von Zugrichtungen oder Verringerung von Kräften), um diese an ihrem Bestimmungsort ‚anzunähen' oder ‚anzustecken': „. . . Eines Abends zehn Uhr (Sturm war, wie schon gesagt, im ganzen Januar) kam eine Sturzsee über, durch welche wir natürlich alle, die auf Deck waren, durch und durch naß wurden; zugleich hörte ich einen Krach und sagte: ‚Das Ruder ist ganz los' – Ich lief gleich hin nach dem Ruder und fand, daß der oberste Fingerling abgebrochen war. Ich ließ geschwind eine runde eiserne Kaus (ein beinahe runder eiserner Ring) mit einer starken Strop um die Ruderpinne legen und um den Kopf des Stevens befestigen. Dies hielt auch recht gut, nur mußten wir die

Löschen im Binnenhafen. ‚Binnen' ist das niederdeutsche Wort für innen (‚buten' das für außen). Ein Binnenhafen ist der innere Teil eines Hafens, der oft bis in die Stadt hinein reicht.

Ein dreischeibiger Kattblock mit Haken.

Strop, jenachdem sie durch Trocknen sich erweiterte oder durch Nässe zusammenschrumpfte, mit hölzernen Keilen befestigen oder lösen ...“ (Eschels)

Der ‚Ruderstropp‘ sicherte das alte Plattenruder gegen ein Herausspringen aus seinen Lagern bei Seegang, fuhr durch eine Bohrung im unteren Teil des Ruderschaftes und war an Ringbolzen beidseitig des Achterstevens fest.

‚Springstroppen‘ hingen in gewissen Abständen an jeder Rah, sie hatten am unteren Ende eingespleißte Augen zur Halterung der ‚Paarden‘ – der Pferde –, um deren Durchhang zu verringern, damit mehrere Leute darauf stehen und arbeiten konnten. Und die ‚Handstroppen‘ der Rahen dienten als Sicherheitsleine.

Riemen im Boot wurden mit ‚Stroppen‘ an den ‚Dollen‘ (gabelförmige Rundeisen) befestigt, ein ‚Pützstropp‘ war an die Pütz gebunden, und selbst das Bändsel an der Schiffsglocke nannten die Jan Maaten mitunter ‚Stropp‘.

Das Verb zu ‚Stropp‘ heißt ‚stroppen‘. Übertragen, auch in der Form ‚bestroppen‘, hatte es für Jan Maat den Sinn von besorgen: Dat warden wi schon bestroppen! – Das werden wir schon hinkriegen, klarieren, ins Lot bringen!

Unter *Takeln,* insbesondere ‚auftakeln‘, versteht man alle Arbeiten, die zur segelklaren Ausrüstung eines Schiffes mit Masten, Stengen und stehendem und laufendem Gut gehören. Zudem heißt ‚takeln‘: das Tauwerk eines Schiffes instandsetzen.

Das Hauptwort ‚Takel‘ steht nicht nur für Tauwerk, sondern auch für die schweren Taljen eines Schiffes (eine Lehre wird jedem jungen Seemann schon frühzeitig erteilt, diejenige von der großen Hubkraft, die mit Takeln oder Taljen erzielt werden kann), schon mittelniederdeutsch lautete es ‚takel‘ und bezeichnete jegliche Ausrüstung.

In niederdeutschen Mundarten galt ‚Takel‘ auch weiterhin nichtseemännischen Ausrüstungsgegenständen, so in jenem frühen Beleg aus dem „Platt-Deutschen Wörter-Buch“ von Johann Carl Dähnert, der auf die Greifswalder Stadtstatuten von 1415 verweist: „De schall een reisig peerd hollen, unde hefft he stedes nenen ferdigen Schütten darbi, so schall he dog hebben ferdig Takel darto, alse Swert, Armbost u.s.w.“ – Der soll ein Kriegspferd halten, und hat er keinen erfahrenen Schützen dabei, so soll er doch die vollständige Ausrüstung dazu besitzen, also Schwert, Armbrust usw. Im gleichen Jahre verzeichnete man: Een armbost mit sinen takel – gemeines Gesindel. Und noch 300 Jahre später bezeichnete ‚Takel‘ „eine verworrene Gesellschaft verschiedener Leute“, zeitgleich aber stand es neben ‚Getakel‘

oder ‚Takelpack' auch für Pöbel, für „einen Haufen schlechtes Volck", und ‚Takeltüg' – Takelzeug hießen insbesondere „liederliche Weiber". „Dat is man Takel", hieß es abfällig: Das ist nur ein Haufen Lumpengesindel – und örtlich begrenzt stand ‚betakeln' für beflecken, besudeln.

Ferner umschrieb das Wort ‚Takel' auch eine verwickelte, zwielichtige Angelegenheit: Ik weet van dem ganzen Takel niks – Ich weiß von der ganzen Sache nichts; Wat geit mi de Takelije an? – Was geht mich der verworrene Handel an? Ji mötet dat nich takeln – Ihr solltet das nicht komplizieren. Und: He takelt lange to, sagte man über jemanden, der sich viel Zeit ließ, um sich zu entschließen oder etwas fertigzubringen.

Aus ‚Takel' für Tauwerk – seemännisch: „Masten, Segel und Towwerk" – zuerst 1627 bei J. G. Aldenburgk so belegt – entwickelten sich ‚Takelwerk', ‚Takelage' und ‚Takelung'. Das Wort ‚Takelage', niederdeutsch im 18. Jahrhundert ‚Takelatsche' und ‚Takelije', hochdeutsch damals auch ‚Takelasche', entstand im Niederländischen und Niederdeutschen unter französischem Einfluß und hat sich gleichfalls an Land bis heute erhalten. Selbst Frau Rath Goethe wendete es an: „Ich habe", schreibt sie der Herzogin Anna Amalia am 14. September 1781, „mein gantzes unterstes Stockwerk, besonders meine Wohnstube, so schön aufgetackelt und ausgeziehrt . . ."

Das 18. Jahrhundert bezog die Segel in die Takelage ein, später aber gehörten sie nicht mehr dazu, auch die Untermasten nicht, die mit dem Schiff fest verbunden sind. Aber die Stengen waren und sind ein Teil davon, die Mars- und Bramstengen, Mastverlängerungen, die man auf den Untermast aufsetzte, unter anderem, weil es Bäume mit 30 oder gar 50 Metern Höhe sehr selten gibt.

‚Topp', niederdeutsch für Zopf, ursprünglich „hervorstehendes Ende", nannte man so einen „Mastverband". Ein Vollschiff hatte einen ‚Vortopp', einen ‚Großtopp' und einen ‚Kreuztopp' und eine Fünfmastbark einen ‚Vortopp' sowie ‚Großtopp', ‚Mitteltopp', ‚Achtertopp' (auch ‚Laeisztopp' genannt) und ‚Besantopp'. Zudem hieß ‚Topp' eines Mastes oder einer Stenge auch deren Oberteil, deren Spitze, eine Bedeutung des Wortes, die die alte ziemlich verdrängt hat.

Zur ‚Takelage' gehörten das gesamte stehende Gut: Tauwerk, das die Masten, Stengen und das Bugspriet ‚verstagte' – verspannte –, ihnen Halt gab, und das laufende Gut: durch Blöcke geschorenes Tauwerk zur Bedienung der Rahen, Bäume und Segel, sowie die Blöcke und Beschläge.

Erinnern wir uns der wichtigsten Enden und ihrer Bedeutung: ‚Wanten' verspannten Mast und Stengen seitlich, ‚Pardunen' die Sten-

Die Bark *Endymion* wurde 1815 in Whitby (Hafenstadt im North-Riding der englischen Grafschaft York) erbaut und zu 342 RT vermessen. Das von Jacob Petersen 1838 gemalte Ölbild zeigt die Bark vor dem Schloß Kronburg im Øresund. Man ist dabei, die Segel wegzunehmen und will wahrscheinlich ankern, um den damals üblichen Sundzoll zu entrichten. Die gedrungene Form des Rumpfes ist typisch für die Schiffe dieser Zeit. An dem fast senkrechten Vorsteven ist ein Galion zu sehen, darüber ragt ein langes Vorgeschirr, unterteilt in Bugspriet und Klüverbaum.

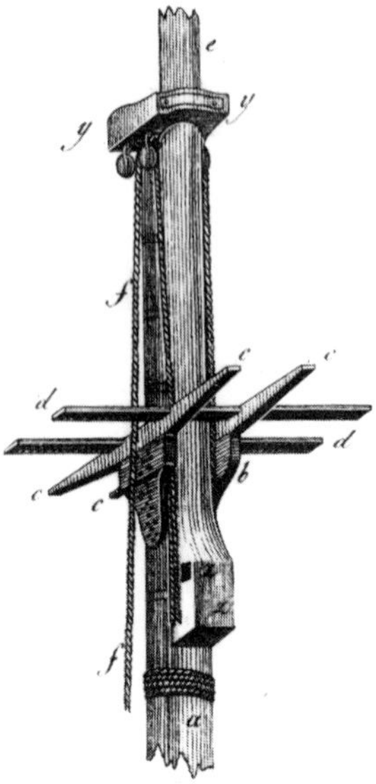

„Ein Theil des Mastes mit der Stenge die aufgesetzt wird:
a. Die Schale des Mastes.
b. Die Backen.
c. Die Langsahlingen.
d. Die Dwarssahlingen.
e. Die Stenge.
f. Das Stengenwindreep.
y. Das Eselshaupt.
z. Die Hacke der Stenge."
(nach J. H. R.)

gen schräg achterlich und ‚Stage' diese nach vorn und achtern. ‚Fallen' (das Fall) dienten zum Aufheißen eines Segels oder einer Rah, mit ‚Brassen' wurden die Rahen horizotal geschwenkt, und ‚Schoten' an den unteren beiden Ecken (Schothörner) der Segel brachten sie in die richtige Stellung zum Wind. ‚Halsen' holten die unteren Luvecken und ‚Bulienen', auf halber Höhe der Segel angreifend, die Luvseitenlieks nach vorn, wenn das Schiff am Wind segelte. ‚Geitaue' und ‚Gordings' schließlich dienten dem Aufholen der Segel zur Rah, wenn sie gerefft oder festgemacht werden sollten.

Das 18. Jahrhundert hatte für Ankertrossen, Bojereeps und Festmacherleinen, die nicht zur Takelage gehören, eine besondere Bezeichnung: ‚Grundtakelage'. Und während im frühen 19. Jahrhundert ‚Takelung' mit ‚Takelage' noch identisch war, erhielt ‚Takelung' allmählich einen anderen Sinn: Man bezeichnete damit die Art, wie ein Schiff getakelt ist, seinen Typ charakterisierend, beispielsweise die Anzahl der Masten und die Anordnung und Form der Segel. So gab und gibt es die Vollschiffs-, Bark-, Brigg- und Schonertakelung, um die wichtigsten zu nennen.

‚Betakeln' bedeutete ebenfalls auftakeln, wenn es um ein Schiff ging, aber ein ‚Ende betakeln' hieß: eine Takling auf den Tampen setzen, ihn mit Takelgarn umwickeln, damit das Ende sich nicht aufdrehte.

Für ‚auftakeln', ‚betakeln' und ‚zutakeln' aber stand vormals auch ‚zeugen': ‚ein Schiff zeugen' – es auftakeln, ‚eine Rah zuzeugen' – sie zutakeln, sie mit Tauen, Blöcken, Segeln versehen. Das ‚Zeug' des Schiffes war seine Takelage, und man sprach von ‚breit', ‚schmal', ‚hoch' oder ‚niedrig gezeugten' Schiffen. Ein breit gezeugtes Schiff: eines mit sehr langen Rahen, mit breiten Segeln, weißen oder farbigen, wie sie uns aus der mittelhochdeutschen Dichtung überliefert sind. Konrad von Würzburg, gestorben 1278, schildert uns in seinem unvollendet gebliebenen „Trojanischen Krieg" das Aussehen einer Flotte so: „. . . ein segel swarz, der ander blanc, / der dritte grüene alsam clé / der vierte roeter dúchte / denne ein vrishiu rôsa rot, / vil gelwen schien der fünfte hat / und gap der sehste blawen schin . . ."

Und auch das ‚Zeughaus', ein Arsenal, wollen wir aufheben. Man verstand darunter „. . . nicht allein die Gebäude, in welchem alle zur Ausrüstung einer Flotte erforderlichen Sachen aufbewahrt werden, sondern auch die Werftstellen, wo solche verfertiget werden, als Reepschlägereyen, Segelmachereyen, Stückgiessereyen, Ankerschmieden, Bäckereyen, Schiffszimmerwerfte". So Röding, und er kommentiert kategorisch: „Die vortreffliche Einrichtung und Ordnung, welche in den französischen See-Arsenälen herrscht, ist die Ursache, dass diese Nation weit geschwinder ihre Schiffe ausrüsten kann als die Engländer."

Hatten Schiffe nach beendeter Reise eine längere Liegezeit vor sich, oft den Winter über, dann wurden sie ‚abgetakelt'. Das bedeutete, die Segel, sämtliches Tauwerk, alle Rahen, Bäume und Stengen – aber nicht die Untermasten – abrüsten und vor Wettereinfluß geschützt lagern. ‚Takeler' hießen die Leute, die auf- oder abtakelten, und auch „von einem Schiffer, Bootsmann, Schiemann und überhaupt von jedem befahrnen Matrosen wird solche Kenntnis erfordert".

Das ‚Auftakeln' auf See, jeder Fahrensmann weiß das, war selbst bei schönem Wetter eine riskante Sache. Und doch haben in allen Jahrhunderten immer wieder Seeleute die Herausforderung der elementaren Natur angenommen. Dazu William H. S. Jones: „Männer und Jungen (kletterten) bei ihrer Arbeit in schwindelnder Höhe wie auf stählernen Spinnweben herum. Oft lagen mehr als 30 Meter zwischen ihnen und der Meeresoberfläche. Wie nach oben stehende Pendel wanderten die Mastspitzen über den Himmel, und jede Schiffsbewegung machte sich in einer solchen Höhe durch eine weit höhere Geschwindigkeit bemerkbar. Am besten ist es vielleicht, sich einen Dachdecker vorzustellen, der an einer Kirchturmspitze arbeitet, wobei freilich die Kirche auf einem gigantischen Schaukelstuhl stehen müßte, der in ständigem sanften Wiegen begriffen ist. Das etwa ist die Aufgabe von Seeleuten, die auf einem über die ozeanische Weite segelnden Schiff eine Bramstenge aufzutakeln haben."

Tat aber jemand an Bord etwas Überflüssiges, Sinnloses, dann hieß es: „Dat sall em stütten (stützen), seggt Suhrbier un höllt de Hand an 'n Groten Mast."

Trimmen, ehemals in ganz anderem Sinn benutzt, kennen wir heute in der Bedeutung: die Längsschwimmlage eines Schiffes, seinen ‚Trimm', und damit seinen vorderen und hinteren Tiefgang ändern.

Ein altes angelsächsisches Wort ist es, das ‚trymman' – fest- oder starkmachen lautete, im Englischen seine Bedeutung wandelte und im 18. Jahrhundert für: Gleichgewicht geben stand, aber auch als ‚to trim' für zieren, schmücken, nettmachen. Im Niederdeutschen aber war es zur gleichen Zeit schon veraltet und nur noch in Ableitungen bekannt. ‚Betrimmd' hieß es dort und bedeutete – in abwertendem Sinne – geschmückt sein, sich geziert benehmen: Se sut betrimmd ut – Sie sieht aufgeputzt aus wie ein vornehmes Frauenzimmer, oder: se geit betrimmd – sie geht geziert, mit kleinen Schritten. Und ‚Trimmke' war der Spottname für ein affektiert tuendes weibliches Wesen, wohingegen im Englischen ‚a trim woman' eine geachtete, hübsche Frau war und ist.

Im 19. Jahrhundert übernahm die deutsche Seemannssprache das

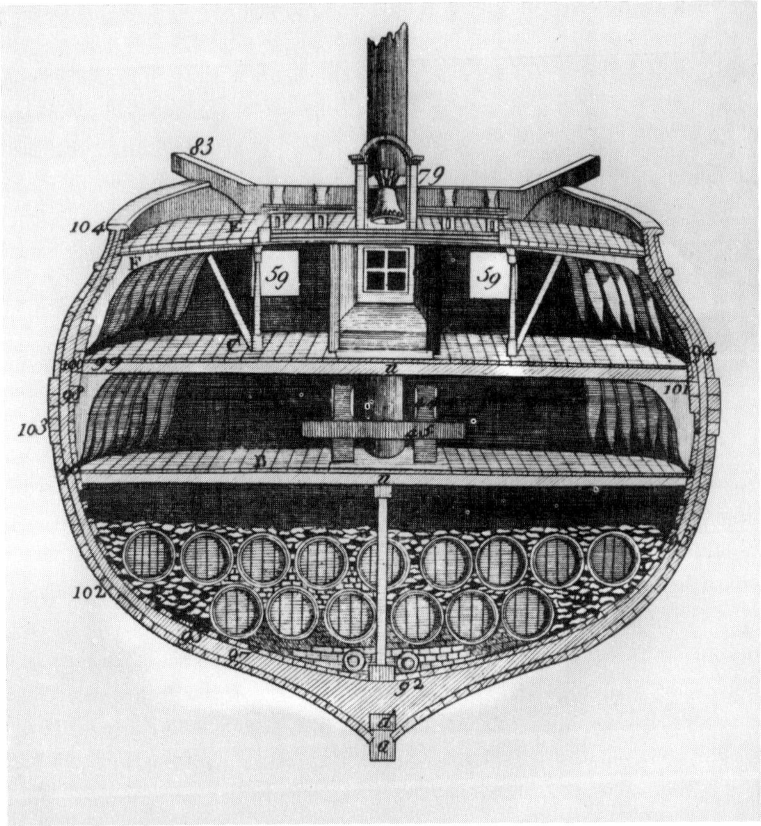

Hauptspantquerschnitt: „die Abbildung ist ein Durchschnitt an der Stelle der größten Breite der Fregatte, nach einer senkrechten, auf dem Kiel rechtwinklicht stehenden Ebene und zeigt die im Vordertheil befindlichen Gegenstände." (J. H. R.)

englische ‚to trim' als Lehnwort in der Form ‚trimmen': in sachgemäße oder vorteilhafte Ordnung bringen, in schmucken Zustand versetzen. Es verbreitete sich schnell und wurde konkret gehandhabt. So in Bezug auf ein Schiff, welches durch zweckmäßiges Verteilen der Ladung oder des Ballastes auf Glattwasser, in ruhigem Wasser, die für seine Fahrteigenschaften günstigste Längsschwimmlage erhielt. Abgeleitet von dem alten Wort ‚Lastigkeit', das für Nutzladung stand und die Masse der Ladung bezeichnete, nannte man zumindest seit dem 18. Jahrhundert ‚gleichlastig', später auch ‚gleichlastig getrimmt', ein Schiff, dessen hinterer Tiefgang dem vorderen gleich war.

Ein durch Ladungsverteilung oder Wassereinbruch ‚vertrimmtes' Schiff aber heißt seit gleicher Zeit ‚steuerlastig', später auch ‚achterlastig' und ‚hecklastig', da es achtern tiefer als vorne liegt, oder im umgekehrten Falle ‚vorlastig', später auch ‚buglastig' und ‚kopflastig', wobei diese Wörter in Wendungen mit ‚trimmen' und ‚Trimm' benutzt werden (neben anderen Vorteilen lassen sich Schiffe besser steuern, wenn sie mit gleichlastigem bis leicht achterlastigem Trimm laufen).

Zum anderen wird ‚trimmen' auf die sichere Stauung von Schüttgütladungen angewendet, die im Seegang der Gefahr des seitlichen Übergehens unterliegen und dadurch Stabilitätsunfälle verursachen können.

Auch ‚die Segel trimmen' ist noch heute ein Begriff: sie ordentlich, sachgemäß setzen oder ihre Stellung zur Windrichtung so verbessern, daß das Schiff die höchstmögliche Geschwindigkeit laufen kann.

Das 19. Jahrhundert kannte die Wendung ‚das Takelwerk trimmen': das stehende und laufende Gut „gehörig in Ordnung bringen, so daß es sich schmuck zeigt".

Auch bedeutete ‚trimmen' zur Zeit der Kohlen-Dampfschiffe: ein Schiff mit Kohlen beladen und die Kohlen aus den Bunkern vor die Kesselfeuer transportieren. ‚Trimmer' hießen die Leute, die diese schwere Arbeit verrichteten, und ihre Bezeichnung galt danach allen, die loses Gut fest zu verstauen hatten.

Längsschnitt, Decks und Stauung einer mit 40 Kanonen bewaffneten schwedischen Fregatte aus dem 18. Jahrhundert.

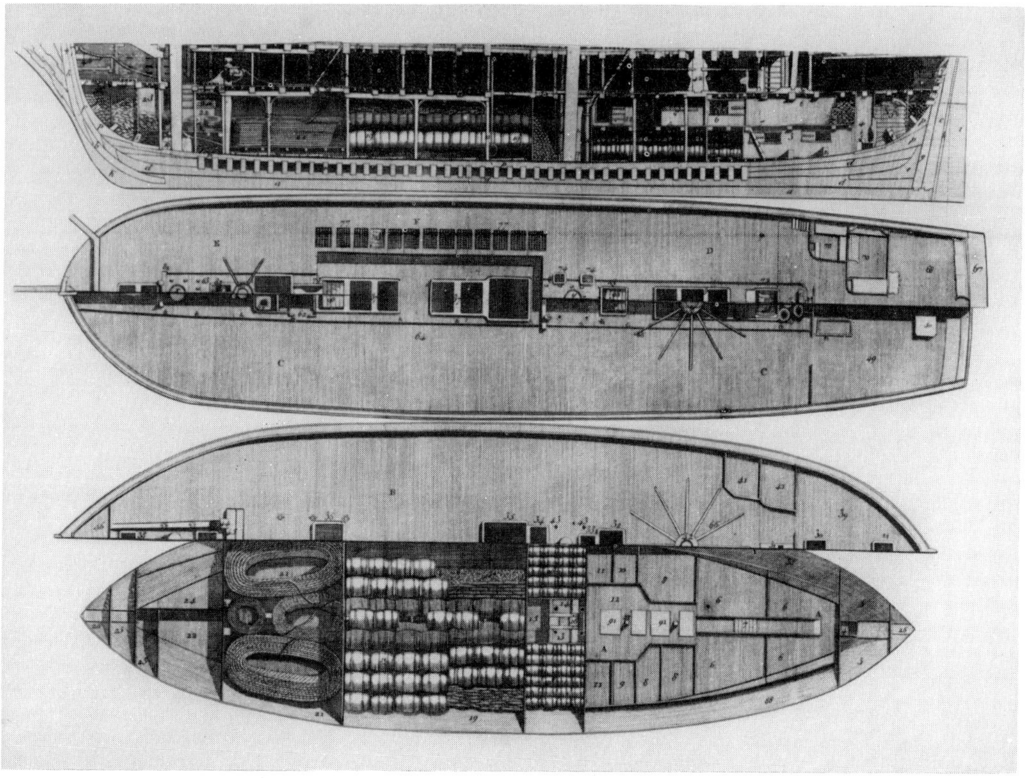

Darüber hinaus wurde vieles andere ‚hingetrimmt', in die gewünschte Lage gebracht: Deckslast oder Ladebäume beispielsweise. Unter Besatzung oder Neulinge an Bord ‚trimmen' oder ‚eintrimmen' verstand man, sie fit zu machen, gut auszubilden, ihnen außer großer Sachkenntnis körperliche Gewandtheit, Schnelligkeit in der Arbeit und Widerstandsvermögen bei Schwerwetter anzuerziehen. ‚Vertrimmen' bedeutete dagegen, jemanden ordentlich verprügeln.

Ein Schiff aber war ‚gut in Trimm', wenn es gepflegt aussah und einen guten Eindruck machte.

Der *Urinator* soll auf den „Schiffen der Alten" ein Taucher gewesen sein, „dem alles was unter Wasser zu thun war angieng".

Nur mit diesem recht sparsamen Satz erklärte im 18. Jahrhundert der sonst so kommentierfreudige Johann Hinrich Röding das etymologisch undurchsichtige Wort. Sein Ursprung liegt tatsächlich weit zurück, es kommt aus dem Altlateinischen, dort hieß ‚urinor' „unter das Wasser tauchen, untertauchen", und ein ‚urinator' war damals ein Taucher. Niemand weiß allerdings ganz genau, wann und warum dies klangvolle Wort unterging. Erwähnenswert ist jedoch, daß der schwedische Zoologe Karl Jacob Sundevall, lange Zeit hochrespektierter Professor in Lund, Mitte des 19. Jahrhunderts alle die zu einer Ordnung vereinigten Familien der Seetaucher (Wasservögel) unter dem Terminus ‚Urinatores' zusammenfaßte.

Die deutsche Berufsbezeichnung ‚Taucher' wiederum ist aus dem niederländischen Wort ‚dücker' übertragen, wobei man die hochdeutsche Lautform zugrundelegte, obgleich es auch ein niederdeutsches Wort ‚duken' gab, zum Beispiel in Redewendungen. So das beim Sonnenuntergang an der See gebräuchliche: De Sünn duukt int Water. Und als Wetterregel: De Enken (Enten) duken, dat gifft Regen. Wenn jemand des öfteren zur Ordnung gerufen werden mußte, hieß es: „He mutt af un dan mal'n beten duukt warrn." Hier klingt ‚ducken' schon im Sinne von ‚bücken' an, so auch in der Redensart: Ducke di, Seel, dor kömmt en Platzregen, sä he, as he en groot Glas Köm utdrunk – Duck dich, Seele, da kommt ein Platzregen, sagte er, als er ein großes Glas Kümmel austrank.

Schon sehr früh erforschte man Mittel, um den Unterwasseraufenthalt des Menschen zu verlängern. In der Sage stieg bereits Alexander der Große auf den Meeresgrund hinab; ob die Antike Tauchversuche mit Luftglocken beispielsweise – wirklich unternahm, wissen wir jedoch nicht. Auch über die Existenz jener von Aristoteles erwähnten Taucherglocke, über deren Verwendung in Europa die erste Nachricht aus dem Jahre 1538 stammt, gibt es keine zweifelsfreien Zeugnisse.

Damals sollen sich in Toledo in Gegenwart Kaiser Karls V. und vieler tausend Zuschauer zwei Griechen in einem umgedrehten Kessel mit einer brennenden Kerze unter Wasser begeben haben, die zum großen Erstaunen der Beobachter nach dem Wiederauftauchen noch brannte.

In der zweiten Hälfte des 17. Jahrhunderts versuchte man, vor der Insel Mull an der Westküste Schottlands mit Hilfe einer Taucherglocke Schätze der 1588 gesunkenen Schiffe der spanischen Armada zu heben, und aus dem Jahre 1687 ist bekannt, daß vor der spanischen Küste mit Hilfe einer Taucherglocke aus einem gesunkenen Schiff 300 000 Pfund Sterling aus einer Tiefe von 11 bis 13 Metern geborgen werden konnten.

Viele solcher Geschichten gehören ins Reich der Legende. Die Erforschung des Meeresgrundes und der Meerestiefen war bis weit in das 20. Jahrhundert hinein „mehr ein Gegenstand der Phantasie als des wirklichen Wissens", trotz der 1624 von dem Holländer Cornelius Drebbel konstruierten Unterwassergaleere oder der während des amerikanischen Unabhängigkeitskrieges zwischen 1770 und 1783 von David Brushnell gebauten fast kugelförmigen „Schildkröte". Und auch das im 19. Jahrhundert genial konstruierte, 16 Meter lange eiserne Unterseeboot – „Brandtaucher" – des Bayern Wilhelm Bauer ändert an dieser Feststellung nur wenig.

Utkiek – das alte niederdeutsche Wort für Ausguck, das gleichermaßen den Wachmatrosen, seinen Aufenthaltsort und seine Tätigkeit – Beobachtung des Seeraums – bezeichnet. So alt wie die Seefahrt selbst ist dieses Tun, Jahrtausende hindurch eine der wenigen Informationsquellen für die Schiffsführung, und auch heute noch aus Sicherheitsgründen unerläßlich, um Schiffe, Seezeichen, Lichter, Feuer, Hindernisse und Land rechtzeitig zu ‚sichten' und ‚auszumachen' – genau zu erkennen.

Besetzt wird der ‚Ausguck' bei Fahrt in Fahrwassern und in verkehrsreichen Gewässern, bei Nebel und unsichtigem Wetter, nachts, in der Nähe von Untiefen und bei Treibeis.

In seemännischer Bedeutung ist niederländisch ‚uitkijk' seit dem 17. Jahrhundert belegt. Doch an Land gebrauchte man das Wort in ähnlichem Verständnis, nicht allein auf den ‚Ausguck' bezogen, sondern auch in übertragenem Sinne. ‚Uitkiek' war ein „Ort, eine Kammer oder Oefnung, da man eine weite Aussicht hat", auch ‚Kiekuut' genannt. ‚Kieken' oder ‚kiken', auch ‚kyken' hieß gucken, schauen, sehen, und ein ‚Kiker' war ein Fernglas, eine „Fernröhre", auch eine Lupe, mit denen man sich etwas genauer ‚uutkieken' konnte. In Schirmers

Buch „Lütt Hannes" aus dem Jahre 1868 lesen wir: „Kapitain Tomkins, dessen Physiognomie zu allen Zeiten eine echt englische Indifferenz ausdrückte, hielt, als Petersen an ihn herantrat, noch immer den Kieker, wie die Seeleute ein Fernglas nennen, an der Nase." Aber ‚enen in dem' oder ‚up den Kiker hebben' bedeutete: auf jemand argwöhnisch sein, ihn deswegen beobachten oder auf ihn lauern. ‚Steernkiker' stand für Sterngucker und ‚Kiik in de Pene' hieß ein ehemaliges Schloß, das die von Thun in Cummero (Kummerow) an der Peene errichten ließen. In Tallinn – früher Reval (Estnische SSR) – ist bis heute für einen Stadtmauerturm die mittelniederdeutsche Bezeichnung ‚Kiek in de Kök' – guck' in die Küche – lebendig geblieben. Auch die einheimische Bevölkerung nennt das Bauwerk so.

Mit ‚Kiek in den Pott' bezeichnete man einen lästigen Topfgukker in der Küche, und ‚Kiek in de Welt' galt einem jungen unerfahrenen Menschen, der unter Alten mitsprechen wollte. ‚Kieklecht' nannten Kinder eine Kerze, ‚kyken un kapen' bedeutete: vorwitzig gaffen, Maulaffen feil halten, und ‚kiek nippe to' heißt: schau gut hin;

to deep in't Glas ‚kieken' – zu tief in das Glas schauen, sich betrinken; ‚afkieken' – zusehen, wie etwas gemacht wird; ‚dörkieken' – durchsehen; he sut mi an, as wen he mi dörkieken will – er sieht mich an (so genau und scharf), als wenn er durch mich hindurchsehen will. Umgangssprachlich gebrauchen wir heute ‚auf dem Kieker sein' für: einen oder seinen Vorteil erhaschen, und ‚auf dem Kieker sitzen' so wie früher: Ausschau halten.

An Bord alter Segelschiffe war der Platz für den Ausguck bei Nacht zumeist auf der Back, auf dem Vorschiff, der Nase des Schiffes, wie es damals hieß, weswegen der Ausguck an diesem Ort auch die Bezeichnung ‚Nasekucker' trug. Bei Tage besetzte man den Mars oder die Saling des Vortopps – Plattformen an den Füßen der Fockmastverlängerungen –, auch saß der Ausguck oftmals auf der Fockrah. In gefährlichen Situationen aber – sei es, weil man einen Überfall befürchtete oder in unübersichtlichen Revieren segelte – setzte man mehrere ‚Utkieklüd', Ausguckleute, ein, die sich untereinander mit dem Zuruf „Kuck wol aus!", von allen wiederholt, wach hielten und ebenso dem Wachhabenden ihre Aufmerksamkeit anzeigten.

„Paßt up, hollt scharpe Utkik mi, blast denn un wenn" – eine überlieferte Ermahnung vor Beginn des Utkiektörns, die gleichzeitig davon Kentnnis gibt, daß auch Blasinstrumente der Verständigung dienten. Offenbar waren die Rufe oder das Blasen sehr notwendig, denn in der Einförmigkeit der Wache wird mancher Ausguck vor sich hingedöst haben oder sogar eingeschlafen sein, was hier und dort der Grund für eine Havarie des Schiffes gewesen sein mag: „De Utkieksmann bruukt oft sien eigen Kikers nich". Davon erzählt auch, im Blick auf seine Fahrenszeit, Jens Jacob Eschels um 1834: „Wir blieben hier einige Tage wegen Sturmwetter liegen; unser zweites Ankertau brach, wir erhielten aber den Anker wieder, weil ein guter Boireep" – das ist ein Tau, das an den Anker angeschäkelt ist – „daran war, mit dem wir ihn aus dem Grunde hoben. Hierauf segelten wir in See, und einst bei Nacht, da der Mond hell schien, passierten wir gerade die Insel Patmos, wo der Evangelist Johannes seine Offenbarung geschrieben hat. Ich stand auf dem Uytkeyk (Ausguck); wir segelten mit gutem Winde rasch vorwärts, und ich mußte mich also genau Umsehen, damit das Schiff nicht an irgendeinen Gegenstand anlaufe und Schaden leide. Das Matrosenleben hatte ich satt und dachte, der Boots- und Steuermann haben es doch viel besser als die Matrosen, und der Kapitän noch weit mehr; ich betete deshalb bei mir selbst, daß der liebe Gott mich auch avancieren lassen möchte. Mein Gebet ist erhört worden, daß ich bei weitem früher, als ich es damals denken konnte, Schiffskapitän geworden bin; wofür ich ihm noch jetzt herzlich danke."

Heben wir zudem noch zwei niederdeutsche Bezeichnungen auf: ‚Luugut' – vermutlich vom englischen ‚look-out' abgeleitet – nannten die Jan Maaten den Ausguck, wenn er auf dem Bugspriet saß, und ‚Kiekut', wenn er im Vortopp oder auf der Back seinen Dienst versah.

Kapitän Fred Schmidt erinnert sich: „Die Nacht erhielt eine besonders stimmungsvolle Note dadurch, daß jetzt alle Glasen mit der großen Glocke auf der Back wiederholt wurden. Denn dort vorn stand seit Einbruch der Dunkelheit der Ausgucksmann. Seine Aufgabe bestand darin, die Kimm zu beobachten und jedes Feuer, das in Sicht kam, sofort zu melden. Ein Schlag auf die Glocke hieß, an Steuerbordseite ist etwas zu sehen. Was, ‚sang' er hinterdrein. Kam etwas an Backbord auf, wurde es durch zwei Schläge gemeldet, und drei Glokkentöne zeigten etwas direkt vor dem Bug an. Ferner war es des Ausgucks Pflicht, das Brennen der Positionslampen in ihren Feuertürmen seitlich der Back zu kontrollieren. War eine volle Stunde heran, schaute er nach den bunten Lichtern, schlug hinter den hellen Schlägen der Glocke am Ruder die Glasen in gebührend gemessenem Tempo, und sang danach durch die Hände: ‚Lampen brennen!' Worauf der Wachhabende, mit einem langgedehnten ‚Aaay!' antwortend, seine Zufriedenheit zu erkennen gab. Auf manchen Seglern war es Brauch, diese Meldung über die Lampen nur bei Wachwechsel auszusingen.

Besondere Wichtigkeit erhielt der Ausguck dann, wenn eine Küste angesteuert wurde. Das war früher nach langem Seetörn keine ungefährliche Aufgabe für die Schiffsleitung. Die Unvollkommenheit der Chronometer jener Zeit machte die Bestimmung der geographischen Länge des Schiffsortes zu einem kitzlichen Problem, vor allem dort, wo das erwartete Land niedrig war, die See davor von Klippen und Bänken verseucht ... Da war es kein Wunder, daß man mit Spannung den Augenblick erwartete, wo der Ruf ‚Land in Sicht!' die erste Warnung brachte. Um alle Mann an Bord zu höchster Aufmerksamkeit anzuspornen, pflegte man früher auf langen Reisen einen schönen Brauch. Einen oder zwei Tage, ehe die Küste in Sicht kommen mußte, schritt der Erste Offizier an Deck und nagelte einen blanken Gulden oder einen Silberdollar an den Großmast. Und wer dann als erster Land aussang, der durfte ihn abnehmen, er war sein!"

Solange Segelschiffe zur See fuhren, hatten sie Ausguckstände in den Masten. Im 19. Jahrhundert begann man, auf Walfangschiffen im Fockmast einfache große Fässer anzubringen, für die der Name ‚Krähennest' entstand und sich schnell und weit verbreitete. Die Bezeichnung war naheliegend, denn in Küstennähe wurden Schiffe oft von Krähen angeflogen. Dazu aus dem Nordfriesischen: „Unheil droht dem Schiff, wenn Krähen sich lange auf die Rah setzen." Zudem fuhren Schiffe auf Arktis-Expeditionen ‚Krähennester', die nach und nach vervollkommnet wurden, und von denen aus oftmals der wachhabende Offizier die Manöver leitete. Und auch in unserem Jahrhundert gibt es sie noch. Fischereischiffe und Schiffe in der Eismeerfahrt besitzen sie: wettergeschützt, beheizt, mit Telefonverbindung zur Brücke und teilweise sogar mit Schiffsführungsanlagen versehen.

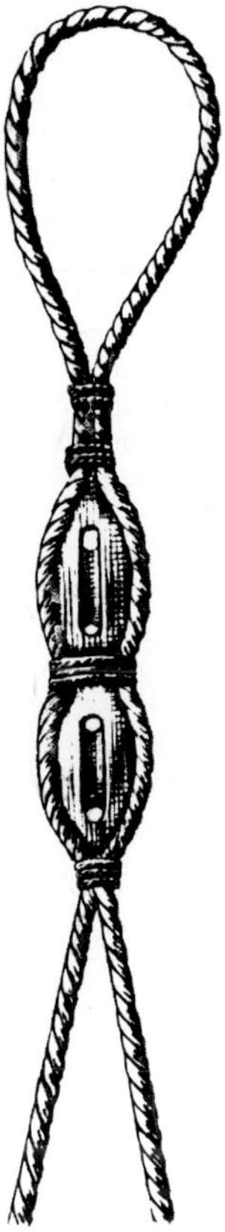

Ein Violinblock – „der zwischen Stengenwandtaue genähet ist, damit laufendes Tauwerk dadurch fahren kann". (J. H. R.)

Voll und bei befahl der Wachhabende dem Rudersmann, wenn er das Schiff so am Winde halten sollte, daß die Segel ‚vollstanden', nicht killten. Bei dieser Fahrt – Wind von schräg voraus, vorlicher als dwars – bedeutete der Befehl für den steuernden Mann: „Höher!" beziehungsweise „Nicht höher!", das Schiff näher beziehungsweise nicht näher an den Wind kommen zu lassen.

„Recht so!" hieß es vor mehr als hundert Jahren ebenso wie heute, wenn der Rudergänger den derzeitig gesteuerten Kurs halten sollte. Und „Ree!" war der Befehl zum Wenden, zum ‚Überstaggehen', nach dem die Ruderpinne in Lee zu legen und die Marsschoten loszuwerfen waren, als Verkürzung aus der Wendung „Ruder in Lee!" entstanden und dem alten Befehl „Luv zum Wenden!" entsprechend. Sollte aber das beim Winde segelnde Schiff mehr vor den Wind kommen, hieß es: „Halt ab!" und bedeutete, daß die Ruderpinne luvwärts zu legen war. War das Wetter so schwer geworden, daß man nur noch mit achterlichem Winde segeln konnte, galten die Wendungen: „Ganz abhalten!", „mit dem Winde gehen!", auch „aufduven!" Das Gegenteil davon: „halt nicht ab!", „laß nicht fallen!", „halt bei dem Winde!", „luv an!"

Und „Ruder mittschiffs!" kannte schon das 18. Jahrhundert, ebenso wie „Ruder Backbord!" und „Ruder Steuerbord!"

„Schiff ahoi!" war vormals der Anruf eines anderen Schiffes, dessen Namen man nicht kannte. Galt der Ruf aber beispielsweise der Bark „Greif", dann hieß es „Greif ahoi!", und nach der Antwort „Halloh!" folgten Rede und Gegenrede.

‚Ahoi' entstammt dem englischen ‚ahoy', das seit dem 18. Jahrhundert belegt ist. ‚A hoy' – eine Hoy – war ein einmastiger englischer Küstensegler mit großem Sprietsegel. Die Meldung des Ausguckmannes „a hoy!" beim Sichten einer Hoy, oftmals war es dann doch ein anderer Typ, wurde, so vermuten wir, schließlich für alle Schiffe benutzt. Vielleicht deshalb, weil ‚a hoy' sich laut und weit vernehmbar rufen läßt. Das mag der Grund dafür gewesen sein, daß „ahoi!" sich als Anruf von Schiffen und Booten international verbreitete.

Für anrufen stand vom 18. bis in das 20. Jahrhundert hinein ‚preien' oder ‚anpreien'. Es entstammt dem Niederländischen, und

Fritz Reuter hat ein Seemannswort vermittelt, das sonst unbekannter geblieben wäre: preien, ein Schiff anrufen. Der Abschnitt aus „Ut mine Stromtid", der echt seemännisch ist, lautet: „Knapp was hei (Fritz) denn nu mit Lowise 'ne lütte Tid tausamen west, dunn smet hei den Frugens-Haß mitsamt de ganze Erinnerung an Marie Möllers, Waschschöttel un Spiskamer äwer Burd un verlöd tau den Ballast von Romanenideen schippslastenwis' „die junge, aufkeimende Liebe zu Luisen" – as sei sine nige Ladung för sick sülwst deklarierte –, un as hei des' nu unner sine Hartens-Luken wegstaut hadd un all de Belämmerungen, de em von sine Jugend wegen noch anhacken künnen, intreckt hadd un hei nu mit sick sülwst, sine Leiw' un sin Schipp klor was, segelte hei los. In de Irst krüzte un lawierte hei herümmer, un sin leiw Tanten stunn an't Äuwer un wüßt nich, wohen hei stüren ded, äwer dat wohrte nich lang', dunn würd sin Kurs strammer, un as hei irst up de hohe See von „seinen Gefühlen" was un de Topsegel uphißte, dunn sach sei denn mit Schrecken, wohen hei dat Stüer richt't hadd un dat ehr leiw Swestersähn nich beter as en räuklosen Seeröwer, Pirat un Korsor was, de up 'ne schändliche Wis' Jagd up de lütte, smucke Brigg maken ded, worin sei all ehre mütterlichen Hoffnungen inschippt hadd. Sei praiete em en por Mal an, woso? un woans? Äwer de Pirat let sick nich stüren, sei schot en por Mal in ehre Hartens-Angst mit Notsignalen nah ehren Paster räwer, den äwerst schinte de Sak Spaß tau maken; wohrschinlich, wil hei för de

Röding sagt dazu: „Mit einem Schiffe in der Ferne durch ein Sprachrohr reden. Man preiet gewöhnlich ein Schiff, um sich nach dessen Namen, Bestimmungsort und dem Besteck zu erkundigen, oder nach andern Dingen, die man nach Umständen zu erfahren wünscht, oder die man auch dem anderen Schiffe mittheilen will."

Näherte sich einem vor Anker liegenden Schiff nachts ein Boot, dann preiten die Posten es an mit: „Boot ahoi!" Wenn das Boot vorbeilaufen wollte, antwortete der Bootsführer: „Passiert!" Wollte es längsseits kommen, und es war kein Offizier an Bord, hieß die Antwort: „Nein, nein!", mit einem Offizier an Bord entgegnete man: „Ja, ja!", und wenn der Kommandant oder Kapitän des Schiffes zurückkehrend, sich im Boot befand, rief man den Namen des eigenen Schiffes.

Im 18. Jahrhundert war nach dem Anpreien und der Antwort eines nahenden Bootes der Zuruf üblich: „Kommt an Bord", niederländisch, dänisch und schwedisch mit gleichem Inhalt belegt, während englisch: „Come along side" – kommt längsseits benutzt wurde. Auch der deutsche Seemann gewöhnte sich schließlich daran.

Der Anruf „ahoi" ist im 20. Jahrhundert aus der Sprache der Seeleute entschwunden, vielleicht, weil die heutigen Nachrichtenmittel den Informationsaustausch bereits über große Entfernungen gestatten und in der Nähe Winkflaggen, Scheinwerfer mit Blinkeinrichtungen und UKW-Anlagen das Anpreien mit lauter Stimme unnötig machen, vielleicht aber auch, weil unkundige Verfasser von Seemannsgeschichten und sogenannten Seemannsliedern das Wort strapazierten, seine Bedeutung verfälschten, so daß es die Seeleute nunmehr unseemännisch anmutet.

Dennoch soll es auch heute noch vorkommen, wie Franz Roder berichtet, daß Jan Maaten, die an Land „einen Zug" gemacht haben, sich des alten Rufes erinnern, wenn sie zurück an Bord ihres vor Anker oder an Dalben liegenden Schiffes wollen: „. . . Unser Wachsmann . . . steht nicht die ganze Nacht an Deck, um auf die Nachtschwärmer zu warten und sie mit dem Boot überzuholen. Da muß der Spätheimkehrer seine Lunge vollpumpen und mit lauter Stimme sein Schiff anpreien . . . Der Name des Schiffes wird gerufen, und sozusagen als Verstärkung hängt man ein langgezogenes, mehr oder weniger melodisches ‚Ahoooiii!' an. Bei diesem Urlaut, von ein paar müden Männern an Land gemeinsam ausgestoßen, wird jeder Wachsmann munter."

„Hoch! Hoch in der Kuhl!" rief im 18. Jahrhundert der wachhabende Offizier das Volk in der Kuhl (niedriger liegendes Deck zwischen Schanze und Back), um zu prüfen, ob keiner schlief. Das Volk antwortete: „Alles wohl!" „Hoch!" rief man auch, wenn man jemanden zu sich befahl, etwa: „Bootsmann hoch!" oder „Schiemann hoch!"

„Alles wohl!" meldeten die Posten ebenso nach jedem halbstündigen Glasen von der Back, vom Fallreep und von der Rettungsboje aus, um ihre Wachsamkeit zu bezeugen. Es sei vermerkt, daß auf Schiffen des 19. Jahrhunderts am Heck Rettungsbojen gefahren wurden, die man beim Ruf „Mann über Bord!" sofort zu Wasser gehen ließ, während man zuvor einen auf darüberliegendem Gerüst angeordneten Brennsatz zündete, dem Verunglückten und dem ausgesetzten Boot den Weg zur Rettung weisend. Aufgehoben sei auch, daß Jan Maat Rettungsringe ‚Seelenbarger' – Seelenberger, nannte.

„Alles wohl!" wurde nach dem Glasen nicht ausgerufen, sondern ‚ausgesungen', ebenso wie man beim Loten die gemessenen Tiefen ‚aussang'. Gesungene Worte waren bei Sturm und Seegang deutlicher vernehmbar als gerufene.

Wenn Sturm aufkam und ‚alles Volk' zur ‚Regierung' der Segel gebraucht wurde, oder wenn man sich auf ein unmittelbar bevorstehendes Treffen vorbereiten mußte, hieß seit dem 18. Jahrhundert das Kommando: „Alle Hände hoch! (englisch: All hands high) Überall!"

lütte, smucke Brigg keine Gefohr sach, hei satt dor un lachte för sick hen, wenn hei denn un wenn ok mal mit den Kopp schüddeln ded."

Das australische Auswandererschiff „Ben Navis" aus der White Star Line. Gebaut in Liverpool, 1420 RT. Es konnte 650 Passagiere befördern. 1852 indienstgestellt.

„Überall!“ war auch ein Weckruf, begleitet vom Alle-Mann-Pfiff, der aus sechs langen Pfiffen der Bootsmannsmaate bestand, die in den „Lockpfiff“ des Wachhabenden einfielen. Später ersetzte „Alle Mann!“ das „Überall!“. Die Kommandos galten der gesamten Besatzung einschließlich der Offiziere zum sofortigen Dienst an Deck. „Alle Mann achteraus (voraus!)!“ erwähnten wir unter ‚achtern‘.

„Alle zugleich!“ oder „zugleich!“: ein Zuruf, wenn alle vorhandenen Leute gleichzeitig an einem Ende holen sollten. Stand die Leine steif oder hatte der geheißte Gegenstand die erforderliche Höhe erreicht, hieß es: „Fest holen!“, „fest heißen!“, „fest hieven!“ oder einfach „fest!“, „halt!“ bedeutend.

„Enter auf!“ haben wir unter ‚entern‘ kennengelernt. „Leg aus!“ hieß der Befehl für die in die Toppen aufgeenterten Rahgasten, sich von der Mitte der Rahen auf den Paarden oder Pferden – Leinen in halber Mannshöhe unter den Rahen – in Richtung der Nocken nach außen zu verteilen. Und: „Los überall!“ bedeutete, die Gordings und Geitaue der in der Gei hängenden Segel losmachen, wenn alle sofort gesetzt (früher beigesetzt) werden sollten. „An Deck!“ war der Anruf aus dem Mars oder aus einem Boot an die auf dem Hauptdeck arbeitenden Leute, und „von unnern!“ (auf „Wahrschau“ verzichtend) rief man zur Warnung aus dem Topp an Deck, wenn versehentlich etwas hinunterfiel.

Jedoch ist ‚Wahrschau‘ der eigentliche Zuruf mit der Bedeutung Vorsicht, zu dem das Verb ‚wahrschauen‘ – warnen, aufmerksam machen, auch benachrichtigen, gehört. Ein sehr altes Wort ist es, weit verbreitet und heute ebenso wie früher an Bord zu Hause. „Wahrschau!“ ruft der Seemann, nicht „Achtung!“ oder „Paß auf!“ Und ‚gewahrschaut‘ wird jemand in einer kritischen Situation oder auch, wenn er von etwas Besonderem in Kenntnis gesetzt wird.

Die Wortzusammensetzung im Sinne von „warnend benachrichtigen“, „zur Obacht aufschrecken“, entstammt dem Mittelniederdeutschen. Man verstand auch in nicht-seemännischer Verwendung unter ‚waarschouen‘ und ‚warschuwen‘: „einem ein Zeichen geben von dem, was ihm bevorstehet, daß er sich in Acht nehme“, und brachte es mit ‚waren‘ – bewahren, hüten, beschützen in Zusammenhang: Kinder, dat Huus, syn Geld ‚wahren‘. ‚Wahrsfrouwe‘ war eine Pflegerin in den Wochen, und es hieß: Du möst di waren – Du mußt dich in acht nehmen, dazu die Redensart: Man mutt sick vör em wahren, als vör een slahnd Perd – man muß sich vor ihm hüten wie vor einem schlagenden Pferd.

He wahret dy de Oogen im Koppe – Er achtet auf jeden deiner Blicke – war als Redewendung ebenso gebräuchlich wie: eenem de

Hannen wahren – einem auf die Finger sehen, oder: Ware dine Näse – kümmere dich um deine eigenen Angelegenheiten. Ane warens hieß: unvorsichtig und: laat di dat to 'r Warniß denen – laß dir das zur Warnung dienen. Aus dem Jahre 1562 ist überliefert: „wo uns warschuwlick by gekamen“ – wo wir gewarnt wurden.

Und in der „West-Indianischen Reisze und Beschreibung der Beläg und Eroberung der Statt S. Salvador ...“ von J. G. Aldenburgk aus dem Jahre 1627 finden wir das Wort im gleichen Sinne: „unser Schiffer liesse den Piloten (Lotsen) wieder wegfahren, welcher noch einmahl ruffete, vnd warschawete mit diesen Worten: Wenn der Nord-Ostenwind wehen würde, so weren wir gewiß alle mit einander umb den Halß, und segelte darvon.“

‚Wahrschau‘ hat sich auch in der Binnenschiffahrt verbreitet und erhalten. So gibt es an Engstellen verkehrsreicher Ströme, beispielsweise am Rhein an der Loreley und am Binger Loch, ‚Wahrschauposten‘ sowie am Nord-Ostsee-Kanal ‚Wahrschaudienste‘, die die Schiffsführer und Kapitäne mit optischen Signalmitteln, Lautsprechern oder Sprechfunk über Gegenkommer und Fahrwassernutzung informieren. Und auch der ‚Utkiek‘ der Seeschiffe hat auf Binnenschiffen seit langem seine Entsprechung gefunden: An unübersichtlichen Stellen besetzen ‚Wahrschauer‘ das Vorschiff.

Wache gehen heißt Wachdienst ausüben, durch einen bestimmten Teil der Besatzung in regelmäßig sich wiederholenden Zeitabschnitten alle navigatorischen, seemännischen und heute auch technischen Arbeiten verrichten, die zur Führung des Schiffes und zur Aufrechterhaltung des Schiffsbetriebes notwendig sind, während der andere Teil der Besatzung bis zur Ablösung wachfrei ist. ‚Wache‘ steht für die zu erfüllende Aufgabe, ‚Wache‘ bezeichnet die Gesamtheit der Leute, die zu gleicher Zeit ‚Wache gehen‘, ‚Wache‘ heißt auch die Dauer dieses Dienstes.

Das Wort ist von ‚wachen‘, ‚wach sein‘, ‚wach werden‘ abgeleitet. Schon im Mittelhochdeutschen sprach man von ‚ze wache sten‘ – Wache stehen. Gleichbedeutend mit ‚Wache‘ ist das in früheren Zeiten häufiger und im Niederdeutschen allein gebrauchte Wort ‚Wacht‘, das sich allerdings in seemännischer Verwendung nicht durchsetzte.

Niederdeutsche Mundarten des 18. Jahrhunderts hatten die Form ‚Wacht‘ in einigen Redewendungen wie: Dat is miner Wacht anbefahlen – Das ist meiner Hut, meiner Fürsorge anvertraut; ik will dar wol Wacht vör hollen – ich will das wohl zu verhüten suchen; up de Wacht gahn – auf die (Festungs-) Wälle gehen, Wacht hollen – Wache halten. Das Platt-Deutsche Wörter-Buch gibt uns Kenntnis von einer damals erweiterten Bedeutung von ‚Wacht‘: „Bey der Miliz druckt

„Uhrbord heißt ein rundes Brett mit einem kleinen Handgriff. Auf demselben sind die 32 Windstriche gezeichnet, wovon der Nordstrich durch eine Lilie angezeigt ist. In jedem Windstrich sind 8 Löcher gebohrt, welche für die 8 Stundengläser, die während einer Wache auslaufen, bestimmt sind, und im Centro hängen 8 kleine Pinnen oder Nägel an Fäden. Nach Verlauf einer jeden halben Stunde steckt der Ruderbesteurer auf dem Strich den er gesteuert, eine von den Pinnen in eins von diesen Löchern, nämlich nach Verlauf der ersten halben Stunde in das Loch, welches sich zunächst beym Centro befindet, bey der zweiten wenn er denselben Cours noch gesteuert, in das darauf folgende und so weiter. Nach Verlauf der Wache dient dieses mit 8 Pinnen bezeichnete Brett zur Berechnung des Weges indem man die Abtrift des Schiffs und Abweichung der Kompassnadel hiebey Rücksicht nimmt."
(J. H. R.)

das Wort so wol die zur Wache bey den Thoren, und in der Stadt, bestellte und täglich umwechselnde Mannschaft aus, als (auch) die Häuser, worin sich die wachthabenden Offiziers, Unterofficiers und Gemeinen aufhalten."

‚Wachten' hieß: auf etwas acht geben, sich hüten, sich in acht nehmen: Wacht ju – Hütet euch. Und das „Bremisch-Niedersächsische Wörterbuch" zitiert aus einem Gerichtsordnungs-Erlaß des bremischen Rates von 1608: „Darnach sich ein jeder zu richten, und für Schaden zu wachten." Und es hieß auch: De Hund is so wacht – Der Hund ist so wachsam; se hett sone wachte Ogen – sie hat so wache, aufmerksame Augen, und vom Kranken: He ward wol wedder wacht – Er wird wohl wieder munter, gesund werden.

Die Besatzungen der Schiffe, Seeleute und Seesoldaten, wurden vermutlich noch im 16. Jahrhundert in vier Wachen eingeteilt und jede deshalb ‚Quartier' (Viertel eines Ganzen) genannt. Die Gesamtheit der jeweiligen Wachgänger hieß ‚Quartiervolk', und der ‚Quartiermeister', ein Unteroffizier nach dem Schiemannsmaaten, ‚purrte zum Quartier' – weckte zur Wache, zur Wachablösung. Als im 17. Jahrhundert dann in drei und etwa seit dem Beginn des 18. Jahrhunderts in zwei Wachen gefahren wurde, war ‚Quartier' für ‚Wache' so zur Gewohnheit geworden, daß man auf vielen Schiffen diese Bezeichnung lange beibehielt.

Aber das Wort hat sich bis heute ebenso erhalten wie das Zwei-Wach-System, der jeweils vierstündige Wachdienst zweier Wachen, die man Steuerbord- und Backbordwache nannte und die oft zur Unterscheidung Wachabzeichen aus farbigen Tuchstreifen auf der rechten oder linken Schulter oder auf dem Oberarm trugen. Bei diesem Wachrhythmus – es galten dafür die Wendungen ‚Wache um Wache' und auch ‚vier auf, vier ab' – war immer die Hälfte der Besatzung an Deck und auf der Brücke im Einsatz.

Jede Wache unterstand einem Wachhabenden, so die Steuerbordwache dem Kapitän, in seiner Vertretung dem zweiten Steuermann, wenn das Schiff mit zwei Steuerleuten besetzt war, und die Backbordwache dem ersten Steuermann. Beide Steuerleute hatten Ökelnamen: der erste hieß der ‚Große' und der zweite der ‚Kleine', mitunter war der ‚Große' schmächtig und der ‚Kleine' ein Riese.

Die Vierstunden-Wachen eines Tages hatten folgende Bezeichnungen, die bis in unser Jahrhundert hinein üblich waren: ‚Abendwache' von 20.00 bis 24.00 Uhr, aus unerfindlichen Gründen auch ‚Frühwache' genannt, vielleicht, weil die um Mitternacht beginnende den Namen ‚Mittelwache' trug. Die Mittelwache dauerte von 00.00 bis 04.00 Uhr und wurde als ‚Hundewache' bekannt, auch heute noch nennt man sie so. Dafür gibt es verschiedene Deutungen. Die eine: In dieser Zeit sollte man nicht einmal einen Hund hinausjagen; die andere: Sowohl der Abend als auch der Morgen seien zu kurz, um ordentlich zu schlafen, und deshalb „Wache für Hunde". Wir aber vermuten, daß die Bezeichnung darauf zurückzuführen ist, daß von 00.00 bis 04.00 Uhr die Wachhunde an Land besonders wachsam sein mußten, gleichermaßen die Wache an Bord, und sich deshalb der Name verbreitete, unabhängig davon, daß es für die Jan Maaten die unbeliebteste Wache war.

Der ‚Hundewache' schloß sich die ‚Morgenwache' von 04.00 Uhr bis 08.00 Uhr an, gefolgt von der ‚Vormittagswache' von 08.00 bis 12.00 Uhr. Die Mittagswache dauerte von 12.00 bis 16.00 Uhr und die ‚Nachmittagswache' von 16.00 bis 20.00 Uhr.

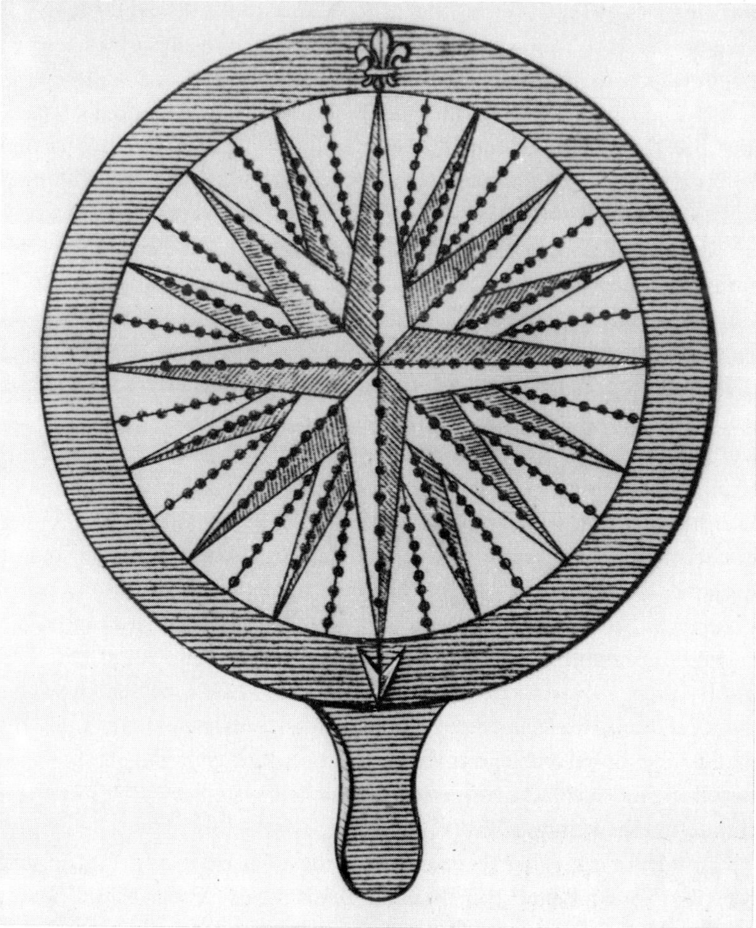

Das seemännische ‚Reise, Reise' ist nicht so englisch, wie es auf den ersten Blick scheint. Es heißt zwar im Englischen to rise für ‚aufstehen', aber auch in Niederdeutschland sagte man für ‚aufstehen' oder sich ‚aufmachen' rysen, und das lange bevor das Englische einen Einfluß auf den niederdeutsch-seemännischen Sprachgebrauch bekam. Damals gebrauchten unsere Seeleute das bildkräftige ‚risen' auch für das Hohersteigen der Sonne beim Messen mit dem Jakobsstab.

Um auf den monatelangen Reisen nicht täglich die gleichen Wachzeiten zu haben – beispielsweise immer wieder von 0.00 bis 04.00 Uhr –, wurde auf fast allen Schiffen eine tägliche Unterbrechung des Vierstundentörns eingeführt. Auf deutschen Tiefwasserseglern ging man anstelle der drei Wachen von 12.00 bis 24.00 Uhr nur zwei sechsstündige, und zwar von 12.00 bis 18.00 Uhr und von 18.00 bis 24.00 Uhr. Auf diese Weise wechselte der Wachbeginn für die Backbord- und die Steuerbordwache täglich, und einseitige Härten oder Vorteile wurden vermieden. Es gab zu diesem Zweck aber auch andere Einteilungen, beispielsweise zwei Zweistundentörns innerhalb der Nachmittagswache von 16.00 bis 20.00 Uhr. ‚Plattfußwache' hieß diese Zeit, wahrscheinlich dem niederländischen ‚platvoet' entlehnt. Es ist zu vermuten, daß sie so hieß, weil diese Wache in dem Ruf stand, besonders ermüdend zu sein. Der erste Törn von 16.00 bis 18.00 Uhr war der ‚erste Plattfuß' und der zweite von 18.00 bis 20.00 Uhr der ‚zweite Plattfuß'. Soweit die Wachenbezeichnungen auf deutschen Schiffen zweimal rund um die Uhr. Ausländer hatten auch andere.

Der Dienst einer Wache dauerte also acht Glasen. Begann die Wache um 08.00 Uhr, erklang um 08.30 Uhr ein Glockenschlag – ein Glas, um 09.00 Uhr ein Doppelschlag – zwei Glas, um 9.30 Uhr ein Doppelschlag und ein Einzelschlag – drei Glas, und so fort, bis vier Doppelschläge – acht Glas um 12.00 Uhr das Ende der Wache und den Beginn der neuen verkündeten. Für diese wiederum ertönte um 12.30 Uhr der erste Glockenschlag – ein Glas. So ging es weiter, Tag für Tag und Monat für Monat.

In früheren Zeiten kam es vor, daß der Ruderbesteurer, wie der Rudersmann oder der Rudergänger im 18. Jahrhundert auch genannt wurde, zum eigenen Vorteil die Sanduhr zu früh törnte, einen ‚Stützenbull' machte, wie es hieß. Er versuchte mit dieser List, in kürzerer Zeit als die übrigen abgelöst zu werden. Wer so auf Kosten seiner Kameraden reiste, bezog bald einmal nachts eine ordentliche Tracht Prügel.

Lag das Schiff im Hafen, so wurde die ‚Hafenwache' gegangen: Sie bestand aus zwölf Stunden Tageswache von 08.00 bis 20.00 Uhr und zwölf Stunden Nachtwache von 20.00 bis 08.00 Uhr, beziehungsweise aus drei Nachtwachen von je vier Stunden innerhalb von 20.00 bis 08.00 Uhr. Sobald aber die Reise begann, das Schiff den Hafen verließ, wurde die ‚Wache aufgesteckt', das heißt die Seewache mit Vierstundenwachen eingerichtet.

Zu jeder Tageszeit gab es an Bord die diensthabende Wache und die ‚Wache zur Koje', die Freiwache. Kam der Wachwechsel heran, wurde die alte Wache durch die bisherige Freiwache ‚verfangen', wie es vom Mittelalter bis in das 20. Jahrhundert hinein hieß. Das Wort lautete im Mittelniederdeutschen ‚vorvangen' und bedeutete einst: vorwärts fassen, sinngemäß: die Stelle eines anderen einnehmen. „Ik zal u vervangen, als gy moede zyt" – Ich soll euch ablösen, wenn ihr müde seid, ist aus dem frühen 18. Jahrhundert niederländisch überliefert.

Bei acht Glasen galt früher der alten Wache der Ruf: „Quartier ist aus!" und der neuen: „Quartier!", sinngleich der alten Formel für die Ablösung der Schildwachen an Land: „Ab – gelöst!". Auf Kriegsschiffen, Ostindien- und Grönlandfahrern pflegte man noch im 18. Jahrhundert den Brauch, zur Wachablösung einen Matrosen ein Quartierslied singen zu lassen. Grönlandfahrer vermeldeten darin auch, ob das Schiff zur Zeit vor oder bei dem Winde segelte.

Diese Sitte setzte sich teilweise bis in das 19. Jahrhundert fort, denn nichts anderes als das alte Quartierslied ist es, von dessen variantenreichen Texten mecklenburgische Seeleute Richard Wossidlo berichteten, und das fast immer „Reise (engl. to rise: aufstehen), Quartier! in Gottes Namen!" enthielt. Der aus Wismar überlieferte Text heißt:

Rese, Quartier, in Gottesnaam.
Ji soelt den Mann dat Roder verfangen.
De Utkieksmann will ok nich länger stahn,
Rese, Quartier, in Gottesnaam.

Und humorvoll wandelten die Jan Maaten ab, längs der mecklenburgischen Küste bezeugt:

Rese, Quartier, in Gottesnaam.
Kain hett sien Broder Abel dootslahn.
Wenn ji nich ut de Koi rutkamen,
Denn ward juch dat nich bäter gahn.

Es ist uns ein Bedürfnis, denen zu danken, die uns anregend bei der Erarbeitung des Materials besonders geholfen haben: Dr. Ulrich Bentzien, Akademie der Wissenschaften der DDR, Zentralinstitut für Geschichte, Wossidlo-Archiv Rostock; Dr. Herbert Ewe, Stadtarchiv Stralsund, und Dr. Jürgen Gundlach, Sächsische Akademie der Wissenschaften zu Leipzig, Mecklenburgisches Wörterbuch Warnemünde. Unser Dank gebührt auch Ursula Wyrwich, die als Lektor des Buches umsichtig unsere Arbeit begleitet hat.

Zu guter Letzt wollen wir unsere Leser um Mitarbeit bitten. Obschon wir die lexikographischen, mundartlichen und literarischen Belege aus Vergangenheit und Gegenwart einzubringen versucht haben, ist es nicht auszuschließen, daß sich, trotz aller Sorgfalt, Irrtümer einschleichen konnten: über die vielfältigen Herleitungen und Varianten des seemännischen Berufswortschatzes und anderes. Jede Reaktion der sachkundigen Freunde des Maritimen darauf werden wir gewissenhaft prüfen und bei späteren Auflagen berücksichtigen.

Wir wünschen uns sehr, daß so der „Himmelsbesen über weißen Hunden" vervollständigt werden kann.

Konrad Reich Martin Pagel

Adelung, Johann Christoph: Grammatisch-kritisches Wörterbuch der hochdeutschen Mundart. Band I/V. Leipzig 1774 bis 1786.

Aldenburgk, J. G.: West-Indianische Reisze und Beschreibung der Beläg und Eroberung der Statt S. Salvador in der Bahie von Todos Sanctos. Coburgk 1627.

Altonaer Museum in Hamburg: Schiffe und Häfen; Laienmaler zeigen ausgewählte Arbeiten. Katalog einer Ausstellung. Hamburg 1972.

Altonaer Museum in Hamburg: Schiffe aus Knochen und Elfenbein. Katalog einer Ausstellung. Hamburg 1976.

Altonaer Museum in Hamburg: Schausammlungen des Altonaer Museums, Heft 4/68. Hamburg 1968.

Altonaer Museum in Hamburg: Schausammlungen des Altonaer Museums, Heft 6/69. Hamburg 1969.

Altonaer Museum in Hamburg: Schausammlungen des Altonaer Museums, Heft 1/74. Hamburg 1974.

Altonaer Museum in Hamburg: Schausammlungen des Altonaer Museums, Heft 10/76. Hamburg 1976.

Altonaer Museum in Hamburg: Jahrbücher. Herausgegeben von Gerhard Wietek. Bd. I/IV. Hamburg 1963 bis 1968.

Altonaer Museum in Hamburg: Jahrbücher. Herausgegeben von Gerhard Wietek. Bd. VIII/XI. Hamburg 1970 bis 1973

Arciniegas, Germán: Kulturgeschichte Lateinamerikas. Aus dem Spanischen von Franz Damhorst. München 1965.

Arciniegas, Germán: Karibische Rhapsodie. Aus dem Spanischen von Victor Schubert. München 1960.

Ashley, Clifford W.: The Ashley Book of Knots. New York 1944.

Bagrow, Leo u. R. A. Skelton: Meister der Kartographie. Berlin 1963.

Baker, W. A.: Vom Raddampfer zum Atomschiff. Bielefeld/Berlin 1965.

Baldaeus, Philippus: Wahrhaftige ausführliche Beschreibung der berühmten ost-indischen Kusten Malabar und Coromandel, als auch der Insel Zeylon. Amsterdam 1672.

Barchewitz, E. C.: Allerneueste, ost-indianische Reise-Beschreibung; darinnen 1. seine durch Teutsch- und Holland nach Indien gethane Reise; 2. sein eilff-jähriger Aufenthalt auf Java, Banda und den Südwester-Insuln; 3. seine Rück-Reise, der dabey erlittene, grausame Sturm; benebst einer ausführlichen Land-Charte der Südwester- und Bandanesischen Insulen und einem vollständigen Register. Chemnitz 1730.

Bass, George F. (Herausgeber): Taucher in die Vergangenheit. Aus dem Englischen von Helga Wingert-Uhde. Frankfurt/Main 1972.

Bathe, B. W., De Rubin Cervin, G. B. u. E. Taillemite: Der Segelschiffe große Zeit. Herausgegeben von Joseph Jobé. Ins Deutsche übertragen von Lothar Eich, Ernest Henriot. Bielefeld/Berlin 1967.

Becke, Louis: Südsee. Geschichten aus Ozeanien. Ins Deutsche übersetzt von Kapitän Carl Haug. Hamburg 1969.

Benwell, Gwen u. Arthur Waugh: Töchter des Meeres. Aus dem Englischen von Klaus Birkenhauer. Hamburg 1962.

Biernatzki, Joh. Christoph: Des letzten Matrosen Tagebuch. Basel 1880 bis 1884.

Bligh, William: Logbuch der Bounty. Deutsch von Georg Forster im Jahre 1793. Hamburg 1963.

Blyth, Chay: Gegen Strom und Wind. Deutsch von Friedgard und Horst Fischer. Bielefeld/Berlin 1972.

Bolling, Sigfrid (Herausgeber): Meyers Taschenlexikon Schiffbau/Schiffahrt. Leipzig 1973.

Borden, Charles A.: Weltmeere unter dem Kiel. Übertragen von Jürgen Dahmer. Bielefeld/Berlin 1968.

Bradford, Ernle: Konquistador der Meere. Aus dem Englischen von Fritz Güttinger. Bern/München 1965.

Braunschweig, Henry: Da werden harte Männer weich: Rum. In: Feinschmecker, Heft 4/84.

Versuch eines bremisch-niedersächsischen Wörterbuchs. Herausgegeben von der bremischen deutschen Gesellschaft.

Bremen:	I	Theil	A – F	1767
	II	Theil	G – K	1767
	III	Theil	L – R	1768
	IV	Theil	S	1770
	V	Theil	T – Z	1771.

Breusing, Arthur: Die Sprache des deutschen Seemanns. In: Jahrbuch des Vereins für niederdeutsche Sprachforschung. Jahrgang 1879.

Brommy, Rudolf u. Heinrich v. Littrow: Die Marine. Eine gemeinfaßliche Darstellung des gesammten Seewesens für die Gebildeten aller Stände. Wien/Pest/Leipzig 1878.

Carstens, Friedrich: Romantische Seefahrt. Herausgegeben vom Schiffahrtsmuseum Brake/Weser. Oldenburg 1962.

Chapman, Fredrik, Henrik af: Architectura Navalis Mercatoria. Nachdruck Rostock 1970.

Claviez, Wolfram: Seemännisches Wörterbuch. Bielefeld/Berlin 1973.

Columbus, Christoph: Das Bordbuch 1492. Herausgegeben und bearbeitet von Robert Grün. Tübingen/Basel 1970.

Conrad, Joseph: Die Schattenlinie. Berlin 1926.

Conrad, Joseph: Lord Jim. Berlin 1930.

Conrad, Joseph: Der Freibeuter. Berlin 1930.

Conrad, Joseph: Geschichten vom Hörensagen. Frankfurt/Main 1959.

Conrad, Joseph: Spiegel der See. Hamburg o. J. Koehlers Verlagsgesellschaft.*

Czibulka, Alfons (Herausgeber): Die großen Kapitäne. Ihre und ihrer Gefährten Berichte. München 1923.

Dähnert, Johann Carl: Platt-Deutsches Wörter-Buch nach der alten und neuen Pommerschen und Rügischen Mundart. Stralsund 1781.

Davies, Nigel: Bevor Columbus kam. Düsseldorf/Wien 1976.

Debenham, Frank: 6000 Jahre mußten vergehen. Deutsche Bearbeitung Karl Balser. Stuttgart 1960.

De Lery, Jean: Brasilianisches Tagebuch 1557. Tübingen/Basel 1967.

Des Herrn Admirals, Lord Ansons Reise um die Welt. Zusammengetragen von M. Richard Waltern. Leipzig/Göttingen 1749.

Deutsches Schiffahrtsmuseum: Führer des Deutschen Schiffahrtsmuseums Nr. 1. Bremerhaven 1975.

Deutsches Schiffahrtsmuseum: Auswanderung Bremen – USA. Führer des Deutschen Schiffahrtsmuseums Nr.4.

Deutsches Schiffahrtsmuseum: Auf Auswanderseglern. Führer des Deutschen Schiffahrtsmuseums Nr. 5. Bremerhaven 1976.

Deutsches Schiffahrtsmuseum: Schwimmende Oldtimer der Seefahrt. Führer des Deutschen Schiffahrtsmuseums Nr. 3. Bremerhaven 1977.

Die Heilige Schrift nach der deutschen Übertragung D. Martin Luthers. Berlin 1958.

Diurnal der Nassawischen Flotta; oder, Tagregister und historische ordentliche Beschreibung einer gewaltigen mächtigen Schiffahrt umb die ganzte Erdkugel rund umbher . . . in den Jahren 1623, 1624, 1625, 1626 und 1627 verrichtet; welcher beygewohnet Adolph Decker, bürtig und Bürger zu Strassburg; vor niemalen vollkömmlich in Truck gegeben; nun aber alles auss flammischer Spraach fleissig in Hochteutsch übersetzet und mit Kupfferstücken gezieret. Strassburg 1629.

Döbler, Hannsferdinand: Die Germanen. Gütersloh/Berlin/München/Wien 1975.

Doornkaat-Koolman, ten J.: Wörterbuch der ostfriesischen Sprache. Heft 1 bis 11. Norden 1877 bis 1880.

Döring, W.: Der Seemann und sein Beruf. 2. verbesserte Auflage. Papenburg 1904.

Duhamel du Monceau, Henri Louis: Anfangsgründe der Schiffbaukunst oder praktische Abhandlung über den Schiffbau. Paris 1791.

Eckart, R.: Niederdeutsche Sprichwörter und volkstümliche Redensarten. Braunschweig 1893.

Eich, Lothar (Herausgeber): Risse von Schiffen des 16. und 17. Jahrhunderts. Gezeichnet von Rolf Hoeckel. Rostock 1970.

Eichhoff, Jürgen: Die Sprache des Niederdeutschen Reepschlägerhandwerks. Niederdeutsche Studien, Band 16. Köln/Graz 1968.

Eichler, Curt W.: Vom Bug zum Heck. Seemännisches Hand- und Wörterbuch. Bielefeld/Berlin 1964.

Ellmers, Detlev: Kogge, Kahn und Kunststoffboote. Bremerhaven 1976.

Ewe, Herbert: Schiffe auf Siegeln. Rostock 1972.

Ewe, Herbert: Abbild oder Phantasie. Rostock 1978.

Exquemelin, A. O.: Die amerikanischen Seeräuber. Ein Flibustierbuch aus dem XVII. Jahrhundert. Erlangen 1925.

Fock, Gorch: Seefahrt ist not. Hamburg 1965.

Fronsperger, Leonhard: von Kayserlichen Kriegsrechten, Malefitz und Schuldhändeln bey regierung Caroli deß fünfften geübt. Bey G. Raben in verlegung S. Feyerabends, S. Hüters. Frankfurt 1566.

Fuerer (Christoph von Haimendorff): Reis-Beschreibung, in Egypten, Arabien, Palästinam, Syrien . . . sambt kurzem Anhang J. Fuerers von Haimendorff seines Bruders, Constantinopolitanischer Reise. Nürnberg 1646.

Führmann-Plemp van Duiveland, M. R. C. (Herausgeber): Der Untergang der Batavia. Tübingen/Basel 1976.

Gallerie der Schiffahrt: Ein Bilder- und Lehrbuch für junge Leute. Pirna 1809. Faksimile. Hamburg 1968.

Gaukel, Bruno: Neptuns Reporter. Hamburg 1963.

Gaunt, William: Das Schiff in der Malerei. Deutsch von Wolfram und Ulrike Claviez. Bielefeld 1975.

Geistbeck, Michael: Weltverkehr. Die Entwicklung von Schiffahrt, Eisenbahn, Post und Telegraphie bis zum Ende des 19. Jahrhunderts. Zentralantiquariat der DDR, Leipzig 1986. Reprint der Originalausgabe. Freiburg im Breisgau. Herdersche Verlagsbuchhandlung, 1895.

Gerndt, Helge: Fliegender Holländer und Klabautermann. Göttingen 1971.

Gliksman, Alain u. John Chamier: Hundert Jahre Segeln 1814 bis 1914. Fotos von Frank u. Keith Beken. Deutsch von Ulrich Zimmermann. Bielefeld/Berlin 1966.

Goedel, Gustav: Etymologisches Wörterbuch der deutschen Seemannssprache. Kiel/Leipzig 1902.

Grube, Frank u. Gerhard Richter: Das große Buch der Windjammer. Hamburg 1976.

Grün, Robert u. Evamaria (Herausgeber): Die Eroberung von Peru. Pizarro und andere Conquistadoren 1526–1712. Tübingen/Basel 1973.

Hackney, Noel C. L.: Mayflower. Rostock 1978.

Hamecher, Horst: Königin der See. Fünfmast-Vollschiff „PREUSSEN". Hamburg-Garstedt 1969.

Hanke, Helmut: Seemann, Tod und Teufel. Rostock 1966.

Hansen, Hans Jürgen: Schiffe, Häfen, Meere und Matrosen. Oldenburg/Hamburg 1975.

Hausner, Hans Eric (Herausgeber): Zeitbild. 1492 bis 1507. Wien/Heidelberg 1976.

Haws, Duncan: Schiffe und Meere. Deutsch von Dieter Jung. Bielefeld 1976.

Hehner, Claus: Einsamer Pazifik. Bielefeld/Berlin 1970.

Heims, P. G.: Im Rauschen der Wogen, im Branden der Flut. Bilder aus dem Seemannsleben und von der Wasserkante. Leipzig 1890.

Seespuk, Aberglauben, Märchen und Schnurren in Seemannskreisen. Gesammelt und bearbeitet von P. G. Heims. Leipzig 1888.

Hellermann, D. v.: Das Kochbuch aus Hamburg. Hamburg 1975.

Henriot, Ernest: Kurzgefaßte illustrierte Geschichte des Schiffbaus. Rostock 1971.

Herm, Gerhard: Die Phönizier. Düsseldorf/Wien 1973.

Herner, Karl u. Heinrich Rusch: Die Theorie des Schiffes. Leipzig 1952.

Herrmann Paul: Sieben vorbei und acht verweht. Hamburg 1965.

Heyerdahl Thor: Expedition Ra. Übersetzt von Heinz Kulas und Jette Mez. Gütersloh/Wien 1970.

Hubbard, Donald: Buddelschiffe. Bielefeld/Berlin 1973.

Hulsins, Levinus: Wahrhafftige Relation der dreyen newen Schiffahrt, so die Holländischen und Seeländischen Schiff (under the command of W. Barents) Anno 1594. 1595 und 1596 verricht ... in Niederländischer sprach beschrieben durch G. de Veer, jetzt aber ins Hochteutsche gebracht durch L. H. Noribergae 1598.

Jacoby, G.: Aus der Geschichte der Leuchtfeuer und Seezeichen. Kiel 1929.

Johow-Foerster: Hilfsbuch für den Schiffbau. Berlin 1928.

Jones, William H. S.: Sturmverweht. Aus dem Englischen von Siegfried H. Engel. Hamburg 1968. Koehlers Verlagsgesellschaft.*

Kabat, Henryk: Dar Pomorza. Glansk 1974.

Kaiser, Joachim: Tauwerk-Herstellung wie zu Großvaters Zeiten. In: „Yacht" 3/78, Hamburg 1978.

Kluge, Friedrich: Etymologisches Wörterbuch der deutschen Sprache. Berlin 1957.

Kluge, Friedrich: Seemannssprache. Wortgeschichtliches Handbuch deutscher Schifferausdrücke älterer und neuerer Zeit. Halle a. d. S. 1911.

Koch, Ernst-Jürgen: Hundeleben in Herrlichkeit. Bielefeld 1973.

Korth, J.: Die Schiffbaukunst oder die Kunst, den Bau der Kriegs-Kauffahrtey- und anderer Schiffe nach theoretischen und praktischen Regeln auszuführen. Berlin 1826.

Köster, August: Schmuck und Zier des Schiffes. In: Meereskunde. Sammlung volkstümlicher Vorträge. Herausgegeben vom Institut für Meereskunde. Band 16, Heft 10. Berlin.

Krämer, Walter (Herausgeber): Die Entdeckung und Erforschung der Erde. Leipzig 1976.

Küpper, Heinz: Wörterbuch der deutschen Umgangssprache, Bände I–VI. Hamburg 1963 bis 1970.

Lächler, Paul u. Hans Wirz: Die Schiffe der Völker. Olten/Freiburg im Breisgau 1962.

Landström, Björn: Das Schiff. Gütersloh 1961.

Landström, Björn: Segelschiffe. Aus dem Schwedischen von Monica Wettergren-Riele. Gütersloh 1970.

Landström, Björn: Columbus. Stockholm 1966.

Lang, A. W.: Entwicklung, Aufbau und Verwaltung des Seezeichenwesens an der deutschen Nordseeküste bis zur Mitte des 19. Jahrhunderts. Bonn 1965.

Leip, Hans: Am Rande der See. Hamburg 1967.

Leip, Hans: Das Muschelhorn. Hamburg 1970.

Leip, Hans: Die Hafenorgel: Gedichte und Zeichnungen. Hamburg 1973.

Leip, Hans: Galionen. In: Velhagen & Klasing Monatshefte 5/1941. Braunschweig 1941.

Leip, Hans: Garten überm Meer. Hamburg 1968.

Leip, Hans: Segelanweisung für eine Freundin. Hamburg 1965.

Leippe, Ulla (Herausgeber): Das abenteuerliche Leben des Jens Jacob Eschels von ihm selbst erzählt. Hamburg 1966.

Loti, Pierre: Islandfischer. Ins Deutsche übertragen von Ulla Leippe. Hamburg 1973.

Lund, Kaj: Fancywork. Deutsch von W. Recknagel. Bielefeld/Berlin 1974.

Macintyre, Donald u. Basil W. Bathe: Kriegsschiffe in 5000 Jahren. Aus dem Englischen von Dieter Jung. Bielefeld/Berlin o. J.

Macintyre, Donald: Abenteuer der Segelschiffahrt 1520 bis 1914. Prisma Verlag, Gütersloh/Wien 1971.*

Mann, Golo: Wallenstein. Sein Leben erzählt. Frankfurt am Main 1971.

Manson, J.: See-Buch; oder, Gründlich-ausführlicher Bericht aller und jeden rechten Coursen, Landkännungen, Streckungen ... der gantzen Ost-See; ... (aus) Schwedischer Sprach ... in teutscher Sprache beschrieben 1701.

Meissonnier, Jean (Herausgeber): Segelschiffe im Zeitalter der Romantik; Aquarelle und Zeichnungen von Antoine Roux. Bielefeld/Berlin 1969.

Mensing, Otto: Schleswig-Holsteinisches Wörterbuch (Volksausgabe). Neumünster Erster Band A–E 1927; Zweiter Band F–J 1929; Dritter Band K–P 1931.

Mettig, C.: Zur Geschichte der Rigaschen Gewerbe im 13. und 14. Jahrhundert. In: Baltische Studien Nr. 34. Stettin 1884.

Meyer, Jürgen: 150 Jahre Blankeneser Schiffahrt 1785 bis 1935. Garstedt 1968.

Meyer, Jürgen: Hamburgs Segelschiffe 1795–1945. Norderstedt 1971.

Mitchell, Carleton: Zu unbekannten Horizonten. Übertragen von Siegfried Engel. Bielefeld/Berlin 1967.

Moitessier, Bernhard: Kap Hoorn – der logische Weg. Übertragen von H. Rösing. Bielefeld/Berlin 1974.

Mon, Friedrich: Das Schiff in der bildenden Kunst. Vom Altertum bis zum Ausgang des Mittelalters. Bonn 1929.

Mondfeld, Wolfram: Historische Schiffsmodelle. München 1977.

Mondfeld, Wolfram: Das große Piratenbuch. München 1976.

Montanus, A.: Gedenkwaerdige gesantschappen der Oost-Indischen maetschappij ... aen de Kaisaren von Japan; Amsterdam 1669.

Muchall-Viebrook, A.: Seglers Handbuch. Berlin 1889. Faksimile-Druck Bielefeld 1978.

Naujok, Michael: Die Seekiste. In: „Yacht" 24/77, Hamburg 1977.

Neptuns hölzerne Engel: Zeichnungen von H. Ahrens. Text W. Rittmeister. Hamburg 1958.

Neukirchen, Heinz: Seefahrt – gestern und heute. Berlin 1974.

Neukirchen, Heinz: Piraten. Berlin 1976.

Nettelbeck, Joachim: Bürger zu Colberg. Eine Lebensbeschreibung, von ihm selbst aufgezeichnet und hrsg. von Johann Christian Ludwig Haken. Bdch. 1–3. 1. Mit den Bildern d. Verf. 1821; 2. 1821; 3. Mit e. Pl. d. Gegend um Colberg 1823. Leipzig 1821 bis 1823.

Nostitz: Seemannschaft. Berlin 1941.

Osman, Nabil: Kleines Lexikon untergegangener Wörter. München 1971.

Pâris, Edmond: Die große Zeit der Galeeren und Galeassen. Rostock 1973.

Pâris, Edmond: Segelkriegsschiffe des 17. Jahrhunderts. Rostock 1975.

Paasch, Cap.: Vom Kiel zum Flaggenknopf. Marine-Wörter Buch. Hamburg 1908.

Peschel, Oscar: Geschichte des Zeitalters der Entdekkungen. Berlin 1930.

Petrich, Ernst: Die Galionsfiguren unserer alten Segler. In: Ostfreesland-Kalender, Jahrgang 35, 1952.

Pielbaum, Herbert: Der Geist von Saint Malo. In: „Yacht" 7/77, Hamburg 1977.

Pilkington, Roger: Bei uns an Bord wird nicht geglast. Bd. 1. Deutsch von Siegfried H. Engel. Hamburg 1970.

Pörtner, Rudolf (Herausgeber): Alte Kulturen ans Licht gebracht. Düsseldorf/Wien 1975.

Ràcz, István (Herausgeber): Die Seemannsbraut. Seeabenteuer, Segelschiffe, Matrosenlieder. Olten/Lausanne 1965.

Randier, Jean: Nautische Antiquitäten. Bielefeld 1974.

Rehder, Anita: Feuer vor der Küste. In: „Yacht" 4/78, Hamburg 1978.

Rehder, Anita: Buddelschiffe. In: „Yacht" 2/78, Hamburg 1978.

Rehm, Arnold: Schiff und See. Bremerhaven 1971.

Reinicke, G.: Schiffsjungendienst. Nautische Bibliothek Bd. 2. Berlin 1907.

Reise nach den Molukken und Vorder-Indien 1632 bis 1646, Johann Sigmund Wurffbain – von seinem Sohn dr. J. P. Wurffbain an der Hand der von seinem Vater hinterlassenen Papieren beschrieben; neu herausgegeben nach der zu Nürnberg im Jahre 1686 erschienenen Original-Ausgabe von R. Posthumus Meyjes. Haag 1931.

Reysen, Drie seer aenmercklijcke, nae en door veelerley gewesten in Oost-Indien; gedaen von Christophorus Frikins, chirurgijn; Elias Hesse, bergn – schrijver; Goekhouder; yeder bysonder, van't jae 1675 tot 1686 ... alles van de schrijvers in eygener persoon bygewoond; vertaeld door S. de Vries; met Kopere figueren. Utrecht 1694.

Richey, Michael, P. P.: Idioticon Hambvrgense oder Wörter-Buch, Zur Erklärung der eigenen, in und um Hamburg gebräuchlichen, Nieder-Sächsischen Mund-Art. Hamburg 1755.

Rittmeister, Wolfgang u. Alfred Mahlau: Die Schiffsfibel. Leipzig 1937.

Roder, Franz: Von der Sprache der Seeleute. Hamburg 1973.

Röding, Johann Hinrich: Allgemeines Wörterbuch der Marine. In allen europäischen Seesprachen nebst vollständigen Erklärungen. Band I, II, III, IV. Hamburg/Leipzig 1794.

Röhrich, Lutz: Lexikon der sprichwörtlichen Redewendungen, Bände 1 bis 4. Freiburg/Basel/Wien 1977.

Römer, Ernst Alexander: Der Wind weht von Anbeginn. Hamburg 1963. Koehlers Verlagsgesellschaft.*

Rösing, Hans-Rudolf: Historische Anker: Mit einem Stein fing alles an. In: Yacht, 25–26/75, Hamburg 1975.

Russel, Clark: Grosvenor. Übersetzung Kapitän Fred Schmidt. Hamburg 1968.

Saar, Johann Jacob: Reise nach Java, Banda, Ceylon und Persien 1644–1660 (Ost-indische fünfzehnjährige Kriegsdienste). Neu hrsg. nach der zu Nürnberg im Verl. von Johann Daniel Tauber (1672) gedr. verb. Ausg. im Jahre 1662 zum ersten Mal erschienenen Textes. Naag Nijhoff 1930.

Salentiny, Fernand: Das Lexikon der Seefahrer und Entdecker. Tübingen/Basel 1974.

Scharnow, Ulrich (Herausgeber): transpress Lexikon Seefahrt. Berlin 1976.

Schäuffelen, Otmar: Die letzten großen Segelschiffe. Bielefeld/Berlin 1969.

Scheel, Käthe: Die Hamburger Küche (im Spiegel des Hamburger Wörterbuchs). Auszug aus einem Vortrag in der Vereinigung Quickborn am 7. Febr. 1948.

Schenk, Bobby: Es kam auf die Sekunde an. In: „Yacht" 25–26/78. Hamburg 1978.

Schiffahrt auf alten Photographien: Ausstellung im Altonaer Museum in Hamburg. Hamburg 1978.

Schiller, Friedrich: Sämtliche Werke. Säkular-Ausgabe. Band 1 bis 16. Herausgegeben von Eduard von der Hellen. Band 2: „Zerstreute Epigramme". Berlin 1904, ff.

Schirmer, Adolf: Lütt Hannes. Ein Seeroman. 3 Bd. 1. Aufl. 1865, 2. Titel Ausg. Leipzig 1868.

Schmidt, Fred: Von den Bräuchen der Seeleute. Hamburg 1962. Koehlers Verlagsgesellschaft.*

Schneider, Arno: Die Entwicklung des Seeromans in England im 17. und 18. Jahrhundert. Inaugural-Dissertation Universität Leipzig. Leipzig 1901.

Schneider, Wolf: Wörter machen Leute. München 1976.

Schulz, Günter, T.: Unter Segeln – Rund Kap Hoorn. Hamburg 1967.

Schwindrazheim, Hildemarie: Der Jakobsstab, ein Bericht aus der Arbeit des Altonaer Museums. In: Altonaische Zeitschrift Bd. 4. Altona 1935.

See-hafen, Der geöfnete; worinnen nicht allein ... in allen Theilen der Welt gewöhnliche Schiff-Flaggen und andere See-Zeichen, sondern auch alle ... Theile eines vollkommenen Schiffes, nebst ... Kupffer-Figuren anmuthig zu erblikken. Hamburg 1700.

Smidt, H.: Mein Seeleben. Band I/II. Berlin 1837.

Smidt, H.: Seemannssagen und Schiffer-Märchen. Berlin 1835/36. Vollständige Ausgabe 1849.

Sperander, I. H.: Compendium Handlexikon aller fremden Wörter, so in Zeitungen, Briefen und Conversationen vorkommen. Nürnberg 1728.

Sperling, C. F.: Aus dem Loggbuche eines Kriegsseemannes. Vom Schiffsjungen bis zum Decksoffizier in der Kaiserlichen Marine. Leipzig 1906.

Stammler, W.: Seemanns Brauch und Glaube. In: „Deutsche Philologie im Aufriß". Berlin 1956. Sp. 1875 f.

Stenzel, A.: Deutsches Seemännisches Wörterbuch. Berlin 1904.

Strohbach, Hermann (Herausgeber): Shanties. Rostock 1971.

Svenson, Sam u. Gordon Macfie: Segel durch Jahrhunderte. Bielefeld/Berlin 1961.

Tangermann, Hans: Wechwyser tho de Kunst der Seevaert, Hamburg Michael Pfeiffer 1655.

Tetens, Alfred: Vom Schiffsjungen zum Wasserschout. Hamburg 1889.

Throckmorton, Peter: Versunkene Schiffe. Aus dem Amerikanischen von Waldemar Kabus. Gütersloh 1967.

Timm, Werner: Schiffe und ihre Schicksale. Rostock 1976.

Timm, Werner: Kapitänsbilder. Rostock 1971.

Törnquist, Nils: Seemännische Wanderwörter über die Ostsee. In: Mare Balticum, Heft 1–2 1967, Lübeck 1967.

Treue, Wilhelm: Die Eroberung der Erde. Berlin 1939.

Trübners Deutsches Wörterbuch. Begründet von Alfred Götze. Band 1 bis 8. Berlin 1939 bis 1957.

Tryckare, Tre (der Verlag als Herausgeber): Seefahrt. Nautisches Lexikon in Bildern. Bielefeld/Berlin 1963.

Tunke, Franz Freiherr von: Schiffahrt und Seewesen. Wien/Leipzig 1913.

Ultzheimer, Andreas Josua: Wahrhafte Beschreibung etlicher Reisen; In Europa, Afrika und Amerika 1596 bis 1610. Bearbeitet von Sabine Werg. Tübingen/Basel 1971.

Wede, K. F.: Galionsfiguren. In: Der deutsche Seemann. Jg. 42 (1942), Folge 10 und 11.

Weitendorf, Ernst: Aus dem Logbuch meines Lebens. Rostock 1969.

Wilcox, Desmond: Die großen Entdecker. Deutsch von Monika Curths. Frankfurt/Main 1976.

Winschooten, Wigardus à, Seemann: Behelsende Een grondige uitlegging van de Neederlandse Konst, en Spreekwoorden, voor soo veel die uit de Seevaart Sijn outleend, en bij de beste Schrijvers deeser eeun gevonden werden. Leiden 1681.

Winter, Heinrich: Das Hanseschiff im ausgehenden 15. Jahrhundert. Rostock 1975.

Winter, Heinrich: Die Kolumbusschiffe von 1492. Rostock 1976.

Wossidlo, Richard: Reise, Quartier, in Gottesnaam. Bearbeitet und herausgegeben von Paul Beckmann. 7. Auflage. Rostock 1959.

Wossidlo, Richard: Reise, Quartier, in Gottesnaam. 8. Auflage neu bearbeitet von Ulrich Bentzien. Rostock 1969.

Wossidlo, Richard u. Hermann Teuchert: Mecklenburgisches Wörterbuch Teile A–S. Berlin/Neumünster 1942 bis 1976.

Zedler, Johann Heinrich: Grosses vollständiges Universal-Lexikon. Nachdruck der Ausgabe von 1732–1754. Graz 1961 bis 1964.

Zesen, F. v.: Beschreibung der Stadt Amsterdam, darinnen von derselben ersten Ursprunge bis auf den gegenwärtigen Zustand, ihr unterschiedlicher Anwachs, herliche Vorrechte und in mehr als 70 Kupfer-Stükken entworfene, führnehmste Gebeue . . . vor Augen gestellet werden. Amsterdam 1664.

Zimmerling, Dieter: Die Hanse. Düsseldorf/Wien 1976.

Zu den Shanties:

Seite 423/25: „Outward and Homeward Bound“. Aus „Shanties“. Herausgegeben und kommentiert von Hermann Strobach. Deutsche Nachdichtung Jens Gerlach.
Seite 428/29: „De Hamborger Veermaster“. Aus „Shan-
Mit Genehmigung des Hinstorff-Verlages Rostock.
ties“. Herausgegeben und kommentiert von Hermann Strobach. Mit Genehmigung des Hinstorff-Verlages Rostock.
Seite 429/30: „Twui, twui, haal em“ und „Haal eek, haal Böök, haal Büsch“. Aus Richard Wossidlo „Reise, Quartier, in Gottesnaam“. Mit Genehmigung des Hinstorff Verlages Rostock.
Seite 430: „De Hoffnung“. Aus „Shanties from the Seven Seas“ von Stan Hugill. Routledge an Keegan London. Mit Genehmigung des Hinstorff Verlages Rostock.

* Zitate aus diesen Titeln wurden mit Genehmigung des genannten Verlags verwendet.

Die im Text mit J. H. R. gekennzeichneten Zitate sind dem „Allgemeinen Wörterbuch der Marine“ von Johann Hinrich Röding entnommen.

Pieter Brueghel d. Ä.: Kupferstich „Drei Schiffe im Sturm". Ausschnitt. Um 1565 (2).

Aus Johann Hinrich Röding „Allgemeines Wörterbuch der Marine", Reproduktionen Wolfhard Eschenburg (8, 11, 14, 17, 21 oben, 21 unten, 24, 25, 29, 35, 36, 37 oben, 37 unten, 38, 39, 43, 54/55, 63, 72 oben, 72 unten, 73, 74, 75, 89, 90, 91, 93, 96, 99, 103, 104, 107, 110, 113, 115, 117, 118, 120, 122, 126, 128, 131, 132, 143 oben, 143 unten, 148, 151, 152, 153, 154, 157, 159, 162, 163, 173, 178, 180, 182, 186, 187, 191, 198, 200, 213, 218, 222, 229, 241, 286, 289, 290, 296, 297, 298, 299, 300, 303, 304 links, 304 rechts, 305 oben, 306 links, 306 rechts, 311, 312, 313, 321, 325, 338, 339, 378, 379 oben, 379 unten, 380 oben, 380 unten, 381, 432, 433, 434, 435, 436, 438, 442, 444, 445, 451).

Schelte A. Bolswert nach Andries van Eertvelt. Kupferstich „Schiffe im Sturm". Staatliche Museen Berlin (12/13).

Staatsarchiv Hamburg (23, 88, 192/193, 208/209).

Wolfhard Eschenburg (30, 204, 363, 364, 370, 371, 372).

Universitätsbibliothek Rostock (167, 190, 287, 327, 333). Reproduktionen Wolfhard Eschenburg.

Aus Henk/Niethe (Herausgeber) „Zur See". Berlin 1885 (18, 19, 47, 67, 78, 80, 101, 102, 123, 140, 179, 231, 254, 302, 305 unten, 307, 369, 386, 426, 427, 448).

Heinrich Wegener & Sohn (49).

Kapitän Henning Redlich (50/51).

Marine-Museum Holm Petersen (52, 76/77, 124/125, 244/245).

Verband Deutscher Kapitäne und Schiffsoffiziere e. V. (133).

Schiffahrtsmuseum Amsterdam (136).

Klaus C. Drabert (233, 440/441).

Alands Sjöfartsmuseum (236, 344 345).

Aabenraa Museum (328/329).

Dr. Jürgen Meyer (260/261).

Altonaer Museum (317, 360/361).

Museum Brake (392/393).

Stadtarchiv Stralsund, Reproduktionen Wolfhard Eschenburg (59, 111, 129, 267, 288).

Sammlung Bernhard Hesselbacher. Mit Genehmigung von Wolfgang Friederichsen (70, 87, 108/109, 134/135, 156, 160/161, 174, 176/177, 194, 224/225, 234/235, 243, 258, 292/293, 308/309, 318/319, 320, 353, 376/377, 395 oben, 395 unten, 399, 401, 408/409, 411, 437).

The Illustrated London News 1843–1889 (106, 139, 181, 270, 273, 281, 283, 316, 337, 356, 375, 384, 407, 415, 453).

Dieter Otte (147 oben, 147 unten).

Bildarchiv Preußischer Kulturbesitz (185, 189, 195, 203, 206, 285, 323 oben, 323 unten, 343).

Fotostudio Fischer-Daber (214, 215 linkes und rechtes Bild, 216).

Hoffmann & Campe Verlag (276 277, 413, 416, 419, 421).